African Language Grammars and Dictionaries

Chief Editor: Adams Bodomo
Editors: Ken Hiraiwa, Firmin Ahoua

In this series:

1. Schrock, Terrill B. The Ik language: Dictionary and grammar sketch.

2. Brindle, Jonathan. A dictionary and grammatical outline of Chakali.

3. Friesen, Dianne. Moloko.

A dictionary and grammatical outline of Chakali

Jonathan Brindle

Jonathan Brindle. 2017. *A dictionary and grammatical outline of Chakali* (African Language Grammars and Dictionaries 2). Berlin: Language Science Press.

This title can be downloaded at:
http://langsci-press.org/catalog/book/74
© 2017, Jonathan Brindle
Published under the Creative Commons Attribution 4.0 Licence (CC BY 4.0):
http://creativecommons.org/licenses/by/4.0/
ISBN: 978-3-944675-91-6 (Digital)
    978-3-944675-92-3 (Hardcover)
    978-3-946234-93-7 (Softcover)
DOI:10.5281/zenodo.344813

Cover and concept of design: Ulrike Harbort
Typesetting: Jonathan Brindle, Sebastian Nordhoff
Proofreading: Ahmet Bilal Özdemir, Alessia Battisti, Anca Gâță, Andreas Hölzl, Anelia Stefanova, Christian Döhler, Claudio Iacobini, Eitan Grossman, Elizabeth Zeitoun, Jean Nitzke, Jezia Tavera, Martin Haspelmath, Melanie Röthlisberger, Michael Marlo, Neal Whitman, Rosey Billington, Stathis Selimis, Steve Pepper, Teresa Proto, Valeria Quochi, Winfried Lechner
Fonts: Linux Libertine, Arimo, DejaVu Sans Mono
Typesetting software: X∃LATEX

Language Science Press
Unter den Linden 6
10099 Berlin, Germany
langsci-press.org

Storage and cataloguing done by FU Berlin

Language Science Press has no responsibility for the persistence or accuracy of URLs for external or third-party Internet websites referred to in this publication, and does not guarantee that any content on such websites is, or will remain, accurate or appropriate.

Contents

I	**Introduction**	**1**
1	**General remarks on the language**	**3**
	1.1 Previous work	5
	1.2 Chakali lects	7
	1.3 Language vitality	9
	1.4 Data collection method	11
2	**User's guide**	**13**
	2.1 Chakali-English dictionary	13
	2.1.1 Capitalization	16
	2.1.2 Prosody	16
	2.1.3 Scientific name	16
	2.1.4 Grammatical category	17
	2.1.5 Loans and their etymology	17
	2.2 English-Chakali reversal index	17
	2.3 Grammatical outlines	18
	2.4 Abbreviations	19
II	**Chakali-English dictionary**	**21**
	a	23
	b	26
	d	38
	dʒ	49
	e	51
	ɛ	51
	f	51
	g	59
	gb	65
	h	68
	i	73

ɪ	74
j	74
k	77
kp	90
l	96
m	105
n	112
ɲ	122
ŋm	126
ŋ	127
o	127
ɔ	128
p	128
r	139
s	139
t	152
tʃ	164
u	175
ʊ	175
v	175
w	179
z	184

III English-Chakali reversal index — 191

a	193
b	195
c	199
d	204
e	207
f	208
g	211
h	214
i	216
j	217
k	218
l	218
m	221

```
n . . . . . . . . . . . . . . . . . . . . . . . . . . . . . . . . . . . . . . . . . . . . . . 224
o . . . . . . . . . . . . . . . . . . . . . . . . . . . . . . . . . . . . . . . . . . . . . . 225
p . . . . . . . . . . . . . . . . . . . . . . . . . . . . . . . . . . . . . . . . . . . . . . 225
q . . . . . . . . . . . . . . . . . . . . . . . . . . . . . . . . . . . . . . . . . . . . . . 229
r . . . . . . . . . . . . . . . . . . . . . . . . . . . . . . . . . . . . . . . . . . . . . . 229
s . . . . . . . . . . . . . . . . . . . . . . . . . . . . . . . . . . . . . . . . . . . . . . 232
t . . . . . . . . . . . . . . . . . . . . . . . . . . . . . . . . . . . . . . . . . . . . . . 239
u . . . . . . . . . . . . . . . . . . . . . . . . . . . . . . . . . . . . . . . . . . . . . . 243
v . . . . . . . . . . . . . . . . . . . . . . . . . . . . . . . . . . . . . . . . . . . . . . 244
w . . . . . . . . . . . . . . . . . . . . . . . . . . . . . . . . . . . . . . . . . . . . . . 244
y . . . . . . . . . . . . . . . . . . . . . . . . . . . . . . . . . . . . . . . . . . . . . . 247
z . . . . . . . . . . . . . . . . . . . . . . . . . . . . . . . . . . . . . . . . . . . . . . 247
```

IV Grammatical outlines   249

Phonology outline   251

1 Introduction 251
2 Segmental phonemes inventory 252
     2.1 Vowels 252
     2.2 Consonants 267
3 Phonotactics 282
     3.1 Syllable types 282
     3.2 Sandhi 288
4 Suprasegmentals 294
     4.1 Tone and intonation 294
     4.2 Vowel harmony 297

Grammar outline   301

1 Introduction 301
2 Clause 301
     2.1 Declarative clause 302
     2.2 Interrogative clause 317
     2.3 Imperative clause 319
     2.4 Exclamative clause 321
     2.5 Clause coordination and subordination 322
     2.6 Adjunct adverbials and postposition 328
3 Nominal 333
     3.1 Noun phrases 333

	3.2	Nouns	337
	3.3	Pronouns and pro-forms	368
	3.4	Qualifiers	375
	3.5	Quantifiers	379
	3.6	Numerals	380
	3.7	Demonstratives	395
	3.8	Focus and negation	396
	3.9	Coordination of nominals	397
	3.10	Two types of agreement	401
	3.11	Summary	408
4	Verbal		410
	4.1	Verbal lexeme	411
	4.2	Preverb particles	421
	4.3	Verbal suffixes	435
5	Grammatical pragmatics and language usage		442
	5.1	Manner deictics	442
	5.2	Spatial deictics	444
	5.3	Focus	445
	5.4	Linguistic taboos	447
	5.5	Ideophones and iconic strategies	448
	5.6	Interjections and formulaic language	450
	5.7	Clicks	452

References   453

Index   463

Name index   463

Language index   466

Subject index   467

Preface

This book presents the first edited compilation of selected lemmas of a Chakali lexical database which I developed over the last 9 years, together with Chakali consultants, while being affiliated to the Norwegian University of Science and Technology (NTNU), Trondheim, Norway (2007-2011, 2012-2016), to the Institute of African Studies, University of Ghana, Legon, Ghana (2012), and to the University of Leuven, Belgium (2016-2017). In 2009 the first version was printed out and given to consultants to corroborate its content. Another version was distributed in 2011 in the community schools of Katua, Motigu, Ducie, and Gurumbele as part of an informal indigenous literacy awareness campaign.

The content of this book is based on some parts of my unpublished doctoral thesis (Brindle 2011) and recent publications. While the dissertation's appendix was expanded to make up the dictionary and the reversal index offered in the second and third parts of this book, the grammatical outline has been condensed and improved to make up the phonology and grammar sections presented in the fourth part. Although the grammar is written with an academic audience in mind, an audience interested in Grusi linguistic topics, it does not presuppose any knowledge of any particular linguistic theory. It should neither be compared to comprehensive grammars, as many aspects are not thoroughly covered, nor to pedagogical grammars, as it does not propose any prescriptive standards or exercises. Therefore the grammar lies beyond the scope of a typical dictionary grammar. To publish the data while time and funds were still available and Chakali is still relatively vibrant was felt most imperative.

For those who are sceptical about the time and energy spent on gathering and writing down linguistic knowledge for an non-literate community, my stand is that if comes a time where a significant minority of the Chakali-speaking community becomes literate, the language might have already changed considerably. So the material may contribute to its study or revival. Furthermore, I constantly receive strong recognition of the value of our work by Chakali people who migrated and long for things and situations of the past, and by the local authorities who can at last see that their language receives attention.

Making a dictionary is a never-ending task, but the consultants and myself are proud to present this book, the first on the Chakali language. Being a work in progress, there is much left to do in order to reach a substantial dictionary and grammar of the language. Nevertheless, it is my hope that there will be future work on Chakali lexicography and that it will be carried out mainly by those who speak the language.

Jonathan A. Brindle
Leuven, Belgium
March 2017

Acknowledgement

The completion of this project was dependent upon a multitude of factors, the most important being the knowledge and generosity of Chakali-speaking individuals. I am indebted to Daniel Kanganu Karija, Fuseini Mba Zien, Afia Kala Tangu, Awie Bakuri Ahmed, Seidu Kassim Tangu, Henry Seidu Daannaa, Godfrey Bayon Tangu, Kpersi-Naa†, Kotia Nwabipe†, Mangwe-Naa†, Mark Zoon-Naa†, Amoa Bari-Naa, Siibu Jakalia, Kala Osman, and Adam Sakara Baduong, among many others, for their instructions and enlightenments. I owe special gratitude to Daniel Kanganu Karija for his loyal contribution since the very beginning of my learning journey. A special thank you goes to Jonas Kpierekoh, a specialist in agroforestery and principal programme officer at the Environmental Protection Agency, who spent time with me and local experts in Ducie working on the scientific name of many tree species. With immense gratitude, I thank everyone in the villages where I stayed – especially Ducie and Gurumbele – for their warm welcome, hospitality, and cooperation.

This book has undergone several stages and has benefited from the suggestions and criticisms of many people. I would like to express my deep thanks to Mary Esther Kropp Dakubu (who is sadly no more), for her guidance, support, advice, and linguistic insight throughout the years. I wish to thank my wife Léonie, and friends and colleagues, Benjamin Waldron, Felix K. Ameka, Kaja Borthen, Albert Awedoba, Tyson Farrell, Lars Hellan, Jolanta Bachan, Rachel Selbach, Kenneth Mango, and Assibi Apatewon Amidu, who kindly suggested corrections, and commented on earlier versions. For his assistance with the carthography, thanks to Per Wirehn. I gratefully acknowledge the generous assistance John Rennison and Tony Naden have provided at different stages. Thanks as well to ALGaD Series' Editors and to Sebastian Nordhoff at Language Science Press for his editorial aid in preparing this book for publication.

Abbreviations - Part II & III

art	article	3.1.2.1
adv	adverbial	5.1, 5.2
ant	antonym	
BWA	British West African	
cf	cross-reference	
clf	classifier	3.10.2
comp	complementizer	2.5.2
conn	connective	2.5.1, 3.9
cntr	contracted form	
cntrvar	contracted variant	
cpx	complex	4.1.3
dem	demontrative	3.7
Du	Ducie lect	
enum	enumerative usage	3.6.3
etym	etymology	3.2.6
foc	focus	3.8, 5.3
from	borrowed word	3.2.6
Gu	Gurumbele lect	
Ghsm	Ghanaianism	
hum+/-	(non-)human	3.3, 3.10.1
ideo	ideophone	5.5
ints	intensifier	3.4.1
interg	interrogative	3.3.4
interj	interjection	5.6.1
itr	iterative	4.2.3.6
Ka	Katua lect	
lit	literal meaning	
Mo	Motigu lect	
n	nominal/noun	3, 3.2
neg	negation	3.8, 4.2.2
num	numeral	3.6

Abbreviations

oldfash	old-fashioned, archaic	
ono	onomatopoeia	5.5
phr	phrase	
pl	plural	3.2.1, 3.3.1
pl.n	plural noun	3.2.1.8
pl.v	plural verb	4.3.2
poss	possessive	3.3.5
postp	postposition	2.6.4
pro	pronoun	3.3
propn	proper noun	3.2.5
pv	pre-verb particle	4.2
quant	quantifier	3.5
reflex	reflexive	3.3.6
rel.n	relational noun	3.2.7
sc	scientific name	
sg	singular	3.2.1, 4.3.2, 3.3.1
st	strong pronoun	3.3.1
syn	synonym	
synt	taboo synonym	5.4
Ti	Tiisa lect	
Tu	Tuasa lect	
Tp	Tampulma lect	
ultm	ultimately	3.2.6
usage	location of usage	
v	verbal/verb	4, 4.1
var	variant form	
wk	weak pronoun	3.3.1
1, 2, 3	first, second, or third person	3.3.1

Abbreviations - Part IV

A	subject of transitive clause
ABI	ability (modality)
ABST	abstract (semantic feature)
ADV	adverbial
AJC	adjunct
ART	article
BH	Gurumbele history narrative
C_0	0 or more consonants
CB	Clever Boy story
CLF	classifier
cli	ISO 639-3 code for Chakali
CONC	concrete, animate, non-human (semantic feature)
COND	conditional particle
CONN	connective
CPS	Containment Picture Series
CRAS	crastinal tense (future tomorrow)
DEM	demonstrative
DISTR	distributive
DXL	locative deictic
DXM	manner deictic
E	extended argument
EXCL	exclamatory particle
EGR	egressive particle
Eng.	English
etym	etymology
EVC	extended verb complex
EXST	existential verb
FOC	focus
from	borrowed from
FUT	future
G*a*	non-human gender
G*b*	human gender
Gh. Eng.	Ghanaian English

GILLBT	Ghana Institute of Linguistics, Literacy and Bible Translation
gl	glossed as
HAB	habitual
HEAD	head of phrase
HEST	hesternal tense (past yesterday)
HUM	human (semantic feature)
IDENT	identificational verb
IMP	imperative
IMPS	impersonal
INGR	ingressive particle
interj	interjection
IPFV	imperfective aspect
ITR	iterative
LB	Law Breaker story
lit.	literal meaning
MOD	modality
NMLZ	nominaliser
NUM	numeral
O or OBJ	object of transitive clause
ONO	onomatopoeia
P	predicate
PFV	perfective aspect
PL or *pl*	plural
PoS	Part of Speech
POSTP	postposition
PRO	pronoun
PROP	property
propn	proper noun
PROX	proximal
PSED	possessed
PSOR	possessor
PSPV	Picture Series for Positional Verbs
PST	past
pv	preverb particle
PV	Pluractional verb
PY	Python story
Q	question word, phrase or intonation
QUAL	qualifier

Abbreviations

QUANT	quantifier
R	recipient
RECP	reciprocal
REL	relativiser
RELN	relational noun
S or SUBJ	subject of intransitive clause
SG or sg	singular
SPS	Support Picture Series
ST	strong pronoun
SWG	Southwestern Grusi
TAM	tense, aspect and mood
T	theme
TRM	topological relation marker
TRPS	Topological Relations Picture Series
t.z.	staple food. From Hausa *tuo zaafi* (see *kʊʊ* in dictionary)
ultm.	ultimately
UNESCO	United Nations Educational, Scientific and Cultural Organization
v	verb
WK	weak pronoun
*	ungrammatical expression (grammaticality)
*	Proto-form (reconstruction)
x́	high tone
x̀	low tone
x̄	mid tone
x̏	extra-low tone
x̌	extra-short vowel
→, ←	synchronic derivation
- or]	morpheme boundary
[ ]	phonetic representation
[ ]$_X$	structure of type X
# or]$_{wb}$	word boundary
##	utterance-final boundary
σ	syllable type
μ	mora
]$_\sigma$	syllable boundary
X|Y	either X or Y
(Y)	optional Y
(Y)	covert Y
< x	diachronic change

Part I

Introduction

1 General remarks on the language

Chakali (*tʃàkálíí*)[1] is a language spoken in seven communities in the Wa East District, Upper West Region of Ghana. It is currently classified into the Grusi Southwestern (or Western) subgroup of the Gur family, alongside Dɛg, Vagla, Tampulma, Kyitu/Siti, Phuie, Winyé, and varieties of Sisaala (Lewis, Simons & Fennig 2014; Hammarström et al. 2016). These minority languages are spoken in northwest Ghana, southwest Burkina Faso, and northeast Ivory Coast. The languages Tampulma, Vagla, Dɛg, and Pasaale – a variety of Sisaala – are the closest to Chakali in terms of mutual intelligibility.

The area where the language is spoken is bordered to the east by areas inhabited by Waali (*wáálíí*) and Bulengi (*búléŋíí*) speakers. These two languages are virtually undocumented languages, which, diachronically, can provisionally be classified as Western Oti-Volta based on folk linguistic factors. Waali, the language spoken in Wa and some surrounding villages (see Figure 1.1), can be considered to be the lingua franca of the Upper West Region of Ghana (Brindle 2015a). Bulengi, on the other hand, is the language of Bulenga (and some surrounding villages like Gilan, Chagu, and Dupari), a fast-growing town in terms of population and development. To the north, Chakali is bordered by Pasaale-speaking villages, and Kpalewagu, whose inhabitants maintain a Mande language known as Kantosi. Tampulma speakers are mainly found in some villages of the Northern Region, but a few villages to the west are within the Upper West Region's border (i.e. Holumuni and Belezing). To the south and southwest lie Vagla-speaking villages and the uninhabited Mole National Park.

---

[1] ISO 639-3: cli (Lewis, Simons & Fennig 2016); Glottocode: chak1271 (Hammarström et al. 2016)

1 General remarks on the language

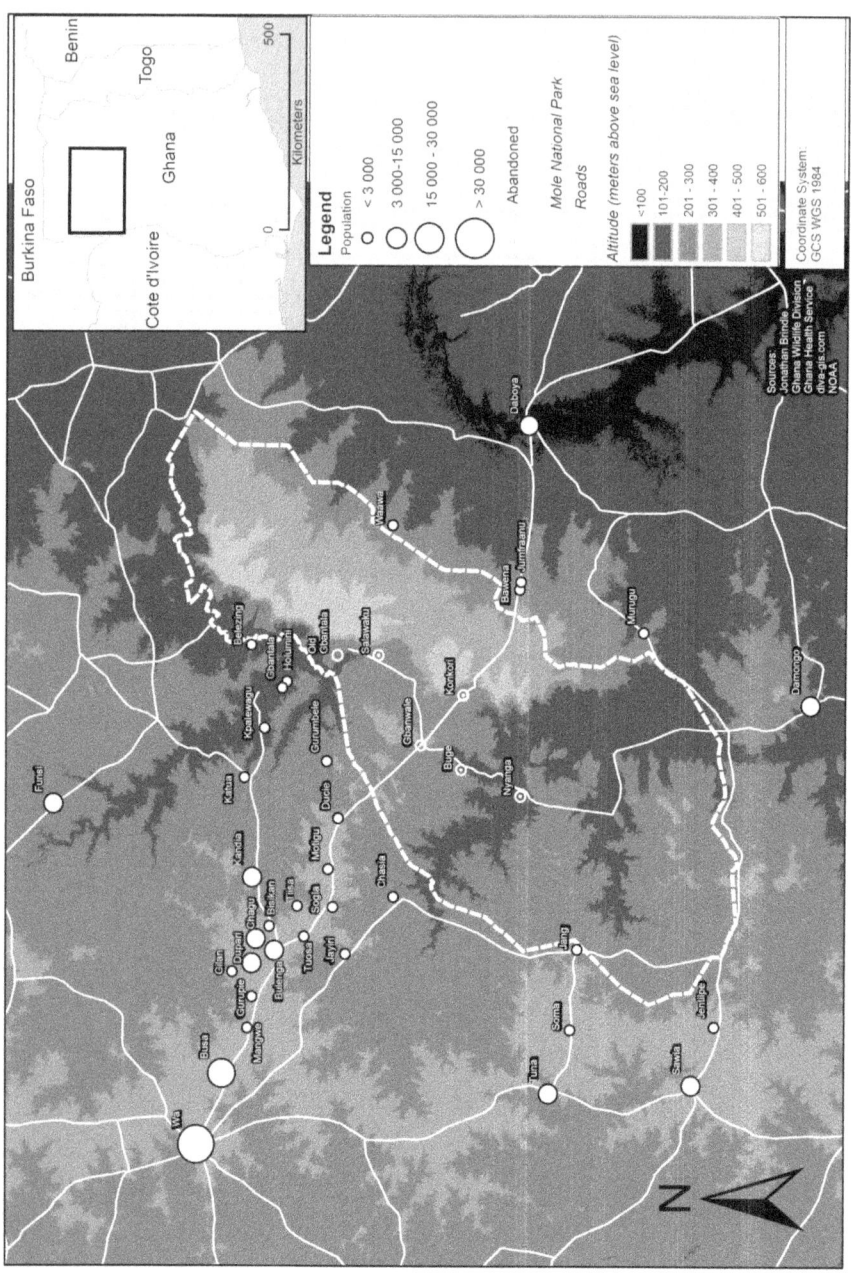

Figure 1.1: Chakali-speaking villages: Gurumbele, Ducie, Motigu, Sogla (variant spelling Sawla), Tuosa, Tiisa, and Katua (Reproduced from Brindle (2016))

1.1 Previous work

The late English anthropologist Jack Goody presented the first linguistic data on the Chakali language, namely 38 words gathered on August 29th, 1952, in Katua (Goody 1954: 33). He is responsible for the identification of the existence of the language and the people who speak it.[2] The passage reads:

> I do not know of any previous record of the existence of the group speaking this dialect. Although now living entirely within the administrative district of Wa, there is in their midst the village of Kandia inhabited only by Guang-speaking Gonjas. The chiefship of Kandia was an important office in the Gonja political system. Either at the time of the arrival of the British military forces or a little before, during the course of a war between the State of Wa, allied with Bole, and the Yabumwura, the senior chief of Gonja, it fell within the orbit of Wa. The western section of the group comprising the villages of Chago, Bisikan, and Bulinga speaks Wala, i.e. the dialect of Dagari spoken within the State of Wa, and was certainly under the influence of the Chiefs of Wa before the European conquest. The Chief of Bulinga, the central village of this section, claims to have been a Kamboŋa (a semi-dependent war-chief) in relation to Wa. The eastern group of the Chakalle speak Chakalle and seem to have been under the suzerainty of the Gonja Chief at Kandia. This group consists of the villages of Katua, Tuosa, Sogla, Motigu, Chasia, Ducie and Gurumbele. (Goody 1954: 3)

Approximately ten years later, Chakali data is used to confirm the Grusi cluster in Bendor-Samuel (1965).[3] The material, a list of 97 words, is said to have been produced by Mr. E. R. Rowland. His notes have not been located and remain unpublished. Manessy (1969a,b) reconstructs a *gurunsi commun* based on an average of 80 words from twenty-six Grusi languages. He uses only 36 Chakali words, all of them extracted from Bendor-Samuel (1965).

---

[2] There may be British and/or French colonial documents somewhere which mention *Chakali*. For instance, it is known that French Captain Louis Gustave Binger and his troop attacked some of Babatu's men in Ducie. Binger's reports were impossible to get hold of. Wilks (1989: 133) writes "Zabarima occupation of Ducie occurred probably early in May 1897".

[3] Grusi as a language cluster has been defined and confirmed in several publications (Delafosse 1912; Köhler 1958; Bendor-Samuel 1965; Manessy 1969a,b; Kleinewillinghöfer 1997), but the term *Grusi* and its spelling variants (i.e. *Gurunsi, Grunshie, Gourounsi*, etc.) have always existed in the French and English colonial vocabulary without great unanimity on its designation (Tauxier 1921; 1924; Rattray 1932a,b; Nicolas 1952; Duperray 1984).

1 General remarks on the language

In 1974 and 1994, sociolinguistic surveys were carried out in the Chakali area by the Ghana Institute of Linguistics, Literacy and Bible Translation (GILLBT), formerly Ghana Institute of Linguistics (GIL), which is the Ghanaian branch of the Summer Institute of Linguistics (SIL) (Reimer & Blass 1975; Tompkins, Hatfield & Kluge 2002). For these two surveys, the main goal was to investigate the need of Chakali language development and to assess Waali comprehension. No language data is offered in Tompkins, Hatfield & Kluge (2002), and Reimer & Blass (1975) could not be found at the GILLBT headquarters in Tamale when I visited in 2008, nor obtained from one of its authors, the late Regina Blass. In 1999, Ulrich Kleinewillinghöfer spent a few hours in Wa with Godfrey Bayon Tangu (Kleinewillinghöfer 1999). In this short period, he gathered approximately 150 words and from them inferred some generalizations on Chakali nominals. In 2001, a Brazilian known as Pastor Ronaldo worked with two language consultants in order to start a vernacular literacy project. The initiative came from the Evangelical Church of Ghana. Two illustrated booklets were written, aiming at adult literacy. The first booklet introduces the designed alphabet and the second consists of syllables and short sentences thematically organized. In 2005, Mary Esther Kropp Dakubu spent two days with an informant from Jayiri, gathering general information on Chakali (Dakubu 2005). Her intention was to investigate the situation on site for a possible documentation project. Due to the condition of the road, she was not able to reach the villages where Chakali is spoken by the majority of the inhabitants. Her unpublished report presents data which was believed to be representative of Chakali, but which transpired to be an idiosyncratic mix of Waali and Chakali, and some Bulengi, the language spoken in Bulenga and surrounding villages. Finally, there are other studies that deserve to be mentioned: Henry Seidu Daannaa, a native Chakali from Tuosa, presents a retrospective study of the practice of indirect rule which affected the social and political organization of Chakali during the colonial administration (Daannaa 1994); Cesare Poppi conducted anthropological research which focused on issues related to knowledge, secrecy, and initiation (Poppi 1993), and theoretical issues concerning the analysis of the representational status of masks, particularly the *Sigmaa* masks which are cornerstones in the Chakali belief system; finally, the work of Dougah (1966), Wilks (1989), and Salih (2008) are good overviews on the role of the Chakali land and people in the political and cultural history of Wa.

This was the complete list of work written on Chakali when I started the research in 2007. It shows that the language has been known to exist since 1954, yet very little work had been done, and much that was written remains unpublished. Since then, some work has been published or distributed locally (Kanganu

& Brindle 2008a,b; Brindle 2008a,b; 2010; 2011; Brindle & Atintono 2012; Brindle 2015b; 2016).[4]

1.2 Chakali lects

With Chakali, three concepts can be identified. The term may be used to name a land, an ethnic group, or a language. However it would be wrong to assume that a member of the Chakali ethnic group or someone living in Chakali land necessarily speaks the language. This is what Goody describes when he writes: "[t]he Chakalle who inhabit the eastern part of the Wa district are split into those speaking a language of the Mossi group and those speaking a Grusi language. 'Speaking a language' refers to the tongue which dominates in the child's play group; the eastern Chakalle who use a Grusi language in this context are in fact mostly bilingual. The common name for the group derives from a recognition of uniformity in other social activities." Goody (1954: 2). It is crucial to keep in mind that the notions of land, ethnicity, and language are intricately interwoven. For instance, according to Daannaa (1994), *Chakali* consists of thirteen communities and their inhabitants: Bulenga, Tiisa, Sogla (variant spelling Sawla), Tuosa, Chagu, Motigu, Ducie, Katua, Bisikan, Kandia, Dupari, Gilan, and Gurumbele. By contrast, the sociolinguistic censuses which I carried out indicate that *Chakali* is the language of the inhabitants and forefathers of Tiisa, Sogla, Tuosa, Motigu, Ducie, Katua, and Gurumbele exclusively.

The collective demonym for the people of the latter seven villages literally translates to *m̀ ŋmá kàà (lit.)* 'I say that', whereas that of the people of Bulenga and surrounding villages translate to *ŋmínín dʒɔ̀ŋ* 'What is it?'. In this folk-sociolinguistic categorisation, the Waala are the *ǹ jέ jàà* 'I say that'.[5]

Another popular distinction is that of 'black' and 'white' Chakali: respectively, *tʃàkàlbúmmò* 'Black Chakali' is a notion which connotes with secretive individuals and possessors of powerful medicine. To the best of my knowledge, this is equivalent to what *m̀ ŋmá kàà* represents. The notion of *tʃàkàlpɔ̀mmá* 'White Chakali' corresponds, according to my 'Black Chakali' consultants, to talkative

---

[4] All of the information used in Sections 1.2 and 1.3 are taken from Brindle (2015b), a work on the vitality of the Chakali language and culture.
[5] Rattray (1932b: 525) writes that the Awuna, a Kasem dialect also known as Aculo (Naden 1989: 147), has earned its appellation based on a habit of "prefacing an observation with the words" *a wun a* 'I say'. It is indeed the case that a Chakali can open a sentence with *m̀ ŋmá kàà, ...* 'I say that, (...)'. To hear the Ghanaian English opening expression *à sé ê̂ɛ̀* 'I say eh, (...)' in Wa, with the last word being a complementiser introducing a new clause, is not unusual.

1 General remarks on the language

people who cannot hold back. They comprise the inhabitants of Bulenga, Dupari, Bisikan, Chagu, and Gilan, that is, those villages included in what Daannaa (1994: 2–3) identifies as Chakali people, minus the villages where the language is said to be indigenous. Obviously, if one asks the same question in Bulenga and surrounding villages one may get a different interpretation of the distinction between 'black' and 'white'.[6]

Table 1.1: Collective Demonyms and associated villages

Demonym 1	ṁ ŋmá kàà	ŋmínḯŋ dʒɔ̀ŋ	ṅ jɛ́ jàà
Demonym 2	tʃàkàlbúmmò	tʃàkàlpɔ̀mmá	–
Goody (1954: 2-3)	Eastern Chakali	Western Chakali	Waala
Village	Ducie	Bulenga	Wa
	Gurumbele	Dupari	Busa
	Motigu	Bisikan	Gurupie
	Sogla	Chagu	Loggu
	Tiisa	Gilan	Jayiri
	Tuosa		Chasia
	Katua		

Table 1.1 organizes the information for convenience. It also constitutes a hypothesis to be tested since the denominations do not necessarily map one-to-one, the Western Chakali and Waala would need to be extended, and discussions I had about these self-identifications were often confusing. For instance, some men interviewed in Tuosa in 2014 told me that Tiisa, Tuosa, and Katua are not ṁ ŋmá kàà, but are tʃàkàlbúmmò.

All the Chakali lects are mutually intelligible. Still, each village is recognised to have a set of unique features. Examples of lectal variation are provided in

---

[6] Goody (1954: 14–15) reports a 'Black Waala' and 'White Waala' division, the former being the dominated group, that is commoners and pagan, while the latter being the dominant group, that is members of the chiefly lineage and Muslim. Tony Naden (p.c.) confirmed to me the existence of 'Black Dagomba', with no correlative 'White', and suspected it to refer to the descendants of the original inhabitants in contrast to the aristocracy, therefore roughly Black = 'commoner' vs. White = 'aristocracy'. In the case considered here, the interviews with 'Black Chakali' individuals tell us about the resources people have available for telling their world and creating an identity. Assuming that the connotation of the division black/white is ruled/ruler, dominated/dominant, or commoner/chief, then it appears that despite being labeled as 'black', one can exploit this sense of the concept in order to associate one's group with more positive cultural implications. This social categorisation is in need of further study.

Brindle (2015b) and the dictionary includes some lectal usages, but one recurrent illustration of folk-dialectology is how each village would express 'to eat yam': Motigu, Gurumbele, Tuosa, Tiisa, and Katua 'chew' yam *(tie)*, whereas Ducie 'eat' yam *(di)*. And while 'yam' is pronounced *kpã̄ã̄ŋ* in Motigu, Gurumbele, and Ducie, it is pronounced *pɪɪ* in Tuosa, Tiisa, and Katua. Thus, if someone says *tie kpã̄ã̄ŋ*, he/she is easily identified as someone from either Gurumbele or Motigu. The expression *di kpã̄ã̄ŋ* is typically uttered by someone from Ducie, and *tie pɪɪ* by someone from Tuosa, Tiisa, and Katua.

1.3 Language vitality

The number of Chakali speakers is close to 3500 individuals. It is spoken by all community members in Gurumbele and Ducie, and by the majority in Motigu and Katua. It is spoken to a lesser extent in Sogla, Tuosa, and Tiisa. In the other villages which are considered as parts of Chakali land, people speak a language similar to Waali, the language of Wa, or Bulengi, the language of Bulenga. Waali is known by the majority of Chakali speakers, but is used differently from community to community. Chakali is believed to be on the road to extinction: some believe that Waali and Bulengi are the languages which will be spoken throughout the whole of the Chakali villages in the coming decades.

Brindle (2015b) determines the vitality of Chakali by i) examining sociological and historical factors that may be seen as linked to the language's vitality and responsible for language change, and ii) using the answers to the questionnaire developed in UNESCO (2003). It suggests a division of the Chakali villages into three groups, which are presented in Figure 1.2. Sogla, Tiisa, and Tuosa correspond to the villages where the intergenerational transmission is ineffective and where Waali is used in formal and informal domains. They are the endangered-1 villages (E1). Motigu and Katua correspond to E2 villages. In both villages, Waali is encroaching on Chakali in formal and informal domains. The situation is not alarming since Chakali is spoken by the majority and the intergenerational transmission is effective, but, as outlined in the survey (Section 2.2.2 in Brindle 2015b), given the average population size of the villages and the recent conversion to Islam of their youth, among other factors, it is worth considering that a language shift to Waali may take place within a short period of time. A. B. Sakara and H. S. Daanaa, both born in Tuosa and prominent Chakali figures, told me that Chakali was spoken by everyone in their village when they were children, i.e. in the 1950s and 1960s. There are no signs indicating that the same language replacement which took place in Tuosa cannot take place in Motigu and Katua. Finally,

1 General remarks on the language

Factors	Measures		
	E1	E2	E3
1. Intergenerational language transmission	severely endangered (2)	unsafe (4)	safe (5)
2. Absolute number of speakers	[3484]		
3. Proportion of speakers within the total population	[severely endangered (2)]		
4. Trends in existing language domains	highly limited domains (2)	dwindling domains (3)	multilingual parity (4)
5. Response to new domains and media	[inactive-minimal(0-1)]		
6. Materials for language education and literacy	[no orthography available (0)]		
7. Governmental and institutional language attitudes and policies, including official status and use	[active assimilation (2)]		
8. Community members attitudes toward their own language	-	-	all members value their language and wish to see it promoted (5)
9. Amount and quality of documentation	[undocumented-inadequate (0-1)]		

Figure 1.2: Estimated degree of endangerment for the E1 {Tuosa, Tiisa, Sogla}, E2 {Katua, Motiguˌ} and E3 {Gurumbele, Ducie}. A value within square brackets applies to E1, E2, and E3 villages as a whole. The number in parentheses is a relative grade used in the language vitality assessment (see UNESCO 2003: 7)

the E3 villages, Gurumbele and Ducie, show the most effective intergenerational transmission of the Chakali language. Both villages also establish local alliances (i.e. marriage, common shrines, one assemblyman for both villages, etc.). Waali is spoken and understood, yet it is usually spoken in specific domains, essentially in official visits from the district or regional capital conducted by governmental bodies, and to Waali-speaking visitors, traders, or migrant farmers.

1.4 Data collection method

Nearly every year since 2007 I made a field trip to the Wa East District of Ghana, usually in the dry season, i.e. a period between February and May. Most of my stays were spent in a Chakali-speaking village. The linguistic data was gathered mainly in Ducie, and sociolinguistic surveys were conducted in Katua, Motigu, Sogla, Ducie, and Gurumbele. I had several overnight stays in Motigu, Gurumbele, and Wa, and a few day trips to Katua, Tiisa, Tuosa, and Sogla.

Different elicitation techniques were used to gather linguistic and encyclopedic data, most of them influenced by language documentation methods (see Lüpke 2009). The most authentic and natural data comes from impressionistic and manual auditory transcription of audio recordings involving events such as transactions at the market, meetings with elders, and interviews with commoners. In these cases wordlists were created out of the transcriptions. The least natural data are pieces of translation work or exchanges of information with consultants of the type 'how do you say X' or 'what is X' where X stands for an intended entity or proposition, using English or Chakali as the medium of communication. Translations from English to Chakali and from Chakali to English were performed through a collaboration with my main consultants, namely: Daniel Kanganu Karija (male, 58 Y.O., Ducie), Fuseini Mba Zien (male, 54 Y.O., Ducie), Awie Bakuri Ahmed (male, 31 Y.O., Gurumbele), and Afia Kala Tangu (female, 34 Y.O., Ducie). Small-scale quantitative studies required at times as many as 30 different speakers, all of them from Ducie. In such studies, the method of elicitation consisted of having a significant number of native speakers interpreting, identifying and expressing perceived stimuli, which provided me with a level of authenticity unattainable in (bilingual) elicitation of wordlists. The degree of consensus within the responses was interpreted as signalling core, secondary, or 'accidental' meaning. The same method was also useful in practical lexicography sessions when the discovery procedure involved taxonomies unknown to me. The domains of animals and plants required the identification of species and their associated pronunciation. A problem arises when the visual access to some

1 General remarks on the language

species is practically impossible, e.g. wild animals or seasonal plants. While working on the lexical database, many species were identified using illustrations. One known disadvantage with this approach to lexicon and grammar discovery is that standard stimuli face the problem of cross-cultural applicability. In the context of northern Ghana, unfamiliar items or scenes depicted cause disagreement in the overall description, if not confusion. Another obstacle is that pictures and illustrations may lack elementary features, such as texture, odour, size, etc., which are crucial for the identification of a species. For instance, arriving at a consensus when identifying species of snake has proved difficult since only illustrations and pictures found in Cansdale (1961); Trape & Mané (2006) were used. However, in the research context, I believe the most satisfactory data collection strategies were used. Needless to say, every piece of Chakali data in this book comes from my own transcription of speech.

2 User's guide

The book is divided into four parts: a general introduction, a Chakali-English dictionary, an English-Chakali reversal index, and a part containing grammar outlines. At a macrostructure level, the dictionary is followed by the reversal index. They both contain information extracted from a lexical database which I started collecting in 2007 using the software *Field Linguist's Toolbox*. The data was imported in *FieldWorks Language Explorer* (FLEx) in 2012. The entries appearing in the dictionary are made out of only a selection of entries and lexicographic fields/values available in the lexical database.

The passage from unwritten language to written language has the inevitable consequence of favouring a dialect. A literate native speaker of Chakali could easily identify from the entries that Ducie was the community where the majority of the data was collected. Corresponding expressions from other varieties of Chakali are present, when they exist, but more work is definitely needed. Addressing the issue of convention and standardisation will require a group of devoted contributors from distinct communities. There is no reason to treat the decisions taken in this book, especially regarding the orthography, as the standard. Despite the fact that the Ducie lect is not a "standard", it is important to keep in mind that a set of forms was produced by the lexicographical practice, the location of data collection, and the idiolects of the consultants.

2.1 Chakali-English dictionary

The Chakali-English dictionary consists of over 3500 Chakali headword entries (a.k.a. lemmas). The transcription employs an alphabetic system motivated by the phonological description presented in Part IV. It uses a Latin alphabet supplemented with symbols from the International Phonetic Alphabet (IPA), so the spelling-sound correspondence is direct. A full list of orthography symbols used in the dictionary and some guidance to their pronunciations are displayed in Table 2.1.

2 User's guide

Table 2.1: Dictionary orthography and other symbols

p	voiceless bilabial plosive	w	labio-velar approximant
b	voice bilabial plosive	j	palatal approximant
t	voiceless alveolar plosive	r	alveolar trill/flap
d	voiced alveolar plosive	o	close-mid back rounded
k	voiceless velar plosive	ɔ	open-mid back rounded
g	voiced velar plosive	e	close-mid front unrounded
ʔ	glottal stop	ɛ	open mid front unrounded
kp	voiceless labio-velar plosive	u	close back rounded
gb	voiced labio-velar plosive	ʊ	near close near back rounded
f	voiceless labio-dental fricative	i	close front unrounded
v	voiced labio-dental fricative	ɪ	near close near front unrounded
s	voiceless alveolar fricative	a	open front unrounded
z	voiced alveolar fricative	ə	mid central
ɣ	voiced velar fricative	[ ]	phonetic representation
h	voiceless glottal fricative	:	emphasis over or long segment
tʃ	voiceless postalveolar affricate	V̌	extra short vowel
dʒ	voiced postalveolar affricate	C̩	syllabic consonant
m	bilabial nasal	Ṽ	nasalized vowel
n	alveolar nasal	V̀	low tone
ɲ	palatal nasal	V̄	mid tone
ŋ	velar nasal	V́	high tone
ŋm	velar-labial nasal	V̏	extra-low tone
l	alveolar lateral approximant		

For users accustomed to the literacy work of GILLBT[1] the correspondences in Table 2.2 identify the differences between the transcriptions: the one adopted in this book appears to the right side of the arrows.

Table 2.2: Correspondences of orthographies

ny	←	ɲ		ng	←	ŋ	
ch	←	tʃ		i	←	ɪ, i	
j	←	dʒ		u	←	ʊ, u	
y	←	j		Vh	←	Ṽ	

---

[1] Reference is made to the literacy work on Vagla, Tampulma, and Pasaale of Marjorie Crouch, Patricia Herbert, Noah Ampen, Kofi Mensah, Mike Toupin, Vicky Toupin, Ian Gray, and Claire Gray.

2.1 Chakali-English dictionary

The headwords are structured alphabetically although an arbitrary decision was taken to place the letter "dʒ" after "d", "gb" after "g", "kp" after "k", "ɲ", "ŋm", and "ŋ", successively after "n", and "tʃ" after "t". All headwords are equal and appear at the left side of the column. Four representative entries of the Chakali-English dictionary are presented in Table 2.3.[2]

Table 2.3: Illustrations of dictionary entries

①**fi** ②[fí] ③*num.* ⑤ten
①**bʊzaal** ② [bʊ́záàl] ③*n.* ⑧cf: bɪɪzimii. ⑤ Stone partridge, type of bird ⑨*(Ptilopachus petrosus)* ⑪ pl: bʊzaalɛɛ.
①**suoŋbii** ②[sùómbíí] ⑩*lit.* shea.nut-seed ③*n.* kidney ⑪ pl. suoŋbie.
①**kpa** ②[kpà] ③*v.* ⑧cf: paa; jʊʊ₁. ④**1.** ⑤ take ⑥*kpá à pár tīēŋ.* ⑦Give me the hoe. ④**2** ⑤ to marry a woman ⑥ *ʊ̀ kpáʊ́ rà.* ⑦He married her.

The convention is for an entry to start with a headword (①), which is immediately followed by its phonetic representation (②). This representation adds tones and other information on the pronunciation. Words which do not bear tones in the phonetic representation field are considered as either toneless or unresolved. The grammatical category (③) provides the word class of the headword. A headword may be accompanied by a literal translation (*lit*) ⑩ to isolate the English meaning of each stem. In the literal translation field, a hyphen (-) separates stems and a full stop (.) joins spacing between English words. A plural form is provided for the majority of the nouns ⑪. Cross references (⑧) appear after the phonetic form and the part-of-speech. Variations to which different spellings or forms have to be assigned are placed after the phonetic form. It offers some lectal and generational variations in the following way: *var.* introduces a standard's variant and *var. of* sends the reader back to the headword treated as standard.

The meaning is represented in the following way: if the headword has only one sense, the part of speech immediately precedes the English definition (⑤). If the headword has more than one sense, a boldface number (④) enumerates the different senses. When Chakali is translated into English using many expressions, these are separated by a comma. If a word typically collocates with a semantic property or properties, this is explicitly stated using examples in the English

---
[2] The circled numbers are there for reference purposes only.

2 User's guide

translation. For instance, the definition of the verb *zɪna* is given as 'to drive, ride, or sit on e.g. bicycle, motorcycle, horse'. An example of usage (⑥) precedes its English free translation (⑦). Only verbal and functional words are backed up by example sentences. If literal and/or not easily translatable, the free translation contains further clarifications.

2.1.1 Capitalization

Despite the existence of case variants in the orthography, a decision was made in this dictionary to present the Chakali data in unicase, i.e. without capitalization rules. In the current state, there are many practical questions that need answers and an orthography development would need to consider issues beyond linguistic ones.

2.1.2 Prosody

The example sentences are all marked with diacritics which attempt to capture the intonation as I perceived it during the transcription work. The convention for marking tone is: high (´), low (`), mid (¯), and super-low (˜). An overview of tone and intonation is provided in Section 4.1. At this stage, the transcription and description of tone will require an analysis of considerable sophistication, something which deserves a separate study. There are several issues linked to doing the transcription by ear and lacking a more elaborated convention. For instance, due to the general F0 downtrends over the course of an utterance, the prosody on single words is easier to represent with this simple convention as opposed to longer expressions. Further, as they are not always perceived and/or transcribed, there is inconsistency in the tonal marking of consonants in syllable final positions.

2.1.3 Scientific name

To add the referential stability needed for future comparison between traditional and scientific taxonomies, scientific names appear in italics (⑨). References to scientific names of plants and trees were taken from Hawthorne & Jongkind (2006), scientific names of snakes from Cansdale (1961) and Trape & Mané (2006), and scientific names of birds from Borrow & Demey (2002).

2.1.4 Grammatical category

The grammatical categories (a.k.a word classes or parts of speech) used in the dictionary are elaborated in Part IV. They are distinguished using distributional and inflectional criteria.

2.1.5 Loans and their etymology

Loan words are given a source, and when necessary, the source's pronunciation and gloss are provided. If a gloss does not appear, it is assumed that the meanings in Chakali and in the source language are practically the same. Some origins are well-established, others are intuitive. The word *ultimately* (abbreviated as *ultm.*) may be placed prior to the source language to mean that the loan word might not have been borrowed directly from the speakers of the language with which the word is associated. For example, it is most likely that all English words entered Chakali through contact with speakers of other Ghanaian languages. Section 3.2.6 offers an overview of languages from which Chakali may have borrowed. References to etymologies are mainly taken from Newman (2007), Dakubu, Atintono & Nsoh (2007), Baldi (2008), Dakubu (2009a), GILLBT (1980), Dumestre (2011), and Vydrine (2015). Besides language names as sources, expressions that are known to be found in other languages without necessarily being identifiable to one particular source are given various source values. Such items cross ethnic and/or geographical boundaries although they may not be known in other parts of the country. For instance, *Ghanaianism* (Ghsm) refers to an expression known to be found in most Ghanaian languages, and *Gur* refers to an expression that has been reconstructed for most Gur languages.

2.2 English-Chakali reversal index

The English-Chakali reversal index is a list of alphabetically organized English headwords (①). As shown in Table 2.4, the headword may be associated with more than one Chakali gloss entry (⑤).

English headwords are reduced to minimal terms in order to have the index easily searchable. Several English expressions can be associated with one Chakali word: for instance, all Chakali tree names get *tree (type of)* but only some have known English expressions associated to them, e.g. *Shea tree*. Each Chakali word is preceded by its word class (③). Since users are expected to look for English keywords, not all dictionary entries are found in the reversal index.

2 User's guide

Table 2.4: Illustration of an English-Chakali reversal index entry

①grasshopper (type of)	③n.	⑤hɔ̃ũ̃
	③n.	⑤tʃɛlɪntʃɪɛ
	③n.	⑤kɔkɔlɪkɔ

2.3 Grammatical outlines

Part IV is divided into two sections. The first section presents a brief outline of the phonology. It is principally based on phonetic representations available in the lexical database. The phoneme inventory, syllable structures, and minimal pairs are identified. In addition, phonotactics and suprasegmentals are briefly discussed. The software *Dekereke* was used to investigate phonotactic generalizations and search for specific features and environments.[3] Based on the transcriptions of various narrative types and controlled elicitation (Section 1.4), the second section, entitled 'Gramm outline' offers an overview of the essentials of word and sentence formations in the language, as well as topics of linguistic usages of cultural relevance. The glossing tags in the abbreviations list (page xiv) are for the most part equivalent to the conventions designed in Comrie, Haspelmath & Bickel (2008) and Haspelmath (2014). As a rule, a three-line morpheme-by-morpheme glossing for textual data is provided, but four lines may exceptionally appear. The first line is a representation of the object language, the second line consists of tags representing rough approximations of the morpheme in the object language (e.g. function, meaning, and part-of-speech), whereas the third line is a free translation capturing the general meaning conveyed in the object language's line. An additional line can appear when details are not evident in the gloss, or when another level of analysis is intended. Small capital letters in the free translation may be used to represent a focused constituent. The non-overt expression of a feature is enclosed within round brackets. An interlinearized example may be accompanied by a reference to a particular corpus text or a situation in which the utterance was collected. Most examples are taken from elicitation data. Corpus sentences are mainly selected in three texts: the Python story (PY), the Clever boy story (CB), and the Law breaker story (LB). The three stories consist of oral third person traditional folk tales. The first was performed by Kotia Nwabipe and the other two by Daniel Kanganu Karija. They were recorded and

---

[3] Thanks to its creator Rod Casali for his continual help.

transcribed in Ducie in 2007. The latter two are contained in the first appendix in Brindle (2011: 471-500).The corpus texts are not provided in this edition.

2.4 Abbreviations

Two alphabetically ordered lists of abbreviations are provided: a list to be used with Part II and Part III is given on page xi and a list to be used with Part IV is given on page xiv. The former list gives alongside the abbreviations and their meaning the section or sections of the grammar that cover the related topic.

Part II
Chakali-English dictionary

¹**a** [à] *art.* the • *à bɔ́ɔ́ná tʃíéŋǐ à vìí bárá bálìè.* The goats have broken the cooking pots in two parts.

²**a** [à] *conn.* and, then • *ɔ̀ fìì wíɔ̀ à tʃá tàmá ká ɔ́ sɔ́wà, nɪ́ŋ wā ɔ̀ kpégéó.* He was very ill and almost died, but now he is well. *ùù bíé tʃɔ́ŋá à kpáámá à lìì kùó dì wāā à tʃèlè, ámúŋ̀ tʃɔ̀rìgì.* His child carried the yams from farm and fell on his way back, they were all smashed.

³**a** [à] (*foc. var.* **aa**) *pro.* non-human third person plural pronoun • *vááwísē há wà líì, à há wà lálì síé.* The puppies are not going out since they have not yet opened their eyes. *bà kàá dì búúrè á sííū.* They will want them to grow bigger.

a bɔnɪ̃́ɛ̃́ nɪ [àbɔ́nɪ̃́ɛ̃́nɪ́] *cf:* **banɪ̃́ɛ̃́** *adv.phr.* maybe, perhaps • *à bɔ́nɪ̃́ɛ̃́ ní dɔ́ɔ́ŋ kāā wàō.* Perhaps it is going to rain.

a ɲuu nɪ [àɲúúnɪ̄] *lit.* head on (*var.* **ɲuunɪ**) *conn.* therefore • *ɲ̀ wà kpagá sákɪ̀r, à ɲúú nī ɲ̀ dì válà nààsá.* I do not have a bicycle, therefore I am walking.

aa (*foc. var. of* **a**)

ãã [ʔáá] *n.* bushbuck, type of antelope (*Tragelaphus scriptus*). *pl.* **ããta**.

ããnɪ [ʔáànì] *v.* to suspect someone of hiding something, or telling a lie • *ɲ̀ ǎáni tɔ́má rá, ɲ̀ wàá bì kpá ɲ̀ɲ̀ fóòn tʃímɔ́ɔ́.* I suspect Toma, so I will not lend him my phone again.

ããnuuba [ʔáánúúbá] *cf:* **nuui** *n.* suffering • *ŋmáányɔ́ ãā̃nūūbā gáálíó àní ɔ̀ɔ̀ wɔ́léé ní.* Because of his family issues, Mangu's suffering abound.

aarɪ [ʔáárí] *v.* to harvest unripe food • *hàmɔ́nà kàá āārī móngòsō rō.* Children will pick the premature mangoes.

aarɪɪ [ʔààríì] *n.* grasscutter, cane-rat (*Thryonomys swinderianus*). *pl.* **aarɪɛ**.

abba [ʔábbà] *interj.* express a reaction to an unpalatable proposition, with disagreement and unexpectedness. [Ghsm].

abɛ [ʔàbɛ́] *n.* type of oil-palm tree *syn:* **benie** (*Elaeis guineensis*). (Akan <*abɛ*). *pl.* **abɛsa**.

abie [ábìē] *cf:* **awie** *nprop.* Awie (person's name). [Ka].

abluu (*var. of* **bluu**)

aɪ [ʔàí] *interj.* no, express denial or refusal • *ɔ̀ɔ̀ kíŋ wàɔ̀? àí, ɔ̀ɔ̀ wà kínìjɛ̃́ wàà.* A: Was he able to come? B: No, he was not able.

aka [àká] *conn.* and, then • *wáá ɲɔ́á ní àká tīēŋ.* He drank water, then gave some to me. *kàlá káálí jàwá àká pìèsì bùlèŋà tíísà.* Kala went to the market and asked for the Bulenga station.

akraa [àkráà] *nprop.* Accra.

alahaadi [ʔàlàháádì] *n.* Sunday. (ultm. Arabic, via Hausa <*lahàdì*).

alakadee [ʔálákádéè] *n.* type of tree, cashew tree (*Anacardium occidentale*). *pl.* **alakadeise**.

alamʊsa [ʔàlàmʊ́sà] *n.* Thursday. (ultm. Arabic, via Hausa <*àlhàmîs*).

alarba [ʔàlàrbá] *n.* Wednesday. (ultm. Arabic, via Hausa <*làr̃àbā*).

albasa [ʔálǎbásà] *n.* onion. (ultm. Arabic, via Hausa <*àlbasà̀*). *pl.* **alebasasa**.

alɛɛfʊ [ʔálɛ́ɛ̀fʊ́] *n.* vegetable amaranths, Gh. Eng. spinach, leaf used as soup ingredient to improve taste (*Amarantus Debius*). (ultm. Hausa <*àlayyàhō* 'spinach'). *pl.* **alɛɛfʊ**.

alɪbaraka [ʔàlɪ̀bárákà] *n.* reduce price in a transaction. (ultm. Arabic, via Hausa).

alɪɛ [álìɛ̀] *num.* two *Enum:* ɲɛwã̀ . *pl.* **alɪɛsa**.

aloro [álòrò] *num.* six *Enum:* **loro** . *pl.* **aloroso**.

alʊpɛ [álʊ̀pɛ̀] *num.* seven *Enum:* **lʊpɛ** . *pl.* **alʊpɛsa**.

ame [ʔàmé] *interj.* so be it, Amen • A: *kúòsō tɟɛ́ já tʃíá.* B: *àmé.* A: May God give us tomorrow B: So be it. (ultm. Hebrew 'amen').

amĩõ (*var. of* **dʒɛbalaŋ**)

amĩɛ̃ [àmĩ̀ɛ̃] *conn.* particle confirming a proposition that was stated or is contextually inferred as premise e.g. if so, in that case • *àmĩ̀ɛ̃ dì nàmĩ̃ã́ wáá tùò à sìímáá nī ì wàá*

dīi? So, if there is no meat in the food you won't eat? *dì bákúríí dí kʊ̀ʊ̀ dìà hán nī zàā̃, àmĩ̀ɛ̃ ǹ wàá tùò nī.* If Bakuri eats food in this house today, then I am not here (If I were to be here, he would not get a chance).

ammani [ʔámmànī] *n.* whole tiny dried fish. (Akan <*ámànì*). *pl.* **ammanise**.

amuŋ [àmùŋ] *cf:* **bamuŋ** *quant.* all (hum-) • *ǹ wà kín jàwà àmùŋ, à bánĩ́ɛ́ tʃɛ́jèʊ̀.* I did not buy all, some are left.

amʊnʊ [ʔàmʊ́nʊ́] *n.* type of bush cat. (Tampulma). *pl.* **amʊnʊsa**.

ana (*var. of* **aŋ**)

anaasɛ [ànáásɛ̀] (*var.* **naasɪ**) *num.* four *Enum:* **naasɛ** . *pl.* **anaasɛsa**.

andɪaɲãã̀wɪɛ [àndīāɲã́ã́wíɛ́] *lit.* who-house-poor-issue ('whose house is poor of issues') *nprop.* dog name.

andʒelindʒe [ʔàndʒèlìndʒé] *nprop.* eighth month. (Waali <*àndʒèlìndʒé*).

angum [ʔángùm] *ono.* monkey's scream • *àwíɛ́ gbĩ̀ã̀ jáà wīī ángùm, ángùm, ángùm.* That is why the monkey sounds like angum, angum, angum.

anĩĩ [ʔánĩ́ĩ́] *n.* African ebony, type of tree (*Diospyros mespiliformis*). *pl.* **anĩã**.

anɪ [àní] *conn.* (*var.* ¹**nɪ**) **1** and, conjunction which joins nominal • *ǹ* ní ŋ̀ tʃéná kàá kààlì wàà rā. Me and my friend will go to Wa. ŋ̀ jáá bìnsá màtʃēō ànɪ́ fī. I am thirty years old. **2** with, particle which introduces an instrumental or a modifier phrase • *ŋ̀ ŋméná dáá rá ànɪ́ kàrántīē nɪ̄.* I cut a tree with a cutlass.

anɪ a muŋ [ànáá mùŋ] *adv.phr.* in spite of, even though • *ʊ̀ wááwáʊ́ ànɪ́ à mùŋ dɪ́ ʊ̀ʊ̀ wɪ́ɪ́ʊ̄.* He came in spite of his illness.

annulie [ʔánnúˈlíé] (*Gu. var.* **nããnuule**) *n.* dragonfly (*Libelluloidea*). *pl.* **annulese**.

ansa [ʔánsà] *interj.* **1** welcome • *ánsà. àwóó.* A: Welcome. B: Thank you. **2** thanks • *ánsà, ɪ̀ lógáʊ́.* Thank you, you made an effort.

aɲãã [ʔàɲã̌ã̌] *n.* type of snake. *pl.* **aɲããna**.

aɲɔ̃ [àɲɔ̃́] *num.* five *Enum:* **ɲɔ̃** . *pl.* **aɲɔ̃sa**.

aŋmɛna (*var. of* **ŋmɛna**)

aŋ [ʔáŋ́] (*var.* **ana**) *interrog.* who • *àŋ́ ɪ̀ɪ̀ kà nà à tʃɔ́ʊ̄ nɪ̄.* Who did you see at the village?

aŋbuluŋ [ʔámbúlùŋ] *cf:* **sʊamanzɪga** *n.* Black plum, type of tree (*Vitex doniana*). *pl.* **aŋbuluŋso**.

aŋkɪtɪ [ʔáŋkɪ́tɪ̀] *n.* handkerchief, thin fabric intended for personal hygiene, such as wiping one's hands or face. (ultm. English <*handkerchief*). *pl.* **aŋkɪtɪsa**.

aŋkʊrɔ [áŋˈkʊ́rɔ́] *n.* barrel, cask, drum container. (ultm. Dutch, via Akan <*anker*).

arɪdʒana [ʔàrĭdʒánà] *cf:* **lɛl** *n.* heaven. (ultm. Hebrew, via Arabic and Mande <*aljanna*).

arɪdʒima [ʔàrĭdʒímà] *n.* Friday. (ultm. Arabic, via Hausa <*jummàà*).

¹**asɪbɪtɪ** [ʔásɪbɪ́tɪ̀] *n.* **1** hospital. **2** yellowish powder medicine for healing sores used to be sold by Yoruba traders, no more available. [*oldfash*]. (ultm. English <*hospital*). *pl.* **asɪbɪtɪsa**.

²**asɪbɪtɪ** [ʔàsɪ́bɪ́tɪ̀] *n.* Saturday. (ultm. Arabic, via Hausa <*àsabàrì*).

asɪɪ [ʔásɪ́ɪ́] *n.* type of tuber, Gh. Eng. Farafara potato, not farmed anymore (*Solenostemon rotundifolius*). *pl.* **asɪɛ**.

atalaata [ʔàtàláátà] *n.* Tuesday. (ultm. Arabic, via Hausa <*tàlātà*).

atanɪ̃ɛ̃ [ʔàtànɪ́ɛ̃́] *n.* Monday. (ultm. Arabic, via Hausa <*lìtìnîn*).

atoro [átòrò] *num.* three *Enum:* **toroo** . *pl.* **atoroso**.

¹**awa** [áwà] *dem.* particular • *áwà tébín nɪ̄, ʊ̀ ɲúŋsé.* On that particular night, he disappeared. *áwà kór tíŋ lèɪ́ ŋ̀ dì búúrè.* That is not the chair I want. *áwà tʃɔpìsɪ́ɪ́ tɪ́ŋ ʊ̀ wà wááwá, tʃʊ̀ɔ̀sá písɪ́ɛ́ ʊ̀ʊ̀ wà.* That day he did not come, he came the following day.

²**awa** [áwà] *pro.* non-human third person plural emphatic pronoun • *áwâ lèɪ́ bà fɪ́ɪ́ búúrè.* It is not them they used to want.

awaa [áwáá] *pro.* non-human third person plural strong pronoun.

awie [áwìé] *cf:* **abie** *nprop.* Awie (person's name).

awiɛ [àwíɛ́] *conn.* therefore • *bìná háŋ ŋ̀ kpáámá wíréó, àwíɛ́ ǹǹ kàá tíɛ́í ìì kpààŋdùhó tín nā.* This year my yam harvest is good, therefore I will give you back your yam seedlings.

awoo [ʔàwóó] *interj.* reply to greetings, sign of appraisal of interlocutor's concerns • *ì hááŋ? àwōō.* A: How is your wife? B: Thank you (she is good). (Gonja).

b

¹**ba** (*var. of* **bar**)

²**ba** [ba]**be**, (*foc. var.* ¹**baa**) *pro.* human third person plural pronoun • *gbòló fíílíbá wā.* Gbolo looked at them. *báá wāā bāŋ.* They should come here. *wáá bàà jírà ásìàmā.* As for this, they call it "red".

¹**baa** (*foc. var. of* **ba**)

²**baa** [baa] *cf:* **waa** *v.* to come. [Ka].

bãã [bǎǎ] *cf:* **badʒɔgʊ** *n.* type of Nile monitor lizard, usually found in or near water, darker and different stripes than *badʒɔgʊ* (*Varanus niloticus*). *pl.* **bããna**.

baabaasʊ [bāābāāsʊ̀] *n.* gonorrhoea. (Akan <*bāābāāsʊ̀ʊ̀*). *pl.* **baabaasu**.

baabʊl [báábʊ̀l] *n.* Bible. (ultm. English).

baal [báàl] *n. cf:* **nɪbaal** (*Pl. var.* **baalsa**) 1 male, man. 2 husband. *pl.* **baala**.

baalɪɪ [báálɪ̂ɪ] *cf:* **bambiitɪɪna** *n.* bravery, manhood • *bà ní bàwɔ́líé bá tʃágálè báálíí.* They and their colleagues, they are going to show bravery.

baalsa (*Pl. var.* **baal**)

¹**baaŋ** [bááŋ] *n.* temper, anger • *ìì bááŋ sííwóú.* Your temper has raised.

²**baaŋ** [bààŋ] *interrog.* what • *bááŋ ì kàà búúrè?* What do you want? *ʊ̀ ŋmá dí bāāŋ?* She said what?

³**baaŋ** [bààŋ] *pv.* just, already, immediately, obligatorily, suddenly, to do without other alternative • *í wà bààŋ sáŋá dē.* You should just sit there. *bààŋ gíléú dé nì.* Just leave it there. *díŋ bààŋ jàà tòl.* The fire suddenly became flame. *ʊ̀ tá bááŋ nàà wááō kéŋ.* He came just now.

⁴**baaŋ** (*cntrvar.* **bambaaŋ**)

⁵**baaŋ** [bááŋ] *cf:* **de** 1 *adv.* here • *àŋ káá wāā bááŋ?* Who is coming here? 2 *n.* a particular place or point visible and close to speaker • *m̀m̀ pítító háŋ bāāmà bírèjòō.* These spots on my pants are black. *tʃìtʃàvètíí dóá ì nǎátówá báá-*

baarı   *bagɛnbʊa*

mà nī. There are spots of mud on your shoes. *pl.* **baama**.

baarı [bààrì] *v.* to be burnt slightly • à díŋ báárí ǹǹ rɔ́bàkàtásà, ʊ̀ fɔ̀ɔ̀mì. The fire slightly burnt my plastic bowl, it is crooked.

baasɪ [bààsì] *v.* to carry over shoulder • bàà báásí kpáámá kààlì dìà rā. They have carried the yams to the house.

baatrıbıı [báátərbíí] *lit.* battery-stone *n.* dry-cell battery. (ultm. English). *pl.* **báátərbíá**.

baawa [bááwà] *n.* type of singing and dancing performance with percussion and male lead voice. *pl.* **baawa**.

babuolii [bàbùòlìì] *cf:* **bolo** *n.* far place.

badaa [bàdáá] *n.* human limb. *pl.* **badaasa**.

badaarɛ [bàdààrè] *n.* type of striped hyena *syn:* **kpatakpalɛ**; **zɛpɛgor** (Hyaena hyaena). *pl.* **badaarɛsa**.

badaawise [bàdààwìsé] *n.* thin body by nature • ʊ̀ jáá bàdààwìsétííná rá. He is thin. ʊ̀ kpágá bàdààwìsē rē. She is thin. *ant:* **badaazenie**; **pɔlıı**

badaazenie [bàdààzéníé] *n.* large size, something large • ʊ̀ jáá bàdàzéníétííná rá. He is large. à tàgàtà jáá bàdààzénié ré. The shirt is large. *ant:* **badaawise**

badıga [bàdǐgá] *nprop.* Badiga, person's name.

badʒɔgʊ [bádʒɔ̀gʊ̃] *cf:* **bãã** *n.* Bosc's monitor, type of monitor lizard, rougher skin and usually shorter than *bãã syn:* **gbaga** (Varanus exanthematicus). *pl.* **badʒɔgʊsa**.

badʒɔgʊbagɛna [bádʒɔ̀ɣʊ̀bàɣənà] *lit.* monitor.lizard-neck *n.* type of tree. *pl.* **badʒɔgʊbagɛnasa**.

bafɔrıgıı [bàfɔ̀rìgíì] *n.* cuts and abrasions on the skin. *pl.* **bafɔrıgıɛ**.

bafragugu [báfràgúgú] *n.* type of war drum, also used when hunters return with plenty of game. [old-fash]. *pl.* **bafraguguso**.

¹**baga** [bàɣá] *adv.* in vain, nothing • ŋ̀ káálí tɔ́ɔ́pàtʃígíí bàgá. I went to the central part of the village in vain. à báàl bàgá ì dì tíŋà ʊ̀ʊ̀ nī. You will not get anything from the man you are following. bàgá máã́ sʊ́wáʊ́. Anything that will come today will give us something (lit. baga's mother is dead).

²**baga** [bàɣá] *cf:* **bɔg** *n.* type of fibre. [Mo].

bagabaga [bàɣábàɣá] *ideo.* done for no reason, done anyhow, pointless, in vain • bàgábàgá ŋ̀ kààlì kùò ŋ̀ wà kín tòntɔ́má. I went to farm in vain, I cannot work.

bagɛna [báɣɛ́ná] *n.* neck. *pl.* **bagɛnsa**.

bagɛnapʊɔgıı [bàgŋ̀pʊ́ɔ́gíí] *n.* lateral goitre, enlargement of the thyroid. *pl.* **bagɛnapʊɔgɛɛ**.

bagɛnbʊa [bàgŋ̀bʊ̆á] *n.* hollow behind the collarbone. *pl.* **bagɛnbʊsa**.

bagɛnsorii [bàgǹsóríí] *n.* atlas vertebra, first cervical vertebra which supports the skull. *pl.* **bagɛnsoree**.

bagɛntʃugul [bàgǹtʃùgùl] *n.* dowager's hump, outward curvature of the thoracic vertebrae of the upper back. *pl.* **bagɛntʃugulo**.

bagorii [bàgòríì] *n.* **1** location that is enclosed • *ǹ̀ zàgá ní à tʃîtʃàbʊ̌á jáá bàgòríí rē* In my yard the toilet is at the corner and is enclosed. **2** remote place, not easily accessible from the main road • *m̀m̀ bíárì dʊ́á bàgòríí nì.* My brother lives at a remote place. *pl.* **bagoree**.

baharaga [bàhárágá] *n.* **1** to make an effort, to be hard-working, or to do well • *kàlá bìé bàhárágá ɲúú nì, ʊ̀ʊ̀ jàwà lʊ́ʊ́lì.* It is due to Kala's son hard work that he was able to buy a car. *ant:* **bajʊɔra 2** zeal, enthusiasm.

bahĩɛ̃ [báhĩ́ɛ̃̀] *cf:* **hĩɛ̃** *n.* old man. *pl.* **bahĩɛ̃sa**.

bajoŋ [bájóŋ] *nprop.* Bayong, person's name.

bajʊɔra [bàjʊ̀ɔ̀rà] *n.* lazy, discouraged • *ʊ̀ʊ̀ báàl jáá bàjʊ̀ɔ̀rátíínà rá.* Her husband is lazy. *ant:* **baharaga**[1]

baketii [bàkétíí] *n.* broken part, usually body-part • *ǹ́ néŋ bàkétíí tìŋ kà wíʊ̀.* My broken arm is painful. *pl.* **baketie**.

bakti [bákə̄tì] (*var.* **bokti**) *n.* bucket. (ultm. English). *pl.* **baktise**.

bakuri [bákúrí] *nprop.* Bakuri, person's name.

bakpal [bákpál] *n.* naked. *pl.* **bakpalla**.

balalla [bàlállà] *n.* gaiety, happiness • *bàlállà dʊ́á dé.* I am happy. *pl.* **balalla**.

baleo [bàléò] *n.* epidemic. (Waali <*bàléó*).

baluu [bàlúù] *n.* balloon. (ultm. English). *pl.* **baluso**.

balʊʊ [bálʊ́ʊ́] *n.* **1** ethnic division, tribe • *lòbì bálʊ́ʊ́ wáá tùò jà tʃàkàlì nī.* The Lobi are not found in the Chakali area. **2** species • *gbīã̀ bálʊ́ʊ́ àní fʊ́ʊ́ bālʊ̄ʊ̄ wàà válà.* The monkey and the baboon do not live together. *pl.* **balʊʊ**.

bambaaŋ [bʊ́mbááŋ] *cntr.* [4]**baaŋ 1** *n.* trunk, loin, middle part of the body. **2** *reln.* middle of an object, in the midst of • *ʊ̀ dʊ́á téébùl ɲúú bámbáán ní.* It is in the middle of the top of the table. *ʊ̀ télé tīwíí bámbááŋ ná àká bìrà wàà.* He reached half way and returned. *pl.* **bambaama**.

bambaaŋnebii [bámbááŋnébíí] *n.* middle finger *syn:* **nebizeŋii**.

bambaaŋnebiwie [bámbááŋnèbíwìé] *n.* ring finger.

bambii [bàmbíí] *n.* **1** chest. **2** tree trunk, refers to the piece used in carving a large item, like a mortar. 3 condition or quality of being brave. *pl.* **bambie**.

bambiigɛraga [bàmbíígɛ́rágà] *cf:* **bambiwɪɪla** *n.* affliction and indisposition around the chest area.

bambiipʊŋ [bàmbíípʊ̀ŋ] *n.* chest hair. *pl.* **bambiipʊna**.

bambiitɪɪna [bàmbíítɪ́ɪ́ná] *cf:* **baalɪɪ** *n.* brave person *ant:* **ɔŋgbɪar** .

bambileo [bàmbíléò] *n.* sternum. *pl.* **bambileono**.

bambiwɪɪla [bàmbíwɪ́ɪ́lá] *cf:* **bambiigɛraga** *n.* chest pains. *pl.* **bambiwɪɪlsa**.

bamuŋ [bàmùŋ] *cf:* **amuŋ** *quant.* they all (hum+) • *nárá bánɪ́ɪ́ wááwá, ká bàmùŋ lèɪ́*. Some people came, but not all.

banɪ̃ɛ̃ [bánɪ̃́ɛ̃́] *cf:* **a bɔnɪ̃ɛ̃ nɪ** *quant.* some • *à súómó bánɪ̃́ɛ̃́ wá bɪ̄ɪ̄wā*. Some of the shea nuts are not ripe.

banɪɪ [bánɪ́ɪ́] *n.* section of a community, geographical and social quarter. *pl.* **banɪɛ**.

banpɛg [bámpèg] *n.* half of a seed or nut, e.g. kola. *pl.* **banpɛgna**.

banʊma [bànʊ́má] *n.* sickness, constant high temperature and malaise, not fever.

banɲ̆ǎluro [báɲ̆ɔ̆ǎlúró] *n.* type of flying insect that sucks blood, similar but smaller to a house fly.

baŋmaalɪɪ [bàŋmáálɪ́ɪ̀] *lit.* place-talk *n.* place where a discussion takes place.

baŋmɛna (*var. of* **ŋmɛna**)

baŋsɪaŋ [bànsíáŋ] *n.* feeling uncomfortable with one's chest or heart.

baŋtʃɔɔwie [bántʃɔ́ɔ́wìé] *n.* small trap, snare. *pl.* **baŋtʃɔɔwise**.

baŋtʃɔɔzeŋ [bántʃɔ́ɔ́zèŋ] *n.* big trap. *pl.* **baŋtʃɔɔzene**.

baŋtʃʊʊ [bántʃɔ́ʊ́] *n.* gin trap. *pl.* **baŋtʃʊʊsa**.

bar [bár] *n.* (*var.* ¹**ba**) 1 section, area, site, part, portion, place • *à bìnìhááŋ tʊ́mbár dóá dìà pátʃīgī nī*. The lady's work place is inside the house. 2 chance • *bà wà tɪ́ɛ́m bār dɪ́ ŋ́ jáá tʃítʃà*. They never gave me the chance to become a teacher. *pl.* **bara**.

bara [bárá] *n.* body • *à bìé bárá nʊ́máɔ́*. The child's body is hot. *pl.* **barasa**.

baratʃɔgʊʊ [bárătʃɔ́gɔ́ʊ́] *lit.* place-spoil *n.* night *synt:* **tebin**; **sankara** .

barɛgɛ [bàrègè] *v.* to be dormant, to have lost its function • *à gárágá bárégé ŋ̀ŋ̀ bàtɔ́n nɪ́ rā*. The sickness is dormant in my body. *à kpǎǎŋ wɔ̀sɪ́ɪ́ bārɛ̄gɛ̄ʊ̄, ʊ̀ wà bɪ́ɪ́wá, ʊ̀ ká wà bɪ́ jàá hùór*. The roasted yam is wasted, it is not cooked and it is not raw any more.

basaɲɪɪ [bàsáɲɪ̀ɪ́] *n.* sitting place. *pl.* **basaɲɛɛ**.

basɪg [básɪ́ğ] *nprop.* Basig, male name related to **sɪgmaa**, follows the child named ŋmããŋʊ synt: ŋmããŋʊ; hasɪg .

basɔŋ [bàsɔ́ŋ] *n*. shade.

basʊona [bàsʊ́ɔ́nà] *n*. happy, proud, excited • dʒímbàntō tʃɔ́písíí jáá bàsʊ́ɔ́nà rā à tìè jà tɔ́ɔ́tʊ̄mâ. The festival's days are days of happiness for our people.

batielii [bàtìèlîì] *n*. where and when meat is eaten. *pl.* **batielise**.

batĩŏ [bátĩ́ŏ́] (*var.* **vatĩŏ**) *n*. type of insect, similar to an ant, big and black. *pl.* **batĩŏsa**.

batɔŋ [bàtɔ́ŋ] *n*. body skin. *pl.* **batɔna**.

batʃaaŋ [bàtʃááŋ] *lit.* place-bright *n*. brightness *ant:* **birge** .

batʃasɪɛ [bàtʃásíɛ̀] *n*. rheumatism.

¹**batʃʊalɪɪ** [bàtʃʊ̀àlíì] *n*. sleeping or lying place • làlìì bátʃʊ̀ɔ̀líì. Corpse sleeping place (i.e. grave) *pl.* **batʃʊalɛɛ**.

²**batʃʊalɪɪ** [bàtʃʊ́álíì] *n*. race, running competition. *pl.* **batʃʊalɛɛ**.

bawa [báwà] *pro.* human third person plural emphatic pronoun • à lɔ́lìì wíɛ́ báwâ tʃʊ̀à tʊ̀ɔ̀sà nī. Because of the car issue, they slept in Tuosa.

¹**bawaa** [báwáá] [bɔ́wáá] *n*. energetic dance, singing and dancing for men and women.

²**bawaa** [báwáá] *pro.* human third person plural strong pronoun.

bawɪɪha [bàwɪ̀ɪ̀há] *n*. **1** body pain • ʊ̀ líí kùó wàʊ̀ bàwɪ̀ɪ̀há kpágáʊ́. He came from farm and he had body pains. **2** laziness • bàwɪ̀ɪ̀hátīīnā wáá káálì kùó. A lazy person does not go to farm.

baʔɔrɪɪ [bàʔɔ̀ríì] *n*. swelling. *pl.* **baʔɔrɛɛ**.

be (*var. of* **ba**)

bɛgii [bégíí] *n*. heart. *pl.* **bɛgie**.

bele [bèlè] *n*. type of African wild dog (*Lycaon pictus*). *pl.* **belese**.

belege [bélégè] *n*. drain in bathing area, soak-away system. *pl.* **belegese**.

bendiir [béǹdìɪr] *n*. type of bird, African Sacred Ibis (*Threskiornis aethiopica*). *pl.* **bendiire**.

benie [béníè] *n*. type of palm tree *syn:* **abɛ** (*Elaeis guineensis*). *pl.* **bense**.

beŋ [bèŋ́] *n*. law. *pl.* **benne**.

beso [bésò] *n*. type of yam. *pl.* **besoso**.

¹**bɛga** [bɛ̀ɣà] *v*. to go past the centre, of sun or moon, not in the middle of the sky • à wʊ̀sà bégáʊ́. The sun has passed the centre, it is afternoon.

²**bɛga** [bɛ̀ɣà] *v*. to create the grave where the corpse will lie • à péllé há wà bégá à bʊ̀àbìé. The burial specialists have not placed the small hole yet.

bɛl [bɛ̀l̂] *n*. **1** tool for scraping off adherent matter such as food on cooking recipient, originally made out of a piece of the *bɛl* nut. **2** type of tree (*Berlinia confusa*). *pl.* **bɛlla**.

bɛlɛgɛ [bélégé] *v.* to dust, polish and wash with moist or dry rag, to clean a bowl of food by eating up the contents • *ì wá pètì, zʊ̀ʊ̀ kà bélégé à dìá.* When you finish, clean the room. *wà kpá kʊ̀ʊ̀ fàlá à bélégé.* Come and take the t.z. bowl and finish it.

bɛlɛntɪ [béléntì] *n.* belt. (ultm. English). *pl.* **bɛlɛntɪsa**.

bɛlɪlɪ [bèlílíí] *n.* 1 person from Gurumbele. 2 lect of Gurumbele. *pl.* **bɛlɪlɪɛ**.

bɛma [bèmà] *v.* to tip a container down to slowly pour its contents • *bèmà sìntɔ́k já nʊ́ʊ́ sìŋ.* Tip the container so that we can drink.

bɛŋ [béŋ] (*Pl. var.* **bɛŋa**) *n.* type of tree. *pl.* **bɛnna**.

bɛŋa (*Pl. var.* **bɛŋ**)

bɛŋkpalɛ [bèŋkpálè] *n.* soya bean. (Waali <*bèŋkpálè*).

bɛra [bèrà] *v.* to dry or to put to dry by hanging, spreading or placing on something • *à gàr bérá à zàgá ní.* The cloth is drying in the yard. *lúólí à kpòŋkpóŋ ká bèrà.* Remove the cassava from the water and dry it.

bɛraa [béráá] *n.* poison. (Waali <*bɛraa*). *pl.* **bɛrasa**.

bɛʊ [bèʊ́] *n.* laziness as applied to dogs • *à váá béʊ́ná tʃʊ́áwáʊ́.* The lazy dogs are lying down. *pl.* **bɛʊna**.

bibɔŋ [bìbɔ́ŋ] *n.* bad child. *pl.* **bibɔma**.

bidɪɪŋ [bìdííŋ] *cf:* **dɪɪŋ**; **nɪdɪɪŋ**; **kɪŋdɪɪŋ**; **wɪdɪɪŋ** *n.* obedient, faithful or truthful.

bie [bìé] *cf:* **hamɔŋ**; **bisʊʊna** *n.* child. *pl.* **bise**.

bifʊla [bìfəlá] *n.* baby. *pl.* **bifʊlsa**.

bigise [bígísé] *n.* signing, gesture, sign • *wónnó táá jáá bígísé.* Deaf language is signing.

bigisi [bìgìsì] *v.* to demonstrate • *bìgìsì kén tìŋ ʊ̀ kà jááwá.* Demonstrate what he has done.

bii [bíí] *n.* 1 seed. 2 indispensable quality of something • *ì bíí lííwáʊ́ ká tʃá ì péttí.* Your essence is gone leaving almost nothing. *pl.* **bie**.

bil [bìl] *cf:* **bʊɔ** *n.* closed grave, as a hole filled with soil. *pl.* **bille**.

bilaadʊlɪ [bìlààdʊ́líí] *cf:* **laa dʊ** *n.* child adopted by a relative. *pl.* **bilaadʊlɪɛ**.

bile [bìlè] *v.* to put down or set down, especially of flat things • *kpá à tɔ́ŋ bìlè à tééból púú nì.* Put the book down on the table.

bileedi [bìléédì] *n.* blade, refers specifically to the razor blade sold in shops which is mainly used to cut hair. (ultm. English <*blade*).

bilesi [bìlěsì] *pl.v.* to form and shape for food preparation • *bà bílésí à kpúlíkpúlí ré.* They shape the groundnut balls

biligi [bílígí] *v.* to rub, to touch with affection • *à bìè háŋ kàà bīlīgī ʊ̀ʊ̀ nàál kìnkán nā.* This child touches the grandfather with affection.

bilii [bílíí] *n.* white-tailed mongoose (*Ichneumia albicauda*). *pl.* **bilie**.

bilinsi [bìlìnsì] *v.* to tumble, to roll • *à bíí bílíŋsé tʃèlè*. The stone tumbled.

bilʊlla [bìlʊ́llá] *pl.n.* parents.

binɪbaal [bìnìbáàl] *n.* young boy. *pl.* **binɪbaala**.

binɪhããŋ [bìnìhã́ã̀ŋ] *cf:* **suŋguru**; **tulor** *cf:* **tulorwie**; **nɪhãwie** *n.* girl. *pl.* **binɪhããna**.

binʋaŋ [bùnʋ̃ã́ŋ] *n.* handsome male. *pl.* **binʋansa**.

binʋãŋsɪŋ [bùnʋ̃ã̀nsíŋ̀] *lit.* gentleman-drink *n.* moribund celebration after harvest organized by young men • *bònʋ̀àŋsíŋ jàà dí*. We are celebrating the youth festival. [oldfash]. *pl.* **binʋãŋsɪnna**.

bipɔlɪɪ [bìpɔ̀líì] *n.* young man. *pl.* **bipɔlɛɛ**.

bipʋ̃ã [bìpʋ̃̌á] *lit.* child-rotten *n.* rude or spoiled child. *pl.* **bipʋ̃ãta**.

¹**bire** [bǐré] *v.* **1** to be dark, to make dark • *tìè bár bíré ká jã káálì diá*. Let it be dark before we go home. *ʋ̀ ká wà bí bíré ʋ̀ ká wà bí síárí*. It is not yet totally black and not totally red. **2** to be black, to make black • *à bìè kpá dóŋó bíré ŋ̀ŋ̀ dìà múŋ*. The child used dirt to make my house black. (Gur 'dark').

²**bire** [bìrè] *v.* to be abnormally unable to take or do, e.g. food, lessons, sleep • *ʋ̀ʋ̀ pàtʃígíí bíréó ʋ̀ʋ̀ wà kín à dī sìmáá*. She cannot take food the way she uses to.

birge [bírǧè] *n.* darkness • *ŋ̀ wàá kìn lìì bírgè hàn nī*. I cannot go out in this darkness. *ant:* **batʃaaŋ**

birgi [bìrǧì] *v.* to delay, to keep long, to stay for a long time, or to last • *à dúóŋ tíé jà bìrgì kùò nī*. The rain delayed us at the farm.

birindiŋ [bǐríndíŋ] *n.* sizeable road to which cars and lorries can access.

biriŋ [bǐríŋ] *n.* whole, full, totality • *ààríí bíríŋ dʋ́á ŋ̀ŋ̀ dìà nī*. A whole grasscutter is in my house. *pl.* **birime**.

birisitʋʊ [bǐrísìtɔ́ʋ̀] *n.* non-local medicine for yaws sore.

bisiketi [bísíkètì] *n.* biscuit. (ultm. English <*biscuit*).

bisʋɔna [bìsʋ̀ɔ̀ná] *cf:* **bie**; **hamɔ̃ŋ** *n.* child. [Ka]. *pl.* **bisʋɔnasa**.

bisʋɔnbie [bìsʋ̀ɔ̀nbìé] *cf:* **hamɔ̃wie** *n.* small child. [Ka]. *pl.* **bisʋɔnbisi**.

bivɪɛɪ [bìvíéì] *cf:* **bivɪɛlɪɪ** *n.* stubborn child. [Ka, Gu]. *pl.* **bivɪɛlɪɛ**.

bivɪɛlɪɪ [bìvìèlíì] *cf:* **bivɪɛɪ** *n.* stubborn child. *pl.* **bivɪɛlɪɛ**.

biwie [bìwìé] *n.* youngest child.

bɪ [bí] *itr.* iterative particle, conveys the repetition of an event • *jà wíré jà kíná rá àká vàlà gó dùùsèé múŋ nà̀à̀váí bítòrò*. We undress and walk around the whole Ducie three times. *ʋ̀ bí kʋ̀ɔ̀rè sã̀ã̀ ʋ̀ dìà rá*. He rebuilt his house.

bĩ [bí] *v.* **1** to fail to do • *à ŋmíér júóŋ mááfà bĩ*. The thief shot at me with a gun but missed. **2** to fail to attend an event, to be overwhelmed, to estimate that one's situation cannot fulfil some demands • *bìnà háŋ, dùsìè lúsínnìsā háŋ bín nà.* This year, this Ducie funeral, I cannot make it.

bɪa [bɪa] *cf:* **tʊʊ** *n.* settlement. [*Ka*].

bĭã [bíã́] *n.* duck. *pl.* **bĭãsa**.

bɪagɛ [bìàgè] *v.* to displace or move, to let someone or something pass • *kpàgà à kúr bìàgè.* Move the chair to give a way. *ŋ̀ bíágíjʊ́ʊ́ ká tìè à báàl tìwíí.* I make room and give the man the road.

bɪɛgɪ [bìègì] *v.* to move sideways, to change direction, Gh. Eng. to branch • *kúrí bíégíjáʊ́ʊ́ ká à lɔ́ɔ́lì wà kààlì.* Kuri shifted sideways and the car passed. *dì jà ká tèlè tìwíítʃárágàsá ŋ̀ kàà bìègì néŋgál lā.* When we reach the junction, I will go left.

bɪɛl [bíɛ̀l] *n.* poisonous plant leaf, unused today, said to have been replaced by DDT. *pl.* **bɪɛla**.

bɪɛlɪ [bíélí] *v.* to be weak, unwell, and in need of assistance • *à hááŋ tíésíjáʊ́ à zíí bīēlī.* The woman vomited and is now weak.

bɪɛrɪ [bíérì] *cf:* **kpɪɛma** *n.* ego's senior brother. *pl.* **bɪɛrɪsa**.

bɪɛsɪ [bíésí] *v.* to go a distance and meet someone or reach something • *tʃɔ̀pìsì bímúŋ ŋ̀ jáá bīēsī kààlì ŋ̀ sìtɔ́ɔ̀ rā.* Every day I go to my store.

¹bɪɪ [bíí] *cf:* **bʊɪ** *n.* stone. *pl.* **bɪa**.

²bɪɪ [bìì] *v. cf:* **sɪama; sɪarɪ** **1** to be well cooked • *gílà ʊ́ʊ́ márā bìì.* Let it be well cooked. *ʊ̀ bíwáʊ́ʊ́.* It is cooked. *ʊ́ʊ́ márá bìjʊ́ʊ́.* It is well cooked. *à kpáámá bíí gāāsʊ́ʊ́* The yams are overcooked. **2** to be ripe, applicable to shea nuts and mangos • *à súómó bíwáʊ́ʊ́.* The shea nuts are ripe. **3** to turn into, in processing food • *zàáŋ à nìkànìkà sàʊ́ wáá bìì, jà kàà tʃēsūù.* Today the flour from the grinding mill is not properly done, we will have to sieve it.

bɪɪbɔg [bííbɔ́g] *n.* type of tree. *pl.* **bɪɪbɔgna**.

bɪɪbʊɔ [bííbʊ́ɔ̀] *lit.* stone-hole *n.* cave. *pl.* **bɪɪbʊsa**.

bɪɪsɪ [bììsì] *v.* to narrate • *bììsì ìì tótíí.* Narrate your version of the story.

bɪɪzimii [bʊ́zímíí] *cf:* **bʊzaal** *n.* Stone Partridge, type of bird. [*Gu*]. *pl.* **bʊzimie**.

bɪla [bìlà] *v.* to try to solve worries and problematic issues • *ŋ̀ŋ̀ bílá ŋ̀ŋ̀ bìè tíŋ wíɛ́ kúsìù.* I tried to solve my child's problems but failed.

¹bɪna [bìná] *n.* year • *wʊ̀sá ní áfíá bìnsá máásé dɔ́ŋá rà.* Wusa is as old as Afia. *pl.* **bɪnsa**.

²bɪna [bíná] *pl.n.* excrement.

³bɪna [bìnà] *v.* to be old or experienced • *kàlá wálánsè bínáʊ́ʊ́, àŋúúní ʊ̀ jàwà wálánsè fɔ́líí.* Kala's radio is old, therefore he bought a new one. *káŋgánʊ́ʊ́ ká bīnā dùsèè níí tʊ́má ní, bà brà kpáʊ́, ʊ̀ dì tʊ́mà.* Because Kanganu is experienced with Ducie's water system, they took him back to work.

bɪnbilinsi [bìmbìlìnsì] *lit.* excrement-tumble (*var.* **bɪnbiliŋkpogo**) *n.* Dung beetle (*Scarabidae fam.*). *pl.* **bɪnbilinsise**.

bɪnbiliŋkpogo (*var. of* **bɪnbilinsi**)

bɪntɪra [bìntírà] *n.* type of closed single headed gourd drum. *pl.* **bɪntɛrasa**.

bɪntɪratʃĩŋ [bìntíràtʃĩ́ĩŋ] *cf:* **tʃĩŋ** *n.* drum rattles for closed single headed gourd drum. *pl.* **bɪntɪratʃĩĩma**.

bɪntɪrawie [bìntíràwìé] *n.* type of closed single headed gourd drum, smallest. *pl.* **bɪntɪrawise**.

bɪntɪrazeŋ [bìntírāzèŋ̀] *n.* type of closed single headed gourd drum, largest.

bɪntuk [bìntùk] *n.* regular free range defecation location. *pl.* **bɪntukno**.

bɪŋbɪɛl [bímbíɛ́l] *n.* type of fish. *pl.* **bɪŋbɪɛla**.

bɪra [bɪ̀rà] (*var.* **bra**) *v.* to return, to turn back, to go backwards • *bìrà à káálì.* Go back. *bìrà àká tʃáɔ̀.* Return and leave him.

bɪrgɪ [bìrɪ̀gì] *v.* **1** turn, change direction • *bìrgì ìì sìé tá tììmúŋ nɪ́.* Turn your face towards the east. **2** to change, transform, metamorphose, turn into • *à háá̃hɪ́ɛ̃̀ bírgí dóó̃̀.* The old lady turned into a python.

bɪtal [bítál] *n.* any large flat stone, which can function as solar drying or threshing floor. *pl.* **bɪtala**.

bɪtɪ [bìtì] *cf:* **jolo** *v.* to empty by pouring, to pour all, to spill out, to pour in a stream, to scatter • *bìtì à fàlá nɪ́ɪ́ tà.* Pour away the water that is in the calabash. *bìtì ìì kàpɔ́siè bìlè.* Scatter you kola nuts on the ground.

bɪwie [bíwíé] *n.* small stone. *pl.* **bɪwise**.

bɪzeŋ [bízéŋ̀] *n.* big stone. *pl.* **bɪzene**.

bluu [bə̀lùù] (*var.* **abluu**) *n.* blue. (ultm. English <*blue*). *pl.* **bluuso**.

bokti (*var. of* **bakti**)

¹**bolo** [bòlò] *cf:* **babuolii** *v.* to be far • *mɔ̀tìgú wá bōlō.* Motigu is not far. *ant:* **dʊgʊlɪ**

²**bolo** [bóló] *v.* to remove yet leaving most, to skim • *bóló ìì gùndààbíí ŋméŋ tìŋ tɪ̄ēŋ.* Remove some of the thread from the holder for me. *bàmùn ná kàlá ká bōlò à kàpɔ́sìfàlá rá.* Everyone saw Kala remove nuts from kola container.

boloŋbʊɔtɪa [bòlòmbʊ́ɔ́tìà] *nprop.* name of a constellation.

bombo [bómbó] *n.* kicking and catching game played by your girls where leaves of *bombosʊɔrɪɪ* tree are tied in a form of a ball.

bombosʊɔrɪɪ [bómbòsʊ̀ɔ̀rɪ́ɪ́] *n.* Rain tree (*Samanea saman*). *pl.* **bombosʊɔrɪɛ**.

bonso [bónsó] *n.* cup. (Waali <*bonsuo*). *pl.* **bonsoso**.

bonti [bóntí] *v.* to divide and share • *bóntí à nàmǐ́á já tíè.* Divide and share the meat so we can eat.

boŋ [bóŋ] *cf:* **bugulie** *n.* big water pot. *pl.* **boŋo.** [*Tp*].

¹**boro** [bòró] *v.* to be short • *à dáá bóróó.* The wood is short. *dùsíéléé tàá tìŋ ʊ̀ jáá bòrò rò.* The language of Ducie; it is short (truncated). *ant:* **zeŋ** *pl.* **boroso.**

²**boro** [bòró] *n.* portion • *má kpá à bár bóró à tɩ́ébá.* Give them some portion of land. *ŋ̀ díjò àká tʃá à sììmáá bòró.* I ate but left some of the food. *pl.* **boroso.**

bowo [bòwò] *cf:* **tɔbou** *v.* to be insufficient • *tí tɩ́é sììmáá bòwò à pàràsá.* Do not let the farmers be short on food.

¹**bɔ** [bɔ́] *v.* to pay • *bɔ́ ŋ̀ŋ̀ kàntʃímá tɩ́éŋ.* Pay me what you owe me.

²**bɔ** [bɔ́] *v.* to be better than • *zààŋ tómá bɔ́ dìà tìŋ tómá.* Today's work is better than yesterday's work.

bɔg [bɔ̀g] *n. cf:* **baga** (*var.* **bɔkbɩl**) 1 type of tree (*Pseudocedrala kotschyi*). 2 fibre used to attach grass or tubers and to make *sɩgmaa* costume. *pl.* **bɔgna.**

bɔkbɩl (*var. of* **bɔg**)

bɔl [bɔ́l] *n.* ball. (ultm. English). *pl.* **bɔlsa.**

bɔla [bɔ̀là] *cf:* **dʒigela** *n.* elephant *synt:* **selzeŋ; neŋtɩɩna** (*Loxodonta cyclotis*). *pl.* **bɔlasa.**

bɔlakaŋ [bɔ̀làkàŋ́] *n.* elephant trunk. *pl.* **bɔlakaŋa.**

bɔlaɲɩŋ [bɔ̀làɲíŋ] *n.* ivory. *pl.* **bɔlaɲɩŋa.**

bɔma [bɔ̀mà] *v.* 1 to be dangerous, to be bad • *ʊ̀ bɔ́mǎ́ʊ́ kínkáǹ.* He is a very dangerous person. 2 to be expensive • *à sákìr jògùló bɔ́mǎ́ʊ́.* The bicycle is expensive. 3 to be hot • *à múró bɔ́mǎ́ʊ́.* The rice is too hot. 4 to endow with power • *ʊ̀ bɔ́mǎ́ʊ́, kùòsánǎ́ɔ̀ kà wà kínjɛ̂ɛ̄ kpágáʊ́.* He is powerful, the buffalo was not able to catch him. 5 to be difficult • *bifòlà ɲíníí bɔ́mǎ́ʊ́.* Looking after a baby is difficult.

bɔna [bɔ̀ná] *n.* loss • *ìì dìàtīīnā jógólí ʊ̀ʊ̀ kpáámá à tʃèlè bɔ̀ná.* Your landlord sold his yams at a loss. *ant:* **tɔna**

bɔŋ [bɔ́ŋ̀] (*var.* **bʷɔŋ**) *n.* bad. *pl.* **bɔma.**

bɔŋbɔwa [bɔ́mbɔ́wá] *n.* necessary item for a purpose, like ingredients for a recipe, tools for farming, or weapons for war. *pl.* **bɔŋbɔwasa.**

bɔɔbɩ [bɔ̀ɔ̀bí] *n.* type of undergarment. *pl.* **bɔɔbɩsa.**

bɔɔl [bɔ́ɔ́l] *n. cf:* **loŋbɔl** 1 oval shape • *zʊ̀ʊ̀ dìà àkā kpá kín tìŋ kà kíí bɔ́ɔ́l à wà tɩ́ēŋ.* Enter the house and get the thing that looks oval and bring it to me. 2 type of edible gourd found at the farm.

bɔrdɩa [bɔ̀rədíá] (*var.* **bʊrɩndɩa**) *n.* plantain (*Musa paradiasiaca*). (Akan < *bɔɔdìà*). *pl.* **bɔrdɩasa.**

bɔsa [bɔ̀sá] (*var.* **bɔsʊ**) *n.* Puff adder, type of snake (*Bitis arietans*). *pl.*

bɔsasa.

bɔsʊ (*var. of* bɔsa)

bɔtɪɪ [bɔ́tíí] *n.* scooped ball of staple food, Gh. Eng. morsel. *pl.* **bɔtɪɛ**.

bra (*var. of* bɪra)

brige [brígè] *n.* type of snake. *pl.* **brigese**.

¹bugo [bùgò] *v.* **1** to make soft, to prepare animal skin for taking off fur, to stretch the skin of a new drum for a certain period by continuously beating it • *à tìmpántíé há wà búgó*. The talking drums are not yet stretched. **2** to be drunk • *ṁ̀ɪ̀ màá há wà búgó múŋ̀*. My mother has never been drunk. *syn:* ²**dɪɛsɪ**

²bugo [bùgò] *v.* of a chick, to be at a stage, after hatching, after approx. five days, when the feathers start to grow from the wings • *ǹ̀ zààl tésìjōō ká à bìsé há wà búgó*. My fowl hatched but the chicks have not reached that stage.

bugomi [bùgòmì] *v.* to be stupid, to be unable to learn or to think well, to act without sense • *té búgémí kéŋ̀*. Do not be senseless.

bugulie [bùgə̀líè] *cf:* **boŋ** *n.* big water pot made out of clay. (Waali). *pl.* **bugulise**.

bugumuŋ [búgúꜜmúŋ] *n.* farm camp, including at least a hut, a cooking area, and a tree for shade. *pl.* **bugumuno**.

bugunso [bùgùnsô] *n.* stupidity.

bul (*var. of* bulo)

buleŋii [búléŋ́íí] *n.* **1** lect of Bulenga. **2** person from Bulenga. *pl.* **buleŋee**.

¹bulo [bùlò] (*var.* **bul**) *n.* type of tree. *pl.* **buloso**.

²bulo [bùlò] *v.* to seep out • *à bùlùgó wá brà á bùlò nīī*. The spring is not producing water any more.

bulugo [bùlùgó] *n.* spring, place where water wells up. (partly Oti-Volta). *pl.* **bulugoso**.

bulumbunti [bùlùmbùntì] *n.* meat forbidden by Islamic law, slaughtered improperly.

bummo [búmmò] *cf:* **jiriti** *n.* black *synt:* **doŋ**² . *pl.* **bulunso**.

bumo [bùmò] *v.* to precede • *nàdígíí búmó zʊ̀ʊ̀ ìì dìà háŋ̀ ká bà kpá tīēī*. Someone was in your room before they gave it to you.

bundaana [bùndááná] *n.* rich. (Waali <*bundaana*). *pl.* **bundaansa**.

buŋbuŋ [búmbúŋ] *n.* first • *búŋbúŋ ní ŋ̀ fí wàà nɔ̃́ã sīŋ̀*. At first, I was not drinking alcoholic beverage.

buol [bùól] *n.* song. *pl.* **buolo**.

buolbuolo [bùòlbúóló] *n.* singer. *pl.* **buolbuoloso**.

buoli [bùòlì] *v.* to sing • *té búólíí zààŋ*. Do not sing today. *bà búòlì búóló wó*. They are singing songs.

buolnãã [bùòlə̀nã́ã́] *n.* song track, division of a song. *pl.* **buolenããsa**.

buro [búró] *v.* to faint, to collapse from hunger or thirst • *ʊ̀ʊ̀ ɲʊ́ŋsì* kɔ̀sá ní à búró. He got lost in the bush and collapsed.

busunu [bùsúnù] *n.* type of flute made out of the horn. *pl.* **busunuso**.

buter [bùtér:] *n.* turtle. *pl.* **butete**.

¹**buti** [bùtì] *v.* to be confused • ḿm̀ bìé gèrègá tíéŋ bùtì. My child's sickness made me confused. m̀ bútíó. I'm confused.

²**buti** [bùtì] *v.* to make soft and flat by levelling and ploughing • bá tʃí ká bùtì ḿm̀ píkíétè tíéŋ. Tomorrow they will level my yam farm for me.

buu [bùú] *n.* silo, granary. *pl.* **buuno**.

¹**bũũ** [bṹṹ] *v.* to mix water and soil, or to make concrete • bṹṹ hàglíì á sáã̀ dìá. Mix sand and build a house.

²**bũũ** [bṹṹ] *v.* to become alight, of fire being at its burning stage • gìlà à dííŋ bṹṹ. Let the fire start burning.

buure [bùùrè] *v.* **1** to want • bààŋ ì kà búúrè. What do you want? **2** to acquire wealth • ìì ɲéná búúré tʃíá rá. Your father acquires wealth for the future. **3** to love, to make love • m̀ búúrè à tùlòrwìè ré. I love that young girl. kàláá búúré hákúrí. Kala made love to Hakuri. **4** to seek, look to for help or advice, to search • ò̀ búúré bɔ́ɔ́ná kààlì̀. He searched for the goats.

buuta [būūtà] *n.* kettle. (Hausa <būtà̀).

buzoŋ [búzóŋ] *cf:* **lubaal** *n.* bachelor, widower. *pl.* **buzomo**.

bʊa (*var. of* **bʊɔ**)

bʊabie [bʊ̀àbìé] *n.* smaller hole in a grave designed to slide the corpse in.

bʊbʊsa (*var. of* **bʊsabʊsa**)

bʊdaʊ [bʊ̀dáʊ̀] *n.* type of snake.

bʊẽɪ̃bʊẽɪ̃ [bʊ̀ẽɪ̀̃bʊ̀ẽɪ̃̀] *ideo.* carefully, slowly • dì sáã̀ bʊ̀ẽɪ̀̃bʊ̀ẽɪ̃̀. Drive carefully. dì ŋmá bʊ̀ẽɪ̀̃bʊ̀ẽɪ̃̀. Talk slowly. (Waali <bõĩ).

bʊɪ [bʊ́ɪ̀] *cf:* **bɪɪ** *n.* stone. [Ka]. *pl.* **bʊsɛ**.

bʊkʊrʊra [bʊ̀kʊ̀rʊ̀rá] *n.* type of medicine endowing hunters with supernatural power.

bʊkpããŋ [bʊ́kpáã́ŋ] *n.* type of wild yam. *pl.* **bʊkpããma**.

bʊla [bʊ̀là] *v.* tasteless • à áníĩ́ bʊ̀láó. The Ebony fruit is tasteless.

bʊmbʊr [bʊ́mbʊ́ɾ̀] *n.* dust.

bʊmsɪ [bʊ̀mʊ̌sɪ̀] *v.* to stutter, to stammer • ò̀ wà bʊ́mʊ̌sɪ̀, ò̀ bááŋ sííwó. He is not stammering, he is angry and nervous.

bʊntʊɔna [bʊ̀ntʊ̀ɔ̀ná] *n. cf:* **kajajo** **1** porter, a person who carries things for somebody else in exchange of money • hákúrí jáá bʊ̀ntʊ̀ɔ̀ná rá kùmásí ní. Hakuri is a porter in Kumasi. **2** location where porter jobs are exercised • bà dɔ́á bʊ̀ntʊ̀ɔ̀ná ní. They are at the place to work as porters. ò̀ káálí bʊ̀ntʊ̀ɔ̀ná. She went to work as a porter. *pl.* **bʊntʊɔnasa**.

bʊnõã [bʊ̀nõ̌ã] *n.* gentility.

bʊnʊ̃hʊ̃ [bʊ̀nʊ̃hʊ̃́] *n.* hippopotamus. *pl.* **bʊnʊ̃hʊ̃na**.

bʊɲɛ [bʊ̀ɲɛ́] *n.* treating others with respect • *à pásítà kpágá bʊ̀ɲɛ́ rá.* The pastor has respect for others. (Waali <*bʊɲɛ*).

bʊ̃ŋ [bʊ̃̀ŋ́] *n.* load of items. *pl.* **bʊ̃nna**.

bʊŋa [bʊ̀ŋà] *v.* to bend down • *bʊ̀ŋà à kpá à fàlá tíɛ́ŋ.* Bend down and pick the calabash for me.

bʊɔ [bʊ̀ɔ́] *n. cf:* **bil** (*var.* **bʊa**) 1 hole. 2 open grave. 3 boundary, separation between portions of land. *pl.* **bʊɔsa**.

bʊɔga [bʊ̀ɔ̀gà] *cf:* **pɛna** *n.* moon. [*Mo*].

bʊɔmanıı [bʊ́ɔ̀mánɪ́ɪ́] *n.* leopard *synt:* **ɲuwietɪına; nebietɪına** (*Panthera pardus*). *pl.* **bʊɔmanɪɛ**.

bʊɔna [bʊ́ɔ́nà] *n.* electric light bulb. (ultm. English <*bulb*). *pl.* **bʊɔnasa**.

bʊɔtıa [bʊ̀ɔ̀tíá] 1 *n.* bag • *ɲàmmíí bʊ́ɔ́trà.* maize bag. 2 *num.* 200 old Cedis (= 2 Ghana Pesewas), from a bag of cowries in pre-coinage days • *bʊ̀ɔ̀tìɛ̀ mátʃēō àlìɛ̀ àní fi.* 10 000 old Cedis (= 1 Ghana Cedi) *pl.* **bʊɔtɪɛsa**.

bʊɔtɔı [bʊ̀ɔ̀tɔ̀ı̀] *lit.* hole-closing *n.* third day of first funeral, when an animal sacrifice is made on the tomb.

¹**bʊra** [bʊ́rá] *v.* to be dusty • *à téébùl wà bʊ́ríjɛ̀ɛ̄.* The table is not dusty.

²**bʊra** [bʊ́rá] *n.* fermenting substance, yeast. (Waali).

bʊrɪndıa (*var. of* **bɔrdɪa**)

bʊrɪŋa [bʊ̀rɪ́ŋà̰] *n.* Christmas. (Akan <*bʊ́rɔ́ŋà̰*).

bʊsabʊsa [bʊ̀sàbʊ̀sà] (*var.* **bʊbʊsa**) *ideo.* type of visual percept • *à nɪ́hɪ́ɛ̃̄ síípōnā dʊ́ bʊ̀sàbʊ̀sà rā.* The eye lashes of the old man are greyish-white.

bʊʊbie [bʊ̀ʊ̀bíé] *n.* section of the grave where the corpse is inserted. *pl.* **bʊʊbise**.

bʊ̃ʊ̃ŋ [bʊ̃́ʊ̃́ŋ́] *n.* goat. *pl.* **bʊ̃ʊ̃na**.

bʊʊŋbal [bʊ̃̀ʊ̃̀mbál] *n.* he-goat, billy goat. *pl.* **bʊʊŋbal**.

bʊ̃ʊ̃ŋbie [bʊ̃̀ʊ̃̀mbìé] *n.* young goat. *pl.* **bʊ̃ʊ̃nbise**.

bʊwalıɛ [bʊ́wálíɛ̀] *n.* type of African wild dog (*Lycaon pictus*). *pl.* **bʊwalɪsa**.

bʊzaal [bʊ́záàl] *cf:* **bɪɪzɪmıı** *n.* Stone partridge, type of bird (*Ptilopachus petrosus*). [*Du*]. *pl.* **bʊzaalɛɛ**.

bʷɔŋ (*var. of* **bɔŋ**)

d

daa [dáá] *n.* 1 tree. 2 piece of wood. 3 central core of an object • *ɲàmmí-dáá.* maize cob *pl.* **daasa**.

daabãŋtolugu [dáábà̰ŋtólúgú] *nprop.* name of a major Gurumbele shrine.

daabii [dààbíí] *n.* hardest part of the log, located in the middle. *pl.* ***daabie.***

daadugo [dààdùgó] *n.* type of insect. *pl.* ***daadugoso.***

daahãã [dààhã̀ã̀] *n.* bitter tree • *nààsààrgbésà dāā jáá dààhã̀ã̀ rā.* The Neem tree is a bitter tree.

daakŏã [dààkŏã̀] *n.* Senegal parrot, type of bird (*Poicephalus senegalus*). *pl.* ***daakŏãna.***

daakŏãjalɛɛ [dààkŏã̀jàlɛ́ɛ̀] *n.* Rose-Ringed Parakeet, type of bird (*Psittacula krameri*). *pl.* ***daakŏãjalɛsa.***

daakŏãwoŋ [dààkŏã̀wòŋ́] *n.* Brown-Necked parrot, type of bird (*Poicephalus robustus*). *pl.* ***daakʊawonno.***

daakʊnʊ [dààkʊ́nʊ́] *n.* staple dish, Gh. Eng. kenkey. (Akan <*dɔ̀kònò̀*).

daakpuogii [dààkpúógíí] *n.* tree scar, bulge formed on a wounded area. *pl.* ***daakpuogie.***

daakputii [dààkpútíí] *n. cf:* **daamuŋputii** 1 log meant for burning charcoal or firewood. 2 tree stump. *pl.* ***daakputie.***

daalor [dáálór] *n.* hole in a tree. *pl.* ***daaloro.***

daaluhii [dáálúhíí] *n.* wooden beam supporting the roofing structure. *pl.* ***daaluhie.***

daaluto [dààlútó] *n.* tree root. *pl.* ***daaluroso.***

daamɪ [dààmɪ̀] *n.* self-denial, or blindly ignoring relevant information • *bà ŋmá dí ŋ́ wáá dùsèē ŋ̀ kpá dààmɪ̀.* They told me to come to Ducie, but I ignored it.

daamuŋ [dáámúŋ] *n. lit.* tree-under 1 resting area. 2 location for initiation. *pl.* ***daamuno.***

daamuŋputii [dáámúmpūtīī] *lit.* tree-anus *cf:* **daakputii** *n.* tree stump. *pl.* ***daamuŋputii.***

dããna [dã̀ã̀ná] *n.* mark on animal. *pl.* ***dããnasa.***

daanãã [dáánã̀ã̀] *n.* branch of a tree.

dããnɪ [dã̀ã̀nì̀] *v.* 1 to mark domestic animals in order to identify and show ownership • *ǹǹ ɲíná dã́ã́nɪ́ ʊ̀ʊ̀ sélé wó.* My father marked his animals. 2 to monitor someone closely • *kàlá káálɪ́ tìwíí rē ká ŋmā dì ŋ́ dɪ́ dã́ã́nɪ̀ ʊ̀ʊ̀ háàŋ.* Kala travelled so he asked me to monitor his wife.

daanɔŋ [dáánɔ́ŋ] *n.* fruit or seed of a tree • *bà ŋmá dí já dṹṹ dáánɔ́ná.* They say we must sow seeds. *pl.* ***daanɔna.***

daaɲuukpoŋkpolo [dááɲúúkpòŋ́kpòlò] *cf:* **kpŏŋkpŏŋpaatʃaktʃɔgɪɪ** *n.* type of ant that lives in trees.

daaŋmɛna (*var.* of **daaŋmɛnkoŋkoŋ**)

daaŋmɛnkoŋkoŋ [dààŋmèŋkóŋkóŋ] (*var.* **daaŋmɛna**) *n.* Fine-Spotted Woodpecker (*Campethera punctuligera*). *pl.* ***daaŋmɛnkoŋkonso.***

daapɛlɪmpɛ [dààpélìmpé] *n.* wooden board. *pl.* ***daapɛlɪmpɛsa.***

daapɛtɪɪ [dààpétíí] *cf:* **pɛtɪɪ** *n.* bark. *pl.* ***daapɛtɪa.***

daari [dààrì] *v.* to be half asleep • *gìlà ìì tóŋ tìŋ ìì dáárʊ̄ʊ̄.* Leave your book, you are almost asleep.

daarɪ [dáárɪ́] *v.* to take off the top, as in removing a dried layer of t.z. or porridge, leaves on the surface of the water, or as in shelling membrane from egg, to dig and scratch only the surface • *dáárɪ́ à nɪ́ɪ́ ɲúú kìndóŋó tɪ́ŋ tà.* Remove the dirt on the surface of the water. *dáárɪ́ à hàglíbúmmò tɪŋ tà.* Remove the layer of black soil. *tɔ́má dáárì ʊ̀ dìànʊ̃́ã́ rā, ʊ̀ wà bɪ́ gātɪ̄.* Toma removed some soil in front of his door, it is no more heightened.

daasããr [dààsã́ã́r] *n.* carver. *pl.* **daasããra**.

daasiiga [dààsììgà] *n.* **1** of trees pushing, rubbing, or pressing each other, abrasion between branches • *tʃàgʊ́nàã̀ gbél kpágá dààsììgà rá.* Chagunaaa's fig trees are rubbing and pressing each other. **2** suicide • *à báál tá dààsììgà rá à sòwà.* The man hanged himself and died.

daasɪama [dààsɪàmá] *n.* type of tree. *pl.* **daasɪansa**.

daasɔta [dààsɔ̀tá] *n.* type of tree (*Conaraceae*). *pl.* **daasɔrasa**.

daatʊma [dààtʊ̀má] *n.* chin. *pl.* **daatʊmasa**.

daatʃaraga [dààtʃárágà] *n.* forked stick, branch. *pl.* **daatʃaragasa**.

daazʊʊna [dààzʊ̃ʊ̃ná] *n.* **1** any spoon. **2** gourd ladle used to serve soup or porridge *syn:* **fazeŋ**. *pl.* **daazʊʊnasa**.

dabaara [dàbáárà] *n.* power of a shrine, spiritual power • *kʊ̀ɔ̀lìì kpágá dàbááràsá kìnkán nā.* Kuolii has a lot of power. *pl.* **dabaarasa**.

dabaga [dàbáyà] *cf:* **gaadin** *n.* garden.

dabuo [dàbúó] *cf:* **tɔhɪ̃ɛ̃** *n.* deserted settlement • *lùóbānɪɪ tōmā lɪ́ɪ́ dúnlúó dàbúó ró.* The people of the *luobanɪɪ* section came from a place called *dunluo*. *pl.* **dabuoso**.

dadã̌ɪ̃ [dàdã̌ɪ̃] *n.* numbness, as in limbs falling asleep • *ŋ̀ tʃʊ́á ŋ̀ nén nɪ̄ sìì, dàdã̌ɪ̃ kpágáʊ̃́.* I slept on my arm, when I got up it was numb.

dadʊɔŋ [dàdʊ́ɔ́ŋ] *cf:* **dʊana** *n.* evening, approx. 16:00 - 18:00, before darkness. *pl.* **dadʊɔnsa**.

¹**daga** [dàɣá] *cf:* **kparaama** *v.* to be necessary • *à wà jáá dàgā dɪ́ ŋ́ŋ́ jáá jààlfɛ̀.* It is not necessary that I become a Muslim. *à dágáʊ̃́ dɪ́ ŋ́ dɪ́ sììmáá tʃɔ̀pìsì bíímũŋ̀).* It is necessary that I eat food every day.

²**daga** [dágà] *n.* box, usually belonging to a person who passed away and containing personal items. (ultm. Latin, via Hausa <*àdakà*). *pl.* **dagasa**.

dagataa [dàgátáà] *n.* language of the Dagaaba.

dagaʊ [dàgáʊ̀] *n.* Dagaare person. (Waali). *pl.* **dagaabasa**.

dagboŋo [dàgbòŋó] *n.* type of mouse

usually found in or around the house. *pl.* **dagboŋoso**.

dalıa [dálíɛ̀] *n.* cooking place. *pl.* **dalısa**.

dalıbʊa [dálíbʊ̆á] *n.* inside of the three-stone stove. *pl.* **dalıbʊsa**.

dama [dàmà] *v.* to disturb, trouble, or bother • *tíí dàmà ǹǹ tō̃-mā.* Do not disturb my work. (Hausa <*dằmà* 'bother').

damba [dàmbá] *nprop.* third month. (Waali <*dùmbá*).

dambafulanaan [dàmbàfúlánáán] *nprop.* fifth month. (Waali <*dùmbàfúlánáán*).

dambakokoroko [dàmbàkòkòròkó] *nprop.* fourth month. (Waali <*dùmbàkòkòròkó*).

dambıa [dàmbìà] *n.* type of hyena. *pl.* **dambıasa**.

dampʊ [dámpʊ̆] *n.* reservoir, lake retained by a dam. (ultm. English <*dam*). *pl.* **dampʊsa**.

dandafulee [dàndàfúlèè] *cf:* **zınzapuree** *n.* type of bat. [Mo]. *pl.* **dandafulese**.

dandafulii [dàndàfúlíí] *n.* small pieces of charcoal falling at the bottom of the coal-pot. *pl.* **dandafulie**.

dandapʊsa [dàndàpʊ́sà] (*var.* **pʊna**) *n.* beard. *pl.* **dandapʊsəsa**.

dansanɛ [dànsɛ́nɛ́] *n.* metal cooking pot. (Akan <*dàdìsɛ́ɛ̀*). *pl.* **dansanɛsa**.

dansatʃi [dánsátʃì] *n.* smock without sleeves. (Hausa). *pl.* **dansatʃise**.

dansatʃiwie [dánsátʃìwìé] *n.* smock without sleeves. (Hausa). *pl.* **dansatʃiwise**.

danta [dàntá] *n.* clan appellation, praise name, or title, used in identifying people who are members of a certain clan division • *ì wɔ̀sá dántá káá jàà bààŋ?* What is your clan title? *pl.* **dantasa**.

dantıg [dàntíg] *n.* grinding bowl. *pl.* **dantıgna**.

daɲɛ̃ [dàɲɛ̃̀] *n.* type of metal. (Waali <*dàɲɛ̃̀*). *pl.* **daɲɛ̃sa**.

daŋgorugo [dàŋgórúgó] *n.* dagger, a knife with a pointed blade slightly bent downwards.

daŋıı [dáŋíí] *n.* wound • *à bìè kpá kísìé dʊ́ ʊ̀ tìntìŋ dáŋíí rá.* The child wounded himself with his knife. (W. Oti-Volta <*daŋ-*). *pl.* **daŋıɛ**.

daŋkpala [dàŋkpàlá] *n.* walking stick. (Waali <*daŋkpali*). *pl.* **daŋkpalsa**.

daŋŋı sie [dáŋŋí sìē] *cf:* **siidaŋŋa** *cpx.v.* to entertain, to make things interesting • *jìrà hàmɔ́nà bá wá dáŋŋí jà síé.* Call the children to come and entertain us.

¹**dara** [dárà] *n.* draughts, type of board game. (Waali <*dárà*).

²**dara** [dàrà] *cf:* **mʊga** *cf:* **hɛŋsı** *v.* to lie, to deceive • *ǹǹ ɲíná ŋmá dí ń tī wàà dárà wíé.* My father said that I should not tell lies. *ì dáráʊ́!* You are lying!

daraga [dàràgá] *n.* reluctance, unwillingness • *dì ì fì wà jáá dà-*

ràgàtííná, ì kàá pàrà à kùó pētūū záàŋ. If you were not reluctant, you would finish weeding the farm today. (Hausa).

datʃıbaal [dàtʃìbáál] *n.* brother in-law.

datʃıɛ [dàtʃíɛ́] *n.* brother or sister in-law. *pl.* **datʃıɛsa**.

datʃıhããŋ [dàtʃìháã̀ŋ] *n.* sister in-law.

dawarɛ [dàwárɛ̀] *cf:* **zamba** *n.* action against the benefit or prosperity of someone • *dàwárɛ̀ wàà sáá tɔ́ɔ̀.* Negative actions cannot build a community.

daworo [dáwòrō] *n.* type of bell used to alert people of an announcement, Gh. Eng. gong-gong. (Akan <*dawuro*).

¹**de** [dé] *cf:* **baaŋ** *adv.* there • *ì ná lɔ́ɔ́-lì rā dé nïï?* Do you see a car over there?

²**de** (*var. of* **dı**)

de ni [dénì] *lit.* there-on *adv.phr.* upon this, thereupon • *nìkáná sáŋɛ̀ɛ̄ à dì mɔ́mà zìàŋ, déni ɔ̀ bááŋ sìì.* Many people were sitting and laughing at Ziang, thereupon he became angry.

degeni (*var. of* **degini**)

degini [dègìnì] *v.* (*var.* **deŋili, deŋini, degeni**) 1 to put straight, to be straight, to unbend, to set in a direction • *tìɛ̀ à pítʃɔ́ŋ dègìnì.* Let the yam mound row be straight. *tìɛ̀ à zíá déŋíli.* Let the wall be straight.

2 tolerant • *à tɔ́ɔ́tīīnā wā dègìnìjè.* The landlord is not tolerant. 3 to be honest, faithful • *à bìè dégínìjóó ɔ̀ kà kpá ɱ̀ɱ̀ mòlèbíí à wà tʃéŋ.* The child is honest since he brought my money back.

deginii [dégínìí] *n.* straightness.

dembelee [dèmbélèè] *n.* place within the compound where fowls are kept. *pl.* **dembelese**.

dendil [dèndíl] *n.* location outside the house but still within the village's or section's borders, where community or sectional events generally take place (e.g. funeral ground, dance floor, large meeting). *pl.* **dendile**.

dendilhĩɛ̃sı [dèndílhĩɛ̃̀sì] *lit.* outside.ground-vibration *n.* bull-roarer *syn:* **sıgmawiilii; tebinsıgmaa** .

dendilsaŋana [dèndílsāŋānà] *n.* someone who sits at home or stays at the village, who does not go to the farm.

dendilsıgmaa [dèndílsígmàā] *lit.* outside.ground-Sigmaa *n.* type of dirge where men wearing masks and costumes perform during the day at the funeral ground.

deŋĩĩ [déŋĩ́ĩ́] *n.* storing grain, like *sıga* or *siiwie,* with ash for conservation • *sígá déŋĩ́ĩ́ wàà tʃɔ́gáá.* Preserving the cow peas will not keep them from going bad.

deŋili (*var. of* **degini**)

deŋini (*var. of* **degini**)

deŋsi [déŋsí] *v.* **1** to balance on head • *à bìnìháàŋ tʃóŋà níí à káá dèŋsì*. The girl carries water on her head without holding it. **2** to raise one's body to gain height in order to see • *déŋsí ɲìnè tókóró ní sááfì tʃóá dé*. Raise your body and look on the window frame, the key lies there.

deti [détì] *n.* date. (ultm. English). *pl.* **detise**.

¹dɛla [délá] *v.* to rely on • *ŋ̀ wàá kìn délá m̀m̀ màǎwiè ní*. I cannot rely on my aunt.

²dɛla [délá] *v.* to sit and lean back • *sáɲá à brà délá à kór ní*. Sit and lean back on the chair.

dɛlɛmbıı [délɛ́mbíí] *n.* stone of the three-stone stove. *pl.* **dɛlɛmbıa**.

dɛnsı [dènsì] *v.* to stretch, pull, and press body parts • *dènsì ǹǹ nébíé tīēŋ*. Stretch my fingers for me (in order to crack a knuckle).

dɛnsı hogo [dènsì hógó] *lit.* stretch bone *v.* to exercise • *ì kàá kɔ̀ntì dī ī wāā dénsí iì hógó*. You will be weak if you do not exercise.

dɛwa [dèwà] *v.* to set up the main structure of a flat-roofed mud house, with the forked poles and the cross beams in place, but without the mud • *ŋ̀ déwá ǹǹ dìà rá ká ŋ̀ há wà júówó*. I finished with the house but I have not started with the roof mud.

di [dì] *v. cf:* **tɔga** **1** to eat • *bà wà dí sììmáà zààŋ*. They did not eat food today. **2** to be enskinned, to hold a chieftaincy • *à báhíɛ̂ kàá dí à kòró*. The old man will be enskinned. **3** to be sharp • *à kísìé káá dì kìnkán nā*. The knife is sharp. *ant:* **gbul**

di jawa [dí jàwā] *lit.* eat market *v.* to trade • *ʊ̀ kááli ʊ́ ká dí mɔ̀tigú jáwà*. She is going to trade at the Motigu market.

dibi [díbí] *v.* to ask for forgiveness using sober words *syn:* **¹mɔsı¹** . (ultm. Gonja).

diebie [dièbìé] *cf:* **dʒɛbalaŋ** (*var.* **musi**) *n.* cat. (W. Oti-Volta 'room-child'). *pl.* **diebise**.

dieke [dièkè] *num.* one *Enum of:* **dıgımaŋa¹** .

diese [diésé] *n.* dream. *pl.* **diese**.

diesi [dièsì] *v.* **1** to dream • *ǹǹ háàŋ dìì diésùū káá ŋmā wīē*. My wife was talking while dreaming. **2** to inhabit spiritually, to live in, as when an ancestor spirit inhabits another body • *m̀m̀ màá diésí m̀m̀ bìnìháán nā*. I gave my late mother's name to my daughter.

digilii [dìgìlíì] *n.* type of eel. *pl.* **digilie**.

digboŋ [dígbòŋ] *n.* hunter rank of a person who has killed an elephant. (Gonja).

dindıa [díndìà] *n.* kitchen.

dintına [dìntínà] *cf:* **dıŋtʃǎǎŋ** *n.* lantern, lamp. [*Mo*].

diŋ [díŋ] *n.* **1** fire • *tìè díŋ dí*. Feed the fire. *à díŋ márá à díū*. The fire burns well. 2 electricity or light of cycle or lorry • *dùsèè ní díŋ wáá tùó.* In Ducie there is no electricity. *jà búúrè dín né já tʃáágí jà báátrì.* We need electricity to charge our batteries. *pl.* **dinne**.

diŋbamɔsıı [dímbámɔ̀sìì] *lit.* fireplace-set.fire *n.* kitchen. *pl.* **diŋbamɔsıɛ**.

diŋdaa [dìndáá] *n.* firewood. *pl.* **dindaasa**.

diŋhala [dìŋhálá] *n.* charcoal fire.

diŋkıŋmɔnıı [díŋkímmɔ̀nîì] *n.* device to carry fire. *pl.* **diŋkımmɔnıɛ**.

diŋpaparɛɛ [dìmpápàréɛ́] *n.* fire spark. *pl.* **diŋpaparɛsa**.

diŋtʊl [dìŋtɔ́l] *cf:* **tʊl** *n.* flame. *pl.* **diŋtʊlsa**.

diŋtʃã̀ã̀ŋ [dìntʃã̀ã̀ŋ] *cf:* **dintına** *n.* lantern, lamp • *tʃògò à dìntʃã̀ã̀ŋ.* Light the lantern. *pl.* **diŋtʃã̀ã̀nsa**.

diŋtʃã̀ã̀ŋdaa [dìntʃã̀ã̀ŋdáá] *cf:* **najeliŋbielie** *n.* lamp holder. *pl.* **diŋtʃã̀ã̀ŋdaasa**.

diŋtʃena [díŋtʃénà] *lit.* fire-friend *n.* Abyssinian Roller, type of bird (*Coracias abyssinicus*). *pl.* **diŋtʃensa**.

¹**dı** [dì] *conn.* 1 if • *dì ʊ̀ wááwáá, ǹ̩ ʃí nāʊ̄ rà.* If he had come, I would have seen him. 2 when • *dì ǹ̩ wá kʊ̀ʊ̀, ǹ̩ǹ̩ néndúl sīī jáá lúgúsúū.* When I get tired, my right eye vibrates.

²**dı** [dı] *comp.* that • *ǹ̩ wà láá dì dí gbòló kàá wàà.* I do not believe that Gbolo will come.

³**dı** [dı] *pv.* imperfective particle, in topic-marking strategy • *sígá rá ʊ̀ dì tíé.* It is beans he is chewing. *wáá ʊ̀ dì kááĺì.* It is to Wa he is going.

⁴**dı** [dı] *conn.* of doing simultaneously • *kpá sììmá háŋ dì kááĺì.* Take this food away!

⁵**dı** [dı] *cf:* **dıarɛ** (*var.* ²**de**) *pv.* yesterday • *ì dì ná ǹ̩ǹ̩ bìè rẽ̈ë̌?* Did you see my son yesterday?

⁶**dı** [dı] *comp.* do, imperative particle • *dì tʃɔ́.* Run!

dıa [dìá] *n.* house. *pl.* **dıısa**.

dıa tıŋ (*var. of* **dıarɛ**)

dıanõ̌ã [díànṍã̊] *lit.* house-mouth *n.* door. *pl.* **dıanõ̌ãsa**.

dıanõ̌ãbʊwie [dìànṍãbʊ̀wìè] *lit.* house-mouth-hole-small *cf:* **tokoro** *n.* window. *pl.* **dıanõ̌ãbuwise**.

dıarɛ [dìàrè] *cf:* **dı** (*var.* **dıa tıŋ**) *n.* yesterday • *dìàrè tìŋ ʊ̀ dí wà.* He came yesterday.

dıatıına [dìàtííná] *n.* landlord of a single compound. *pl.* **dıısatʊma**.

dıatʊma [dìàtʊ̌mà] *n.* group of people belonging to the same household. *pl.* **dıatʊma**.

¹**dıɛsı** [díésí] *v.* 1 to feed and rear animal • *à báàl kà díésí à bɔ́ɔ́n ná.* The man is feeding the goat. 2 to bring up, to take care of a child • *námùŋ wàà dīēsī à bìē háŋ.* No one takes care of this child.

²dɪɛsɪ [dìèsì] v. to be drunk • wáá nṹã́ síŋ dìèsì tʃòà gbél múŋ ní. He drank alcohol and he is now lying drunk under the tree. syn: ¹bugo²

dɪgɪɛ [dígíɛ̀] n. 1 traitor. 2 type of bird that alerts hunters about a nearby animal. pl. dɪgɛsa.

dɪgɪɪ (cntrvar. dɪgɪmaɲa)

dɪgɪɪtuo [dígíítúò] (var. sanduso) num. nine. pl. dɪgɪɪtuoso.

dɪgɪmaɲa [dígímáɲá] cntr. dɪgɪɪ 1 num. one Enum: dieke. 2 num. someone • píésì dígíí à búkù jògùló. Ask someone the price of the book. 3 n. same • jà bárá tòŋ wá jàà dígímáɲá. We do not have the same skin. pl. dɪgɪmaɲasa.

dɪgɪna [dìgìnà] n. ear. pl. dɪgɪnsa.

dɪgɪnbirinse [dìgìmbìrìnsé] lit. earfull cf: woŋ n. deafness.

dɪgɪnbirinsetɪɪna [dìgìmbìrìnsétííná] cf: woŋ n. person who is hard of hearing.

dɪgɪnbʊa (var. of maafadɪgɪnbʊa)

dɪgɪnwɪɪlɪɪ [dìgìnwììlíì] n. earache. pl. dɪgɪnwɪɪlɪɛ.

dɪgɪŋlɪɪlɪɪ [dìgìŋlììlíì] n. otitis. pl. dɪgɪŋlɪɪlɪɛ.

dɪgɪŋvɪɛnõ͂õ͂ra [dìgìŋvìènṍõ͂rà] lit. ear-refuse-hear n. reclusive person, who does not participate, refuses to take advice, who does not do what he or she has been asked, told or is expected to do. pl. dɪgɪnvɪɛnõ͂õ͂rasa.

dɪgbɛlgʊʊ [dígbèlĩ̀gʊ́] n. Senegal Coucal (Centropus senegalensis). pl. dɪgbɛlgʊsa.

dɪɪl [dííl] n. inhabitant who was born and raised in the same community • ɲágárí jáá dùsìè dííl lá. Nyagari is an inhabitant of Ducie. pl. dɪɪla.

dɪɪŋ [dííŋ] cf: nɪdɪɪŋ; kɪŋdɪɪŋ; wɪdɪɪŋ; bidɪɪŋ n. true, real, proper. pl. dɪɪma.

dɪlumo [dìlùmó] n. back room where one keeps one's personal items.

dɪnɪɪ [dìníí] n. soup, Gh. Eng. light soup, mainly tomatoes, pepper, and water.

dɪɲa [dìɲà] v. to imitate • dààrì kínà díɲà nárá kínkānà. Daari can imitate people very well. syn: ²tʃaasɪ

dɪɲʊ [dìɲʊ́] n. someone's interest and choice of lifestyle • ǹ̀n dìɲʊ́ síímáà ǹ̀ dí wòhàã̀ hán nī. This afternoon I ate the food I like.

dɪra [dǐ́r:] v. to have a closed, reduced or small internal space • m̀m pàtʃígíí wá dìrà. My stomach has a lot of space. à sìmá díráʊ̃. The bamboo stick is not hollowed, its cavity is filled.

dɪsa [dìsá] n. soup. pl. dɪsasa.

dɪsugulii [dìsùgùlíì] n. multi-storey building. pl. dɪsugulee.

dɪtʃʊʊlɪɪ [dìtʃʊ̀ʊ̀líì] n. sleeping room. pl. dɪtʃʊʊlɛɛ.

dobii [dóbíí] n. hail. pl. dobie.

dokagal [dòkágàl:] *n.* rainbow.

dokeg [dókég] *n.* type of centipede (*Chilopoda*). *pl.* **dokege**.

dolo [dòló] *n.* largest roofing beam, first layer of flat roof. *pl.* **doloso**.

dondoli [dòndólíí] *n.* fingerling, any fish that is very small and is at an early stage of development. *pl.* **dondole**.

donıı [dóníí] *lit.* rain-water *n.* rain-water • *dóníí sɔ́ɔ́nɪ̀jã́ã̄*. The rain water is cold.

doŋ [dóŋ] *n.* **1** dirt • *à bìsé káá dōōgì bàdón ní rē.* The children are playing in a dirty place. **2** black • *à gàr jáá ádōn nō.* The cloth is black. *synt:* **bummo**

doŋii [dóŋíí] *n.* dirtiness • *à bìè tágátà dóŋíí tíŋ írīī wáwèrē.* The type of dirtiness on the child's shirt is not good. *ant:* **t∫ãã̄nɪ**[1]

doŋo [dòŋò] *v.* to be dirty, to soil • *jàà níí tìè ń sɔ́, ǹ dóŋó kìnkán nà.* Fetch water for me to bath, I am very dirty. *ant:* **t∫ãã̄nɪ**[2]

doŋojaı [dóŋójáí] *n.* menses *syn:* **nɪsɔnıı**; **t∫agasıı** .

doŋotıına [doŋotɪɪna] *n.* unhygienic person.

doŋu [dòŋú] *nprop.* twelfth month. (Waali <*dòŋú*).

doŋumakuna [dòŋùmàkúná] *nprop.* eleventh month. (Waali <*dòŋòmàkúná*).

dɔga [dɔ̀γà] *nprop.* Doga, shrine of the village Holumuni.

dɔgsı [dɔ́ɣɪ̆sí] *v.* to punish • *tíí dɔ́gsí à làlìɪwié.* Do not punish the orphan.

dɔkta [dɔ́ɣɪ̆tà] *n.* doctor. (ultm. English). *pl.* **dɔktasa**.

dɔnıı [dɔ́níí] *cf:* **dʊɔ** *n.* water accumulated from soaking, sieving, and dripping *dʊɔ*.

[1]**dɔŋ** [dɔ́ǹ] *n.* comrade, a person in one's social class, a mate. *pl.* **dɔŋa**.

[2]**dɔŋ** [dɔ́ŋ́] *n.* enemy. (Waali <*dɔma* 'enemy'). *pl.* **dɔma**.

[3]**dɔŋ** [dɔ̀ŋ́] *n.* placenta • *à bíé dɔ̀ŋ líɪ́wáɔ́.* The child's placenta is out. *pl.* **dɔnna**.

dɔŋa [dɔ̀ŋà] *recp.* each other • *à nìbáálá bàlìè kpʊ́ dɔ̄ŋā rà.* The two men killed each other. *làgàmì dɔ́ŋà.* Join them to each other.

dɔŋtıına [dɔ́ntɪ̀ɪnà] *cf:* **tɔgama** *n.* person of the same size, or same status fellow. *pl.* **dɔntɪnsa**.

dɔsı [dɔ́sí] *v.* to stalk, walk stealthily towards • *dɔ́sí kà kpàgà bɔ́ɔ́ŋ háǹ tīēŋ.* Walk stealthily and catch this goat for me. *nàŋkpáá́nsá já dɔ̄sī sél lé àká jùò.* Hunters normally walk stealthily towards animals before shooting.

draaba [dráábà] *n.* driver. (ultm. English).

dugo [dùgò] *v.* to infest, to ravage • *à pàmmíí dúgóú, t∫ɔ́gíí zɔ́ɔ́ā.* The maize was ravaged, weevils infested it.

duguŋ [dùgúŋ] *n.* spiritual location of a village section or division, place where people gather for rituals.

duguŋnʊ̃ã [dùgúnnʊ̃ã́] *n.* entrance of a spiritual location. *pl.* **dugunnʊʊsa**.

duho [dùhó] *n.* seedling. *pl.* **duhoso**.

dul [dúl] **1** *n.* right (side) *ant:* ¹**gal**¹ . **2** *reln.* right • *wáá tʃʊ̀à ìi néŋ dúl nī.* It is on your right-hand side. *ant:* ¹**gal**² *pl.* **dullo**.

dulugu [dùlúgù] *n.* Abyssinian ground hornbill, type of bird (*Bucorvus abyssinicus*). *pl.* **duluguso**.

dundatuo (*var. of* **dunlatuo**)

dunlatuo [dùnlàtúò] (*var.* **dundatuo**) *n.* gall midge, type of insect (*Cecidomyiidae fam*). *pl.* **dunlatoso**.

duŋusi [dùŋùsì] *cf:* **zeŋsi** *v.* to limp • *hèmbíí ré táwá ʊ̀ʊ̀ nã́ã́, àwɩ́ɛ́ ʊ̀ dì dúŋúsì kéŋ.* A nail entered his leg, that is why he is limping like that.

duo [dúò] *n.* asleep • *à bìè dí tʃʊ̃́á dúó wɩ́wéré rē.* The child slept well yesterday. *dúó kpāgān nà.* I feel sleepy.

duoŋ [dúòŋ] *n.* rain • *à dúóŋ wāāwāʊ̃.* The rain has come. *pl.* **doso**.

duoŋkii (*var. of* **duoŋkiir**)

duoŋkiir [dúóŋkìir] (*var.* **duoŋkii**, **duoŋtʃiir**) *n.* type of tree *syn:* **gbĩãkʊl** . [*Du*].

duoŋsɔi [dúòŋsɔ́ì] *cf:* **sɔ duoŋ** *n.* lightning initiation, mystic protection against lightning.

duoŋtʃiir (*var. of* **duoŋkiir**)

duori [dùòrì] *v.* to assist somebody in crossing a water body • *kpá lōŋ dùòrì sùkú bisē.* Take the calabash and assist the school children in crossing the river.

duoso [dùòsó] *n.* information • *jàlìsá lìmã́ã̀ŋ tɩ́ɛ́ dùòsó dɩ́ námùŋ tʃí vɔ́wà nʊ̃ã́.* The Muslim imam gave the information that everybody should fast tomorrow. *pl.* **duosuso**.

dusee (*var. of* **dusie**)

duselii [dùsélíí] *n.* **1** person from Ducie. **2** lect of Ducie. *pl.* **duselee**.

dusi [dùsì] *v.* to put on or increase in weight and size • *à báál hã́ã̀ŋ tìŋ dúsíó.* The man's wife has increased in weight.

dusie [dùsìé] (*var.* **dusee**) *n.* Ducie village.

duu [dùú] (*var.* ¹**zugo**, **nã́ãkpaazugo**) *n.* Lappet-Faced Vulture, type of bird (*Torgos tracheliotus*). *pl.* **duuno**.

dũũ [dũ̀ũ̀] *v.* to sow, to plant • *bà ŋmá dɩ́ já dṹṹ dáánɔ́ná.* They say that we must sow seeds. (Gonja <*dù* 'plant yam').

dʊ [dʊ́] *v.* **1** to put on, to put in, to put bait in water, or something into water to make bad, to dip • *jà ká dʊ̄ nīī rā.* We are putting bait in the water. *dʊ́ bʊ́rá sín nì.* Put the fermenting substance. **2** to seem, to appear • *à dʊ́ kìì bà kà búúríí dùsìè né.* It seems that they are looking for you in Ducie. **3** to be • *ɲìnìɛ̃́ ìì ɲéná kā dʊ́.* How is your father?

dʊ tɔʊ [dʊ́ tɔ́ʊ̀] *cpx.v.* to take care • *ǹǹ dʊ́ à bìé tɔ́ʊ́ rā.* I am taking care of the child. *ìì dʊ́ ǹǹ kùò tín tɔ́ʊ́ rǎǎ.* Are you taking care of my farm?

dʊa [dʊ̀à] *v.* (*var.* ¹**dʊɔ**) **1** to be in, at or on, to be located • *kípó dʊ́ɔ́ sìndìà ní.* Kipo is in the bar. **2** to adhere to a religion • *ʊ̀ dʊ́ɔ́ jàríí nì.* He is a Muslim.

dʊana [dʊ̀àná] *cf:* **dadʊɔŋ** *n.* evening • *dʊ̀àná ní ɲ̀ kàá kààlì dìá.* I will go to the house this evening. [*Mo*].

dʊani [dʊ̀ànì] *v.* to greet in the evening • *ì wà dʊ́ání má wɔ̀lɛ̌ɛ̀?* Didn't you greet your people?

dʊası [dʊ̀àsì] *pl.v.* to arrange items in a certain way • *kíná àɲɔ́ àɲɔ́ rā, à hã́áɲ dʊ̀ɔ̀sì à tʃéléé.* The woman arranged the tomatoes in groups of 5.

dʊgʊ [dʊ̀gʊ́] *n.* type of dance.

dʊgʊlı [dʊ̀gʊ̀lì] *v.* to be near to • *à báál dʊ́gʊ́lí dìà ní rà.* The man is near the house. *dáánɔ́n tʃʊ́á dʊ̀gʊ̀lì à fàlá ní rà.* A fruit lies near the calabash. *ant:* ¹**bolo**

dʊgʊni [dʊ̀gʊ̀nì] *v.* to chase away, to be after something or someone • *dʊ̀gʊ̀nì à váá tà.* Chase away the dog.

dʊgʊsa [dʊ́gʊ́sá] [dʊ́gʊ́sá] *n.* condition similar to diarrhoea, but with little stool and more mucus.

dʊhãã [dʊ̀hã̀ã́] *lit.* bite-bitter *n.* type of snake *syn:* **suoŋdaawie**.

dʊksa [dʊ́ɣəsá] *n.* dysentery (Amoebiasis).

dʊkpene (*var. of* **dʊkpeni**)

dʊkpeni [dʊ́kpènì] (*var.* **dʊkpene**) *n.* Royal python (*Python regius*). *pl.* **dʊkpenise**.

¹**dʊma** [dʊ̀mà] *v.* to bite • *à ól dʊ́máɲ nā.* The mouse bit me.

²**dʊma** [dʊ̀má] *cf:* **nɪdʊma** *n.* soul or spirit contained in most organisms. *pl.* **dʊmasa**.

dʊmıı [dʊ́míí] *n.* bite.

dʊnıã [dʊ́nɪ́ã́] *n.* world. (ultm. Arabic, via Hausa <*dūniyằ*).

dʊnkafuuri [dʊ̀nkáfùùrì] *lit.* bite-and-blow *n.* insincerity, hypocrisy.

dʊnna [dʊ́nnâ] *n.* behaviour or attitude • *bà dʊ́nná háɲ bà kà dʊ́jē nīɲ tʃʊ́mã́ʊ́.* The behaviour that they display is bad.

dʊnsı [dʊ̀nsì] *pl.v.* to bite • *à váá kà dúnsí à bìé gílá́ʊ ʊ̀ʊ̀ bárá múɲ jàá pèmpélíɛ́.* The dog bit the child and his body is full of marks.

dʊnsıı [dʊ́nsíí] *n.* type of maggot found on dogs but also on filthy places. *pl.* **dʊnsıɛ**.

dʊŋmeŋ [dʊ̀ŋméɲ̀] *n.* type of Red-lined snake (*Bothropthalmus lineatus*). *pl.* **dʊŋmɛsa**.

dʊŋmɛŋbummo [dʊ̀ŋmɛ́mbúmmò] n. type of green-lined snake (*Hapsidophrys gen.*). pl. **dʊŋmɛŋbulunso**.

dʊŋmɛŋsıama [dʊ̀ŋmɛ́nsìàmá] n. type of green-lined snake (*Hapsidophrys gen.*). pl. **dʊŋmɛsiansa**.

dòŋgal (var. of **dõõgal**)

dʊŋtʃɔ [dʊ̀ntʃɔ́] n. state of a person when his or her soul has left syn: **nããhããta**.

dʊŋwie [dʊ̀ŋwìé] n. type of snake. pl. **dʊŋwie**.

¹**dʊɔ** (var. of **dʊa**)

²**dʊɔ** [dʊ̀ɔ̀] v. to fetch water in large quantity, specifically at a well or river • *ŋ̀ ŋmá ŋ́ ká dʊ̀ɔ̀ nīī pòl ní.* I want to fetch water from the river.

³**dʊɔ** [dʊ́ɔ́] cf: **kãʊ̃** cf: **dɔnıı** n. sold as grey, crushable solid, liquefied and used as soup ingredient, but formerly used in the making of gun powder. pl. **dʊa**.

⁴**dʊɔ** [dʊ̀ɔ́] n. animal offering to a shrine • *ǹǹ dʊ̀ɔ̀ jáá píésíí rē.* My offering is a sheep.

dʊɔga [dʊ̀ɔ̀gá] n. play • *hàmɔ́nà kàà búúrè dʊ̀ɔ̀gá.* Children are fond of playing.

dʊɔgı [dʊ̀ɔ̀gì] v. to play • *à bìnìháàŋ àní ʊ̀ tʃènsá káá dʊ̃ɔ̃gì zàgá ní.* The girl and her friends are playing in the yard.

dʊsı [dʊ̀sì] v. cf: **ɲʊmmı** 1 to quench, extinguish a fire, to put out • *dʊ̀sì díŋ háŋ̀.* Quench this fire. 2 to erase, clean, or cancel • *dʊ̀sì ìì nããnàsíè tín tà à diànɔ̃ã ní.* Erase your foot prints by the door. *à tétʃà gílá bà dʊ̀sì à séóbīnīẽ́ rā, ká ʊ̀ séwá á fɔ̀lēē.* The teacher made them clean the old writing and he wrote a new one. 3 to blink, with one or two eyes • *dʊ̀sì síí.* Close an eye.

dʊ̃ʊ̃ [dʊ́ʊ̃́] (Pl. var. **dʊta**) n. African rock python (*Python sebae*). pl. **dʊ̃sa**.

dõõgal [dõ̀õ̀gal] (var. **dòŋgal**) n. type of snake. pl. **dõõgalsa**.

dʒ

dʒaa [dʒàá] adv. unknowingly, unexpectedly, something not complying with one's assumption • *dʒàá, kén nè, dɔ́nɛ́ã dʊ̃.* So this is how the world is. *káásìm, dʒàá ì kpá háán nā.* Kasim, it was unknown to me that you got married. (Waali).

dʒaabırıdʒa [dʒááb́ırídʒà] n. mixture of kinds, people or items • *nìbúdʒááb̀ırìdʒàsá ká sāŋā dé nì.* People from many different ethnic groups are sitting there. pl. **dʒaabırıdʒasa**.

dʒaana [dʒáánà] n. door mat. (Waali <*dʒaana* 'door mat').

dʒaaŋãã [dʒááŋɛ́ã́] cf: **filii** n. bearing tray to carry load made with the fibre of the climber *tʃinie*. *pl.* **dʒaaŋãã̀sa**.

dʒabelaŋ [dʒàbèlàŋ] *n.* henna (*Lawsonia inermis*).

dʒagala [dʒàyàlà] *n.* a third person referred to in a conversation, but not named. (Waali <*dʒɛgala*).

dʒanıı (*var. of* **gɛnıı**)

dʒanse [dʒánsè] *n.* type of dance. (ultm. English <*jazz*).

dʒebuni [dʒèbùnì] *nprop.* Jebuni, person's name.

dʒɛbalaŋ [dʒɛ̀bálàŋ] *cf:* **diebie** (*var.* **amĩõ**) *n.* cat. [*Gu*]. (Gonja).

dʒɛbɛrɛ [dʒɛ̀bèrɛ̀] *n.* porridge made out of cassava flour and boiled water.

dʒɛbugokpʊrgıı [dʒɛ́búgòkpɔ́rəgíí] *n.* gunpowder container. *pl.* **dʒɛbugokpʊrgıɛ**.

dʒɛdʒɛrı (*var. of* **gɛgɛra**) *n..*

dʒɛfɛ [dʒɛ̀fɛ́] *n.* land-clearing period in the rainy season when the grasses are well grown and thick, crucial step for growing yam. *pl.* **dʒɛ̀fɛ̀sá**.

dʒɛfɛbummo [dʒɛ̀fɛ̀búmmò] *n.* farm land with a considerable amount of moisture in the soil. Usually within August and September.

dʒɛfɛpʊmma [dʒɛ̀fɛ̀pʊ̀mmá] *n.* dry farm land, or land with little moisture in the soil, usually in October and November.

dʒɛnıı (*var. of* **gɛnıı**)

dʒɛrɛga [dʒɛ̀rɛ̆gá] *cf:* **gɛrɛga** *n.* sickness, disease. *pl.* **dʒɛrɛgasa**.

dʒɛrgıı [dʒɛ́rgíí] *n.* sick and weak person. *pl.* **dʒɛrgıɛ**.

dʒɛtı [dʒɛ̀tì] *n.* lion *synt:* **ɲuzɛŋtıına** . *pl.* **dʒɛtısa**.

dʒigela [dʒìgèlà] *cf:* **bɔla** *n.* elephant. [*Mo*].

dʒinedʒine [dʒìnèdʒìnè] *ideo.* (*var.* **ginegine**) **1** sky appearance that suggests rain • *à tììmúŋ dɔ́ dʒìnèdʒìnè.* The east is not clear. **2** type of visual percept, mixture of colours • *à dámpɔ̀nīī dɔ́ dʒìnèdʒìnè, à wà wéré zààŋ.* The dam water is greyish and greenish, it is no good today.

dʒıɛndɔŋ [dʒíɛ̀ndɔ̀ŋ] *n.* a twin, one of a pair of twins. *pl.* **dʒıɛndɔŋa**.

dʒıɛnsa [dʒíɛ̀nsá] *n.* twins. *pl.* **dʒıɛnsa**.

dʒıɛra [dʒíɛ́rá] *n.* sieve or sifter, made out of woven screen, mainly for flour. (Waali <*dʒıɛra*).

dʒıfa [dʒífà] *n.* pocket. (ultm. Arabic, via Hausa <*aljifu* 'sheath').

dʒıga [dʒígà] *v.* to be mature, to master, to be brave, to be good at something • *pél lé tííŋ kà dʒígá, wáá káá ūū̀ lálíí.* The burial specialist who masters his work, he is the one who buries the corpse.

dʒıgısı [dʒìgìsì] *v.* to act or say proudly • *drááb̀a háŋ kàà dʒígísì ní lɔ́ɔ́lì mílímíí ní.* This driver is proud of driving a car. *à bìpɔ̀líí dʒígísíjáó̀* dí ʊ̀ kàá kìn páráʊ́, ʊ̀ pàrà kùsì ká tʃɔ̃. The boy said proudly that he could farm but failed and ran away.

dʒɪmbɛntʊ [dʒímbèntʊ́] *nprop.* first month. (Waali <*dʒímbèntɪ́*).

dʒogo [dʒógó] *n.* character or attitude • *zààŋ hámònā dʒógó wá wīrē*. The character of today's children is not good. *pl.* **dʒogoso**.

dʒoŋkoho [dʒɔ̀ŋkóhò] *n.* false accusation. *pl.* **dʒoŋkohoso**.

dʒora [dʒɔ̀rà] *n.* type of plant with soft stem, used by children in a game with the same name • *já ká jāgāsī dʒɔ̀ràsá*. Let us go play the game (Waali <*dʒɔra*).

dʒudʒumo (*var. of* **dʒumodʒumo**)

dʒumburo [dʒùmbúrò] *n.* soup ingredient, also used as medicine for new mothers. (Waali <*dʒùmbúrɪ̀*). *pl.* **dʒumburuso**.

dʒumodʒumo [dʒùmòdʒùmò] (*var.* **dʒudʒumo**) *ideo.* type of visual percept • *tììmúŋ dɔ́ dʒùmòdʒùmò rō*. The east appears very dark and has a menacing colour.

dʒʊɔŋ [dʒʊ̀ɔ́ŋ] *n.* hammock. *pl.* **dʒʊɔŋ**.

e

eeka [ʔéékà] *n.* acre. (ultm. English).

eesi [ʔéésì] *n.* acquired immune deficiency syndrome (AIDS), a disease of the human immune system caused by infection with human immunodeficiency virus (HIV). (ultm. English).

ɛ

ɛ̃ɛ̃ [ʔɛ̃̀ɛ̃́] (*var.* **õõ**) *interj.* yes, expresses affirmation.

ɛgla [ʔɛ̀ylá] *n.* jaw. *pl.* **ɛglasa**.

ɛmbɛlɪ [ʔémbélí] *n. cf:* **sɪɛbɪɪ** 1 shoulder. 2 wing. *pl.* **ɛmbɛlɛ**.

ɛmbɛltʃugul [ʔémbéltʃùgùl] *n.* shoulder joint. *pl.* **ɛmbɛltʃugulo**.

ɛnsɪ [ʔènsì] *v.* to squeeze, to twist, to press • *ènsì lùmbúrò nɪ́ɪ tìè ìì bíé*. Squeeze the orange juice for your child. *ènsì à kìntʃàgàsɪ́ɛ̀ à bèrà*. Twist the washed clothes and dry them.

f

faa [fàà] *n.* ancient • *kéŋ fì wàà jáá fàà nɪ́*. This was not done in those days. *nín nà fàà tʊ́mà fɪ́ jà jáà*. This is what the ancestors used to do.

[Tp].

fãã [fã̀ã̀] *v.* **1** to do by force, do harshly • ǹ kpá bááŋ tʃìàsì òʋ̀ gàŕ fã̀ã̀. I tear her cloth by force angrily. tʃʋ̀ɔ̀sìm pìsá fã̀ã̀, sìì wà. As soon as the day breaks, get up and come. **2** to depend on others cunningly and abusively • à báál fã́ã̀ òʋ̀ tʃɛ̀ná dì díʋ̀. The man depends on his friend abusively all the time for eating. **3** to draw milk from • fó̀làhã́ã̀ŋ kàà fã́ã́ nɔ̀ʔíl lá. The Fulani woman draws milk from the udder of the cow. **4** to press out • má ká fã́ã̀ kàlá kìnsóŋ òʋ̀ nã̀ã̀pégíí ní à níí múŋ lìì. You should go and press out the pus out of the swelling on Kala's leg.

faal [fáál] (*var.* **faatʋma**, ²**faara**) *n.* ancestor • fáálá fíí lāārè tóná. Our grandparents used to wear skins. *pl.* **faala**.

faamı [fààmì] *v.* **1** to grab hold of, as in wrestling, to put arm around • à báál fāāmī òʋ̀ dóntííná lùrò bà lógíí nī. The man grabbed the testicles of his enemy during wrestling. **2** to be tight • à nààtàʋ̀púró fáámí ǹǹ nààsá wà. The shoes are tight for my feet.

¹**faara** [fáárà] *n.* Father, title given to Roman Catholic priest, may be extended to ministers of other denominations. (ultm. English <*father*).

²**faara** (*var. of* **faal**)

¹**faarı** [fààrì] *v.* **1** to plaster or smear • ìì sèlèméntè kánáó̀ ì kàá fāārì ìì dïä? Is your cement enough to plaster your house? **2** to rub along, to scrape against • à lɔ́ɔ́lìsá àlìɛ̀ wá fààrì dóŋá báàn nī. The two cars scraped against each other right here.

²**faarı** [fáárí] *v.* to be between, to put between • à kàrántīē fáárì à láʋ́ lógún ní. The cutlass is between the side of the farm hut.

faası [fààsì] *v.* to be careless, negligent, to not be serious • dì ì fáásì à lɔ́ɔ́lì kāā tʃɔ̄ kààlì ká tʃàì. If you are negligent the car will leave you.

faasıı [fáásíí] *n.* carelessness.

faatʋma (*var. of* **faal**)

fabummo [fàbúmmò] *n.* type of gourd, used to mix local medicine.

fakɛlıa [fàkɛ̀líɛ̀] *n.* broken piece of gourd. *pl.* **fakɛlısa**.

fakiine [fàkììné] (*var.* **fatʃine**) *n.* index finger. *pl.* **fakiinese**.

fala [fàlá] *cf:* **kapʋsıfala** *cf:* **loŋ** *n.* section of a gourd used as container for liquid. *pl.* **falasa**.

falabii (*var. of* **fobii**)

falaneŋ [fàlánéǹ] *lit.* calabash-arm *n.* gourd stem. *pl.* **falanese**.

falıŋ [falıŋ] *n.* low land.

falıŋbʋa [fàlìmbʋ̀á] *n.* valley. *pl.* **falıŋbʋasa**.

fapʋmma [fàpʋ̀mmá] *n.* small gourd used to drink or to fetch water from containers.

fataga [fàtàgá] *n.* big gourd used as bucket, the biggest natural container *syn:* **gbɛntaga**.

fatʃine (*var. of* **fakiine**)

fawie [fòwìé] (*var.* **fowie**) *n.* type of gourd, used to drink locally brewed alcoholic drink.

fawietɪɪna (*var. of* **vʊgnɪhĩɛ̃**)

fazeŋ [fàzéŋ̀] *n.* type of oblong gourd, used to fetch soup or porridge *syn:* **daazʊʊna**² . *pl.* **fazeŋẽẽ**.

faʔul [fàʔúl] *lit.* calabash-navel *n.* gourd node. *pl.* **faʔulo**.

¹**felfel** (*var. of* **felfel**)

²**felfel** [félfél] (*var.* ¹**felfel**) *ideo.* manner of movement, as a light weight entity, applicable to leaves, animals and humans • *ʊ̀ tʃɔ́jèʊ̄ kààlì félfél*. She ran away, lightly.

¹**fɛga** [fègà] *v.* to stir soup and porridge • *fègà kùbíí tìè à gérégíí*. Stir the porridge for the sick person.

²**fɛga** [fègá] *n.* stirring-stick used for porridge and soup. *pl.* **fɛgasa**.

fɛla [fèlà] *v.* to push down grass, to flatten, to bend down grain stalks • *pèò dí fèlà ɲàmmíí múŋ bìlè hàglíí nì*. The wind has bent down all the maize to the ground.

fɛrɪgɪ [férígí] *cf:* **fɛtɪ** 1 *pl.v.* to loosen up tight muscles or joints by gently pressing on them • *à bìè férígì ʊ̀ʊ̀ ɲéná bārā rā*. The child pressed his father's body. 2 *pl.v.* to dial or type on phone or computer keys • *làà ǹǹ fóòn à férígí lísí ǹǹ námbà*. Take my phone and find my number. 3 *v.* in the process of making *gaarii*, to put weight and press hard with some stones on cassava mash placed in a porous bag • *pàà bíí férígí à kpòŋkpóŋ*. Take some stones and put them on the cassava.

fɛrɪɪ [féríí] *n.* aerial yam (*Dioscorea bulbifera*). *pl.* **fɛrɛɛ**.

fɛtɪ [fétí] *v. cf:* **fɛrɪgɪ** 1 to press lightly • *fétí ǹǹ nèbíwìé tīèŋ*. Press my little finger for me. *fétí à tóŋ márá téébùl ɲūū nì, pèú tí wá kpāʊ̄ kààlì* Hold the paper on the table, so the wind will not take it away. 2 to weight something down • *zòrò bíí fétí ìì dìá tʃénsì nī*. Pick a stone and put it on top of your metal roof.

fi [fí] *num.* ten. *pl.* **fise**.

fidalɪa [fídàlìà] *num.* twelve.

fidaloro [fídálòrò] *num.* sixteen.

fidalʊpɛ [fídálʊ̀pɛ̀] *num.* seventeen.

fidanaasɛ [fídànááṣè] *num.* fourteen.

fidaɲɔ [fídáɲɔ̀] *num.* fifteen.

fidatoro [fídátòrò] *num.* thirteen.

fididɪgɪɪ [fídìdígíí] *num.* eleven.

fididɪgɪɪtuo [fídìdígíítùù] *num.* nineteen.

fidiŋmɛŋtɛl [fídìŋméŋtél] *num.* eighteen.

fiel [fíél] *n.* hollow grass. *pl.* **fiele**.

fiile [fíílé] *n.* initiation for new hunters.

fiise [fíísé] *v.* 1 to scrape off • *fíísé dìsá tà ìì népíél nì*. Scrape off the soup on your palm. 2 to wipe • ǹ fíísè m̀m̀ mún nò. I wiped my buttocks.

filii [fìlíí] *cf:* **dʒaaŋãã** *n.* tray carved in wood. *pl.* ***filie***.

¹**finii** [fìníí] *ints.* little, a bit of • *tíéŋ jìsá tàŋ fìníí.* Give me a little bit of salt. *tàmá fìníííī ò̰ fì só̰wá.* He came very close to die.

²**finii** [fìníḭ́] *n.* type of punishment which only the authoritative figure and the individual are aware of the offence • *bàdìŋó̰ wáá būūrè ò̰ò̰ há̰ā̰ŋ, kéŋ wīē ò̰ dó̰ ò̰ fìníḭ́, ò̰ tʃɔ́.* Badingu does not like his wife, that is the reason he punishes her: she left him.

fio [fíó] *ideo.* absolutely not • *ǹ wàá làà kéŋ fíó.* I will not agree with this at all.

fire [fìrè] *v.* to be barren, applies only for animals • *à nà̰ò̰ háŋ wārà wà fìré.* This particular cow is not barren.

fɪ [fì] (*var.* **fɪɪ**) *pv.* particle referring to a past time and asserting that the actuality or possibility of the event in the past is not existing at the time of the utterance • *ǹ fíí kàà-lì kùò ró àká m̀m̀ bárá wá lēmā.* I would have gone to the farm, but I am not well. *ò̰ fì jáá ǹ tʃítʃà rā.* He was my teacher.

fɪɛbɪ [fɪ̀ɛbì] *v.* 1 to pound lightly, especially grains to remove their husk, to mill • *má jáá mūrō àkà fɪ̀à-bḛ̀ wàà.* You fetch the rice, pound it and bring it back. 2 to whip, to strike with cane, rope or stick • *ò̰ kàá fɪ̀ɛbì à bìé rē.* He will whip the child. (W. Oti-Volta <*fɪɛbɪ*).

fɪɛrɪ [fɪ̀ɛrì] *cf:* **gbɪasɪ** *v.* to remove a little part of a whole, to cut and remove a small piece of meat and eat it for tasting • *ǹ zímá dí ì fɪ́érí ǹǹ nàŋgúrúŋ háŋ nā.* I know that you cut and removed a part from my piece of meat. *à báál fɪ́érí m̀m̀ mòlèbíí tíŋ bòró ró.* The man removed part of my money.

fɪɪ (*var. of* **fɪ**)

¹**fɪ̃ɪ̃** [fɪ̃ɪ̃] *n.* type of fish. *pl.* ***fɪ̃ɪ̃na***.

²**fɪ̃ɪ̃** [fɪ̃ɪ̃] *v.* to urinate • *à bìsé káá fɪ́ɪ̃́ fɪ̃ɪ̃níḭ́ dì dō sùkúù zɪ́ɪ́́ ní.* The children urinate on the school wall.

³**fɪ̃ɪ̃** [fɪ̃ɪ̃] *v.* to bud, to bear flowers • *súómó fɪ̃ɪ̃wá̰ò̰ tʃɔpísá àŋmènà háŋ.* The shea trees have flowers these days.

fɪɪl (*var. of* **tõõfɪɪl**) *n..*

fɪɪlɪ [fɪ̀ɪ̀lì] *v.* 1 to aim at with gun or catapult • *ǹǹ bìé káá fɪ̃ɪ̃lì gèŕ ò̰ò̰ vrà.* My child is aiming at the lizard to kill it. 2 to look at, to stare at, with the purpose of showing disagreement or with anger • *pínéá̰ ìì kàà fɪ́ɪ́léŋ kéŋ?* Why do you peek at me like that?

fɪ̃ɪ̃nɪ̃ɪ̃ [fɪ̃ɪ̃níḭ́] *n.* urine • *ǹ fɪ́ɪ́ fɪ̃ɪ̃níḭ́.* I will urinate. *pl.* ***fɪ̃ɪ̃nɪ̃ɪ̃sa***.

fɪ̃ɪ̃nɪ̃ɪ̃tʃoro [fɪ̃ɪ̃nɪ̃ɪ̃tʃòró] *n.* 1 bilharzia, a blood fluke (*Schistosomiasis*). 2 cystitis (chronic).

fılıŋfıntıı [fílìŋfíntíí] *n.* type of Roundleaf bat, very small in size and usually found around buildings (*Hipposideros gen.*). *pl.* **fılıŋfıntıɛ**.

fınĩĩ [fínĩĩ] *lit.* out-middle *n.* harassment. *pl.* **fınĩɛ̃**.

fıra [fɪ̀rà] *v.* to force someone to do something • *fɪrà ìì bìé ʊ́ káálì sùkúù.* Force your child to go to school.

fırıgı [fɪ́rɪ̀gɪ̀] *v.* to put more effort into an activity • *má fɪ̀rìgì já pētī à tɔ́má.* Put more effort so we can finish the work.

fırıgʊ [fɪ́rígʊ̀] *n.* short burial dance performed when the corpse is lying on the funeral ground and during weeping. *pl.* **fırıgʊʊsa**.

fırıı [fɪ́ríí] *n.* force • *hàmɔ́ŋ fɪ́ríí wàá tìɛ ʊ́ zímà náhĩ̀ɛ̃.* Forcing a child will not make him clever.

fo (*var. of* **foo**)

fobii [fòbíí] (*var.* **falabii**) *pl.n.* type of gourd seed. *pl.* **fobie**.

folo [fòlò] *v.* to get loose, to detached • *m̀m̀ pàbíí fóló lìì ʊ̀ʊ̀ dáá nī.* My hoe blade detached from its shaft.

foo [fóó] (*var.* **fo**) **1** *conn.* unless, if not • *fó ʊ̀ kà wááwá, dí à lèí jà wàá ŋmá à wíɛ́.* Unless he comes, we will not talk about the issues. **2** *conn.* must, have to, as something is necessary in order for something else to happen • *dì ì kàá jàwà mótò fóó wàá nī.* If you want to purchase a motorbike, you must do it in Wa. **3** *v.* to be already done • *ŋ̀ fì ŋmá dí ŋ́ tɪ́ɛ́ʊ́ kàdáásì ká ù fójòō làà dígíí ŋ̀ tʃɛ̀ná pé nī.* I would have given him a paper but he already got one from my friend. *ì kà fójē dʊ̀à dé, à wíɛ́ kàá kʊ̀ɔ̀rōō.* If you are there already, the problems will be solved.

foole (*var. of* **fuoli**)

foon [fóòn] *n.* mobile telephone. (ultm. English <*phone*). *pl.* **foonso**.

foonŋmɛŋ [fóónŋmɛ́ŋ̀] *lit.* phone-rope *n.* telephone line, network. (partly ultm. English).

foori [fòòríì] *n.* type of monkey. *pl.* **fooree**.

foosi [fòòsì] *v.* to slip • *ʊ̀ fóósí tʃɛ̀-lɛ̀.* He slipped and fell.

footuo [fòòtùò] (*var.* **fuotuo**) *n.* soup without salt.

¹**foro** [fòrò] *v.* to be proud, to boast • *à hã́ã́ kàà fórò kìnkán nà.* The woman is boasting a lot.

²**foro** [fòrò] *v.* to scald, to blanch, to put in hot water in order to remove feathers from a chicken or shell from grains • *tɪ́ɛ́ nììnɔ́ŋ ŋ́ dʊ́ ǹǹ záàl àká fòrò.* Give me hot water so I put my fowl in and remove the feathers.

¹**foti** [fótí] *v.* **1** to do a slip of tongue, to say accidentally • *ǹǹ nɔ̀ã́ fótìjē ŋ̀ tʃàgàlì à lúhò.* I announced the death by a slip of tongue. **2** to drop inadvertently • *à záhál fótìjē lìì ǹǹ néŋ nī tʃɛ̀lè hàglíí nì.* The egg

dropped from my hand and fell to the ground.

²**foti** [fòtì] *v.* to survive death • *kòdʒó làlìwìè tíŋ fótíjó*. Kojo's orphan survived. *syn:* **piti**

foto [fótò] *n.* picture. (ultm. English). *pl.* **fotoso**.

fowie (*var. of* **fawie**)

fɔfɔta [fɔ́fɔ́tà] *n.* lung. (Gonja <*fɔ́tí* 'breathe'). *pl.* **fɔfɔtasa**.

fɔfɔtɪwɪɪla [fɔ̀fɔ̀tíwíílá] *n.* lung pains.

fɔga [fɔ̀gà] **1** *nprop.* Foga, person's name. **2** *n.* spendthrift, person who spends lavishly.

fɔgɔl [fɔ́ɣɔ́l] *n.* **1** type of grass which resembles sorghum, found near bodies of water. **2** maize tassel. *pl.* **fɔgɔla**.

fɔgɔlɪ [fɔ́ɣɔ́lí] *v.* to rub between hands using the palms, like in spreading cream or relieving pain or itch, or to dry or remove dust from the hands • *fɔ́gɔ́lí ìì nésē à hòlà*. Rub your hands for them to dry.

fɔgɔsɪ [fɔ́ɣɔ́sí] *v.* **1** to make less, to remove to ease • *lùgùsì à kpáámá bòrò káá fɔ́gɔ́sí à vìì nī*. Remove some of the yams so there is less in the bowl. **2** to alleviate by having tasks taken by others • *párásá dí wáá ǹǹ kùò ró ǹǹ tɔ́má fɔ̀gɔ́sì*. Yesterday farmers came to my farm and alleviated my work.

fɔgbaaŋ [fɔ̀ɣəbááŋ] *lit.* out-middle *n.* lane between houses, alley. (Vagla <*fɔg*). *pl.* **fɔgbaama**.

fɔlɪɪ [fɔ́líí] *n.* new.

fɔma [fɔ́má] *v.* to collect and press together, like in making a rice ball or a portion to put in the mouth • *fɔ́má à sígá bòró wá tíéŋ ŋ̀ tìè*. Press some of the beans and bring it for me to eat.

fɔna [fɔ̀nà] *n.* to be rough and dry • *dì ìì sɔ́ nìí ì bárá wàá fɔ̀nà*. If you bathe your skin will not be rough. *hìrè à kpáámá lágá dì à lèí à kàá fɔ̀nà*. Dig the yams quickly, if not they will dry up.

fɔŋa [fɔ̀ŋá] *n.* strength • *ʊ̀ wà kpágá fɔ̀ŋá*. She does not have strength. *à-ŋ́ kàá kìŋ kálà ŋméŋ kà kpágá fɔ̀ŋá zààŋ́?* Who can make a strong rope these days?

fɔŋatɪɪna [fɔ̀ŋátííná] *lit.* strength-owner *n.* strong person.

fɔŋfɔŋ [fɔ́ŋfɔ̀ŋ] *ideo.* new, at an early stage • *lɔ́ɔ́lì háŋ fɔ́ŋfɔ́n nī, ʊ̀ fì tʃɔ́ kínkān nà*. When this car was new, it had much speed.

fɔra [fɔ̀rà] *v.* **1** to stuck, choke, block a flow, or close an opening with dirt or clay • *zíná àkà fɔ̀rà à dáálór*. Go up and block the hole in the tree. **2** to be narrow • *à dìànʉ́ã́ fɔ́ráʊ̀, kàtásàzèŋ wàá kìn zʊ̀ʊ̀*. The door is narrow, the basin cannot enter.

fɔrɪɪ [fɔ́ríí] *n.* narrow • *nàmbùgò wàá kìn zʊ̀ʊ̀ bʊ̀fɔ̀ríì*. The aardvark cannot live a narrow tunnel. *ant:* **pɛnɪɪ**

fɔsɪ [fɔ́sɪ́] *v.* to get or collect by force, to seize, to swindle • *ʋ̀ fɔ́sɪ̀ à bìé mɔ́ŋgò à dí.* She took the child's mango and ate it. *ì fɔ́sɪ́ɲ́ nā ànɪ́ bʋ̀ɔ̀tɪ̀à fɪ́ nɪ̄.* You swindled twenty pesewas from me.

fɔtɪ [fɔ̀tɪ̀] *v.* **1** to have a choked nose and cannot breath • *kábìrìmē kpágá ɱ̀ɱ̀ bìé ʋ̀ʋ̀ mìɪ̀sá fɔ̀tɪ̀.* My child has catarrh, her nose is choked. **2** to tie or wrap in small packages • *fɔ̀tɪ̀ síkìrī tìɛ̀ bá jáwà.* Tie the sugar in packages for them to buy.

fɔ̃ʋ̃ [fɔ̃̀ʋ̃̀] *n.* baboon (*Papio anubis*). *pl.* **fɔta**.

fɔwa [fɔ̀wà] *v.* to wrap • *à hɑ́ɑ̃́ŋ fɔ́wá mòlèbìé ʋ̀ʋ̀ gàrnɑ̃́ɑ̃́ nɪ̄.* The woman wrapped money into the edge of her cloth.

fuful [fùfúl] *n.* burnt grass ash.

fugusi [fùgùsì] *v.* **1** to fool by pretence • *à bìnìbáàl kàà fúgúsì nárá kìnkán nà.* The boy fools people a lot. **2** to express a threat against or give indications of taking hostile action against • *ɱ̀ bíɛ́rɪ̀ fúgúsín nō dí ɲ́ tɪ́ wá ŋmá à tɪ́ɛ́ námùŋ.* My brother threatened me not to tell anyone.

fulumi [fùlǔmì] *v.* to cheat, to fool, to deprive of by cheating • *námūɲ̀ wàá kìn fùlùmì ɱ̀ɱ̀ mɑ̃́ɑ̃ búɲ́ɲ́ háɲ̀.* Nobody can deprive me of my mother's goat.

fuŋfuluŋ [fùɲ́fùlùŋ] *n.* cheating • *kàlá káá dī fùɲ́fùlùŋ kíná rá.* Kala is a cheat. *ɲ̀ wà jáá fùɲ́fùlùŋ nìbúlùŋ.* I am not a cheat.

fuoli [fùòlì] (*var.* **foole**) *v.* to whistle • *ɲ̀ fúólí fùòlō rō.* I whistled. *ì wàá kìn fùòlì tɔ̀ʋ̀ pàtʃígíí nɪ́.* You cannot whistle in the village.

fuolo [fùòló] *n.* whistle. *pl.* **fuoloso**.

fuori [fùòrì] *v.* **1** to strip a plant from its leaves by pulling along the stem • *fùòrì à kpáásà tá.* Strip the leaves out of the cane. *fùòrì à mɪ̃́ɑ̃́ páátʃàgà tā à ná sìì.* Remove the guinea corn leaves so they can grow. **2** to lose weight through sickness or fatigue and be thin • *kàlá wīīlā háɲ̀ tɪ́ɛ́ ʋ̀ fùòrì.* The sickness of Kala made him thin.

¹**fuosi** [fùòsì] *v.* to eat with a spoon porridge or soup-like liquids • *ʋ̀ fúósí kùbíí ré.* She ate the porridge.

²**fuosi** [fùòsì] *v.* to escape out of a grip of another person • *bà kpágá à ŋmɪ́ɛ́r rá àká ʋ̀ fùòsì tʃɔ́.* They caught the thief but he escaped.

fuotuo (*var. of* **footuo**)

furusi [fúrǔsí] *cf:* **tʃumo** **1** *pl.v.* to take small sips • *à tíí nɔ̃mɑ̃̀ɔ̃́, ʋ̀ dì fúrúsí.* The tea is hot, he is sipping. **2** *v.* to sniff in, to draw phlegm into nose • *hàmɔ́nà káá fūrūsī mìɪ̀sá.* Children are fond of drawing their phlegm back into their nose.

fũũ [fũ̀ũ̀] *v.* to burn to charcoal, to burn food • *wɔ̀sá fṹṹ hɔ́lá* rá. Wusa burnt charcoal. *ì sììmáá kàá fũũ̀.* Your food will burn.

fũũĩ [fṹṹí] *n.* burning • *à lúlíí fṹṹí wá bɔ̄mā.* The burning of medicine is not difficult.

fuuri [fùùrì] *v.* to blow • *ʋ̀ fúúrí à díŋ dʋ̀sì.* He quenched the flame by blowing it.

fʋ̃ [fʋ̃́] *v.* to prepare a skin in order to eat or to use for drum skin • *kùòrùbáníí tʋ́mà fʋ̃́ tɔ́ŋ ná à pú gàŋgàŋá rá.* People from the Kuoru section prepared the skin and covered the drum.

fʋ̃ã [fʋ̀̃á] *cf:* **pʋmma** *n.* type of ash used as white paint, can also be used to describe something greyish-white • *kà lísí tàgtàfʋ̀̃á à dì káálì sùkúù.* Take the greyish-white shirt and go to school.

fʋfʋgɛɛ [fʋ́fʋ̀gɛ́ɛ̀] *n.* type of tree (*Grewia hookerama*). *pl.* **fʋfʋgesa**.

fʋfʋl [fʋ́fʋ́l] *n.* Gold Coast Bombax, or bush Kapok, type of tree (*Bombax buonopozense*). *pl.* **fʋfʋla**.

fʋga [fʋ̀gà] *v.* 1 to be light • *à tékpágár bʋ́nná fʋ́gáʋ̄.* The load of the pregnant woman is light. 2 to foam • *à kɔ̀wìɛ̀ káá fʋ́gàʋ̄.* The soap makes foam.

fʋl [fʋ́l] *n.* 1 type of climber plant whose leaves are plucked for soup ingredient. 2 soup ingredient. *pl.* **fʋlla**.

fʋna [fʋ̀nà] *v.* to shave • *fʋ̀ŋ bà fí kpá à fʋ́nà ɲúpʋ́ná.* They used to shave with a shaving knife.

fʋntɪ [fʋ̀ntì] *v.* to peel off by hand a fruit or a seed, after being roasted or not • *fʋ̀ntì lùmbúrò já dí.* Peel the orange so we eat. *fʋ̀ntì máŋsá.* Crack the groundnut.

fʋ̃ŋ [fʋ̀̃ŋ́] *n.* shaving knife • *fʋ̀n ná.* It is a shaving knife. *pl.* **fʋnna**.

fʋŋfʋgʋl [fʋ̀ŋfʋ̀ɣʋ́l] *n.* foam • *ŋmɛ̀ŋsɔ́nná dísā kpágá fʋ̀ŋfʋ̀gʋ̀l lā.* The wet okro soup makes plenty of foam.

fʋɔlɪ [fʋ́ɔ́lí] *v.* of a swelling, to decrease or shrink, to be reduced in size • *ʋ̀ʋ̀ nààsá tìŋ fʋ́ɔ́lìjāʋ́.* His legs are contracted.

fʋɔmɪ [fʋ̀ɔ̀mì] *v.* to dent, to be crooked, to be broken • *à díŋ báárí ǹǹ rɔ́bàkàtásà, ʋ̀ fʋ̀ɔ̀mì.* The fire slightly burnt my plastic bowl, it is crooked.

fʋɔra [fʋ̀ɔ̀rá] *n.* path between buildings or space between mountains.

fʋra [fʋ̀rà] *v.* to throw with a hand • *bádʒɔ̀gō fʋ́rá kàlá ɲúù lúdí.* Bajogu threw a stone at Kala's head and made a hole.

fʋrɪgɪ [fʋ̀rǐgì] *v.* to scratch, to be bruised • *ì kàá tʃēlē ìì nǎá fʋ́rígì.* You will fall and your leg will be bruised.

fʋrʋ [fʋ̀rʋ̀] *v.* to take off meat from the bone • *fʋ̀rʋ̀ à nàmìǎ́ ká kpá à hógó títéŋ.* Take off meat and give me the bones.

fʋtɪ [fʋ̀tì] *v.* to fill holes, to block a hole or space, to plug (many), to repair a leaking roof by filling holes and cracks • *à másìn zínjɛ̀ɛ̄ fòtì à zɛ́ɛ́ rá.* The mason went up and filled the holes between the roof and the wall. *à dúóŋ wá pētī, jà kàá fòtì à sàl lā.* When the rain stops we will repair the roof. *kà lɔ̀gà nàbínà wà tíéŋ ŋ́ fótì ǹ tàwà nɔ̀ɑ́.* Go scoop some cow dung for me to seal my tobacco container.

fʊ̃ʊ̃ [fʊ̀ʊ̃] *n.* lower back. *pl.* **fʊ̃ʊ̃na.**

fʊ̃ʊ̃fʊ̃ʊ̃ [fʊ́ʊ̃fʊ́ʊ̃] *n.* light cloth, such as material like linen, mosquito net or head gear. *pl.* **fʊ̃ʊ̃fʊ̃ʊ̃sa.**

fʊʊra [fʊ́ʊ́rá] *n.* type of food, made out of millet, normally sold in a ball form. (Hausa).

fʊʊsɪ [fʊ̀ʊ̀sì] *v.* to insert air in a balloon, or as a sick person increases in size • *ʊ̀ fʊ́ʊ́síjɔ́ʊ́.* He increased in size from sickness or poisoning. *ʊ̀ fʊ́ʊ́sí nã̀ɔ̀fḯnḯìlòŋ ʊ̀ bèrègì bɔ́ɔ̀l.* He blew a cow's bladder into a football.

g

gaabu [gààbù] *n.* dried and pressed onion leaves. (Hausa). *pl.* **gaabuso.**

gaadin [gáádìn] *cf:* **dabaga** *n.* garden. (ultm. English).

gaafra [gááfʊ̀rà] *interj.* express excuse when interrupting or disturbing. (ultm. Arabic, via Hausa <*gāfaɽã̀*).

gaali [gààlì] *v.* **1** to be over or placed over something, to cover partially, to bend over partially • *à tón ní, ìì gààlì kéŋ, màrà à ɲìnè.* The skin, you are over and above it like that, just look carefully. *tí gáálí à bʊ̀à nī kēŋ.* Do not bend over the hole like that. **2** to abound • *ŋ̀ŋ́ tómá gáálʊ́ʊ́.* My work is too much.

gaanɪ [gààní] *v.* to swagger • *tí gáání à dʊ̀ ŋ́ ní ìì fɔ̀ŋá wíɛ́.* Do not swagger in front of me because of your power.

gããnɪgããnɪ [gã̀ã̀nìgã̀ã̀nì] *ideo.* cloud state suggesting coming rain • *à táá-lá dʊ́ gã̀ã̀nìgã̀ã̀nì.* The clouds are gathering to produce rain.

gaari [gáárí] *v.* to wind thread on sticks, to wind a small intestine on a finger or a stick • *gáárí ŋmēŋ tìèŋ ŋ́ ɔ́rà m̀ m̀ pátá.* Wind the thread for me so I can sew my pants.

gaarii [gààríí] *n.* type of food made from cassava tubers. (Akan <*gàlí*). *pl.* **gaariise.**

gaasɪ [gáásí] *v.* to pass by way of, to pass through • *ì gáásì dé nì rē, brà wàà.* You passed the place, come back. *bìnsá fí kà gáásìjē, ʊ̀ wàà.* He had come ten years ago.

gagamɪ [gàyǎmì] *n.* hallucination. *pl.* **gagamɪsa.**

gagatin [gàgàtín] *n.* type of lizard (*Gekkonidae*). *pl.* **gagatime.**

gagatɪ [gàyàtì] *v.* for dogs, to attempt to bite yet barely scratching or pinching the target • *à váá wā dómíí, ờ gágátíí rā.* The dog did not bite you, he barely pinched you.

gagtı [gàɣɜ̀tì] *n.* type of shrub. *pl.* ***gagtısa***.

gaha [gáhà] *n.* virgin land for farming.

¹**gal** [gál] **1** *n.* left (side) *ant:* **dul**¹ . **2** *reln.* left • *wáá tʃʊ̀à ìì néŋ gál nī.* It is on your left hand side. *ant:* **dul**² *pl.* ***galla***.

²**gal** [gàĺ] *n.* unripe quality of a fruit or nut • *bɔ̀là kínàà dí mṍngògāllā.* An elephant can eat unripe mangoes. *syn:* **hɛma**² *pl.* ***galla***.

¹**gala** [gàlá] *n.* farm space measurement, one quarter of an acre. *pl.* ***galasa***.

²**gala** [gálá] *v.* **1** to go over and across, pass something or somewhere, to step over an obstacle • *à báál gálà hàglííkín̈ nī rà.* The man went over the snake. **2** to exceed, to be more than • *ǹǹ tʃènázéɲíí gálà ǹǹ nī rà.* My friend's height exceeds mine.

galaŋa [gàláŋá] *cf:* **galaŋzʊʊr** *n.* madness, craziness.

galaŋzʊʊr [gàlànzʊ́ʊ́r] *cf:* **galaŋa** *n.* mad person. *pl.* ***galanzʊ́ʊ́ra***.

galıŋga [gàlìŋà] *reln.* middle • *ờ télé tìwīī gàlìŋà rà àká bìrà wàà.* He reached half way and returned. [Mo, Ka, Tu, Ti]. *pl.* ***galıŋgasa***.

galıŋaa [gàlìŋáà] *n.* type of bird, Pied Crow (*Corvus albus*). *pl.* ***galıŋgaasa***.

gama [gámá] *v.* to put and join together, gather together items that were spread • *gámá à kpààŋdùgó múŋ làgàmì dɔ́ŋá nī à láó ní.* Gather all the yam seedlings together in the farm hut.

gana [gànà] *v.* **1** to be in a state of severe pain • *à bié fɔ̀ɔ̃́ kàá gànà àní tʊ̀ŋkpégé ní.* The child's back will be in severe pain with the hard work. **2** to weed under the millet or guinea corn when the plants are well matured • *ǹǹ há wàà gánà ṁŋ míã́.* I have not started weeding under my guinea corn.

ganagana [gànàgànà] *ideo.* to be under-ripe and still stiff and hard • *tí tɔ́tì à móŋgò nɔ́ŋ ờ há dɔ́ gànàgànà.* Do not pluck the mango fruit, it is still stiff.

¹**gantal** [gàntàĺ] **1** *n.* back, dorsum *ant:* **sʊʊ**¹ *syn:* **habʊɔ** . **2** *n.* follow • *ǹǹ gàntàl tómà jáá bàlìè wá.* I have two siblings younger than me. **3** *reln.* back, behind • *wáá dɔ́á à fàlá gāntàl nī.* It is behind the calabash. *pl.* ***gantala***.

²**gantal** [gántál] *n.* outside.

gantal lɔha [gàntàl lɔ́hà] *cf:* **lɔgantal** *n.* backtalk • *wʊ̀sá gàntàl lɔ́há kánɔ̃ɔ̃́.* The back-talking of Wusa is too much.

gantalbaanhog [gàntàlbáánhók] *n.* spine, vertebral column. *pl.* ***gantalbaanhogo***.

gantalgbou (*var. of* **kɔŋ**)

gaŋ [gáŋ] *n.* rabies.

gaŋabulo [gàŋàbúló] *n.* arthritis.

gaŋgaarʊʊ [gáŋgáárʊ̄ʊ̄] *n.* lost opportunity, loosing a skill or capacity by doing something different • *ɲ̀ ɲíná bìé víɛ́ sùkú káálíí, ʊ̀ wàá kìn bì pàrà, ʊ̀ zí tʃèlè gáŋgáárʊ̄ʊ̄.* My brother refuses to continue schooling and cannot work at the farm any more, he is now at loss. *pl.* **gaŋgaarʊʊsa**.

gaŋgalarɪ [gàŋgàlárɪ̀] *cf:* **pɪŋgaasɪ** *n.* pickaxe. (Waali *<gàŋgàlárɪ̀* 'pickaxe').

gaŋgaŋ [gàŋgàŋ] *n.* type of dance.

gaŋgaŋa [gàŋgàŋá] *n.* long and double-headed cylindrical drum beaten with curved sticks. *pl.* **gaŋgaŋasa**.

gaɲɪ [gàɲɪ̀] *v.* to appear uneven and unexpected against a background • *sɔ̀tá gáɲɪ́ nȁȁpíɛ́l nɪ̄, tʃútí tā.* Part of the thorn appears on the sole of my foot, pull it out. *páànʊ̀ʊ̀ gáɲɪ́ ɪ̀ɪ̀ dʒífà nɪ̄, lɔ̀gà tíɛ́ŋ.* Bread appears out of your pocket, cut some for me.

gapʊmma [gàpʊ̀mmá] *n.* woven cotton cloth. *pl.* **gapʊlʊnsa**.

¹**gar** [gàŕ] *n.* single piece of cloth covering the body. *pl.* **gata**.

²**gar** [gáŕ] *n.* timber stable. *pl.* **gara**.

¹**gara** [gàrà] *v.* **1** to pierce through • *tóbíí gárá ʊ̀ʊ̀ émbélíí nɪ́.* An arrow pierced through his elbow. **2** to lie across • *hàglííkíŋ tʃʊ́á gàrà à tíwíí nɪ́.* A snake lies across the road. **3** to lead and exceed others in achievements, to do more than others • *m̀m̀ párá gàrà à bìnìbáál lā.* I achieved more farm work than the boy.

²**gara** [gàrà] *v.* to omit, to miss out, to skip • *ʊ̀ jāà gàrà kùò káálí rá.* He usually skips going to the farm.

garaga (*var. of* **gɛrɛga**)

garamɔfɔ̃ɔ̃ [gàràmɔ̀fɔ̃ɔ̃] *n.* gramophone. [*oldfash*]. (ultm. English).

garisi [gárísí] *v.* to burp • *à hááŋ pɪ̄ŋāʊ̄ à zí gárísí.* The woman was satisfied and then burped.

garɪŋzaŋɛɛ [gárɪ́ŋzàŋɛ́ɛ́] *n.* bearing device made out of a fork of a tree branch. *pl.* **garɪŋzaŋsa**.

garɪsɪ [gárɪ́sɪ́] *v.* to trip and stumble • *kàlá gárɪ́sɪ́ dáá rá à tʃèlè.* Kala tripped over a stick and fell.

garnõã [gàrnṍã̋] *n.* edge of cloth, used by women to wrap coins, kola nuts, and other items.

garsõ͂r [gàsṍ͂r] *lit.* cloth-weaver *cf:* **sõãsʊʊr** *n.* weaver. *pl.* **garsõ͂ra**.

garzagatɪɪ [gàrzáɣátíí] *n.* rag. *pl.* **garzagatɪa**.

gatɪ [gátí] *v.* to be high, to be raised • *lésí ɪ̀ɪ̀ délémbíí tìŋ ʊ́ gátí.* Chock your stove stone so it is properly high. *à báál sȁȁ ʊ̀ʊ̀ dìá tʃíŋsí bàgátíí nɪ́ rā.* The man built his house on top of a higher ground.

gatɪgatɪ [gàtɪ̀gàtɪ̀] *ideo.* scattered • *dṹṹ à ɲàmmíí gàtɪ̀gàtɪ̀.* Sow the corn one by one here and there.

gatɔɔlɪɪ [gàtɔ́ɔ́líí] *n.* cover cloth, used to cover the body.

gatuolie [gàtúólíɛ̀] *n.* Hen Harrier, type of bird (*Circus cyaneus*). *pl.* **gatuolise**.

geem [géèm] *nprop.* game reserve, specifically Mole National Park. (ultm. English <*game*).

ger [gèŕ] *n.* type of lizard (*Agama*). *pl.* **gete**.

gere [gèrè] *v.* of food which is hard to digest for the stomach and not being properly processed • *à nàmɪ̃ã́ géréó m̀m̀ pàtʃígíí ní*. The meat is undigested in my stomach. *bɔ́tìgèréè tɔ́má tīēsī*. The morsel Toma vomitted was undigested.

gerege [gérégè] *n.* tip of arrow. *pl.* **geregese**.

gɛgera [gègérà] *cf:* **gɛgeta** (*var.* **dʒɛdʒɛrɪ**) *n.* type of monitor lizard found in rocky area. *pl.* **gɛgerasa**.

gɛgeta [gègétà] *cf:* **gɛgera** (*var.* **gɛgetɪ**) *n.* type of monitor lizard. [*Mo*]. *pl.* **gɛgetasa**.

gɛgetɪ (*var. of* **gɛgeta**)

gɛna [gènà] *v.* to be fool or stupid • *bà dìà níhíɛ̃̂ tìŋ géná kínkān nà*. The elder in their house is very stupid.

gɛnɪɛ [gènɪ̃ɛ́] *n.* type of skin rope used to tie head load. *pl.* **gɛnsa**.

gɛnɪɪ [génɪ́ɪ́] *cf:* **kɪntʃʊma** (*var.* **dʒɛnɪɪ, dʒanɪɪ**) *n.* fool *ant:* **nahĩɛ̃; siilalla**. *pl.* **gɛnɪɛ**.

gɛnna [gènná] *n.* foolishness.

gɛŋelɪ (*var. of* **gɛŋenɛ**)

gɛŋenɛ [géŋɛ̃né] (*var.* **gɛŋelɪ**) *v.* to stagger, to stumble, like the way an intoxicated person walks • *wáá ká gēŋēnē à wāā kéŋ*. He is the one coming and staggering.

gɛrɛga [gèrègá] *cf:* **dʒɛrɛga** (*var.* **garaga**) *n.* sickness, disease. [*old-fash*]. *pl.* **gɛrɛgasa**.

gɛrɛgɛ [gèrègè] *v.* to be sick • *tíí tíɛ à nàmɪ̃ã́ ì kàá gèrègè*. Do not eat that meat, you will be sick.

gɛrɛgɪɪ [gérégíí] *n.* sick person. *pl.* **gɛrɛgɪɛ**.

gime [gìmè] *v.* to rush somewhere or towards someone • *pòrúsòsō lɔ́ɔ́lì gímé kààlì kùòrùbánɪ́ɪ́*. The police car rushed towards the chief's section.

gimii [gímíí] *n.* hill gradient or side.

ginegine (*var. of* **dʒinedʒine**)

girime [gírímé] *n.* respect, courtesy • *bàà kpáú gírímé ré*. They respect him. (Waali <*gɪrɪma*).

gɪ [gɪ́] *v.* to cross a border, a river, or a frontier • *ŋ̀ gɪ́ à gɔ́ŋ ná*. I crossed the river.

gɪla [gìlà] *v.* **1** to allow, let, or permit • *gìlà ŋ́ zímà*. Let me know. **2** to stop doing an activity • *gìlà kéŋ tìŋ ì kàà jáà, ŋ̀ wàà būūrū*. Stop what you are doing, I do not need it any more.

gɪla tɪɛ [gìlà tíɛ] *lit.* let give *cpx.v.* to forgive • *kúósó kàà gīlā jà wíbɔ́má tīē jā*. God will forgive us for our sins.

gıla zıma [gìlà zímà] *lit.* let know *cpx.v.* to prove • *gìláɲ zímà dí ì lèí.* Prove to me that you are not the one.

gırıı [gǐríí] *cf:* **lɛhɛɛ** *n.* cheek skin and flesh. *pl.* **gırıa.**

gıtı [gítí] *v.* **1** to cut, to pull apart, to break, especially for rope like items • *kpàgà à ŋméŋ gítí à dìànőӑ̀ nī.* Break the rope that is across the door. **2** to experience a network cut, when the mobile contact becomes non-existent • *ò̀ ŋmá wīē dì tfɛ̀ ò̀ò̀ kpíémá ò̀ fóōnŋméŋ gítí.* While she was talking to her sister, the line cut.

go [gó] *v.* to gather close or around, to surround, to enclose • *à ŋméŋ gō à dáá rā.* The rope is round the tree. *à váá dósí à bìé bárámúŋ góù.* The dog bit the child all over his body.

¹**gogo** [gógó] *n.* type of ant. [Mo]. *pl.* **gogosi.**

²**gogo** [gògò] *v.* to hit with the finger tips, knuckle, or with a stick • *à tʃítʃàsá fíí já gōgò jà ɲúúnó rō.* The teachers used to knock our head.

gogosıama [gógósìàmá] *cf:* **haglıbisıansa** *n.* type of ant. [Mo].

golemĩ [gòlèmĩ̀] *v.* to be crooked, to twist or be twisted, to move with a contorted motion, as snake, worm or like a twisted rope • *à ɲólóŋ dáŋkpàlá gólémíjőő.* The blind man's walking stick is twisted.

golii [gólíí] *n.* type of grass (*Sporobolus pyramidalis*). *pl.* **golee.**

goŋgobiri (*var. of* **goŋgobiridaa**)

goŋgobiridaa [gòŋgòbírìdàà] (*var.* **goŋgobiri**) *n.* desert date, type of tree (*Balanites aegyptiaca*). *pl.* **goŋgobiridaasa.**

goŋo [góŋò] *cf:* **goŋonɔŋ** *n.* type of tree (*Nauclea latifolia*). *pl.* **goŋoso.**

goŋonɔŋ [góŋònɔ́ŋ] *cf:* **goŋo** *n.* type of fruit. *pl.* **goŋonɔna.**

goŋtoga [gòntógà] *n.* type of tree. *pl.* **goŋtogasa.**

gool [góòl] *n.* goal. (ultm. English <*goal*). *pl.* **goolso.**

goro [gòrò] *v.* **1** to be crooked, to bend down, to be curved or hooked • *gòrò ìì néŋ ɲ́ɲ́ ná.* Bend your arm so I can see. *kòkòlèntébíé jáá kìngòréè wō.* Fishing hooks are bent and curved things. **2** to be dishonest • *à báál gōrōō àní ò̀ò̀ wíkpágéé nī.* The man is dishonest whatever he does. **3** to circle • *bà góró à dìà rá.* They enclosed the house (with a fence or people stood around it)

gɔlɛwıɛgʊ [gòléwìègʊ́] *n.* snail. *pl.* **gɔlɛwıɛgʊsa.**

gɔmına [gómìnā] *n.* governor. (ultm. English).

gɔmɔnantı [gómǒnántì] *n.* government. (ultm. English).

gɔŋ [gɔ́ŋ] *n.* **1** river. **2** type of plant. *pl.* **gɔŋa.**

gɔŋbʊɔ [gòmbʊ́ɔ́] *n.* river path,

where the water flows. *pl. gɔŋbʊɔ-sa*.

gɔŋnãã [gɔ̀nnáá̃] *lit.* river-leg *n.* branch of a river.

gɔŋnõã [gɔ̀nnŏ̃á̃] *n.* river bank.

gɔŋwie [gɔ̀ŋwìé] *n.* stream, small river. *pl. gɔŋwise*.

gɔŋzeŋ [gón⤊zéŋ] *n.* large river. *pl. gɔŋzene*.

gɔŋzeŋii [gón⤊zéŋíĩ́] *n.* long river. *pl. gɔŋzeŋiẽ*.

gɔrɪgɪ [gɔ̀rìgì] *v.* to bend outward, to be bowed • *ìì bíé nààsá kàá gɔ̀rìgì*. Your child's legs will be bowed.

guloŋguloŋ [gùlóŋgùlóŋ] *ideo.* circular, round shape • *kóŋkɔ́lɔ́bīī māŋā dɔ́ gùlóŋgùlóŋ*. The grinding stone always has a round shape.

gundaabii [gùndààbíí] *cf:* ŋmɛdaa *n.* distaff, spindle for spinning cotton (without thread). *pl. guŋdaabie*.

gunnããsɪŋtʃaʊmuŋ [gúnnã̃ã́sɪ́ŋtʃáʊmúŋ] *lit.* person.name-tree-under *nprop.* name of a place on the old Ducie-Wa road, closer to Ducie.

guno [gùnó] *n.* cotton. (Gur). *pl. gunso*.

guŋmɛŋ [gùŋmɛ́ŋ] *n.* cotton thread.

guori [gùórì] *cf:* kapʊsɪɛ *n.* kola nut. [Mo, Ka, Tu, Ti]. (Hausa <*guori*).

gurba [gùrɔ̀bá] *n.* fibrous waste, product of beating the plant *piel*, used to choke the gunpowder in a gun barrel.

guro [gùrò] *v.* to gather together items like shea nuts, maize, or groundnut • *máwá gùrò à tʃúónó, à dúóŋ kàà būūrè*. You gather together the shea nuts, rain is threatening.

gurpe [gúrpé] *n.* pin, may be used to decorate a gun. *pl. gurpese*.

gurugi [gùrŭ̀gì] *v.* 1 to grab a person firmly, by force • *tómá wá gùrùgì ʊ̀ʊ̀ màábìé à kààlì sùkúù*. Toma came and grabbed his brother and went to school. 2 to rape • *bà wàà gúrúgì háánà dùsìè nī*. There are no rape cases in Ducie.

gusi [gúsí] *v.* to nod, up and down • *ŋ̀ ŋmá wīē tīēʊ̀ ʊ̀ʊ̀ gúsí ʊ̀ʊ̀ ɲúù*. I talked to him and he nodded his head.

guti [gùtì] *v.* to coil, to roll up, to rewind, to fold • *síí gúti ìì kàlèŋ tìŋ*. Get up and roll up your mat. *kpàgà à kàlèŋ gùtì*. Roll up the mat. *gùtì à ŋméŋ dɔ́ ìì púr ní*. Roll up the rope and put it in your farm bag.

gutugu [gùtúgù] *n.* type of yam. *pl. gutuguso*.

guugi [gùùgì] *v.* to roam, to go back and forth • *má ná à tíntàànfì tʃɔ́á hàglíí nì à gúúgì*. See the earth worm on the ground not going anywhere.

guurii [gúúríí] *n.* type of ant. *pl. guuree*.

¹**gʊa** [gʊ̀à] (*var.* gʊɔ) *v.* to dance • *bà gʊ́á báwáá rá lúsínnàsā tín nì*. They

danced *bawaa* at the funeral.

²gʊa [gʊ̀á] *n.* dance. *pl.* gʊana.

gʊagʊar [gʊàgʊár] *n.* dancer. *pl.* gʊagʊara.

gʊma [gʊ̀má] *n.* **1** hump on the back. **2** supernatural creature which lives in the bush. *pl.* gʊnsa.

gʊmatɪɪna [gʊ̀mátɪ́ɪ́ná] *n.* hunchback, person with a humped back. *pl.* gʊmatʊma.

gʊmpɛra [gʊ̀mpɛ̀rà] *n.* type of climber. *pl.* gʊmpɛrasa.

gʊɔ (*var. of* gʊa)

gʊɔrɛɛ [gʊ̀ɔ̀rɛ́ɛ́] *n.* spotted grassmouse (*Lemniscomys striatus*). *pl.* gʊɔrɛsa.

gʊɔsɪ [gʊ̀ɔ̀sɪ̀] *v.* to rehearse and practice for an activity having a climax, to warm up, to build up • *dʊ̌gʊ́ gʊ́ɔ́rá já gʊ̀ɔ̀sʊ̀ʊ̄ àká gʊ̀à.* The dugu dancers rehearse and practice before the dance. *à bɔ́ɔ́lmáŋáná káá gʊ̄ɔ̄sʊ̀ʊ̀ ká tʃálísì bà kàá pīīlī.* The football players are warming up before they start.

gb

gba [gbà] *quant.* also, too • *ì gbà kàá kàálʊ̀ʊ̀.* You too will go. (North. Ghsm <*gbá* 'also, even, self').

gbaa [gbáà] *v.* to keep and control animals, to herd • *kà gbàà à píésíé.* Go watch the sheep.

gbaani [gbáání] *v.* to crawl • *à bìfʊ̀lá há wàà gbāānì.* The baby does not yet crawl.

gbaanɪ [gbàànì] *v.* to add sugar or salt in addition to the amount already contained in the dish or drink • *má tíɛ́ŋ jììsá ŋ́ gbáánì.* Pass the salt I will add some more.

gbaar [gbáár] *n.* herder • *m̀m̀ bìé jáá nɔ̀gbáár rá.* My son is a cowherd. *pl.* gbara.

gbaasɪ [gbáásí] (*var.* ²gbɪasɪ) *v.* to take or collect from several places • *ŋmíɛ́r zʊ́ʊ́ ǹǹ dìá à gbɪ̀àsí ǹǹ dìà*

kíná mūǹ lìì. The thief entered my house, took some items and left.

gbaga [gbàgà] *n.* type of monitor lizard • *ì kɔ́ŋá à kìì tɔ̀tʃáǎŋ-gbàgà.* You are as thin as a dry season monitor lizard. *syn:* badʒɔgʊ (*Varanus*). [*Mo*]. (Waali <*gbaga*). *pl.* gbagasɛ.

gbagala [gbàgàlá] *n.* type of cloth for elders. [*oldfash*].

gbagba [gbàgbá] (*var.* gbɛgbɛ) *n.* duck. (ultm. Hausa, via Waali <*gbagba* 'duck'). *pl.* gbagbasa.

gbambala [gbàmbàlà] *n.* albino. *pl.* gbambalasa.

¹gbaŋasa [gbáŋǎsá] *n.* expectation • *ǹ nʊ́ʊ́ à mòlìbíé gbáŋásá rá.* I expect the money.

²gbaŋasa [gbáŋǎsá] *n.* inarticulate noise produced by the body or com-

ing from cars or planes at a distance.

gbaŋası [gbàŋǎsì] *v.* to touch • *gbàŋàsì ǹǹ ɲúú nò, ʊ̀ʊ̀ wfʊ̀.* Touch my head, it is hurting me.

gbaŋgbaŋ [gbàmgbàŋ] *n.* harmattan. (Gonja <*gbàŋgbàŋ*).

gbaraga [gbárǎgá] *nprop.* **1** name of a god owned by some people in Ducie's *Gbʊŋwɔlɛɛ* section. **2** medicine which protects against the taboo of having two burial specialists working together if they both have an affair with the same woman.

gbarmı [gbàrmì] *v.* to attempt to catch and fail, to try to arrest someone to no avail • *à pòlísì gbármúú rā.* The police failed to arrest him.

gbege [gbègé] *cf:* **zaŋsa** *cf:* **kontii** *n.* early farm preparation, just after bush burning, involving clearing the land and cutting trees. [*Mo*].

gbel (*var. of* **gbɛl**)

gbeliŋ [gbèlìŋ] *n.* hour, time • *gbèlinsé átōrō máɲá kéɲ.* It is three o'clock. *pl.* **gbelinse**.

gbeliɲe [gbèlìɲé] *n.* small bell worn around the waist by the last born of the dead at his or her first and last funeral. *pl.* **gbeliɲse**.

gbeliŋgbı [gbélìŋbí] *n.* type of bird. *pl.* **gbeliŋgbısa**.

gberegilegii [gbèrègìlégíí] *n.* type of plant, its ashes can be used in making *dʊɔ. pl.* **gberegilegee**.

gbɛgbɛ (*var. of* **gbagba**)

gbɛl [gbél] (*var.* **gbel**) *n.* type of tree (*Ficus elasticoides*). *pl.* **gbɛla**.

gbɛlmuŋ (*var. of* **zamparagıı**)

gbɛna [gbéná] *n.* type of bean. *pl.* **gbɛna**.

gbɛnıı [gbéníí] *n.* **1** red-coloured stone. **2** pinkish colour • *à gbéníí díjòō.* The pinkness is reached. *pl.* **gbɛnıı**.

gbɛntaga [gbèntàɣá] *n.* big gourd used as bucket, the biggest natural container *syn:* **fataga** . *pl.* **gbɛntagasa**.

gbɛntagası [gbèntàgàsì] (*var.* **sıɲumme**) *n.* type of plant. *pl.* **gbɛntagasısa**.

¹**gbɛra** [gbèrà] *n.* sponge used to wash one's body. *pl.* **gbɛrasa**.

²**gbɛra** [gbèrà] *v.* to soak soil for the preparation of bricks used as building material • *báá gbérà hàglfì à téɲési hàglìbìé.* They are going to soak soil and make bricks.

³**gbɛra** [gbèrà] *v.* to be crippled from the waist downwards • *lɔ́ɔ́lì júó ʊ̀ʊ̀ gbèrà.* He was crippled as a result of a car accident.

gbɛrıı [gbéríí] *n.* cripple. *pl.* **gbɛrıɛ**.

gbɛsa [gbésà] *n.* chewing stick. *pl.* **gbɛsasa**.

gbɛtara [gbètárá] *n.* shallow pond found in the bush. *pl.* **gbɛtarasa**.

gbɛtı [gbètì] *v.* to be unable to learn, act, or demonstrate correctly • *ǹǹ* bìnìháán̄ tìn gbétíjɔ́ɔ́. My daughter is unable to learn correctly.

gbɛtɪɛ [gbɛ̀tíɛ̀] *n.* clumsy person. *pl.* **gbɛtɪsa**.

gbiegie (*var. of* **gbiekie**) *n.*.

gbiekie [gbìèkíè] (*var.* **gbiegie**) *n.* Black Kite (*Milvus migrans*). *pl.* **gbiekise**.

gbieli [gbíélí] *v.* to shout out the items one is selling • *àŋ káá gbīēlī nʊ̀ʊ̀?* Who is shouting out her oil?

gbinti [gbíntí] *v.* to kneel • *nìháá-ná bànī̀ɛ̀ já gbīntì ʊ̀ʊ̀ báàl sʊ̄ʊ̀ nī́ ká kpá nììnʊ̀ā̀lí̄ tīēʊ̀*. Some women kneel in front of their husbands before giving them water.

gbiŋ [gbíŋ] *cf:* **neŋbiŋ** *n.* bracelet. *pl.* **gbinne**.

gbiŋgbiŋ [gbíŋgbíŋ] *ideo.* crowded • *à dìà sú gbíŋgbíŋ ànī́ nārā.* The house is full of people.

gbĩã [gbĩ̀ã́] *n.* monkey *synt:* **neŋ-galtɪɪna** . *pl.* **gbĩãna**.

gbĩãkanĩ̀ɛ̀ (*var. of* **kanĩ̀ɛ̀**)

gbĩãkʊl [gbĩ̀ãkʊ́l] *lit.* monkey-t.z. *n.* Wild custard apple, type of tree *syn:* **duoŋkiir** (*Anonna senegalensis*). *pl.* **gbĩãkʊlsa**.

¹**gbɪasɪ** [gbìàsì] *pl.v. cf:* **fɪɛrɪ** 1 to adjust a share, to harmonize an amount • *jàwá tómà zʊ́ʊ́ dì gbíá-sì kíná kìnjògùléé tómà pé nì.* The market owners entered the market and collected their tokens from the sellers. 2 to pluck or pick the top shoot of bean leaves • *gbìàsì à sígá ɲúú nō, já kpá tɔ̀ŋà dìsá.* Pluck bean shoots, we will make soup.

²**gbɪasɪ** (*var. of* **gbaasɪ**)

gbĩãsɪama [gbĩ̀ãsìàmá] *n.* red patas monkey (*Erythrocebus patas*).

gbĩãsʊɔnĩã [gbĩ̀ãsʊ̀ɔ̀nĩ́ã̀] *n.* Drongo, type of bird (*Dicrurus genus*). *pl.* **gbĩãsʊɔnɪsa**.

gbĩãtii [gbĩ̀ãtíì] *lit.* monkey-Akee.tree *n.* type of tree (*Agelaea paradoxa*). *pl.* **gbĩãtise**.

gbɪntɪ [gbìntì] *v.* to over-prune by cutting away too many leaves on a plant • *dì ì gbíntì à sígá, ì kàá kpʊ̄ā wà.* If you continue over-pruning your cow peas, you will kill them.

gbol [gbòl] *n.* type of skink (*Scincidae*). *pl.* **gbollo**.

gbolo [gbòló] *nprop.* Gbolo, person's name.

gboŋ [gbóŋ] *n.* type of tree. *pl.* **gboŋo**.

gborobii [gbòròbíí] *cf:* **safibii** *n.* key. (Waali <*gbòròbírí*). *pl.* **gborobie**.

gbugo [gbùgò] *v.* to be plentiful, to be over-abundant • *sììmáá gbùgò bá wò bà dí ká vìè.* The food was plentiful for them, they ate but refused some.

gbul [gbùl:] *n.* blunt, dull *ant:* **di**³ . *pl.* **gbullo**.

gbulo [gbùlò] *v.* to be blunt • *à kísìè gbúlóó.* The knife is blunt. (Gonja <*gbíl*).

gburugulugee [gbùrùgùlúgéè] *n.* tadpole. *pl.* **gburuguluguso**.

gbʊgʊl [gbʊ́ɣʊ́lì] *n.* heavily used area where activities are carried out, where ground becomes hard and sandy, and no grass grows for many years.

gbʊgʊlmuŋ [gbʊ́ɣʊ́lmùŋ] *n.* farm area for resting in the shade.

gbʊktʊk [gbʊ̀ɣʊ̀tʊ̀g] *ideo.* thick • *tʃɛ̀ à kùbíí gbʊ́ŋà gbʊ̀ktʊ̀k.* Let the porridge be very thick.

gbʊŋa [gbʊ̀ŋà] *v.* to be thick, thicken, to be dense, usually used to describe the texture of a liquid • *tʃɛ̀ à kùbíí gbʊ́ŋà.* Let the porridge be thick.

gbʊŋwɔlɛɛ [gbʊ́ŋwɔ́lɛ́ɛ́] *nprop.* section of Ducie. (Tampulma <nɪgbʊŋwɔlɛɛ 'dense family').

gbʊʊrɪ [gbʊ̀ʊ̀rì] *cf:* **taarɪ**; **iiri** *v.* to rush at, to move towards something rapidly and with force • *à váá gbʊ̀ʊ̀rì kààlì à píésí pé rē.* The dog rushed at the sheep.

h

¹**ha** [ha] *pv.* yet, still • *ʊ̀ há wà wááwá.* He has not yet come.

²**ha** [há] *v.* to hire • *jà há lɔ́ɔ́lì káálì à lúhó rō.* We hired a car to go to the funeral.

hã [hã́] *v.* to hate • *ŋ̀ hã́ ŋ̀ŋ̀ tʃítʃà rā.* I hate my teacher.

hãã [hã́ã̀] *v.* 1 to open one's mouth, to contribute to a topic of discussion • *zìàŋ hã́ã́ ʊ̀ʊ̀ nʊ̀ã̀ rā à wɪ́ɛ́ bàŋmáálíí nī.* Ziang contributed during the discussion. 2 to lift one's arm high as if to hit something or someone • *hã̀ã̀ ìì nɛ́ŋ māŋūū.* Raise you hand and beat him.

hããbuura [hã́ã́búúrà] *n.* chasing women.

haalɪ [háálì] *conn.* yet, still • *ʊ̀ jɪ́ráʊ̀ sāŋā mùŋ, háálì ʊ̀ há wà wááwá.* He called her a long time ago, yet she has not come. *kàlá wāā ŋ̀ pé rē háálì dìàrì mùŋ.* Kala has been with me since yesterday. *ŋ̀ búúré mòlèbíé bìrgì háálì ŋ̀ há wà nã̀ã̀.* I struggled to get money for some time but still have not got any.

haamɪɪ [hààmíí] *n.* boredom • *hààmíí kpāgā kūrīī rē, ʊ̀ dì wà kíŋ wàà wáá.* Kuri was bored because he could not come to Wa yesterday.

hããŋ [hã́ã́ŋ] *n. cf:* **nɪhããŋ** 1 woman. 2 female. 3 wife. *pl.* **hããna**.

haarɪ [hààrì] *v.* to deprive • *ʊ̀ háárí ŋ̀ŋ̀ kʊ́ʊ́ tà.* She deprived me of my t.z. *sòú háárí ŋ̀ŋ̀ mã̀ã̀ tà.* Death deprived me from my mother.

hããsa [hã́ã́sá] *n.* husk, chaff or any particle to be separated from the grains themselves.

hããsi [hã́ã́sí] *v.* to yawn • *nìdɪ́gɪ́máŋá wáá hã̀ã̀sī.* No one yawns alone.

hããsii [hã́ã́síí] *n.* 1 bitterness • *kìnhã̀ã̀síí rà*. It is something bitter. 2 to be annoyed • *nìhã̀ã̀síí rè jáá à báàl*. That man easily becomes annoyed.

hããsɪ [hã̀ã̀sì] *v.* to be bitter • *nààsààrsíŋtʃáʊ́ bíé hã́ã́síjáʊ́*. The Neem seeds are bitter.

habʊɔ [hàbʊ̀ɔ́] *n.* back *syn:* ¹**gantal**¹ . *pl.* **habʊɔna**.

hagasɪ [háɣɪ́sì] *n.* type of candy. (ultm. English <*hacks* 'candy brand').

hagla [hàɣə̀lá] *n.* ground, soil, sand, earth *syn:* **haglɪɪ** .

haglɪbie [hàɣlíbìé] *cf:* **solibie** (*var.* ¹**mɪnĩã**) *n.* type of ant *syn:* ²**mɪnĩã** . *pl.* **haglɪbise**.

haglɪbii [hàɣlìbíí] *n.* mud or earth block used as building material. *pl.* **haglɪbie**.

haglɪbisɪansa [hàglíbìsìànsá] *cf:* **gogosɪama** *n.* type of ant. *pl.* **haglɪbisɪansa**.

haglɪbummo [hàɣɪ̀líbúmmò] *n.* type of soil.

haglɪɪ [hàɣəlíì] *n.* ground, soil, sand, earth *syn:* **hagla**; **tagla** . *pl.* **haglɪa**.

haglɪjɔgsɪɪ [hàglìjógəsfì] *n.* soft ground.

haglɪkɪŋ [háɣlíkìŋ] (*var.* **tuur**) *n.* snake. *pl.* **haglɪkɪna**.

haglɪkpeg [hàglìkpég] *n.* hard ground.

haglɪnʊgʊl [hàglínʊ́ɣʊ́l] *n.* type of soil, without stones and roots, light and loose.

haglɪtʃãã [hàɣə̀lìtʃã̀ã́] *n.* sandy soil.

hãhĩɛ̃ [hã́hĩ́ɛ̃̀] *n.* old woman. *pl.* **hãhɪɛta**.

hajoŋ [hájóŋ] *nprop.*.

hakɪla [hákɪ́là] *n.* thought, argument • *m̀m̀ máásí tʃɔ́ sùkúù ní rè, m̀ mã́ã́ tíɛ́ŋ hākɪ̄là*. I once ran away from school, but my mother advised me to go back. *pl.* **hakɪlasa**.

hal [hál] *n.* egg. *pl.* **hala**.

hala [hàlà] *cf:* **pɪga** *v.* to fry something on a hot surface using fat • *ì kàá kìŋ hàlà kpààn nä*. Can you fry yam?

haliŋguomii [háliŋgùòmíì] *cf:* **nʊ̃ʊ̃mɪnɪɛr** *n.* millipede, underground pest which bores into yam tubers to feed (*Myriapoda*). *pl.* **haliŋguomie**.

halɪɪ [hálíí] *n.* frying • *kpã̀ã̀ŋhàlíì*. Fried yam.

hamba [hámbà] *n.* hammer. (ultm. English <*hammer*). *pl.* **hambasa**.

hambag [hámbák] *n.* type of tree (*Pilostigma thonningi*). *pl.* **hambaga**.

hambajala [hámbájàlá] *n.* lying flat and facing the sky. *pl.* **hambajalasa**.

hambara [hámbàrà] *n.* barrenness, lack of reproductivity attributed to male or female. *pl.* **hambarasa**.

hamɔnanãʊ̃ [hàmɔ́nánã̋ʊ̋̃] *n.* assassin bug (*Reduviidae*). *pl.* **hamɔnanãʊ̃na**.

hamɔ̃ŋ [hàmɔ̋̃ŋ] *cf:* **bie; bisʊɔna** *n.* child, not old, junior relative to others. *pl.* **hamɔna**.

hamɔ̃wie [hámɔ̋̃wiè] *cf:* **bisʊɔnbie** *n.* small child, from birth to approx. 5 years old. *pl.* **hamɔ̃wise**.

handɔŋmɪɪsa [hándɔ́mmìɪ́sá] *n.* jealousy.

handɔŋ [hándɔ̀ŋ] *n.* co-wife, Gh. Eng. woman's rival. *pl.* **handɔsa**.

hanzoŋ [hánzóŋ] *cf:* **luhãāŋ** *n.* unmarried young woman. *pl.* **hanzomo**.

haŋ [hàŋ] *dem.* this • *ìì nésé hámà, á-wèŋ́ ká kpàgà fɔŋá?* Which of your hands has most strength? *pl.* **hama**.

haŋtʃele [háŋtʃèlē] *cf:* **liegu** *nprop.* Motigu shrine, water source where the animate god lives.

hara [hàrà] *v.* to lock • *kpàgà ǹǹ dìà-nőã̋ hàrà tìèʊ̄.* Lock my door for him. *ant:* ¹**lala**¹

haradɪa [hàràdɪá] *n.* prison. *pl.* **haradɪɪsa**.

haraha [hàrằhá] *n.* inexpensive, cheapness, low price. (Hausa, ultm. Arabic <*àr̃àsà* 'cheapness').

harɪgɪ [hàrɪ̀gɪ̀] *v.* to try, to do with all your might, to do seriously, to make an effort • *hàrìgì páásí ìì téésì nɪ̄.* Try to pass your test. *ʊ́ʊ́ hárígì à pàrà kùó.* He should try to have a farm.

hasɪg [hásíg̀] *nprop.* Hasik, female name related to *sɪgmaa*, follows ŋmāāŋʊ *synt:* **ŋmāāŋʊ; basɪg** .

hasʊɔŋ [hásʊ́ɔ́ŋ] *n.* woman who recently gave birth. *pl.* **hasʊɔna**.

hãwie [hã̋wìè] *n.* 1 ego's junior brother's wife. 2 ego's most recent wife. *pl.* **hãwise**.

hẽhẽse [héhésè] *n.* announcer. *pl.* **hẽhẽsese**.

¹**hele** [hèlé] *n.* type of squirrel *synt:* **muŋzeŋtɪɪna** . *pl.* **helese**.

²**hele** [hélé] *v.* to bend back one's head • *hélé ìì ɲúù.* Lift your head up.

³**hele** [hélé] *v.* to send someone specially to do one's errand, Gh. Eng. to message someone • *ńń hélé bá tʃì kpá m̀m̀ pátá à lìì dùsèè wà tīēŋ̀).* I am going to send them to fetch my trousers tomorrow.

hembii [hèmbíí] *n.* metal nail. *pl.* **hembie**.

hẽsee [hέ́séè] *n.* message. *pl.* **hẽsee**.

hẽsi [hέ́sí] *v.* to announce, to beat a drum to announce • *tɔ́ʊ́tíìná ŋmá dí bá hέ́sí má ká pàrà kùo.* The landowner says they announced that you should go and work at the farm.

hɛma [hèmá] *n.* 1 young, as in physically not mature • *ŋmááŋʊ́ bìé há jáá bìhémíí rá.* Mangu's child is not yet fully grown. 2 to be unripe • *jà dìà máŋgònɔ́ná hémá̋ʊ̋ à há wà síá-rí.* The fruits of our mango tree are still hard, they are not yet ripe. *syn:* ²gal

hɛmbie [hèmbìé] *n.* small bowl. *pl.* **hɛnwise**.

hɛmbɔla [hèmbɔ̀lá] *n.* medium size bowl. *pl.* **hɛmbɔlasa**.

hɛna [hèná] *n.* bowl. *pl.* **hɛnsa**.

hɛŋ [hɛ́ŋ] *n.* arrow. *pl.* **hɛma**.

hɛŋgbaa [hèŋgbàá] *n.* type of clay bowl, container used to stir shea butter. *pl.* **hɛŋgbaana**.

hɛŋsɪ [hèŋsì] *cf:* **dara** *v.* to lie, to tell untruth • *à bìè héŋsí wɪ́ɛ́ dɔ́ ǹǹ nɔ̀à̰ nɪ́ rà*. The child lied to me.

hiẽsi [hìɛ̀sì] *v.* **1** to rest, to relax • *kà sáŋá dáámún nɪ́ hìɛ̀sì*. Go sit under a tree and rest. **2** to breathe • *dì hɪ́ɛ́sì dìgìì dìgíí*. Breathe slowly.

hiẽsipugo [hìɛ̀sìpùgó] *n.* asthma.

hiĩ [hɪ́ɪ́] *cf:* **vaaŋ** *n.* hind leg of an animal. *pl.* **hiẽ**.

hire [hìrè] *v.* to dig, to take out sand, to dig up new planted yams • *kà hìrè ɲàŋà tɪ́ɛ̄ bā*. Dig some gravel for them. *ǹm̀ bìè káálɪ́ kùó ɔ́ ká hìrè kpàànfɔ́lɛ́ɛ́*. My son has gone to dig the new yams.

hirii [híríí] *n.* digging.

hiɛ̃ [hìɛ̀] *cf:* **bahiɛ̃** *v.* to age, to grow old, to be older than • *mín hɪ́ɛ́ɪ̀*. I am older than you. *ì lèí hɪ́ɛ́ŋ*. You are not older than me. *ant:* **wie**

¹**hiẽna** [hìɛ̀ná] *n.* family or blood relationship • *ɲìnɪ̀ɛ̀ wòjò hìɛ̀ná kā vàlà tʃàsìà nɪ̄?* What is Wojo's blood relation in Chasia? *dì hìɛ̀ná wɪ́ɛ́ lèí,*
ì wàá kìn zòò̰ ìì tɔ́ɔ́ nɪ̄. Without family relations, you cannot live in your village. *pl.* **hiẽna**.

²**hiẽna** [hɪ́ɛ́ná] *n.* ego's father's sister. *pl.* **hiẽnsa**.

hiẽŋ [hɪ́ɛ́ŋ] *n.* relative by maternal and paternal descent • *ì hɪ́ɛ́ŋ ká jàà bááŋ?* Who is your relative? *wàá nɪ̄ kpágúrí ní ǹǹ hɪ́ɛ́mbá dòà*. In Wa, my relatives are in Kpaguri. *pl.* **hiẽmba**.

hiẽra [hìɛ̀rá] *n.* appetite, craving, or an absence that creates a desire • *ḿ bírgíjé ǹ wà bí nà ḿm̀ bìè ò̰ hìɛ̀rá dí jáŋ*. It is a long time since I have seen my child and his absence affects me. *kɔ́ɔ́ hɪ́ɛ́rā kpágá à bìè*. The child has a craving for t.z..

hiẽrɪ [hìɛ̀rì] *v.* to be enthusiastic, to be voracious • *bátɔ́n káá hɪ́ɛ́rōō*. Baton is a voracious meat eater.

hiẽsɪ [hɪ́ɛ́sí] *v.* **1** to be old • *ǹǹ ɲíná hɪ́ɛ́sìjɔ̀ō*. My father is old. **2** to be ripe, to be mature, applicable to banana, yam, and plantain • *à kpáámá hɪ́ɛ́sìjɔ̀ō*. The yams are mature and ready to dig up.

hɪhiĩ [hɪ̀hɪ̀ɪ́] *n.* bank of mud and reeds forming pond to contain and catch fish. *pl.* **hɪhiĩna**.

¹**hiĩ** [hɪ́ɪ́] *interj.* exclamation expressing disapprobation of an action carried out by someone else.

²**hiĩ** [hɪ̀ɪ̀] *v.* to slam into someone to prevent his or her action • *té hɪ́ɪ̀ŋ*. Don't slam into me. *ɔ́ɔ́wà hɪ́ɪ́n nā*. It is she who prevented me.

hiisa [hĩĩsá] *n.* shyness, respectfulness • *hĩĩsá kpágʊ́ʊ́ rā*. She is shy (Shyness has her). *ʊ̀ʊ̀ ɔ́mà hĩĩsá rá*. She is shy (She fears shyness).

hiisi [hĩĩsí] *v.* to dry up • *à pòl níí hĩĩ-sijɔ̃ʊ̃*. The water from the river has dried up.

¹**hɪl** [híl:] *n.* witch. *pl.* **hɪla**.

²**hɪl** [hìĺ] *n.* drought.

hɪla [hílá] *n.* in-law. *pl.* **hɪlasa**.

hɪlɪbaal [hìlìbáàl] *n.* father in-law. *pl.* **hɪlɪbaala**.

hɪlɪhããŋ [hìlìhã́ã̀ŋ] *n.* ego's mother in-law. *pl.* **hɪlɪhããna**.

hɪŋ [híŋ] *pro.* second person singular strong pronoun • *ǹ zímã́ʊ́ dí híŋ kpétì à pár*. I know that it is you who broke the hoe.

hɪta [hìtá] *n.* witchcraft • *wáá kpʊ́ʊ̀ àní hìtá ní*. He killed him with witchcraft.

hĩʊ̃ [hĩʊ́̃] *n.* type of trap, operated by a stone, various branches, grass, and shea nut as bait. *pl.* **hĩta**.

hĩwa [hĩwà] *v.* **1** to trap • *ʊ̀ dè hĩ́-wá hèlé ré*. Yesterday he trapped a squirrel. **2** to put charm or spell on something to affect someone.

hog [hóg] *n.* bone. *pl.* **hogo**.

hogo [hògò] *cf:* **ɔgɪlɪ** *v.* to have nausea • *à pàtʃígíí hògó káá dɔ̄gɔ̄sī à gérégíí rá*. The nausea is disturbing the patient.

hogul [hóɣúl] *cf:* **holiŋ** *n.* cockroach. *pl.* **hogulo**.

hogulbummo [hògùlbúmmò] *n.* type of cockroach, larger than *hogul*.

hogulpʊmma [hògùlpʊ̀mmá] *n.* type of cockroach.

hol [hól] *n.* type of tree (*Afzelia bella*). *pl.* **holo**.

holbii [hólbìì] *n.* Afzelia bella seed. *pl.* **holbie**.

holiŋ [hólíŋ] *cf:* **hogul** *n.* cockroach. [*Mo, Ka, Tu, Ti*]. *pl.* **holmo**.

holnɔŋpɛtɪɪ [hólnɔ́ŋpètìì] *n.* Afzelia bella seed shell.

hɔhɔla (*var. of* **hɔlahɔla**)

hɔl [hɔ́l] *n.* piece of charcoal. *pl.* **hɔ-la**.

hɔlahɔla [hɔ̀làhɔ̀là] (*var.* **hɔhɔla**) *ideo.* type of visual percept, yellowish colour • *ì kógláábʊ̀l tìŋ há dʊ́ hɔ̀làhɔ̀là, tìè ʊ́ síárí ká í tɔ́tí*. Your paw-paw is still unripe, let it ripen before you pick it.

hɔlɪɪ [hɔ́líí] *lit.* charcoal *n.* Sisaala person. *pl.* **hɔlɛɛ**.

hɔ̃sɪ [hɔ́̃sí] *v.* **1** to shout or to cry out at someone • *hɔ́̃sí à bìé dí ʊ́ brā wàà*. Shout to the child that he must come back. **2** to give forth thunder • *ì nʊ́ʊ́ à dúóŋ hɔ̀̃sí rã̀ã̄*? Did you hear the (rain) thunder? **3** to rebuke, to criticize, to speak harshly to • *ʊ̀ ŋmá wīē dì tíē à bìè ré káá hɔ́̃sī*. He talks harshly to the child.

hɔ̃ʊ̃ [hɔ́̃ʊ̃] *n.* type of grasshopper. *pl.* **hɔ̃sa**.

huor [hùór] *n.* raw • *à nǎnhùór kánáɓ́.* The raw meat is abundant. *à namíɛ́ múŋ jáá áhùòr rō.* All the meat is raw. *pl.* **huoto**.

hur [húr:] *n.* inevitably, unavoidably • *húr mùn nō ʋ̀ fí jàà wāā báaŋ.* He always to come here. *húr ŋ̀ kàá bì bìlè kùò rō.* I will inevitably start farming again.

hũũsi [hṹṹsí] *v.* to shout, the kind of vocalization that travels a long distance, mainly done in the bush • *à pápátá káá kāālì dìá àká hṹṹsí jìrà ʋ̀ʋ̀ tɔ̀gʋ́mà.* The farmer goes home and shouts to alert his colleague.

hʋla [hʋ́lā] *v.* to be dry, to dry • *ǹǹ tʃúónó hʋ́láʋ̌ ŋ̀ kàá sʋ̀àgɪ̀.* My shea nuts are dry enough to pound them. *tìɛ̀ à nàmíɛ́ hʋ́là.* Let the meat be dry.

hʋlɪɪ [hʋ́líí] *n.* drying • *jʋ̀ʋ̀kpóŋkpóŋhʋ́líí bɔ́máɓ́.* The drying of rainy season cassava is difficult. *ant:* **sʋɔnɪ**⁵ *pl.* **hʋlɪɛ**.

hŏŋ [hŏ́ŋ] *cf:* **pur** *n.* gear, equipment for a trade or activity, including all items required to take along for the day, the stay or the journey. *pl.* **hŏnna**.

hŏɔr [hŏ́ɔ́r] *n.* stranger. *pl.* **hŏɔra**.

hɔɔrakaalɪɪ [hɔ́ɔ́rákáálíí] *n.* sixth day of a second funeral.

hŏʋ [hŏ̌ʋ̀] *v.* to blow a wind instrument • *m̀m̀ báál kàà hŏ́ʋ̌ bùsúnù rō wíwíré.* My husband plays the flute very well.

i

i (*var. of* **ɪ**)

ii [ʔìì] *v.* to praise, to speak highly of • *íí kúòsó.* Praise God.

ĩĩ [ʔíĩ́] *v.* to push out, in childbirth • *dì íĩ́.* Push!

iiri [ʔììrì] *cf:* **gbʋʋrɪ**; **taarɪ** *v.* to rush at somebody in anger • *wɔ̀sá ká páá ùù zómó, gbòló ííríjé kààlì ʋ̀ʋ̀ pé ré.* When Wusa insulted him, Gbolo rushed at him in anger.

iko [ʔíkò] *cf:* **wɔsakuolo** *interj.* praise name and title for the wɔsakuolo clan.

ileʔile [ʔílèʔílè] *ideo.* type of visual percept • *kààlì jàwá àká jàwà sʋ́mmǎá tīŋ kà dʋ́ ìlèʔìlè.* Go to the market and get dawadawa balls that are dark in colour.

indʒi [ʔíndʒì] *n.* engine. (*ultm.* English).

irii [ʔírìì] *n.* type, ethnic group, property, colour • *nìʔírí wèŋ ká jàà jà nàĺ tìŋ?* To which group of people does our grandfather belong? *bàáŋ írīī ì kà búúrè?* What type do you want? *tàgàtà pʋ̀mmá, ásìámá àní sìsáʋ̌ ŋ̀ kpàgà, írīī wèŋ ì kà búúrè?* I have white, red, and yellow shirts, which colour do you want? (Waali). *pl.* **irie**.

ise [ìsé] *n.* **1** type of insect which likes the sweat of human beings, produces a thick substance sweeter than honey called *ise*, but tiny in quantity. **2** thick substance produced by an insect called *ise*. *pl. ise*.

I

ı [ɪ] (*var.* **i**) *pro.* 2.sg. (you) • *bà búúrè ɪ́ɪ́ kṹṹ*. They want you to be tired.

ɪã [ʔɪ̃ã̌] *n.* guinea worm. *pl. ɪ̃ãsa*.

ɪɪwa [ɪ́ɪ́wà] *pro.* second person singular emphatic pronoun.

ɪjɛ [ʔíjè] *cf:* **ɪjɛla** *interj.* praise name and title for the *ɪjɛla* clan.

ɪjɛla [ìjɛ̀là] *cf:* **ɪjɛ** *nprop.* clan found in Gurumbele.

ɪl [ʔɪ́ɫ] *n.* breast. *pl. ɪla*.

ɪla [ʔɪ̀là] *v.* to take care, to watch, to guard, to protect against • *má ká ìlà ɲàmmɪ̃́ɪ̃́ kùò ní*. Go and take care of the maize at the farm.

ɪlɛ [ʔílè] *cf:* **wɔsalɛɛla** *interj.* title and praise name for the *wɔsɪlɛɛla* clan.

ɪlnõã [ʔìlnṏã̌] *n.* nipple. *pl. ɪlnõãsa*.

ɪtʃa [ʔítʃà] *cf:* **wɔsatʃaala** *interj.* praise name and title for the *wɔsɪtʃaala* clan.

ɪwɛ [ʔíwè] *cf:* **wɔsawɪɪla** *interj.* praise name and title for the *wɔsɪwɪɪla* clan.

isi [ʔísì] *cf:* **wɔsasiile** *interj.* title and praise name for the *wɔsɪsiile* clan.

ito [ʔítò] *cf:* **itolo** *interj.* praise name and title for the *itolo* clan.

itolo [ítóló] *cf:* **ito** *nprop.* clan found in Gurumbele.

j

¹ja [ja] (*var.* **¹jaa**) *v.* to do • *tʃɔpìsì bí mùŋ ò́ já jáò̌*. He does it every day. *ɲìnîɛ́ ŋ̀ kà jä̀ä̀?* What did I do?

²ja [ja] (*var.* **jɛ**) *pro.* first person plural pronoun • *já kááli̍*. Let us go (non-initiated action). *jà káálíjéó̌*. We went.

¹jaa (*var. of* **ja**)

²jaa [jàà] *v.* **1** to fetch water, to dip out liquid • *jàà nɪ́ɪ́ tìè ŋ́ ɲŏã̀*. Fetch water and give it to me. *jàà pɛ́*. Fetch and add more. **2** to take grains in quantity • *jàà ɲàmmɪ́ɪ̃́ ká tìè ìì hɪ̀làháàŋ*. Take some maize for your female in-laws.

³jaa [jáá] *v.* **1** to be • *ò̀ jáá ŋ̀ŋ̀ ɲíná rá*. He is my father. **2** to be equal • *kínâlìè ì kpá pè àlìè nɪ̄, à jáá ànáásè*. Two plus two equals four.

⁴jaa [jáá] *pv.* indicate action that occurs regularly, repeatedly, or habitually • *ò̀ jáá káálì kùò ró tʃɔpìsì bíí* múŋ. He goes to the farm everyday. *tááŋú jáà tíé gēr ré*. Tangu eats lizard regularly.

¹**jaarı** [jààrì] *v.* to be lazy, be untrustworthy, be useless • *ǹǹ háâŋ jááríjáʊ̀*. My wife is lazy and unable to work.

²**jaarı** [jààrì] *v.* to scatter on the ground • *bʊ́ʊ́ŋ bítí à ɲàmmīī jààrì à zàgá nĭ*. A goat knocked the maize over and scattered it in the house.

jaga [jàɣà] *v.* **1** to hit, to knock • *hákúríí jágá váá tā*. Hakuri knocked the dog away. *ǹ kàá jágíí tōbīī*. I will hit you with my arrow. **2** to put down brusquely • *tí wá kpà à bónsó jàgà hàglĭì*. Do not put the cup down brusquely.

jagası [jàɣàsì] *pl.v.* to hit • *à sáŋpóná jágásí pɔ̄ à dāā nĭ*. The porcupine quills hit the tree and stuck in it.

jala [jálá] *v. cf:* **ɲõ** (*var.* **jɛla**) **1** to sprout, to burst, to explode, to perspire • *à lɔ́ɔ́lì kɔ́bà kàá jālā*. The car tire will burst. *pétròrɔ́ bàgàlàn jálá dīn nē*. The container exploded. *ʊ̀ jálà wìlìŋ né*. She perspires. **2** to germinate, to push up earth, sprout • *ǹǹ sígá tìŋ ǹ kà dʊ́ʊ́ wɔ́ à jálìjɔ́ʊ́*. The cow peas I sowed have sprouted. **3** to rise (sun) • *síí, wʊ̀sá jálìjɔ́ʊ́*. Get up, the sun is up.

jalası [jàlǎsì] *v.* **1** to sit and lean back, to be slanted, to relax on • *à bìè sáɲà ʊ̀ʊ̀ ɲíná kɔ́r nĭ ká brà kà jàlàsì*. The child sat on his father's chair and leaned back. **2** to depend on, to rely on • *gbòló ŋmá dí ʊ̀ jálásí ǹ nī dí ǹ kàà tíɛ́ʊ́ làábàkɔ dùhó*. Gbolo said that he relies on me to give him yam seedlings.

jalıɛ (*var. of* **jarıɛ**)

jarata [járátá] (*var.* **parata**) *ints.* very clear or proper white • *à ɲàmmísáʊ̀ kàà tɔ́làʊ̄ járátá*. The maize flour is very white.

jarıɛ [jàríɛ̀] (*var.* **jalıɛ**, **wızaama**) *n.* Muslim. (ultm. Hausa). *pl.* **jarısa**.

jarıı [jàrîì] *n.* Islam.

jasaŋabʊɛ̌ı [jàsáŋábʊ́ɛ̌ì] *lit.* we-sit-slowly ('Let's keep peace') *nprop.* dog name.

¹**jawa** (*var. of* **jɔwa**)

²**jawa** [jáwà] *pro.* first person plural emphatic pronoun • *jáwâ wà kín kààlì à lúhò*. We were not able to go to the funeral.

jawaa [jáwáá] *pro.* first person plural strong pronoun.

jawadiir [jàʊ̀dîìr] *cf:* **jɔwa** *n.* trader, seller. *pl.* **jawadiire**.

jege [jègè] *v.* to shake from hunger or some sicknesses, feeling difficulty in moving • *ʊ̀ tʃárĭjɔ́ʊ́, ʊ̀ʊ̀ bárá dì jégè*. She has diarrhoea and is dehydrated, her body is shaking.

jegisi [jégísí] *pl.v.* to rock or shake back and forth, to calm a crying baby by shaking • *kpá à bìé sàgà ìi nàasá nĭ à dì jégísí*. Put the child on your lap and continue rocking her.

75

¹**jele** [jélé] *v.* to crow • *à zímbáál jéléū.* The cock crowed.

²**jele** [jélé] *v.* to bloom, to produce and bear flowers • *m̀m̀ máŋsá káá jēlēù.* My groundnuts are blooming.

jelii [jélîì] *n.* blooming, flower • *bà wàà párà máŋsìjéléè pàtʃíɡíí.* We do not weed under blooming groundnut plants. *pl.* **jelee**.

jerisi [jérísí] *v.* to shake up by being surprised • *kàlà nőő́ mááfàwīīlē à jérísí.* Kala heard a gun sound and was shaken up.

jɛ (*var. of* **ja**)

jɛla (*var. of* **jala**)

jɪrɪtɪ [jírítí] *cf:* **bummo** *ints.* very black • *à hã́ã́ŋ, ʊ̀ sààlíí tìŋ bírèō jírítí.* The woman, her stirred t.z. is very black.

jɪbɪɪ [jìbíí] *n.* grain of salt.

jɪɛsɪ [jìèsì] *v.* to pamper someone • *tíí jīēsì ìì bìsé.* Do not pamper your children.

jɪra [jìrà] *v.* to call • *kà jìrà à báàl dí ɔ̀ wàà.* Call the man and tell him that he should come.

jɪrɪɡɪ [jìrìɡì] *pl.v.* to call people one after the other • *ɡó à tɔ́ɔ́ jìrìɡì à níhīɛ̀sā báá lágámì à kùórù dìà nī.* Go around the village and call the elders for them to meet at the chief's house.

jɪrɪɪ [jíríí] *n.* calling. *pl.* **jɪrɪɛ**.

jɪsa [jìsá] *n.* salt. *pl.* **jɪsasa**.

joguli [jòɣùlì] *v.* to sell • *jòɡùlì ìì sákìr tìŋ à bɔ́ ì kàntʃìnsá.* Sell your bicycle and pay your debts.

jogulibɔŋ [jòɣùlìbɔ́ŋ] *n.* high price, expensive • *jòɡùlìbɔ́ŋ ɲūū nì, ǹ wàà kìn jáwúú.* Because it is expensive, I cannot buy it.

jogulii [jóɣúlíí] *n.* selling. *pl.* **jogulie**.

jogulilɛŋ [jòɣùlìlɛ́ŋ] *n.* moderate price, cheap • *wòjò kpáɡá jòɡùlìlɛ́ŋ nā, à ɲúú nī ò̀ò̀ pàtùrúù pétí.* Wojo had a moderate price, therefore his petrol got sold.

jogulo [jòɣùló] *n.* price • *à sákìr jòɡùlō lémã́ã̀.* The price of the bicycle is low. *pl.* **joguloso**.

¹**jolo** [jóló] *cf:* **bɪtɪ** *v.* to pour but leave some in the container • *jóló síŋ tīēō.* Pour some drink for him.

²**jolo** [jóló] *cf:* **sampɛntɪɛ** *n.* farming and gardening with raised beds.

joŋ [jóŋ̀] *n.* slave. *pl.* **joso**.

jɔɡɔsɪ [jóɣɔ́sí] *v.* **1** to be soft • *à bìé bàtɔ́ŋ jóɡɔ́sìjàō.* The baby's skin is soft. *ant:* **kpege**¹ **2** to not yet be set, to not be set properly • *à hã́ã́ŋ kōō tíŋ jóɡɔ́sìjàō.* The woman's t.z. is not set properly.

jɔrɔtɔ [jɔ́rɔ́tɔ́] *ideo.* in a line or straight manner • *bàà tʃónsì fùólí rē jɔ́rɔ́tɔ́.* They are joined in a line.

jɔsɪ [jɔ́sí] *v.* to trot • *jɔ́sí kààlì bírìndíŋ ká wàà.* Trot to the main road and come back.

jɔʊsı [jɔ̀ʊ̀sì] *pl.v.* to buy • *m̀ búúrè ɩ́ɩ́ jóósì kpáámá nɩ́ ɲàmmɩ́ɛ́ rá à jàwá nɩ́.* I want you to buy yam and maize at the market.

¹**jɔwa** [jɔ̀wà] (*var.* ¹**jawa**) *v.* to buy • *kààlì jɔ̀wá ká jɔ̀wà kánsá à wà tīēŋ.* Go to the market and buy me bean cakes.

²**jɔwa** [jɔ̀wá] *cf:* **jawadiir** *n.* market. *pl.* **jɔʊsa.**

jugii [júgíí] *n.* heavy • *kpáámbénsè júgíí káálɩ́ kpàáŋwótò.* Yam tubers are heavier than yam seedlings. *pl.* **jugee.**

jugo [jùgò] *v.* **1** to weigh, to be heavy • *kàlá júgó bàwɔ́lɩ́ɛ́ bámbáán nɩ́.* Kala is the heaviest among his colleagues. **2** to be valuable • *kàlá wɩ́ŋmáhá̃ júgó kààlì bàmùŋ tótíɛ́.* Kala's speech is more valuable than the others.

julullu [júlúllú] *ints.* very cold • *à pɩ́áwātà sɔ́ɔ́nìjà̰ã̰ júlúllú.* The water sachet is freezing. (Gonja).

¹**juo** [jùò] *v.* **1** to throw away, to fight, to put someone down in wrestling • *bákúrí júó dìndáá tà.* Bakuri threw the firewood away. *dʒébúnì ànɩ́ ʊ̀ʊ̀ háàŋ jáá júòū.* Jebuni and his wife are always fighting. **2** to roof with mud • *jùò ìɩ̀ dìá ká jʊ̀ʊ̀ zʊ́ʊ̀.* Roof your house before the rainy season.

²**juo** [jùó] *n.* fight. *pl.* **juoso.**

jʊlıŋdʊʊla [jʊ̀lìŋdʊ̀ʊ̀là] *lit.* rainy.season-fetch.location *nprop.* location south of Ducie.

jʊɔrı [jʊ̀ɔ̀rì] *v.* to be weak • *ʊ̀ʊ̀ bìé bàrà káá jɔ̄ɔ̄rì ʊ̀ʊ̀ gàràgá ɲúú nì.* The body of her child is weak because of his sickness.

jʊʊsa [jʊ̀ʊ̀sá] *n.* spirit entering someone and making her/him show unusual behaviour.

¹**jʊʊ** [jʊ̀ʊ̀] *cf:* **kpa** *v.* to marry (a man) • *ʊ̀ jɔ́ʊ́ʊ́ rā.* She married him.

²**jʊʊ** [jʊ̀ʊ́] *n.* rainy season.

k

¹**ka** [ka] *conn.* (*var.* ¹**kaa**) **1** and, then • *kààlì ká wàà.* Go and come. *kààlì ká bìrà wàà.* Go, then come back. *kàlá káálɩ́ jàwá ká jàwà múrò rō.* Kala went to the market and bought rice. **2** but • *ŋ̀ káálɩ́ʊ́ ká ŋ̀ wà náʊ̀.* I went but I did not see him.

²**ka** [ka] *cf:* **wa** *pv.* convey the process to the end point of an event • *à váá kà dɔ́nsɩ́ à bìé.* The dog bit the child. *à váá kàà dɔ́nsɩ̀ à bìé.* The dog bites the child.

¹**kaa** (*var. of* **ka**)

²**kaa** [káá] *interrog.* where about, how about • *káà à kpúlíkpúlí?* Where is the groundnut ball? *káà ìɩ̀ ɲínà?* How is your father?

³**kaa** [káá] *pv.* will • *à vàá káá dōnsī à bìé.* The dog will bite the child.

⁴**kaa** [káá] *conn.* or • *já kárímì, káá já kááli kùó.* Let us read, or let us go to the farm. *ì kááli wàà rā zààŋ káá tʃíá?* Are you going to Wa today or tomorrow?

kaabaako [káábáákò] *cf:* **mamaatʃi** *interj.* expression of surprise, of shock.

kaabɪ [káábí] *v.* to curse, to communicate with a shrine for the downfall of someone • *káábí tìɛ̀ vóɣ ő kpő ìì dɔ́ŋ.* Ask the shrine to kill your enemy.

kaafra [kááfrà] *n.* unbeliever or pagan. Used also as an insult towards a person who does not worship God, who is not a Muslim. (Hausa, ultm. Arabic <*kaafira* 'any nonbeliever in Islam').

kaakɪɛ [kààkíɛ̀] *n.* type of tree (*Zanthoxylum zanthoxyloides*). *pl.* **kaakɪɛsa**.

kaakumo [kààkúmò] *cf:* **kogumie** *n.* donkey. *pl.* **kaakumoso**.

kaalɪ [kààlì] *v.* **1** to go towards • *jà káálí sùkúùù rō.* We went to school. **2** to surpass, to exceed • *wáá káálíŋ̀.* He is better than me. *wɔ̀sá káálí kàlá bàtʃóólíí nī̄.* Wusa is better than Kala at running.

kaara [káárá] *n.* meal where bean flour is poured directly into the stew.

¹**kaasɪ** [kààsì] *v.* to clear one's throat, to eject by coughing • *ǹ̀ káásí kààsìbíí tà.* I brought up a phlegm from my throat. *à báál hàŋ sáŋá à káásɔ̀ɔ̄ tʃɔ́pì bíí múŋ̀.* This man just sits and clears his throat every day.

²**kaasɪ** [kààsì] *v.* to coil • *kààsì à ŋméŋ̀.* Coil the rope.

kaasɪbii [kààsìbíí] *n.* phlegm, from the chest. *pl.* **kaasɪbie**.

kabirime [kábìrìmē] *n.* catarrh.

kabɪl [kábìl] *n.* horn flute. (Gonja <*kabul*). *pl.* **kabɪla**.

kadaasɪ [kàdáásì] *cf:* **tɔŋ** *cf:* **piipa** *n.* paper. *pl.* **kadaasɪsa**.

kafuura [kàfúúrà] *n.* camphor, moth balls (*Cinnamomum camphora*). (ultm. Arabic, via Gonja <*kāfūr* 'camphor').

kaga [kàɣà] *v.* to cross or be across something, to choke, to prevent • *à hók kágá ǹ̀ lìlèbɔ̀ɔ̀ nī̄.* The bone has choked my throat.

kagal [káɣál] *cf:* **naakpaaga** *n.* farm space measurement, twice as big as a *naakpaaga*. *pl.* **kagala**.

kagalɛ [kàɣàlɛ̀] *v.* to lie across, to put across • *ŋméŋ̀ kágálé à dààkpùtíí ní.* A rope lies across the tree stump. *kpàgà à dáá kàgàlè à tíwíí.* Place the stick across the road.

kagba [kàgbà] *cf:* **ɲintʃige** *n.* straw hat. *pl.* **kagbasa**.

kagbaama [kàgbààmà] *n.* porridge made out of mashed yam and water. (Gonja <*kigbama*).

kajajo [kájájò] *cf:* **bʊntʊɔna** *n.* porter. (Hausa <*kaaja kaajajoo* 'load-load').

kaka [káká] *n.* toothache. (Gonja). *pl.* **kaka**.

kakanɔ̃ɔ̃ [kàkánɔ̃ɔ̃] *n.* sugar cane. (Waali <*kakanɔ̃ɔ̃*). *pl.* **kakanɔ̃ɔ̃sa**.

¹**kala** [kàlá] *nprop.* 1 Kala, person's name. 2 Buge village shrine.

²**kala** [kàlà] *v.* to make a rope • *báhɨ́ɨ́sà kálá ŋmésà à jógóli.* Elders make ropes to sell.

kalɛmazʊl [kàlɛ̀màzʊ́l] *n.* sweet potato tuber (*Ipomoea batatas*). *pl.* **kalɛmazʊla**.

kalɛŋ [kàlɛ̀ŋ] *n.* mat. (Gonja <*kalaŋ*). *pl.* **kalɛŋsa**.

kalɛŋbilɛŋẽ̆ẽ̆ [kálɛ́ŋbílèŋéẽ̆] *n.* adjuster used to support and stabilize cooking pots. *pl.* **kalɛŋbilɛŋse**.

kalɛŋbʊgʊtɪ [kàlèŋbʊ̀gʊ̀tɪ̀] (*Gu. var.* **tʃiirikalɛŋbʊgʊtɪ**) *n.* type of wasp. *pl.* **kalɛŋbʊgʊtɪsa**.

kalɛŋtʃɪa [kàlɛ̀ŋtʃɪ́á] *n.* unwashed portion of the body where water has not touched. *pl.* **kalɛŋtʃɪasa**.

kalɛŋvilime [kàlɛ̀ŋvìlìmé] *n.* whirlwind. *pl.* **kalɛŋviliŋse**.

kalie [kálíé] *cf:* **tʃelii** *n.* tomato. [Ka].

kalɲaaga [kàlə̀ɲààgá] *n.* farm land which has been used for two years in a row and lies fallow.

kamboro [kámbòrò] *n.* half • *tɨ́ páásɨ́ à kpááŋ múŋ̀, lɔ̀gà ʊ̀ʊ̀ kámbòrò bìlè.* Do not peel the entire yam. Cut half and leave the rest. *pl.* **kamboroso**.

kamsɪ [kámsɪ́] *v.* 1 to blink repeatedly • *hàglɨ́ɨ́ zʊ̀ʊ̀ ùù sɨ́é ʊ̀ dɪ̀ kámsɪ́.* Some sand got in his eyes so he is blinking. 2 to make a hand motion signalling to come • *kámsɪ́ à wòŋ́ tɨ́éŋ́.* Make a gesture to the deaf person to come. (Safaliba <*kamsɪ*).

¹**kana** [kánà] *n.* arm ring. *pl.* **kanasa**.

²**kana** [kànà] *v.* to be abundant, to be many, to be big, to be plenty • *nárá kàá kànà à lúdéndɪl nɪ́ rē.* People will be numerous at the funeral ground. *ǹǹ tótɨ́ɨ́ wá kānā.* My share is not big.

kandɪa [kàndɪ́à] 1 *n.* north. 2 *nprop.* Kandia village.

kanɨ̃ɛ̆ [kánɨ̃ɛ̆] (*var.* **gbɨ̃ãkanɨ̃ɛ̆**) *n.* African green monkey (*Cercopithecus aethiops*). *pl.* **kansa**.

kankɪma (*var. of* **kantʃɪma**)

kansii [kánsíí] *n.* bean cake. *pl.* **kansa**.

kantɛʊ [kántɛ̄ʊ̀] *n.* Standard-Winged Nightjar, type of bird (*Macrodipteryx longipennis*). *pl.* **kantɛʊsa**.

kantige [kántígé] *n.* part or function of stomach which grinds the food.

kantʃaŋgulumo [kàntʃàŋgúlúmó] *cf:* **sar** *n.* ball of pumpkin seed paste.

kantʃɪma [kàntʃɪ̀má] (*var.* **kankɪma**) *n.* debt, or bill for a communal contribution. *pl.* **kantʃɪnsa**.

kaɲaaga [kàɲáágà] *n.* retaliation, feud, complaint • *kpàgà ì kàɲáá-*

gà dì káálì dìá, ǹ wà zímá wíímùŋ. Take your complaint with you and go home, I do not know anything about it.

kaɲeti [kàɲètì] *n.* patience • *dí kàɲìtì.* Be patient. (Gonja, ultm. Arabic <*kaɲeti*).

kaŋa [kàŋá] *n.* **1** part of the upper back. **2** piece of meat of the upper back of an animal, usually given to women. *pl.* **kaŋasa**.

kaŋgbeli [káŋgbélì] *n.* cerebrospinal meningitis (CSM) (*Meningococcal meningitis*). (Waala <*kaŋgbeli*).

kaŋkabulo [káŋkábūlò] *n.* ulcer that will never heal.

kaŋŋi [káŋŋí] *v.* to compete • *à kàràŋbìsé káá kāŋŋī dóŋá wā.* The students are competing with each other.

kapala [kàpálà] *cf:* **kapalasɔŋ** *n.* fufu, staple food. (Waala <*kapala*).

kapalasɔŋ [kàpàlàsɔ́ŋ] *cf:* **kapala** *n.* cold, left-over fufu usually eaten in the morning.

kapɛnta [kápɛ́ntà] *n.* carpenter. (ultm. English). *pl.* **kapɛntasa**.

kaputi [kàpùtì] *n.* pillow. (Gonja <*kaputi*). *pl.* **kaputuso**.

kapʊsɩɛ [kàpʊ́sìɛ̀] *cf:* **guori** *n.* kola nut (*Cola*). (Gonja <*kàpúɕéʔ*). *pl.* **kapʊsɩɛ**.

kapʊsɩfala [kàpʊ́sìfàlá] *cf:* **fala** *n.* kola nut container or its content • *bìtì ìì kàpʊ́sìfàlá tìŋ bìlè hàglíí nī jà nà.* Scatter you kola nuts on the ground so we can see.

karansiin [kàrànsíìn] *n.* kerosene, lantern oil. (ultm. English <*kerosene*).

karantɩɛ [kàrántìɛ̀] *n.* cutlass. (Akan <*karantie*). *pl.* **karantɩɛsa**.

karaŋbie [kàràŋbìé] *n.* student. (partly Oti-Volta). *pl.* **karaŋbise**.

karatʃi [kàrátʃì] *n.* person who has received a formal education, e.g. officer, teacher. (ultm. English <*clerk* 'clerk'). *pl.* **karatʃise**.

karɩfa [kàrìfá] *cf:* **tɩŋa** *n.* responsibility. (Gonja).

karɩma [kàrɩ́má] *cf:* **tʃitʃa** *n.* teacher. (ultm. Arabic <*karɩma*).

karɩmɩ [kàrɩ̀mɩ̀] *v.* to read • *kàràŋbìkáná wàá kìn kārīmī wíwíré.* Many students cannot read well. (ultm. Arabic <*qirāʾa*).

karɩmɩɩ [karímíí] *n.* learning by reading. (ultm. Arabic).

kasɩ (*var. of* **tʃasɩ**)

kasɩma [kásímá] *n.* corpse dressing uniform consisting of a hat, trousers, smock and a cloth.

katasa [kàtásà] *cf:* **tasa** *n.* type of bowl. (Gonja <*katasaŋ*). *pl.* **katasasa**.

katasazeŋ [kàtásàzèŋ́] *n.* basin. *pl.* **katasazenẽẽ**.

katɩɛrɛ [kàtíérè] *n.* canoe paddler or someone helping to cross a body of water. (Gonja).

katʊɔ [kɔ̀tʊ̀ɔ́] *nprop.* Katua village. (<*kɔtʃʊɔ* 'bush-lie.down').

katʊɔlıı [kàtʊ́ɔ́líí] *n.* 1 person from Katua. 2 lect of Katua. *pl.* **katʊɔlɛɛ**.

katʃal [kátʃál] *n.* type of tree (*Daniellia oliveri*). *pl.* **katʃala**.

katʃalkpuŋiimuŋ [kátʃálkpùŋììmùŋ] *nprop.* place name in Ducie.

katʃig [kàtʃíg] *n.* Martial Eagle, type of bird (*Polemaetus bellicosus*). *pl.* **katʃigne**.

katʃigkuol [kātʃīgkúól] *lit.* eagle-t.z. *n.* African Hawk Eagle, type of bird (*Hieraaetus spilogaster*). *pl.* **katʃigkuolo**.

katʃigkuolsıaŋ [kàtʃìgkùòlsíáŋ] *n.* Bonelli's Eagle, type of bird (*Hieraaetus fasciatus*). *pl.* **katʃigkuolsıama**.

kãʊ̃ [káʊ̃́] *cf:* **dʊɔ** *n.* saltpetre, potassium nitrate, Gh. Eng. kanwu, used a thickening agent for the preparation of soups and stews. (Ghsm). *pl.* **kãʊ̃**.

kawaa [kàwáá] *n.* pumpkin plant. *pl.* **kawaasa**.

kawaadadag [kàwààdādāg] *n.* ringworm (*Tinea corporis*).

kegeme [kègěmè̀] *v.* to be uneven, to be on one side, to become asymmetric • *ʊ̀ kpágá ʊ̀ʊ̀ nǒǎ kègèmè.* She turned her lips to the side. *à hàglıbíí háŋ̀ kégémě̌ŋ̀.* This mud block is uneven.

kelembi [kélémbì] *n.* pen, a hollow grass stalk that is sharpened to a point and dipped in ink to write with. (Hausa, ultm. Arabic <*alkalami*).

ken (*var. of* **keŋ**)

keŋ [keŋ] (*var.* **ken**) *adv.* like that, that, so • *záàŋ ʊ̀ʊ̀ tàá káá zéné kéŋ̀.* Today he is talking loudly like that. *à háǎŋ ŋmā dī, kěěŋ?* The woman said: "Is that so?". *pínéǎ ìì kàà fíílén kéŋ?* Why do you peek at me like that? *gbèlìnsé átōrò máŋá kéŋ̀.* It is three o'clock.

keŋe [kéŋé] *v.* to be tipped, to lean to one side, to incline • *à dáá kéŋē kààlì tììmúŋ nó.* The tree leans towards the east. *a zīã kéŋèjǒǒ̌.* The wall is not straight.

kere [kèrè] *n.* to be under-sized, to fail to thrive • *hìl gílá ŋ̀ sígá kèrè kùò nī.* Drought has affected the growth of my cow peas. *pɔ̀dʒíémà kpágá tíá sàgà ù bìè ní, ù kèrè.* Pojiama had successive pregnancies. That is why her child fails to thrive.

keregi (*var. of* **kerigi**)

kerigi [kérígí] (*var.* **keregi**) *pl.v.* to break many, to be broken • *kérígí dààsá dǒ díŋ ní.* Break firewood and put it into the fire. *kùndúúgù tíwíí kòdórógòsó múŋ̀ à kérégìjē.* The bridges on the Kundugu road are broken.

kesi (*var. of* **tʃesi**)

keti [kètì] *v. cf:* **kpɛtı** (*var.* **tʃeti**) 1 to break • *à hááŋ néŋ̀ kétìjō.* The woman's arm is broken. *kétí kpāāsà tīēŋ̀.* Cut a branch and make a whip for me. **2** to pick from a living plant, especially for maize • *ò káálí̋ kùó ő ká kētī ɲ̀àmmí̋í̋.* He went to the farm to pick a maize cob.

kie [kìé] *n.* half of a bird, one part of a bird which has been divided into two. *pl.* **kiete**.

kiesi [kìèsì] *n.* to be few, relative to an expectation, to be more than one or once but not many • *ǹ̀ àkráá káálí̋í̋ kíésíjóó.* My trips to Accra are few. *nárá tí̋ǹ kà káálì à míntìŋ bà wà kíésíjé, àwíé jà wà sáŋèɛ̀́.* Those who were to attend the meeting were too few, so we did not hold it.

kiesii [kíésíí] (*var.* **tʃiesii**) *n.* type of bird. *pl.* **kiesie**.

kiesimunluo [kíésímúnlùó] *lit.* bird-back-? *n.* type of plant. *pl.* **kiesimunluso**.

¹**kii** [kìì] **1** *conn.* like, as • *ì ɔ́mà kìì gbǐǎ̀.* You fear like a monkey. **2** *v.* to be like, to resemble • *pàtááàsè wà wíré kìì hàmɔ̃́nà káá dì ɲɔ́ǎ̀.* Akpeteshie is bad for children to drink. *jà bárá tɔ́ŋ wá kīī dɔ́ŋà.* Our skin is not the same.

²**kii** [kíí] (*var.* **tʃii**) *v.* to forbid, to refuse, to place under a taboo and abstain from • *ŋ̀ kíí ǎ̃ǎ̃ rā.* I place under a taboo and abstain from the bushbuck. *ùù kíí lúdéndīlsíŋ̀ nā.* He places under a taboo drinking at the funeral ground.

³**kii** [kíí] *cf:* **tʃiir** *n.* taboo. [*Gu*].

kiige [kììgè] *v.* to move to a better position • *kììgè ìì kɔ́r tìŋ, wɔ̀sá káá wāō.* Move your chair, the sun is coming.

kiini [kììnì] *v.* (*var.* **tʃiini**) **1** to bring out, remove • *kììnì ìì lɔ́gà pàtʃígíí kíná múŋ bìlè.* Bring out everything that is in your bag and put it down. **2** to take up the last of food, to clean a bowl • *zòò ɲ̀̀m̀ mǎã̀ pé ő kpá ǹ̀ǹ kòò fàlá tíéí í kííní.* Go to my mother she will give you my t.z. bowl so you can finish it.

kiir (*var. of* **tʃiir**)

kiiri [kììrì] *v.* to breathe with difficulty, because of asthma or exertion • *ù kíírùū.* She is breathing with difficulty.

kil [kīĺ:] *n.* dance-floor.

kilimie [kílímìè] *cf:* **tʃimmãã̀** *n.* pepper. [*Ka*].

kimmãã̀ (*var. of* **tʃimmãã̀**)

kisi [kísì] *v.* to bless, to protect, to save from suffering • *wɔ̀sá kàà kísíí.* God will protect you.

kisie [kísìé] *n.* knife. *pl.* **kisise**.

kɪasɪ [kìàsì] (*var.* **tʃɪasɪ**) *v.* to tear apart, to be torn • *à hǎ̃ã́ŋ gàr kɪ́ásɪ́jɔ́.* The woman's cloth is torn.

kɪɛ [kìɛ̀] *v.* to collect a contribution • *dùsééléé já kɪɛ̀ mòlèbìé bɔ́ ásìbítì wɔ̀tʃìmáĭ̀.* The people from Ducie collected a contribution and paid the watchman of the clinic.

kɪɛmɪ [kìèmì] (*var.* **tʃɪɛmɪ**) *v.* to make noise • *ŋ̀ wàà búúrè námùŋ* kìèmì báàn nī. I do not want anybody to make a noise here.

kɪɛŋɪ (*var. of* **tʃɪɛŋɪ**)

kɪɛrɪ (*var. of* **tʃɪɛrɪ**)

kɪɪrɪɪ [kɪ̀ɪrɪ́ɪ̀] *cf:* **tʃɪɪrɪɪ** *n.* type of wasp. *pl.* **kɪɪrɪɛ**.

kɪlɛɛ [kɪ̀lɛ̀ɛ́] (*var.* **kɪlɪɛ**) *n.* Booted Eagle, type of bird (*Hieraaetus pennatus*). *pl.* **kɪlɛsa**.

kɪlɛɛsɪaŋ [kɪ̀lɛ̀ɛsíáŋ] *n.* Booted Eagle, type of bird, smaller than *kɪlɛɛ* and reddish (*Hieraaetus pennatus*). *pl.* **kɪlɛɛsɪama**.

kɪlɪɛ (*var. of* **kɪlɛɛ**)

kɪma (*var. of* **tʃɪma**)

kɪmpɪɪgɪɪ [kìmpìɪgíɪ̀] *lit.* thing-mark *n.* broom *synt:* **tʃãã** . [*Gu*].

¹**kɪn** [kíŋ̀] *cf:* **kɪn-** (*var.* **kɪŋ**) *n.* thing. *pl.* **kɪna**.

²**kɪn** [kìŋ] *v.* to be able, can or could • ʋ̀ʋ̀ wàá kìn wàà. He is not able to come. ìì kàá kìŋ kààlʋ̀ʋ̀. You may go. ʋ̀ʋ̀ kíŋ wãʋ̀? àí, ʋ̀ʋ̀ wà kínìjẽ wàà. A: Was he able to come? B: No, he was not able.

kɪn- [kɪn] *cf:* **kɪn** classifier particle for concrete entity.

kɪnbaŋ [kɪ̀mbaŋ] *cf:* **kɪnbɔŋ** *n.* bad thing. [*Ka*].

kɪnbɪrɪŋ [kìmbírɪ́ŋ] *n.* whole.

kɪnbɔŋ [kìmbɔ́ŋ] *cf:* **kɪnbaŋ** *n.* bad thing.

kɪndiilii [kìndíílìɪ̀] *cf:* **sɪɪmaa** *n.* meal. *pl.* **kɪndiilie**.

kɪnduho [kìndùhó] *n.* offspring.

kɪnkpagasɪɪ [kìnkpàgàsɪ́ɪ̀] *n.* prey. *pl.* **kɪnkpagasɪɛ**.

kɪnlarɪɪ [kìnlàrɪ́ɪ̀] *n.* piece of clothing. *pl.* **kɪnlarɛɛ**.

kɪnliemii [kìnlìèmíì] *n.* hanging object, ornament or piece of jewellery attached to a necklace or bracelet. *pl.* **kɪnliemee**.

kɪnpaatʃag [kímpààtʃák] *lit.* thing-leaf *n.* greenish thing. *pl.* **kɪŋpaatʃaksa**.

¹**kɪnsɔŋ** [kìnsɔ́ŋ] *n.* something cold.

²**kɪnsɔŋ** [kìnsɔ́ŋ] *n.* highly infected swelling full of pus.

kɪntʃɪagɪɪ [kìntʃɪágɪ́ɪ̀] *n.* fragile, something easily breakable. *pl.* **kɪntʃɪagɛɛ**.

kɪntʃʊalɪɪ [kìntʃʊalɪɪ] *n.* mat or mattress. *pl.* **kɪntʃʊalɛɛ**.

kɪntʃʊma [kìntʃʊ̀má] *cf:* **gɛnɪɪ** *n.* dirty or bad thing, may also be used to refer to an unappreciated person.

kɪnwɪlɪɪ [kìnwɪ̀lɪ́ɪ̀] *n.* sore, a skin lesion or wound. *pl.* **kɪnwɪlɪɛ**.

kɪnzeŋ [kìnzèŋ́] *n.* big thing. *pl.* **kɪnzenee**.

kɪnzɪnɪɪ [kìnzínɪ́ɪ̀] *n.* horse. *pl.* **kɪnzɪnɪɛ**.

kɪnzɪŋɪɪ [kìnzíŋɪ́ɪ̀] *n.* long thing. *pl.* **kɪnzɪŋɛɛ**.

kɪŋmaŋana [kìmmáŋáná] *n.* drummer. *pl.* **kɪŋmaŋnesa**.

kɪŋ (*var. of* **kɪn**)

kɪŋdɪɪŋ [kìndíŋ̀] *cf:* **dɪɪŋ**; **nɪdɪɪŋ**; **wɪdɪɪŋ**; **bidɪɪŋ** *n.* valuable thing.

kɪŋkaŋ [kìŋkáŋ̀] *quant.* many, much, abundantly • *dúó tʃʊ̄āī kíŋkàŋ wà wéré.* Sleeping too much is not good.

kɪŋkuree (*var. of* **kɪŋkurugie**)

kɪŋkurokʊɔrɪɪ [kìŋkùròkòɔ̀rɨ́ɨ] *n.* calculator, computer. *pl.* **kɪŋkurokʊɔrɪɛ**.

kɪŋkurugie [kɪŋkùrùgìè] (*var.* **kɪŋkuree**) *n.* enumeration, number • *m̀m̀ bíé kàá zìgìtì kìnkùrùgíé rē.* My child will learn how to count.

kɪrɪɪsaal [kìrɨ́ɨsààl] *n.* wasp's nest.

kɪrɪma [kìrìmá] *cf:* **nakaʊ** *cf:* **nakpafugul** *n.* tsetse fly (*Glossina*). *pl.* **kɪrɪnsa**.

kɪrɪmamɔmpusa [kìrìmámɔ́mpùsà] *n.* witchweed (*Striga*).

¹**ko** [kó] *adv.* too, as well • *ì kó, wáà.* You too, come. *à já nʊ̄mā̰ʊ̰̄ bà jírà jà kó.* If they (the issues) are serious, they call us too.

²**ko** [kó] *conn.* or • *kó dì ì wàá kààlì?* Or you will not go? *ná kʊ́ʊ́, kó dì ì wàá dì?* There is t.z., or you will not eat? (Hausa <*kō* 'kō').

kodorogo [kòdórógò] *n.* bridge. (Waali <*kodoriko*). *pl.* **kodorogoso**.

kogii [kógíí] *n.* protection.

kogo [kògò] *v.* to hold and keep from falling by supporting or protecting • *kpá ìì néŋ kògò à téébùl ɲúù à sìbíè tí wá bìlìnsì tʃélíí.* Put your hand on the table top so that the beans do not roll and fall.

kogulii [kóɣǔlíí] *n.* farm measurement. [*Gu*].

koguliŋpaa [kóɣúlímpàà] *n.* morning glory plant, type of climber (*Ipomoea mauritiana*).

kogumie [kóɣómìè] *cf:* **kaakumo** *n.* donkey. [*Mo*].

kokobeg [kòkòbég] *n.* shell of palm nut. *pl.* **kokobege**.

kokoduro [kókódúró] *n.* ginger. (Akan <*kákádɔ̀rɔ̀* 'toothache-medicine'). *pl.* **kokoduroso**.

kokolentebii [kòkòlèntébíí] *n.* fishing hook. *pl.* **kokolentebie**.

kokoluŋ [kòkólúŋ] (*var.* **pɛrɛga**) *n.* boat. *pl.* **kokolunso**.

kokorowie [kòkòròwìé] *n.* type of drum beaten with straight sticks.

kole [kòlé] *nprop.* Kole, person's name.

kolo [kòlò] *v.* to carry under one's arm • *ìì bíɛ́rì ká kòlò kpáámá dì wāā.* Your brother is coming with yams under his arm.

kolokolo [kòlókòló] *ono.* turkey. (Gonja <*kolokolo*). *pl.* **kolokoloso**.

kolopɔtɪ (*var. of* **kɔlpɔtɪ**)

konsɪaŋ [kónsíáŋ] *n.* Laughing dove (*Streptopelia senegalensis*). *pl.* **konsɪama**.

konti [kòntì] *v.* to put one's arm around • *dì púpùtíínà kpáì kpá ìì néše à kóntúú, dí á lèí ì kàá tʃèlè.* If

kontii   *kɔla*

a motorcycle rider picks you, put your arms around him otherwise you will fall.

kontii [kòntíí] *cf:* **gbege** *cf:* **zaŋsa** *n.* early farm preparation, just after bush burning, involving clearing the land and cutting trees. [*Gu*].

koŋ [kóŋ] *cf:* **kpalɩmaalige** *n.* Kapok, type of tree (*Ceiba pentandra*). *pl.* **komo**.

koŋbugul [kómbúgúl] *n.* Rock Dove, type of bird (*Columba livia*). *pl.* **koŋbugulo**.

koŋjelemĩĩ [kóŋjèlèmĩ̂ĩ] *n.* Bruce's Green Pigeon, type of bird (*Treron waalia*). *pl.* **koŋjelemĩẽ**.

koŋkogulepʊmma [kóŋkóɣúlèpʊ̀mmá] *n.* Cattle Egret, type of bird (*Bubulcus ibis*). *pl.* **koŋkogulepʊlʊnsa**.

koŋkoliilikoo [kòŋkòlíílíkòô] *ono.* cock-a-doodle-doo, sound of the rooster.

koŋpʊlɩŋ [kóŋpʊ́lɩ́ŋ] *n.* Vinaceous Dove, type of bird (*Sreptopelia vinacea*). *pl.* **koŋpʊlɩma**.

koŋzaazug [kóŋzáázùg] *n.* Red-Eyed Dove, type of bird (*Streptopelia semitorquata*). *pl.* **koŋzaazuguno**.

kor [kór:] *n.* seat, bench, chair. (ultm. Arabic <*kursii* 'chair'). *pl.* **koro**.

koro [kòró] *n.* chieftanship. *pl.* **koroso**.

korumbʊra [kòrùmbʊ́rà] *n.* dusty weather.

kotaal [kótààl] *n.* asphalt, bitumen. (ultm. English <*coal tar*).

koti [kótí] *v.* to die prematurely • ʊ̀ʊ̀ bìnìbáál tìŋ kótìjō. Her son died prematurely.

kɔba [kɔ́bà] *n.* tyre. (ultm. English <*cover* 'cover'). *pl.* **kɔbasa**.

kɔbɩnɩɩ [kɔ́bínɩ́ɩ́] *n.* type of cloth used by elderly men, made out of thick cotton and dyed with the bark extract of *walaŋzaŋ*. [*oldfash*]. *pl.* **kɔbɩnɩɛ**.

kɔglaabʊl [kɔ́ɣɔ́láábʊ́l] *n.* papaya, paw-paw (*Carica papaya*). *pl.* **kɔglaabʊlsa**.

kɔgɔlɩ [kɔ̀gɔ̀lɪ̀] *v.* **1** to come loose • ʊ̀ʊ̀ ɲíŋ kɔ́gɔ́líjɔ́ʊ́ ká há dʊ̀ʊ̀ dé nɪ̀. His tooth is coming loose but it is still there. **2** to be broken or damaged but still functional and not totally collapsed, used especially for buildings • à zɪ́ɪ́ há kɔ́gɔlí kén nī. The wall is still standing like this.

kɔgɔsɔg [kɔ̀ɣɔ̀sɔ̀g] *ideo.* rough • à gèr bárá dɔ́ nīŋ kɔ̀gɔ̀sɔ̀g. The lizard's skin is rough like this. *ant:* **solɔŋsolɔŋ**

kɔkɔ [kɔ̀kɔ̀] *n.* former farm land, which has lost its yield potential. *pl.* **kɔkɔsa**.

kɔkɔla (*var. of* **kɔlakɔla**)

kɔkɔlɩkɔ [kɔ̀kɔ̀líkɔ̀] *n.* type of grasshopper. *pl.* **kɔkɔlɩkɔsa**.

¹**kɔla** [kɔ̀là] *v.* **1** to be loose • m̀m̀ pátá káá kɔ̄lān nà. My pants are too loose for me. **2** to notice yet to ignore • ì síí kɔ́lá ŋ̀ tɔ̀ŋtɔ̀mɪ̃ɛ̃́. You

have looked over the work I have done and it is not up to your expectations. **3** to defeat • *à níhȋȇ̀ gèrègá tíɩ̋ kɔ́láʋ́ rā.* The elder's sickness killed him.

²**kɔla** [kɔ́lá] *v.* to sharpen a grinding stone • *má ká kɔ̀là nɔ̀nnà.* You go and sharpen the grinding stones.

kɔlakɔla [kɔ̀làkɔ̀là] (*var.* **kɔkɔla**) *ideo.* type of visual percept, light grey colour • *zákɔ̀làkɔ̀là wàà zʋ́ʋ́ dùsìè jáwà, à jáá kìɩ̀r ré.* Light grey fowls are not allowed in the Ducie market, it is a taboo.

kɔlbaa [kɔ́lɪ́báá] *cf:* **pɪrɪntʋa** *n.* bottle. (ultm. Hausa <*kwalabā*). *pl.* **kɔlbaasa**.

kɔlɩɩ [kɔ́lɪ́ɪ́] *n. cf:* **zul 1** stem or stalk of millet and guinea corn. **2** second year of a new farm land. *pl.* **kɔlɩɛ**.

kɔlɔlɔ [kɔ́lɔ́lɔ́] *ideo.* **1** smooth and fine, like the texture of finely ground flour • *kòtì à sàʋ́ á bíī kɔ́lɔ́lɔ́.* Grind the flour finely. **2** to appear unhealthy, to be thin, weak, or frail, especially children • *wɔ́gɪ́tɪ̀ mùŋ ʋ̀ʋ̀ já bààŋ dʋ́ kéŋ kɔ́lɔ́lɔ́.* He always appears weak and frail.

kɔlɔ̃ŋ [kɔ̀lɔ̃́ŋ] *cf:* **vil** *n.* deep hole in the earth for getting water. (Waali <*kɔlɔ̃ŋ*). *pl.* **kɔlɔŋsa**.

kɔlpɔtɪ [kɔ̀lpɔ́tɪ̀] (*var.* **kolopɔtɪ**) *n.* metal cooking stove. (ultm. English <*coal pot*). *pl.* **kɔlpɔtɪsa**.

kɔmbɔɲa [kɔ̀mbɔ́ɲà] *n.* Ashanti person. *pl.* **kɔmbɔɲasa**.

kɔmɪ̃a [kɔ̀mɪ̋ɪ̋á] *n.* guinea corn that has been soaked, left to germinate, then dried.

kɔmɪ̃akpaɪɪ [kɔ̀mɪ̋ɪ̋ákpáɪ̀ɪ̋] *n.* first day of second funeral where the guinea corn is presented.

kɔmɪ̃aɲarɪɪ [kɔ̀mɪ̋ɪ̋áɲárɪ̋ɪ̋] *lit.* maltgrind *n.* funeral activity which takes place on the second day of a second funeral where the malt is ground.

kɔntɪ [kɔ̀ntɪ̀] *v.* to be physically weak, due to sickness and/or old age • *ì kàá kɔ̀ntì dɪ́ ì wáá dénsì ìì hógó.* You will be weak if you do not exercise.

¹**kɔntɔŋ** [kɔ̀ntɔ́ŋ] *n.* fairy *synt:* **ɲuzɪ̃ɪ̃tɪɪna** . (Mande <*kɔnkɔma* 'evil spirit'). *pl.* **kɔntɔma**.

²**kɔntɔŋ** [kɔ́ntɔ́ŋ] *n.* soup ingredient made out of baobab seeds, substitute for other non-available ingredients to make the soup thicker.

kɔŋ [kɔ́ŋ] (*var.* **gantalgbou**) *n.* cobra *synt:* **nɪɪtɪɪna** . *pl.* **kɔɲa**.

¹**kɔɲa** [kɔ̀ɲã̀] *v.* to be thin, to become thin and skinny because of sickness • *wɪ́ɪ́lá gɪ́láʋ́ ʋ̀ʋ̀ kɔ̀ɲà.* Sickness made him thin. *tʃɔ̀pɪ́sà àŋmènà háŋ ǹɪ̀ kɔ́ɲá kínkān nà.* These days I am getting thin and skinny.

²**kɔɲa** [kɔ̀ɲá] *n.* comb of a rooster.

kɔŋkɔŋ [kɔ́ŋkɔ̀ŋ] *ono.* can or tin. (North. Ghsm).

kɔŋkʋɔgɪɪ [kɔ̀ŋkʋ́ɔ́gɪ́ɪ̋] *n.* type of fish. *pl.* **kɔŋkʋɔgɛɛ**.

kɔɔ (Mo. var. of **kɔwa**)

kɔɔtɪ [kɔ́ɔ́tɪ̀] *n.* court. (ultm. English <*court*).

kɔpul [kɔ̀púl̀] *n.* type of grass (*andropogon gayanus*). *pl.* **kɔpul.**

kɔpʊ [kɔ́pʊ̀] *n.* cup • *tʃɪ̀ã̀ dóá kɔ́pʊ̀ nɪ̄.* There is a fly in the cup. (ultm. English <*cup*). *pl.* **kɔpʊsa.**

kɔr [kɔ̀ŕ:] *n.* thick, dense forest • *à kɔ̀ɾ̀ pénáɔ̋.* The forest is large. *pl.* **kɔr.**

kɔrɪgɪ [kɔ́rɪ̋gɪ́] *v.* to cut a throat • *kà kɔ́rɪ́gɪ́ à nã̋ɔ́ tìè à báàl.* Go and slaughter the cow for the man.

kɔsa [kɔ̀sá] *n.* 1 bush • *kɔ̀sásélé wá bráà wàà dìá làgálàgá hán̄.* Bush animals do not come to the village any more. 2 grass • *kɔ̀sá wá ɲɔ̃̋ n̄ǹ sàl nɪ́.* Grass does not grow on my roof. *pl.* **kɔsasa.**

kɔsabirijuoni (*var. of* **kɔsagbɛgbɛ**)

kɔsagbɛgbɛ [kɔ̀ságbègbɛ́] (*var.* **kɔsabirijuoni**) *n.* Spur-Winged Goose (*Plectropterus gambensis*). *pl.* **kɔsagbɛgbɛsa.**

kɔsakɪŋ [kɔ̀sákɪ́ǹ] *n.* bush thing. *pl.* **kɔsakɪna.**

kɔsanã̃ɔ̃ [kɔ̀sánã̋ɔ̃̀] *lit.* bush-cow *n.* buffalo (*Syncerus caffer*). *pl.* **kɔsanã̃ɔ̃na.**

kɔsasel [kɔ̀sásél] *n.* bush animal. *pl.* **kɔsasele.**

kɔsasũũ [kɔ̀sàsṹũ̀] *n.* bush guinea fowl. *pl.* **kɔsasũũno.**

kɔsɪ [kɔ̀sɪ̀] *v.* to be overgrown, to be thick • *tɪ́ wá tìè à kùó dɪ́ kɔ̄sɪ̄.* Do not let weeds tale over the farm.

kɔta [kɔ́tà] *n.* a measure unit for akpeteshie, approx. 3-4 oz • *ǹ tʃèná jáwá pàtààsè kɔ́tà tɪ́én nā.* My friend bought me a glass of akpeteshie. (ultm. English <*quarter*).

kɔwa [kɔ̀wá] (*Mo. var.* **kɔɔ**) *num.* hundred. (Oti-Volta). *pl.* **kɔʊsa.**

kɔwɪa [kɔ̀wɪ̀á] *n.* soap. *pl.* **kɔwɪsa.**

kɔzʊʊr [kɔ̀zʊ̋ʊ́r] *lit.* bush-enter-agent *n.* someone in the diaspora, expatriate • *kàlá jáá kɔ̀zʊ̋ʊ́r rá.* Kala is in the diaspora.

kube [kùbé] *n.* coconut. (Akan <*kùbê*). *pl.* **kubese.**

kubii [kùbíí] *n.* porridge. *pl.* **kubie.**

kugdaabii [kùgdààbíí] *n.* rib. *pl.* **kugdaabie.**

kugso [kùgsó] *n.* rib cage. *pl.* **kugsoso.**

kulo [kúló] *v.* to tilt, or to be tilted and likely to fall • *kpá káléŋbílèŋéè̋ lésí à dálfà, dí à lèí à vìí kàá kūlō.* The pot is tilted, take the adjuster to support it.

kummi [kùmmì] *v.* to grip an object, to hold in the palm of one's hand • *ǹ já kpá n̄ǹ mòlèbìé kùmmùū.* I usually hold my money in my hand.

kummii [kúmmíí] *n.* fist. *pl.* **kummie.**

kumpii [kúmpíí] *n.* thorny spear grass. *pl.* **kumpii**.

kundɪŋa [kùndìŋà] *n.* person with physical abnormalities who is cognitively normal • *kùndìŋá ʊ̀ʊ̀ lòlà.* She gave birth to a deformed child. *pl.* **kundɪŋasa**.

kuntunbʊa [kúntúnbʊ́à] *n.* bundles of grass for roofing, especially for the farm hut. *pl.* **kuntunbʊasa**.

kuntuŋ [kùntúŋ] *n.* blanket. (ultm. Hausa <*kuntu*). *pl.* **kuntunso**.

kuŋkuksɪɛŋ [kúŋkùksíɛ́ŋ] *nprop.* uninhabited area south of Ducie's sections Lobani and Zingbani.

¹**kuŋkuŋ** [kùŋkùŋ́] *n.* brain. *pl.* **kuŋkunno**.

²**kuŋkuŋ** [kúŋkúŋ] *n.* highland.

kũŋsũŋ [kũ̀ŋsũ̀ŋ] *cf:* **zɪɛzɪɛ** *n.* tough and resistant object, tough person. *pl.* **kũŋsũŋ**.

¹**kuo** [kùó] *n.* farm. *pl.* **kuono**.

²**kuo** [kúó] *n.* roan antelope (*Hippotragus equinus*). *pl.* **kuoto**.

kuodu [kùòdú] [kòdú] *n.* banana. (Akan <*kʊ̀èdú*). *pl.* **kuoduso**.

kuokuo [kùòkúò] *n.* cocoa (*Theobroma cacao*). (ultm. Spanish, via English).

kuolie [kúólíè] *n.* type of tree (*Anogeissus leiocarpus*). *pl.* **kuoluso**.

kuonɪhĩẽ [kùònɪ́hĩẽ] *n.* person in charge of decisions over farm land. *pl.* **kuonɪhɪẽta**.

kuori (*Mo. var. of* **kuoru**)

kuoru [kùórù] (*Mo. var.* **kuori**) *n.* chief. *pl.* **kuoruso**.

kuorubanɪɪ [kùòrùbánɪ́í] *lit.* chief-section *nprop.* section of Ducie.

kuosi [kùòsì] *v.* to stir, to mix • *kùòsì à sígá dʊ́ à vìì ní.* Stir the beans in the pot.

kuoso [kúòsó] *cf:* **wʊsa** *n.* supreme God, unseen creator, above everything. (<*kùórù wʊ̀sá*).

kuosoɲuu [kùósòɲúù] *lit.* god-head *n.* sky.

kuosozɪma [kùósòzímá] *lit.* god-know *nprop.* dog name.

kuotɪɪna [kùòtíínà] *n.* farm owner.

kuotuto [kùòtútò] *cf:* **tundaa**; **tuto** *n.* farm mortar. *pl.* **kuotutoso**.

kurii [kúríí] *n.* counting.

kuro [kùrò] *v.* to count • *kpá mòlèbié wàà ŋ̀ kūrò.* Bring the money for me to count. (Gonja <*kàrígá*).

kurungboŋ [kúrúŋ̀gbòŋ] *n.* hunter rank of a person who has killed a human being. (Gonja).

kuruso [kúrúsò] *n.* trousers, Gh. Eng. pantaloons, hand-sewn piece which accompanies a smock.

¹**kusi** [kùsì] *v.* to be unable, do in vain • *bà dʊ́gʊ́níŋ kùsì.* They chased me but were unable to catch me. *ŋ̀ káálí à kùó kùsì.* I could not go to the farm.

²**kusi** [kúsí] *v.* to steam, to cook something by letting steam pass over it

- *kpòŋkpòŋkúsíjè ņ̀ dì búúrè.* I like steamed cassava. *kúsí gààríí tìè hɔ́ɔ́rá.* Steam

kuu [kúù] (*var.* **kuubummo**) *n.* Pel's Fishing owl, type of bird (*Scotopelia peli*). *pl.* **kuuso**.

kũũ [kṹṹ] *v.* to take excessively to the surprise of others • *m̀m̀ bìsé kṹṹ ǹǹ nɔ̀ɔ̀tìtíì.* My children took a lot out of my pomade container.

kuubummo (*var. of* **kuu**)

kuudıgınsa [kúúdìgìnsá] (*var.* **zaaŋgbɛrı**) *n.* White-Faced owl (*Ptilopsis leucotis*). *pl.* **kuudıgınsasa**.

kuukuu [kúùkúù] *n.* small insect leaving traces in sand like tunnels. *pl.* **kuukuuso**.

kuusıaŋ [kúúsìáŋ] *n.* type of owl. *pl.* **kuusıama**.

kuuwolie [kúúwólìè] *n.* type of owl.

kʊl [kɔ́l] *cf:* **kʊʊ** *n.* staple food (t.z.). [Ka].

kʊlʊmbʊl [kòlòmbòl] *n.* improper, fuzzy, not clear • *à báál fótósó téŋésíé dó kòlòmbòl.* The man's pictures are not clear. *pl.* **kʊlʊmbʊlsa**.

kʊma [kòmà] *v.* to cut off a head, to top millet, gourd, rice or guinea corn, to harvest • *má ká kòmà mūrō.* Go harvest some rice. *bátɔ́n káá kɔ́mà mǐá ní kísìè rē.* Baton is harvesting guinea corn with a knife.

kʊŋkɔlbıı [kóŋkɔ́lábīī] *n.* grinding stone of 5-10 cm. diameter, used especially to grind charcoal or gun powder. *pl.* **kʊŋkɔlbıa**.

kʊɔlɛ [kòòlè] *v.* to be lethargic, to be inactive or not energetic, to be weak from sickness • *tí wá tìè ìì bìè kóɔ́lè.* Do not let your child be inactive. *à báàl kàà wíjò, àwíé ò̀ kòòlè.* The man is suffering, that is why he is weak.

kʊɔlı [kòòlì] *nprop.* Sawla shrine.

kʊɔlıı [kɔ́ɔ́líí] *n.* thin, skinny or bony person.

kʊɔrɛɛ [kòòréé] *n.* cloth weaver's workshop. *pl.* **kʊɔrɛsa**.

kʊɔrı [kòòrì] *v.* **1** to make • *jà wáá kìnkòòrì lóólì.* We can't make cars. **2** to prepare food, to cook • *ò̀ kɔ́ɔ́rì sììmáá rā.* She is preparing food. **3** to repair • *kòòrì ņ̀ņ̀ sákìr tīēŋ.* Repair my bicycle for me. **4** to solve an issue • *ò̀ kɔ́ɔ́rí à wíé pétùù.* She solved the issues. **5** to perform a ceremony in connection with a fetish • *ò̀ kàá kààlì vɔ́gtíìná pé rē àkà kòòrì ò̀ò̀ wíé.* She will go to the priest and raise her issues. **6** to develop a community • *námùŋ wà wāā kòòrì jà tɔ́ò̀.* Nobody comes to develop our community.

kʊɔsı [kòòsì] *v.* to express dissatisfaction over a performance below standard • *dʒàhíní wà kíníẽ̀ gòà, bà wɔ́léé kōɔ́sōō.* Jahini could not dance as expected, his colleagues expressed their dissatisfaction.

kʊra [kòrà] *v.* to be different • *ņ̀ņ̀ váá kōrā ìì váá nī rà.* My dog is different from your dog.

kʊrkıı [kòrəkìì] *n.* difference.

(Gonja <*kórʔ*).

kʊrʊgbaŋʊ [kòrʊ̌gbàŋʊ́] *n.* type of tree (Dracaena arborea). *pl.* **kʊrʊgbaŋʊsa**.

kʊrʊmbʊra [kòrʊmbʊ́rà] *n.* fog.

kʊtɪ [kòtì] *v. cf:* **tiisi**; **ɲaarɪ** 1 to skin, to cut an animal into pieces • *làgàlàgā háǹ nī ɳ̀ kòtì à ɑ̄ɑ́ pētī*. I have just finished skinning the antelope. 2 to grind very fine with a smooth stone or the finest grinding at the mill, for food or medicine preparation • *ǹ̀ɳ ɲíná kʊ́tí à lúlíí ré*. My father ground the medicine.

kʊtɔra [kòtɔ́rá] *n.* thick porridge made of maize dough.

kʊʊ [kʊ́ʊ́] *cf:* **kʊl** *cf:* **zakʊʊl** *cf:* **kʊʊsɔŋ** *cf:* **kʊʊtʃʊa** *n.* staple food, Gh. Eng. t.z.. (ultm. Hausa <*tuo zaafi* 'very hot'). *pl.* **kʊʊla**.

kʊ̈ʊ̈ [kʊ̈ʊ̈] *v.* 1 to tire, to be tired physically • *ɳ̀ kʊ́ʊ́wʊ́ʊ́*. I am tired. 2 to wonder • *à kʊ́ʊ́ ɳ́ nà dí ʊ̀ kààwàʊ̀*. I wonder if he will come. 3 to be upset • *ɳ̀ kàà kʊ̈ʊ̈ dì ì víé ǹ̀ɳ wíɳmáhá̄ háɳ́*. I will be upset if you refuse my advice. 4 to surprise, to be unexpected • *à kàà kʊ̈ʊ̈ hákúrí ré dì ùù bìè háɳ́ sʊ́wá*. Hakuri will be surprised to lose her daughter.

¹**kʊʊrɪ** [kòòrì] *v.* to snore • *tíí kōōrīí ká ɳ́ tʃúó dūò*. Do not snore so I can sleep.

²**kʊʊrɪ** [kòòrì] *v.* to be almost rotten • *bákúrí lʊ́ʊ́ nàmíɑ́̃ tìɳ kʊ́ʊ́ríjʊ́ʊ́*. Bakuri's hartebeest meat is almost rotten.

³**kʊʊrɪ** [kòòrì] *v.* to stink, almost getting rotten • *à nãʊ̀ dí sōwāʊ̀, àwíé ʊ̀ʊ̀ nàmíɛ́ kòòrì*. The cow died yesterday, therefore its meat stinks.

kʊ̈ʊ̈sa [kʊ́ʊ́sá] *n.* tiredness • *ʊ̀ʊ̀ kʊ́ʊ́sá tíɳ nā kpūū kéɳ̀*. His tiredness killed him.

kʊʊsɔŋ [kòòsóɳ] *cf:* **kʊʊtʃʊa** *cf:* **kʊʊ** *n.* cold t.z., usually eaten in the morning.

kʊʊtʃʊa [kòòtʃʊ́á] *lit.* t.z.-lie *cf:* **kʊʊ** *cf:* **kʊʊsɔŋ** *n.* staple food left-overs for the morning. *pl.* **kʊʊtʃʊa**.

kʊvii [kʊ́víî] *n.* t.z. stirring pot.

kʊzaa [kʊ́zàà] *cf:* **tisie** *n.* woven basket with guinea corn stalks. *pl.* **kʊzaasa**.

kʊzaakpaɪɪ [kʊ́zààkpáìì] *cf:* **kʊzaalimmii** *n.* funeral event happening on the first day of the second funeral where the items left by the deceased are transferred to the heir.

kʊzaalimmii [kʊ́zààlímmíí] *lit.* basket-glance *cf:* **kʊzaakpaɪɪ** (*var.* **kʊzaaɲinii**) *n.* funeral event where the family heads look at the items left by the deceased.

kʊzaaɲinii (*var. of* **kʊzaalimmii**)

kp

kpa [kpà] *v. cf:* **paa** *cf:* **jʊʊ** 1 take • *kpá à pár tīēɳ*. Give me the hoe. 2 to mark the beginning or commencement of an action • *à dɔ́ɔ́ kpá kàŋkàlàŋ kàŋkàlàŋ*. The python started crawling rapidly. 3 to marry (a woman) • *ɔ̀ kpáʊ́ rà*. He married her.

kpa jug [kpá júġ] *lit.* take weigh *v.* to respect • *bà kpá jūg tìɛ̀ bà kàràmá rá*. They respect their teacher.

kpa su [kpá sù] *lit.* take full *v.* to respect, to honour someone fully because of mutual respect • *bà kpá sū dɔ́ŋá wā*. They respect each other.

kpa ta [kpá tà] *cpx.v. lit.* take drop 1 to stop • *kpá ìì sìŋɲɔ̀hã́ háŋ tā*. Stop this drinking habit of yours. 2 to drop • *kpa a bıı ta*. Drop the stone.

kpa wa [kpá wà] *lit.* take come *cpx.v.* to bring • *kpá à kpã́ã́ŋ wà*. Bring the yam.

kpaa [kpáá] *n.* type of dance, performed by women only. *pl.* **kpaa**.

kpaakpuguŋ [kpáákpúgúŋ] *n.* type of stone. *pl.* **kpaakpugumo**.

kpaakpuro [kpààkpúrò] *n.* tortoise. *pl.* **kpaakpuruso**.

kpaambılıı [kpààmbìlfì] *n.* cooked yam. *pl.* **kpaambılıɛ**.

kpaamparıı [kpààmpàrfì] *n.* portion of a yam farm. *pl.* **kpaamparɛɛ**.

kpaanãã [kpáánã́ã́] *n.* type of dance, formerly for warriors and hunters.

kpããnı [kpã̀ã̀nì] *v.* 1 to hunt for killing • *ɔ̀ɔ̀ bíérī háŋ kàà kpã́ã́nì*. His brother hunts. 2 trail, look for something and walk about from place to place • *bá ká kpã̀ã̀nì fɔ́l̀ à kùò nī*. They are going to search for certain leaves at the farm.

kpããnsii [kpã̀ã̀nsíí] *lit.* yam-eye (*var.* **kpã̀ã̀síí**) *n.* yam stem. *pl.* **kpããnsie**.

kpããnugul [kpã̀ã̀núyùl] *n.* yam flesh.

kpããŋ [kpã́ã́ŋ] *cf:* **pıı** *n.* yam. *pl.* **kpããma**.

kpããŋbããŋ [kpã̀ã̀ŋbã́ã́ŋ] *n.* very large yam. *pl.* **kpããŋbããŋa**.

kpããŋbeŋe [kpã̀ã̀ŋbéŋè] *n.* medium size yam. *pl.* **kpããŋbeŋese**.

kpããŋbınıı [kpã̀ã̀mbínfí] *n.* old yam, remaining from last harvest. *pl.* **kpããŋbınıɛ**.

kpããŋbuso [kpã̀ã̀ŋbùsò] *n.* boiled yam eaten without stew. (partly Akan <*buso*).

kpããŋduho [kpã̀ã̀ŋdùhó] *cf:* **kpããŋwou** *n.* yam seedlings. *pl.* **kpããŋduhoso**.

kpããŋfɔlıı [kpã̀ã̀ŋfɔ́lfí] *n.* new yam, harvested at an early stage. *pl.* **kpããŋfɔlıɛ**.

kpããŋhiredaa [kpã̀ã̀ŋhìrèdáá] *n.* wooden stick used as tool for digging yams, replaced today by cutlass.

kpããŋlaʊ [kpã̀ã̀ŋláʊ́] *n.* yam hut. *pl.* **kpããŋlawa**.

kpããŋnıı [kpã̀ã̀nnfí] *cf:* **sieribile** *n.* water-yam (*Dioscorea alata*). *pl.* **kpããŋnıɪta**.

kpããŋnııdısa [kpã̀ã̀nníídísà] *n.* soup in which grated water-yam was added for thickness.

kpããŋpɛtıı [kpã̀ã̀ŋpɛ́tíí] *n.* outer skin or peel of yam. *pl.* ***kpããŋpɛtıɛ***.

kpããŋpŏã (*var. of* **kpããŋtʃɔgıı**)

kpããŋtʃɔgıı [kpã̀ã̀tʃɔ̀ɣíì] (*var.* **kpããŋpŏã**) *n.* spoiled yam. *pl.* ***kpããtʃɔgɛɛ***.

kpããŋwou [kpã̀ã̀ŋwóù] *cf:* **kpããŋduho** (*Mo. var.* **kpããwʊdı**) *n.* yam seedlings, second product of the plant.

kpaasa [kpáásà] *n.* wooden whip. *pl.* ***kpaasasa***.

kpã̀ã̀síí (*var. of* **kpããnsii**)

kpaası [kpààsì] *v.* **1** to nail, knock • *kpáásí hèmbíí zĩã̀ nĩ̄*. Knock the nail in the wall. **2** to warn • *bà kpáásín nà ǹǹ báál wīē*. They had warned me about my husband. (Waali <*kpááhɛ̀*).

kpããwʊdı (*Mo. var. of* **kpããŋwou**)

¹**kpaga** [kpàɣà] *v.* **1** to have, possess • *wʊ̀sá kpágá à bɔ́ɔ̀l lā*. Wusa has the ball. **2** to catch, to grab • *wʊ̀sá kpágá à bɔ́ɔ̀l lā*. Wusa caught the ball. *bà kpágá à ŋmíɛ̀r rā*. They caught the thief. **3** to hold, to take • *ʊ̀ kpágá kpáásà rā*. He held the whip.

²**kpaga** [kpàɣà] *n.* type of arm-ring worn by men. *pl.* ***kpagasa***.

kpaga bambii [kpàɣà bàmbíí] *v.* to have courage • *kàlá wà kpágá bàmbíí*. Kala is not courageous.

kpaga huor [kpàgà húór] *v.* to take care of a guest or a stranger • *ɲã̀ã́ wàá gīlā ŋ́ kpágà húór*. Poverty will not allow me to take care of guests.

kpaga kaalı [kpàgà káálì] *lit.* have go *cpx.v.* to hold on, keep • *wáá ì kàà bààŋ jʊ̀ʊ̀ à kpàgà káálì ì mìbʊ̀à bápétīì*. It is him you shall marry and hold on until the end of your life.

kpagal [kpáɣál] *n.* tick, insect found mostly on animals (*Ixodida*). *pl.* ***kpagala***.

kpagasɪ [kpàɣǎsì] *pl.v.* to catch (many) • *ŋ̀ kpágásí à zálíɛ́ rā*. I caught chickens.

kpalɛŋ (*var. of* **kpalɛŋkpalɛŋ**)

kpalɛŋkpalɛŋ [kpáléŋkpáléŋ] (*var.* **kpalɛŋ**) *ideo.* entirely • *bà zʊ́ʊ́ à báál dìá à ŋmī̀ɛ̀ ʊ̀ mòlèbíé múŋ́ kpáléŋkpáléŋ*. They entered the man's room and stole all his money.

kpalıgɛ [kpàlìgɛ̀] (*var.* **kpalıgıı**) *n.* baldness.

kpalıgıı (*var. of* **kpalıgɛ**)

kpalımaalige [kpàlìmààlìgè] *cf:* **koŋ** *n.* flower of the *fʊfʊl* tree. *pl.* ***kpalimaaligese***.

kpamamuro [kpàmàmúrò] *n.* type of yam. *pl.* ***kpamamuroso***.

kpambıa [kpàmbíà] *n.* linguist, chief's spokesman. (Waali <*kpambıɛ*).

¹**kpãnna** [kpãǹnà] *n.* lead, heavy grey metal. *pl.* ***kpãnna***.

²**kpãnna** [kpãǹnà] *n.* type of mollusc. *pl.* ***kpãnna***.

kpantıı [kpántɪ́ɪ́] *n.* sickness with unknown cause where the patient becomes very thin.

kpaɲa [kpàɲà] *v.* to freeze, to be cold • *dúóŋ tūgō à báàl ʊ̀ lìì kùó, ʊ̀ wà kpàɲà.* The rain beats the man on his way back from the farm, he came back freezing.

kpaŋkpagtıı [kpáŋkpáɣɔ́tíí] *n.* Namaqua dove (*Oena capensis*). *pl.* **kpaŋkpagtıa**.

kpaŋkpamba [kpáŋkpámbá] *n.* type of cloth. *pl.* **kpaŋkpambasa**.

kpaŋkpaŋ [kpáŋkpáŋ] *cf:* **nʊma ints.** very hot • *nʊ̀mà kpáŋkpáŋ.* very hot.

kpã̄ŋkpã̄ŋ [kpã́ŋkpã́ŋ] *ideo.* interrupting, energetic talk weak in content • *ì kpágá nʊ̌ã̌ kpã́ŋkpã́ŋ bàgá.* You talk too much (and the content is somehow weak) for nothing.

kpaŋkpaɲlerıɛ [kpáŋkpáɲlèríɛ̀] *n.* Black Saw-wing, type of bird (*Psalidoprocne pristoptera*). *pl.* **kpaŋkpaɲlerıɛ**.

kpara [kpárá] *v.* to be adjacent and similar to one another • *kúrí nɪ́ ʊ̀ bíɛ́rì kùó kpárá dɔ́ŋá nɪ̄.* Kuri's and his brother's farm are beside one another.

kparaama [kpàráámà] *cf:* **daga** *n.* necessity • *dúó tʃʊ̃̄ā̄ɪ̄ jāā kpàráámà rā.* To sleep is necessary. (Waali).

kpasadʒɔ [kpàsàdʒɔ̀] *n.* type of yam. *pl.* **kpasadʒɔsa**.

kpatakpalɛ [kpàtàkpàlɛ́] *n.* type of hyena *syn:* **badaarɛ**; ²**tʊ̃õ** *synt:* **tebintɪɪna**. *pl.* **kpatakpalɛsa**.

kpatʃakpatʃa [kpàtʃàkpàtʃà] *ideo.* type of texture, thoroughly wet from immersion in water • *à dúóŋ wāāwā à kùòtíwíí tʃʊ̀à nɪ́ɪ́ kpàtʃàkpàtʃà.* It rained and the path to the farm was thoroughly wet.

kpe [kpé] *v.* to crack and remove a seed from a shell, especially for gourd seeds • *à hã́ã́ŋ kpē fòbíí àká tɔ̀ŋà dìsá zàáŋ.* The woman cracked the calabash seeds to prepare soup today.

kpege [kpégé] *v.* **1** to be strong, to be hard • *à rɔ̀bàbákti wà kpégé.* The plastic bucket is not strong. *à hã́ã́ŋ wà kpégé à ɲúú nì ʊ̀ wà kʊ́ɔ́rí sììmáà.* The woman has her menses therefore she is not cooking. *ant:* **jɔgɔsɪ¹ 2** to overcome, to cure, to be able • *dì ʊ̀ wá kpēgē ʊ̀ kàá kààlì kùmásí ré.* If he recovers, he will go to Kumasi.

kpegii [kpégíí] *n.* hard, solid, or rigid. *pl.* **kpegie**.

kpekpe [kpékpè] *n.* type of grasshopper. *pl.* **kpekpese**.

kpeŋŋɛ̃ [kpéŋŋɛ́] *v.* to sprain, to wrench the ligaments of a joint, to dislocate a joint • *ʊ̀ʊ̀ ɛ́mbɛ́lí kpéŋŋɛ̄jɛ́.* His shoulder is dislocated.

kpere [kpèrè] *cf:* **mamaatʃi** *v.* to be unusual and unexplainable • *à báàl wɪ̄ɛ̄ kpērē, ʊ̀ já kpā dìŋhál lá lilè.* The man's behaviours are unusual and unexplainable, he takes burning charcoal and swallows it.

kperii [kpèríì] *n.* unusual and unexplainable • *nìkpèríì wàà tùò dùsìè ní.* People with unusual and unexplainable behaviours are not found in Ducie.

kperii [kpéríí] *n.* gizzard. *pl.* ***kperee.***

kpesi [kpésí] *v.* to break off a little of an extremity • *kpésí à dìndáá dɔ̀.* Break off the firewood to leave the burning part in the fire. *kpésí à páránɔ̰́ɔ́sā tà ká tāmā dɔ̀.* Repair my hoe by cutting the weak end then lightly hammer it.

kpɛrɪgɪ [kpérígí] *pl.v.* to break off • *ŋménsà kpérígì mɔ̃́ŋgò pààtʃágá à wà sùgùli.* Mensa broke off some mango leaves and brought them to boil. *kpérígí à záàl émbélíí à wà tīēbā.* Break off the fowl's wing and give it to them.

kpɛsɛ [kpèsè] *v.* to be expected, imagined, or likely to happen • *níhĩ́ɛ̃́ kùó káálíí wá bí kpèsè.* Going to the farm for the elderly men is not as it was. *nìhã́lɔ́llá dóŋójáí kpésíjáɔ̰̀.* The menstruation of fertile women is regular. *páríí wá jāā wíkpésíí.* Farming is not something likely to happen without effort.

kpɛtɪ [kpétí] *v. cf:* **keti 1** to pick during harvesting when the plant has already been felled • *kpétí ɲàmmĩ́ɛ̃́ wà tīēŋ ń́ wásì tiè.* Pick a maize cob and give it to me to roast and eat. **2** to crack and break • *à báál délà à kúr ní, ɔ̀ɔ̀ kpétí.* The man leaned on the chair and it broke.

kpibii [kpìbíì] *n.* louse. *pl.* ***kpibii.***

kpinitʃuu [kpínītʃúù] *nprop.* seventh month. (Waali <*kpínītʃúù*).

kpinitʃuumaaŋkuna [kpínītʃúùmààŋkúná] *nprop.* sixth month. (Waali <*kpinitʃuumaaŋkuna*).

¹**kpɪɛma** [kpíɛ́má] *cf:* **bɪɛrɪ** *n.* ego's senior sibling. *pl.* ***kpɪɛnsa.***

²**kpɪɛma** [kpìɛ̀má] *n.* ego's senior sister, or also used as a polite form of addressing a woman. *pl.* ***kpɪɛnsa.***

kpɪsɪ [kpísí] *v.* to sneeze • *tíɛ́ŋ tɔ̀wà ŋ́ dɔ́ m̀m̀ mìbɔ̀àsá ní à kpísí.* Give me tobacco to put in my nostrils to sneeze.

kpogo [kpógò] *n.* hard swelling of the cheek or the thigh. *pl.* ***kpogoso.***

kpogulo [kpógùlò] *n.* dish made of soya beans. (Waali <*kpógùlò*).

¹**kpoluŋkpoo** [kpólúŋkpòô] *n.* type of tree (*Sterculia tragacantha*). *pl.* ***kpoluŋkpooso.***

²**kpoluŋkpoo** [kpólúŋkpòô] *n.* Eastern Grey Plaintain-eater (*Crinifer zonurus*). *pl.* ***kpoluŋkpooso.***

kponno [kpònnò] *n.* type of yam. *pl.* ***kponnoso.***

kpoŋ [kpòŋ́] *nprop.* Kpong village, abandoned settlement between Ducie and Motigu.

kpõŋkpõŋ [kpõ̀ŋkpṍŋ] *n.* cassava (*Manihot esculenta*). *pl.* **kpõŋkpõŋso.**

kpoŋkpoŋbʋazimbie [kpòŋkpòŋbʊ̀àzímbìé] *n.* wood warbler (*Phylloscopus sibilatrix*). *pl.* **kpoŋkpoŋbʋazimbise.**

kpõŋkpõŋdaa [kpõ̀ŋkpṍŋdāā] *n.* cassava plant.

kpõŋkpõŋhʋlıı [kpóŋkpóŋhʊ̀líı̋] *n.* peeled and dried cassava. *pl.* **kpõŋkpõŋhʋlıɛ.**

kpõŋkpõŋɲıŋa [kpõ̀ŋkpõ̀ŋɲíŋá] *n.* lumps and particles in cassava flour that do not pass through a sieve, normally given to fowl.

kpõŋkpõŋpaatʃag [kpõ̀ŋkpõ̀ŋpààtʃák] *n.* cassava leaf. *pl.* **kpõŋkpõŋpaatʃaga.**

kpõŋkpõŋpaatʃaktʃɔgıı [kpõ̀ŋkpõ̀ŋpàtʃààktʃɔ̀gíı] *lit.* cassava-leaf-spoil *cf:* **daaɲuukpoŋkpolo** *n.* disease transmitted by a type of ant. Affected plants show leaves reduced in size and twisted (*Cassava mosaic disease*).

kpõŋkpõŋpɛtıı [kpõ̀ŋkpõ̀ŋpɛ́tíí] *n.* cassava peel. *pl.* **kpõŋkpõŋpɛtıɛ.**

kpõŋkpõŋpʋmma [kpõ̀ŋkpõ̀ŋpʋ̀mmá] *n.* white cassava.

kpõŋkpõŋsıama [kpõ̀ŋkpõ̀ŋsìàmá] *n.* red cassava, *bantʃe* in Akan.

kpõŋkpõŋte [kpõ̀ŋkpõ̀ŋté] *n.* dried cassava. (Akan <*kòkòntē*).

kpõŋkpõŋzʋʋl [kpõ̀ŋkpõ̀ŋzʊ́ʊ́l] *n.* cassava tuber. *pl.* **kpõŋkpõŋzʋʋla.**

kpoŋo [kpòŋõ̀] *v.* to be stained and very dirty • *ʋ̀ʋ̀ kùó tʊ́má tʃé ʋ̀ʋ̀ kìnlàrɛ́ɛ̀ kpòŋõ̀*. His farm work made his clothes stained and very dirty.

kpotokporogo [kpòtòkpòrògó] *n.* buttress, log which supports a wall from collapsing. *pl.* **kpotokporogoso.**

kpulii [kpúlíí] *n.* spherical object. *pl.* **kpulie.**

kpulikpulii [kpúlííkpūlī] *n.* fried ball made of ground nut paste. (Hausa <*kulikuli*). *pl.* **kpuliikpulie.**

kpuluŋo [kpùlùŋó] *n.* to make an exit in a group • *ól tíŋ kà té sʋ̄ʋ̄ màɲà kpùlùŋó kéŋ̀, bà wà kín nāʋ̄ kpʋ̀*. The mouse that came out first was not killed. *pl.* **kpulunso.**

kpuŋ [kpúŋ] *n.* body joint. *pl.* **kpuŋo.**

kpuŋkpuliŋtʃelese [kpùŋkpúlìŋtʃélésé] *cf:* **tʃetʃelese** *n.* a person who has epilepsy.

kpuŋkpuluŋso [kpùŋkpúlùŋsó] *cf:* **tʃetʃelese** *n.* epilepsy.

kpuogii [kpúógíí] *n.* protruded as a consequence of healing, bulge formed on a wounded area • *à príŋ dáá kpágá kpúógíí ré*. The mohagony has bulges. *pl.* **kpuogie.**

kputi [kpútí] *v.* to demolish • *má kpútí à dìà háŋ̀ zààŋ̀*. Demolish this house today.

kpʊ [kpʊ́] *v.* **1** to kill • *nàŋkpááŋ ká kpʊ́ nànsá à wà tèlè.* A hunter went and killed meat and came back. *à nìbáálá bàlìè kpʊ́ dɔ̄ŋā rà.* The two men killed each other. **2** to overtake or overwhelm, as with perceptual stimuli, to affect strongly • *jììsá kpʊ́jèʊ̄.* It is too salty. **3** to cut yam from its plant and leave the tuber in the ground for the second harvest • *kpʊ́ kpááŋ dō.* Cut the yam and leave it in the yam mound.

kpʊr [kpʊ́r] *cf*: **sɪŋpʊmma** *n.* type of palm tree (*Borassus aethiopum*). *pl.* ***kpʊta***.

kpʊra [kpʊ̀rà] *v.* to pick fruits • *ʊ̀ káálì kùó ʊ́ ká kpʊ̀rà síŋkpìlíí.* He is going to the farm to pick some wild fruits.

kpʊrgɪɪ [kpʊ̌rgíí] *n.* type of small gourd, often used as a medicine container. *pl.* ***kpʊrgɪɛ***.

kpʊrɪɪ [kpʊ̀ríí] *n.* gallbladder. *pl.* ***kpʊrɛɛ***.

kpʊrɪɪnɪɪ [kpʊ̀ríínìì] *n.* bile.

kpʊsɪ [kpʊ̀sì] *v.* to singe off feathers with fire • *má kpʊ́sì à záàl tìè bá tɔ́ŋà.* You singe off the fowl so they can cook.

l

la (*var. of* **ra**)

laa [làà] *v.* **1** to take something from a source, to receive • *làà ìì mòlìbíí tótíí.* Take your share of money. **2** to take a road or a direction • *kùlkpóŋ tìwíí ŋ̀ làà kààlì wàá.* I took the Kulkpong road to go to Wa. *ŋ́ láá kùó ká wàà.* I am going to the farm and will come back. **3** to answer, to respond to, to reply • *ŋ̀ kàá làà ìì jíríí rā.* I will attend to your call. **4** to agree with (collocate with *nõã*) • *bà làà nõ̀ã̀ nī.* They agreed. **5** to yield well (for plants) • *ʊ̀ʊ̀ mɪ́ã́ lááwʊ́ʊ́.* His guinea corn yielded well.

laa di [làà dí] *lit.* collect eat *cpx.v.* to believe • *ŋ̀ láá kúosō dīū.* I believe in God. *nárá bánɪ́ɪ̃́ wá làā tɔ̄ɔ̃tīīnā di.* Some people do not believe the landlord.

laa dʊ [làà dʊ́] *lit.* collect put *cf*: **bilaadʊlɪɪ** *cpx.v.* to adopt • *ŋ̀ láá bìé dʊ̀ʊ̀.* I adopted a child. *m̀ mã̀ã́bìnìháàŋ bíé, ŋ̀ kàá làà wà dʊ́.* I will adopt my sister's child.

laa sɔŋ [làà sɔ́ŋ] *n.* to be famous • *zìèŋ búólí nã̀ã́lóŋó làásóŋ dùsìè nī bùlèŋè páálʊ̀ʊ̀ nī.* Zieng is famous for his singing performance in Ducie and Bulenga.

laabɔkɔ [làabɔ̀kɔ̀] (*var.* **laarɪbɔkɔ**) *n.* type of yam. *pl.* ***laabɔkɔsa***.

laadimii [láádímíí] *n.* worries, disturbances • *zìàŋ mã̀ã́ ládímíí wàá pētī dì ù bìsé háŋ wà lɪ́ɪ́ kɔ̀sá wàà.* The worries of Ziang's mother will not stop until her children return from the bush. *syn:* nɪmɪsa

¹**laanfɪa** [láánfɪ́a] *n.* good health • *bà kpágá láánfɪ́á rā.* They are in good health. *ant:* ¹**wʊ**ɪ (Hausa, ultm. Arabic <*lāfiyà* 'health').

²**laanfɪa** [làànfɪ̀a] *n.* pineapple.

laarɪ [làarɪ̀] *v. cf:* **vɔwa; liɲe 1** to wear, to dress, to put clothes on • *làarɪ̀ ìɪ sùkúùu kínā.* Wear your school dress. **2** to rub, as in rubbing oil over t.z. for it not to harden • *lɔ́gà nő̋ő̋ làarɪ̀ à kőő.* Take some oil and smear the top of the t.z. **3** to paint • *bà tʃɪ́ kàá làarɪ̀ ǹɪ̀ dɪ̀á pénti rē.* They will paint my house tomorrow. **4** to touch and feel, as a blind person feeling objects and people • *ɲólómá kpá bà nésē dɪ̀ láárɪ̀ nárá bārá.* Blind people use their hands to feel other people.

laarɪbɔkɔ (*var. of* **laabɔkɔ**)

laasi [láásí] *v.* to separate people fighting, to calm someone down • *láásí bé à jùòsó ní.* Separate them from their fight.

¹**laga** [làgà] *v.* to hang, to suspend • *à dʒòɔ́ŋ lágá à dáá bámbááŋ ní.* The hamok is hanging from the middle of the trees. *kpá ɪ̀ɪ lɔ́gà làgà à dáá ní.* Hang your bag on the tree.

²**laga** [làɣá] *v.* to do fast, quickly • *wàà làgá.* Come now and fast. *hìrè à kpǎ̋ǎ̋má làgá dɪ̀ à lɛ̀ɪ̀ à kàá fɔ̀nà.* Dig the yams quickly, if not they will dry up. *ant:* **sʊɔnɪ**⁴

lagalaga [làɣálàɣá] *ideo.* quickly • *làgálàgá háɲ nɪ̄ ʊ̀ wàà báaŋ.* He came here just now.

lagalɛ [láɣálɛ́] *v.* to taste for testing using the tip of the tongue • *làa dőá lāgālɛ̄ nà.* Taste the saltpetre and see.

lagamɪ [làɣàmɪ̀] *v.* **1** to gather things or people together • *jìrà má wólɛ̄ɛ̄ múɲ má wá làgàmɪ̀ já sáɲá.* Call all your people to gather for a meeting. **2** to partner in dance • *à bìnìháaŋ ànɪ́ à bìnìbáàl kàá lāgāmɪ̄ gʊ̀à.* The boy and the girl will dance together.

lagamɪɪ [láɣámɪ́ɪ́] *n.* meeting *syn:* **mintiŋ**.

lagasɪ [làɣǎsɪ̀] *cf:* **lalaga** *pl.v.* to be spotted, to be speckled, to put spots on, to apply at places • *làgàsɪ̀ à bà?ɔ̀rɪ́ɪ̀.* Apply the medicine on the swollen places. *à bőɔ̀mánɪ́ɪ́ lágásɪ́jɛ́ő.* The leopard is spotted.

lagɪŋgasɪɪ [láɣɪ́ŋgàasɪ́ɪ́] *n.* type of climber. *pl.* **lagɪŋgasɪa**.

lal [lál] *n.* war. *pl.* **lala**.

¹**lala** [lálá] *v.* **1** to open • *ʊ̀ lálà à dɪ̀anǒ̋ǎ̋ rā.* She opened the door. *ant:* **hara; tɔ**³ **2** to wake up • *à bìè há wà lálà à báàl dúó nì.* The child has not yet woken the man up.

²**lala** [lálá] *v.* to scratch, to be brushed off, to brush off with quick movements • *à sɪ́gmààɲúù làlàgàsá lálìjɔ̀ő̋ báàn nɪ̄.* The colour on the head of the Sigmaa was scratched.

lalaga [làlàgá] *n. cf:* **lagasɪ** **1** plumage, spot(s), mark on something • *sṵ̀ṵ̀ lálàgàsá wàá kìŋ kùrò.* The colors of a guinea fowl cannot be counted. **2** spiritual weapon used to protect new farm. *pl.* ***lalagasa.***

lalasa [làlàsá] *n.* infertile piece of land. *pl.* ***lalasa.***

laleɛkpakparɛɛ [láléɛ́kpákpàréɛ́] (*var.* **larekpakparɛɛ**) *n.* White Helmet-shrike, type of bird (*Prionops plumatus*). *pl.* ***laleɛkpakparɛsa.***

lalɩɪ [lálíí] *n.* **1** corpse • *tí bí wàà ɔ́mà lálíí mūŋ.* Never fear a corpse again. **2** ancestor • *dùsìè láléé kāā tíŋà ŋ̀ ní rà.* The ancestors of Ducie are guarding me. *pl.* ***lalɩɛ.***

lalɩwie [lálìwìé] *cf:* **nɩɲã̀õ̀**; **sulumbie** *n.* orphan, person having no living parents.

lambaraga [làmbàrăgá] *n.* veil. (Waali <*lambaraga*). *pl.* ***lambaragasa.***

laŋgbɛ [láŋgbɛ̀] *n.* **1** Rufous Scrub Robin (*Cercotrichas galactotes*). **2** good singer. *pl.* ***laŋgbɛsa;* *laŋgbɛsa.***

¹**laŋsɩ** [làŋsì] **1** *pl.v.* to gather bit by bit, to collect from place to place • *à nárá káá lāŋsùū.* The people are gathering. *làŋsè à tɔ́ʊ̃̀ níhĩ̀ɛ̃̀sā, bá wá làgàmì.* Gather the village elders, they have to meet. **2** *v.* to scatter • *làŋsè à díŋ tā.* Put out the fire.

²**laŋsɩ** [làŋsì] *v.* to obstruct, to choke, to go the wrong way • *à dìsá láŋsén nā.* The soup caused me to choke (as it passed through the wrong tube, not the oesophagus).

laŋzaŋ [lánzáŋ] *n.* outskirts of a village, outside and near a village • *ì nǎ̀õ̀ tín dɔ́á lánzáŋ ní.* Your cow is at the outskirts of the village.

larekpakparɛɛ (*var. of* **laleɛkpakparɛɛ**)

¹**laʊ** [láʊ́] *n.* farm hut. *pl.* ***lawa.***

²**laʊ** (*var. of* **lɔʊ**)

le (*var. of* **ra**)

lenti [lèntì] *v.* to lick • *à váá kàà lénti ìì kòò fàlá.* The dog is licking your t.z. bowl.

leŋsi [léŋsí] *v.* to move back and forth one's neck in dancing, seen especially in *zuŋʊa* • *zùŋʊ̀à gʊ́ár káá léŋsí bágéná.* The dancer is moving his neck back and forth.

lerete [lérété] *ideo.* as in moving or running fast • *ʊ̀ tʃɔ́jʊ̀ʊ̄ lérété.* She ran fast.

lesi [lésí] *v.* to chock, to prevent movement • *lésí ìì délémbíí tìŋ ʊ́ gátí.* Chock your stove stone so it is properly high. *kpá à bíí lésí à lɔ́ɔ́lì.* Take a stone and prevent the car from moving.

leu [lèú] *n.* chamber pot for elderly or disabled people. *pl.* ***leuno.***

lɛbʊa [lɛ̀bʊ̀á] *n.* saline soil. *pl.* ***lɛbʊasa.***

lɛdaa [lɛ̀dáá] *n.* **1** mandible, lower jaw. **2** flintlock hammer. *pl.* ***lɛdaasa.***

¹lɛhɛɛ [lèhɛ́ɛ́] *cf:* gɪrɪɪ *n.* entire cheek bone. *pl. lɛhɛsa.*

²lɛhɛɛ [lɛ́hɛ́ɛ́] *n.* wooden spoon. *pl. lɛhɛsa.*

lɛɪ [lɛ̀í] *neg.* not, negation with scope over nominals • *à dìèbíé háŋ lɛ̀í, háŋ nā tíé ì nàmĩ̀ã tíŋ*. It is not this cat, it is that cat that ate your meat. *dì kááli lagalaga háŋ, dì à lɛ̀í ì kàá tìŋà mūŋ.* Go right away, if not you will follow us.

lɛl [lɛ̀l] *cf:* arɪdʒana *n.* line of ancestors.

lɛlɪɛpoŋ [lɛ́líɛ́póŋ] *n.* type of cricket, smaller than *poŋ* and found in the house. *pl. lɛlɪɛpoŋo.*

lɛma [lɛ̀mà] *v.* 1 to be good or pleasant, Gh. Eng. to be sweet • *m̀m̀ mã́á tɔ́ŋá dìlémá rá*. My mother cooks delicious soup. *à kpã́áŋ lémã́ŏ̄.* The yam is sweet. 2 to be nice, to be good • *ìì múr wá lēmā*. Your story is not good.

lɛma na [lɛ̀mà nā] *v.* to taste • *ɔ̀ lémá à dísá rā nà.* He tasted the soup.

lɛmana [lɛ̀mànà] *n.* food sample to taste and try. *pl. lɛmanasa.*

lɛmɪɪ [lémíí] *n.* 1 good, nice, pleasant. 2 sweet.

lɛmsɪ [lémsí] *cf:* lɛŋ *pl.v.* to taste food from all the pots, to try to get as much as possible from many places • *tíí lēmsī à vííné múŋ dìsà-sá*. Stop tasting the soup here and there from pot to pot.

¹lɛŋ [lɛ̀ŋ] *n.* enjoyment. *pl. lɛŋ.*

²lɛŋ [lɛ́ŋ] *cf:* suŋgoro *cf:* lɛmsɪ *n.* long pole used to reach fruits in trees. *pl. lɛŋ.*

lɛŋsɪ [léŋsí] *v.* to crane the neck up • *ɔ̀ léŋsì ɔ̀ɔ̀ bāgēnā rā ɔ́ ná*. She cranes her neck to be able to see.

lɛrɛtɛ [lérété] *ideo.* good taste, sweet enough • *à dìsá márá dɔ́ lérété*. The soup tastes good enough. *ŋ̀ ɲíná wáá dī kìnlérétésā*. My father does not eat sweet stuff.

lɛsɪrije [lésíríjé] *n.* tradition, culture. *pl. lésíríjésé.*

lɛʋra [léʋrá] *n.* door hinge. (Waali <*lɛʋra*). *pl. lɛʋrasa.*

lɛwalɛwa [léwáléwá] *ideo.* thin, light and easily breakable • *à fàlá dɔ́ léwáléwá*. The calabash is thin.

lie [lìé] (*var.* lie nɪ) 1 *interrog.* where • *lié nī ì kà kpágɔ́ɔ́*. Where did you catch it? 2 *n.* part, segment of a whole • *à bɔ́ɔ́ŋ lié pē bà kà tíɛ́í?* Which part of the goat did they give you?

lie nɪ (*var. of* lie)

liegu [lièɡù] *cf:* haɲtʃele *nprop.* Motigu shrine, in the form of a living monitor lizard.

liemi [lìèmì] *v.* to suspend, to be suspended • *píéŋ káá līēmì téébùl ɲúú nī*. The piece of cloth is hanging from the table. *à mɔ́ŋɡònɔ́ŋ káá līēmì ɔ̀ɔ̀ dáá ɲúú nī.* The mango fruit is hanging down from its tree.

lieŋ [lìéŋ] *n.* 1 type of climber. 2 fruit of the *lieŋ. pl. lieŋ.*

ligili [lígílí] *v.* to make repairs and restoration, like to seal the cracks of a building or mend a dress • *à tílà lígílí à bìé pátá rá.* The tailor mended the child's trousers. *bùùrè sèlèméntè à wà lígílí ìì zàgá.* Find cement and seal the cracks in your yard.

liile [líílé] *v.* to pour off carefully, separating the clean from the dirty • *líílé à níí tà ká gìlà à múró.* Pour off the water and leave the rice there.

liiri [lììrì] *v.* 1 to rub gently • *lììrì ìì bíé nã́ã̀ tìŋ, ʋ̀ kàá sōɔ̄nʋ́ʋ̀.* Rub you child's leg, it will relieve the pain. 2 to pamper a child • *tí wāà líírì ìì bìsé ká bá já nārā.* Do not pamper your children, so that they can stand on their own.

liise [líísé] *n.* thought. *pl.* **liisese**.

liisi [lììsì] *v.* 1 to remember, to remind • *ʋ̀ líísúú ʋ̀ʋ̀ kàntʃìmá wíé wá.* He reminded him about his debt. 2 to wish, to hope • *kàlá líísí dí ʋ̀ tʃí kàá kààlì wàà rá.* Kala hopes that he will go to Wa tomorrow. 3 think • *ǹ líísíje dí dìàrè ʋ̀ dí wàà.* I thought that he came yesterday.

¹**lile** [lìlè] *v.* to swallow • *dʋ́ʋ́ kà lílè hálá ǹ sʋ́ʋ́ ní.* The python is swallowing eggs in front of me.

²**lile** [lìlé] *n.* throat.

lilebʋa [lìlèbʋ́á] *n.* opening of the throat. *pl.* **lilebʋasa**.

lilesi [lìlìsì] *pl.v.* to swallow (many) • *à dʋ́ʋ́ lílésí kìŋkáná rá à dʋ́ ʋ̀ pàtʃígíí ní.* The python swallowed diverse things in his stomach.

limaan [lìmã́ã̀ŋ] *n.* imam, prayer-leader. (ultm. Arabic). *pl.* **limããnsa**.

lime [lìmè] *v.* to be submerged, to sink • *tìè à záhálá límè níí ní á márà bìì.* Let the eggs be submerged for them to cook well.

limmi [lìmmì] *v.* to peep at, to glance at • *lìmmì à tókóró nā sùkúù bìsé.* Peep at the school children through the window.

limpeu [lìmpèù] *n.* fan to blow fire, usually made out of *kʋrʋgbāŋʋ*. *pl.* **limpeuso**.

liŋe [líŋé] *v. cf:* **vɔwa**; **laarɪ** 1 to dress up, to put clothes on • *à nàŋkpááŋ líŋè ʋ̀ʋ̀ tíntāārā rā.* The hunter is wearing his hunting smock. [oldfash]. 2 to cover and be concealed • *ʋ̀ líŋé à dààsá pàtʃígíí ní, jà wáá kìn náʋ̄.* He is concealed by the tree leaves, we cannot see him.

lɪɛrɪ [lìèrì] *v.* 1 to glide close to the ground • *kàtʃíg wá lìèrì à záàl ká ʋ̀ wà kín kpágāʋ̄.* The eagle glided towards the fowl but could not catch it. 2 to come close but miss • *mááfàbíí wá lìèrì ùù ɲúù.* A bullet came close but missed his head.

lɪɪ [lìì] *v. cf:* **zʋʋ** 1 to go away, to go out • *lìì dèndíl kā kpá ǹǹ dàŋkpàlá wà tīēŋ.* Go outside and get my walking stick. 2 to leak out of a broken container, to flow out • *à vììsìàmá káá līò*. The drinking pot is leaking. *à pɔ́mpì kàà lɪ́ɪ́ nīī rā*. The water flows in the pipe. **3** to shine • *wòsá káá līī kínkán nā*. The sun is shining a lot. **4** to originate from • *ò̀ lɪ́ɪ́ dùsèè rē*. She is from Ducie.

lɪmmaŋa [lìmmàŋá] *cf:* **lɔɔŋa** *n.* dry season. [Gu].

lɪsɪ [lɪ́sɪ́] *v. cf:* **mʊtɪ** *cf:* **lugusi** **1** to remove from somewhere, to take off or out • *lɪ́sɪ́ nàmɪ̀ɪ́ tīēŋ*. Remove some meat and give it to me. *lɪ́sɪ́ à kpà̀à̀ŋtʃɔ́gɪ́ɪ́ tà*. Remove that spoiled yam. **2** to subtract • *lɪ́sɪ́ àlìè à lìì ànɔ́ nɪ́*. Subtract two from five. **3** to choose • *bà kàá kààlì sɔ̀glá rá àkà lɪ́sɪ́ sɔ̀nnàsá*. They will go to Sawla to choose their girlfriends.

lo (*var. of* **ra**)

lobanɪɪ [lóbānīī] (*var.* **luolibanɪɪ**) *nprop.* section of Ducie.

lobi [lòbì] *n.* Lobi people or language. *pl.* **lobise**.

¹**logo** [lògò] *v.* to be half-full, not containing all its capacity • *à sìnvìí ì kà kpájēē tīēŋ kéŋ, ù lógóó*. The pot you gave me is not containing all its capacity.

²**logo** [lógò] *n.* prop to support a headload when unaccompanied, to not have to lift it up again • *bà kà tʃɔ́ŋà nàmɪ̀ɪ́ bà wá māŋà lógò rō tìwíí nɪ́*. As they carried the meat, on the way, they put their load at a height to rest. *pl.* **logoso**.

³**logo** [lógó] *v.* to be smooth, to make smooth • *bà zì kàá lōgō à zàgá rá ànɪ́ sèlèméntè*. They will then smooth the yard with cement.

logologobɪɪ [lògólògòbíí] *n.* stone used as a smoothing instrument when applying cement. *pl.* **logologobɪa**.

logumoanaasɛ [lóyúm?ànáásɛ̀] *n.* square.

loguŋ [lógúŋ] **1** *n.* rib. **2** *reln.* side • *wáá tʃò̀à à fàlá lōgūn nɪ́*. It lies on the side of the calabash. *pl.* **logumo**.

loguŋbɛmbɛl [lógúmbēmbèĺ] *n.* half side or part of something.

lololo [lólólò] (*var.* **loluŋloluŋ**) *n.* type of flower. *pl.* **lololoso**.

loluŋloluŋ (*var. of* **lololo**)

lomo [lòmò] *v.* **1** to tie, to be knotted • *ò̀ lómő̀ɪ́*. It is tied up. *ò̀ wà márá lòmò*. It is not tied well enough. *ant:* **puro** **2** to be in an early stage of pregnancy • *ò̀ lómó pènsá àlìè*. She is two-month pregnant.

lompoo [lòmpóò] *n.* tax. (French <*l'impôt* 'tax').

loŋ [lòń] *cf:* **fala** *n.* gourd, type of vine fruit (*Lagenaria sp.*).

loŋbɔl [lómbɔ́l] *cf:* **bɔɔl** *n.* oval non-edible gourd, often turned into a container. *pl.* **loŋbɔla**.

loŋkpʊrgɪɪ [lóŋkpʊ̀rəgìí] *n.* small gourd, medicine container for a farmer or hunter. *pl.* **loŋkpʊrgɪɛ**.

loŋŋi [lóŋŋí] *v.* **1** to jump from branch to branch, from tree to tree • *à gbǐá lóŋŋì dààsá dī káálì.* The monkey jumps from tree to tree and is going away. **2** to be contagious • *tàgàtʃúúnè gèrègá káá lōŋŋǔǔ.* Measles is contagious.

loŋo [lóŋò] *n.* hourglass-drum beaten with a curved stick. *pl.* **loŋoso.**

loŋodaa [lóŋòdáá] *n.* curved drumming stick. *pl.* **loŋodaasa.**

loŋpoglii [lóŋpòɣəlíì] *n.* type of tree (*Strychnos spinosa*). *pl.* **loŋpoglee.**

loŋwie [lòŏwìé] *n.* wooden flute. *pl.* **loŋwise.**

loori [lòòrì] *v.* to wither, to hang limp and lacking rigidity • *dààsá múŋ nō lóórì gbàŋgbàŋ nī.* All the trees wither during the season of harmattan.

looto [lòòtó] *n.* intestine. *pl.* **lootoso.**

lootowie [lòòtǒwìé] *n.* small intestine. *pl.* **lootowise.**

lootozeŋ [lòòtǒzèŋ] *n.* big intestine. *pl.* **lootozenee.**

lor [lór] *n.* natural cavity in wood, holes for insects or animals. *pl.* **loro.**

loro [lòrò] *num.* six *Enum of:* **aloro** .

loroto [lórótó] *ideo.* very sweet, sugary • *à tíì dɔ́ lórótó rō.* The tea is very sweet.

lotoremuŋ [lòtórémúŋ] *n.* head of mandible, lower back extremity of the jaw bone. *pl.* **lotoremuno.**

lɔ [lɔ́] *v.* to insult, to talk behind a person's back • *ŋ̀ zímá dí ì lɔ́ ǹǹ gàntàl lā.* I know that you talked behind my back.

¹**lɔga** [lɔ́ɣà] *n.* **1** bag used by farmers and hunters *syn:* **pur** . **2** pouch made by women around their waist in front to keep small items. *pl.* **lɔgasa.**

²**lɔga** [lɔ̀ɣà] *v.* to claw, to scratch • *lɔ̀ɣà ʋ̀ʋ̀ bárá tīēō ʋ̀ʋ̀ sáŋbéná káá tʋ̀rìgì.* Scratch his body, the craw-craw is itchy.

³**lɔga** [lɔ̀ɣà] *v. cf:* **teɲe** **1** to scoop • *lɔ̀ɣà kɔ́ʋ́ tīēŋ.* Take some **2** to cut, to cut the rotten part of a tuber, to cut a piece in order to give away • *ŋ̀ lɔ́ɣà gbésà rā.* I am cutting a chewing stick. *lɔ̀ɣà kpáán tìè ìì bìé.* Cut a piece of yam for your child.

lɔgantal [lɔ́ɣàntàl] *cf:* **gantal lɔha** *n.* backtalking.

lɔgɪsɪ [lɔ̀ɣǎ̀sɪ̀] *pl.v.* to scoop, to cut morsel • *ʋ̀ lɔ́ɣɪ́sɪ̀ bɔ́tɪ́zénìé ré.* He scoops big morsels.

lɔja [lɔ́jà] *n.* lawyer. (*ultm.* English).

lɔŋa (*Mo. var. of* **lʋɔŋa**)

lɔɔlɪ [lɔ́ɔ́lɪ̀] (*var.* **lɔɔrɪ**) *n.* car, vehicle. (*ultm.* English <*lorry*). *pl.* **lɔɔlɪsa.**

lɔɔlɪgbɛrbɪɪ [lɔ́ɔ́lɪ̀gbèrbɪ́í] *n.* car key. *pl.* **lɔɔlɪgbɛrbɪɛ.**

lɔɔlɪmɪlɪma [lɔ́ɔ́lɪ̀mɪ́lɪ́má] *n.* car driver. *pl.* **lɔɔlɪmɪlɪmasa.**

lɔɔlɪmunzʋalunzʋa [lɔ́ɔ́lɪ̀mùnzʋ̀àlúnzʋ̀à] *n.* semi-trailer, articulated vehicle, Gh. Eng. articulator. [*old-fash*].

lɔɔlɪsããr [lɔ́ɔ́lìsã́ã́r] *n.* car driver. *pl.* **lɔɔlɪsããra**.

lɔɔrɪ (*var. of* **lɔɔlɪ**)

lɔsɪɪ [lɔ́sɪ́ɪ́] *cf:* **nɪdʊma** *n.* human ghost, a dead person is believed to return home after burial. Believed to be imported concept from Sisaala. *pl.* **lɔsɪɛ**.

lʊ [lʊ́] (*var.* ²**laʊ**) *n.* hartebeest (*Alcelaphus buselaphus major*). *pl.* **lɔta**.

lubaal [lúbáàl] *cf:* **buzoŋ** *n.* widower.

ludendil [lúdéndìl] (*var.* **luhodendil**) *n.* funeral ground. *pl.* **ludendile**.

ludi [lúdí] *v.* to make a hole in something • *lúdí à kùbé*. Make a hole in the coconut.

¹**lugo** [lùgò] *v.* **1** to bore a hole, to hollow out • *dààsã́ã́rá lúgó dáá rá à sã̀ã̀ tìmpántíé*. The carvers hollowed out a tree and carved talking drums. **2** to change one's name • *ʊ̀ʊ̀ lúgó ʊ̀ʊ̀ són ná*. He changed his name. **3** to withdraw one's words • *ŋ̀ lúgó ǹǹ nʊ̌ã̀ rā*. I withdrawn my words.

²**lugo** [lùgó] *n.* **1** animal trail or tracks. **2** way of doing or process of something or someone • *ʊ̀ lùgó jáá báŋ̀*. Here is his way. *bà hɪ̌ɛ̀ŋ lùgó ré kéŋ̀*. That is the way they are related. *pl.* **lugoso**.

¹**lugusi** [lùgùsì] *cf:* **lɪsɪ** *pl.v.* to remove items from a container •

lùgùsì kpã́ã́má à vìì ní. Remove yams from the pot. *lùgùsì kpààmbìlíɛ̂ kòzáá nī à tīēʊ̄*. Remove the cooked yams from the basket and give them to him.

²**lugusi** [lúgúsí] *v.* to rinse out mouth • *jàà nɪ́ɪ́ lúgúsí ìì nʊ̌ã́*. Take some water and rinse your mouth.

³**lugusi** [lùgùsì] *v.* **1** to be lumpy • *à kàpálà lúgúsíjó*. The fufu is lumpy. **2** to be different in a set, to be an outsider • *ŋ̀ jáá nìbúlúgúsíí rē zàgà tíŋ nī ŋ̀ kàà zóó wàà nī*. I am an outsider at the house that I am staying in at Wa.

⁴**lugusi** [lúgúsí] *v.* to throb, to vibrate, to pulsate, to have eye spasms • *ìì pól káá lūgūsī*. Your vein pulsates. *dì ŋ̀ wá kòò, ŋ̀ŋ̀ néndúl sīī jáá lúgúsúū*. When I get tired, my right eye has spasms.

⁵**lugusi** [lúgúsí] *v.* to cause someone's laughter • *lúgúsí à bìé ʊ́ mʊ́mà*. Make the child laugh.

luguso [lúgúsó] *pl.n.* lumps in staple food.

lugbʊa [lùgbʊ́á] *n.* armpit. *pl.* **lugbʊasa**.

lugbʊapuŋ [lùgbʊ́ápòŋ] *n.* armpit hair. *pl.* **lugbʊapuna**.

luhããŋ [lúhã́ã̀ŋ] *cf:* **hanzoŋ** *n.* widow not yet ready to remarry due to funeral customs. *pl.* **luhããna**.

¹**luho** [lúhò] *n.* funeral. *pl.* **luhoso**.

²**luho** [lùhó] *n.* Double-spurred Francolin (*Francolinus bicalcaratus*). *pl.*

luhono.

luhodendil (*var. of* **ludendil**)

luhokʊɔrɪɪ (*var. of* **selekpʊɪɪ**)

luhosɪaŋ [lùhòsíáŋ] *n.* White-throated Francolin (*Francolinus albogularis*). *pl.* **luhosɪama**.

lulibii [lúlíbíí] *n.* drug pill or capsule. *pl.* **lulibii**.

lulibummo [lúlíbúmmò] *n.* local medicine, such as a concoction made from plants and trees.

lulibummojaar [lúlíbúmmòjáár] *cf:* **patʃakjaar** *n.* healer, herbalist, or traditional doctor. *pl.* **lulibummojaara**.

lulii [lúlíí] *n.* medicine. *pl.* **lulie**.

lulisaʊ [lúlísàʊ́] *n.* powder or undissolved particles of medicinal agents, usually mixed with a liquid for oral administration.

lulo [lùlò] *v.* to leak • *à dɪá káá lūlòō.* The house is leaking. *ǹǹ dìsá múŋ nō à lúló tà.* All my soup leaked out.

lumbu [lùmbù] *n.* hall *syn:* **zaŋtʃagalɪŋ**. (Gonja <*lamu*).

lumburo [lùmbúrò] *n.* orange. (ultm. Arabic <*lêmûn*). *pl.* **lumburoso**.

lumo [lùmó] *cntr.* **luŋ** *n.* area situated at the back, furthest away from the entrance • *hàmɔ́nà, má ká sāŋā láʊ́ lúmō nī.* Children, you go and sit at the back of the hut.

lunʊŋ [lúnʊ́ŋ] *lit.* funeral-hot *cf:* **lusɪnna** *n.* first funeral, fast funeral, at a person's death. *pl.* **lunʊma**.

luŋ (*cntrvar.* **lumo**)

luŋo [lùŋò] *v.* to be deep • *à bʊ̀à lúŋɔ́ɔ́.* The hole is deep. *má hírè à bʊ̀á ú lùŋò.* You dig the hole so it is deep. *ant:* **tɪsɪ**

luo [lùó] *cf:* **tɪa**; **lʊla** *n.* pregnancy • *bà kpágásí lūōnā wā* They are pregnant. [*Gu*]. (Tampulma). *pl.* **luona**.

luoli [lúólí] *v.* to pull out an item from liquid • *hááná kàà káálì kùò rō bá ká lūōlī kpòŋkpóŋ.* Women are going to farm, they will remove the cassava from water to dry it.

luolibanɪɪ (*var. of* **lobanɪɪ**)

luore [lùòrè] *v.* to shed, pour forth, or fall off • *à dààsá pààtʃágá múŋ lúóréó.* All the leaves fell off.

lurigi [lúrígí] *cf:* **luti** *v.* to puncture many times, to make holes in something • *dìŋpápàrèsá lúrígí ǹǹ ɲíná tàgàtà rā.* Sparks made holes in my father's shirt.

luro [lúró] *n.* scrotum or testicle. *pl.* **luruso**.

lurobii [lùròbíí] *n.* testicle. *pl.* **lurobie**.

luroʔɔrɪɪ [lúròʔɔ̀ríì] *n.* orchitis.

lusɪnna [lúsínnà] *lit.* funeral-pito *cf:* **lunʊŋ** *n.* last funeral, integrated funeral, or second funeral, usually referred to using the plural form *lusɪnnasa* as the celebration gathers one than *lalɪɪ*. *pl.* **lusɪnnasa**.

luti [lútí] *cf:* **lurigi** *v.* to puncture, to make a hole in something • *lútí nɔ̀ʔíl kɔ́ŋkɔ̀ŋ.* Make a hole in the milk tin.

luto [lùtó] *n.* root. *pl.* **lutoso**.

lʊga [lògà] *v.* 1 to forge and shape iron • *lólʊ́tá káá lōgà prégà.* A blacksmith is forging finger bells. 2 to struggle or strive, to be engaged with a problem or a task • *lògà já pétí jà tʊ́má làgá nɩ̀.* Strive, so we can finish our work fast. 3 to wrestle • *hàmʊ́wísè jáà lógà dèndíl ní rē.* Children usually wrestle outside.

¹**lʊgɪɪ** [lògɪ̀ɪ] *n.* iron. *pl.* **lʊgɛɛ**.

²**lʊgɪɪ** [lógɪ́ɪ] *n.* wrestling.

lʊl [lòĺ] *n.* biological relation, family tie • *ɲìnɪ̀ɛ́ mā lòĺ kà dō? ʊ̀ jáá ɲ̀ɲ̀ hɪ́ɛ́ná bìè rē.* A: How are you related? B: He is my aunt's child. *pl.* **lʊla**.

lʊla [lòlà] *cf:* **luo**; **tɪa** *v.* to bear, to bring forth, to give birth • *kpàgà ɩ̀ɩ̀ háàŋ kààlì ásɩ̀bɪ́tɩ̀ ʊ̀ ká lòlà.* Take your wife to the hospital to give birth.

lʊlɪɪ [lólɪ́ɪ] *n.* giving birth • *ʊ̀ lólɪ́ɪ kpégéò àwɪ́ɛ́ ʊ̀ dɩ̀ pémà.* Her delivery is hard that is why she groans. *pl.* **lʊlɪɛ**.

lʊlʊta [lólʊ́tá] *cntr.* **lʊta** *n.* blacksmith. *pl.* **lʊlʊtasa**.

lʊɔŋ [lòɔ́ŋ] *n.* mane, hair on the neck of a mammal. *pl.* **lʊɔma**.

lʊɔŋa [lòɔ̀ŋá] *cf:* **lɪmmaŋa** (Mo. var. **lɔŋa**) *n.* dry season.

lʊɔrɪ [lòɔ̀rɪ] *v.* to sneak, to move stealthily with agility • *lòɔ̀rì ká ɲìnè ná à wɔ̀tʃìmɪ́ɪ̀ káà tʃʊ́á dùò rò.* Sneak and check whether the watchman is asleep.

lʊpɛ [lòpɛ̀] *num.* seven *Enum of:* **alʊpɛ**.

lʊsa [lòsá] *n.* hunger • *lòsá kpágáɲ̀ nà.* I am hungry.

lʊta (*cntrvar.* **lʊlʊta**)

m

m (*var. of* **n**)

ma [mà] *pro.* second person plural pronoun • *ɲ̀ súmmùū má ná ɲúwérɪ́ɪ.* I pray for you to succeed.

māā [mɪ̄ɪ̄] *n.* mother. *pl.* **māāma**.

māābie [mɪ́ɪ́bìé] *n.* 1 brother or sister younger than ego. 2 cousin younger than ego, child of an aunt or uncle. *pl.* **māābise**.

māābiewaatelepusiŋ [mɪ́ɪ́bìéwāātèlèpúsíŋ] *lit.* sibling-will.not-reach-meet.me *n.* type of snake *syn:* **suoŋdaawie**.

māābinɪbaal [mɪ́ɪ́bìnɪ̀báàl] *n.* male cousin of female ego.

māābinɪhāāŋ [mɪ́ɪ́bìnɪ̀hɪ́ɪ́ŋ] *cf:* **māābise** *n.* female cousin of male ego.

māābise [mɪ́ɪ́bìsē] *cf:* **māābinɪhāāŋ** *n.* maternal lineage.

mããbʊ̃ʊ̃ŋ [màábʊ̃ʊ̃ŋ] *n.* ostrich (*Struthio camelus*). *pl.* **mããbʊ̃ʊ̃na**.

maafa [mááfà] *n.* gun. (ultm. Arabic <*midfa^c* 'gun, canon').

maafabıı [mááfàbíí] *lit.* gun-stone *n.* bullet. *pl.* **maafabıa**.

maafadaa [mááfàdáá] *lit.* gun-wood *n.* gun stock. *pl.* **maafadaasa**.

maafadıgına [mááfàdígíná] *lit.* gun-ear *n.* flintlock frizzen.

maafadıgınbʊa [mááfàdígínbʊá] *lit.* gun-ear-hole (*var.* **dıgınbʊa**) *n.* flintlock pan.

maafaluro [mááfàlúrò] *lit.* gun-testicle *n.* gunpowder container.

maafamundaapĩã [mááfàmùndààpĩǎ] *lit.* gun-back-stick-open *n.* gun baton, butt and stock of a gun. *pl.* **maafamundaapĩãna**.

maafapeŋ [mááfàpéŋ] *lit.* gun-penis *n.* gun trigger.

maafatuo [mááfàtúò] *lit.* gun-bow *n.* gun barrel.

mããhĩẽ [màáhĩɛ̀] *n. cf:* **mããwie** 1 ego's mother's senior sister. 2 ego's step-mother, if the woman is older than the biological mother. *pl.* **mããhĩẽma**.

maali [máálí] *v.* to blister, to cause a blister to form on • *à dɪŋ tógósɪ̀ʊ̀ ʊ̀ʊ̀ bárá mūŋ máálí*. The fire burned him and all his body blistered.

mããnsıŋ [màànsíŋ] *n.* machine. (ultm. English <*machine*).

maasɪ [màasì] *v.* 1 to be earlier or already, Gh. Eng. ever • *ì kà máásí kààlì bèlèé dì ŋ̀ wàà tùó*. The time you went to Gurumbele, I was not there. *ŋ̀ máásí bìgìsì tīēī kéŋ tìŋ bà kà jáʊ́*. I have already demonstrated to you how to do it. 2 to be enough, in satisfactory state, to be right amount or size • *à máásɪ́ʊ́ kéŋ, tí brà jólīī*. It is okay like that, stop pouring. *ʊ̀ máásí kpō kìrìnsá wá à-ká ná bár pàrà*. He killed enough tsetse flies to get a chance to the farm. 3 to fit, to be worthy • *nààtó-wá hámà, áwēmē kàá màasì ǹǹ nàà-sá?* These sandals, which of them would fit my feet? 4 to be equal, to make equal or even • *nìbúlúmmò múŋ wà māāsī dóŋà*. Human beings are not equal. *wʊ̀sá ní áfíá bìnsá máásí dóŋá rà*. Wusa is as old as Afia.

maataa [màátàà] *n.* glue from the *katʃal* tree, used in trapping birds.

mããwie [màáwìé] *n. cf:* **mããhĩẽ** 1 ego's mother's younger sister. 2 ego's step-mother, if the woman is younger than the biological mother. *pl.* **mããwise**.

magsɪ (*Gu. var. of* **maŋsɪ**)

maka [mákà] *n.* Mecca • *bákúríí ní hātɔŋ ká kāālī bà mákàsā ká wàà à wà tìè bà bìsé tàgàtà wíréé*. Bakuri and Hatong went to Mecca, come back, and gave nice shirts to their children. *pl.* **makasa**.

mamaatʃi [màmáátʃì] *cf:* **kaabaako** *cf:* **kpere** *interj.* expression of surprise. (Hausa <*màmākì* 'surprise').

mana [máná] *n.* elastic made out of tyre inner-tube. *pl.* **manasa**.

mandʊɔgɪɪ [mándʊ́ɔ́gíí] *n.* type of mouse. *pl.* **mandʊɔgɛɛ**.

mankani [màŋkàní] *n.* cocoyam (*Colocasia esculenta*). (Akan <màŋkèní). *pl.* **mankanise**.

mankir [mánkə̀r:] *n.* type of yam. *pl.* **mankire**.

maɲãɔ̃ [máɲã̂ɔ̃̂] *n.* dwarf mongoose (*Crossarchus obscurus*). *pl.* **maɲãɔ̃sa**.

maɲãɔ̃tuogu [máɲã́túógú] *n.* slender mongoose (*Herpestes sanguineus*). *pl.* **maɲãɔ̃tuoguso**.

¹**maɲa** [màɲà] *v. cf:* tugo; tʃasɪ **1** to beat, slap, strike, or hit • *ʊ̀ máɲá dáá rá.* He fought someone. *bà máɲá dáá rá.* They exchange blows. **2** to kick a football • *ʊ̀ máɲá à bɔ́ɔ́l dó tókóró ní.* He kicked the ball in the window. **3** to cause a plant to change appearance, usually caused by drought stress • *hĩĺ tʃíɲĩã̀, à múró màɲà.* Due to drought, the rice changed appearance.

²**maɲa** [máɲá] *n.* only • *ìì máɲá kàá kìŋ wàà.* Only you can come.

maŋgbɪŋ [máŋgbíŋ] *n.* giant pangolin (*Manis gigantea*). *pl.* **maŋgbɪnna**.

maŋkɪsɪ [màŋkísì] *n.* matches. (ultm. English <*matches*).

maŋsii [máŋsíí] *n.* groundnut. *pl.* **maŋsa**.

maŋsijelii [máŋɔ́sìjélíì] *n.* groundnut flower. *pl.* **maŋasijelee**.

maŋsɪ [máŋsí] *v. (Gu. var.* **magsɪ**) **1** to measure • *máŋsí ǹǹ zíŋzíŋ tīēŋ.* Measure my height for me. **2** to doubt, to wonder about • *bà wà máŋsí dí ǹ̀ wàà tùó dùsìè nī.* They do not doubt that I'm not in Ducie.

¹**mara** [márá] *v.* **1** to adhere, to append, to glue, to be fixed on • *à fótò márá à zíɛ́ ní.* The picture is on the wall. **2** to be unable to say due to being silenced by others, being talked down • *kípó nɔ̀ɔ́ márá wíɛ́, bà wɔ́lɛ́ɛ́ ŋmā wīē díù.* Kipo was unable to talk, his companions talked before and over him.

²**mara** [màrà] *pv.* to do well, to be properly done • *ʊ̀ wà márá jàà.* He did not do well. *à fótò márá mārā zíɛ́ ní rà.* The picture is well fixed to the wall. *ʊ̀ márá tʃĩŋã̀ɔ̃̀.* It is standing well.

³**mara** [màrà] *v.* to destroy with fire • *kààlì kùó kà màrà pié pátʃīgīī dāāsà.* Go to the farm and burn the trees in the yam field.

⁴**mara** [màrá] *n.* to commit suicide • *kípó zʊ́ʊ́ márá sʊ̀wà.* Kipo killed himself. *bà zʊ̀ʊ̀ màràsá à sʊ̀tì.* They killed themselves. *pl.* **mara**.

maragɪ [márágí] *pl.v.* to adhere, to be fixed on • *tʃĩã̀sá káá mārāgī à nàmpɔ̀ã̀ nī.* Flies are on the rotten meat. *ǹ̀ɲ́ ɲíná káá mārāgī kàràntìɛ̀sá rá.* My father is fixing the cutlass handles.

masɪ [màsì] *pl.v.* to beat • *màsì à kìnrìnsá múɲ̀ kpʊ́.* Beat all the tsetse flies to death.

matʃeo [màtʃéó] *num.* twenty. *pl.* ***matʃewo.***

mawa [máwà] *pro.* second person plural emphatic pronoun • *bà lísì máwà rā, ká gìlà máwâ.* They choose you (people here), but left you (people there) (with gesture).

mawaa [máwáá] *pro.* second person plural strong pronoun.

meeli [méélì] *n.* mile. (ultm. English).

meesin [méésìn] *n.* mason. (ultm. English).

mɛŋ [mɛ̀ŋ́] *n.* dew, mist. *pl.* ***mɛŋ.***

mɛŋŋĩ [méŋŋí] *v.* **1** to sieve by turning the container sideways • *kpá à fàlá wà méŋŋí ɲàmmĩ́ĩ́.* Take the calabash and sieve the maize. **2** to balance from one side to another in walking • *à hááŋ válá mēŋŋĩ̄ à wāā.* The woman walks balancing towards us.

mɛrɛkɛtɛ [mɛ́rɛ́kɛ́tɛ́] *n.* woven mat made of guinea corn stalks. *pl.* ***mɛrɛkɛtɛsa.***

miidaa [mììdáá] *n.* space between the eyebrows. *pl.* ***miidaasa.***

miimi [míímì] *n.* shrub with pinkish flower bundles (*Bougainvillea glabra*). *pl.* ***miimise.***

miiri [mììrì] *v.* to dive, to swim under water • *zìàŋ míírí nɪ́ɪ́ à kpàgà ɲìnéẽ̀.* Ziang dived and caught fish.

minti [míntì] *n.* minute. (ultm. English). *pl.* ***mɪntɪsa.***

mintiŋ [míntìŋ] *n.* meeting *syn:* lagamɪɪ . *pl.* ***mintinse.***

misi [mísí] *v.* to whisper • *ʋ̀ mísí wīē dɔ́ ùù bìé dígíná nɪ́.* He whispered into his child's ear.

misiri (*var. of* **wʊzaandɪa**)

mita [mítà] *n.* metre, measure of length. (ultm. English). *pl.* ***mitasa.***

mĩãbɪwaʊ [mĩ́ãbíwáʊ́] *lit.* guinea. corn-matured *n.* type of beetle (*Lucanidae fam.*). *pl.* ***mĩãbɪwaʊ.***

¹**mĩĩ** [mĩ́ĩ́] *n.* guinea corn, used in making porridge, t.z. and brewing sɪŋsɪama (*Sorghum*). *pl.* ***mĩã.***

²**mĩĩ** [mĩ̀ĩ̀] *v.* to send out a current of air out of the nose to eject phlegm • *mĩ̀ĩ̀ ìì mììsá tà.* Blow the phlegm out of your nose.

³**mĩĩ** [mĩ̀ĩ̀] *n.* gun front sight. *pl.* ***mĩĩna.***

mɪɪbʊa [mììbʊ̀á] *n.* **1** nostril. **2** life • *m̀ mììbʊ̀à fɪ́ bírgì.* May I live long! *wɔ̀sá tɪ́éɪ́ mììbʊ̀à zéŋéé.* May God give you long life. *pl.* ***mɪɪbʊasa.***

mɪɪfɔtɪɪ [mììfɔ̀tìì] *n.* nasal congestion.

mĩĩjalɪɪ [mĩ̀ĩ̀jálɪ̀ɪ̀] *n.* nose bleed, epistaxis, common for some in harmattan.

mĩĩnɪ [mĩ́ĩ́ní] *v.* to betray • *bákúríí mĩ́ĩ́nín tìè ʋ̀ʋ̀ ɲíná.* Bakuri betrayed me by telling his father.

mĩĩsa [mĩ̀ĩ̀sá] *n.* nose • *mĩ̀ĩ̀ mììsá.* Blow your nose. *pl.* ***mĩĩsasa.***

mɪla (*var. of* **mɪna**)

mɪlɪmɪ [mìlìmì] *v. cf:* **sãã** **1** to turn, to twist • *ʋ̀ʋ̀ mílímì n̪n̪ nén nē.* She is twisting my arm. **2** to drive, to steer a vehicle • *n̪n̪ wáá kìn mìlìmì lɔ́ɔ́lì.* I cannot drive a car.

mɪlɪmɪɪ [mílímíí] *n.* turning, driving • *à pɔ́mpìmílímíí bɔ́mǎǒ.* The pumping of the bore hole is tedious.

mɪmbii [mímbíí] *n.* guinea corn grain. *pl.* **mɪmbie**.

mɪna [mìnà] *v.* (*var.* **mɪla**) **1** to attach • *mìnà à ŋméŋ ú kpégè.* Attach the rope to make it strong. **2** to turn something around something else • *làà áŋkítì à mìlà à kísìèdáá.* Take the handkerchief and put it around the handle of the knife. **3** to twine around something, to be twisted • *tìè ìì bié kpágà à kpáɑ́ŋsíí mínà dāā.* Let your child twist the yam dial around the stick. **4** to cross fingers or legs • *wáá ká sāŋā à kpàgà ʋ̀ʋ̀ nààsá mìnà dɔ́ŋà.* It is her sitting with the legs crossed.

¹**mɪnĩã** (*var. of* **hagɪɪbie**)

²**mɪnĩã** [mìnĩã] *n.* type of ant *syn:* **hagɪɪbie** . *pl.* **mɪnsa**.

mɪnzɔga [mínzɔ́gá] *n.* guinea corn chaff.

mɪŋmena [míŋméná] *lit.* guinea.corn-okro *cf:* **ɲammɪɪ** *n.* maize. [*Gu*].

mɪŋ [míŋ] *pro.* first person singular strong pronoun • *mín ná.* I am the one.

mɪsɪ [mísí] *v.* to sprinkle • *bà mísì à báál lūlīī rē, ʋ̀ sìì.* They sprinkled medicine on the man, he recovered.

mĩsɪama [mísìàmá] *n.* guinea corn, reddish type.

molebii [mòlbìí] *n.* money. (Oti-Volta <*libie* 'cowrie'). *pl.* **molebie**.

molebipʊmma [mòlèbìpʊ́mmà] *n.* cowrie.

momuŋ [mòmùŋ] *n.* appendicitis.

mõŋgo [mṍŋgò] *n.* mango (*Mangifera indica*). (ultm. Tamil, via Portuguese). *pl.* **mõŋgoso**.

mɔ [mɔ́] *v.* to mould, to shape, to sculpt with clay • *n̪n̪ nàhá̌ káá mɔ̄ vìì ré.* My grandmother is moulding a cooking pot.

mɔmŏã [mɔ̀mŏã́] *n.* type of fish. *pl.* **mɔmŏãna**.

¹**mɔna** [mɔ̀nà] *v.* to carry embers or fire • *mɔ̀nà díŋ wàà.* Carry the fire here.

²**mɔna** [mɔ́ná] *v.* to snatch, to find something dead or lost by someone, to take something found dead • *n̪n̪ ɲìná mɔ́nà nénjtīīnā rā.* My father snatched a dead elephant.

³**mɔna** [mɔ̀nà] *v.* to be used to, to be familiar with • *m̩ mɔ́ná sìgáárì ɲű̌ɑ́ɑ́ ní rà.* I am used to smoking cigarettes. *m̩ mɔ́ná dèndíl sáɲìǐ ní rā.* I am used to sitting outside the house.

mɔŋ [mɔ́ŋ] *n.* vulva, vagina. *pl.* **mɔna**.

mɔŋpʊŋ [mɔ̀ŋpʊ́ŋ] *n.* female pubic hair. *pl.* **mɔŋpʊna**.

mɔŋsugo [mɔ̀ŋsùgò] *n.* uterine fibroids. *pl.* **mɔŋsugoso**.

mɔŋtuosii [mɔ́ŋtúósíí] *lit.* vagina-pick.fast *n.* type of spider. *pl.* **mɔŋtuosie**.

mɔŋzıg [mɔ̀ŋzíg] *n.* clitoris. *pl.* **mɔŋzıga**.

¹**mɔsı** [mɔ́sí] *v.* **1** to plead with explanations and complaints • *à háã́ŋ wā mɔ̀sì dí ò̀ wà kpágá sììmáà*. The woman came and complained that she had no food. *syn:* **dibi 2** to mourn, to lament • *à háã́ná dì mɔ́sì à sɔ́wíí wíé tʃò̀ɔ̀sá wà písì*. The women were mourning the death until the morning.

²**mɔsı** [mɔ́sí] *v.* to make and start a fire • *mɔ́sí dīŋ̀*. Start a fire.

mɔta [mɔ́tá] *n.* behaviour resulting from one's upbringing • *dì m̀ bìè mɔ́tá káá wìrè à líí m̀ pé rē*. My child's good behaviour come from me. *pl.* **mɔtasa**.

mɔtigii [mɔ̀tígíí] *n.* **1** person from Motigu. **2** lect of Motigu. *pl.* **mɔtigee**.

mufu [múfú] *interj.* exclamation signalling surprise • *múfú, bààŋ kíŋ ì tà búúrè báān nī?* Ah, what do you want in here?

muhiẽ [mùhíẽ̀] *n.* tigernuts (*Cyperus esculentus*). (Akan <*mbwe*).

mul [mùĺ] *n.* food that has not been prepared correctly • *kòmùĺ ŋ̀ háã́ŋ dí sàà*. Yesterday my wife's t.z. was badly cooked.

munii [múníí] *cf:* **tiwii** *n.* road. [*Ka*].

muno [mùnò] *n.* pair • *nàtɔ̀ɔ̀múnó átōrō bákúrí kpàgà*. Bakuri has three pairs of sandals. *tìmpànmúnó álīè dóá dùsìè nī*. Ducie has two pairs of talking drums.

¹**muŋ** [mùŋ] *quant.* all, everything • *à zàgàsá múŋ̀ tíé à kùórù rō kpáã́má fí*. All the houses gave ten yams to the chief. *ŋ̀ zímá sígmāá mún nó*. I know everything about Sigmaa.

²**muŋ** [múŋ] **1** *n.* buttocks. **2** *n.* meaning • *ùù múŋ ká jāā?* What is its meaning? **3** *reln.* base, under • *wáá tʃò̀à à fàlá mūn nī*. It lies at the base of the calabash. *pl.* **muno**.

muŋkaaŋ [mùŋkááŋ] *n.* buttock. *pl.* **muŋkaama**.

muŋputii [mùmpútíí] *n.* anus. *pl.* **mumputie**.

muŋtii [mùŋtíí] *n.* intergluteal cleft, butt crack. *pl.* **muŋtie**.

muŋtuolie [mùŋtùòlíé] *n.* type of shrub. *pl.* **muŋtuoluso**.

muŋtʊɔ [mùŋtʊ̀ɔ́] *n.* saliva. *pl.* **muŋtʊɔsa**.

muŋzaŋ [mùnzàŋ́] *n.* tail of fish or birds. *pl.* **muŋzanna**.

muŋzeŋtɪɪna [mùŋzéŋtīīnā] *lit.* back-big-owner *n.* type of squirrel *synt:* ¹**hele**.

murisi [múrísí] *v.* to stifle one's laughter, laugh with restraint • *à báàl sáárì tʃèlè, hàmɔ́nà dì múrísí*. The man slipped and fell, the children stifled their laughter.

muro [múró] *n.* rice. *pl.* **muro**.

murobii [mùròbíí] *n.* grain of rice. *pl.* **murobie**.

murpɛtɪɪ [mùrpétíí] *n.* rice chaff. *pl.* **murpɛtɪɛ**.

musi (*var. of* **diebie**)

mũsooro [mũsóóró] *n.* clove, food ingredient used for the taste and smell of porridge and soup (*flower buds of Syzygium aromaticum*). (Waali).

muuri [múúrí] *v.* to cover completely with a cloth • *à hããŋ múúrì ùù ɲúù àní làmbàràgá ní.* The woman covered her head with a veil. *jàláhããná já mūūrī bà bárá múŋ ká tʃā bà sié.* Muslim women cover their entire body except their face.

mʊ [mʊ́] *v.* to take away virginity • *ìì bìé mʊ́ ǹǹ bìnìhããŋ.* Your son took my daughter's virginity.

mõã [mõã́] *adv.* before • *ǹ dí sììmāā mõã́ ká jà kááli tòmá.* Let me eat before we go to work. *tʃíɲá kéŋ mõã́ há té káálíí.* Wait there, do not go yet.

mʊg [mʊ̀g] *n.* sea, big river. *pl.* **mʊgna**.

mʊga [mʊ̀gà] *cf:* **dara** *v.* to lie, to deceive • *ǹǹ sùkúù bìé mʊ́gáɲ à làà mòlèbíé dí.* My child, the one who goes to school, deceived me and used the money. [*Gu*].

mʊgnõã [mʊ̀gǒnõã́] *n.* shore, beach.

mʊgʊsɪ [mʊ̀gʊ̌sɪ̀] *v.* to suck out a liquid • *hàmɔ́nà jáá mʊ́gʊ́sɪ̀ móŋgò ká kpá à bíé à jùò tá.* Children generally suck mangoes and throw away the seed.

mʊgzimbie [mʊ̀γzímbìè] *lit.* riverbird *n.* Barbet, type of bird (*Lybiidae family*). *pl.* **mʊgzimbise**.

mʊl [mʊ̀í] *n.* ripe stage of a fruit, especially shea nuts and mangos • *sùòmmʊ̀l lá.* It is a ripe shea nut. *sùòmmʊ́lá rá.* It is ripe shea nuts. *pl.* **mʊla**.

¹**mʊma** [mʊ̀mà] *v.* **1** to laugh, to smile • *ʊ̀ kʊ́ɔ́rɛ̀ sììmáá káá mʊ̃mà.* She is preparing the food while laughing. **2** to be opened and ripe (of Akee apples) • *à tíì mʊ́mã́ʊ́.* The Akee apple is opened.

²**mʊma** [mʊ̀má] *n.* laughter.

mʊmɪɪ [mʊ́míí] *n.* laughing.

mʊmʊŋ [mʊ̀mʊ̀ŋ] *n.* prolapse of rectum.

mʊr [mʊ́r:] *cf:* **mʊra** *n.* story. *pl.* **mʊra**.

¹**mʊra** [mʊ̀rà] *v.* to stop water from spilling out while being carried • *làà fàlá mʊ̀rà ìì nìì tíŋ à tí wàà tái.* Take a calabash (and put it in the basin) to avoid the water from spilling (while you carry the basin on your head).

²**mʊra** [mʊ̀rà] *cf:* **sɪanɪ** *cf:* **mʊr** *v.* to tell a story • *tébín hàn nī ɲ̀ kàá mòrà mʊ́rá wá.* Tonight I will tell stories.

mʊsaa [mʊ́sáá] *nprop.* Musa, person's name.

mʊsɪ [mʊ́sí] *v.* to rain gently • *à dúoŋ wáá pétūū à káá mōsī.* The rain has eased off but it still falls lightly.

mʊtɪ [mʊ̀tì] *cf:* **lɪsɪ** *v.* to spit, to remove from mouth • *dí í mōtì kpúlíkpúlí tà.* Spit the candy out.

mʊtʊl [mʊ̀tʊ̀l] *n.* West African mole rat (*Cryptomys zechi*). *pl.* **mʊtʊlsa**.

mʊʊrɪ [mʊ́ʊ́rí] *v.* to be dissolved, to dissolve, to erode • *à jììsá há wà mʊ́ʊ́rì à dìsá nɪ́.* The salt has not dissolved in the soup. *à dìá tʃéléó à zɪ́ɪ́ múŋ mʊ́ʊ́rí.* The house got destroyed and now the walls are eroded.

n

n [n̩] (*var.* **m**, **ŋ**) *pro.* first person singular pronoun • *bàà jááō dí ŋ́ŋ́ tʃélè.* They are doing everything for me to fail.

¹**na** [ná] *v.* **1** to see • *ŋ̀ ná dì ɔ̀ɔ̀ wíkpágíɛ̀ wíréó.* I see that his behaviour are good. **2** to feel, to perceive • *tàgà à dìsá dí nā jììsá nʊ́ʊ́wáɔ̃́.* Dip your finger and taste it to see. **3** to caution, to tell someone to avoid danger • *ná, tí wàà káálì à jùosíbár.* Exercise caution, do not go to the fighting ground.

²**na** (*var. of* **nar**)

³**na** (*var. of* **ra**)

nãã [náá̃] *n.* **1** leg. **2** process, way, manner • *ɔ̀ bùòlnãã̀sá ré kéŋ̀.* That is the way she sings. *pl.* **nããsa**.

nããbibaambaŋ [nã̀ã̀bíbáámbáŋ] *n.* middle toe. *pl.* **nããbibaambaŋsa**.

nããbibaambaŋwie [nã̀ã̀bíbáámbáŋwìé] *n.* fourth toe. *pl.* **nããbibaambaŋwise**.

nããbii [nã̀ã̀bíí] *n.* toe. *pl.* **nããbie**.

nããbikaŋkawal [nã̀ã̀bíkàŋkàwál] *n.* big toe. *pl.* **nããbikaŋkawala**.

nããbiwie [nã̀ã̀bíwìè] *n.* little toe. *pl.* **nããbiwise**.

nããbizɪŋɪɪ [nã̀ã̀bìzíŋɪ́ɪ̃́] *n.* index toe. *pl.* **nããbizɪŋɪe**.

nããgbaŋahog [nã̀ã̀gbáŋáhòk] *n.* tibia. *pl.* **nããgbaŋahogo**.

nããgbaŋzeŋe [nã̀ã̀gbàŋzèŋé] *n.* limping in a way to avoid the heel.

nããhããta [nã̀ã̀hã̀ã̀tá] *lit.* leg-bitter *n.* state of a person when his or her soul has left *syn:* **dʊŋtʃɔ**.

nããhŭfɔwie [nã̀ã̀hùfówìè] *n.* kneecap. *pl.* **nããhŭfɔwise**.

nããhŭũ [nã̀ã̀hŭ́ŭ̃́] *n.* knee. *pl.* **nããhŭũno**.

nããjɛlɛɛ [nã̀ã̀jéléɛ̀] *n.* cracked and dried skin, usually on and around the heels.

nããkeliŋke [nã̀ã̀kélìŋkē] *n.* hopping on one leg, usually due to pain on the other.

nããkorbʊa [nằǎkòrbʊ̌á] *n.* hollow and bend of the knee. *pl.* ***nããkorbʊsa.***

naakpaaga [nààkpààgá] *cf:* **kagal** *n.* smallest farm space measurement. [*oldfash*]. *pl.* ***naakpaagasa.***

nããkpaazugo (*var. of* **duu**)

nããkputi [nằǎkpútí] *n.* leg amputated.

naal [náál] *n.* ego's grandfather. *pl.* ***naalma.***

naalbɪlɪɛ [nààlbìlìɛ̀] *n.* ego's maternal or paternal great-grandfather • *ǹǹ nààlbìlìɛ̀ líí dùsìɛ̀ rē àkà sáŋá mɔ̀tìgù nī.* My great-grandfather moved from Ducie to settle in Motigu.

nããlomo [nằǎlómó] *n.*nããloŋo, **pilinsii 1** type of idiophone, hollowed and dried gourd used as percussion instruments. **2** type of dirge featuring dancing and playing of seed rattle, called *nằǎlúmé* in Bulenga.

nããloŋo (*var. of* nããlomo)

naaltulo [nààltùlō] *n.* ego's great-grandfather of any rank. *pl.* ***naatuluso.***

nããlumo [nằǎlùmó] *n.* heel. *pl.* ***nããlumoso.***

nããnasɪɪ [nằǎnàsíí] *n.* footprint. *pl.* ***nããnasɪɛ.***

nããnawɔsɪɪ [nằǎnàwɔ́síí] *n.* groin, pelvis. *pl.* ***nããnawɔsɪɛ.***

nããnɪ [nằǎnì] *v.* to be similar • *ìì népítíí háŋ àní ǹǹ kíŋ nằǎní dɔ́ŋá nī rà.* Your ring and mine are similar.

nããnuule (*Gu. var. of* **annulie**)

nããpɛgɪɪ [nằǎpɛ́gíí] *n.* thigh. *pl.* ***nããpɛgɪɛ.***

nããpɪɛl [nằǎpíɛ̀l] *n.* foot. *pl.* ***nããpɪɛla.***

nããpɪɛlgantal [nằǎpíɛ́lgàntàĺ] *n.* top of the foot.

nããpɪɛlpatʃɪgɪɪ [nằǎpíɛ́lpàtʃígíí] *n.* sole of the foot.

nããpol [nằǎpól] *n.* Achilles tendon. *pl.* ***nããpolo.***

naasaara [nààsáárá] (*var.* **nansaaraa**, **naasaarpʊmma**) *n.* Caucasian person, may also apply to non-Africans generally. (ultm. Arabic, via Hausa <*nasaara* 'Nazarenes (Christians)'). *pl.* ***naasarasa.***

naasaarbaal [nààsààrbáál] *n.* white, Caucasian man. *pl.* ***naasaarbaala.***

naasaardaa [nààsààrdáá] *n.* Neem tree *syn:* **naasaarsɪŋtʃaʊ**; **naasaargbɛsa** (*Azadirachta indica*). *pl.* ***naasaardaasa.***

naasaargbɛsa [nààsààrgbésà] *n.* type of tree *syn:* **naasaardaa**.

naasaarhããŋ [nààsààrhắắŋ] *n.* white, Caucasian woman. *pl.* ***naasaarhããna.***

naasaarlulii [nààsààrlúlíí] *n.* non-local medicine, such as pills and other packaged medicine.

naasaarpʊmma (*var. of* **naasaara**)

naasaarsɪŋtʃaʊ [nààsààrsíŋtʃáʊ́] *n.* Neem tree *syn:* **naasaargbɛsa**; **naasaardaa**.

naasartaa [nààsàrtàá] *n.* foreign language, especially one spoken by non-African people.

naasɛ [náásè] *num.* four *Enum of:* **anaasɛ**.

nããsii [nààsíí] *n.* prominence on the outer or inner side of the ankle. *pl.* *nããsie.*

naasɪ (*var. of* **anaasɛ**)

nããtɪɪna [nààtííná] *cf:* **nɪɛra** *n.* ego's mother's brother. *pl.* *nããtɪɪnsa.*

nããtɔʊ [nààtɔ́ʊ́] *n.* shoe, sandal. *pl.* *nããtɔʊsa.*

nããtɔʊkʊɔr [nààtɔ́ʊ̀kʊ̀ɔ́r] *n.* shoemaker. *pl.* *nããtɔʊkʊɔra.*

nããtɔʊsɪŋgɪrɪgɪsa [nààtɔ̀ʊ̀sɪ́ŋgɪ́rɪ́gɪ́sā] *n.* car-tyre sandals, *dakʊlada* in Waali.

nããtɔwa [nààtɔ́wá] *n.* pair of shoes.

nããtuto [nààtùtó] *lit.* leg-mortar *n.* elephantiasis of the leg.

nããtʃig [nààtʃíg] *n.* claw. *pl.* *nããtʃige.*

nããtʃɪgɪɪ [nààtʃígíí] *n.* calf. *pl.* *nããtʃɪgɛɛ.*

nããtʃʊg [nààtʃʊ́g] *n.* ankle. *pl.* *nããtʃʊgʊna.*

nããval [nààvàl] *n. lit.* leg-walk **1** circuit or route being walked • *kàlá káálí áfíá pé rè nààvàl bōlìè.* Kala has been to Afia's twice. **2** pace or stride. *pl.* *nãvalsa.*

nããwal [nààwàl] *n.* any relatively large sore on the body. *pl.* *nããwalla.*

nahã [nàhã́] *n.* ego's grandmother. *pl.* *nahãma.*

nahãbɪlɪɛ [nàhã̀bìlìè] *n.* ego's great-grandmother.

nahĩɛ̃ [náhĩ́ɛ̃̀] (*var.* **nɛhɪɛ**) *n.* sense, practical wisdom *ant:* **gɛnɪɪ** .

najɛlɪŋgbielie [nájɛ́líŋgbìèlìè] *cf:* **dɪŋtʃãã̀ŋdaa** *n.* lantern which uses rolled cotton and shea oil. *pl.* *najɛlɪŋgbielise.*

nakaʊ [nàkàʊ́] *cf:* **nakpafugul** *cf:* **kɪrɪma** *n.* tsetse fly. [*Tp*]. [*Gu*].

nakɛlɪŋ [nàkélíŋ] *n.* type of tree. *pl.* *nakɛlɪma.*

nakodol [nàkòdól] (*var.* **nokodol**) *n.* type of tree (*Rhodognaphalon brevicuspe*). *pl.* *nakodolo.*

nakuŋ [nàkúŋ̀] *n.* jathropha, type of plant (*Jatropha curcas*). *pl.* *nakuŋ.*

nãkpaazugo [nàkpáázùgò] *n.* type of vulture *syn:* **zaarhĩɛ̃** (*Gyps africanus; Necrosyrtes monachus*). *pl.* *nãkpaazugoso.*

nakpafugul [nàkpàfúgúl] *cf:* **nakaʊ** *cf:* **kɪrɪma** *n.* tsetse fly. [*Mo*].

nakpagtɪɪ [nàkpáɣətíí] *n.* type of tree (*Detarium microcarpum*). *pl.* *nakpagtɪa.*

nama [nàmà] *v.* **1** to press and smooth with a heated iron • *nàmà ǹǹ tàgàtà tíɛ́ŋ.* Iron my shirt for me. **2** to pulverize, to make or become like powder, to press horizontally and moving forwards and backwards, like in rubbing back and forth a kola nut on a grater

• ʊ̀ʊ̀ hááŋ káálí nɔ̀ŋ dí ʊ́ ká nàmà míá̰. Her wife has gone to the mill to grind flour.

namba [námbà] *n.* number. (ultm. English <*number*). *pl.* **nambasa**.

nambɛra [námbèrà] *n.* cooked meat for sale at the market.

namĩã [nàmĩ̀ã́] (*var.* **namĩɛ̃**) *n.* meat, flesh. *pl.* **nansa**.

namĩɛ̃ (*var. of* **namĩã**)

nampuniiwɪɪla [nàmpúnííwɪ̄ɪ̄lā] (*var.* **nampunwɪɪla**) *n.* muscle pain.

nampunwɪɪla (*var. of* **nampuniiwɪɪla**)

namuŋ [námùŋ] *quant.* everyone, anyone • *pìɛ̀sì námùŋ dí lìé pē dùùsìè tíwīī kà dʊ̀à*. Ask anyone where Ducie road is. *záàŋ námùŋ kààlì kùó*. Today everyone should go to the farm. *námùŋ wà tùò dìà nī̄*. There is no one in the house. *námùŋ mǎ́á̰ líísé dí ù bìé wéréú*. Everyone's mother thinks he is a good boy.

nanbugo [nàmbùgò] *n.* aardvark (*Orycteropus afer*). *pl.* **nanbugoso**.

nandala [nàndálá] *n.* type of worm, hairy, seen on rotten meat. [*Gu*].

nǎnhuor [nǎnhùòr] *n.* raw, coarse meat.

nanpunii [nànpúníí] *n.* flesh.

nansaaraa (*var. of* **naasaara**)

nansɪɛlɪɪ (*var. of* **sɪɛ**)

nantɔŋɪɪ [nǎntɔ̀ŋɪ̀ɪ̀] *n.* boiled meat.

naŋfɛnta [nànfɛ́ntá] *n.* bits of meat scraped with a knife, removed from an animal skin being dried.

naŋguruŋ [nàŋgúrúŋ] *n.* measured piece of meat for sale. *pl.* **nàŋgúrúmó**.

naŋgʊɔŋ [náŋgʊ́ɔ̀ŋ] *n.* millet ergot (fungi) disease (*Claviceps*).

naŋjogul [nàŋjóɣúl] *n.* butcher. *pl.* **naŋjogulo**.

naŋkpäälɪŋ [nàŋkpàȁlɪ́ŋ] *n.* meat hunting period • *ṃ̀ bíárɛ̀ káálí nàŋkpààlɪ́ŋ*. My brother went hunting for meat.

naŋkpǎãŋ [nàŋkpǎ́ã́ŋ] *n.* hunter. (Gonja <*ŋ̀-kpàŋ* 'hunt'). *pl.* **naŋkpaŋsa**.

naŋzima [nàŋzìmà] *n.* knowledge.

naŋzinna [nǎzìnnà] (*var.* **wɪzɪmɪɪ**) *n.* wise person. *pl.* **naŋzɪnnasa**.

nãɔ̃ (*var. of* **nɔ̃ʊ̃**)

naparapɪrɪɪ [nàpàràpɪ̀rɪ́ɪ́] *n.* type of tree (*Ximenia americana*). *pl.* **naparapɪrɛɛ**.

nar [nár] (*var.* ²**na**) *n.* person. *pl.* **nara**.

nara [nárá] *pl.n.* people • *tɔ́ɔ́ hàn nī̄ bà wàà kpʊ́ nárá*. In this village they don't kill people. *nárá há wà wāāwà, bà tìwíí zɪ́ŋá́ɔ́*. The people have not come yet, their road is long.

narabʊɔ [nárábʊ́ɔ̀] *lit.* people-hole *nprop.* cave located north of Ducie.

nasããŋ [nàsá́ã́ŋ] *cf:* **nasata** *n.* joking partner, Gh. Eng. playmate, person with whom one can violate some social rules and take belongings from. *pl.* **nasããna**.

nasata [nàsátà] *cf:* **nasããŋ** *n.* relation between kin members where two parties can mock playfully one another. Relation may be with ego's grandparents, ego's father's sister's children, or ego's mother's brother's children • *jà jáá nàsátá rā.* We are playmates.

nasɪ [nàsì] *v.* to step on something with a foot • *tí wá nāsì ǹǹ kìnwìlî.* Do not step on my sore.

nasɪɛ [nàsíɛ̀] *n.* thunder • *nàsíɛ̀ hɔ́sìāʊ̃.* The thunder booms.

nasol [nàsól] *n.* type of tree (*Grewia carpinifolia*). *pl.* **nasollo**.

naʊ̃ [nàʊ̃́] *cf:* **nɔ̃ʊ̃** *n.* cow. *pl.* **naʊ̃**.

naʊpɪŋa [nàʊ́pìŋá] *n.* type of insect. *pl.* **naʊpɪŋəna**.

nbuoɲɔ̃ [m̀búòɲɔ̃̀] *n.* hunter rank of a person who has killed a buffalo. (Gonja).

ne (*var. of* **ra**)

nebietɪɪna [nébíétííná] *lit.* fingers-owner *n.* leopard *synt:* **bʊɔmanɪɪ**; **ɲuwietɪɪna** .

nebii [nébíí] *n.* finger. *pl.* **nebie**.

nebiifɛtɪɪ [nébíífɛ́tìì] *n.* fingerprint. *pl.* **nebiifɛtɪɛ**.

nebikaŋkaŋwal (*var. of* **nebikaŋkawal**)

nebikaŋkawal [nébíkàŋkàwál] (*var.* **nebikaŋkaŋwal**) *n.* thumb. *pl.* **nebikaŋkawala**.

nebikaŋkawalnanpunii [nébíkàŋkàwàlnànpúníí] *lit.* thumb-flesh *n.* ball of the thumb (*Thenar eminence*).

nebipɛtɪɪ [nébípɛ̄tīī] *n.* fingernail. *pl.* **nebipɛtɪɛ**.

nebisunu [nébísùnū] *n.* little finger *syn:* **nebiwie** . *pl.* **nebisunuso**.

nebiwie [nébíwìé] *n.* little finger *syn:* **nebisunu** . *pl.* **nebiwise**.

nebizeŋii [nébízēŋīī] *n.* middle finger *syn:* **bambaaŋnebii** .

nebɪnĩĩ [nèbínĩ́ĩ] *lit.* hand-old *n.* experienced person. *pl.* **nebɪnĩɛ̃**.

negʊma [négʊ́mā] *n.* elbow. *pl.* **negʊnsa**.

negbaɲa [négbáɲà] *n.* interior or crevice of an elbow. *pl.* **negbaɲsa**.

nekpeg [nékpég] *cf:* **siitɪɪna** *n.* quality of someone who is never ready to help *ant:* **sɔɲtɪɪna** . *pl.* **nekpege**.

nekpɛgɪɪ [nékpɛ́gíí] *n.* biceps. *pl.* **nekpɛgɛɛ**.

nekpun [nékpúŋ] *n.* any joint along the arm (finger, elbow, shoulder). *pl.* **nekpuno**.

neŋ [néŋ] *n.* arm, hand. *pl.* **nese**.

neŋbakpagɪɪ [némbàkpàgíì] *n.* handle. *pl.* **neŋbakpagɛɛ**.

neŋgaltɪɪna [néŋgáltīīnā] *lit.* arm-left-owner *n.* monkey *synt:* **gbĩã** .

neŋgbiŋ [néŋꜛgbìŋ] *cf:* **gbiŋ** *n.* wrist ring.

neɲtɪɪna [néɲtīīnā] *lit.* arm-owner *n.* elephant *synt:* **bɔla; selzeŋ** .

nepɪɛl [népíɛ̀l] *n.* hand. *pl.* **nepɪɛla**.

nepɪɛlgantal [népɪ́élgàntàĺ] *n.* back of the hand.

nepɪɛlpatʃɪgɪɪ [népɪ́élpàtʃɪ́gɪ́ɪ́] *cf:* **netisiŋ** *n.* palm of the hand.

nepɪtɪɪ [népítíí] *n.* finger ring. *pl.* **nepɪtɪɛ.**

nepol [népól] *n.* arm vein. *pl.* **nepolo.**

netisiŋ [nétísíŋ] *cf:* **nepɪɛlpatʃɪgɪɪ** *n.* lowest part of the inner surface of the hand. *pl.* **netisime.**

netʃug [nétʃúg̀] *n.* wrist. *pl.* **netʃuguna.**

nezeŋeetɪɪna [nézéŋéétííná] *lit.* hand-long-owner *n.* thief *syn:* **ŋmɪ̃ɛ̃r** .

nɛɛsɪ [nɛ́ɛ́sì] *n.* nurse. (ultm. English <*nurse*).

nɛhɪɛ̃ (*var. of* **nahɪɛ̃**)

nigimi [nìgìmì̂] *v.* to disappear or vanish by magic, usually the effect of a special medicine • *kɔ̀sánáɔ̃̀ dɔ́gɔ́ní nàŋkpāāŋ ùù nigimì.* The buffalo chased the hunter, he vanished into thin air.

nigimii [nígímíí] *n.* spiritual disappearance, possible only after taking a special medicine.

nigimiilulii [nígímíílúlíí] *n.* disappearance medicine, when one faces danger.

nikana (*var. of* **nar**)

¹**nɪ** (*var. of* **anɪ**)

²**nɪ** [nì] *postp.* locative particle.

nɪ- [nɪ] classifier particle for human entity.

nɪbaal [nìbáàl] *cf:* **baal** *n.* man. *pl.* **nɪbaala.**

nɪbɔŋ (*var. of* **nɪbubɔŋ**)

nɪbubɔŋ [nìbúbɔ́ŋ] (*var.* **nɪbɔŋ**) *n.* bad person *ant:* **nɪbuwerii** . *pl.* **nɪbubɔma.**

nɪbubummo [nìbúbúmmò] (*var.* **nɪbummo**) *n.* African, black skinned person. *pl.* **nɪbubulunso.**

nɪbudɪɪŋ (*var. of* **nɪdɪɪŋ**)

nɪbukamboro [nìbúkámbòrò] *lit.* person-half *n.* untrusty and undependable person. *pl.* **nɪbukamboroso.**

nɪbukperii [nìbúkpéríí] *n.* 1 person who has unusual and exceptional behaviours. 2 person with conformations and deformities. *pl.* **nɪbukperee.**

nɪbukpʊr [nìbúkpʊ́r̀:] *n.* murderer. *pl.* **nɪbukpʊra.**

nɪbummo (*var. of* **nɪbubummo**)

nɪbuɲããsii [nìbúɲã́ã́síí] *n.* person with some extraordinary powers performing action hard to believe.

nɪbupʊmma [nìbúpʊ́mmà] (*var.* **nɪpʊmma**) *n.* sincere and honest person.

nɪbusɪama [nìbúsɪ̀ámá] (*var.* **nɪsɪama**) *n.* reddish skinned person, atypical skin colour.

nɪbutʃããŋ [nìbútʃã́ã́ŋ] *n.* fair-skinned person. *pl.* **nɪbutʃããma.**

nɪbuwerii [nìbúwéríí] *n.* honest and sincere person *ant:* **nɪbubɔŋ**; **siitɪɪna** . *pl.* **nɪbuweree.**

nıbʊzɔŋ (*var. of* **nızɔŋ**)

nıdıgımaɲa [nìdígímáɲá] *n.* lonely person.

nıdıɪŋ [nìdííŋ] *cf:* **dıɪŋ**; **kıŋdıɪŋ**; **wıdıɪŋ**; **bidıɪŋ** (*var.* **nıbudıɪŋ**) *n.* truthful, helpful, generous, trustworthy, or faithful person • *m̀m̀ bíárì jáá nìdííŋ ná.* My brother is a truthful person. *pl.* **nıdıɪma**.

nıdʊma [nìdʊ̀má] *cf:* **lɔsıɪ** *cf:* **dʊma** *n.* soul or spirit of a human being.

nıɛra [nίɛ́rá] *cf:* **nããtıɪna** *cf:* **nıɛrı** *n.* ego's mother's brother. [*Gu*]. (Gonja). *pl.* **nıɛrasa**.

nıɛrı [nìɛ̀rì] *cf:* **nıɛra** *v.* to collect meat from the maternal side during funerals or after a successful hunt, especially the neck part • *ìì nààtììnsá kàà wā nìɛ̀rì à nàmìã̀ bágéná.* Your uncles will come and take away the neck (of the animal).

nĩɛsa [nìɛ̃́sá] *n.* needle for sewing clothes. *pl.* **nĩɛsasa**.

nıgsıa [nìgsíá] *n.* Spotted blind snake. *pl.* **nígɔ́sísā**.

nıhããŋ [nìhááŋ] *cf:* **hããŋ** *n.* woman.

nıhãlʊlla [nìhãĺʊ́llá] *n.* fertile woman. *pl.* **nıhãlʊllasa**.

nıhãsıɪ [nìhã̀síí] *cf:* **nıɲagɛ** *n.* character of someone who easily gets angry.

nıhãwie [nìhãẃíɛ̀] *cf:* **binıhããŋ**; **tulorwie** *n.* young girl. [*Gu*].

nıhĩɛ [níhĩ̀ɛ̃̀] *n.* elder. *pl.* **nıhĩɛta**.

nıhĩɛlıŋ [níhĩ́ɛ̀líŋ] *n.* tenure, time which a most senior fellow holds office as head of a group • *níhĩ́ɛ̀líŋ wà télé bákúrí àká ʊ̀ sʊ̀wà.* Bakuri never got tenure because he died too early.

nıɪ [níí] *n.* water. *pl.* **nıɪta**.

nıɪbata [nììbátà] *n.* bravery.

nıɪbuluŋ [nììbúlùŋ] *n.* human being. *pl.* **nıɪbulumo**.

nıɪhã [nììhã́] *n.* bitter water.

nıɪjogulo [nììjóɣúló] *n.* water seller. *pl.* **nıɪjoɣuloso**.

nıɪluŋ [nììlúŋ] *n.* deep part of a body of water • *nììlúŋ né nén̄ nē, nììtìsíí kó wáá nén̄ nē.* Here is deep, here is shallow.

nıɪnʊ̃ãlıɪ [nììnʊ̃̀ãlíí] *n.* drinking water, potable water.

nıɪɲagan [nììɲáɣàŋ] *n.* sour and fermented water, from added substance, such as corn flour or tree extract.

nıɪɲɔgɔsa (*var. of* **nıɪɲɔksa**)

nıɪɲɔksa [nííɲɔ̀ɣsâ] (*var.* **nıɪɲɔgɔsa**) *n.* thirst • *nííɲɔ̀ksā kpágń̩ nā.* I'm thirsty.

nıɪɲuugbaŋbulii [nííɲúúgbàŋbúlíí] (*var.* **nıɪɲuukaŋkiiri**) *n.* Whirligig beetle, black beetle which swims on surface of water (*Gyrinidae*). *pl.* **nıɪɲuugbaŋbulie**.

nıɪɲuukaŋkiiri (*var. of* **nıɪɲuugbaŋbulii**)

nıɪɲʊarvii [nììɲʊ̀àrvìí] *n.* drinking pot. *pl.* **nıɪɲʊarviine**.

nıɪpala [nììpàlá] *n.* running water, continuously flowing.

nııpʊmma [nììpʊ̀mmá] *n.* 1 liquid coming out of a swelling which is lanced. 2 sap of a tree.

nıısii [nììsíí] *lit.* water-eye *n.* bottom, deepest part of a river. *pl.* **nıısie**.

¹nıısɔta [nììsɔ́tâ] *n.* jaundice.

²nıısɔta [nììsɔ́tá] *n.* puerperal or childbed fever.

nııtaaŋ [nììtááŋ] *n.* pond created by a river drying out. *pl.* **nııtaana**.

nııtıına [níítííná] *lit.* water-owner *n.* type of snake *synt:* **kɔŋ** .

nıkanıka [nìkàníkà] *n.* powered corn-mill. (Hausa, via Akan <*nìkànîkà*).

nımısa [nímɪ́sà] *n.* worries or disturbances *syn:* **laadimii** .

nıɲagɛ [nìɲágɛ́] *cf:* **nıhãsıı** *n.* character of someone who easily gets angry. [*Mo*].

nıɲãʊ̃ [nìɲã́ʊ̃́] *cf:* **lalıwie; sulumbie** *n.* someone having no living parents or relatives • *nìɲã́ʊ̃́sá wá kpāgā hɛ́ɛ́mbá*. Parentless people are those without living blood relatives. *pl.* **nıɲãʊ̃sa**.

nıŋ [nîŋ] *adv.* like this, this, so • *hîŋ jáá nîŋ*. Did you do this? *à gèr bárá dʊ́ nîŋ kɔ̀gɔ̀sɔ̀g*. The lizard's skin is rough like this. *lié ì kà tàrà, káá jāā nìŋ?* From where are you getting your support to be boasting like this?

nıpʊmma (*var. of* **nıbupʊmma**)

nısıama (*var. of* **nıbusıama**)

nısɔnıı [nísɔ́níí] *n.* menses *syn:* **doŋojaı; tʃagasıı** .

nıvıɛtaalıı [nìvìɛ̀táálíì] *n.* person who is rejected or sacked from a family or a work group. *pl.* **nıvıɛtaalıɛ**.

nızɔŋ [nìzɔ̀ŋ] (*var.* **nıbʊzɔŋ**) *n.* weak person.

ṇnõãwajahoo [ṇ̀nõ̀ã́wàjàhóò] *lit.* my-mouth-not-do-hoo ('I will not open my mouth again') *nprop.* dog name.

no (*var. of* **ra**)

nokodol (*var. of* **nakodol**)

nokun [nòkúǹ] *n.* type of tree. *pl.* **nokun**.

nɔ̃gar [nɔ̃̀gár:] *n.* cattle pen, enclosure for confining livestock. *pl.* **nɔ̃gara**.

nɔ̃gbar [nɔ̃̀gbár] *n.* cowherd. *pl.* **nɔ̃gbara**.

nɔ̃lor [nɔ̃̀lòr:] *n.* heifer, cow that has not given birth. *pl.* **nɔ̃loto**.

nɔmbukutii [nɔ̀mbúkútìì] *n.* type of grinding stone, used for the last grinding stage of guinea corn flour.

nɔmbutiisii (*var. of* **nɔŋbuɲaarıı**)

nɔna [nɔ̃̀nà] *v.* to bear fruit (one or many) • *súómó wá nɔ̃nā bìnà háŋ̀*. The shea did not fruit this year.

nɔ̃nıı [nɔ̃̀nìí] *n.* cow that has given birth. *pl.* **nɔ̃nııta**.

¹nɔŋ [nɔ̀ŋ́] *n.* 1 type of grinding stone for flour. 2 grinding activity area

• nɔŋ ní ǹ dì káálì. I am going to the grinding area. *pl.* **nɔnna**.

²**nɔŋ** [nɔ́ŋ] *n.* fruit. *pl.* **nɔna**.

nɔŋa [nɔ̀ŋà] *v.* 1 to love, to like • *bilɔ́llá múǹ nɔ́ŋá bà bìsé ré.* All parents love their children. 2 to carry on one's back • *ʊ̀ wà bìrà à nɔ́ŋà ùù bìé.* She does not carry her child any more.

nɔŋbuluŋ [nɔ̀mbúlúǹ] *n.* type of grinding stone for flour.

nɔŋbuɲaarıı [nɔ̀mbúɲáárɪ̀ɪ̀] (*var.* **nɔmbutiisii**) *n.* type of grinding stone, used for the first grinding stage of guinea corn flour.

nɔŋbutiisii [nɔ̀mbútíísɪ̀ɪ̀] *n.* type of grinding stone, used for the first grinding stage of flour.

nɔpıɲa [nɔ̀pìɲá] *n.* type of insect (*Lygaeidae*). *pl.* **nɔpıɲasa**.

nɔ̃ʊ̃ [nɔ̀̃ʊ̃́] *cf:* **nãʊ̃** (*var.* **nãɔ̃**) *n.* cow. *pl.* **nɔ̃ʊ̃na**.

nʊ̃wal [nʊ̀̃wál] *n.* bull.

nʊ̃walee [nʊ̀̃wáléè] *n.* bull calf.

nʊ̃wii [nʊ̀̃wíí] *n.* calf. *pl.* **nʊ̃wie**.

nɔʔɔrɔŋ [nɔ́ʔɔ́rɔ́ŋ] *n.* type of climber (*Acalypha neptunica*). *pl.* **nɔʔɔrɔma**.

nuhõ (*var. of* **nuhũ**)

nuhũ [nùhṹ] (*var.* **nuhõ**) *n.* grandchild. *pl.* **nuhũníẽ**.

nuui [nùùí] *cf:* **ããnuuba** *n.* suffering • *à kàá nūūī.* You will suffer!

nʊ̃ã [nʊ̀̃ã́] 1 *n.* mouth. 2 *reln.* entrance, orifice • *ŋméŋtél síí bìlè ùù kùó tíwíí zēǹ nʊ̀̃ã̀ nī.* Spider went to establish his farm by a main road. *pl.* **nʊ̃sa**.

nʊ̃ã dıgımaɲa [nʊ̀̃ã́ dígímáɲá] *lit.* mouth one *v.* to agree • *bá jáá nʊ̀̃ã̀ dígímáɲá à sùmmè dɔ́ɲá.* They should agree and help each other.

nʊ̃ãpʊmma [nʊ̀̃ã̀pʊ̀mmá] *n.* lack of reserve or control, of someone who cannot keep secrets, who cannot hold back • *ì kpágá nʊ̀̃ã̀pʊ̀mmá rá.* You exhibit no reserve. *ì jáá nʊ̀̃ã̀pʊ̀mmátííná rá.* You are someone who cannot keep secrets.

¹**nʊ̃ãtıına** [nʊ̀̃ã̀tííná] *lit.* mouth-owner *n.* dog *synt:* **vaa**.

²**nʊ̃ãtıına** [nʊ̀̃ã̀tííná] *n.* indiscreet person, tattletale, or someone who cannot keep secret.

nʊ̃ãtʃʊar [nʊ̀̃ã̀tʃʊ́ʊ́r] *n.* mouth mark, tribal or accidental scar. *pl.* **nʊ̃ãtʃʊara**.

nʊdıgımaɲa [nʊ̀dígímáɲá] *lit.* mouth-one *n.* cooperative group or society.

nʊga [nʊ̀gà] *v.* to grate, to grind, to chip into pieces • *nʊ̀gà kàpúsìè, ǹ wà kpágá ɲíɲá.* Grate the kola nut, I have no teeth.

nʊgʊl [nʊ̀ɣʊ́l] *n.* fleshy part and relative texture of the core or centre of a tuber or fruit, usually less hard than its surrounding layer. *pl.* **nʊgʊl**.

nʊ̃hɛŋ [nʊ̀̃hɛ́ŋ] *lit.* mouth-arrow *n.* lytta, firm cartilage lying along the median ventral surface under the tip of the dog's tongue which is usually removed at an early stage as it is believed to prevent the animal to eat or grab a prey properly. *pl. nŏhɛma.*

nʊhɔg [nòhók] *n.* thrush, contagious disease caused by a fungus.

nʊma [nòmà] *v. cf:* **kpaŋkpaŋ 1** to be hot, to burn by heat • *tìè à nɨ́ɨ́ nŏmà.* Let the water be hot. **2** to be active.

nʊmanʊma [nòmànòmà] *lit.* hot-hot *ideo.* fast, in a hurry • *jàá nòmànòmà, já káálì dìá bárá tí bìríjê.* Do it fast so we go home before the darkness.

nʊmɪɪ [nómɨ́ɨ́] *n.* hot.

nʊnnʊŋ *n.* (*var. of* **nʊŋ**) **1. 2. 3** *syn:* **tʊɔra . 4.**

nʊŋ [nóŋ̀] (*var.* **nʊnnʊŋ**) *v.* to be hot • *nììnóŋ nā.* It is hot water. *bànóŋ wá kīn à sáŋá.* It is not easy to sit at a hot place.

nʊɔr [nòòŕ] *n.* chaff.

nʊra [nòrà] *v.* to be pierced by a tiny device, like a splinter or needle • *kín nŏrā òò nébìí.* He got a splinter in his finger.

nŏtunii [nŏtúnɨ́ɨ́] *n.* lip. *pl.* **nŏtunie.**

¹**nŏŏ** [nŏ́ŏ́] *cf:* **nŏŏlɔgɔsɪɪ** *n.* shea butter, oil, grease or fat. *pl.* **nŏŏta.**

²**nŏŏ** [nŏ̀ŏ̀] *v.* **1** to hear, to listen • *ì nŏ́ŏ́ à báàl òò wíŋmáhá̋ rằằ?* Do you hear the man talking? **2** to perceive, to sense • *à jììsá nŏ́ŏ́ à dìsá rằằ?* Is the salt enough in the soup?

nʊʊkpuogohɛna [nòòkpùògòhèná] *lit.* mouth-bulge-bowl *n.* type of insult, describing the person as having big lips. *pl.* **nʊʊkpuogohɛna.**

nŏŏlɔgɔsɪɪ [nŏ́ŏ́lòyòsɨ́ɨ́] *cf:* **nŏŏ** *n.* shea butter ball. *pl.* **nŏŏlɔyɛsɪɛ.**

nŏŏma [nŏ̀ŏ̀má] *n.* scorpion. *pl.* **nŏŏnsa.**

nŏŏmanɪɛr [nŏ̀ŏ̀mánɨ́ɛ́r] *lit.* scorpion-uncle *cf:* **haliŋguomii** *n.* type of millipede (*Myriapoda*). *pl.* **nŏ̀ŏ̀mánɨ́ɛ́rsá.**

nŏŏmɪ [nŏ̀ŏ̀mì] *v.* to complain to oneself • *nŏ́ŏ́mɨ́ɨ́ wàá kìn kòòrè à wɨ́ɛ́.* Complaining to oneself cannot solve the problems.

nʊʊsuo [nòòsùó] *lit.* mouth-curse *cf:* **suo** *n.* curse • *nòòsùó tɨ́ɛ́ ìì tómá wáá káálì sŏŏ.* It is because of the curse that your work is not going forward. *pl.* **nʊʊsuo.**

nŏŏtɪtɪɪ [nŏ̀ŏ̀tìtɨ́ɨ̀] *n.* pomade, body cream.

nʊzʊlʊŋ [nòzólóŋ] *lit.* mouth-enter-back.area *n.* tongue. *pl.* **nʊzʊlʊma.**

nwa [ŋ́wà] *pro.* first person singular emphatic pronoun.

ɲ

ɲã [ɲã́] *v.* **1** to defecate • *tóző́en nī bà wàà ɲã́ bíná dèndíl nī́.* In big towns they do not defecate outside. **2** to lay eggs • *ɲíŋsè káá ɲã́ hálá rá, ká ő̋ő̋wà wà ɲã́.* Fish lay eggs, but this one does not. **3** to rust • *ǹ̀ sákìr ɲájāō.* My bicycle is rusty.

¹**ɲãã** [ɲã́ã́] *n.* poverty.

²**ɲãã** [ɲã̀ã̀] *v.* **1** to be lacking, to be short of • *gbòlò ɲã́ã́ dindààsá rá ʋ̀ dìà nī.* Gbolo is short of fire wood in her house. **2** to be poor • *kùòrùsó wà ɲã̋ã̋wā.* Chiefs are not poor. *ààŋ ká ɲã̀ã̀ wíέ?* Who has no problem?

ɲaabɪ [ɲáábí] *v.* to expose, to reveal the guilt or wrongdoing of someone • *bà ɲáábì zìàŋ nìkáná báán nī́.* Ziang was exposed in the midst of people.

ɲaarɪ [ɲààrì] *cf:* **kʋtɪ**; **tiisi** *v.* to grind roughly by breaking slightly, only stage for malt and first stage for making flour • *ɲààrì kɔ̀mɪ́ɑ́ tɔ̀ŋà sɪ́ŋ.* Grind the malt for brewing.

ɲããsii [ɲã̋ã̋sii] *n.* unexpected, unanticipated and extraordinary • *nìbúɲã̋ã̋sīī jááɪ́, ì kà gílá sìŋɲò̋há̋ ká jàà jàlfὲ.* You are an extraordinary person, you left the drinking habit and became a Muslim. *dúóŋ dì tīnā, pèɲã̋ã̋síí dīgīī dí lālāō tà.* The clouds were threatening, but an unexpected wind took them away.

ɲadʋa [ɲàdʋ́á] *n.* garden egg, eggplant (*Solanum melongena*). *pl.* **ɲadʋasa**.

ɲaga [ɲàgà] *v.* **1** to be sour • *à dő̋á háŋ ɲāgāō.* That soup ingredient is fermented. **2** to be harsh • *à báál ɲāgāō.* The man is harsh.

ɲagamɪ [ɲáɣǎmí] *v.* to ferment • *tìὲ à kùbíí ɲágámí.* Let the porridge ferment.

ɲagasɪ [ɲàɣǎsì] *v.* to heat a cut or wound using hot water or a hot cloth in order to protect from infection • *ɲàgàsì hákúrí nã̀ã̀bíí tʃózōōr tí wà kpágő̋.* Heat the wound on Hakuri's toe so that it does not get infected.

ɲagenpentii [ɲáɣémpéntíí] *n.* hedgehog (*Erinaceinae subfam.*). *pl.* **ɲagenpentie**.

ɲagɛɛ [ɲágέέ] *n.* **1** fermented liquid which can be produced by various plants and trees, but specifically **ɲagɪŋ** • *ɲágíŋ kpágá ɲāgēē rá.* The plant **ɲagɪŋ** contains fermented liquid. **2** sour • *wáálá káá dí ɲàgēē kő̋ő̋.* The Waalas eat sour t.z.

ɲagɪ [ɲágí] *n.* anger.

ɲagɪmbii [ɲàɣìmbíí] *n.* **1** seed of **ɲagɪŋ**. **2** type of snake *syn:* **suoŋdaawie**. *pl.* **ɲagɪmbie**.

ɲagɪŋ [ɲáɣíŋ] *n.* type of plant. *pl.* **ɲagɪma**.

ɲãĩ [ɲã́ĩ̀] *n.* rust.

ɲakpatɛ [ɲàkpàtὲ] *cf:* **tʃɔbɪɛl** *n.* grain

ɲalsɪ [ɲálsɪ́] *v.* to shine by polishing or washing • *à bìè títí nṹṹ ʊ̀ʊ̀ bàtɔ́ŋ dì ɲálsɪ́.* The child rubbed herself with oil; her skin is shining.

ɲamɛkasa [ɲàmékàsà] *n.* scissors. (Gonja <*makasi*). *pl.* **ɲamɛkasasa.**

ɲammɪbii [ɲàmmíbíí] *n.* maize seed. *pl.* **ɲammɪbie.**

ɲammɪdaa [ɲàmmídáá] *n.* maize cob.

ɲammɪɪ [ɲàmmɪ́ɪ́] *cf:* **mɪŋmɛna** *n.* maize. *pl.* **ɲammɪɛ.**

ɲammɪpɛtɪɪ [ɲámmɪ́pétɪ́ɪ́] *n.* maize husk.

ɲanʊgɪɪ [ɲànʊ́gɪ́ɪ́] *n.* child unable to manage without help in order to use his or her potential. *pl.* **ɲanʊgɛɛ.**

ɲaɲa [ɲàɲà] *v.* to eat staple food with meat only, without the soup • *bà fìɪ ɲáɲà kʊ́ʊ́ rá hɔ́là páálʊ̀ʊ̀ nɪ̄.* They used to eat t.z. and meat without soup in the Sisaala land.

ɲãŋɲa [ɲã̀ŋɲà] *n.* laterite, type of soil, rusty-red colouration, used on road or for mud floors and roofs.

¹**ɲaŋɲɪ** [ɲáŋɲí] *v.* to be worse • *à báál gàràgá tɪ́ɪ̀ ɲáŋɲɪ̀jã̄ʊ̄.* The man's sickness is worse.

²**ɲaŋɲɪ** [ɲáŋɲɪ́] *v.* to be about or hang out at a place for a reason • *à bìè káá ɲáŋɲɪ̄ nàmɪ̃́á bátièlɪ́ɪ́ nɪ̄.* The child hangs around the place where people eat meat.

ɲaŋsɪ [ɲàŋə̀sì] *v.* to do something with joy and happiness • *ʊ̀ʊ̀ bárá káá ɲáŋsʊ̀ʊ̄, ʊ̀ kàá kààlɪ̀ kùó kà dí kàpálà.* He is excited, he will go to the farm and eat fufu.

ɲaŋu [ɲáŋù] *cf:* **ɲaŋuwɔlɛɛ** *interj.* praise name and title for the clan **ɲaŋuwɔlɛɛ.**

ɲaŋuwɔlɛɛ [ɲáŋùwɔ́lɛ́ɛ́] *cf:* **ɲaŋu** *nprop.* clan found in Gurumbele.

ɲãʊ̃ [ɲã́ʊ̃́] *n.* poor person. *pl.* **ɲãʊ̃sa.**

ɲegeke [ɲégéké] *ideo.* very little portion of something bigger • *ʊ̀ʊ̀ bán dɔ́ kéŋ ɲēgēkē.* It is just so little.

ɲeɲaaŋ [ɲéɲáàŋ] *n.* worm which infests the stomach. *pl.* **ɲeɲaaŋsa.**

ɲɛɛsɪ [ɲɛ̄ɛ̄sɪ̀] *v.* to warm up moderately, like the heat of early morning sun or sitting beside a fire • *à díŋ káá ɲɛ̄ɛ̄sɪ̄n nà.* The fire warms me up. *à wɔ̀sá káá ɲɛ́ɛ́sʊ̀ʊ̄.* The sun is warm moderately and not severe.

ɲɛgɛkɛ [ɲégéké] *n.* greedy and stingy behaviour.

ɲẽsa [ɲẽ́sà] *n.* malnourished child, a child with a reduced growth rate. *pl.* **ɲẽsasa.**

ɲɛwã [ɲéwã́] *num.* two *Enum of:* **alɪɛ** .

ɲiise [ɲììsè] *v.* to only see part of something while the rest is hidden • *ʊ̀ ɲíísé ʊ̀ʊ̀ ɲíŋá rá.* He showed his teeth in a concealing way. *sàpúhɪ́ɛ́ zíŋ ɲíísé ʊ̀ bʊ̀à nʊ̃́á nɪ̄.* The tail of the pouched rat is appearing from the entrance of his hole.

ɲine [ɲìnè] *v.* **1** to take care of, to watch • *màrà ɲíné ŋ̀ŋ̀ dàbágà dì ŋ̀ wá kààlì.* Take care of my garden while I am away. *dì ɲíné ŋ̀ŋ̀ kpáámá.* Look after at my yams. **2** to depend on, to rely on • *ŋ̀ ɲíné ìì síé ní.* I depend on you.

ɲinee [ɲínéè] *n.* fish. *pl.* **ɲiŋse**.

ɲiniẽ (*var. of* **ɲɪnĩẽ**)

¹ɲinne [ɲínné] (*var.* **ɲiɲine**) *n.* caretaker. *pl.* **ɲíɲisé**.

²ɲinne [ɲínné] *n.* someone with great timing, who knows the movement of others and always shows up at the right time for food and other enjoyments but never for labour.

ɲintʃige [ɲíntʃígè] *cf:* **kagba** *n.* hat, cap, Muslim hat. *pl.* **ɲintʃigese**.

ɲiɲine (*var. of* **ɲinne**)

ɲiŋ [ɲìŋ́] *n.* type of sore, usually on head, ears or lips. *pl.* **ɲiŋ**.

ɲiŋhal [ɲíŋhál] *n.* fish egg. *pl.* **ɲiŋhala**.

ɲiŋhog [ɲíŋhòg] *n.* fish bone.

ɲiŋʔɔrɪɪ [ɲíŋʔɔ́rɪ̃ɪ̃] *n.* dental abscess. Swollen jaw, painful tooth, with difficulty eating or chewing.

ɲɪma [ɲ̃ìmà] *v.* to show silent resentment, to make a face, to frown • *ò ŋmá wìé dì tīēŋ nà àká ɲ̃ìmà.* While he was speaking to me, he was frowning.

ɲɪna [ɲ́ɪnà] *n.* father. *pl.* **ɲɪnama**.

ɲɪnabie [ɲínábìé] *n.* **1** ego's father's children of a different mother.
2 ego's father's brother's children. *pl.* **ɲɪnabise**.

ɲɪnabise [ɲìnábìsé] *cf:* **ɲɪnawɔlɛɛ** *n.* children of a paternal line.

ɲɪnawɔlɛɛ [ɲìnáwɔ́lɛ́ɛ́] *cf:* **ɲɪnabise** *pl.n.* members of a paternal relation.

ɲɪnĩẽ [ɲ̀ìnĩ̀ɛ̃́] (*var.* **ɲiniẽ**) *interrog.* how, what, why • *ɲìnĩ̀ɛ̃́ ì hìɛ̀sī kàà púgò kéŋ?* Why are you panting like this? *ɲìnĩ̀ɛ̃́ ìì ɲ́éná kā dɔ́.* How is your father? *ɲìnĩ̀ɛ̃́ ŋ̀ kà jàà?* What did I do?

ɲɪɲaŋ [ɲíɲàŋ́] *n.* ascaris, intestinal parasitic roundworm. *pl.* **ɲɪɲansa**.

ɲɪɲaŋa [ɲìɲàŋá] *cf:* **patʃɪgɪhãã** *n.* wickedness, wicked and deliberate act towards someone • *ò kpágá ɲìɲàŋá.* He is wicked. *pl.* **ɲɪɲaŋasa**.

ɲɪŋ [ɲíŋ] *n.* tooth. *pl.* **ɲɪŋa**.

ɲɪŋdaa [ɲíndáá] *n.* horn. *pl.* **ɲɪŋdaasa**.

ɲɪŋhĩẽ [ɲìŋhĩ̀ɛ̃́] *n.* **1** ego's father's senior brother. **2** ego's step-father, if the man is older than the biological father. *pl.* **ɲɪŋhĩẽsa**.

ɲɪŋtielii [ɲìŋtièlìì] *n.* back tooth, molar and premolar. *pl.* **ɲɪŋtielee**.

ɲɪŋvaa [ɲìŋváá] *n.* canine tooth. *pl.* **ɲɪŋvasa**.

ɲɪŋwie [ɲìŋwìé] *n.* **1** ego's father's junior brother. **2** ego's step-father, if the man is younger than the biological father. *pl.* **ɲɪŋwise**.

ɲɔ̃ [ɲɔ̃́] *num.* five *Enum of:* **aɲɔ̃** .

ɲɔgma [ɲɔ́ɣʃ̌mā] *n.* camel. (Mande, via Waali <ɲɔ́ɣʃ̌mā). *pl. ɲɔgmasa.*

ɲɔtɪ [ɲɔ̀tì] *n.* **1** any nut or bolt. **2** flintlock locking screw. (ultm. English <*nut*).

ɲubirintɪɪna [ɲúbíríɲtíínà] *lit.* head-full-owner *n.* blind *synt:* ɲʊlʊŋ.

ɲubɔŋ [ɲúbɔ́ŋ] *n.* bad luck.

ɲudoŋ [ɲúdóŋ] *n.* abused person, someone whose reputation has been discredited. *pl. ɲudoŋo.*

ɲukpal [ɲúkpál] *n.* baldness. *pl. ɲukpalla.*

ɲukpaltɪɪna [ɲúkpáltììná] *n.* bald headed. *pl. ɲukpaltʊma.*

ɲukpeg [ɲúkpég] *n.* stubbornness.

ɲukpulii [ɲúkpúlíí] *n.* head of animal without a neck. *pl. ɲukpulee.*

ɲupɛrɪɪ [ɲùpérìì] *cf:* pɛra *n.* type of hairdressing. *pl. ɲupɛrɪɛ.*

ɲupʊŋ [ɲúpʊ́ŋ] *n.* head hair. *pl. ɲupʊna.*

ɲupʊʊsa [ɲúpʊ́ʊ́sà] *n.* soft spot on an infant's skull (*Fontanelle*). *pl. ɲupʊʊsasa.*

ɲusʊŋ [ɲúsʊ́ŋ] *v.* to have good luck • *à biè ɲúúsūmōo̯, ʊ̀ kà páásì ʊ̀ téésì.* The child had good luck, he passed his test.

ɲuu [ɲúù] **1** *n.* head. **2** *reln.* top of • *wòjò dʊ́á à bízéŋ ɲūū nì.* Wojo is on top of the big rock. *pl. ɲuuno.*

ɲuudʊr [ɲúúdʊ́r̀] *lit.* head-put-agent *n.* hypocrite. *pl. ɲuudʊra.*

ɲuufugo [ɲúúfúgò] *n.* frontal headache.

ɲuunɪ (*var. of* a ɲuu nɪ)

ɲuvɔwɪɪ [ɲúvɔ̄wīī] *n.* plaiting the hair, type of hairdressing.

ɲuwerii [ɲúwérìí] *n.* success.

ɲuwietɪɪna [ɲúwíétīīnā] *lit.* head-small-owner *n.* leopard *synt:* bʊɔmanɪɪ; nebietɪɪna.

ɲuwɪɪla [ɲúwíílá] *n.* headache.

ɲuzeŋtɪɪna [ɲúzéŋtīīnā] *n.* lion *synt:* dʒɛtɪ.

ɲuzĩĩtɪɪna [ɲúzĩ́ĩ́tīīnā] *n.* fairy *synt:* ¹kɔntɔŋ.

ɲʊ̃ [ɲʊ̃́] *cf:* jala *v.* to germinate, seen individually • *ʊ̀ wà ɲʊ̃́jɛ̃̀ɛ̃́.* It did not germinate.

ɲʊ̃ã [ɲʊ̃̀ã̌] *v.* **1** to drink • *ɲ̀ ɲʊ̃́ã́ níí rá.* I drank water. **2** to smoke • *ɲ̀ wàá kìŋ ɲʊ̃̀ã̌ ɲʊ̃̀ã̌sá.* I cannot smoke.

ɲʊ̃ãsa [ɲʊ̃̀ã̌sá] *n.* smoke.

ɲʊasɪ [ɲʊ̃̀ã̌sì] *n.* type of girl initiation ritual which upon completion allows young female to see a masquerade.

ɲʊg [ɲʊ́g] *n.* crocodile. *pl. ɲʊga.*

ɲʊgɪɪ [ɲʊ́gíí] *n.* smoking away insects. *pl. ɲʊgɛɛ.*

ɲʊlʊŋ [ɲʊ́lʊ́ŋ] *n.* blind • *ɲʊ́lʊ́má ká nù wíɛ kínkàn nà.* Blind people can hear better (than others). *synt:* ɲubirintɪɪna *pl. ɲʊlʊma.*

ɲʊmmɪ [ɲʊ̀mmì] *cf:* dʊsɪ *v.* to close one's eyes in order not to be able to see • *ɲʊ̀mmì ìì sìé.* Close your eyes.

ɲʊŋsɪ [ɲʊ́ŋsí] *v.* to get lost, to lose sight of • *ìì kàrántìɛ̀ ɲʊ́ŋsí kùò tiwíí ní.* Your cutlass got lost on the farm road. *ʋ̀ʋ̀ váá ɲʋ́ŋsɩʋ̃̀.* His dog is lost.

ŋm

ŋma [ŋmá] **1** *v.* to say, to speak • *ʋ̀ ŋmá dí à bónɩ́ɛ̃́ ní ì kàá wàʋ̃.* He said that you might come. *ŋ̀ ŋmājɛ̃̄ tìɛ̀ ǹǹ háá̰ŋ dí ʋ́ tóŋà nàmɪ̰̌á́.* I told my wife to cook the meat. **2** *pv.* to want, desiderative mood particle that expresses an intention • *ŋ̀ ŋmá ŋ́ káálì dùsèè tʃɪ̄ā.* I want to go to Ducie tomorrow. *ŋ̀ ŋmá ŋ̀ zímà̰ʋ̃̀.* I want to know. *ŋ̀ ŋmá ŋ́ káálì jàwá.* I want to go to the market.

ŋmāãŋʋ [ŋmā́ã́ŋʋ́] *nprop.* Mangu, person's name, male or female, must precede *Basɩg* or *Hasɩg synt:* **basɩg**; **hasɩg** .

ŋmaara [ŋmààrâ] *n.* type of bad spirit taking the form of light, seen only at night. (Waali <*ŋmààrâ* 'something that crosses').

ŋmalɩŋŋmĩʋ̃ [ŋmálíŋŋmĩ̀ʋ̃̀] *n.* Purple Heron (*Ardea purpurea*). *pl.* **ŋmalɩŋŋmĩʋsa**.

ŋmɛdaa [ŋmédàà] *cf:* **gundaabii** *n.* distaff, spindle for spinning cotton (with thread on).

¹**ŋmena** [ŋmènà] *v.* **1** to cut • *ŋ̀ ŋmé-ná dáá rá.* I cut a tree. *à kàràntìɛ ŋménà ǹǹ náá̰ rá.* The cutlass cut my leg. **2** to bite • *dʋ́ʋ́ bààŋ ŋmènà à kpá jùò.* A python just bit her and she fell. **3** to harvest, to dig out old

ɲʋ̌ʋ̃̌ [ɲʋ̀ʋ̃̀] *v.* to come in a crowd • *bàmùŋ wà górúú ɲʋ̀ʋ̃̀.* They came around him in numbers.

yams planted • *já káálì kùó à ŋmènà kpáámá.* Let us to the farm and dig yams.

²**ŋmena** [ŋmèná] *n.* chisel. *pl.* **ŋmenasa**.

³**ŋmena** [ŋmènà] *v.* to ignite • *ŋmènà díŋ dʋ́ dálíbʋ̀à nī.* Light a fire in the stove.

⁴**ŋmena** [ŋmènà] (*var.* **aŋmena**, **baŋmena**) **1** *interrog.* how much, how many • *àŋmènáá ì kà kpàgàsì?* How many of them did you catch? **2** *n.* amount, a certain number • *ŋmènà tótíí ì kàà búúrè?* How large of a share do you want?

¹**ŋmɛŋ** [ŋméŋ] *n.* okro. *pl.* **ŋmena**.

²**ŋmɛŋ** [ŋméŋ̀] *n.* rope. *pl.* **ŋmɛsa**.

ŋmɛŋhʋlɪɪ [ŋméŋhʋ̀lɪ̂ɪ] *n.* dried okro. *pl.* **ŋmɛŋhʋlɛɛ**.

ŋmɛŋsɔŋ [ŋmèŋsɔ́ŋ] *n.* fresh okro.

ŋmɛŋtɛl [ŋméŋtɛ́l] **1** *n.* spider. **2** *num.* eight. *pl.* **ŋmɛŋtɛla**.

ŋmiire [ŋmììrè] *v.* to become furrowed or wrinkled due to ageing • *à hã̀hɪ̃́ɛ̃́ síé ŋmííréó.* The old woman has a wrinkled face.

¹**ŋmĩẽ** [ŋmĩ̀ɛ̃̌] *v.* to steal • *à bìɛ̀ ŋmɪ̃́ɛ̃́ŋ nà, àɲúúnī ŋ̀ wà kpágá mòlèbíé.* The child steals from me, so I do not have money.

²ŋmĭẽ [ŋmĭẽ́] n. theft • ŋmĭẽ́ wà wíré. Theft is not good. wàà ní ŋmĭẽ́ dʊ̀à kààlì dùsìé. There are more thefts in Wa than in Ducie. pl. ŋmĭẽ.

ŋmĭẽɪ [ŋmíẽ́í] n. stealing • kʊ̀ʊ̀rì ì mòlèbíé dʊ́ ì dʒífà nī, tɔ́ɔ́ hàŋ ŋmíẽ́í wá wīrē. Put your money well in your pocket, the stealing in this town is bad.

ŋmĭẽr [ŋmíẽ́r] n. thief syn: nezeŋeetɪɪna. pl. ŋmĭẽra.

ŋmɪɛrɪ [ŋmíɛ́rí] v. to melt • à dóbíé ŋmíɛ́rì làgá nī. The hail melts fast. ŋmíɛ́rí nʊ̃́ʊ̃́ tīēŋ ŋ́ hálà nàmĭã́. Melt the butter for me to fry the meat.

ŋmĭɛsɪ [ŋmíẽ́sí] v. to swear • ŋ̀ ŋmíásì ã́ã́. I swear by the bushbuck.

ŋmĭɛsɪɛ [ŋmíẽ́síɛ̀] n. oath, Gh. Eng. swear. pl. ŋmĭẽsɪsa.

ŋmɪɪrɪ [ŋmìɪ̀rì] v. to heal and close a laceration or a wound • ì pèmpél tín ŋmííríjé tɔ́ʊ̃. Your sore has closed up.

ŋmʊnaŋmʊna [ŋmʊ̀nàŋmʊ̀nà] ideo. type of visual percept, of dull colouration • bɔ̀sá dʊ́ ŋmʊ̀nàŋmʊ̀nà rá. The Puff adder skin is a patterning and mixing of ground colours (blackish, dark-brown, etc.).

¹ŋmʊʊrɪ [ŋmʊ̀ʊ̀rì] v. to grumble, mutter discontentedly • à báál bìsé káá ŋmʊ̃́ʊ̃́rì wíé dìà nī. The man's children are grumbling in the house.

²ŋmʊʊrɪ [ŋmʊ̀ʊ̀rì] v. 1 to chew thoroughly leaving little • à váá kàà ŋmʊ́ʊ́rì à hógó ré. The dog is chewing on the bone. 2 to remove or take more than expected or agreed upon • hã́dígíí kàálí ì kùó àkà ŋmʊ̀ʊ̀rì ì lóŋó múŋ̀ kààlì. A woman went to your farm and collected almost all your gourd containers away.

ŋ

ŋ (var. of n)

O

oi [ʔói] interj. expression of surprise, absence of expectation, or pain exclamation.

ol [ʔól] n. type of mouse. pl. olo.

oluplen [ʔólǔplén̂] (var. oripere) n. airplane. (ultm. English <aeroplane).

ombul [ʔómbúl] n. type of mouse. pl. ombulo.

onsɪaŋ [ʔónsíáŋ] n. type of mouse found in the bush. pl. onsɪama.

ontolee [ʔóntòléè] n. type of mouse, smallest of all types. pl. ontolese.

onzasɪɪ [ʔónzásíí] n. type of mouse.

õõ (*var. of* ẽẽ)

ɔ

ɔgılı [ʔɔ́ɣlí] *cf:* tıɛsı *cf:* hogo *v.* to eject a particle from the throat, or having an urge to vomit because of it • *pínhòg kpágá ǹǹ lìlèbʊ̀ʊ̀ ǹ dì ɔ́gílí.* A fish bone is stuck in my throat and I feel like vomiting.

ɔla [ʔɔ̀là] *v.* to decay, on its way to rot • *bà kpá à tɔ́ŋ bìlàʊ̃ ʊ̀ʊ̀ ɔ̀là.* They kept the skin until it was nearly rotten.

ɔma [ʔɔ̀mà] *v.* to fear, to be afraid • *tí bí wàà ɔ́mà lálíí múŋ.* Never fear a corpse again.

ɔnsı [ʔɔ̀nsì] *v.* to scare, to threaten, to talk harshly • *hàmɔ́ŋ wàà ɔ́nsì níhĩ̀ɛ̀tā.* A child does not threaten elders.

ɔŋgbıa [ʔɔ̀ŋgbìá] *n.* fearfulness.

ɔŋgbıar [ʔɔ̀ŋgbìár] *n.* coward *ant:* bambiitıına . *pl.* ɔŋgbıara.

p

paa [pàà] *pl.v. cf:* kpa **1** to take, to collect or gather up several things • *kà pàà bíná hámà tā.* Go and take these faeces away. **2** to marry women • *mɔ̀tígíé káá pāā dùséléé bìnìhã́ã́ná rā.* The men from Motigu marry women from Ducie.

paamãã [pààmã̀ã̀] *n.* type of tree (*Combretum aphanopetalum*). *pl.* **paamãã̄na.**

oripere (*var. of* **oluplen**) *n.*.

ɔɔlı [ʔɔ̀ɔ̀lì] (*var.* ʊɔlı) *v.* to not be clean as in washing one's body, clothes or cooking utensils without soap • *ìì nfí tíŋ ìì kà sɔ́jè kéŋ ìì ɔ́ɔ́líjáʊ̃.* You are not clean despite the bath you took.

¹**ɔra** [ʔɔ̀rà] *v.* to cause to swell up, to swell up through infection, to be bloated • *ǎ́ ɔ́rá òò nén nì.* Guinea worm swollen his hand. *ǹn nã́ã́ ɔ́ráʊ̃.* My leg is swollen.

²**ɔra** [ʔɔ̀rà] *v.* to sew • *hákúrí kàá kìŋ ɔ̀rà gár rá.* Hakuri can sew clothes.

ɔsı [ʔɔ̀sì] *v.* to suck on breast • *kà làà ìì bìé ʊ̃́ ɔ́sì īl.* Go and get your child so she can suck on your breast.

ɔtı [ʔɔ̀tì] *pl.v.* to swell • *zìèn nààsá mún nāā ɔ́tíjé.* Zien's legs are swollen.

paani [pã́ã́ní] *v.* to make loose, to become less tight, to open • *páání à lɔ́gà ń ná ʊ̀ʊ̀ pàtʃígíí.* Open the bag wider so I can look inside. *máná ʊ̀ kpá vɔ̀wà à dààsá, àwíé à bùŋ dì páání kéŋ.* He used an elastic to tie the firewood, that is why the load is loose.

paanı [pã́ã́ní] *v.* to put the blame on someone • *bà pã́ã́nìn nī ká ǹ wà jáá* *wíí mùŋ*. They put the blame on me but I did not do anything. (Waali <*pǎǎná* 'blame').

paanɵ̃ã [pàànɵ̊̃ɵ̃́] *n.* most extensive labour, typically planned to be carried out early • *ǹǹ tʃʊ̀ɔ̀sìmpààn̊ɵ̃̃́ jáá báŋ*. My early labour is right there.

paanʊʊ [páànʊ̊ʊ̊] *n.* bread. (Akan, ultm. Coast Portuguese <*páàn̊ɵ̊́*).

¹**paasɪ** [pààsì] *v.* **1** to peel with a knife • *pààsì kpááŋ sùgùlì já dí*. Peel a yam and boil it so we can eat. *pààsì à sàpúhíí púná múŋ tā*. Peel off the hair of the rat. **2** to scoop out, like staple food from a pot to bowls • *à kʊ̊ʊ̊ wá kānā ǹ kàá pààsì hènsá ātòrò*. The t.z. is not abundant, I can scoop it up to three bowls. **3** to weed on surface without digging the soil • *pààsì sɪ́gá pàtʃìgíí*. Weed the grass around the bean plants.

²**paasɪ** [páásí] *v.* to pass an exam • *bàmùŋ páásì à tééśi rā*. Everyone passed the examination. (ultm. English <*pass*).

paati [pááti] *n.* political party. (ultm. English).

paatʃag [pààtʃák] *n.* leaf. *pl.* **paatʃaga**.

paatʃakjaara [páátʃàɣjáárà] *n.* healer. *pl.* **paatʃakjaarsa**.

paatʃaranʊɔŋ [pààtʃàrànʊ́ɔ́ŋ] *lit.* take-barter-cow *n.* type of bird, very small, moves in group, can hatch up to 20 at a time. *pl.* **paatʃaranʊɔna**.

pabii [pàbíí] *n.* hoe blade. *pl.* **pabie**.

paga [pàɣà] *v.* to do intentionally, without a particular reason • *ɱ̀ págá vìɛ̀ʊ̃ dí ǹ wàá kààlì dùsèé záàŋ*. I intentionally refused to go to Ducie today.

pagbɛtɪɪ [pàgbɛ́tíí] *cf:* **patɪla** *n.* small hoe. [*Gu*].

pakɪ [pákì] *n.* park, field, football field • *mólípākì ní dùsèé wá bōlō*. Mole national park and Ducie are not far from one another. (ultm. English <*park*).

¹**pala** [pàlà] *v.* to flow • *à gɔ́ŋ pálà kááli tììɲúú rò*. The river flows to the west.

²**pala** [pálá] *n.* fowl tick. *pl.* **pala**.

pama [pámá] *v.* to load a gun, to cock • *pámá à mááfà tīēŋ*. Load the gun for me.

panti [pàntì] *v.* to fall short of a target • *ǹ ɲíná kàá būūrè mákà káálíí ká ʊ̀ mòlèbíé pàntì*. My father wishes to go to Mecca but his money is too short.

paŋ [páŋ] *n.* molar. *pl.* **paɲa**.

paŋbanɪɪ [páŋbánɪ́ɪ́] *lit.* molar-section *nprop.* section of Ducie.

paŋʔɔrɪɪ [pàŋʔɔ̀rɪ́ɪ́] *n.* gingivitis.

papata [pápátá] *n.* farmer. *pl.* **papatəsa**.

par [pár:] *n.* hoe. *pl.* **para**.

para [pàrà] *v.* to farm, to weed • *tʃàkáléé káá pàrà kpáámá kìŋkáŋ*. The Chakali people farm a lot of yam.

paragɛ [pàràgɛ̀] *v.* to be dependent on someone else's facilities, or share someone else's belongings • *m̀m̀ mããbié párágɛ́ ǹ ní ǹǹ hããŋ ní rā.* My brother lives with me and my wife. *ʊ̀ʊ̀ bìnìhããŋ párágɛ́ ʊ̀ʊ̀ hílá dīndīā nì.* Her daughter shares the kitchen with her in-law.

parakun [pàrákùŋ] (*var.* **pɛrɛkʊ̃**) *n.* pig. (Akan, ultm. Coast Portuguese <*prokoo*). *pl.* **parakunso**.

parasa [pàràsá] *pl.n.* temporary farm workers.

parasɪ [pàràsɪ̀] *v.* to crackle, noise made by burning charcoal or fire • *à díŋ káá pārāsī.* The fire is crackling.

parata (*var. of* **jarata**)

parɪsumii [pàrɪ̀súmíí] *n.* asking for help at the farm, gathering people for a farm work and thanking them with small remuneration.

pasɪ [pàsɪ̀] *v.* to shade by taking leaves or grass and putting them on yam mounds and weigh down with some soil • *bà wà pásí ǹǹ kpáámá, à ɲúú nì à wà ɲʊ̃́jɛ̀ɛ̃̀.* They did not shade my yam, therefore they did not germinate.

pasɪta [pásɪ́tà] *n.* pastor. (ultm. English).

pata [pátá] *n.* trousers, pants, or underpants *syn:* **pɪɪtɔɔ** . *pl.* **patəsa**.

pataasɪ [pàtáásɪ̀] *n.* locally distilled alcoholic spirit. (ultm. Ga <*àkpètèʃì* 'to keep out of sight').

pati [pàtì] *v.* of a fowl flouncing around and fluttering after being slaughtered, or when it feels danger • *à kìlìè káá túù à záál pátíó ʊ̀ bìrà zàà kààlì.* When the eagle was coming down, the hen jumped up and down and the eagle flew away. *à zákɔ́rígíí pátíjé à wà zʊ̀ʊ̀ nàsá pátʃīgīī.* The slaughtered fowl flapped the wings and came in between my legs.

patiisa [pàtíísà] *n.* curtain used to subdivide rooms. (ultm. English <*partition*).

patɪla [pàtɪ̀lá] *cf:* **pagbɛtɪɪ** *n.* small hoe. *pl.* **patɪlasa**.

paturuu [pàtǔrúù] *cf:* **petro** *n.* fuel. (ultm. English <*petrol*).

patʃakjaar [pàtʃàyǎjáár] *cf:* **lulibummojaar** *n.* traditional healer, herbalist. *pl.* **patʃakjaara**.

patʃɪgɪbummo [pàtʃìgìbúmmò] *n.* liar, person who is not truthful, not transparent, or secretive.

patʃɪgɪhãã [pàtʃígíhã̀ã̀] *cf:* **ɲɪɲaŋa** *n.* wickedness.

patʃɪgɪɪ [pàtʃígíí] **1** *n.* abdomen, belly. **2** *n.* intrinsic properties that characterise someone • *ʊ̀ʊ̀ pàtʃígíí bírèō.* He is not truthful and sincere. *ʊ̀ʊ̀ pàtʃígíí pʊ́lìjàō.* She is open and truthful. **3** *reln.* inside • *wáá dòà à fàlá pàtʃígíí ní.* It is inside the calabash. *pl.* **patʃɪgɛɛ**.

patʃɪgɪɪ gbaŋasa [pàtʃígíí gbāŋāsā] *lit.* stomach noise *n.* colic pain.

patʃɪgɪɪsunno [pàtʃígíísúnnò] *n.* ascite, accumulation of fluid in the abdominal cavity caused by advanced liver disease or cirrhosis.

patʃɪgɪpʊmma [pàtʃígípʊ̀mmá] *n.* generous, fair and plain person.

patʃɪgɪtʊɔra [pàtʃígítʊ̀ɔ́rá] *n.* gratefulness, happy.

patʃɪgtʃɔgsa [pàtʃígtʃɔ̀ɣəsá] *n.* sadness, grief, depression.

patʃɪgwɪɪla [pàtʃígwììlà] *n.* stomach ache. *pl.* ***patʃɪgwɪɪla.***

pawie [pàwìé] *n.* small hoe used for weeding. *pl.* ***pawise.***

pazeŋ [pàzèŋ́] *n.* big hoe used for ploughing. *pl.* ***pazene.***

pe [pé] *n.* by someone's or some thing's location, end, side, place or limit • *ŋ̀ŋ̀ bìsé múŋ̀ nō tʃɔ́jὲε̄ kààlì bà mã̀ã́ pé.* All my children have run to their mother. *à kàpʊ́sὶὲ dʊ́á ùù pé nī.* The kola nuts are by him.

[1]**pel** [pél̀] *n.* third and top layer of wooden beams in roofing structure.

[2]**pel** [pél̀] *n.* sexton, burial specialist who has been initiated to carry out the activities related to corpse manipulation. *pl.* ***pelle.***

pelɛŋ [pèlɛ́ŋ] *n.* breeze. *pl.* ***pelɛma.***

peligi [pélígí] *v.* **1** to separate from each other • *bákúrí péligì ʊ̀ʊ̀ hã́ã́nà dɔ́ŋá nī rā, ʊ̀ʊ̀ hã́wíé dʊ̀à wàà nī.* Bakuri separated his wives, the youngest lives in Wa now. **2** to unroll a mat or unfold blanket • *péligí kùntúŋ bìlè à tʃʊ̀à.* Unfold the blanket and lie down.

pelor [pélòŕ] *n.* lamb.

pembal [pèmbál] *n.* ram.

pemballʊɔŋ [pèmbállʊ́ɔ́ŋ] *lit.* male.sheep-neck.hair *n.* type of grass.

pembelee [pémbéléè] *n.* ram lamb.

penɪɪ [pènìí] *cf:* **piesii** *n.* ewe, a female sheep.

penteŋ [péntéŋ] *ideo.* clear, as in seeing or hearing • *ŋ̀ ná à báál là péntéŋ.* I saw the man clearly.

peŋ [péŋ] *n.* penis. *pl.* ***pene.***

peŋpʊŋ [pèmpʊ́ŋ] *n.* male pubic hair. *pl.* ***peŋpʊna.***

peomãã [pèómã̀ã́] *lit.* wind-mother *n.* type of insect, similar size to a cricket.

peopeo (*var. of* **peupeu**)

pere [pèrè] *n.* to separate from a group and continue on his or her own • *ʊ̀ ní ʊ̀ ɲíná wá bí làgàmì, ù péré ù kùò rō.* He and his father are no more together, he separated and he is now on his own.

peti [pétí] *v.* to finish, to stop • *jà pétìjōō.* We are done. *m̀m̀ pàtùrúù kàà pétūū.* My petrol is finishing. *à dúóŋ há wà pétìjē.* The rain has not yet stopped.

petro [pétrò] *cf:* **paturuu** *n.* fuel. (ultm. English <*petrol*>).

peu [pèú] *n.* wind. *pl.* ***peuno.***

peuli [péúlí] *v.* to let an area become much larger and wider • *já tíὲ à zùŋgʊ̀à kíĺ péúlí.* Let the dancing floor be wider. *péúlí ìì mɓ́ákúō ɔ́ ná kānà*. Make your guinea corn farm much larger for you to get more.

peupeu [péùpéù] *cf:* **pʊmma** (*var.* **peopeo**) *ints.* very white • *pʊ̀mmà péùpéù*. Very or pure white.

peusi [pèùsì] *v.* to winnow, separate grain from chaff using the wind only • *à tɔ́má jáá dí í péúsì múró, zúló, mɓ́á àní nàmmɓ́ɓ́*. The work is that you should winnow rice, millet, guinea corn and maize.

pewo [pèwò] *v.* to blow with instrument to revive • *kpá à lìmpèù à pèwò à díŋ dò*. Take the fan and blow on the fire.

pɛ [pɛ́] *v.* to add to, to increase • *jà kùòrù báníí péjèē à jàà báníé àlòpè*. Our chief's section was added to make seven sections.

pɛgsɪ [pèɣə̀sì] *v.* to split up, to crack, to cut open • *pègsì à kàpɔ́sìè bárá bálìè*. Split the kola nut into two parts.

pɛla [pɛ́lá] *v.* to lean on with own support • *ŋmíérá dí pélā bákúrí zìā̀ nī à dì pígsúú*. Yesterday thieves were leaning against Bakuri's wall spying on him.

pɛma [pèmà] *n.* to groan, to make sounds of effort or pain • *kàlá ɲīnā tʃɔ́á dìà nī dì pémà, dí ʊ̀ʊ̀ pòògá líwá*. Kala's father lies in the room and groans, he has a strangulated hernia.

pɛmpɛl [pèmpɛ́l] *n.* mark, wound, sore, or bite. *pl.* **pɛmpɛla**.

pɛmpɪamɪɪ [pémpìàmíì] *n.* fibrous meat. *pl.* **pɛmpɪamɪɛ**.

pɛn [pɛ̀n] *n.* pen. (ultm. English). *pl.* **pɛnsa**.

¹**pɛna** [pɛ̀ná] *cf:* **bʊɔga** *n.* moon. *pl.* **pɛnsa**.

²**pɛna** [pɛ̀nà] *v.* **1** to be wide • *ìì dìànɔ́ɓ́ wà pēnā*. Your door is not wide. **2** to be hollow • *à gàngàndáá pátʃīgīī wá mārā pènà*. The inside of the drum is not hollowed enough.

pɛnɪɪ [péníí] *n.* wide *ant:* **fɔrɪɪ** .

pɛŋɪ [pèŋì] *cf:* **pɛpɛŋa** *v.* to farm in the *pɛmpɛŋa* period • *à tʃá pènsá álīē ká já péŋì*. In two months we will start farming.

pɛŋpɛglɪmpɛ [pèmpèɣəlímpè] *n.* butterfly. *pl.* **pɛŋpɛglɪmpɛsa**.

pɛpɛŋa [pèpèŋá] *cf:* **pɛŋɪ** *n.* farming period for sowing, between April and June.

pɛra [pèrà] *cf:* **ɲupɛrɪɪ** *v.* to weave rope or hair • *tʃéŋ bɔk ḿ pérà sígmāā ŋméŋ*. Give me fiber to weave a mask rope.

pɛrɛga (*var. of* **kokoluŋ**)

pɛrɛkŏ (*var. of* **parakun**)

pɛrɛtɛ [pèrétè] *n.* dish, plate. (ultm. English <*plate*). *pl.* **pɛrɛtɛsa**.

pɛsɪ [pésí] *v.* to slap, smack, or zap • *pésí kàlá tìèŋ*. Draw the attention of Kala for me. *zóŋgòréè márà ìì gàntàl nī, ḿ pésí tīēī*. There is a mosquito on your back, I am going to zap it.

pɛtɪdɪndagal [pétídīndāɣāl] *n.* layer in-between, as egg shell membrane and orange pith.

pɛtɪɪ [pétíí] *cf:* **daapɛtɪɪ** *n.* bark, cover, outside, part that is protecting and covering the actual item. *pl.* **pɛtɪɛ**.

pɛwa [pèwà] *v.* to grill meat in order to dry or cook it • *nàdígíí wá tīè nànpèwfì*. Some people do not eat smoked meat. *pèwà à áá ná-mīã̄*. Grill the bushbuck meat. *syn:* **wiisi**[1]

pɛwɪɪ [péwíí] *n.* smoking or grilling meat.

piel [pièl] *n.* type of plant. *pl.* **piel**.

piesii [péésíí] *cf:* **penɪɪ** *n.* sheep. *pl.* **piesie**.

pigsi [pìgsì] *v.* to spy • *tí válà à pìgsì à háá̃ŋ*. Do not go and spy on the woman.

pii [píí] *n.* yam mound. *pl.* **pie**.

piili [píílí] *v.* to start • *bì píílí*. Start again. *gbàŋgbàŋ kàá pīīlī tɔ́tʃáán gántàl nī*. Harmattan will start after the *tɔtʃaaŋ* season.

piimɪɪsa [píímíísà] *lit.* yam.mound-nose *n.* part of yam mound.

piipa [píípà] *cf:* **kadaasɪ** *cf:* **tɔŋ** *n.* paper. (ultm. English).

piipɛlɛɛ [pììpéléè] *n.* small yam mound leaning against another yam mound, built for matching the *piimɪɪsa* on the opposite line. *pl.* **piipɛlɛsa**.

pikiete [píkíétè] *n.* old yam field where the mounds are open and yams have been removed.

pile [pìlè] *v.* to roof with grass or zinc • *kɔ̀sá ŋ̀ kpá pìlè à dìá*. I covered the house with grass. (Oti-Volta).

pilinsii (*var. of* **nããlomo**)

pini [pínì] *n.* safety pin. (ultm. English <*pin*). *pl.* **pinise**.

pinti [pìntì] **1** *pl.v.* to pick up from the ground • *pìntì tʃúónó tīēŋ*. Pick up shea nut seeds for me. *pìntì mòlèbíé hámà tīēŋ*. Pick up that money for me. **2** *n.* whole process of shea harvest, from the picking to the storage.

pipi [pípí] *ints.* very early morning • *dìàrì tʃɔ̀ɔ̀sìn pípí ò̀ dí lìì*. Yesterday he left very early in the morning.

piregi [pìrěgì] *v.* to take by surprise • *ŋ̀ ká pīrēgūū dí ù kétí ǹǹ dìà-nɔ̃́ã̀*. I took him by surprise while he was breaking my door to enter my room.

pisi [písí] *v.* to shake • *písí dōŋō tà ì ɲúú nī*. Shake the dirt out of your hair. *dì ì wà písì bárá tòntó-má, bárá kàá bíréí rē kùò nī*. If you do not shake up at work, you will not get the chance to complete the farm work.

piti [pítí] *v.* to survive • *à gérēgíí wàá pītī*. The sick person will not survive. *syn:* [2]**foti**

pitieteo [pítíétéò] *n.* Bearded barbet,

type of bird (*Lybius dubius*). *pl.* **pitieteoso**.

pitiiɲaŋa [pítííɲàŋà] *n.* type of tree (*Ficus sur*). *pl.* **pitiiɲaŋasa**.

pitiisolo [pítíísòlò] *n.* type of tree (*Ficus conraui*). *pl.* **pitiisoloso**.

pitʃɔŋ [pítʃɔ́ŋ] *n.* row or line of yam mounds. *pl.* **pitʃɔnsa**.

pĭ [pǐ] *v.* to be fed up with the same matter, or the same food • *ʊ̀ʊ̀ hǎǎŋ pǐʊ́ rā ànɪ́ ʊ̀ʊ̀ sìŋŋʊ̀hǎ nɪ́.* His wife is fed up with his drinking habit.

pĭã [pǐã̀] *n.* to open slightly, or to hold down the eyelid • *pɪ̌ã̀ ìì síí à dɔ́ktà ná.* Pull the skin away from your eye for the doctor to see. *kàlá pɪ̌ã́ ʊ̀ʊ̀ nʊ̀ã̀ rá, ŋ̀ ná ʊ̀ʊ̀ ɲíŋá.* Kala slightly opened the mouth and I saw his teeth.

pĭãnɪ [pɪ̌ã́nɪ́] *v.* to open or make wide a little more within certain limits • *bà pɪ̌ã́nì dùsèè tíwīī rē.* They widen the Ducie road. *pɪ̌ã́nɪ́ ìì lɔ́gànʊ̀ã̀ ŋ̀ ná.* Open your bag a little more for me to see. *syn:* **wɛga**

pɪasɪ [pìàsì] *v. cf:* **vʊga** (*var.* **pɪɛsɪ**) **1** to ask • *à hǎǎŋ pɪ́ásɪ́ ʊ̀ʊ̀ báàl dɪ́ lìé ʊ̀ kà káálì.* The woman asked her husband where he was going. **2** to investigate, to soothsay • *ŋ́ ká pìàsɪ́ ná bààŋ ká tìè ŋ̀ dɪ̀ wɪ̀ì.* I shall soothsay to know what makes me sick.

pɪawata [pɪ́áwátà] *n.* water sachet. (ultm. English 'pure water').

pɪɛŋ [pɪ́ɛ́ŋ] *n.* piece of fabric. *pl.* **pɪɛma**.

pɪɛsɪ (*var. of* **pɪasɪ**)

pɪga [pìgà] *cf:* **hala** *v.* to fry with no other ingredients than oil and salt • *wà làà zímbíé hǎŋ pìgà já tīē.* Come and take this fowl meat and fry it for us to eat.

pɪgɪɪ [pɪ́gíí] *n.* frying • *zápɪ́géè álìè ŋ̀ vɔ́g dɪ̀ dɪ́.* My shrine takes two fried fowls. *pl.* **pɪgɛɛ**.

pɪɪ [pɪ́í] *cf:* **kpããŋ** *n.* yam. [Ka]. *pl.* **pɪa**.

¹**pɪ̃ĩ** [pɪ̃̀ĩ̀] *v.* to mark items or livestock • *má pɪ̃́ĩ́ má báŕ kòrà.* You should mark your share differently from each other.

²**pɪ̃ĩ** [pɪ̃̀ĩ̀] *v.* to soak items in water for a length of time • *kpà kìndóŋó dó nīī nɪ̀ á pɪ̃̀ĩ̀, ká ɪ́ dɪ́ tʃāgāsī.* Take the dirty items and soak them, you will be washing them.

pɪɪgɪ [pììgì] *pl.v.* to make lines or marks, to mark a field or cut a face, to draw a line • *kùòrù bìsé jáà pɪ́ígɪ̀ bà bárá rá.* People from the chief's family usually make marks on their body. *pììgì à bìé grɪ́ɪ́ àká dʊ̀ lúlɪ́ɪ́.* Cut the child's cheek then apply medicine.

pɪɪlɪ [pɪ́ɪ́lɪ́] *v.* to tear carefully, to pull apart or into pieces • *pɪ́ɪ́lɪ́ kàdáásè tàmá tɪ́ɛ́ŋ.* Tear a piece of paper for me.

pɪɪtɔɔ [pɪ́ɪ́tɔ́ɔ́] *n.* underpants *syn:* **pata** . (Akan <*pɪ́ótó*). *pl.* **pɪɪtɔɔsa**.

pɪla [pìlà] *v.* to hit down repeatedly, to compact by hitting • *jà fìì pɪ́là sàl* *lá.* We used to compact our roof top by hitting repeatedly on its surface.

pıŋa [pìŋà] *v.* to be satisfied, with food or information, to be full • *ǹ dí kōō kìnkán nà, m̀ píŋáō̃.* I ate a lot of t.z., I am satisfied. *ò̃ wà nōō̃á pìŋà.* He did not hear the information to his satisfaction.

pıŋgaasɪ [píŋgāāsì] *cf:* **gaŋgalarɪ** *n.* pickaxe. (ultm. English).

pıŋɪsɪ [pìŋìsì] *pl.v.* to be satisfied with food, to satisfy one's appetite • *à bōō̃ná píŋísí ànì à sììmáá rā.* The goats are satisfied with the food. *à lúhó bār nárá múìŋ píŋísíjéō̃.* All people at the funeral are satisfied.

pıra [pǐrà] *v.* to injure or wound • *dì ì líí à dáán̆úú tʃèlè, ì kàá pìráō̃.* If you fall from the tree you will be injured.

pıraago [pǐrààgō] *n.* big needle for large size food sacks. *pl.* **pıraagoso.**

pırıntʋa [pìrìntòá] *cf:* **kɔlbaa** *n.* bottle. (Akan <*pèntòá*).

pısa [pìsá] *n.* grass mat. *pl.* **pısa.**

pısɪ [pìsì] *v.* to scatter, disappear, or vanish, to spread or come out, e.g. day, season • *námùŋ pìsì ǹǹ síí ní.* People should disappear from my presence. *pìsì à kpɔ̃̀ŋkpɔ́ŋ tā à bíí ní à hɔ́là.* Spread the cassava on the rock to dry. *tʃöɔ̀sí káá písıō̃.* Morning is breaking.

pıtıɪ [pítíí] *n.* refers to a fowl used as blood sacrifice. [*oldfash*]. *pl.* **pıtıɛ.**

¹**po** [pó] *v.* to divide into parts • *kà pó à lóŋó àní fàlàsá.* Go and divide the calabash into parts.

²**po** [pó] *v.* to take mud out of a pond • *já kááli pó vètíì à góŋ ní.* Let us go and take mud out of the pond.

pogo [pógó] *n.* guinea corn, whitish type.

¹**pol** [pól] *n.* vein. *pl.* **polo.**

²**pol** [pòĺ] *n.* place where water is fetched from for drinking or household work. *pl.* **pollo.**

poleme [pòlèmè] *v.* to do in a hurry, to rush, to hasten • *má pólémè jà kááli diá, dúóŋ kàà búrūū.* Hurry so we can go home, the rain is threatening.

polpiesii [pòlpíésíí] *lit.* water.source-sheep *n.* Black-and-white colobus, type of monkey (*Colobus*). *pl.* **polpiesie.**

pomo [pómó] *v.* to knock bark off • *zààŋ bìsé káá pōmō dààsá bàgábàgá.* Today's children are removing the bark off trees anyhow.

pompo (*var. of* **zınahɔ̃ʋ̃**)

pontii [póntíí] *n.* liniment tree (*Securidaca longepedunculata*). *pl.* **pontie.**

poŋ [póŋ] *n.* cricket, type of insect. *pl.* **pomo.**

poŋpoglii [pómpòyɔ̀líì] *n.* type of tree. *pl.* **poŋpoglie.**

poŋpogo [pòmpógò] *n.* type of tree (*Ficus trichopoda*). *pl.* **poŋpogoso.**

poruso [pòrúsò] *n.* police. (ultm. English). *pl.* **porusoso**.

¹**pɔ** [pɔ́] *v. cf:* **tŏŏ** 1 to insert, to plant, to transplant, to set upright in ground, to pierce • *ǹ pɔ́ dāā rā*. I planted a tree. *hḕmbíí pɔ́ dāā nī, fɔ́tò làgà*. A picture hangs from a nail on a pole. 2 to aim at with a gun • *làà mááfà pɔ̄ ń nà dí ì kàá kɪ̀n jùò mááfà rā*. Take the gun and aim so I see whether you can use a gun. 3 to protect, to keep in case of emergency, to trap or catch for securing • *pɔ́ à diànŏ̌á, bŏ̌ŏ́ŋ ná ǹ dì búúrè ń kpágà*. Keep the door, I want to catch a goat. *bà bŏ̌ŏ́ŋ dígíímáŋá bà kà kpájèè pɔ́ bā tìntìŋ*. They rely on the only goat they have. *à bié márá pɔ̄ à góòl lō, àwíé bà wà kɪŋ dí bè*. The child has protected the goal well so the others could not win.

²**pɔ** [pɔ́] *v.* to make a sacrifice for twins to survive • *bà pɔ́ dʒíènsá rá*. They sacrifice for the twins to survive.

pɔɪ [pɔ́ɪ̄] *n.* planting • *dáápɔ́ɪ̄ wéréó*. Tree planting is good.

pɔla [pɔ̀là] *v.* to be fat • *ǹǹ níhȋ̌ étīīnā pɔ́lá kàálɪŋ*. My senior is fatter than me.

pɔlɪɪ [pɔ́líí] *n.* fat • *à nɪhápɔ́líè fí hámà mùnāā wāāwā*. All those ten fat women came. *ant:* **badaawise** *pl.* **pɔlɪɛ**.

pɔmpɪ [pɔ́mpɪ̀] *n.* hand pump, water pump. (ultm. English <*pump*). *pl.* **pɔmpɪsa**.

pɔmpɪvigii [pɔ́mpɪ̀vìgíí] *lit.* pump-move.up.and.down *n.* borehole. (partly ultm. English <*pump*).

pɔntɔlɪɛ [pɔ́ntɔ́lìɛ̀] *n.* spleen.

pɔntɔrɔtʃĩã [pɔ̀ntɔ̀rɔ̀tʃĩ̌ã] *n.* type of gourd seed. *pl.* **pɔntɔrɔtʃĩãsa**.

pɔntʃa [pɔ́ntʃà] *n.* puncture in tyre. (ultm. English <*puncture*).

pɔŋ [pɔ́ŋ̀] *n.* pound, introduced in BWA currency. (ultm. English <*pound*).

pɔtɪ [pɔ́tí] *v.* to damage a container or a head to its non-functioning, to crush-and-spoil • *tíí jūō bìà, à nìɪŋɔ̀ɔ̀rvíí kàá pɔ̄tī*. Stop throwing stones, the drinking water pot will be damaged. *à lɔ́ɔ́līī zíŋ ù ɲúù pɔ́tī*. The car crushed his head.

prɛga [pɛ̌régà] *n.* iron castanets, finger bell. *pl.* **prɛgasa**.

¹**prɪŋ** [prɪ́ŋ] *n.* type of Mahogany (Khaya senegalensis). *pl.* **prɪma**.

²**prɪŋ** [prɪ́ŋ] *n.* type of fish. *pl.* **prɪma**.

¹**pu** [pú] *v.* 1 to cover, as in covering a drum with a skin • *ḿ pú ɱɱ̀ bìntírà*. I am going to cover my drum. 2 to lie on stomach • *pú ì kɪ̀ntfòàlíí nī*. Lie on your stomach in your bed.

²**pu** [pú] *v.* to drink water straight from stream • *má pú nŏ̌á níí ká já kààlì*. Drink from the stream then we go.

¹**pugo** [pùgò] *v.* to pant, to breathe rapidly in short gasps, as after exertion • *ɲìnĩ̌ɛ́ ì hìɛ̌sī kàá púgò*

kéŋ? Why are you panting like this?

²**pugo** [pùgò] (*var.* **puguli**) *v.* to nurse seeds • *hákúrí wàá pùgò tʃímmáá bìná háŋ*. Hakuri will not nurse pepper seeds this year.

puguli (*var. of* **pugo**)

pul [púl] *n.* type of river grass. *pl.* **pul**.

pulisi [pùlìsì] *v.* to cool down, to dilute by pouring in cold water • *pùlìsì nŕŕ tìè ìì báál sɔ́*. Cool down the hot water for your husband to bath.

pumii [púmīī] *n.* 1 hiding • *à nàŋkpàŋhíɛ̃́ púmīī ɲúúnì géèmtɔ́mà wà kín kpágɔ̌ɔ̌*. Because of the hiding of the experienced hunter, the rangers could not catch him. 2 incubation • *zál pūmìì há wà télé*. The incubation period has not started yet. *pl.* **pumie**.

pumo [púmó] *v. cf:* **sogoli** 1 to hide by squatting or getting down to the ground • *ŋ̀ ná à bɔ̀ɔ̀máníí rá à tùù púmó*. When I saw the leopard I hid. 2 to sit on eggs for incubation • *à záál kàà púmó ʋ̀ʋ̀ hálá ní*. The fowl sits on its eggs to hatch.

pumpunɪɪna [pùmpúnìɩ̀nà] *n.* stomach. *pl.* **pumpunɪɪnasa**.

puoli [pùòlì] *v.* to be thin, to be watery • *à kùbíí púólíó*. The porridge is thin.

puoti [púótí] *v.* 1 to report, to tell others about one's situation, to let others know • *zìèŋ káálí à lágámíí bár rá à wà púótí tìè à tɔ́ʋ̌ nārā mūŋ*. Zieng went to the meeting and came to report to the people of the community. 2 to confess witchcraft action • *à báál púótīō dí wáá kpʋ́ à bìé*. The man confessed that he killed the child.

pupu [púpù] *n.* motorbike. [old-fash]. *pl.* **pupuso**.

pupuree [púpùréé] *n.* cowpea aphid (*Aphis craccivora*). *pl.* **púpùresó**.

pur [púr:] *cf:* **hŏŋ** *n.* farmers' and hunters' bag, originally made out of skin, may refer to any bag *syn:* ¹**lɔga**¹. *pl.* **puro**.

puro [pùrò] *v.* to untie • *ʋ̀ púró à bɔ̌ɔ̌n ná*. She untied the goat. *ant:* **vɔwa**¹; **lomo**¹

purusi [púrŭsí] *v.* to mash, to pound lightly • *púrúsí kpááŋ dʋ̀ váà ʋ̌ʋ̌ dí*. Mash some yams for the dog to eat.

pusi [pùsì] *v.* 1 to meet, to reach or to join someone • *dì válà àkà púsúú*. Walk and get to her. 2 to tell someone to keep an item or money given or returned politely by the giver, and owned and refused by the recipient • *kàlá, pùsì à mòlìbìé tíŋ ŋ̀ kà tʃímíí kēŋ*. Kala, keep the money I lent you.

puuri [púúrí] *v.* to reduce in quantity or in height • *à kʋ́víínʋ̀ɑ̌ múŋ nō púúrìjē*. The rim of the t.z. pot has been reduced by being chipped over and over.

pʊ [pʊ́] *v.* to spit • *pʊ́ tà.* Spit it out. *ì wàá kìn pʊ́ mùŋtʊ̀ɔ̀sá ǹǹ dìà nī.* You cannot spit in my room.

pʊ̃ã [pʊ̀ã̀] *v.* to be rotten • *bóntí à nàmɪ̃ã́, àwíé léì ʊ̀ kàá pʊ̃ã̀.* Share the meat, if not it will rot.

pʊal [pʊ́àl] *n.* liver. *pl.* **pʊalsa**.

pʊ̃ĩpʊ̃ĩ [pʊ̃́ĩpʊ̃́ĩ] *ideo.* stinky, of a bad smell • *ʊ̀ sʊ́ɔ́rì kìnkán nā pʊ̃́ĩpʊ̃́ĩ.* It smells too bad.

pʊla [pʊ́lá] *cf:* **tʊla** *v.* to be white • *ǹǹ nàá̀tɔ́wá wà bī pʊ̄là.* My shoes are not white anymore. [Mo, Ka, Gu].

pʊlapʊla [pʊ́lápʊ́lá] *ideo.* pointed, sharp • *hèmbíí nʊ̃ã́ dʊ́ pʊ́lápʊ́lá káálì kísìé nʊ̃ã́.* The tip of a nail is more pointed than the tip of a knife.

pʊlpʊl [pʊ̀lpʊ̀l] *ideo.* high water pressure or flow caused by rain • *dúóŋ wāāwā, à kùògɔ́ŋ dì pálà pʊ̀lpʊ̀lpʊ̀l.* The rain came so the river at the farm overflowed.

pʊlzimbal [pʊ̀lzímbál] *n.* Ross's Turaco, type of bird (*Musophaga rossae*). *pl.* **pʊlzimbala**.

pʊmma [pʊ̀mmá] *cf:* **fʊ̃ã** *cf:* **tʊla** *cf:* **peupeu** *n.* white • *à bʊ̃ʊ̃́ná múŋ nā jáá ápʊ̀lʊ̀nsá.* All the goats are white. *bʊ́léŋíí jáá tʃàkàlpʊ̀lʊ̀nsá rá.* People from Bulenga are white Chakali. *pʊ̀mmà péùpéù.* Very or pure white. *jà kpágá gàpʊ̀mmá rá, ʊ̀ jáà tʊ́làʊ̄ níŋ péópéó.* We have a white cloth, it is white, very white. *pl.* **pʊlʊnsa**.

pʊna (*var. of* **dandapʊsa**)

pʊntɪ [pʊ́ntí] *v.* to be squashed by stepping on or running over • *à lɔ́ɔ́lì násí záāl pʊ́ntí tìwīī nī.* The car drove over a fowl, it was squashed on the road.

pʊŋ [pʊ́ŋ] *n.* **1** hair. **2** feather. *pl.* **pʊna**.

pʊɔda [pʊ́ɔ́dà] *n.* cosmetic powder. (ultm. English <*powder*).

pʊɔga [pʊ̀ɔ̀gá] *n.* hernia.

pʊɔgɪ [pʊ̀ɔ̀gì] *v.* to not be self-sufficient, still immature or juvenile, and in need of care-giving • *à bíé háŋ há pʊ̄ɔ̄gījē̄ʊ̄.* This child is still in need of support.

pʊrʊsɪ [pʊ́rʊ̃́sí] *v.* to make a derogatory sound with the lips • *wʊ̀sá nʊ̃ã́ wàá kìn pʊ́rʊ̃́sí.* Wusa is unable to make those derogatory sounds with the lips.

¹**pʊtɪ** [pʊ̀tì] *n.* to make a mistake, to deviate from a normal procedure • *ŋ̀ ŋménà sígì rē kà pʊ̀tì àmʊ̃ã́ lááŋ.* When I sang Sigu I deviated and Amoa took over.

²**pʊtɪ** [pʊ́tí] *v.* to spread a message about the death of someone • *tìmpántíé tʃàkáléé kpá à dì pʊ́tí lúhò.* The Chakali use talking drums to spread the news of a death.

r

ra [ra] (*var.* **re, ro, ³na, ne, no, la, lo, le, ¹wo**) *foc.* focus particle • *wòjò kpágá gèrègá rá.* Wojo has a sickness.

re (*var. of* **ra**)

ro (*var. of* **ra**)

rɔbagalan [rɔ́bàgàlàn] *n.* large plastic bottle, reused oil container typically used for fuel. (ultm. English <*rubber gallon*).

rɔbakatasa [rɔ́bàkàtásà] *lit.* rubber-bowl *cf:* **tasa** *n.* plastic bowl. (partly ultm. English <*rubber*).

rɔbarɔba [rɔ̀bàrɔ̀bà] *n.* light, plastic covered motorbike. (Waali <*rɔbarɔba*).

s

saa [sàà] *v.* to prepare or cook, Gh. Eng. stir, porridge, or t.z. • *sàà kɤ́ɤ́ já dí.* Prepare t.z. so we can eat.

¹sãã [sã́ã́] *n.* axe. *pl.* **sãã́na**.

²sãã [sã́ã́] *v. cf:* **mɪlɪmɪ** 1 to carve, to sharpen • *à sã́ã́rá sã́ã́ tùtó ró.* The carver carved a mortar. 2 to drive a car or a motorbike, to row a boat • *ǹ wà zɪ́má lɔ́ɔ́lì sã̀ã̀ī́.* I do not know how to drive a car. 3 to build • *bà tʃí kàà sã̀ã̀ dìà rā.* Tomorrow they will build a house.

saabii [sáábìì] *n.* shaggy rat (*Dasymys (incomtus or rufulus)*). *pl.* **saabie**.

sããdiilii [sã̀ã̀díílìî] *n.* type of sharp hoe for carving. *pl.* **sããdiilee**.

sããgbulie [sã̀ã̀gbùlìě] *n.* type of hoe which functions as an axe to dig tree stumps or termites. *pl.* **sããgbuluso**.

saakɪr [sáákɪ̀r] [sáákɪ̀rɪ̄] *n.* bicycle. (ultm. English). *pl.* **saakɪrsa**.

saal [sààĺ] *n.* 1 building, may refer as well to a community as a whole, involving everyone • *dùsìè sāāĺ mùŋ nāā bà kàá pɔ̀mpì zóŋgòrò-só lúlíí.* They will spray chemicals against mosquitoes in the whole of Ducie. *mɔ̀tìgù sāāĺ mùŋ wà kááĺí nòdígímáŋá tómá.* Not all the Motigu people attended the communal work. *tsítʃà dìà sááĺ tìn wà kpégé.* The teacher's building is not strong. 2. *pl.* **saal**.

sããnɪ [sã́ã́ní] *v.* to play, to joke among *nasããŋ*, playmate • *jà kàá kìn sã́ã́ní dɔ́ŋā rà.* We can joke with each other. *dàbáábá wàá kìn sã́ã́ní tʃàkáléɛ́.* The Dagaaba people are not playmates to the Chakali people.

saarɪ [sáárí] *v.* to slip, to be slippery • *dúóŋ wāāwāō tìwíí dì sáárí.* The rain came, the road is slippery.

saasɪ [sáásí] *v.* to grind in order to obtain paste, e.g. groundnut and shea • *à bɪ́ɪ́ hã̀ŋ wàá kɩ̀n sáásɪ́ nȭȭ̰.* This stone cannot grind to make paste.

sããtʃɔŋ [sã̀ãtʃɔ́ŋ] *n.* adze, type of very sharp hoe used for carving the inside of a mortar or a drum.

sabaan [sàbáán] *n.* flat house roof top. *pl.* **sabaama**.

safibii [sáfɩ̀bīī] *cf:* **gborobii** *n.* key. (Akan <*safẽ, safõwá*).

safokala [sáfókàlà] *nprop.* shrine of Bulenga village.

saga [sàyà] *v. cf:* **tʃʊa; suguli; tɔɲa** 1 to sit on, to be on, to lie on top of • *à bɪ́ɪ́ ságá à kór ɲúú nī.* The stone is on the bench. 2 to fall on, e.g. responsibility, blame • *à sɔ̀mbóŋ kàá sāgā ìɪ̀ nī.* The blame will fall on you.

sal [sàĺ] *n.* flat roof. *pl.* **salla**.

saleŋgoŋo [sàléŋgòŋò] *n.* type of praying mantis (*Mantidae*). *pl.* **saleŋgoŋoso**.

salıŋ [sálɪ́ŋ] *n.* gold. *pl.* **salıma**.

¹**sama** [sàmà] *v.* to wash body parts • *sàmà ìɪ̀ síé ànɪ́ ìɪ̀ bárá múŋ̀.* Wash your face and your body.

²**sama** [sàmà] *v.* to commit adultery • *ìɪ̀ sámã́ȭ̰.* You committed adultery. *dì lúhó wā kpʊ̀, bà jáá sámà kɩ̀ŋkáŋ̀.* Whenever there is a funeral, they commit adultery.

sambalkuso [sámbálkùsò] *n.* type of grass (*Rottboellia cochinchinensis*). *pl.* **sambalkuso**.

sambalɲaɲa [sámbálɲàɲá] *n.* type of grass (*Rottboellia exaltata*). *pl.* **sambalɲaɲa**.

samkpaɲtuluŋu [sáŋkpáɲtúlùŋù] *n.* type of hamerkop, type of bird (*Scopus umbretta*). *pl.* **saŋkpaɲtuluŋuso**.

sampɛntɪɛ [sámpɛ́ntɪ́ɛ́] *cf:* **jolo** *n.* farming and gardening with raised beds. [*Gu*].

sampɪl [sámpɪ́l] *n.* wooden tool used to beat a surface in order to compact it. *pl.* **sampɪla**.

sanduso (*var. of* **dɪgɪɪtuo**)

sankara [sáŋkárá] *n.* night *synt:* **tebin; baratʃɔgʊ**. (Vagla, Tampulma <*saŋkara* 'dead of night').

sanlarɛ [sànláɾɛ̀] *n.* child of a previous relation adopted by the new husband. *pl.* **sanlarɛsa**.

sansanbie [sànsànbié] *n.* a child whose father cannot be identified due to the mother having several partners. *pl.* **sansanbise**.

sansandugulii [sànsàndùgùlíì] *n.* type of caterpillar. *pl.* **sansandugulee**.

sansanduguliibummo [sànsàndùgúlííbúmmò] *n.* type of caterpillar.

sansanduguliihɔhɔla [sànsàndùgúlíhɔ̄hɔ̄là] *n.* type of caterpillar.

sansanduguliinɪɛr [sànsàndùgúlíínɪ́ɛ̀ɾ:] *n.* type of caterpillar.

sansanna [sànsánná] *n.* prostitution • *sànsánná wáá tūò dùsèè nī.* There is no prostitution in Ducie. (Waali <*sènsénná*). *pl.* **sansannasa**.

sanzıŋ [sànzíŋ̀] *n.* ladder. *pl.* **sanzısa**.

saŋ [sáŋ] *n.* crested porcupine (*Hystrix cristata*). *pl.* **sama**.

¹**saŋa** [sáŋá] *v.* **1** to sit • *à báál sáŋà à kór ní.* The man sat on the chair. **2** to settle • *bà sáŋà mɔ̀tìgù háglíí nī.* They settled and lived in Motigu.

²**saŋa** [sáŋà] *n.* time, period, moment, occasion • *sáŋá tìn nī, dùùsìè níí wɛ́ɛ́ fīī bɔmǎõ̀.* In those days, water used to be hard to get by in Ducie. *jáwà sáŋá tīŋ̀, jà fìì ɔ́mà níhīɛ̃̀sā wà.* During our time, we feared the elders. (ultm. Arabic, via Hausa <*saa'a*).

saŋa lie (*var. of* **saŋa weŋ**)

saŋa weŋ [séŋwèŋ́] (*var.* **saŋa lie**) *interrog.* when • *séŋwèŋ́ ì kà wàà?* When did you come?

saŋası [sáŋǎsí] *lit.* to sit many times *v.* in the process of taking a wife, to let the woman stay at the man's house for a week • *bàà sáŋásí à háaŋfɔ́líí rá.* They are preparing the new wife.

saŋgbaŋdugulee [sáŋgbáŋdúgúlèè] *n.* type of hamerkop, type of bird (*Scopus umbretta*). *pl.* **saŋgbaŋdugulese**.

saŋgbena [sáŋgbéná] *n.* craw-craw.

saŋgbɛrɛma [sàŋgbèrèmà] *n.* yaws. (Waali <*sangurima*).

saŋgboŋ [sàŋgbòŋ́] *n.* Purple Heron, type of bird (*Ardea purpurea*). *pl.* **saŋgbonno**.

sãŋkumsɔna [sáŋ̀kùmsɔ́ná] *cf:* **tolipaatʃag** *n.* fresh leaves of young baobab which does not bear fruit. *pl.* **sãŋkumsɔna**.

saŋkpaŋtuluŋ [sàŋkpàŋtúlúŋ] *n.* type of tree. *pl.* **saŋkpaŋtulumo**.

saŋkpaŋzıgıl [sáŋkpáŋzíɣíl:] *n.* beauty spot or mole. *pl.* **saŋkpaŋzıgıla**.

saŋɲammıı [sáŋɲámmīī] *n.* cut of meat located at the back of a porcupine.

saŋpʊŋ [sáŋpʊ́ŋ] *n.* porcupine quills. *pl.* **saŋpʊna**.

sapete [sàpétè] *n.* ceiling of a traditional house. *pl.* **sapetese**.

sapuhĩẽ [sàpúhĩ́ẽ] *n.* pouched rat, giant rat (*Cricetomys gambianus*). *pl.* **sapunso**.

sar [sár] *cf:* **kantʃaŋgulumo** *n.* gourd seed, not peeled. *pl.* **sara**.

sarabii [sárábíí] *n.* gourd seed, kernel. *pl.* **sarabie**.

sãsaar [sã̀sáár] *n.* **1** carver. **2** vehicle driver. *pl.* **sãsaara**.

sasıbıı [sásìbìì] *n.* type of grinding stone used in the making of shea butter. *pl.* **sasıbıa**.

saʊ [sàʊ́] *n.* flour or powder.

sel [sél:] *n.* animal. *pl.* **sele**.

selekpʊıı [sélékpʊ́ìì] *cf:* **sıŋwaasıı** (*var.* **luhokʊɔrıı**) *n.* funeral event

selemente [sèlèméntè] *n.* cement. (ultm. English).

selzeŋ [sèzèŋ] *lit.* animal-big *n.* elephant *synt:* bɔla; neŋtɩɩna. *pl.* **sezenẽẽ**.

seɲambi [séɲāmbì] *cf:* taʊgara *n.* chickenpox. (Gonja).

seŋsegelie [séŋségélìè] *n.* play activities for children including chasing, wrestling, singing, among others.

seweree [sèwèrèé] *n.* pure or unused • *à nàmɩ́ɑ́ wá jāā nàŋsèwèrèé, bà wà kórìgìjē.* The meat cannot be consumed, it has not been slaughtered properly. *wàà jáwà kínlàréé mùŋ wà jāā kínsèwèrìsé.* The clothing at the Wa market are all second-hand. *pl.* **sewerese**.

¹**sɛl** [sél] *n.* wood shaving. *pl.* **sɛla**.

²**sɛl** [sél] *n.* herbal medicine for treating suspected leprosy. *pl.* **sɛla**.

sɛllɪ [sèllì] *v.* to reduce by sharpening, or cut with a razor • *sèllì nébípētīē tìèŋ.* Cut my fingernails.

sɛɲɛbii [séŋébīī] *n.* second layer of roofing structure. *pl.* **sɛɲɛbie**.

sɛrɛka [sèrɛ́kà] *n.* voluntary alms, gift. (ultm. Arabic <*sadaka*).

sɛtɪa [sètíà] *n.* steering wheel of a car or handle bar of a bicycle or motorbike. (ultm. English <*steer*).

sɛʊ [sèʊ́ʷ] *n.* death.

¹**sɛwa** [séwá] *v.* to write • *nìkáná wàá kìn séwá.* Many people cannot write. (ultm. Arabic <*ṣafḥa* 'paper').

²**sɛwa** [séwà] *n.* talisman in the form of a waistband. *pl.* **sɛwasa**.

³**sɛwa** [sèwà] *v.* to hunt by searching in the bush • *já ká sèwà bùùrè ààrɩ́è.* Let us go and hunt grasscutters.

sibihalɪɪ [sìbíhálíì] (*var.* **siwihalɪɪ**) *n.* fried bambara bean. *pl.* **sibihalɪɛ**.

sibii [sìbíì] (*var.* **siwii**) *n.* bambara bean (*Vigna subterranea*). *pl.* **sibie**.

sidi [sídí] *lit.* eye-eat *n.* disrespect • *tí ŋmá sídí wíɛ dì tíé níhɩ̃ɛ̀sâ.* Do not talk with disrespect to elders.

sie [síé] *n.* face. *pl.* **siese**.

sie viigi [síé vììgì] *cpx.v. lit.* eye turn **1** to faint • *hàglíkíŋ dómá m̀m̀ mɑ̀ɑ́bìé, ò̀ siévììgì.* A snake bit my brother, he fainted. **2** to get lost • *tómá káálí kùó, ò̀ sié kà vììgì.* Toma went to the farm and got lost.

sielii [sìèlíì] *n.* perforated pot used for washing dawadawa seeds. *pl.* **sielie**.

sierebile (*var. of* **sieribile**)

sieribile [sìérìbílé] *cf:* kpããŋnɪɪ (*var.* **sierebile**) *n.* water-yam. (Waali).

sierie [síérié] *n.* witness. (ultm. Arabic <*šahida*).

sigaari [sìgáárì] *n.* cigarette. (ultm. English). *pl.* **sigaarise**.

¹**sige** [sìgè] *v.* to mark • *sìgè à dáá ń ŋmēnà.* Mark the wood for me to cut it.

²**sige** [sígè] *n.* unsure • *ǹ jáá sígè rē à bìsé wááí wíɛ́.* I am not sure about the children's coming.

sigi (*var. of* **sigu**)

sigii [sígìì] *n.* suffering, misery • *ǹǹ sígìì gáálíó.* My suffering is abundant. *ìì bàjòɔ̀rá tíɛ́ ǹ dì dí sígīī háŋ.* Because of your laziness, I am suffering.

sigisi [sìgìsì] *v.* to catch breath, as in crying • *à hááŋ wīī pētùù à káá sígísì.* The woman finished crying and was catching her breath.

sigitaa (*var. of* **sigu**)

sigu [sígù] *cf:* **sɪgmaa** (*var.* **sigitaa, sigi**) *nprop.* alternate language used in connection with funeral dirge and ancestors praise.

¹**sii** [síí] *n.* 1 eye. 2 sprout • *ɲàmmísīī.* Maize sprout or stem. 3 greedy • *ʊ̀ kpágá síí kìnkán nā.* He is very greedy. *pl.* **sie**.

²**sii** [sìì] *v.* 1 to raise • *sìì tʃíŋá.* Get up and stand. 2 to relocate by changing settlement or farmland • *bà fírán nā ǹ sìì kùò fɔ́líí.* They forced me to move, so I went to create a new farm. 3 to grow • *ḿ mídűlīē tìŋ sííwóú.* The guinea corn I sowed has grown.

³**sii** [síí] *n.* dance performed by men, especially by Tampulma, hardly seen today.

⁴**sii** [síí] *n.* appearance, type, or sort • *síí báāŋ ká jāāʊ̄?* What type is it? *gàrwéŋ sīī ì kàà búúrè à gátá múǹ nī?* Which type of cloth do you like among all the cloths? *pl.* **sie**.

sii baraga [síí bárágà] *n.* inability to sleep • *síí bárágā kpāgān nà.* I cannot sleep.

sii bire [síí bírè] *lit.* eye black *v.* to be dizzy • *ǹǹ síé kàà bírè dì ǹ nǒ̀ǎ nǒ̀ǎsá.* I will be dizzy if I smoke.

siibii [sííbíí] *n.* eyeball. *pl.* **siibie**.

siidaŋŋa [síídáŋŋà] *cf:* **daŋŋi sie** *n.* entertainment.

siidi [síídì] *n.* cedi, current Ghanaian currency, divided into 100 pesewas. (Akan <*sedi* 'cowrie shell').

siikoŋo [sììkóŋò] *n.* eyebrow. *pl.* **siikoŋso**.

siilalla [sììlállà] *n.* knowledgeable person *ant:* **gɛnɪɪ** . *pl.* **siilallasa**.

siinaara [síínáárà] *n.* soothsayer *syn:* **vʊvʊta** .

siinɪɪ [síínɪ́ɪ́] *n.* tear. *pl.* **siinɪɪta**.

siinʊmatɪɪna [síínʊ́mátɪ́ɪ́ná] *lit.* eye-hot-owner *n.* fearless and careless person, also a polite way to refer to a mad person. *pl.* **siinʊmatʊma**.

siipʊŋ [sììpʊ́ŋ] *n.* eyelash. *pl.* **siipʊna**.

siipʊŋwile [síípʊ́ŋwìlé] *n.* entropion, a condition in which the eyelid rotates inward, causing abrasions on the cornea of the eye.

siitɪɪna [síítííná] *cf:* **nekpeg** *n.* miserliness, stinginess • *ì jáá sīītīīnā rā ká m̀ bíérì wà dʋ́ kéǹ.* You are stingy, unlike my brother. *ant:* **nɪbuwerii**

siitɔŋ [síítɔ́ŋ] *n.* eyelid. *pl.* ***siitɔna.***

sikiri [síkìrī] *n.* sugar. (Akan/Ga, ultm. English <*sikyiri/siklì*).

silɪɛr [sílɪ́ér] *n.* furtive glance, manner of covertly looking at somebody from the corner of the eye • *ǹ kà tʃíŋà ǹ diànɵ̃ã́ ní, bánɪ́ɪ́ kpá sílíɛ́r rá dì ɲínéŋ nē.* I was standing at my door and some people looked at me covertly from the corner of their eye. *pl.* ***silɪɛra.***

silogto [sílógtò] *n.* eye discharge. *pl.* ***silogto.***

simisi [símísí] *v.* to take pity on • *ǹ símísí ì nī bìrgì àká ì wà zímá.* I pitied you for a long time but you did not know.

simɔŋ [símɔ́ŋ] *lit.* eye-vagina *n.* caruncle, inner corner of the eye (*lacrinal caruncie*). *pl.* ***simɔna.***

sinahã̄ [sínáhã̂] *n.* extra-natural visual power.

sinsige [sínsīgè] *n.* throat spasm • *sínsīgè kà jáá à bìé.* The child has throat spasms.

siɲumme (*var. of* **gbɛntagasɪ**)

siŋgeta [sìŋgétà] *n.* type of yam. *pl.* ***siŋgetasa.***

siŋsigirii [síŋsígírí í] *n.* type of hyena. *pl.* ***siŋsigiree.***

siri [sírì] *n.* ready, looking forward to, anxious • *ǹ jáá sírì rē dí ǹ káálì dùùsìé.* I'm anxious to go to Ducie. (Hausa <*siri* 'ready').

sisɪama [sísɪ́àmà] *lit.* eye-red *n.* seriousness. *pl.* ***sisɪansa.***

siwihalɪɪ (*var. of* **sibihalɪɪ**)

siwii (*var. of* **sibii**)

siwɪɪla [síwɪ́ílá] *n.* conjunctivitis.

sɪa [sìá] (*var.* ¹**sɪɛ**) *n.* teasing, mocking, imitating in a way to make fun of someone • *à báál kàà jáá ùù bìsé sìà rā.* The man makes fun of his children. *ìì sìá tɪ́ɛ́ báán kpàgàŋ.* Your teasing makes me angry. *ǹǹ tʃɛ̀ná jáá jáá nárá sìè rā.* My friend has been mocking people.

sɪã [sɪ̀ã̀] (*var.* **sɪ̃ɛ**) *v.* to respond to a call, to pay attention to • *ʊ̀ sɪ̃ã́wɵ̃ɵ́.* She responded. *ǹ sɪ̃ã́ ʊ̀ʊ̀ jírí í tín nà.* I responded to his call.

sɪama [sìàmá] *n. cf:* **bɪɪ**; **sɪarɪ** *cf:* **tʃũ̄ĩtʃũ̄ĩ 1** red • *kíŋ kà sɪ́árī múímúí, wáá wɪ́ɪ́ jáá kìnsìàmá.* When something is very red, this thing is (called) red. **2** ripe (be) • *máŋgòsìànsá sú jāwá.* There are many ripe mangoes at the market. *ánsìàmá wá bì tùò sáɲà háǹ.* There is no more ripe ebony fruit at this time. *pl.* ***sɪansa.***

sɪanɪ [sɪ́ání] *cf:* **mʊra** *v.* to tell a proverb or story • *tébín hàn nī ǹ kàà sɪ́ání sìànsá wà.* Tonight I will tell proverbs.

sɪanɪ̃ã [sìànɪ̃ã́] *n.* proverb. *pl.* ***sìànsá.***

sɪarɪ [sìàrì] *v. cf:* **bɪɪ**; **sɪama 1** to be red, reddish • *à táálá sɪ́árìʊ̄ʊ̄.* The clouds have turned reddish. 2 to be ripe, e.g. paw-paw, pepper, mango, tomato, and sɪŋkpɪlɪɪ • tìè à tʃélíé síárí. Let the tomatoes be ripe.

¹sɪɛ (var. of sɪa)

²sɪɛ [sìè] (var. nansɪɛlɪɪ) v. for fresh meat, to have a substandard quality, with no blood content, a lightweight and watery • sèlgárígíí nàmǐ̃ã káá sìè. The meat of sick animal has a substandard quality. à nàʋ̀námǐ̃ã síɛ́wáʋ̃́. The cow meat has a substandard quality.

sĩ̀ɛ̃ (var. of sɪ̃ã)

sɪɛbɪɪ [sìèbíì] cf: ɛmbɛlɪ n. butchered wing of a bird or a fowl. pl. sɪɛbɪɛ.

sɪfra [sīfrá] n. second month. (Waali <sīfrâ).

sɪg [síg] n. cowpea. pl. sɪga.

sɪgɛra [sìgərà] n. type of climber (Rhigiocarya racemifera). pl. sɪgɛrasa.

sɪggoŋgo [sìgə̀góŋgó] n. cooked bean with membrane, plucked early before harvest.

sɪgmaa [sígmàá] cf: sigu n. funeral tradition deploying masquerade. pl. sɪgmaasa.

sɪgmaazimbie [sígmààzímbíè] n. type of bird. pl. sɪgmaazimbise.

sɪgmawiilii [sígmàwììlíí] n. bullroarer syn: dendilhĩ̃ɛ̃sɪ; tebinsɪgmaa .

sɪgpaatʃag [sìgə̀pàatʃák] n. fresh bean leaf syn: sʋɔsa . pl. sɪgapaatʃaga.

sɪgpʋmma [sìgə̀pʋ̀mmá] n. white bean.

sɪgsɪama [sìgə̀sìàmá] n. red bean.

sɪgbummo [sìgə̀búmmò] n. black bean.

sɪɪlɪ [síílí] v. to strip off fibrous bark • síílí bɔ̀k wà tīēŋ ɲ́ vɔ́wà kpáámá. Strip off some fiber for me to tie yams together.

sɪɪmaa [sììmáà] cf: kɪndiilii n. food. (Waali). pl. síímsà.

sɪɪmaadɪa [sììmáádìà] n. food storage room.

sɪla [sìlà] v. to lay one's head on something • sìlà kàpùtì nī. Lay your head on the pillow.

sɪma [sìmá] n. bamboo. pl. sɪmasa.

sɪmbɔtɪɪ [sím⁺bɔ́tíí] n. third day of second funeral where the ground malt is boiled.

sɪna [sìnà] v. to soak • kpá à mǐ̃ã sìnà. Take the guinea corn and soak it.

¹sɪnlɔg [sínlɔ̀g̀] n. location where men repair the ritual artefacts and dress for performing sɪgmaa • bíná mùŋ bà já kààlì sínlɔ̄g rà. Every year they go to the place where they make and repair the costumes.

²sɪnlɔg [sínlɔ̀g̀] (Mo. var. sʋnlɔg) n. vomit and bile • ʋ̀ʋ̀ tíásé sʋ́nlɔ́g rā. She is vomiting a yellowish substance.

sɪnɲʋ̃ãĩ [sín⁺ɲʋ̃́ã́ĩ́] n. fifth day of a second funeral.

sɪntɔg (var. of tɔg)

sıntʊgʊ (*var. of* **tʊgɪ**)

sıŋ [sìŋ́] *n.* alcoholic drink, Gh. Eng. pito. *pl.* **sıŋna**.

sıŋbiilii [sìmbùlíì] *n.* fermented pito.

sıŋbɔtıı [síŋbɔ̄tīī] *n.* first boiling of the malt in pito preparation.

sıŋbʊl [sìmbʊ́l] *cf:* **sıŋsıama**; **sıŋhŭor**; **sıŋtʃaara** *n.* remaining of *sıŋtʃaara*, after a night in its container, much sweeter than other *pitos*.

sıŋgiliŋgi [sìŋgílìŋgí] *n.* crazy chick disease, also used to describe dizziness among human (*Encephalomalacia*).

sıŋgbɛglıŋ [síŋgbɛ̀ɣəlíŋ̀] *n.* chameleon (*Chamaeleonidae fam.*). *pl.* **sıŋgbɛglıŋsa**.

sıŋgbɛglıŋnebie [síŋgbɛ̀ɣəlíŋnébíé] *lit.* chameleon-fingers *n.* type of grass whose tip resembles the chameleon's front legs. *pl.* **sıŋgbɛglıŋnebie**.

sıŋhŭor [sìŋhŭŏř] *cf:* **sıŋbʊl**; **sıŋsıama**; **sıŋtʃaara** *n.* pito served before fermentation.

sıŋkpal [sìŋkpàĺ] *n.* not wearing beads on the waist • *ʊ̀ kpágá sìŋkpàl lā.* She does not wear beads on her waist.

sıŋkpılı [síŋkpìlíì] *n.* type of tree (*Copaifera salikounda*). *pl.* **sıŋkpılıɛ**.

sıŋɲʊhã [sìŋɲʊ̆ hã́] *n.* drinking habit, alcoholism.

sıŋpʊmma [sìmpʊ̆mmá] *cf:* **kpʊr** *n.* palm wine.

sıŋsagal [sínsáɣál] *n.* 1 descending position among siblings • *ʊ̀ʊ̀ sínságál bútòrò jááŋ̀.* After him, I am the third. 2 remaining • *ŋ̀ kpǎǎndùgó tʃɛ́ túsù ànī́ sīnságāl kàlá pé nī.* I have a thousand and something yam seedlings left with Kala.

sıŋsıama [sínsìàmá] *cf:* **sıŋbʊl**; **sıŋhŭor**; **sıŋtʃaara** *n.* pito, local fermented drink brewed from guinea corn.

sıŋtɔg [sìntɔ́k] *n.* pito pot • *à bɔ̆ɔ́ŋ tʃíágì ǹǹ sìntɔ́gsá múŋ̀ nō.* The goat broke all my drinking pots. *pl.* **sıŋtɔgsa**.

sıŋtʃaara [sìntʃáárá] *cf:* **sıŋbʊl**; **sıŋsıama**; **sıŋhŭor** *n.* pito sieved after boiling the malt.

sıŋtʃaʊ [síntʃáʊ̌] *n.* type of tree (*Lannea acida*). *pl.* **sıŋtʃawa**.

sıŋvii [sìnvìí] *n.* drinking pot made out of clay *syn:* ²**tɔg** . *pl.* **sıŋviine**.

¹**sıŋwaasıı** [síŋwāāsìì] *n.* second boiling of the malt in pito preparation.

²**sıŋwaasıı** [síŋ˦wáásíí] *lit.* drink-pour.libation *cf:* **selekpʊıı** *n.* fourth day of a second funeral.

sıra [sìrà] *v.* 1 to assemble, to meet together • *bàmùŋ káálí wàá à kà sìrà.* They all went to Wa and met there. 2 to call for a confidential meeting • *bà sírá à bìpɔ̀líí rā, ʊ̀ʊ̀ hã̀ã̌būūrà wìɛ́.* They called the young man for a confidential meeting because of his habit of chasing women.

sɪsɪ [sìsì] *v.* **1** to sharpen a blade • *má ká sìsì ǹǹ kísìé wà tìè.* You should go and sharpen my knife for me. **2** to wash by brushing, with sponges or brush • *nìhǎǎnā má wá kpā ǹǹ kǒvííné sìsì.* Women should come and wash my t.z. pots.

sɪsɪa [sísíɛ̀] *n.* Tamarind, type of tree (*Tamarindus indica*). *pl.* **sɪsɪsa**.

sɪtaanɪ [sìtáání] *n.* evil. (ultm. Arabic, via Hausa <*shaiɗan*).

sɪtɔɔ [sìtɔ́ɔ] *n.* store, shop. (ultm. English <*store*).

sodʒa [sódʒà] *n.* soldier. (ultm. English).

sogoli [sòy̌ǒlì] *v. cf:* **pumo** **1** to hide, to conceal from view, to disappear or hide behind • *nìbáálá múŋ válà à búúríí, sògòli.* All the men are looking for you, hide. **2** to bury • *bà há wà sógólí à lālīī.* They have not yet buried the corpse.

sokie [sòkìé] *n.* type of tree (*Abrus precatorius*). *pl.* **sokiete**.

¹**sol** [sól:] *ideo.* in the clear, to be without blame or debt • *jà ká bììsì à wíé rá, ǹ lífwáó sól.* After our judgement, I was fully acquitted. *jà nòdígímáɲá párìí ní, hàmɔ́ntīīnā máɲá sól wá dī kàntʃìmá.* In our farming group, only the youngest did not owe anything.

²**sol** [sól] *n.* type of fish. *pl.* **solo**.

solibie [sòlíbìé] *cf:* **haglɪbie** *n.* type of ant. [*Gu*].

solisi [sólísí] *v.* to smooth • *à kápéntà sólísì à téébùl ɲúú rò.* The carpenter smoothens the top of the table.

soloŋsoloŋ [sólóŋsólóŋ] *ideo.* smooth • *fònà ò̀ ɲúpóná múŋ tā ká ò̀ dó̋ sólóŋsólóŋ.* Shave all his hair so his head is smooth. *ant:* **kɔgɔsɔg**

sontogo [sòntògó] *n.* base element for supporting and holding still a big clay water container. *pl.* **sontogoso**.

sosolii [sòsólíí] *n.* slippery place found in the bush and on roads during the rainy season.

sɔ [sɔ̀] *v.* to wash one's body • *ì kàá sɔ̀ nìì rǎǎ?* Will you bath?

sɔ duoŋ [sɔ̀ dúòŋ] *lit.* bath rain *cf:* **duoŋsɔɪ** *v.* to receive mystic protection against lightning • *ì sɔ́ dùón nö̈?* Have you taken the lightning initiation?

sɔbummo [sɔ̀búmmò] *n.* Black thorn, type of tree (*Acacia gourmaensis*). *pl.* **sɔbulunso**.

sɔbʊl [sɔ́bʊ̀l] *n.* shovel. (ultm. English).

sɔgɪlɪɪ [sɔ́y̌ĺíí] *n.* **1** person from Sawla. **2** lect of Sawla. *pl.* **sɔgɪlɛɛ**.

sɔgla [sɔ̀glá] *nprop.* Sawla, village situated between Tuosa and Motigu.

sɔgbɪarɪ [sɔ́gbíárì] *n.* person who never attempted to dance. *pl.* **sɔgbɪarɪsa**.

sɔkoro [sɔ̀kòró] *n.* type of tree (*Clausena anisata*). *pl.* **sɔkoroso**.

sɔkɔsɪɪ [sɔ̀kɔ́síí] *n.* defilement, unhygienic nature • *kɔ̀tìá wáá dì sɔ̀kɔ̀sìì sììmáà*. Kotia does not eat unhygienic food. *ǹǹ̀ wàà búúrè sɔ̀kɔ̀sìì hã́ã́ŋ síŋ̀*. I do not want this woman's unhygienic pito. (Waali <*sɔkɔhɪɪ*).

sɔmpɔrɛɛ [sɔ́mpɔ̀réɛ̀] *n.* type of frog. *pl.* **sɔmpɔrɛsa**.

sɔmpɔrlilese [sɔ́mpɔ̀rlìlèsè] *lit.* frog-swallow *n.* Egg-eating snake (*Dasypeltis scabra*). *pl.* **sɔmpɔrlilesise**.

sɔnĩɛ̃ [sɔ̀nĩɛ̃́] *n.* **1** fever, health condition as a result of cold weather. **2** malaria.

sɔnna [sɔ́nná] *n.* lover. *pl.* **sɔnna**.

sɔntʃɔga [sɔ̀ntʃɔ̀gá] *lit.* name-spoil *n.* defamation, the act of tarnishing somebody's image.

sɔntʃɔgatɪɪna [sɔ̀ntʃɔ̀gátííná] *n.* defamer.

¹**sɔŋ** [sɔ́ŋ̀] *n.* (*var.* **sɔsɔŋ**) **1** cool, cold • *nììsɔ́ŋ káá nììnóŋ̀ ì dì búúrè?* Do you want cool or hot water? **2** fresh or wet • *kùórù kùó kpáámá wá bī kpàgà pààtʃàksɔ́ná*. The yams at the chief's farm do not have fresh leaves anymore. *dààsɔ́ná wàá kìŋ mɔ́sí dīŋ*. Wet wood cannot catch fire. *pl.* **sɔna**.

²**sɔŋ** [sɔ́ŋ] *n.* name. *pl.* **sɔna**.

sɔŋbɔŋ [sɔ̀mbɔ́ŋ] *lit.* name-bad *n.* reputation • *gáánà bìsé fì láá sɔ̀ŋbɔ́ŋ nàgírìà nī, bà dɔ́gɔ́ní bá tà*. Ghanaians had a bad reputation in Nigeria, so they were deported.

sɔŋgɪɛgɪɪ [sɔ̀ŋgíégíí] *n.* nickname. *pl.* **sɔŋgɪɛgɪɛ**.

sɔŋtɪɪna [sɔ́ŋtííná] *n.* generous and helpful person whose intention is to be known *ant:* **nekpeg**.

sɔpʊmma [sɔ̀pʊ̀mmá] *n.* White thorn, type of tree (*Acacia dudgeoni*). *pl.* **sɔpʊlʊnsa**.

sɔra [sɔ̀rà] *v.* to leak with a narrow flow • *níí láá zĩ́ã́ sɔ̀rà à tūū dìá*. Some water leaked along the wall inside the house.

sɔrɪɪ [sɔ́ríí] *n.* type of frog.

sɔsɪama [sɔ̀sìàmá] *n.* Red thorn, type of tree (*Acacia hockii*). *pl.* **sɔsɪansa**.

sɔsɔŋ (*var. of* **sɔŋ**)

sɔta [sɔ̀tá] *n.* **1** thorn. **2** type of tree. *pl.* **sɔrasa**.

su [sú] *v.* to be full, to fill • *à fàlá sújòō*. The calabash is full.

su hãã̀ŋ [sú hã́ã́ŋ] *v.* to be inexperienced with men, to be a virgin • *ǹǹ̀ bìnìhã́ã́ŋ wà zímá bààlsá, ù sú hã́ã́ŋ nà*. My daughter doesn't know men, she is still a virgin.

sug [sùǵ] *n.* type of tree (*Grewia lasiodiscus*). *pl.* **suguno**.

suglo [súgló] *nprop.* Suglo, person's name.

suguli [sùgùlì] *v. cf:* **saga**; **tʃʊa**; **tɔŋa** **1** to cook by boiling • *sùgùlì kpã́ã́ŋ já dí*. Boil yam for us to eat. **2** to be on • *ɲìnĩɛ̃́ ì kà súgúláá mààsè kéŋ̀?* Why are you putting them on top of each other like this? *hènáá* *súgúlí téébùl ɲúú bāmbāān nī*. A bowl is on the center of a table.

sukuu [sʉ̀kúù] *n*. school. (ultm. English). *pl*. **sukuuso**.

sulee [súlēē] *n*. shilling (12 pence) of BWA currency, old ten-pesewa coin. (ultm. English, via Hausa).

sulumbie [súlùmbìé] *cf:* **laɪwie**; **nɪɲãʊ̃** *n*. orphan. [*Ka, Gu*].

sumbol [sùmból] *n*. chimney, hole in the roof covered with a large flat stone. *pl*. **sumbolo**.

summe tuu [sùmmè tùù] *cpx.v.* to be predisposed by God, requested to God • *bìé vìɛ̀ lólíí jáá ǹǹ sùmmètúí ré*. Not giving birth to a child is my destiny. *wíwéréé ʊ̀ sùmmè lìì kúòsó ɲúū tùù*. She asked God for goodness.

suŋgoro [súŋgórò] *cf:* **lɛŋ** *n*. long pole with a hooked end designed to reach and catch dead branches and pull them down. *pl*. **suŋgoroso**.

suŋguru [súŋgúrú] *cf:* **tulor**; **binɪhã̄ãŋ** *n*. young girl who can get married and has never given birth. [*Gu*]. (Mande). *pl*. **suŋgurunso**.

suo [sùò] *cf:* **nʊʊsuo** *v*. to curse, to invoke misfortune upon • *dì ì wàà jáá wíwíré ìì mǎǎ kàà sùò nʊ̌ǎ tíɛ́ɛ́*. If you do not do well your mother will curse you.

suoŋ [súóŋ] *cf:* **tʃuoŋ** *n*. Red Shea tree (*Vitellaria paradoxa*). *pl*. **suomo**.

suoŋbɛŋa [súómbɛ́ŋà] *n*. type of tree, similar to the shea tree but without edible fruits. *pl*. **suombɛŋasa**.

suoŋbigarɪga [sūōmbígárígá] *n*. kidney stones.

suoŋbii [sùómbíí] *lit*. shea.nut-seed *n*. kidney. *pl*. **suoŋbie**.

suoŋdaawie [sùòndááwìé] *lit*. shea.nut-stick-small *n*. type of snake *syn:* **ɲagɪmbii**²; **mããbiewaatelepusiŋ**; **dʊhã̄ã**. *pl*. **suoŋdaawise**.

surum [súrúm] *cf:* **tʃerim** *n*. silence, quietness • *à tɔ́ʊ̃́ mūŋ jáá súrúm*. The village is silent. *má jáá sūrūm*. Be quiet. *ant:* **tʃĩ̄ãma**¹ (Hausa <*shirū* 'silence').

susumma [súsúmmá] *n*. beggar. *pl*. **susummasa**.

susummana [súsúmmǎná] *n*. helper. *pl*. **susummanasa**.

sũũ [sʉ̃̀ʉ̃́] *n*. Helmeted Guinea Fowl (*Numida meleagris*). *pl*. **sũũno**.

sũũhal [sʉ̃̀ʉ̃́hál] *n*. guinea fowl egg. *pl*. **sʉ̃̀ʉ̃̀hala**.

suuter [súútʲéȑ] *n*. leader. *pl*. **suutere**.

sʊa [sʊ̀á] *n*. relation of age mate • *kípó wá jāā ǹ̩ sʊ̀á*. Kipo is not my age mate.

¹**sʊ̃ã** [sʊ̃́ã̀] *v*. to weave • *kpágáá sʊ̃́ã́ kàlèŋ tīɛ̄ī*. Kpaga wove a mat for you.

²**sʊ̃ã** [sʊ̃́ã̀] *n*. sense of smell • *hádòmā wáá nʊ̃̄ʊ̃̄ sʊ́ɔ̃̀*. Haduma cannot smell.

sʊagɪ [sʊ̀àgɪ̀] *v.* to pound lightly, in order to remove hard shell from grain or nut • *ǹn tʃúónó hʊ́láʊ̌ ǹ kàá sʊ̀àgɪ̀.* My shea nuts are dry enough to pound them.

sʊamanzɪga [sʊ̀àmànzɪ́gá] *cf:* **aŋbuluŋ** *n.* fresh leaves of black berry, used in preparing a meal bearing the same name usually consumed in the morning.

sʊanɪ (*var. of* **sʊɔnɪ**)

sõãsʊɔr [sʊ̃̀ãsʊ́ɔ́r] *cf:* **garsʊ̃ɔ̃r** *n.* weaver. *pl.* **sõãsʊɔra**.

sʊawalɪɪ [sʊ̀àwálɪ́ɪ́] *n.* person of in same age group. *pl.* **sʊawalɛɛ**.

sõɛ̃ɛ̃ (*var. of* **ʃõɛ̃ɛ̃**)

sʊga [sʊ̀gà] *v.* to court, to seek another person's love or pay special attention to people to win their favour • *ɲáʊ̌ wàá kìn sʊ̀gà hã́áŋ.* Poor people cannot court women. *bà já sʊ̀gà hã́áná rá, à ná hã́dɪ́ɪ́ŋ kpà.* They court women in order to select the right one to marry. *kàlá káá būūrè ŋmã́áŋʊ́ rá, ká ʊ̀ wà zɪ́má hã́ásōgɪ̄ɪ̄.* Kala loves Mangu, but he does not know how to court women. *dùséélèé káá sʊ̀gà dààbàŋtólúgú bá káálì dáámún.* People from Ducie go to court the people of the shrine since they wish to go to the initiation.

sʊgʊlɪ [sʊ́gʊ̌lɪ́] *v.* to forget • *ǹ sʊ́gʊ̌lɪ́ ɱ̀ɱ̀ mòlèbíí tà dìà nī.* I forgot my money in the house.

sʊl [sʊ́l:] *n. cf:* **sʊmmãã** *cf:* **sʊŋkpulii** 1 African locust bean tree, Gh. Eng. dawadawa tree (*Parkia sp.*). 2 porridge made out of the locust bean. *pl.* **sʊlla**.

sʊlbii [sʊ̀lbíí] *n.* dawadawa seed *syn:* **tʃĩĩ** . *pl.* **sʊlbie**.

sʊlɪmɪ [sʊ̀lìmì] *cf:* **sʊmmɪ** *v.* to beg. [Ka, Ti, Tu].

sʊlnɔŋ [sʊ̀lnɔ̀ŋ] *n.* dawadawa fruit. *pl.* **sʊlnɔna**.

sʊlsaʊ [sìsáʊ̀] *n.* 1 dawadawa flour. 2 yellowish.

sʊma [sʊ̀mà] *v.* to have luck • *ʊ̀ káálí ʊ́ ká làà ʊ̀ mòlèbíé ká sʊ́má wá tīŋā ʊ̀ nī, ʊ̀ wà náá.* He went to collect his money but he was unlucky, so he did not get it.

sʊmmãã [sʊ́mmã̀ã̀] *cf:* **tʃĩĩ** *cf:* **sʊl** *n.* food flavoring, made out of fermented dried dawadawa seeds. *pl.* **sʊmmãã sa**.

sʊmmɪ [sʊ̀mmì] *v. cf:* **sʊlɪmɪ** 1 to borrow • *ʊ̀ súmmé ɱ̀ɱ̀ pár rá.* He borrowed my hoe. 2 to help, to assist • *báwáá súmméjá sã̀ã̀ jà dìà.* They helped us to build our house. 3 to beg • *wàà nī nɪkáná káá sūmmè.* In Wa many people beg.

sʊmpʊa [sʊ̀mpʊ̀à] *n.* three pence in BWA currency, old 2½ pesewa coin. (Akan).

sʊnkarɛ [sʊ́ŋkárɛ́] *nprop.* ninth month. (Waali <*sʊ́ŋkárɛ́*).

sʊnlɔg (*Mo. var. of* **sɪnlɔg**)

sʊŋkpulii [sʊ́ŋkpúlíí] *cf:* **sʊl** *n.* flower of the dawadawa tree. *pl.* **sʊŋkpulee**.

sʊɔla [sʊ̀ɔ̀lá] *n.* locally woven cotton cloth. *pl.* **sʊɔlasa**.

sʊɔnɪ [sʊ́ɔ́nɪ́] *v.* (*var.* **sʊanɪ**) **1** to be cold • *à kpáá́ŋ sʊ́ɔ́nɪ̀jʊ̃̀*. The yam is cold. **2** to be quiet, soft, low-toned or hushed • *ŋmá à wɪ́ɛ́ dì sʊ́ɔ́nɪ́*. Speak with softer voice. **3** to be happy • *m̀ɲ̀ bárá sʊ́ɔ́nɪ̀jã̀ʊ̃́*. I am happy. **4** to be slow • *ŋ̀ sʊ́ɔ́nɪ̀jã̀ʊ̃́ à kɪ́ná sɛ́wīī nɪ́*. I am slow in writing the things. *ant:* ²**laga 5** to be wet • *m̀ɲ̀ wɪlɪ̀ŋ tɪ́ɛ́ ǹǹ tàgàtà sʊ́ɔ́nɪ́*. My perspiration makes my shirt wet. *ant:* **hʊlɪɪ**

sʊɔra [sʊ̀ɔ̀rá] *n.* scent or odor • *à ɲɪ́néé sʊ̀ɔ̀rá wá wērē*. The scent of the fish is not good.

sʊɔrɪ [sʊ̀ɔ̀rɪ̀] *v.* **1** to smell • *ɲ̀ɲ̀ sʊ́ɔ́rɪ́ ʊ̀ʊ̀ nʊ̀ã́, ʊ̀ʊ̀ sʊ̀ɔ̀rá wá wīrē*. I smelled his mouth, its smell bad. *à nʊ̀ʊ̀tɪtɪ́ɪ́ kàà sʊ́ɔ́rɪ̀ bùmbál ɲúú rō*. The rubbing pomade smells like the head of a he-goat. **2** to emit an unpleasant odor, to stink • *ìì nàmɪ̀ɛ̃̀ tɪ́ŋ kàà sʊ́ɔ́rɪ̀ kɪ̀ɪ kɪ̀mpʊ̀ã́*. Your meat stinks like something rotten.

sʊɔsa [sʊ̀ɔ̀sá] *n.* white bean leaf *syn:* **sɪgpaatʃag** . *pl.* **sʊɔsa**.

sʊɔsanɪ̃ɪ̃ [sʊ̀ɔ̀sɛ́nɪ́ɪ́] *n.* **1** stock of boiled bean leaves. **2** greenish colour. **3** Emerald snake (*Gastropyxis smaragdina*). [Gu].

sʊtɪ [sʊ̀tɪ̀] *pl.v.* to die • *jà náálmà tɪ̀ŋ kà júó bààbààtù, bàmùŋ sútʃjé kààlì ká tʃéjā*. Our grandfathers who fought Babatu, they all died and left us behind.

sʊʊ [sʊ́ʊ́] (*var.* ¹**sʊ̃ʊ̃**) **1** *n.* front *ant:* ¹**gantal**¹. **2** *n.* precedent • *ŋ̀ sʊ́ʊ́ tɔ́mà jáá bàlìɛ̀ wā*. I have two siblings older than me. **3** *reln.* front • *wáá tʃʊ̀à à fàlá sʊ̄ʊ̄ nɪ̄*. It lies at the front of the calabash. *pl.* **sʊʊsa**.

¹sʊ̃ʊ̃ (*var. of* **sʊʊ**)

²sʊ̃ʊ̃ [sʊ̀̃ʊ̀̃] *v.* to be quiet, to order for quietness, as used when a child is crying or when pacify a quarrel • *tɪ́ɪ́ būōlīī, sʊ̀̃ʊ̀̃ ìì nʊ̀ã́, nárá káá tʃʊ́á dūō rō*. Do not sing and be quiet, people are sleeping.

sʊwa [sʊ̀wà] *v.* **1** to die • *à nàŋkpáá́ŋ ɲʊ̀ã́ à lúlɪ́ɪ́ ré àwɪ́ɛ̀ ʊ̀ wà sʊ̄wā*. The hunter drank the medicine that is why he did not die. **2** to be ragged • *à gàr sʊ́wáʊ́*. The cloth is ragged.

sʊwakandikuro [sʊ́wàkándíkùró] *lit.* die-and-I-become-chief *n.* type of parasitic plant. *pl.* **sʊwakandikuroso**.

¹sʊwɪɪ [sʊ́wɪ́ɪ́] *n.* dying • *ʊ̀ sʊ́wɪ́ɪ́ bān nī, nárá pɪ́ɪ́lɪ́ dì wìi*. As he was dying, people started crying.

²sʊwɪɪ [sʊ́wɪ́ɪ́] *n.* corpse, not yet buried • *já kā hìrè sʊ́wɪ́ɪ́ bʊ̀á*. Let us go and dig the grave for the corpse. *pl.* **sʊwɪɛ**.

ʃʊ̃ɛ̃ɛ̃ [ʃʊ̃́ɛ̃̂ɛ̃̂] (*var.* **sʊ̃ɛ̃ɛ̃**) *interj.* exclamation expressing a disrespectful attitude towards what is being said and the one saying it. (Ghsm <*ʃɪ̃ãã*).

t

¹**ta** [tá] *v.* **1** to let free, let loose, leave, or abandon • *kpá ɲ̀ɲ̀ néŋ tà.* Leave my hand (let me go). *à bɵ́ɵ̃́ŋ tá ùù bìè rē.* The goat abandoned its kids. **2** to initiate for burial specialization • *bàà tá à báálà pél nì.* They initiate the men for them to become burial specialists.

²**ta** [tá] *v.* to share a proverb • *à níhĩ̂ɛ̂ tá sìènĩ̂ɛ̂.* The elderly person shared proverbs.

³**ta** [tá] *v.* to exist • *bààŋ tà?* What is it? *àŋ́ tà?* Who is it?

ta dɔŋa [tá dɔ́ŋà] *v.* to agree in the act of departing or taking leave • *jà tá dɔ́ŋā rā.* We have agreed and left each other. *ɔ̀ ní ɔ̀ hã́ã̀ŋ tá dɔ́ŋā rā.* He and his wife divorced.

taa [tàá] *n.* language. *pl.* **taata**.

taal [táál] *n.* cloud. *pl.* **taala**.

taalɪ [tààlì] *v.* to drench and overflow, to contain too much liquid as what is required • *nɪ́ɪ́ táálí ìi múró ní, jàà nɪ́ɪ́ bórò à káá máásè.* There is too much water in your rice, take some out and it will be fine.

taantuni [tààntúnì] *n.* stem borer caterpillar. (Waali). *pl.* **taantuni**.

tãáŋʋ̃ [táã́ŋʋ̃́] *nprop.* Tangu, person's name.

¹**taarɪ** [tààrì] *v. cf:* **gbʋʋrɪ**; **iiri** **1** to rush at or towards • *ɔ̀ táárìjé kààlì ɔ̀ ká māŋʋ̄ʋ̄ rā bà kpágʋ́ʋ́.* He rushed to beat him but they held him. **2** to spin into a thread • *ɔ̀ kàá tààrì à gùnó ró.* She will spin the cotton.

²**taarɪ** [tààrì] *v.* to creep • *kàwáá bààŋ tààrì kéŋ̀.* A pumpkin just crept like that. *à fàlá táárí tèlè à dāā rā.* The calabash creeps to the tree.

taarʋ [táárʋ́] *n.* at all times, always • *táárʋ́ múnāā, ŋ̀ já dɔ̀à dìà nī bàgábàgá.* At all times I sit in the house doing nothing. *ɔ̀ válá ŋ̀ dìànɵ́ã́ rā táárʋ́.* She always passes in front of my door. *pl.* **taarʋsa**.

taavii [táávìì] *n.* tobacco pipe. *pl.* **taavise**.

taga [tàɣà] *v.* to dip or touch with a finger in order to taste • *tàgà à dìsá dí nā, à jììsá nɵ̀ɵ̀wã̀ɵ̃̀?* Dip a finger in the soup to see, is the salt enough?

tagla [tàɣəlá] *n.* ground, soil, sand; earth *syn:* **haglɪɪ**. [oldfash].

taja [táájà] *n.* catapult. (ultm. English <*tyre*). *pl.* **taajasa**.

takatʃuune [tàɣàtʃúúnè] *n.* measles. (Waali).

takta [táɣətà] *n.* shirt. *pl.* **taktasa**.

tala [tàlà] *v.* to stretch, to hand up to • *tàlà ìi néŋ̀.* Stretch your hand.

talala [tàlàlà] *ideo.* flat • *à téébùl ɲúú dɵ́ kēŋ tàlàlà.* The table top is flat.

talɪmɪ [tàlǐmì] *v.* to move with difficulty because of pain or malformation • *m̀ máɲá hàglɪ́ɪ́kìŋ dāā ɔ̀ tʃɵ̀à* dì tálímì. I hit a snake with a stick, it was lying and moving with difficulty.

¹**tama** [tàmá] *cntr.* **taŋ** *quant.* small, few • *tàmá finíì ʋ̀ kàá kààlʋ̀ʋ̄.* He will be leaving in a moment. *tàmáā ʋ̀ fì tʃélé.* A little more and he would have fallen.

²**tama** [támá] *v.* to hammer metal lightly • *tɔ́máá támà ìì kísìénʋ́ã̀.* Toma hammered your knife.

tamãã [tàmã́ã̀] *n.* hope.

tambʋ [támbʋ́] *n.* absorbent cloth material used as nappy *syn:* **tʃaŋtʃul** . (Waali). *pl.* **tambʋsa**.

tamputie [tàmpútíé] *n.* malt that has been boiled, when strained results in *sɪŋtʃaara*.

tangarafʋ [táŋgàráfʋ̀] *n.* telegraph.

tantaanıı [tántààníĩ] (*var.* **tɪntaanıı**) *n.* earthworm. *pl.* **tantaanıɛ**.

tantama [tántàmā] *ideo.* a little, Gh. Eng. small-small • *jáá tɔ́mà tántàmā.* Let us work a little bit. *à báhíɛ̂ wà bráà nā tántàmā múŋ.* The old man cannot see a little anymore. *ʋ̀ʋ̀ nʋ́ã̀ nīī rà tàńtàmá.* He drinks water slowly.

taŋ (*cntrvar.* **tama**)

taŋkama [tàŋkámá] *n.* show-off, a person who makes a vain display of himself. (Hausa).

tapulsa [tàpùləsá] *n.* burnt wood or charcoal ash. *pl.* **tapulsa**.

tara [tàrà] *v.* **1** to support oneself in order to do something • *lìé ì kà tàrà, káá jāā nìŋ?* From where are you getting your support to be boasting like this? **2** to stand firmly on feet. (Waali <*tarɛ*).

taragɛ [tàràgɛ̀] *cf:* **tatı** *pl.v.* to pull continuously, to stretch • *ìì tárágɛ́ ŋ̀ŋ̀ nébíí ré.* You pulled my finger. *à bʋ́ʋ́ŋ wáá lāà dí ŋ́ tárágʋ́ʋ́ wàà dìá.* The goat does not want me to drag it home. *à bʋ́ʋ́ŋ wáá láá ŋ́ tárágʋ́ʋ́ wàà dìá.* The goat does not accept me pulling it to the house.

tasa [tásà] *cf:* **rɔbakatasa** *cf:* **katasa** *n.* iron bowl, water basin. (ultm. Arabic, via Coast Portuguese <*taça* 'cup'). *pl.* **tasasa**.

tasazeŋ [tásàzèŋ́] *lit.* bowl-big *n.* headpan, metal bowl or basin, used to carry construction material (e.g. sand, stones, etc) or water. *pl.* **tasazene**.

tatɛĭ (*var. of* **tetɛ̌ĭ**)

tatı [tàtì] *cf:* **taragɛ** *v.* to pull, to stretch, to suck out • *ŋ̀ŋ̀ ɲínã́ dʋ́ ŋméŋ̀ bʋ́ʋ́ŋ bágéná ní ŋ̀ tàtì wàà dìá.* My father put a rope around a goat's neck, I pulled it to the house. *tátì à pàtùrúù áŋkʋ̄rɔ̀ pàtʃīgīī nī tʃéŋ dʋ́ m̀ mótò nī.* Suck out fuel from the drum for me to put in my motorbike. *bèlílɛ́ɛ́ tàá tìŋ ʋ̀ já tʋ́ʋ̀.* The language of Gurumbele; it pulls (stretches, lengthens).

taʋgara [táʋ̀gàrà] *cf:* **seɲambi** *n.* chickenpox (*Varicella*). (Waali <*táʋ̀gàrà*).

tawa [tàwà] *cf:* **tɔsɪ** (*var.* ¹**tɔwa**) *v.* to

inject, to prick or pierce slightly • ǹ̩ wàá tāwā à hèmbíí, ǹ̩ ɔ́mɔ̀ɔ̃̀. I will not take the injection, it scares me.

te [té] *v.* to be early, to get up early • *ì téjòō.* You are early. *tʃʊ̀ɔ̀sá pìsì ʊ̀ʊ̀ báal tìŋ té lālā à hã́áŋ dɪ́ ʊ́ sîi dúó nɪ́.* Early the next morning the husband woke up the wife from sleep.

tebin [tébíǹ] *n.* night, approx. 18:00 onward up to dawn • *bààŋ jà kàà dì tébīn nɪ̄?* What will we eat this evening? *synt:* **baratʃɔgɔʊ**; **sankara** *pl.* **tebinse**.

tebinsɪgmaa [tébínsɪ̄gmàá] *n.* night funeral performance, type of dirge usually associated with the bullroarer *syn:* **sɪgmawiilii**; **dendilhĩ̀ɛ̃sɪ**.

tebintɪɪna [tébíntɪ̄ɪ̄nā] *n.* type of hyena *synt:* **kpatakpalɛ**.

teebul [téébùl] *n.* table. (ultm. English <*table*). *pl.* **teebulso**.

¹**tele** [tèlè] *v.* to reach, to arrive at destination • *já káálì sáɲà téleò.* Let's leave, the time has reached.

²**tele** [télé] *v.* to stand or lean against • *à sànzíŋ télè zɪ̃́ɛ́ nɪ̄.* The ladder leans against the wall. *dáá télè kɔ̀zàà nɪ̄.* A stick leans on a basket.

telegi [télégí] *pl.v.* to stand or lean against • *pàà à dààsá télégí à zɪ̃́ɛ́ nɪ́.* Take the sticks and make them lean on the wall. *pàà à dààsá tíŋ kà télégí à zɪ̃́ɛ́ nɪ́ kēŋ lìì dé.* Take off the sticks that are leaning on the wall.

temĩi [témɪ́ɪ́] *cf:* **tii** (*Gu. var.* **tʃemĩi**) *n.* type of army ant. *pl.* **temĩe**.

tempilie [témpílìè] *cf:* **tuolie** *n.* type of cooking pot. [*Gu*].

teŋe [tèŋè] *v. cf:* **lɔga** 1 to cut • *tʃénsì ré téŋé ʊ̀ʊ̀ nã́ã́.* The zinc cut her foot. *ǹ̩ téŋè gbésà rā.* I am cutting off a chewing stick. 2 to take a picture • *jìrà fòtòdráábà ʊ́ wá tēŋēn fótò.* Call the photographer so he can come and take a picture of me. 3 to hinder, to stop • *lúhô lɪ́ɪ́ tʃàsìá à wà téŋé ǹ̩ tìwīī ǹ̩ wà káálí kùò.* A funeral came up in Chasia, it hindered me from going to the farm.

teŋesi [tèŋě̀sì] *pl.v.* to cut off many or into pieces, to form mud bricks for construction • *ìì téŋésí à nàmìã̀ ràà?* Did you cut the meat? *bà há wà téŋésí à hàglíbíé pētī.* They are not yet finish making the mud bricks.

teŋteŋ [téŋtéŋ] *n.* single, alone, only • *kpã̀ã̀ŋ dígímáɲá téŋtéŋ ǹ̩ kpàgà.* I have one yam only.

teo (*var. of* **tou**)

tesi [tésí] *v.* 1 to crack and remove shea nuts from the shell • *tʃúónó ǹ̩ dì tésí.* I am cracking and removing shea nuts. *syn:* **tʃɪagɪ** [*rare*]. 2 to hatch • *à zál tésìō.* The fowl has hatched. *sʊ̀ʊ́ wàā kìŋ tésí ʊ̀ʊ̀ hálá.* A guinea fowl cannot hatch its eggs.

teteŋse [tètèŋsé] *n.* night blindness, believed to be due to vitamin deficiency.

teu [tèú] *n.* warthog (*Phacochoerus africanus*). *pl.* **tété**.

teukaŋ [téùkáŋ] *n.* warthog ivory. *pl.* **teukaŋa**.

tɛɛsɪ [tɛ́ɛ́sɪ̀] *n.* test, examination. (ultm. English <*test*).

tɛhẽɛ̃ (*var. of* **tɛhĩɛ̃**)

tɛhĩɛ̃ [tɛ̀hĩ́ɛ̃́] (*var.* **tɛhẽɛ̃**) *n.* oribi (*Ourebia ourebi*). *pl.* **tɛhĩɛ̃sa**.

tɛkpagar (*var. of* **tɪɛkpagar**)

tɛl [tɛ́l] *n.* page or sheet • *lísí ìì búkù tɛ́l dígímáŋá tīēŋ.* Remove a sheet from your book and give it to me. *pl.* **tɛla**.

tɛsɪama [tɛ̀sɪàmá] *n.* red-flanked duiker (*Cephalophus rufilatus*). *pl.* **tɛsɪansa**.

tɛtẽĩ [tɛ̀tẽ́ĩ́] (*var.* **tatɛĩ**) *n.* flintlock leather pad. *pl.* **tatẽĩna**.

tibii [tíbíí] *n.* Akee tree seed. *pl.* **tibie**.

tie [tíē] *v. cf:* **tʃagamɪ** 1 to chew, Gh. Eng. to chop meat • *ʋ̀ʋ̀ mã̀ã̀wìé tíŋ dí à tìè nàmĩ̌á.* Her stepmother ate and chewed the meat. 2 to cheat or to swindle someone • *ǹǹ hílá tíén nē à mòlìbíí bábòntī nì.* My in-law cheated when money was shared.

tigiti [tígítì] *n.* ticket, in public transport or to register oneself as seller in a market. (ultm. English <*ticket*).

tigsi [tìy̌sì] *v.* to gather, to group in a uniform way • *dùséléé tʃí kàá tìgsì dóŋá rā à kʋ̀ʋ̀rè lùsínnàsā.* Tomorrow, the people of Ducie will gather and prepare the last funeral rites. *súmmén tìgìsì kpòŋkpòŋpàtʃígá háŋ.* Help me to group and arrange these cassava leaves.

¹**tii** [tíí] *cf:* **temĩĩ** *n.* type of ant. [*Mo*]. *pl.* **tie**.

²**tii** [tíí] *n.* Akee tree (*Blighia sapida*). *pl.* **tise**.

³**tii** [tìì] *v.* 1 to make a visible trace, such as a line or spot, to indicate a location • *kà tíí bá tìŋ jà kàá sà̌à̌ à dìá.* Go mark where we will build the house. 2 to make a mark with medicine on body part or wall for protection • *làà lúlíí tìì ìì ɛ́mbɛ́líwɪ̀ìlfì.* Take some medicine and mark you affected shoulder.

⁴**tii** [tìì] *n.* any hot drink, e.g. tea, coffee. (ultm. English <*tea*). *pl.* **tiise**.

tiijagɪɪ [tííjágíí] *n.* type of bird. *pl.* **tiijagɪɛ**.

tiila [tíílà] *n.* sewing machine. (ultm. English <*tailor*).

tiime [tììmè] *v.* to treat, to cure • *ʋ̀ tíímé ǹǹ gàràgá rá.* He cured my disease. (Waali <*tiim* 'medicine').

tiimuŋ [tììmúŋ] (*var.* **wɪjalɪɪ**) *n.* east. (Tampulma <*tɪɛnɪɛ muŋ* 'land bottom').

tiine [tííné] *v.* to insist • *níhĩ̀ɛ̀sā ŋmá à wíɛ́ pētúū, ká bà hàmɔ́nà háá tīīnē à wɔ́ŋmáhá̌à̌.* The elders are finished with the matter but their children still insist.

tiiɲuu [tììɲúù] (*var.* **wɪtʃelii**) *n.* west. (Tampulma <*tɪɛnɪɛ ɲuu* 'land head').

tiiri [tììrì] *v.* to manipulate and rub vigorously by pressing hard with one or more fingers and drag • *wà tììrì ǹ nààtʃóg tíéŋ, ʊ kpéŋŋǐõ*. Come and rub my ankle, it is dislocated.

tiisa [tíísà] *n.* station. (ultm. English).

tiisaali [tíísáálí] *n.* 1 person from Tiisa. 2 lect of Tiisa. *pl.* **tiisaalɛɛ**.

tiise [tììsè] *v.* to help, to support • *tííséŋ já párà kùó*. Help me cultivate a farm. *hámà kà zì péjèè áwáá zí jā tììsè háŋ*. These (two fingers) are then added, and they come to support this one (finger).

tiisi [tíísí] *cf:* **kʊtɪ**; **ɲaarɪ** *v.* to grind, finer than **ɲaarɪ** but more rough than **kʊtɪ** • *kà tíísí sàʊ̌ wàà já sáá kʊ̌ʊ̌*. Go grind some flour and come back so we can prepare t.z.

tile [tìlé] *n.* forehead. *pl.* **tilese**.

timpaanii [tìmpááníí] *n.* boiled bean cake dish made from bambara bean flour. (Hausa < *tùbá:ní:*).

timpannɪɪ [tìmpànnɪ̀ɪ̌] *cf:* **timpanwal** *n.* female talking drum, with the lowest pitch of the two. (partly Akan <*atumpan*). *pl.* **timpannɪɪta**.

timpantii [tìmpántíí] *n.* talking drum beaten with curved sticks. *pl.* **timpantie**.

timpanwal [tìmpànwál] *cf:* **timpannɪɪ** *n.* male talking drum, with the highest pitch of the two. *pl.* **timpanwala**.

tindaana [tìndāānā] *cf:* **tɔʊtɪɪna** *n.* landlord. (Waali).

tinti [tíntí] *v.* to nag, to put pressure on or remind somebody to his or her irritation • *ʊ̀ bíárì kàà tíntíū dí ʊ̀ ɲóá síŋ kìnkán nà*. His brother reminds him about his excessive drinking to his irritation.

tintuolii [tíntùòlìǐ] (*var.* **tuntuolii**) *n.* African grey hornbill, type of bird (*Tockus nasutus*). *pl.* **tintuoluso**.

tiŋ [tíŋ] *n.* spear. *pl.* **time**.

tisie [tìsìé] *cf:* **kʊzaa** *n.* woven basket with guinea corn stalks. [Ka, Ti, Tu].

titʃa (*var. of* **tʃitʃa**)

tiwii [tìwíí] *cf:* **munii** *n.* road. *pl.* **tiwie**.

tiwiibaɲlɛŋgeregie [tìwííbāɲlɛ̄ŋgèrègìè] *n.* type of lizard. *pl.* **tiwiibaɲlɛŋgeregise**.

tiwiitʃaraga [tìwíítʃárǎgà] *n.* junction. *pl.* **tiwiitʃaragasa**.

tɪ [tɪ] *neg.* not • *tɪ́ káálɪ̌*. Do not leave!

tɪa [tɪ́à] *n.* *cf:* **luo**; **lʊla** 1 pregnancy • *wáá dʊ́ʊ̌ tɪ́à*. He impregnated her. 2 foetus. *pl.* **tɛsa**.

tɪɛ [tìè] *v.* 1 to give, to deliver • *kpá ʊ̀ʊ̀ pár tìèʊ̀*. Give him his hoe. *ǹ wá bì ŋmá wíímùŋ tìè ǹ̀ ɲíná*. I won't tell anything to my father again. 2 to allow, to let • *tìè à nɪ́ɪ́ nómà*. Let the water be hot.

tɪɛkpagar [tíɛ́kpáɣáŕ] (*var.* **tɛkpagar**) *n.* pregnant woman. *pl.* **tɪɛkpagara**.

tɪɛsɪ [tíɛ́sí] *cf:* **ɔgɪlɪ** *v.* to vomit • *nàntʃʊ̀má ì tìè à tíɛ́sí*. It is bad meat you ate and vomited.

tɪɛsɪɛ [tíɛ́sɪ́ɛ̀] *n.* vomit.

tɪga [tìgà] *v.* to rub hard by pressing on one place, to massage an area to relieve pain and encourage blood flow • *tìgà ǹ̀ tìlé dō̄, bà fɔ́rán bɪ́í rá*. Rub my forehead, I have been stoned. *ʊ̀ʊ̀ mǎ́ǎ́ tígá à bìē tìlē, àwíé ʊ̀ʊ̀ wà bɪ́ ɔ̀rà*. The mother massaged the child's forehead so that it does not swallow.

tɪgɪmɪ [tìỳì̀mì] (*var.* **tɪrɪmɪ**) *v.* to stamp on with feet • *kɔ̀sānáɔ̀̂ kpágá nàŋkpāāŋ à tígímí dō̄ hàglíí nī̄*. The buffalo caught the hunter and stamped on him.

tɪglaa [tígəlāā] *n.* type of yam. *pl.* **tɪglasa**.

tɪɪna [tɪ̀ɪ̀ná] *n.* owner, person characterised by, or in possession of. *pl.* **tʊma**.

tɪɪsaa [tíísáà] *nprop.* Tiisa village.

tɪɪtaa [tíítàà] *n.* African Yellow Warbler, type of bird (*Chloropeta palustris*). *pl.* **tɪɪtaasa**.

tɪl [tíl] *n.* sap, resin, gum from tree-bark. *pl.* **tɪla**.

tɪla [tílá] *quant.* minute, extremely small, tiny measure of something • *ǹ̀ súmmé páànʊ̀ʊ̀, à hɑ́ɑ́ŋ bāāŋ lɔ́gʊ́ʊ́ tíláá kéŋ tɪ̄ɛ̄ŋ*. I begged for bread, the woman just gave me a little. *m̀ búúrè ì nʊ́ʊ́ tín nā tíláá kéŋ*. I need just a bit of your cream.

tɪmpitie [tìmpítíé] *cf:* **toŋsi** *n.* from **kɔnmɪ̃ã**, guinea corn which has been cooked and brewed for **sɪŋsɪama**, Gh. Eng. pito.

tɪna [tìnà] *v.* to lower, to form rain-threatening cloud • *sìì, já zʊ́ʊ́ dìá dūōŋ kàà tínà*. Raise up, we should go to the house because the clouds are forming rain. *té káálíí, dúóŋ kàà tínǎ̀ʊ̀̂*. Do not go, the rain is threatening.

tɪnãʊ̃ [tínǎ̀ʊ̀̂] *n.* cloud state, gathering of clouds.

tɪntaanɪɪ (*var. of* **tantaanɪɪ**)

tɪntaaraa [tíntááráá] *n.* woven smock used for battles or hunting, fortified with protective medicine, believed to be bullet-proof. *pl.* **tɪntaarasa**.

tɪntɪn [tìntìn] *n.* **1** self • *à bìsé zéŋésíjéó bà kàà kìŋ ɲìnè bà tìntìnsá rá* The children are old enough to take care of themselves *ìì bɪ́érì dí ǹ̀ǹ̀ kàntʃìmá rá, ʊ̀ʊ̀ tìntìn nā ǹ̀ dì búúrè dí ʊ́ wáā*. Your brother owes me, I want him to come himself. **2** use to emphasise the person or thing being referred to • *à kín tìntìn dʊ́á ùù pé*. The thing itself is with him. *à sìŋhááŋ tìntìn wàà tùō*. The woman in charge of the pito, she herself is not there. *pl.* **tɪntɪnsa**.

tɪŋ [tɪŋ] *art.* the • *à báál tìŋ té lálá ʊ̀ʊ̀ hɑ́ɑ́ŋ dí ʊ́ʊ́ síí dūō nì*. The husband woke the wife up early.

¹**tıŋa** [tìŋà] *v.* **1** to follow • *dì kááli làgàlàgá háŋ̀, dí à lɛ́í ì kàà tìŋà mūŋ.* Go right away, if not you will follow us. **2** to obey • *zìàŋ kàà tíŋà dààbàŋtólúgú ní, ǹ síí ní rē.* Ziang is obeying the shrine Daabangtolugu, I witnessed it.

²**tıŋa** [tíŋà] *cf:* **karıfa** *n.* responsibility • *híŋ tíŋá à kùò páríí.* Your responsibility is the weeding of the farm. *bátóŋ tíŋá à vóg nííwáásíí.* Libation is the responsibility of Batong. *pl.* **tıŋasa**.

tıŋgbɛhɛ̃ɛ̃ [tìŋgbɛ́hɛ́̃ɛ̃̀] *n.* type of rope trap made of warthog hair to trap birds feeding on pepper plant. *pl.* **tıŋgbɛhɛ̃sa**.

tırımı (*var. of* **tıgımı**)

tısı [tìsì] *v.* to be shallow • *à bʊ̀à wá tīsījē̄, ù lúŋǒ̄ò.* The hole is not shallow, it is deep. *à góŋ tísíjé kínkān nà.* The river is too shallow. *ant:* **luŋo**

tıtı [tìtì] *v.* to rub or massage with or without applying a liquid or oil • *wà tìtì ǹǹ fǒ̀ǒ́, ʊ̀ʊ̀ wíǒ̄ō.* Come and massage my lower back, it is paining.

togo [tógò] *n.* smock with sleeves.

toguni [tógǔní] (*var.* **toŋini**) *v.* to squat • *à dìèbíè tógúnì kàlèŋ nī.* The cat squats on the mat.

tokobii [tókòbíí] *n.* double-edged knife, sword. (Hausa <*takobi*). *pl.* **tokobie**.

tokoro [tókóró] *cf:* **dıanɔ̃̀ãbʊwie** *n.* window. (Hausa <*tãgà̰*, *takwaro*).

tolibii [tòlíbíí] *n.* baobab seed. *pl.* **tolibie**.

tolii [tòlîì] *n.* baobab, type of tree (*Adansonia digitata*). *pl.* **tolee**.

tolipaatʃag [tòlípààtʃák] *cf:* **sãŋkumsɔna** *n.* leaf of baobab. *pl.* **tolipaatʃaga**.

tolɔg [tólɔ́g] *n.* quiver, portable case for holding arrows. *pl.* **tolɔgsa**.

tomo [tòmó] *cf:* **tʃuomonaatɔwa** *n.* type of tree. *pl.* **tomoso**.

toŋini (*var. of* **toguni**)

toŋo [tòŋǒ̀] *v.* to take off, as a load on head or a pot off the fire • *kpàgà ǹǹ níí já tóŋǒ̀.* Hold the water container with me so we can put it down.

toŋsi [tòŋsì] *v. cf:* **tımpitie** **1** to drip • *à dúóŋ kàà tóŋsì hàglíí nī.* The rain is dripping on the ground. **2** to sieve by letting drip, like when placing the *tımpitie* in a basket to gather the lighter 'pito' • *à tìmpítíé kǎá tōŋsùù.* The malt is being sieved.

toro [tórò] *n.* type of gecko. *pl.* **toroso**.

toroo [tòròò] *num.* three *Enum of:* **atoro** .

totii [tótíí] *n.* share of a set or version of a story • *ìì mòlìbíí tótíí nɪ́ŋ̀ nī.* Here is your share of money. *bɪ̀ɪ̀sì ìì tótíí.* Narrate your version of the story. *pl.* **totie**.

tou [tóù] (*var.* **teo**) *interj.* exclamation expressing agreement or understanding, or a ritualised transition in a discourse • *ṇ́ nɵ́ɵ́ ɵ̀ kà láá dí téò à tʃágálíjɛ́ dí ɵ̀ láá nɵ̌ã́ ní rā*. I heard him accepting with *téò*, it shows that he has agreed. (Hausa <*tô*).

tɔ [tɔ́] *v. cf:* **tʃige** 1 to cover • *kpá kíŋ tɔ̀ kóŋkōŋ háŋ*. Take this thing and cover that metal box. 2 to wear, to close a cloth on body • *kpá gáī tɔ̀*. Take a cloth and cover yourself. 3 to close • *tɔ́ ìì sié*. Close your eyes. *tʃɔpɵ́sí tíŋ ŋ̀ kàá tɔ̀ ṇ̀ṇ sié*. The day of my death (lit. the day I will close my eyes). *ɵ̀ tɔ́ à diànɵ̌ã́ rā*. She closed the door. *ant:* ¹**lala¹** 4 to imprison • *bà tɔ́ ṃ̀ṃ mǎǎbíé dìà nī, dí nàmĩ̌ɛ̃́ ɵ̀ kpɵ́ géèm nī*. They imprisoned my brother for poaching in the protected area. 5 to hoe to form yam mounds • *à báál tɔ́ ùù píé tíŋ mùŋ nō*. The man has completed making his yam mounds. 6 to protect, as in God covering the whole world • *kùósò tɔ́ dɵ́rŋã́ mūŋ*. God protects the whole world.

tɔbou [tɔ́bóù] *lit.* community-insufficient *cf:* **bowo** *n.* non-resident, people from a different community • *tɔ́bóútōmà* People from another community have stolen the chief of Ducie's cow. *tóbóúnār wáá lɔ̄gà sììmáá ɲūù*. A non-resident does not scoop food from the central top of the bowl. *pl.* **tɔbouso**.

¹**tɔg** [tɔ̀ǵ] *n.* ammunition pouch. *pl.* **tɔgna**.

²**tɔg** [tɔ́g] *cf:* **tʊgɪ** (*var.* **sɪŋtɔg**) *n.* clay pot generally containing local beer *syn:* **sɪŋvii** . *pl.* **tɔga**.

tɔga [tɔ̀yà] *cf:* **di** *v.* to set fire to, to make charcoal • *má tíí tɔ́gà kɔ̀sà díŋ*. Do not put fire to the grass. *námùŋ wàà tɔ́gà hɔlá dùsèè nī*. No one makes charcoal in Ducie.

tɔgama [tɔ̀yɔ̌mà] *n. cf:* **dɔŋtɪɪna** 1 namesake, someone who shares the same name as somebody else. 2 comrade, colleague, or fellow, someone who shares an activity with somebody else • *à pápátá káá kāālì dìá àká hṹṹsí jìrà ɵ̀ɵ̀ tɔgámà*. The farmer goes home and shouts to alert his colleague. *pl.* **tɔgamasa**.

tɔgɔfa [tɔ̀yɔ̌fà] *n.* six pence in BWA currency, old 5 pesewa coin. (Akan).

tɔgɔlɪ [tɔ̀yɔ̀lì] *v.* to be loose, not tight • *tìè à ŋmɛ́ŋ tɔ̀gɔ̀lì*. Let the rope be loose.

tɔgɔsɪ [tɔ̀gɔ̀sì] *v.* to burn, as hot food or drink burning the mouth • *à kùbíí nɵ́mã́ɵ́ à kàá tɔ̀gɔ̀sì ìì nɵ̌ã́*. The porridge is hot, it will burn your mouth.

tɔgʊmɪ [tɔ̀gʊ̀mì] *v.* to consider someone or some ideas • *ŋ̀ ŋmá wìɛ̀ dì tīēɵ̄, ká ɵ̀ wà tɔ́gɵ́míŋ*. I was talking to her but she did not mind me.

¹**tɔhĩɛ̃** [tɔ́hĩɛ̃́] *cf:* **dabuo** *n.* old community, in terms of settlement prece-

dence over others. *pl. tɔhĩẽta*.

²**tɔhĩẽ** [tóhĩ́ẽ̀] *n.* midnight.

tɔɪ [tóí] *n.* closing • *à bié wáá búúrè à diànɔ́ɑ́ tɔ́ì, dí wīīŋ dɔ́á dé.* The child does not like the door to be closed, he is sweating.

tɔlatɔla [tólátɔ́lá] *ideo.* lukewarm • *à níí dɔ́ tɔ́lātɔ́lā, ì wá bī pùlìsì.* The water is lukewarm, you do not need to cool it with cold water.

tɔma [tɔ̀mà] *nprop.* person's name, names someone who obeys a *tɔmɪɪ*, acquired in one's lifetime or from one's father.

tɔmɪɪ [tɔ̀mſì] *n.* acquired reptile idol. *pl. tɔmɪɛ*.

tɔmʊsʊ [tómʊ́sʊ̀] *n.* day before yesterday, or day after tomorrow.

tɔmʊsʊ gantal [tómʊ́sʊ̀ gāntàĺ] *n. phr.* day after tomorrow or day before yesterday • *tómʊ́sʊ̀ gāntàĺ kàà jàà à làrìbá.* The day after tomorrow is Wednesday. *tómʊ́sʊ̀ gāntàĺ tín nì jáá àsíbítì.* The day before yesterday was Saturday.

tɔna [tɔ̀ná] *n.* profit *ant:* **bɔna** . *pl. tɔnasa*.

tɔŋ [tóŋ] *n. cf:* **kadaasɪ** *cf:* **piipa** 1 animal skin. 2 book. 3 paper. *pl. tɔna*.

¹**tɔŋa** [tɔ̀ŋà] *cf:* **saga**; **tʃʊa**; **suguli** *v.* to cook food in water, to boil • *à nàntɔ̀ŋfì kánɑ́ɑ́.* The boiled meat is abundant. *tɔ̀ŋà kpɑ́ɑ́ŋ já dí.* Cook yam so we can eat.

²**tɔŋa** [tɔ̀ŋà] *n.* sickness related to a consequence of under-aged marriage • *tɑ́ɑ́ŋʊ́ há wà télé hɑ́ɑ́ŋ kpāgīī, ká kpá hɑ́ɑ́ŋ tɔ̀ŋà kpágɑ́ʊ́.* Tangu was not mature enough to marry, he got married and he got the sickness.

tɔŋfɛŋtɪdaa [tɔ̀ŋfɛ̀ntìdáá] *n.* peg placed at the edge of an animal skin to stretch it in the drying process. *pl. tɔŋfɛŋtɪdaasa*.

tɔŋɪɪ [tóŋíí] *n.* boiling, brewing • *síntɔ̄ŋīī bɔ́mɑ́ɑ́.* Pito brewing is difficult.

tɔr [tɔ̀ŕ] *n.* skin disease of a dog, with hairless spots and rashes.

tɔrɪgɪ [tórígí] *cf:* **tɔtɪ** *pl.v.* to pluck, to pick fruits or beans • *bà káálí kɔ̀sá bá ká tɔ̄rīgī síŋkpìlfì.* They went to the bush to pluck fruits. *má káálì ŋ̀ kùó kà tɔ́rígí máŋsá.* Go to my farm and harvest the groundnuts.

tɔsɪ [tɔ̀sì] *cf:* **tawa** *pl.v.* to pierce many times • *ʊ̀ʊ̀ kà zɔ́ʊ́ à sɔ̀rìsá, à tɔ́sí ʊ̀ʊ̀ tàgàtà mùŋ lūrīgúù.* When he entered the thorns, they pierced all over his garment.

tɔta [tɔ̀tá] *n. cf:* **tʃagbarɪga** 1 palm leaf fiber, used in making mat. 2 type of palm tree bearing non-edible fruit (Raphia). *pl. tɔta*.

¹**tɔtɪ** [tótí] *cf:* **tɔrɪgɪ** *v.* to pluck, to pick a fruit • *tótí liéŋ tīēŋ.* Pick the vine's fruit for me.

²**tɔtɪ** [tɔ̀tì] *v.* to sprout, to come out (as leaves), to bud • *tʃàlìsì jàwàsá álīē, ìì*

tʃímǎá kàá tɔtʊ̀ʊ̄. Wait two weeks, your pepper will sprout.

tɔtʊʊsa [tɔ́tʊ́ʊ́sà] *n.* debate, misunderstanding, argumentation • ŋ̀ nʊ́ʊ́ à tɔ́tʊ́ʊ́sā rā àká ŋ̀ wà péjèē. I heard the debate but I am not part of it.

tɔtʃaaŋ [tɔ́tʃááŋ] *n.* season spanning from September to November.

tɔtʃaaŋbummo [tɔ́tʃáámbúmmò] *n.* season or transition period from September to mid-October immediately following the rainy season when the fully matured, thick grass in the bush begins to diminish in density and drying up because of the gradual reduction of rain at this period.

tɔtʃaaŋsıama [tɔ́tʃááŋsìàmá] *n.* season or transition period spanning from mid-October to November identified by the end of the rain and the grass turning yellow. The quantity of rain usually reduces drastically, so the grasses begin to dry up leading to bush burning and related activities.

tɔʊ [tɔ́ʊ̀] *cf:* **bıa** *n.* settlement, village or community. *pl.* **tɔsa**.

tɔʊkpurgii [tɔ̀ʊ̀kpúrəgíí] *n.* tobacco container.

tɔʊpaatʃaga [tɔ̀ʊ́pààtʃáɣá] *n.* tobacco leaf.

tɔʊpatʃıgıı [tɔ̀ʊ́pàtʃíɣíí] *n.* inside the village, within its inhabited limits.

tɔʊpʊal [tɔ̀ʊ́pʊ́àl] *lit.* community-liver *n.* prominent community member. *pl.* **tɔʊpʊalsa**.

tɔʊsaʊ [tɔ̀ʊ̀sàʊ́] *n.* powdered tobacco, snuff.

tɔʊsii [tɔ́ʊ́sīī] *n.* 1 village's centre, the busiest place of the village. 2 prominent community member.

tɔʊtıına [tɔ́ʊ̀⁺tíínà] *cf:* **tindaana** *n.* land owner, landlord. *pl.* **tɔ́ʊ̀⁺tɔ́mà**.

tɔvʊgzimbie [tɔ̀vʊ̄gzímbìé] *n.* Hoopoe, type of bird (*Upupa epops*). *pl.* **tɔvʊgzimbise**.

¹**tɔwa** (*var. of* **tawa**)

²**tɔwa** [tɔ̀wà] *n.* tobacco. *pl.* **tɔʊsa**.

tɔwie [tɔ́wìé] *n.* small village. *pl.* **tɔwise**.

tɔzeŋ [tɔ́zéŋ̀] *n.* town. *pl.* **tɔzenẽẽ**.

tradʒa [třádʒà] *n.* trousers. (ultm. English). *pl.* **tradʒasa**.

tufutufu [tùfútùfú] *ideo.* lacking starch • à kàpálà dʊ́ tùfùtùfù, ʊ̀ wà zúgó. The fufu lacks starch, it is soft.

tugo [tùgò] *v. cf:* **maŋa**; **tʃasɪ** 1 to beat a person or an animal • bà túgó dɔ́ŋā. They fought each other. 2 to pound with sharp movements • ʊ̀ʊ̀ túgò kàpálà rā. She pounds the fufu.

tugosi [tùgòsì] *pl.v.* to beat • ŋ̀ túgósí à bìè ré. I beat the child (more than once, over a short period of time). dʒímbàntī wózʊ̄ʊ̄rì nìbáálá já tùgòsì kàpálàsā rā. In those days at Jimbanti, men used to pound fufu.

tugul [túgúl] *n.* type of mouse. *pl.* **tugulo**.

tŭk [tuk] *n.* guinea fowl nest. *pl.* **tukno**.

tulaadi [túláàdí] *n.* perfume, body-oil, Gh. Eng. pomade. (Hausa <*tùrằrē*).

tulemi [tùlĕmì] *v.* to do by mistake, to make a mistake • *kàlá túlémí kpá ʋ̀ʋ̀ tʃὲná tàgàtà*. Kala took his friend's shirt by mistake.

tulor [tùlór:] *n.* *cf:* **suŋguru**; **bɪnɪhããŋ** 1 young girl who can get married and has never given birth. 2 very beautiful girl, married or not. *pl.* **tuloro**.

tulorwie [tùlòrwìé] *cf:* **bɪnɪhããŋ**; **nɪhãwie** *n.* young girl.

tundaa [tùndáá] *cf:* **tundaaboro** *cf:* **tuto**; **kuotuto** *n.* pestle, pounding stick. *pl.* **tundaasa**.

tundaaboro [tùndààbòrò] *lit.* pestel-portion *cf:* **tundaa** *n.* piece of pestle, various usage at home. *pl.* **tundaaboruso**.

tuntuolii (*var. of* **tintuolii**);

tuntuolɪsɪama [túntùòlísìàmá] (*var.* **tutukʊɔkʊɔ**) *n.* Red-billed hornbill, type of bird (*Tockus sp.*).

¹**tuo** [túò] *n.* shooting bow. *pl.* **toso**.

²**tuo** [tùò] *v.* to not exist, to not be there • *ʋ̀ wàà tùó*. He is not there.

tuolie [tùólíé] *cf:* **tempilie** *n.* type of cooking pot.

tuosi [tùòsì] *v.* 1 to add an amount or items after a deal is closed • *à jà-wàdírè wā jáà túósì kínmùŋ*. The sellers never add any amount or items. 2 to pick or take fast • *tʃɔ́ kà tùòsì mòlèbìé wàà*. Run and go pick the money and come back.

tuosii [túósíí] *cf:* **tuoso** *n.* added amount of goods by a seller after a closed transaction, Gh. Eng. dash • *ʋ̀ʋ̀ jìsá túósíí wáá lĩsĩ*. Her added amount of salt is insufficient.

tuoso [tùòsó] *cf:* **tuosii** *n.* added amount, Gh. Eng. dash. *pl.* **tuososo**.

tupu [túpù] *n.* tyre innertube. (ultm. English <*tube*). *pl.* **tupuso**.

turo [tŭrō] *v.* 1 to move or rub back and forth by pressing on a hard surface • *kpá ìì nàtáʋ̀ tùrò à sèlèméntè, dóŋó lĩĩ*. Rub your shoe against the cement to remove the dirt. 2 to go in and out a place over a certain period of time • *m̀m̀ mẫắbìé bááŋ sìì, ʋ̀ʋ̀ já bààŋ à túrò kùò rō tʃɔ̀pìsì bíímũŋ̀*. Every day, immediately my brother gets up, he always go to the farm.

turuŋkaa [túrúŋkáà] *lit.* Europe-car *n.* car. (partly Hausa, partly English).

tusu [túsù] *num.* thousand. (Oti-Volta). *pl.* **tususo**.

tuti [tùtì] *cf:* **zaga** *v.* to push upwards or forwards, to shove • *tùtì à lɔ́ɔ́lì ʋ̌ síì*. Push the car for it to start.

tuto [tùtó] *cf:* **tundaa**; **kuotuto** *n.* mortar. *pl.* **tutoso**.

tutosii [tùtūsíí] *n.* centre of a mortar, around the smallest concentric ring.

tutukʊɔkʊɔ (*var. of* **tuntuolisɪama**)

tuu [tùù] *cf:* **zɪna** *v.* to go down, to descend, to come low • *ǹ túú dìà rā.* I went down to the house. *kpá tùù.* Put it down.

tuubi [túúbí] *v.* **1** to repent, to change from evil doing to a better lifestyle • *kàlá túúbìjō, ʊ́ʊ́wà bírà à ŋmɪ́ɛ́.* Kala has repented, he does not steal any more. **2** to convert to one of the modern religions • *à vʊ́gtííná wàá kìn túúbí tʃéétʃɪ̀ nī.* The priest cannot convert to Christianity. (ultm. Arabic, via Hausa <*tuubaa* 'change one's religion').

tũũbii [tũ̀ũ̀bíí] *n.* bee. *pl.* **tũũbie**.

tuur (*var. of* **haglɪkɪŋ**)

tuuri [tùùrì] *v.* **1** to drag • *hàglíkìná jáà túúrì à kìnkpàgàsíɛ̀.* Snakes usually drag their prey. **2** to move like a snake, lateral undulation locomotion • *à dɛ́ʊ́ túúríjé zʊ̀ʊ̀ dìà pátʃígí nī.* The python crawled and entered the house.

tuuti [túúti] *ideo.* repeatedly • *tómá ɲīnā ŋmájɛ̀ɛ̀ dì tíɛ́ʊ́ túúti dí ʊ́ té wàà zʊ̃ʊ̃ géèmkʊ̀ʊ̀sá.* Toma's father tells him repeatedly not to enter the national park.

tʊ [tʊ́] *v.* to accompany someone or a group to a place for a purpose • *bà dì tʊ́ hákúríí ká tìɛ̀ ʊ̀ʊ̀ báál là.* Yesterday they accompanied Hakuri to her future husband.

tʊa [tʊ̀ɔ̀] *v.* **1** to deny • *ʊ̀ tʊ́ɔ́ ìì wíŋmáhɛ́ tìn nā.* He denied your words. *ʊ̀ʊ̀ ɲíná píɛ́sʊ́ʊ̃ dí ʊ̀ wà kááli kùò, ʊ̀ tʊ̀à nʊ̃ɛ́.* His father asked him whether he went to the farm, he denied having been there. *ʊ̀ ŋmájɛ̀ʊ̃̀ kāā tʊ̀à.* She is talking and denying. *ǹ ŋmá hákúríí ŋmɪ́ɛ́ m̀m̀ mòlèbíí, ʊ̀ tʊ̀ɔ́* I said Hakuri stole my money and she denied. **2** to argue • *hàmɔ́nà àní nɪ́hɪ̃̀ɛ̃̀sá wàá kìn tʊ̀ɔ́ dɔ́ŋà.* Children and elders cannot argue.

tʊ̃ã [tʊ̀ã́] (*var.* **tʊ̃ɔ̃**) *n.* sheath, knife close-fitting case. *pl.* **tʊ̃āna**.

tʊasɪ [tʊ̀àsì] *v.* to pick out, to pick up • *tʊ̀àsì bíɛ́ átòrò tīēŋ.* Pick three stones for me.

tʊgɪ [tʊ́gí] *cf:* **tɔg** (*var.* **sɪntʊgʊ**) *n.* clay pot used for local beer. [Mo]. *pl.* **tʊgɪsɪ**.

tʊgʊsɪ [tʊ́gʊ́sí] *v.* to become weak, to become powerless • *dʒèbùnì wà dí sììmáá dì píŋà à tógósí.* Jebuni is always underfed, that is why he became weak.

tʊl [tʊ́l] *cf:* **dɪŋtʊl** *n.* flame. *pl.* **tʊla**.

tʊla [tʊ̀là] *cf:* **pʊla** *cf:* **pʊmma** *v.* to be white • *sʊ̀ʊ̀hálá wáá tʊ̀là.* Guinea fowl eggs are not white.

¹**tʊma** [tʊ̀mà] *v.* to work • *ǹ wàá tʊ̀mà tʊ́má zááŋ.* I will not work today.

²**tʊma** [tʊ́má] *n.* work. (Oti-Volta). *pl.* **tʊmasa**.

³**tʊma** [tʊ́mà] *pl.n.* people.

⁴**tʊma** [tʊ̀mà] *v.* to send someone • *tʊ́mán ŋ́ kááli dùùsèɛ́.* Send me to

Ducie.

tʊmbar [tʊ́mbár] *n.* location where one usually works. *pl.* **tʊmbara**.

tʊntʃʊma [tʊ̀ntʃʊ̀má] *n.* work badly done. *pl.* **tʊntʃʊnsa**.

tʊ̃ɔ̃ (*var. of* **tʊ̃ã**)

tʊɔlɛɛ [tʊ̀ɔ̀léɛ́] *n.* **1** person who loses at a game, competition, or challenge • *dʒèbùní jáá tʊ̀ɔ̀léé à kùò bápàríí nì.* Jebuni was the loser at the farm work. **2** weak person • *súgló wáá kínà lǒgà, ʊ̀ jáá tʊ̀ɔ̀léé rā.* Suglo cannot wrestle because he is a weak person.

tʊɔni [tʊ́ɔ́ní] *v.* to stretch • *gòmátííná wàá kìn tʊ́ɔ́ní.* A hunchback person cannot stretch.

tʊɔnĩã [tʊ̌ɔ́níã̀] *n.* type of genet (*Genetta spp*). *pl.* **tʊɔnsa**.

tʊɔnıı [tʊ̌ɔ́níí] *n.* act of stretching.

tʊɔra [tʊ́ɔ́rà] *n.* trouble, problem *syn:* **nʊnnʊŋ**³ . *pl.* **tʊɔrasa**.

tʊɔsaa [tʊ̀ɔ̀sáá] *nprop.* Tuosa village.

tʊɔsaal [tʊ̀ɔ̀sáál] *n.* person from Tuosa. *pl.* **tʊɔsaala**.

tʊɔsaalıı [tʊ̀ɔ̀sáálíí] *n.* lect of Tuosa.

tʊrı [tʊ́rì] *cf:* **tʃi** *v.* really, certainly: verbal which puts emphasis on the event, the event is a priority for the speaker and must happen • *ǹ tórì kàá tùgíí rē.* I will beat you. [Mo].

tʊrıgı [tʊ̀rìgì] *v.* to itch • *zóŋgòréè dɔ́míŋ, m̀m̀ bárá dì tʊ́rígì.* Mosquitoes bit me, my body is itching.

tʊsı [tʊ́sí] *v.* to move over • *tʊ́sí wà kààlì néndúì.* Move over to the right.

¹tʊ̃ʊ̃ [tʊ̌ʊ̌] *v. cf:* **pɔ** **1** to be inserted or to insert, to wear shoes or clothes from the waist downwards • *à hèmbíí tʊ̌ʊ́ à dáánɔ́ŋ ní.* The nail pierced the fruit and is now in it. *kpá ìì píítɔ́ɔ́ tʊ̌ʊ̌.* Wear your underpants. **2** to thread beads or needle • *làà nǐɛ̀sá tʊ̌ʊ̌ tīēŋ.* Take this needle and insert it for me.

²tʊ̃ʊ̃ [tʊ̌ʊ́] *n.* type of hyena *syn:* **kpatakpalɛ** . *pl.* **tʊnna**.

³tʊ̃ʊ̃ [tʊ̌ʊ́] *n.* honey. *pl.* **tʊ̃ʊ̃ta**.

tʊ̃ʊ̃fıɪl [tʊ̌ʊ̌fííl] (*var.* **fıɪl**) *n.* bee's sting. *pl.* **tʊ̃ʊ̃fıɪlsa**.

tʊʊnı (*var. of* **zʊʊnı**)

tʊʊrı [tʊ̀ʊ̀rì] *v.* to tighten, to draw close • *tʊ̀ʊ̀rì à ŋméŋ dʊ́ à píésí bāgēnā ní, ʊ̀ tʊ́gɔ́líjáʊ́.* Tighten the rope on the sheep's neck, it is loose.

tʃ

tʃa [tʃá] (*var.* **tʃɛ**) *v.* to remain, to be left over, to be stranded, to dwell • *ʊ̀ fìì wíó à tʃá tàmá ká ʊ̀ sʊ́wà, níŋ wā ʊ̀ kpégéó.* He was very ill and almost died, but now he is well.

tʃãã [tʃáá] *n.* broom *synt:* **kımpııgıı** . [Du]. *pl.* **tʃãana**.

tʃaagɪ [tʃáágí] *n.* to charge an electric appliance • *dùsèè ní jà wà kpágá díŋ dì tʃáágí jà fóòn.* In Ducie we do not have electricity to charge our phones. (ultm. English <*charge*).

tʃaandɪrɪ [tʃáándìrī] *n.* candle. (ultm. English).

tʃããnɪ [tʃȁ̀ȁ̀nì] *v.* **1** to be bright, to shine • *à dìà pátʃīgī tʃááńɩ̋́.* The room is bright. *ant:* **doŋii 2** to be clean, to be pure • *à nɔ̀ʔīĺ tʃááńɩ̋́.* The cow milk is pure. *ant:* **doŋo**

tʃaantʃɪɪŋ [tʃááŋtʃìíŋ] *cf:* **tʃɪnɪnɪ** (*Gu. var.* **tʃɪnɪnɪsa**) , **tʃaŋtʃɪɛŋ** *n.* insect which makes a loud noise in the hottest part of the dry season, especially in the afternoon. It marks the end of harmattan (*Homoptera cicadidae*). *pl.* **tʃaantʃɪɪŋsa**.

tʃaantʃɪnsa [tʃááŋtʃìnsá] *n.* acute, inflammatory, contagious disease.

¹**tʃaarɪ** [tʃààrì] *v.* **1** to pour over, to pour down in a stream • *à dūóŋ káá tʃààrōō.* The rain is pouring down. **2** to have diarrhoea • *m̀m̀ bìwíé tíŋ̀ kàá tʃààrì, dì ŋ̀ wà jáwá lúlíí tíɛ́ō.* My youngest child will have diarrhoea if I do not buy medicine for her.

²**tʃaarɪ** [tʃààrì] *n.* diarrhoea (bacillary, in general).

tʃaasa [tʃáásá] *n.* comb. *pl.* **tʃaasasa**.

tʃaasadaa [tʃáásàdāā] *n.* wooden comb. *pl.* **tʃaasadaasa**.

tʃaasaɲɪŋ [tʃáásáɲíŋ] *n.* tooth of a comb. *pl.* **tʃaasaɲɪŋa**.

tʃaasi [tʃáásí] *v.* to cry with loud voice, to shout strongly and suddenly, to exclaim • *ò̀ tʃáásí dí lɔ́ɔ́lì tʃíŋá.* He shouted at the car for it to stop. *ò̀ tʃáásūū dí ò̀ò̀ dìà káá dí dīŋ.* She is shouting that her house is burning.

¹**tʃaasi** [tʃààsì] *v.* **1** to comb • *ŋ̀ wà kpágá ɲúpóná ká à tʃààsì.* I do not have hair to comb. **2** to sweep, to clear out rubbish • *tí tʃáāsī bár dí ìì ɲíná káá dì kìndííliè.* Do not sweep the place when your father is eating.

²**tʃaasi** [tʃààsì] *v.* to imitate, to mimic • *tí tʃáāsī à báàl dì válíí tʃèrá, gàràgá káá jāāō kéŋ.* Do not imitate the man's walk, sickness made him so. *syn:* **dɪŋa**

tʃabarɪga [tʃàbárígà] *n.* wickedness.

¹**tʃaga** [tʃàɣà] *v.* to face, be or go towards • *kpá ìì sìé tʃàgà wìtʃélíí.* Face west. *sȁ̀ȁ̀ à dìanóȁ̀ tʃàgà dààzèŋ háŋ.* Build the door such that it faces this big tree. *líé ìì sóó kà tʃágà?* Where are you going?

²**tʃaga** [tʃàɣà] *v.* to produce a liquid through straining with sieve or filter, e.g. in making soap or in brewing local beer • *tʃàgà sìŋtʃááŕá já ɲóȁ̀.* Strain the malt to make beer so we can drink.

³**tʃaga** [tʃàɣá] *n.* type of basket made out of a gourd suspended from the roof by fibre. [*oldfash*]. *pl.* **tʃàgá**.

⁴t͡ʃaga [tʃàɣà] *v.* to cause an increase in number, to grow and multiply • *m̀ pènììzèŋ háǹ tʃágáʊ́*. My large sheep produces multiple lambs regularly. *tèŋèsì ìì tʃéléé ɲúú nó, á tʃágà.* Prune your tomatoes, they will shoot more branches.

⁵t͡ʃaga [tʃàɣà] *n.* to support • *ŋmènà dáá wà tʃàgà gbélnáã́ tíŋ jà kàà sāŋā ʊ̀ múŋ ní kéǹ*. Cut a stick and come support the branch we sit under.

t͡ʃagalɪ [tʃàɣǎlì] *v.* to teach, show, or indicate • *bà fì tʃágálíjá wā bántʃáʊ́hɪ́wíí kùò nī*. They taught us how to trap at the farm. *tʃágálíŋ à kùò tíwīī*. Show me the road to the farm. *ʊ̀ tʃágálí ʊ̀ʊ̀ tìntìn ná kìŋkáǹ*. He shows off too much.

t͡ʃagamɪ [tʃàɣàmì] *cf:* **tie** *v.* to chew, to masticate • *tʃàgàmì à kpááŋ à lìlè*. Masticate and swallow the yam.

t͡ʃagasɪ [tʃàɣǎsì] **1** *pl.v.* to wash, e.g. clothes, floor, house • *ǹ ŋmá ǹǹ nùhʊ́ wá pāā ǹǹ kìndóŋó kà tʃàgàsì*. I told my grandchild to come and take my dirty clothes and wash them. **2** *v.* to menstruate • *dì hã́ã́ŋ kà tʃágásɪ àká kʊ̀ɔ̀rɪ sììmáà ǹ ɲíná wàá dì*. If a woman menstruates and cooks food, my father will not eat.

t͡ʃagasɪɪ [tʃáɣásíí] *n.* menstrual period • *tʃágásíí jáá nìhã́ã́ná wíí rá*. Menses is a women's phenomenon. *syn:* **doŋojaɪ**; **nɪsɔnɪɪ**

t͡ʃagt͡ʃag [tʃáɣətʃák] *n.* tattoo. *pl. tʃagtʃagsa.*

t͡ʃagt͡ʃagasa [tʃáɣtʃáɣásá] *n.* **1** individual who washes the clothing of a diseased person. **2** person menstruating. *pl. tʃagtʃagasasa.*

t͡ʃagbarɪga [tʃàgbárɪ́gá] *cf:* **tɔta** *n.* palm leaf whip. *pl. tʃagbarɪgasa.*

¹t͡ʃakalɪ [tʃàkálíí] *n.* ethnically Chakali person. *pl. tʃakalɛɛ.*

²t͡ʃakalɪ [tʃàkálíí] *n.* Chakali language.

t͡ʃal [tʃál] (*var.* tʃɛl) *n.* blood. *pl. tʃalla.*

t͡ʃalasɪ [tʃàlǎsì] *v.* (*var.* tʃɛlɪsɪ) **1** to pay attention to, to keep track of, be careful • *tʃálásí nʊ̃́ã̀ à wíé wíwíré*. Pay attention and listen to the matter carefully. **2** to wait • *bà tʃálásʊ̀ʊ̀ bá náɪ*. They are waiting to see you.

t͡ʃalɪhɔ̃ʊ̃ [tʃálɪ́hɔ̃̀ʊ̃sa] *n.* type of grasshopper. *pl. tʃalɪhɔ̃ʊ̃sa.*

t͡ʃama (*var. of* tʃɛma)

t͡ʃamɪnɪã [tʃàmìnɪ̌ã́] *pl.n.* boil, small abscesses. *pl. tʃamɪnɪ̃sa.*

t͡ʃaŋ [tʃàŋ] *n.* fishing net. *pl. tʃanna.*

t͡ʃaŋŋɪ [tʃáŋŋí] *v.* to offer willingly • *dì ʊ̀ dí sììmáà ʊ̀ʊ̀ wàà tʃáŋŋí nārā*. When he is eating he offers reluctantly to people and hopes for a refusal. *dì ʊ̀ dí sììmáà ʊ̀ʊ̀ já tʃáŋŋí nārā*. When he is eating he offers willingly to people.

¹t͡ʃaŋsɪ [tʃàŋsɪ] *v.* to catch or receive something with two hands • *tʃàŋ-*

sì bɔ́ɔ̀l à jùò tíéŋ. Catch the ball and throw it to me. *à bìé tʃáŋsí làà mòlèbíí àní gírímé ní.* The child received the money with respect.

²**tʃaŋsɪ** [tʃàŋsì] *v.* to be striped, typically on fabric • *à tàgàtà tʃáŋsí ábúlùnsō àní ápùlùnsá rā.* The shirt has black and white stripes.

³**tʃaŋsɪ** [tʃàŋsì] *v.* to give birth to both male and female in one's life, not at the same time • *à hã́ã́ŋ lōlāà tʃáŋsòò.* The woman has given birth to both sexes.

tʃaŋtʃɪeŋ (*var. of* **tʃaaŋtʃɪɪŋ**)

tʃaŋtʃul [tʃàŋtʃúl] *n.* absorbent cloth material used as diaper *syn:* **tambʊ**. *pl.* **tʃaŋtʃulo**.

tʃap [tʃáb] *ideo.* red-handed, in the act of committing a crime • *bátɔ́n kpágá ò ŋmíér tín tʃáp, ò sòmmì dí ó tɔ́ ò mūn nī.* Baton finally caught his thief red-handed, he begged for his silence.

tʃaparapĩĩ [tʃàpàràpĩ́ĩ́] *n.* Four-Banded Sandgrouse (*Pterocles quadricinctus*). *pl.* **tʃaparapĩĩna**.

¹**tʃara** [tʃàrà] *v.* to straddle, to sit with a leg on each side of something • *báál sáŋèḕ tʃàrà dáánáã́ ní.* A man straddles a tree branch.

²**tʃara** (*var. of* **tʃera**)

tʃaratʃara [tʃàràtʃàrà] (*var.* **tʃatʃara**) *ideo.* visual pattern of a heterogeneous design, like in the description of fabric or animal skin • *bɔ̀sá dʊ́ tʃàràtʃàrà.* The snake has a certain skin pattern. *pl.* **tʃaratʃarasa**.

tʃarɛɛ [tʃàréɛ̀] *n.* Western Wattled Cuckoo-Shrike, type of bird (*Lobotos lobatus*). *pl.* **tʃarɛɛsa**.

tʃarga [tʃárǎgà] *n.* intersection. *pl.* **tʃargasa**.

tʃasɪ [tʃásí] *v. cf:* **maŋa**; **tugo** (*var.* **kasɪ**) 1 to knock, to slap • *tʃásí ʊ̀ʊ̀ gàntàl ú síí dūō nì.* Slap his back to wake him up. 2 to pound in order to spread fibres and make soft, e.g. meat, tuber • *tʃásí kpòŋkpóŋ tá bī̄ nī.* Pound the cassava and leave it on a rock to dry. 3 to cough • *ʊ̀ʊ̀ fɔ̀fɔ́tà tʃɔ́gáʊ̀, ʊ̀ dì tʃásí.* His lungs have deteriorated, he is coughing.

tʃasɪa [tʃàsìá] *nprop.* Chasia village.

tʃasɪɛ [tʃàsíɛ̀] *n.* cough.

tʃasɪlɪɪ [tʃàsílíí] *n.* 1 person from Chasia. 2 lect of Chasia. *pl.* **tʃasɪlɛɛ**.

tʃasɪzeŋ [tʃásízèŋ] *lit.* cough-big *n.* tuberculosis, deadly infectious disease.

tʃatɪ [tʃátì] *n.* type of guinea corn. *pl.* **tʃatɪ**.

tʃatʃara (*var. of* **tʃaratʃara**)

tʃatʃawɪlɛɛ [tʃàtʃàwílɛ́ɛ̀] *n.* type of weaver bird (*Ploceus gen.*). *pl.* **tʃatʃawɪlɛsa**.

¹**tʃaʊ** [tʃàʊ́] *n.* 1 termites that attack yams under the ground by feeding on the sprouting vines of the yam setts (*Macrotermes*). 2 small termite mound. 3. *pl.* **tʃaʊna**.

²**tʃaʊ** [tʃáʊ́] *n.* tongs, grasping device. *pl.* **tʃawa**.

tʃawa (*var. of* **tʃɛwa**)

tʃel [tʃél] *n.* tree gum. *pl.* **tʃel**.

tʃele [tʃèlè] *v.* 1 to fall • *dì tʃálásì ì kàá tʃèlè.* Mind you don't fall. 2 to be deflated • *à hááŋ sákìrì tʃélé pɔ̀ntʃà.* The woman's bicycle wheel is deflated.

tʃele nɪɪ [tʃèlè níí] *lit.* fall water (*var.* **tʃelesi nɪɪ**) *v.* to swim • *ʋ̀ tʃélé níí à gí gɔ́ŋ.* He swam across the river. *ʋ̀ jáá tʃélésì níí rá.* She can swim.

tʃelesi nɪɪ (*var. of* **tʃele nɪɪ**)

tʃelii [tʃélíí] *cf:* **kalie** *n.* tomato. *pl.* **tʃelee**.

tʃelle [tʃéllé] *n.* 1 a person who breaks or disregards a law or a promise. 2 guilt. *pl.* **tʃellese**.

tʃeme [tʃèmè] *v.* to meet • *jáá tʃèmè dɔ́ŋà kàlá dìà nī.* We are going to meet each other at Kala's house.

tʃemii [tʃémíí] *n.* load-support, rag twisted and put on the head to support a load. *pl.* **tʃemie**.

tʃemĩĩ (*Gu. var. of* **temĩĩ**)

tʃensi [tʃénsì] *n.* roofing zinc plate. *pl.* **tʃensise**.

tʃeŋdʒi [tʃéndʒì] *n.* loose change, money returned as balance. (ultm. English <*change*).

tʃerim [tʃérím] *cf:* **surum** *ideo.* quietly • *à hááŋ sáŋà tʃérím.* The woman sat quietly.

tʃesi [tʃésí] (*var.* **kesi**) *v.* to sieve, to sift • *tʃésí sàʋ̌.* Sift the flour.

tʃesu [tʃèsǔ] *interj.* expression of surprise and unexpectedness.

tʃeti (*var. of* **keti**)

tʃetʃe [tʃètʃé] *n.* wheel. (Hausa <*keke*). *pl.* **tʃetʃese**.

tʃetʃelese [tʃétʃélésé] *cf:* **kpuŋkpuluŋso**; **kpuŋkpuliŋtʃelese** *n.* a person who has epilepsy • *tʃétʃélésé wáá tùò dùsèè nī.* No one is epileptic in Ducie.

tʃewii [tʃéwíí] *n.* dowry. *pl.* **tʃewie**.

tʃɛ (*var. of* **tʃa**)

tʃɛɛtʃɪ [tʃɛ́ɛ́tʃì] *n.* church. (ultm. English).

tʃɛɛtʃɪbie [tʃɛ́ɛ́tʃìbìé] *n.* Christian.

tʃɛ̃ĩ [tʃɛ̂ĩ] *interj.* newness and attractiveness of an item • *bákúríí jáwá gàfɔ́líí tʃɛ̂ĩ à tìè ʋ̀ʋ̀ hááŋ.* Bakuri bought a brand new cloth to give to his wife. *ʋ̀ ká lísí mòlèbíé tʃɛ̂ĩ bánkì nī.* He went to the bank to withdraw new money. (Akan <*tʃɔ̃ĩ*).

tʃɛl (*var. of* **tʃal**)

tʃɛla [tʃɛ̀là] *v.* to reward for a performance • *lìì gòà ìì hááŋ tʃélíí hágásì.* Go and dance, your wife will reward you with candies.

tʃɛlɪntʃɪɛ [tʃɛ̀líntʃìɛ̀] *n.* type of grasshopper. *pl.* **tʃɛlɪntʃɪɛsa**.

tʃɛlɪsɪ (*var. of* **tʃalasɪ**)

tʃɛma [tʃɛ̀mà] (*var.* **tʃama**) *v.* to stir and mash flour and water with hands to make a solid substance, Gh. Eng. smash • *ʋ̀ tʃámá sʋ́l là.* She smashed the dawadawa powder. *làà kʋ́l tʃɛ̀mà, já nʋ̌ã̀.* Take this t.z. and mash it so we can eat.

tʃɛna [tʃɛ̀ná] *n.* friend. *pl.* **tʃɛnsa**.

tʃɛnɪtʃɛnɪ [tʃɛ̀nìtʃɛ̀nì] *ideo.* type of visual percept • *nàʊ̀námĩ̄ã̄ nṍṍ dṍ tʃɛ̀nìtʃɛ̀nì.* The cow fat is brownish-yellow.

¹**tʃɛra** [tʃɛ́rá] *n.* waist. *pl.* ***tʃɛrasa***.

²**tʃɛra** [tʃɛ̀rà] (*var.* ²**tʃara**) *v.* to exchange, to trade for goods or services without the exchange of money • *àŋ̀ kàá tʃɛ̀rà nṍṍ ní kpòŋ-kpōŋ?* Who wants to trade oil against cassava? *ŋ̀ kpá ŋ̀ŋ̀ kísìé tʃɛ̀rà kàrántìè.* I exchanged my knife for a cutlass.

tʃɛrakɪŋ [tʃɛ́rákíŋ̀] *n.* waist beads. *pl.* ***tʃɛrakɪna***.

tʃɛrbʊa [tʃɛ́rəbʊ̀á] *n.* hip. *pl.* ***tʃɛrbʊsa***.

tʃɛrɪgɪ [tʃɛ̀rìgì] *v.* to look different in appearance • *à kpáã́má tʃɛ́rígí dɔ́ŋá nī rā.* The yams are different in size. [*Tp*].

tʃɛtʃɛra [tʃɛ́tʃɛ́rà] *cf:* **tʃitʃara** *n.* bathroom. [*Ka*].

tʃɛwa [tʃɛ̀wà] *v.* (*var.* **tʃawa**) **1** to grab with fingers, tongs or teeth, to hold in place • *à váá tʃɛ́wá à ã́ã́ lúró, bà kpʊ́ʊ̃́.* The dog held the bushbuck's testicles, they killed it. *gàrzágátíí tʃɛ́wà ʊ̀ʊ̀ ɲúpʊ́ná.* A hairband holds her hair. **2** to operate upon swelling pores • *bà tʃɛ́wá kàlá nà̰à̰ʔĩ̀ã̰.* They operated upon the guinea worm on Kala's leg.

¹**tʃi** [tʃí] *v.* to spit through the upper incisors • *tʃí mùŋtʊ̀ɔ̀sá ŋ́ ná.* Spit saliva for me to see.

²**tʃi** [tʃí] *cf:* **tʊrɪ** *v.* really, certainly, verbal which puts emphasis on the event, the event is a priority for the speaker and must happen • *ŋ̀ kàá bàn tʃí tùgíí rē.* I will really beat you. *ŋ̀ ŋmá wìɛ́ dì tíɛ́ à bìɛ̀ ré, ká ʊ̀ wà tʃíjē dì nṍʊ̃̀.* I am talking to the child but he really does not want to listen. *ŋ̀ kàá tʃí kààlʊ̀ʊ̃̄.* I will definitely go. *kàlá kàá tʃí wàá báàn nā.* Kala will certainly come here.

tʃiesii (*var. of* **kiesii**)

tʃig [tʃíg] *n.* fishing trap. *pl.* ***tʃige***.

tʃige [tʃìgè] *v.* *cf:* **tɔ** **1** to cover, to trap under, to put on face down, to turn upside down, to be upside down • *ń tʃígè ǹǹ ɲíŋtʃígè.* I am going to put on my hat. *à vìí tʃígé à dààkpútíí ní.* The pot is face down on the tree stump. **2** to inhabit • *já bírà à wà tʃìgè dùùsèé.* Let's return to inhabit Ducie.

tʃigesi [tʃìgě̀sì] *pl.v.* to turn, to cover many things • *m̀m̀ páá à hènsá à tʃígésūū.* I am turning the bowls upside down.

tʃii (*var. of* **kii**)

tʃiime [tʃììmé] *n.* headgear, scarf, or cloth used to cover the head of a woman • *ʊ̀ vʊ́ʊ̃́ tʃììmé ré.* She wears a headscarf. *pl.* ***tʃiinse***.

tʃiini (*var. of* **kiini**)

tʃiir [tʃìːr] *cf:* **kii** (*var.* **kiir**) *n.* taboo, traditionalism. *pl.* ***tʃiite***.

tʃiirikaleŋgbʊgʊtɪ (*Gu.* var. *of* **kaleŋgbʊgʊtɪ**)

tʃimmãã [tʃímmã́ã́] *cf:* **kilimie** (*var.* **kimmãã**) *n.* pepper. *pl.* **tʃimmãã**.

tʃimmehʊlɪ [tʃímmèhʊ̀lɪ́ɪ́] *n.* dried pepper. *pl.* **tʃimmehʊlɪɛ**.

tʃimmesaʊ [tʃímmèsàʊ̆] *n.* ground dried pepper.

tʃimmesɔŋ [tʃímmèsɔ́ŋ] *n.* fresh pepper. *pl.* **tʃimmesɔna**.

¹**tʃinie** [tʃíníè] *n.* type of climber (*Ipomoea gen.*). *pl.* **tʃinise**.

²**tʃinie** [tʃíníè] *n.* rash, itchy pimples usually situated on the head and neck. *pl.* **tʃinse**.

tʃintʃeli [tʃíntʃélí] *n.* piece of broken clay pot. *pl.* **tʃintʃele**.

tʃiŋisi [tʃíŋìsì] *v.* to jump down • *gbɪ̃ã tʃíŋísí tʃùómó ní.* A monkey jumped down on a togo hare.

tʃitʃa [tʃítʃà] *cf:* **karɪma** (*var.* **titʃa**) *n.* teacher. (ultm. English). *pl.* **tʃitʃasa**.

tʃitʃara [tʃítʃàrá] *cf:* **tʃɛtʃera** *n.* bathroom. *pl.* **tʃitʃarasa**.

tʃitʃarabʊa [tʃítʃarabʊa] *n.* bathroom gutter.

tʃitʃasɔrɪɪ [tʃítʃàsɔ́rɪ́ɪ̀] *n.* roof gutter. *pl.* **tʃitʃasɔrɪɛ**.

tʃitʃi [tʃítʃi] *ono.* cockroach sound.

tʃiusũũ [tʃíúsṹṹ] *nprop.* tenth month. (Waali <*tʃíúsũũ*).

tʃɪ [tʃɪ] *pv.* tomorrow • *ɲ̀ tʃɪ́ kààmàsì kpṍ à kìrìnsá rá.* I will be beating and killing the tsetse flies tomorrow.

tʃĩã [tʃĩ́ã̌] *n.* (*var.* **tʃĩẽ**) 1 type of fly usually found in houses. 2 gun sight. *pl.* **tʃĩãsa**.

tʃĩãbii [tʃĩ̀ãbíí] *n.* dawadawa seed. *pl.* **tʃĩãbie**.

tʃĩãbummo [tʃĩ̀ãbúmmò] *n.* flesh fly, big black fly which feeds on carcasses (*Sarcophagidae fam.*).

tʃĩagɪ [tʃĩ́ágɪ́] *v.* to crack an object • *kùò ní, dì hìŋ tʃĩágɪ́ fàlá bà kàá fɪ́ábɪ́ɪ́ rā.* At the farm, if you break a calabash they will cane you. *syn:* **tesi**¹

tʃĩãma [tʃĩ̀ãmá] *n.* 1 noise • *má tá tʃĩ̀ãmá.* Stop the noise. *ant:* **surum** 2 quarrel • *má gìlà mà tʃĩámá tìŋ.* Stop your quarrel.

tʃĩãmɪ [tʃĩ̀ãmì] *v.* to make a noise • *tʃĩàmì báàn nī ká ḿ púsíí.* If you make noise, I will deal with you. *ì kà ŋmá kéŋ ǹ wà nṍã̌ dí bà tʃĩ́ãmì.* I could not hear what you said, they were making noise.

tʃĩãpɛtɪɪ [tʃĩ́ãpétíí] *n.* dawadawa seed shell. *pl.* **tʃĩãpɛtɪɛ**.

tʃɪarɛ [tʃɪ̀àrè] *v.* to winnow, to blow the chaff away from the grain • *má ká tʃɪ̀àrè mɪ̃́ã̌, mínzɔ́gá dúá à nī.* Winnow the guinea corn, there is chaff in it.

tʃɪasɪ (*var. of* **kɪasɪ**)

tʃĩãsɪama [tʃĩ̀ãsìàmá] *n.* small red fly usually found around domestic animals.

tʃĩẽ (*var. of* **tʃĩã**)

tʃɪɛmɪ (*var. of* **kɪɛmɪ**)

tʃɪɛŋɪ [tʃíɛ́ŋí] (*var.* **kɪɛŋɪ**) *v.* to crack, to break pot or cup into pieces • *à bóóná tʃíɛ́ŋǐ à vǐí bárá bálìɛ̀.* The goats have broken the cooking pots in two parts.

tʃɪɛrɪ [tʃíɛ́rí] (*var.* **kɪɛrɪ**) *v.* to take leaves from branches for preparing food • *tʃíɛ́rí kpɔ̀ŋkpɔ̀ŋpààtʃágá à tɔ̀ŋà dìsá.* Take some cassava leaves and prepare a soup.

tʃĩĩ [tʃíĩ́] *cf:* **sʊmmãã** *n.* dawadawa seed *syn:* **sʊlbii**. *pl.* **tʃĩã**.

tʃĩĩŋ [tʃíĩ́ŋ] *cf:* **bɪntɪratʃĩĩŋ** *n.* pair of ankle-rattles, percussion instrument. *pl.* **tʃĩĩma**.

tʃĩĩŋbaŋsii [tʃíĩ́ŋbáŋsíí] *n.* noise made by ankle bells worn by dancers.

tʃɪɪrɪ [tʃìɪ̀rì] *v.* to make tight, to be too tight • *sígmààɲúù tʃííríjáó, púró tàmá.* The mask is too tight, loosen it a little.

tʃɪɪrɪɪ [tʃìɪ̀ríí] *cf:* **kɪɪrɪɪ** *n.* type of wasp. [Gu]. *pl.* **tʃɪɪrɛɛ**.

tʃɪma [tʃìmà] (*var.* **kɪma**) *v.* to borrow, to lend • *tʃímíŋ mòlèbíí ŋ̀ ká jàwà dìsá.* Lend me some money to buy soup. *ŋ̀ kàá kìn tʃìmà mòlèbíí ré ì pé nɪ̋ɪ̋?* Can I borrow money from you?

tʃɪnɪnɪ [tʃíníní] *cf:* **tʃaaŋtʃɪɪŋ** *n.* insect which produces a loud noise in the hottest part of the dry season, especially in the afternoon. It marks the end of harmattan. [Gu].

tʃɪnɪnɪsa (Gu. *var. of* **tʃaaŋtʃɪɪŋ**)

tʃɪntʃɛrɪɪ [tʃíntʃéríí] *n.* edge • *zòò ŋ̀ŋ̀ dìá, ŋ̀ŋ̀ kàrántìà tʃóá à dìà tʃíntʃéríí ní.* Go in the house, my cutlass is at the edge of my room, somewhere along a wall. *pl.* **tʃɪntʃɛrɛ**.

tʃɪŋ kɛŋ [tʃíŋ kéŋ̀] *lit.* stand like that *v.* to ask someone to stop from moving, to stay in a position • *tʃíŋ kéŋ̀, púúpù káá wàà.* Stop, a motorbike is coming.

tʃɪŋa [tʃíŋá] *v.* to stand • *à báál tʃíŋà à dìà ɲúú nī.* The man stands on the roof of the house. *dáá fǐ tʃíŋà à dìà háŋ sōō nī.* A tree used to stand in front of that house.

tʃɪŋasɪ [tʃíŋásí] *v.* to put down, set down, especially of non-flat things • *kpá à bìè tʃíŋásí hàglíí nī.* Put the child on the ground.

tʃɪrɪbɔ [tʃìrìbɔ́] *n.* gun firing pin. (Akan). *pl.* **tʃɪrɪbɔsa**.

¹**tʃogo** [tʃògò] *v.* to ignite, to light a torch or a light • *tʃògò díŋ.* Ignite the fire. *tʃògò díŋ.* Open your torch light.

²**tʃogo** [tʃògò] *cf:* **tʃogosi** *v.* to peck, to strike with beak • *à zìmbíè tʃógó mímbíí dīgīī dígíí à dì dí.* The chick is pecking guinea corn grains one by one.

tʃogosi [tʃògòsì] *cf:* **tʃogo** *pl.v.* to peck • *à zál tʃógósí mímbíé à dì dí.* The fowl pecks guinea corn grains and eats.

tʃokoli [tʃókòlí] *n.* spoon. (Waali).

tʃokpore [tʃòkpòrè] *n.* type of bird. *pl.* **tʃokporoso**.

tʃonsi [tʃónsí] *v.* **1** to join • *làá à ŋméŋ tʃónsí ìì kín nì.* Take the rope and join it to yours. **2** to put in a row, or be in a straight line • *tìè à dààsá tʃónsí dóŋá nī.* Let the sticks be in a row.

tʃoŋgolii [tʃóŋgólíí] *n.* type of tree (*Gardenia erubescens*). *pl.* **tʃoŋgolee.**

tʃoori [tʃòòrì] *v.* to strain water to get impurity out • *tʃòòrì gónníí à ɲő̊ǎ̊, ǐ̊á̊ wàá bì ɔ̀rìì ní.* Strain the river water then drink it, so guinea worms do not swell you up again.

tʃopetii [tʃópétíí] *n.* type of fish. *pl.* **tʃopetie.**

tʃosi [tʃósí] *v.* to scout, to search for someone or something going from place to place • *à báál tʃósíjé à búúrè ɔ̀ɔ̀ há̊ǎ̊ŋ, ɔ̀ há wà zímá bátìŋ ɔ̀ kà káálíjé.* The man is searching for his wife, he does not know where she has gone.

tʃɔ [tʃɔ́] *v.* **1** to run • *tí tíé ìì váá gìlà à bő̊ő̊ná tʃɔ́.* Do not let your dog make the goats run. *ɔ̀ tʃɔ́ làá kàwàà tíwīī.* She ran along the pumpkin road. **2** to flee • *ǹǹ há̊ǎ̊ŋ tʃɔ́ jà dìà nī.* My wife fled from our house.

tʃɔbɪɛl [tʃɔ̀bìɛ̀l] *cf:* **ɲakpatɛ** *n.* type of termite. *pl.* **tʃɔbɪɛlla.**

tʃɔbul [tʃɔ̀búl] (*var.* **tʃɔɲuzeŋ**) *n.* termites that build giant mounds. *pl.* **tʃɔbulo.**

tʃɔga [tʃɔ̀ɣà] *v.* to spoil, to be spoiled, to destroy • *ǹǹ mǎ̊ǎ̊bìé tʃɔ́gá m̀m̀ pár rá.* My brother spoiled my hoe.

tʃɔgdʊ [tʃɔ̀ɣədʊ́] *n.* rotten meat. *pl.* **tʃɔgdʊsa.**

¹**tʃɔgɪɪ** [tʃɔ́ɣíí] *n.* type of weevil (*Curculionoidea*). *pl.* **tʃɔgɪɪ.**

²**tʃɔgɪɪ** [tʃɔ̀ɣíì] *n.* credulous, naive, or easily imposed person • *tʃɔ̀gíì wáá kìŋ kàràmì sùkúù.* A credulous person cannot learn in school.

tʃɔgɔmɪ [tʃɔ̀ɣɔ̌mì] *v.* to retrogress, to change to the worse • *kàlá mǎ̊á̊ àní ɔ̀ ɲíná sʊ́wá, ɔ̀ wíé tʃɔ́gɔ̀mì.* The mother and father of Kala died, his condition has changed to the worse. *m̀m̀ mòlbìé tʃɔ́gɔ́míjő̊ő̊, ǹ wàá kìŋ bì jàwà púpù.* My money situation has changed to the worse, I cannot afford to buy a motorbike any longer.

tʃɔgsɪ [tʃɔ̀gɔ̌sì] *v.* **1** to move an arm and hand up and down, especially to make a hole • *má tʃɔ̀gsì bɔ̀ɔ̀sá, já dǔ̊ů̊.* Make holes for us to sow. **2** to arrange in order, to organise • *dì híŋ tʃɔ́gsāā wéré, à kpáámá kàà zőő̊.* If you arrange them well, the yams will all fit.

tʃɔgtaa [tʃɔ̀ɣətáá] *n.* appeasing gift as apology. *pl.* **tʃɔgtaasa.**

tʃɔ̃ĩ [tʃɔ̃́í̃] *n.* ramrod, stick used to press gunpowder in the barrel. *pl.* **tʃɔ̃ĩna.**

tʃɔkdaa [tʃɔ̀ɣədáá] *n.* dibble, farm instrument with long shaft and spoon-shape extremity but no concavity. *pl.* **tʃɔkdaasa.**

tʃɔkɔŋa [tʃɔ̀kɔ̀ŋá] *n.* large termite mound. *pl.* **tʃɔkɔŋasa.**

tʃɔnuzeŋ (*var. of* **tʃɔbul**)

tʃɔpɪsɪ (*var. of* **tʃʊʊsɪn pɪsa**)

tʃɔra [tʃɔ̀rà] *v.* for plants, to sprout after cutting • *tɔ́má ká ŋméná sūōŋ sàā̀ tùtó, à súóŋ bí tʃɔ́ráō̄*. Toma cut the shea tree to make a mortar, it sprouted with shoots from the stump.

tʃɔrɪgɪ [tʃɔ̀rǐgì] *v.* to smash fresh tubers, intentionally or by accident • *ùù bíé tʃṹŋá à kpáámá à lìì kùó dì wāā à tʃèlè, ámúŋ̀ tʃɔ̀rìgì*. His child carried the yams from farm and fell on his way back, they were all smashed.

tʃɔrɪmɪ [tʃɔ̀rìmì] *n.* to be unreliable, cannot be trusted • *tí wá kpā mò-lèbíé dì tíé kàlá, ʊ̀ʊ̀ tʃɔ́rímíjáʊ̃́*. Do not give money to Kala, he is unreliable.

tʃɔzʊʊr [tʃɔ́zō̄ōr] *n.* infection. *pl.* **tʃɔzʊʊra**.

tʃugo [tʃùgò] *v.* 1 to shove, to push forward or along, or push rudely or roughly • *à nɔ̀nīí tʃúgó ùù bìé tá*. The cow pushed her calf away. 2 to be deep and long • *à nàmbùgò bɔ̀ɔ́ tìŋ tʃúgó tùú*. The hole of the aardvark is deep down.

tʃugosi [tʃùgǒsì] *pl.v.* to shove repeatedly • *tíí tʃūgōsì m̀m̀ bàmbíí kéŋ*. Do not shove at my chest like this.

tʃũĩtʃũĩ [tʃṹítʃṹí] *cf:* **sɪama** *ints.* pure, complete, or very red • *sìàmá tʃṹí-tʃṹí*. very or pure red.

tʃumo [tʃùmò] *cf:* **furusi** *v.* to take large sips, large quantities at once • *hákúrí tʃúmó à kùbíí múŋ*. Hakuri drank all the porridge in large sips.

tʃuomo [tʃùòmó] *n.* Togo hare, Gh. Eng. rabbit (*Lepus capensis*). *pl.* **tʃuoŋso**.

tʃuomonaatɔwa [tʃùòmónàatɔ̀wá] *lit.* rabbit-shoes *cf:* **tomo** *n.* thorny and dried flower of the tree named *tomo*. *pl.* **tʃuomonaatɔʊsa**.

tʃuoŋ [tʃùóŋ] *cf:* **suoŋ** *n.* shea nut seed. *pl.* **tʃuono**.

tʃuoŋbul [tʃùòmbùí] *n.* liquid waste of shea butter making process.

tʃuori [tʃùòrì] *n.* to strain liquid through sieve in making porridge.

tʃurugi [tʃúrǔgí] *pl.v.* to pull out many with force • *pèù tʃúrúgì ǹǹ tʃénsì hèmbíé*. The wind pulled the roofing nails out.

tʃurutu [tʃúrútú] *ints.* very true, in accordance with facts • *à wíŋmáhá́ bʊ̀à nī à báál kpágá wídííŋ ná tʃúrútú*. Within the settling of their matter, the man was very right.

tʃuti [tʃútí] *v.* to pull out, e.g. teeth, nail or horn, to pry out, to loosen, to uproot, to unearth • *tʃútí hèmbíí tīēŋ*. Pull out the nail and give it to me. *ǹǹ ɲíŋ dígímáɲá tʃútíjē*. One tooth of mine has been pulled out.

tʃutʃug [tʃùtʃúk] *n.* type of closed single headed gourd drum, second largest after *bɪntɪrazeŋ*. *pl.* **tʃutʃugno**.

tʃuur [tʃúúr:] *ideo.* very, exactly, identifying the exact identity of something • *bánɩ́ɛ́ láá dī dí tʃàkàlì tàà tʃúúr jáá dùsíélíí.* Some believe that the exact Chakali language is the one from Ducie.

tʃuuri [tʃùùrì] *v.* 1 to pour liquid, as in from a water basin held on the head to a container on the ground, or from cup to cup with warm drinks to mix their content or cool them • *tʃùùrì à tíí já nʋ́ã̀.* Pour the tea from one cup to the other continuously for us to drink. 2 to pour grains or nuts from the roof of a house to the central ground • *má tʃūūrì à zàgá ní.* Drop them on the ground of the house.

tʃuuse [tʃùùsè] *v.* to suck in the liquid of a fruit • *à bìé tʃúúsé à lòmbúrò ró.* The child sucked the juice from the orange.

¹**tʃʊa** [tʃʊ̀à] *cf:* **saga**; **suguli**; **tɔŋa** *v.* to lie down • *ǹ tʃʊ́áwáʊ́.* I'm lying down.

²**tʃʊa** [tʃʊ́á] *lit.* lie *interj.* shut up.

tʃʊa duo [tʃʊ̀ò dúò] *lit.* lie sleep *v.* to sleep • *dìà tʊ́mā kàà tʃʊ́á dūō rò.* People in the house are sleeping.

tʃʊar [tʃʊ́ár] *n.* line, may describe a pattern on an animal skin or a mark on someone's face. *pl.* **tʃʊara**.

tʃʊl [tʃʊ́l] *n.* clay. *pl.* **tʃʊl**.

tʃʊma [tʃʊ̀mà] *v.* 1 to be bad • *kpã̀ã̀ŋtʃʊ̀má ì kpá tīēŋ.* You gave me a bad yam. *ant:* **were** 2 to be ugly • *à báál tʃʊ́mã̀ʊ̃̀.* The man is ugly. 3 to be lower than expectation, in terms of customs • *à báál tʃʊ́mã̀ʊ̃̀.* The man's behaviours are not correct. *pl.* **tʃʊnsa**.

tʃʊŋa [tʃʊ́ŋá] *v.* to carry load on the head • *gòmátíɩ́ná wàà kìn tʃʊ́ŋá bõ̀nnā.* A hunchback cannot carry loads on his head.

tʃʊŋgɔŋ [tʃʊ́ŋgɔ̀ŋ] *n.* chewing gum. (ultm. English <*chewing gum*). *pl.* **tʃʊŋgɔŋsa**.

tʃʊɔŋ [tʃʊ́ɔ́ŋ] *n.* type of fish. *pl.* **tʃʊɔna**.

tʃʊɔsa [tʃʊ̀ɔ̀sá] *n.* morning. *pl.* **tʃʊɔsa**.

tʃʊɔsɪn pɪsa [tʃʊ̀ɔ̀sìmpìsá] (*var.* **tʃɔpɪsɪ**) *n. phr.* day break, early morning • *tʃʊ̀ɔ̀sìn pìsá háŋ nī à lúhò téléjé.* This early morning, the funeral came to us.

tʃʊʊri [tʃʊ́ʊ́rí] *v.* to tear into pieces, or be torn, beyond possibilities of reparation • *ǹǹ gàtɔ́ɔ́lɩ́ì múŋ tʃʊ́ʊ́rìjē.* My cloth is torn all over.

tʃʊʊsɪ [tʃʊ́ʊ́sí] *v.* to tut, expressing disdain, to make an ingressive derogatory sound with the mouth, Gh. Eng. to paf • *bà wà tʃʊ́ʊ́sí lòbìsé, bà wà nɔ́ŋá kéŋ.* They do not make derogatory sound to Lobis, they do not like this.

u

u (*var. of* ʊ)

¹ugo [ʔùgò] *v.* **1** to proliferate, to multiply • *ǹǹ náɔ́ná úgóó*. My cattle have multiplied. *ǹ ɲíná ká sīārì síí párɨ́ɨ́ ní, ʊ̀ kpààmpàréɛ̀ úgóó*. Because my father is taking farming seriously, his yam farm has increased in size. *syn*: **wasɪ** **2** to swell, to expand • *jàà nɨ̄ɨ̄ dʊ̀ à gààrɨ́ɨ́ ní à úgò*. Pour water in the *gaarii* for it to expand.

²ugo [ʔùgò] *v.* to bring up food purposely, push up food from the stomach to the mouth • *à váà úgó nàmɨ̌ɛ́ tìè ùù bìsé*. The dog brought up meat from his stomach for its puppies to eat.

ugul [ʔúgúl] *n.* type of fish. *pl.* **ugulo**.

uguli [ʔúgúlí] *v.* to push up earth, as when seedlings germinate • *kpááŋsíé káá úgúlūū*. The yam shoots are coming out.

ul [ʔúl] *n.* navel. *pl.* **ulo**.

ulo [ʔùlò] *v.* to carry in arms • *sìì làarɪ̀ kìná túú kààlì ká làà ɨ̀ ɲíná úló kpáámá à wāā*. Stand up, get dressed, go down to your father, and bring yams.

ulʊa [ʔùlzʊ̀á] (*var.* **zʊa**) *n.* umbilical cord. *pl.* **ulʊasa**.

uori [ʔùòrì] *v.* to shout to alert others, especially done at the farm • *ù úórí kìnkáŋ, bà tʃɔ́ wàà làgá*. He shouted very loud, they ran quickly to him.

uu (*var. of* ʊ)

ũũ [ʔṹṹ] *v.* to bury • *ʊ̀ʊ̀ náàl zìbìlím ṹṹ mòlèbíé à ká sʊ̀wà*. His grandfather Zibilim buried money and died.

ʊ

ʊ [ʊ] (*var.* **uu, ʊʊ, u**) *pro.* third person singular pronoun • *ʊ́ʊ́ tʊ́mà kódì já túgúú*. Either he works or we beat him.

ʊɔlɪ (*var. of* ɔɔlɪ)

ʊtɪ [ʔʊ̀tɪ̀] *v.* to knead by folding, mixing and working into a mass, especially fufu • *ʊ̀tɪ̀ à kàpálà já dí*. Knead the fufu so we can eat.

ʊʊ (*var. of* ʊ)

ʊʊwa [ʊ́ʊ́wà] *pro.* third person singular emphatic pronoun.

V

vaa [váà] *n.* dog *synt:* ¹**nõãtɪɪna**. *pl.* **vasa**.

vãã [vã̀ã̀] *v.* to be beyond one's power • *ásɨ̀bɨ́tɪ̀ kàntʃɨ̀má vã́ã́ ǹǹ* *fɔŋá ní rā*. The hospital bill is beyond my capacity.

vaaŋ [vààŋ́] *cf:* **hɪ̃ɪ̃** *n.* animal front leg. *pl.* **vaaŋsa**.

vaaŋpɛr [vààmpɛ́r] *n.* shoulder blade. *pl.* **vaaŋpɛta**.

vaarɪ [vààrɪ̀] *v.* to do something abruptly • *ʊ̀ kpá à tɔ́n nà váárɪ̀ téébùl ɲúú nī*. He put the book down on the table abruptly.

vaasɪ [vààsɪ̀] *v.* to rinse • *nàmɪ̃̀ã́ tʃélé hàglíí nī ŋ̀ zòrò vàà sɪ̀ níí*. The meat fell on the ground; I picked it up and rinsed it.

vagan [vágáŋ] *n.* rabies.

vala [vàlà] *v.* to walk, to travel • *nɪhã̌ã́ná válá kààlɪ̀ sɔ̀glá lúhò*. Women walked to the funeral in Sawla.

valor [válòr] *n.* female puppy.

vanɪɪ [vánɪ̄ɪ̄] *n.* bitch, female dog.

vara [várá] *v.* to castrate • *ŋ̀ kàà várá nɪ̀ɪ̀ váwál lá*. I will castrate my male dog. (Waali < *vara* 'castrate').

vatĩõ̌ (*var. of* **batĩõ̌**)

vawal [váwāl] *n.* male dog.

vawalee [váwáléè] *n.* male puppy.

vawie [váwìé] *n.* puppy. *pl.* **vawise**.

vɛsɪ [vésí] *v.* to grow a little in height • *nɪ̀ɪ̀ kà wáā nā à biè dɪ̀ ʊ̀ʊ̀ bí vésí*. When I came to see the child, he had grown a bit.

vɛtɪɪ [vètɪ́ɪ̄] *n.* mud. *pl.* **vɛtɪɪ**.

vige [vìgè] *v.* to skim out, to move or push away obstacles • *vìgè nɪ́ídóŋó tá, ká dɔ̀ɔ̀*. Skim the debris from the water and draw some out. *bákúríí vígé à bìsé tā*. Bakuri pushed the children away in order to pass.

vii [víí] *n.* cooking pot (type of). *pl.* **viine**.

viibagɛna [vììbáɣəná] *n.* neck of a container.

viigi [vìɩ̀gì] *v.* **1** to swing around • *nɪbáálā kàà vīīgì tébínsìgmàá*. Men will swing the bullroarer. **2** to shake head from side to side • *à tɔ́ɔ́tīīná víéwó ká vìɩ̀gì ʊ̀ʊ̀ ɲúù*. The landlord refused and shook his head.

viisɪama [víísìàmá] *n.* type of water container made out of reddish clay. *pl.* **viisɪansa**.

viisugulii [vììsùgùlíì] *n.* type of cooking pot which forms a stack when put together. *pl.* **viisugulee**.

vil [vìl] *cf:* **kɔlɔ̃ŋ** *n.* a well, a deep hole into the earth to obtain water. *pl.* **ville**.

vilimi [vílímí] *v.* to spin round and round • *ɲìnè nɪ̀ɪ̀ sákɪ̀rnã́ã́ nà, ʊ̀ʊ̀ márà à vílímüü?* Look at my bicycle tire, is it turning well?

viwo [víwò] *n.* **1** to wag • *à váá kàà víwò ʊ̀ zín nē*. The dog is wagging his tail. **2** to suffer from erectile dysfunction • *kàlá zín wàà víwò*. Kala suffers from erectile dysfunction.

vɪa (*var. of* **vɪɛ**)

vɪɛ [vìè] *v.* (*var.* **vɪa**) **1** to refuse, to reject, to neglect • *bà víé dí bá* *wá tòmà jà tōmā.* They refused to come to do our work. **2** to abandon • *à hã́ã́ŋ víɛ́ ùù bìsé tà.* The woman abandoned her children.

vɪɛhɪɛga [víɛ́híɛ́gá] *cf:* **vɪɛhɪɛgɪɛ** *interj.* title and praise name for the **vɪɛhɪɛgɪɛ** clan.

vɪɛhɪɛgɪɛ [víɛ́híɛ́gíɛ́] *cf:* **vɪɛhɪɛga** *nprop.* clan found in Gurumbele.

vɪɛŋ [vìèŋ] *pv.* other, in addition • *kùórù zàgá dígíí víɛ́ŋ dɔ̀à lóólībānīī nī.* The chief has another house in the Looli section. *vìèŋ kààlì à hã́ã́ŋ pē.* Return to the woman. *nárá bátòrò víɛ́ŋ wàà.* Three persons came in addition. *kàlá kàá vìèŋ dī.* Kala will eat in addition to what he has eaten already.

vɪɛra [víɛ́rá] *n.* dirt, rubbish. *pl.* **vɪɛra.**

vɪɛrɪ [víɛ́rí] *v.* to miscarry • *ǹǹ hã́ã́ŋ ná sígmààsá wá ɔ̀ wà dí lúlíí, à víɛ́rí tà.* My wife saw the masks and she did not take the medicine, she had a miscarriage.

vɪɛzɪŋtʃɪa [vìèzìntʃíá] *lit.* refuse-know-tomorrow *n.* ungrateful.

vɪnnɪnnɪ [vínnínní] *ideo.* long and thin • *à tántààníí dɔ́ kēn vīnnīnnī.* The earthworm is long and thin.

vɪra [vìrà] *v.* to hit with fast and hard motion, to hit with a stone using a catapult in order to kill, to kick with the foot in order to wound, to push or knock over something • *bákúrí lísí ɔ̀ɔ̀ nã́ã́ vìrà ùù bìé múŋ.* Bakuri hit the child's buttock with his foot. *làà táájà vìrà zímbíè tīēŋ.* Take the catapult and shoot the bird for me.

vɪsɪ [vísí] *v.* to pull with a quick or strong movement, to pull away with force • *vísí à ɲínɛ́ɛ̃́, ù díù.* Pull in the fish, it is eating the bait. *vísí à bìé wà lìì dìà nī, díŋ kàá díù.* Pull the child out of the room, or else the fire will burn him.

vɪsɪŋ [vísíŋ] *n.* type of climber (*Psychotria conuta*). *pl.* **vɪsɪma.**

vɪtɪ [vìtì] *pl.v.* to prance, to spring forward on the hind legs, to kick the legs • *bà vɔ́wá à píésí ré ɔ̀ dì vítì nã̀ã̀sá.* They tied the sheep and it was kicking, thrashing about.

voŋgolii [vóŋgólíí] *n.* hollow percussion wood instrument made resonant through one or more slits in it. *pl.* **voŋgolie.**

votii [vótìì] *n.* election. (ultm. English < *vote* 'vote').

vɔg [vɔ̀ǵ] *n.* south.

vɔgla [vɔ́ɣəlá] *n.* Vagla person. *pl.* **vɔglasa.**

vɔgtimuŋpeu [vɔ̀ɣə̀tììmúŋpèù] *lit.* south-east-wind *n.* south-east wind.

vɔlɔŋvɔlɔŋ [vɔ́lɔ́ŋvɔ́lɔ́ŋ] *ideo.* smooth and slippery, even, or flat surface • *à dìàpátʃìgíí dɔ́ vɔ́lɔ́ŋvɔ́lɔ́ŋ kààlì à zàgá.* The floor of the room is smoother than the cement in the yard.

vɔtɪ [vɔ̀tì] *pl.v.* **1** to tie • *kpá zããlíɛ́ vɔ̀tì à dáá nī.* Tie the fowls to the tree. **2** to braid • *nìhǎǎ́nâ vɔ́tí bà ɲúú nō.* The women braid their hair.

vɔwa [vɔ̀wà] *v. cf:* **liɲe**; **laarɪ 1** to tie, to attach, to wind around • *ʋ̀ vɔ́wá à bʋ̋ʋ́n nā.* She tied up the goat. *bʋ̋ʋ́ná tíŋ kà wà vɔ́wá, má kpágásāā wàà.* The goats are not tied, you catch them and bring them. *ant:* **puro 2** to braid hair with thin plastic thread • *bàà vɔ́wà ɲúú rò à dáámúŋ ní.* They are braiding hair under the tree. **3** to wear, as a cloth attached around the waist • *kpá gàŕ vɔ̀wà ìì tʃárá.* Wear a cloth around your waist.

¹**vuugi** [vúúgí] *v.* to stir • *jàà sàʋ́ vúúgí nīī nī já ɲʋ̋ǎ̀.* Fetch some flour and stir it in the water for us to drink.

²**vuugi** [vúúgí] *v.* to be rude and impolite • *nààtíí́ná bìnìhǎán tìŋ vúúgìjō, ʋ̀ záámì nŕhīɛ̀sá rà kìì ʋ̀ sʋ̀á.* My uncle's daughter is rude, she greets elders like her agemates.

¹**vʋg** [vʋ́g] *n.* shrine. *pl.* **vʋga**.

²**vʋg** [vʋ̀g] *n.* prediction made using a shrine • *à vʋ̀g jáá dí ì kàá sʋ̀wàʋ̄ tɔ́mʋ̀sʋ́.* The prediction is that you will die the day after tomorrow.

vʋga [vʋ̀gà] *cf:* **pɪasɪ** *v.* to soothsay, to divine • *làà mòlèbíí ká vʋ̀gà tīēŋ, nʋ̋ʋ̀má dí dōmāŋ̀.* Take some money and soothsay for me, a scorpion bit me yesterday.

vʋgjoŋ [vʋ́gʋ̋jóŋ̀] *n.* shrine slave, person who is compelled to admit his witchcraft intention and becomes the servant of the shrine that found out about his or her intention. [*oldfash*]. *pl.* **vʋgjoso**.

vʋgnɪhĩɛ̃ [vʋ́gʋ̋nìhíɛ̃̀] (*var.* **fawietɪɪna**) *n.* the most elderly person at a shrine event, member of the lodge, who can take responsibility in case the leader is absent.

vʋgtɪɪna [vʋ́gʋ̋tíí́ná] *n.* a single person who owns a shrine, whose ownership is passed on by patrilineal inheritance. *pl.* **vʋgtʋma**.

vʋlʋŋvʋʋ [vʋ̀lʋ̀ŋvʋ́ʋ̀] *n.* type of wasp (*Hymenoptera apocrita*). *pl.* **vʋlʋŋvʋʋsa**.

vʋɔsɪ [vʋ̀ɔ̀sì] *v.* to release pus at intervals • *bà tʃáwá ǹǹ nǎ́á rā, ʋ̀ dí vʋ́ʋ́sì.* They operated my leg, it has an intermittent flow of pus.

vʋta [vʋ̀tá] *n.* prophecy, blessing or curse which can be uncovered by soothsaying • *kà lísí ì vʋ̀tá síínáá́rá pē nī.* Go and remove your curse with the soothsayer.

vʋʋrɪ [vʋ̀ʋ̀rì] *v.* to arrange, to decide, to make a plan or agreement • *jàà vʋ́ʋ́rōō já válà tʃíá.* We are arranging to travel tomorrow.

vʋvʋta [vʋ́vʋ́tá] *n.* soothsayer *syn:* **siinaara** . *pl.* **vʋvʋtasa**.

W

¹**wa** [wa] *cf:* **waa** (*var.* ⁵waa) *pv.* not • *ʊ̀ wà dí gbĩ̀ãsìàmá, ʊ̀ kír ré.* He does not eat monkey, he taboos it. *à dáánɔ́ŋ ká ŋmā ʊ́ʊ́ síárí ʊ̀ʊ̀ há wà síárījé* The fruit wants to be ripe but is not yet ripe. *sígá déŋíí wàà tʃɔ́gáá.* Preserving the cow peas will not let them go bad.

²**wa** [wa] *cf:* **ka** *pv.* ingressive particle, conveys the process from the starting point of an event • *jà kpàgà dàà dígíí rá jà jírúú ʔámbúlùŋ dì ʊ̀ wá nɔ̀nà à wàà bíì à nɔ́ŋ jáá bíréū.*

³**wa** (*cntrvar.* **wara**)

¹**waa** [wàá] *nprop.* Wa town.

²**waa** [wàà] *cf:* **baa** *v.* to come • *ǹ̀ wááʊ̃.* I am coming. *làgálàgá háǹ nì ʊ̀ wàà.* He came just now. *ǹ̀ wááwáʊ́.* I arrived.

³**waa** [wáá] *pro.* third person singular strong pronoun • *wáá hɪ́ɪ́ŋ.* He is older than me.

⁴**waa** [wàá] *cf:* **wa** *pv.* will not • *hámɔ́ŋ fíríí wàá tìɛ ʊ́ zímà náhɪ́ɛ̀.* Forcing a child will not make him clever. *à gérégíí wàá pītī.* The sick person will not survive.

⁵**waa** (*var. of* **wa**)

waal [wáál] *n.* Waala, person from Wa. *pl.* **waala**.

waaliŋzaŋ [wálínzáŋ] *n.* type of tree. *pl.* **waaliŋzaŋsa**.

waalɪɪ [wáálíí] *n.* language of Wa town and surroundings.

waapɛlɛ [wààpɛ́lɛ̀] *nprop.* former settlement between Ducie and Katua.

¹**waasɪ** [wáásí] *v.* **1** to state of liquid reaching the boiling point • *wáásí nīī ŋ́ kʊ́ɔ́rè tíí.* Boil some water, I am going to make tea. **2** to be angry • *ʊ̀ʊ̀ bárá káá wāāsī.* He is angry.

²**waasɪ** [wààsì] *v.* to pour libation, to communicate with the shrine • *jàà níí wààsì ìì vɔ́g.* Fetch water and pour libation on your shrine.

waasɪwɪɛ [wààsíwíɛ́] *n.* issues concerning a clan, clan rights and related performances in times of funerals, and taboos • *wààsíwíɛ́ bàà jáá.* They are doing their clan performance. *pl.* **wɔsawɪɛ**.

walanse [wɔ́lánsè] *n.* radio. (ultm. English <*wireless*). *pl.* **walansɪsa**.

walaŋzaŋ [wálánzáŋ] *n.* type of tree. *pl.* **walaŋzansa**.

war [wàr] *n.* cold weather.

wara [wárà] *cntr.* ³**wa** *dem.* specific, certain, particular, very • *à tɔ́ŋ háŋ wárà, ŋ̀ wà zímà ʊ̀ʊ̀ wíé.* This particular book, I do not know about it. *ŋ̀ dìà kíná jáá hámā mūŋ, ká kàlèŋ háŋ wā ŋ̀ dìà kín lèí.* All those items are mine, but this mat is not my belonging.

wasɪ [wàsì] *v.* to reproduce, to breed, to multiply by producing a generation of offspring • *ǹ̀ bʊ́ʊ́ŋ tíŋ wásíjʊ́ʊ́.* My goat has reproduced many offspring. *syn:* ¹**ugo**¹

watʃɛhɛɛ [wátʃɛ̀héɛ́] *n.* Gambian mongoose (*Mungos gambianus*). *pl.* **watʃɛsa**.

wegimi [wègǐmì] *v.* to be wild, to be untamed • *tí gílá à sṹṹnó wégímí.* Do not let the guinea fowls be wild.

weŋ [wèŋ́] *interrog.* which • *kpàā̀ŋ wèŋ́ ká nīī̀ŋ?* Which type of yam is this? *lùlí wèmé ìì kàà búúrè íí jáwā?* Which drugs you want to buy? *séŋwèŋ́ ì kàà wàà?* When will you return? *pl.* **weme**.

were [wèrè] *v.* to be good, to be handsome, to be beautiful • *ì gàrà háŋ̀ wéréú.* Your cloth is beautiful. *à báál wéré kìnkán nā.* The man is handsome. *ant:* **tʃʊma**[1]

weti [wètì] *v.* **1** to be independent, being able to live and judge on his or her own • *tìè ìì bié wétì.* Let your child do things and reason on its own. **2** to be active and competent • *à bìè wétíjó ànì sáákìr zénìì né.* The child is competent in bicycle riding.

wɛga [wègà] *v.* to open up slightly, to widen • *wègà ìì lógànò̃ã̀ ŋ́ ná ò̀ò̀ pàtʃígíí.* Open your pocket for me to look inside. *wègà à tìwíí lógúŋ níí dí válà dē.* Create a gutter for the water to pass by the road. *syn:* **pĩãnɪ**

wie [wìé] *n.* small, young *ant:* **hĩ̃ɛ** . *pl.* **wise**.

wieme [wìèmé] *n.* bohor reedbuck, type of antelope. *pl.* **wiense**.

[1]**wii** [ɥìì] *v.* to weep, to cry • *dí ŋ̀ mánī́ī, ì kàá wììū.* If I hit you, you will cry.

[2]**wii** [wîî] *n.* cannabis. (ultm. English <*weed*). *pl.* **wii**.

wiile (*var. of* **wilie**)

wiisi [ɥììsì] *v.* **1** to put fresh meat near hot coals *syn:* **pɛwa** . **2** to heat one's body by placing a towel over the head and around the body, trapping the steam or heat produced by the hot water or burning coal • *sùgùlì sɔ̀nìɛ́ lúlíí tīēŋ ŋ́ wíísì.* Boil some malaria medicine for me, I will trap its steam.

wile [wìlé] *n.* opposite position or direction than expected • *à gɔ́ŋ káá pālà wìlé ré zàháŋ̀.* The river is flowing in the opposite direction today. *tàgàtà wìlèsé bàmùŋ làà-rì.* They are wearing their shirt inside out.

wilie [wílíè] (*var.* **wiile**) *n.* sound that alerts people of a danger, made with the mouth • *dʒètīī káá dǒgǒníŋ, tʃɔ́ màŋà wílīē tìè nārā nī.* A lion is coming after me: run and alert the people. *ùù wíílé káá tʃīāmɔ̀ɔ̀.* His crying is unpleasant.

wiliŋ [wìlìŋ́] *n.* perspiration, sweat • *wìlìŋ káá jálá ŋ̀ nī.* Perspiration is coming out of me. *pl.* **wiliŋse**.

wiliŋsaŋa [wìlìŋsáŋà] *lit.* perspiration-time *n.* hottest period of the dry season.

wir [wír] *n.* snake skin after moulting. *pl.* **wire**.

wire [ɥìrè] *v.* **1** to undress • *jà wíré jà kíná rá àká valà gó dùùsèé múŋ nàå̀valĺ bítōrò.* We undressed then walked around Ducie three times. **2** to remove the skin of an animal, to shave a head • *wìrè à píésí tɔ́ŋ wàà.* Remove the skin of the sheep and come. **3** to moult, as when a snake cast off its skin • *bìná múŋ hàglíkfŋ já wìrèō.* Every year snakes moult.

wisi [wísí] *v.* to shake up and down as in winnowing.

wiwilii [wìwílíí] *n.* type of bird, large in size with shiny black feathers. *pl.* **wiwilee**.

wɪ- [wɪ] *cf:* **wɪɪ** (*var.* **wɔ, wʊ-**) classifier particle for abstract entity.

wɪdɪɪŋ [wídííŋ] *cf:* **dɪɪŋ**; **nɪdɪɪŋ**; **kɪŋdɪɪŋ**; **bidɪɪŋ** *n.* truth. *pl.* **wɪdɪɪma**.

wɪdɪɪŋtɪɪna [wídííntíínà] *n.* loyal and committed person.

¹**wɪɪ** [ɥìí] *v.* to be ill, to be sick • *ʋ̀ wàà wíì.* She is not sick. *ant:* ¹**laanfɪa**

²**wɪɪ** [ɥíí] *cf:* **wɪ-** *n.* matter, palaver, issue of abstract nature. *pl.* **wɪɛ**.

wɪɪla [ɥíílá] *n.* sickness • *bààŋ wíílá ká kpāgīī?* What sickness do you have? *pl.* **wɪɪla**.

wɪɪlɪɪ [wììlíì] *n.* quality of being injured or ill • *ìì nébíwììlíɛ̀ ká jàà áwèŋ̀?* Which fingers are those injured? *pl.* **wɪɪlɪɛ**.

wɪjaalɪɪ [wíjááĺīī] *n.* duty, moral obligation and activities that must be carried out • *sììmákʋ́ʋ́rɪ́ɪ́ jáá hǎ́ǎ́ŋ wíjááĺīī rà.* Food preparation is a woman duty.

wɪjalɪɪ (*var. of* **tiimuŋ**)

wɪkpagɪɪ [wɔ́kpágíí] *n.* behaviour or deeds. *pl.* **wɪkpagɛɛ**.

wɪkpegelegii [wɔ́kpégèlégíí] *n.* difficulty. *pl.* **wɪkpegelegee**.

wɪl [wíl] *n.* mark on body made by incision or paint. *pl.* **wɪla**.

wɪlɪgɪ [wílígí] *v.* to dismantle • *à lɔ́ɔ́likʋ́ɔ́rá wílígí à lɔ́ɔ́lì índʒì rē.* The mechanic dismantled the car's engine.

¹**wɪlɪɪ** [wílíí] *n.* star. *pl.* **wɪlɪɛ**.

²**wɪlɪɪ** [wílíí] *n.* tortoise. [*Mo, Ka, Tu, Ti*]. *pl.* **wɪlɪɛ**.

wɪlɪʋ [wílíʋ́] (*var.* **wɪlʋʋ**) *n.* kob (*Kobus kob*). *pl.* **wɪlɪsa**.

wɪllaaŋ [wílláàŋ] *n.* simple, light, trivial matter • *wílláámá* Any simple matters happening and my child gets angry. *pl.* **wɪllaama**.

wɪlʋʋ (*var. of* **wɪlɪʋ**)

wɪmuŋ [wímùŋ] *quant.* anything, everything • *wímùŋ wàà tùó ŋ̀ kàá jááʋ̄ kùsì.* There is nothing I cannot do. *wímùŋ nō ʋ̀ʋ̀ zìmà.* She knows everything.

wɪŋmahã [wɔ́ŋmáhǎ̃ã́] *n.* word, speech. *pl.* **wɪŋmahãã̀sa**.

wɪŋmalagamɪ̃ɛ̃ [wɛ̀ŋmálágámɪ̃ɛ̃] *n.* dictionary.

wɪsi (*Mo. var. of* **wʋsa**)

wɪtʃelii (*var. of* **tiiɲuu**)

wɪzaama (*var. of* **jarɪɛ**)

wɪzɪmɪɪ (*var. of* **naŋzɪnna**)

wɪzʊʊr [wìzʊ́ʊ́r] *n.* interruptive person. *pl.* **wɪzʊʊra**.

¹**wo** (*var. of* **ra**)

²**wo** [wó] *v.* **1** to produce and harvest the second yam, after the first has been cut off the plant • *dí ì wà híré ìì kpáámá à wàá wō*. If you do not dig your yams, they will not produce seedlings. **2** to excel at one's occupation • *à néésì wójòō àní hèmbíí tɔ́wíí ní*. The nurse excels at giving injections.

wojo [wòjò] *nprop.* Wojo, person's name.

wondʒomo [wòndʒómò] *n.* person who performs male circumcision. (Hausa, ultm. Arabic < *wanzaamì*).

woŋ [wòŋ́] *cf:* **dɪgɪnbirinse** *cf:* **dɪgɪnbirinsetɪɪna** *n.* deaf person or mute person, or both. *pl.* **wonno**.

woŋli [wòŋlì] *v.* to act boastfully • *kàlá fíí jā wòŋlì dɔ́ jà nī rā sùkúù nī*. Kala used to boast at school.

woo [wòó] *v.* to be empty, to be vacant • *à kàràŋbìè dígíí wá wāāwā ʊ̀ʊ̀ bàsáŋíí tʃɔ̀à wòó*. One student did not come, his place is vacant.

woori [wòòrì] *v.* to hoot at someone, especially of derision or contempt • *dí ì wá ŋmɪ̀ɛ̀ bà kàá wōōrīī*. If you steal they will hoot at you.

wosi [wósí] *v.* to bark • *à váá kàà wósʊ̄ʊ̄*. The dog is barking.

wou [wóù] *n.* second yam harvest. *pl.* **woto**.

wɔ (*var. of* **wɪ-**)

wɔgadɪ [wɔ́ɣádì] *n.* time. (Hausa, ultm. Arabic <*wokacì*).

wɔlɛɛ [wɔ́lɛ́ɛ́] *n.* type of fish. *pl.* **wɔlɛsa**.

wɔlɪɪ [wɔ́líí] *n.* **1** group of people considered colleagues or age mates • *tébín nì, ǹ ní ǹ sʊ̀àwɔ́lɛ́ɛ́ ká và-là*. At night me and my colleagues hang out. **2** blood related people forming a clan • *tʃíá gàŋwɔ́lɛ́ɛ́ tʃí kàá sāŋā à bóntí bàlúkʊ́ʊ́rè nàmɪ̀ã̀ rā*. Tomorrow the Gan clan will share their funeral meat. **3** ego's inferior, staff • *bàmùŋ jáá kùòrùwɔ́lɛ́ɛ́ wá*. Everyone is under a chief. *ǹ télé jàùsā ālìè dí ǹ wɔ́lɛ́ɛ́ wá bī náŋ túmá bār nī*. It is two weeks now that my staff has not seen me at work. *pl.* **wɔlɛɛ**.

wɔɔlɪ [wɔ̀ɔ̀lì] *v.* to skim off, to shake, to bring refuse to top • *wɔ̀ɔ̀lì à hɑ́ɑ́sá múŋ à mɪ̃́ ní*. Skim off the chaff from the guinea corn.

wɔra [wɔ̀rà] *v.* to strip, to come off, to shell (maize) • *tʃíá jà tʃí kàá wɔ̀rà à ɲàmmɪ́ɪ́ múŋ*. Tomorrow we will shell all the maize.

wɔsakuolo [wɔ̀síkūōlō] *cf:* **iko** (*Mo. var.* **wɔsɪkuole**) *nprop.* clan found in Sawla, Motigu, Tiisa, Tuosa, and Gurumbele.

wɔsalɛɛla [wɔ̀sìlɛ́ɛ́lá] *cf:* **ɪlɛ** *nprop.* clan found in Motigu.

wɔsasiile [wɔ̀sɩ̀síílé] *cf:* **ɩsi** *nprop.* clan found in Sawla, Motigu and Gurumbele.

wɔsatʃaala [wɔ̀sɩ̀tʃáálá] *cf:* **ɩtʃa** *nprop.* clan found in Ducie and Gurumbele.

wɔsatʃii [wɔ̀sɩ̀tʃíí] (*var.* **wɔsɪkii**) *n.* taboo inherited by clan affiliation. *pl.* **wɔsatʃiite**.

wɔsawɪɪla [wɔ̀sɩ̀wɪ́ɪ́lá] *cf:* **ɪwɛ** *nprop.* clan found in Sawla and Tuosa.

¹**wɔsɪ** [wɔ̀sɪ̀] *v.* to roast, to cook with dry heat in ashes, sand or over fire without oil, or to put directly on fire • *ìì bíé wɔ́sɪ́ kpáɑ́ŋ pétūū.* Your child finished roasting the yam. *ɔ̀ ŋmá dɪ́ ɲ́ɲ́ kpɔ́sɪ́ à sʉ̀ʉ́ áká wɔ̀sɪ̀ tɪ̄ēʊ̄.* She said I should singe off the guinea fowl and roast it for her.

²**wɔsɪ** [wɔ̀sɪ̀] *v.* to summon, to bring a case to a chief • *ɲ̀ wà kpágá mòlèbíé kàá kààlɩ̀ kùòrdɩà kà wɔ̀sɪ̀ bákúrí.* I do not have money to go to the chief's house and summon Bakuri.

wɔsɪkii (*var. of* **wɔsatʃii**)

wɔsɪkuole (*Mo. var. of* **wɔsakuolo**)

wɔsɪna [wɔ̀sɩ̀nà] *n.* type of yam. *pl.* **wɔsɪnasa**.

wɔsɪwɪjaalɪɪ [wɔ̀sɩ́wɩ́jáálɪ̂ɪ] *n.* clan funeral performance, includes duties like marks on a corpse, ways to handle a corpse, or accepting offerings. *pl.* **wɔsɪwɪjaalɪɛ**.

wɔtʃɪmãɪ̃ [wɔ̀tʃɪ̀mã̂ɪ̃] *n.* security guard. (ultm. English < *watchman*). *pl.* **wɔtʃɪmãɪ̃sa**.

wusi [wúsɪ́] *v.* to throb, to ache • *à bìè ŋmá dɪ́ ùù ɲúú kàà wūsī ùù nɪ̄.* The child said that he felt a throbbing in his head.

wuuli [wúúlí] *v.* to cook partially • *wúúlí à nàmɪ̃ã́ bìlè, já tʃɪ́ tɔ́ŋà.* Cook the meat partially, tomorrow we will boil it.

wʊ- (*var. of* **wɪ-**)

wʊhãã [wʊ̀hã̌ã́] *lit.* sun-bitter *n.* afternoon, approx. between 12 p.m. and 3 p.m..

wʊjalɪɪ [wʊ̀jàlɪ̂ɪ] *n.* east.

wʊra [wʊ̀rà] *v.* to thresh maize, or remove soil from a tuber • *námùnāā káá kìŋ wʊ̀rà ɲámmɪ́ɛ̃́.* Everyone can thresh maize. *wʊ̀rà kpáámá háglɪ́ɪ́ tā.* Remove the sand from the yams.

wʊrɪgɪ [wʊ̀rɪ̀gɪ̀] *v.* to collapse, to make collapse • *à zámpárágɪ́ɪ wɔ́rɪ́gɪ́jɔ́.* The resting area collapsed. *bɔ̌ɔ́ná wɔ́rɪ́gɪ́ ɲ̀ hàglɪbíé tā.* Goats scattered my heap of bricks.

wʊsa [wʊ̀sá] *n. cf:* **kuoso** (*Mo. var.* **wɪsɪ**) 1 god. 2 sun. 3 clan. *pl.* **wʊsasa**.

wʊtʃelii [wʊ̀tʃélíí] *n.* west.

wʊzaandɪa [wʊ̀zààndɪ̀á] *lit.* God-greet-house (*var.* **misiri**) *n.* mosque.

wʊzanɪhɪ̃ɛ̃ [wʊ̀zànɪ́hɪ̃ɛ̃̂] *n.* leader of any modern religion activities. *pl.* **wʊzanɪhɪ̃ɛ̃sa**.

wʊzʊʊrɪ [wɔ̀zʊ́ʊ́rɪ̀] *n.* day • *wɔ̀zʊ́ʊ́-rɪ̀ wèŋ lɔ́ɔ́lì káá wàà?* On which day comes the car? *à wɔ̀zʊ́ʊ́rɪ̀ ŋ̀ wàà tùwò nī.* That day I was not there. *wɔ̀zʊ́ʊ́rɪ̀ wèŋ ì kà lìì dùsèē wàà wàá?* On what day did you leave Ducie to come to Wa?

Z

zaa [zàà] *v.* to fly • *záárá hámà záá dì gó jà tɔ́ʊ̀.* These birds are flying over our village.

zaa paari [zàà pààrì] *v.* to nag, to excessively remind, to constantly bring back a matter • *gbòló mǎ́á záá dì pāārīŋ ʊ̀ tʃéŋdʒì wɪ́ɛ́.* Gbolo's mother keeps nagging me about her change.

zaajaga [zààjàgà] *n.* tiny bird with light weight, seen flying from tree to tree. *pl. zaajagasa.*

zaalɪ [zààlì] *v.* to float • *à ɲíŋsʊ̀wɪ́ɪ̀ zááli̇́ nī̄ ɲúú nī.* The dead fish floats on the water.

zaamɪ [zààmì] *v.* **1** to greet • *ŋ̀ záámɪ́ɪ́ rā.* I am greeting you. **2** to pray • *ŋ̀ záámì kúòsò rō dɪ́ ʊ́ wáá záàŋ.* I pray to God that he comes today.

zaaŋ [zààŋ̀] (*Mo. var.* **zɪlaŋ**) *n.* today • *ì kàá tɔ́má tìè à kùórù rō zàáŋ kāā tʃìà?* Will you work for the chief today or tomorrow?

zaaŋgbɛrɪ (*var. of* **kuudɪgɪnsa**)

zaar [záár] *cf:* **zimbie** *n.* bird. *pl. zaara.*

zaarhĩɛ̃ [zààrhɪ́ɛ̃́] *n.* type of vulture *syn:* **nãkpaazugo** . *pl.* **zaarhĩɛ̃sa.**

zaasɪ [zààsì] *pl.v.* to jump • *sɔ́mpɔ̀rèsáá záásɪ́ à wāā.* The frogs are jumping towards us.

zaawɪ [zààwì] *v.* to work or decorate with leather • *zìaŋ zááwɪ́ ùù kɪ́sìè rē.* Ziang decorated his knife with leather.

zaaza [zààzáá] *ideo.* up standing, upright • *m̀m̀ bìé káá tʃíɲá zààzáá rá, ʊ̀ʊ̀ há wà válà.* My child is standing upright, but cannot walk yet. (partly Oti-Volta <*za*).

zabaga [zàbáɣà] *n.* Gonja person. *pl. zabagasa.*

¹**zaga** [zàɣá] *n.* courtyard, compound. *pl. zagasa.*

²**zaga** [zàɣà] *v.* to be furious • *dʒèbùnì páá m̀m̀ bìé zómó, m̀m̀ bárá zàgà.* Jebuni insulted my son, I was furious.

³**zaga** [zàɣà] *v. cf:* **tuti** **1** to push, to shove • *má ká zàgà à lɔ́ɔ́lì ú síì.* You go and push the car for it to start. **2** to blow, of breeze or wind • *pèlèŋ káá zàgà.* We are experiencing a good breeze.

zagafĩɪ̃ [záɣǎfĩɪ̃́] *n.* yellow fever. *pl. zagafĩɪ̃sa.*

¹**zagalɪ** [zàɣàlì] *v.* to be worn out • *tɔ́má bìé kìnlàríè zágálíjéʊ́.* The clothes of Toma's child are worn out.

²zagalɪ [záɣálɪ́] v. to shake in order to empty, or to dust • zágálɪ́ à tàgàtà, à búmbɔ́r lìì. Shake the shirt to remove the dust.

zagan [záɣán] n. leper. pl. zagan.

zagansa [záɣànsá] n. leprosy. pl. zagansa.

zagasɪ [zàɣàsɪ̀] v. 1 to press down and support oneself when standing up • à nɪ́hɪ̀ɛ̂ zágásɪ́ à kór sìì. The elder supported himself on the chair to stand up. 2 to shake for fruits to fall • kà zágásɪ́ sūōŋ. Go and shake the shea tree for the fruits to fall.

zagatɪ [zàgàtɪ̀] v. to be holey, tattered, or damaged • hɪ́ŋ gɪ́lá à kàdáásì zàgàtì kéŋ̀. It is you who made the paper to be so damaged. ɪ̀ kàlèŋ zágátɪ́jáɔ́, jàwà áfɔ́lɪ̄ɪ̀. Your mat is tattered, buy a new one.

zahal [záhál] n. hen egg. pl. zahala.

zahalbapʊmma [záhálbápʊ̀mmá] n. egg white.

zahalbasɪama [záhálbásìàmá] n. egg yolk.

zahulii [záhúlíí] n. type of tree (Afzelia africana). pl. zahulee.

zakʊʊl [zákʷʊ́ʊ́l] lit. fowl-t.z. cf: kʊʊ n. yam tuber beetle grub (Heteroligus). pl. zakʊʊla.

zal [zál̀] cf: zɪmɪ̃ɪ̃ n. chicken, fowl. pl. zalɪɛ.

zamba [zàmbá] cf: dawarɛ n. spitefulness, plotting, action against the benefit or prosperity of someone. (Hausa <zambaa). pl. zamba.

zamparagɪɪ [zámpárágɪ́ɪ́] cf: zaŋ (var. gbɛlmuŋ) n. covered wooden platform used as a resting area. pl. zamparagɪɛ.

zantɛrɛɛ [zántɛ̀rɛ́ɛ̀] n. type of grass that germinates in early July.

zantɔg [zàntɔ́g] n. basket used as fish trap in shallow water. pl. zantɔga.

zanzɪg [zànzíg] n. type of plant. pl. zanzɪga.

zaŋ [záŋ] n. cf: zamparagɪɪ 1 wooden platform erected as a rest area. 2 nest. pl. zaŋa.

zaŋguoŋmuŋsulisu [zàŋgùòmmùŋsùlísù] n. type of grasshopper.

zaŋgbɪɛra [zàŋgbìɛ̀rà] nprop. Hausa people. pl. zaŋgbɪɛrasa.

zaŋgbɪɛrɪsabulugo [zàŋgbìɛ̀rìsábúlúgò] lit. Hausa-spring nprop. location south of Ducie. (partly Oti-Volta).

zaŋsa [zàŋsá] cf: gbege; kontii n. early farm preparation, just after bush burning, involving clearing the land and cutting trees. [Du].

zaŋsɪ [zàŋsɪ̀] v. to clear land, in preparation for new farm • m̀m̀ búúrè pápátásá ká zāŋsī kùó tīēŋ bìná háŋ̀. I need farmers to clear the land for a new farm this year.

zaŋtʃagalɪŋ [zàŋtʃàgàlɪ̀ŋ] n. hall, common room where visitors are received syn: lumbu .

zapɛga [zàpèga] n. outer part of a house, outside a house and its yard • wɔ̀sá gó zàpègàsá, ɔ́ ká kpàgà záàl. Wusa went at the outskirt of the house to catch a fowl. *pl. za-pɛgasa.*

zapuo [zápùó] *n.* hen, adult female fowl. *pl. zapuoso.*

zapuwie [zápúwìé] *n.* pullet, young female chicken.

zazɛhɛ̃ɛ̃ [zàzɛ̀hɛ́ɛ̃́] *n.* roofing pillar, supporting *dolo. pl. zazɛhẽsa.*

zene [zènè] *v.* to be big, to be large • *wɔ̀sá zéné káálí bá.* Wusa is the biggest among them. *sàŋkʷàŋ kùò wá zēnē, ùù kùò jáá wìèwìè rē.* Sankuang's farm is not big, it is very small.

zenii [zéníì] *n.* big. *pl. zenie.*

zeŋ [zèŋ́] *n.* big ant: ¹**boro** . *pl. zenee.*

zeŋsi [zèŋsì] *cf:* **duŋusi** *v.* to limp in a way to avoid the heel • *ʋ̀ʋ̀ náã́ tíŋ gílá ʋ̀ dì zéŋsì.* His leg makes him limp.

zɛpɛgor [zɛ̀pɛ̀gʷóɾː] *n.* type of hyena *syn:* **badaarɛ** . *pl. zɛpɛgoro.*

zɛsa [zèsá] *n.* type of gecko (*Hemidactylus*). *pl. zɛsasa.*

zigilii [zígílí] *v.* to shake, to shiver • *wàɾ tíɛ́ ʋ̀ dì zígílí.* The cold weather makes him shiver.

ziige [zíígé] *v.* to make shake • *pèú káá zīīgē dàásá.* The wind makes the trees shake.

zimbal [zímbál] *n.* cock, adult male fowl. *pl. zimbala.*

zimbelee [zímbéléè] *n.* cockerel, young rooster.

zimbie [zìmbíè] *n. cf:* **zaar** 1 any small bird. 2 chick of the fowl. *pl. zimbise.*

zimbimunzʋalʊnzʋa [zímbímùnzʊ̀à lʊ́nzʊ̀à] *n.* pin-tailed wydah, type of bird (*Vidua macroura*).

ziŋ [zíŋ̀] *n.* tail of mammals. *pl. zise.*

zɪ [zɪ] 1 *pv.* expected outcome, finally • *bà zì lááwáʋ́ dí bà kàá kàà-lʊ̀ʊ̄.* They finally agreed that they will go. 2 *adv.* after, then • *dì gbàmgbàŋ wá pētī áwèŋ zí jā kà wàã̀?* When harmattan finishes, which season follows?

zĩã (*var. of* **zĩɛ̃**)

zĩɛ̃ [zìɛ̃́] (*var.* **zĩã**) *n.* wall. *pl. zĩɛ̃sa.*

zɪɛŋ [zíɛ́ŋ] *n.* 1 spiritual protection after homicide • *ʋ̀ sɔ́ zīēŋ nā.* She washed her spiritual action away, so she is now clean. 2 snake venom. *pl. zɪɛŋ.*

zɪɛzɪɛ [zíézíé] *cf:* **kũŋsũŋ** *ideo.* light weight and weak, for person or crop • *bíná háŋ̀ ŋ̀ kpáámá dó zīē-zīē.* This year my yam plants are weak and poor.

zɪga [zìgà] *v.* to be protruded, to bulge out or project from its surroundings, to have one's skin made tough and thick through use • *ǹǹ nèpíɛ́lá zígáʋ́.* My palms are hard through working. *à járébáàl tìlé zígáʋ́.* Muslim men have a circle of callused skin on their forehead, a prayer bump.

zɪgɪtɪ [zìgìtì] *v.* to learn, to study • *bà*

pé nì jà zìgìtì nààsàrtàá. We learned English from them.

zɪ̃ɪ̃ [zɪ̃̀ɪ̃̀] *v.* to have bushy hair, to have hair grown beyond normal • *m̀ búúrè ì já kà fɔ̀nà ìì ɲúù dì ɔ̀ há wà zɪ̃́ɪ̃́wá.* I want you to shave your head before it becomes bushy.

zɪɪmɪ [zììmì] *v.* to be wrinkled due to fluid loss or bodily substance • *à háán lùmbúrósó zíímíjáṍ.* The woman's oranges are wrinkled. *háhíɛ́sā sīē já zɪ̄ɪ̄mōō.* The face of old women are generally wrinkled.

zɪlaŋ (*Mo. var. of* **zaaŋ**)

zɪlɪmbɪl [zìlìmbìl] *n.* describe how an item or a person is covered or smeared with matter • *à fègá míntí kóó zìlìmbìl lā.* The stirring stick is covered with t.z.

zɪlɪŋtʊɔnŏã (*var. of* **zoloŋtɔnŏã**)

zɪma [zìmà] (*var.* ¹**zɪŋ**) *v.* to know, to understand, to be aware • *ɔ̀ zímá púmìì rē.* She knows how to hide.

zɪma sii [zìmà síí] *lit.* know eye *cpx.v.* to confirm • *m̀m̀ bíérì há wà zímá ɔ̀ɔ̀ wíé síí.* My senior brother has not yet confirmed his issues.

zɪmatɪɪna (*var. of* **zɪmna**)

zɪmɪ̃ɪ̃ [zímɪ̃́ɪ̃́] *cf:* **zal** *n.* fowl, chicken. [*Gu*]. *pl.* **zɪmɪ̃ɛ̃**.

zɪmkpaganŏã [zìŋkpàgànŏã̀] *lit.* know-have-mouth *n.* discretion • *zìŋkpàgànŏã̀ wíréó.* Discretion is good.

zɪmkpaganŏãtɪɪna [zìŋkpàgànŏã̀tíí ná] *lit.* know-have-mouth-owner *n.* discreet person, someone who can keep secrets • *kàlá wá jāā zìŋkpàgànŏã̀tííná.* Kala is not a discreet person.

zɪmna [zímnáná] (*var.* **zɪmatɪɪna**) *n.* knowledgeable, professional. *pl.* **zɪmnasa**.

zɪn (*var. of* **zɪna**)

zɪna [zíná] *v. cf:* **tuu** (*var.* **zɪn**) **1** to drive or ride, or sit on, e.g. bicycle, motorcycle, horse • *ǹ wà búúrè hàmɔ́nà dì zíná m̀m̀ púúpù háɲ.* I do not want children to ride on my motorbike. **2** to climb, to go up, to be with a great deal of volume • *ǹ zínà sàl lá ḿ páá tʃūōnō.* I go up on the roof to collect my shea nuts. *ŋmá á dí zìnà.* Speak loud.

zɪnahɔ̃õ [zìnàhɔ̃́õ̃́] (*var.* **pompo**) *n.* type of locust which comes in large quantity and destroys crops rapidly.

zɪnzapuree [zànzàpúrèè] *cf:* **dandafulee** (*var.* **zɪnzɪnpulie**) *n.* house bat. *pl.* **zɪnzapuruso**.

zɪnzɪnpulie (*var. of* **zɪnzapuree**)

¹**zɪŋ** (*var. of* **zɪma**)

²**zɪŋ** [zìŋ́] *n.* large-eared slit-faced bat (*Nycteris macrotis*). *pl.* **zɪnna**.

³**zɪŋ** (*var. of* **zɪŋɪɪ**)

zɪŋa [zíŋá] *v.* to be tall, to be long • *báál hàn nī zíŋá kààlì ɔ̀ ɲíná.* This man is taller than his father. *wàà ní dùsèè tíwīī zíŋáṍ.* The Wa-Ducie road is long.

zɪŋbanɪɪ [zíŋbànìì] *lit.* tall-section *nprop.* section of Ducie.

ziŋii [zíɲíí] (*var.* ³zıŋ) *n.* length, height • *à dɔ́ɔ́ zīŋīī jáá mítàsá ànáásè rā.* The length of the python is four meters. *pl.* **ziɲiɛ**.

zisa [zìsá] *n.* slender-tailed squirrel, squirrel which lives on trees (*Protoxerus aubinnii*). *pl.* **zisasa**.

zoloŋtɔnŏ̃ã [zólóŋtɔ́nŏ̃ã́] (*var.* zilıŋtʊɔnŏ̃ã) *n.* Black Wood-Hoopoe, type of bird (*Rhinopomastus aterrimus*). *pl.* **zoloŋtɔnŏ̃ãsa**.

zomie [zòmìé] *n.* person who wishes and acts for the downfall of somebody else. *pl.* **zomise**.

zoŋ [zóŋ] *n.* insult. *pl.* **zomo**.

zoŋbii [zòŋbíí] *n.* specific insult or mockery, usually targeting appearances • *à hɑ́ɑ́ŋ zòŋbíí múŋ nāā jáá grííz̄ēnĩ́ɛ̃.* They mock the woman with her big cheek. *pl.* **zoŋbie**.

zoŋgoree [zóŋgòréè] *n.* mosquito. *pl.* **zoŋgoruso**.

zoro [zòrò] *v.* to pick someone or something up from the ground, or as in providing transportation, to raise, to lift or pick up something • *à bìè zóró ɔ̀ɔ̀ ɲíná sàgà mótò nī.* The child picked up his father on his motorbike. *zòrò à sììmáà lìì dèndíl.* Pick up the food and send it outside.

zɔgsiɛŋ [zɔ̀gsíɛ́ŋ] *n.* maize silk. *pl.* **zɔgsiɛma**.

zɔ̃ĩ [zɔ̃́ɪ̃́] *ideo.* exclusively • *làábɔ̀kɔ̀sá máɲá zɔ̃́ɪ̃́ ɲ̀ ɲíná dì párá.* My father produces exclusively *laabɔkɔ* yams.

zɔŋ [zɔ̀ŋ́] *n.* weak from birth • *kòlókòlózɔ̄ŋ wáá tùò ɲ̀ kòlókòlòsō nī.* There are no weak turkeys among my rafter. *pl.* **zɔnna**.

zɔŋkogosiaŋ [zɔ̀ŋkógósīāŋ] *n.* large pit formed naturally. *pl.* **zɔŋkogosiama**.

zɔŋkɔɲɛɛ [zɔ́ŋkɔ̀ɲɛ́ɛ̀] *n.* type of slate rock. *pl.* **zɔŋkɔɲɛsa**.

¹**zugo** (*var. of* **duu**)

²**zugo** [zùgò] *v.* **1** to be thick, stiff but flexible • *à kàpálà zúgóú.* The fufu is well pounded and starchy. **2** to be slow • *gbòló zúgó kínkān nà, ʊ̀ wà písì bārā dì jáá wīē.* Gbolo is very slow, she does not get on with things.

zugumi [zùgùmì] *v.* **1** to not receive good care and suffering the consequences • *làlìwìsé káá zúgúmì.* Orphans are not receiving good care. **2** to be stunted, to stop, slow down, or hinder the growth or development of • *ɲ̀ kàá tìè í zúgúmì.* I will hinder your development.

zul [zúl] *cf:* **kɔlıı** *n.* millet, used in making porridge and t.z.. *pl.* **zulo**.

zuŋguŋ [zúŋgúŋ] *n.* elongated carved log drum, beaten with curved stick. *pl.* **zuŋgunso**.

zuŋgʊɔ [zùŋgʊ̀ɔ̀] *n.* type of dance for women and men, not specific to a particular event. *pl.* **zuŋgʊɔ**.

¹**zuu** [zùù] *n.* dull weather, no sun and no rain. *pl.* **zuu**.

²**zuu** [zùù] *n.* the biggest part of a

share • *ɪ totii jaa zuu.* Your share is the biggest share.

zʊa (*var. of* **ulzʊa**)

zʊ̃ã [zʊ̃ã́] (*var.* **zʊ̃ɔ̃**) *n.* waterbuck, type of antelope (*Kobus ellipsiprymnus*). *pl.* **zʊãta.**

zʊgsɪɪ [zʊ́ɣsɪ́ɪ́] *n.* type of tree. *pl.* **zʊgsɪɛ.**

zʊgʊsɪ [zʊ̀gʊ̆sɪ̀] *v.* to shrink, to become small by sickness, implies unattractive thinness, as with undernourishment • *à zál kàà wɪ́ɪ́ʊ̃ ɪ̀ɪ̀ wà ná ʊ̀ʊ̀ kà zʊ̀gʊ̀sɪ̀jɛ̈ɛ̈?* The fowl is sick, haven't you seen it has shrunk?

zʊ̃ɔ̃ (*var. of* **zʊ̃ã**)

zʊɔmɪ [zʊ̀ɔ̀mì] *v.* for leaves, to be dehydrated, have spots and be wrinkled • *à múró pààtʃágá zʊ́ɔ́mɪ́ʊ́.* The rice plant is dehydrated.

zʊʊ [zʊ̀ʊ̀] *v. cf:* **lɪɪ 1** to enter, to go inside • *dɪ̀ zʊ́ʊ́.* Come in! *à kúòrū zʊ́ʊ́ dìà múŋ nō à làà kpɑ́ɑ́má fɪ́ fɪ́.* From each house the chief took 10 yams. **2** to live somewhere and not necessarily be a native of that place • *kùmáásí ò̀ dì zʊ́ʊ̀.* He lives in Kumasi.

3 to join, to cooperate • *nìtàmá káá zʊ́ʊ́ kʊ́ɔ́lɪ́ɪ́ làgàlàgá háŋ.* Few people join the shrine Kuolii these days. *já zʊ́ʊ́ dɔ̄ŋà à pèŋì bìnà háŋ.* Let us cooperate and do the first weeding this year.

zʊ̃ʊ̃ [zʊ̀̃ʊ̀̃] *n.* laziness, lack of courage, or dullness originating from depression, unhappiness or illness • *zààŋ ɱ̀ bárá dʊ́ zʊ̀̃ʊ̀̃.* Today I am lazy and lack courage. *pl.* **zʊ̃ʊ̃.**

zʊʊdɔŋa [zʊ̀ʊ̀dɔ́ŋà] **1** *n.* work relation or process, when each works for the other in turn • *jà kàà zʊ̀ʊ̀dɔ́ŋà à tɔ́ píé wó bìná háŋ.* We will come together to raise yam mounds this year. **2** *pl.n.* neighbours or people one stays with.

zʊʊl [zʊ́ʊ́l] *n.* tuber. *pl.* **zʊʊla.**

zʊʊnɪ [zʊ̀ʊ̀nì] (*var.* **tʊʊnɪ**) *v.* to pout, to protrude the lips in an expression of displeasure • *à sùkúù bìsé wáà kìn zʊ̀ʊ̀nì nʊ̀̃ɑ́ dʊ́ tʃɪ́tʃà nɪ̄.* The students cannot pout at a teacher. *tɪ́ tʊ́ɔ́nɪ́ ɪ̀ɪ̀ nʊ̀̃ɑ́ dʊ́ ɱ̀ nɪ̄ kéŋ.* Do not protrude your mouth at me like that.

Part III

English-Chakali reversal index

a

aardvark nanbugo *n.*
abandon ta₁ *v.*; vıɛ₂ *v.*
abdomen patʃıgıı₁ *n.*
able kın *v.*; kpege₂ *v.*
abound gaali₂ *v.*
abrasion (branch) daasiiga₁ *n.*
abruptly (do) vaarı *v.*
abscess tʃamınĩã *pl.n.*
absolutely not fio *ideo.*
abstract entity wı-
abundant kana *v.*
abused (person) ɲudʊŋ *n.*
Accra akraa *nprop.*
ache wusi *v.*
Achilles tendon nããpol *n.*
acquire wealth buure₂ *v.*
acre eeka *n.*
across (be) kaga *v.*
act proudly dʒɪgɪsɪ *v.*
active nʊma₂ *v.*; weti₂ *v.*
add pɛ *v.*; tuosi₁ *v.*
add (condiment) gbaanı *v.*
added amount tuosii *n.*; tuoso *n.*
additional vıɛŋ *pv.*
adhere mara₁ *v.*; maragı *pl.v.*
adhere to a religion dʊa₂ *v.*
adjacent (be) kpara *v.*
adjust gbɪasɪ₁ *pl.v.*
adjuster kalɛŋbileŋẽẽ *n.*
adopt laa dʊ *cpx.v.*

adopted child sanlarɛ *n.*
adultery (to commit) sama *v.*
adze sããtʃɔŋ *n.*
afraid (be) ɔma *v.*
African nıbubummo *n.*
after zı₂ *adv.*
afternoon wʊhãã *n.*
again bı *itr.*
age hĩɛ̃ *v.*
age mate sʊawalıı *n.*
age mate (relation) sʊa *n.*
agitation nʊnnʊŋ₂ *n.*
agree nõã dɪgɪmaɲa *v.*
agree (to leave) ta dɔɲa *v.*
agree with laa₄ *v.*
AIDS eesi *n.*
aim at fıılı₁ *v.*; pɔ₂ *v.*
airplane oluplen *n.*; oripere *n.*
Akee tree tii *n.*
albino gbambala *n.*
alcoholic drink pataası *n.*; sıŋ *n.*
alcoholism sıŋɲʊhã *n.*
alert pʊtı *v.*
alight (become) bũũ *v.*
all muŋ *quant.*
all (hum+) bamuŋ *quant.*
all (hum-) amuŋ *quant.*
alleviate fɔgɔsı₂ *v.*
alley fɔgbaaŋ *n.*
allow gıla₁ *v.*

alms sɛrɛka *n.*
alone teŋteŋ *n.*
already baaŋ *pv.*; foo₃ *v.*; maasɪ₁ *v.*
also gba *quant.*
always taarʊ *n.*
amaranths (vegetable) alɛɛfʊ *n.*
ammunition pouch tɔg *n.*
amount ŋmɛna₂ *n.*; zuu *n.*
ancestor faal *n.*; lalɪɪ₂ *n.*
ancestors (line) lɛl *n.*
ancient faa *n.*
and a *conn.*; aka *conn.*; anɪ₁ *conn.*; ka₁ *conn.*
anger baaŋ *n.*; ɲagɪ *n.*
angry (be) waasɪ₂ *v.*
animal sel *n.*
animal skin tɔŋ₁ *n.*
ankle nãã́sii *n.*; nã́ã́tʃʊg *n.*
ankle-rattles (pair) tʃĩĩŋ *n.*
announce hẽsi *v.*
announcer hẽhẽse *n.*
annoyed (be) hãã́sii₂ *n.*
answer laa₃ *v.*
ant (type of) daaɲuukpoŋkpolo *n.*; gogo *n.*; gogosɪama *n.*; guurii *n.*; haglɪbie *n.*; haglɪbisɪansa *n.*; mɪnɪ̃ã *n.*; solibie *n.*; temĩĩ *n.*; tii *n.*
antelope (type of) ãã *n.*; kuo *n.*; wieme *n.*; zõã *n.*
anus muŋputii *n.*
anxious siri *n.*
anyone namuŋ *quant.*
anything wɪmuŋ *quant.*

appear gaŋɪ *v.*
appearance sii *n.*
append mara₁ *v.*
appendicitis momuŋ *n.*
appetite hĩẽra *n.*
apply tɪtɪ *v.*
argue tʊa₂ *v.*
argument hakɪla *n.*
arm neŋ *n.*
arm joint nekpun *n.*
arm ring kana *n.*
armpit lugbʊa *n.*
armpit hair lugbʊapuŋ *n.*
arrange dʊasɪ *pl.v.*; tʃɔgsɪ₂ *v.*; vʊʊrɪ *v.*
arrow hẽŋ *n.*
arthritis gaŋabulo *n.*
articulated vehicle lɔɔlɪmunzʊalun- zʊa *n.*
as kii₁ *conn.*; kii₂ *v.*
as well ko *adv.*
ascaris ɲɪɲaŋ *n.*
ascite patʃɪgɪɪsunno *n.*
ash fuful *n.*; tapulsa *n.*
ash (type of) fõã *n.*
Ashanti (person) kɔmbɔŋa *n.*
ask pɪasɪ₁ *v.*
ask (for forgiveness) dibi *v.*
asking (farm help) parɪsumii *n.*
asleep duo *n.*
asphalt kotaal *n.*
assassin bug hamɔnanãʊ̃ *n.*
assemble sɪra₁ *v.*
assist in crossing water duori *v.*

asthma hĩẽsipugo *n.*
at (be) dʊa₁ *v.*
at all times taarʊ *n.*
atlas vertebra bagɛnsorii *n.*
attach mɪna₁ *v.*; vɔwa₁ *v.*
attempt to catch gbarmɪ *v.*

b

baboon fɔ̃ʊ̃ *n.*
baby bifʊla *n.*
bachelor buzoŋ *n.*
back gantal₁ *n.*; gantal₃ *reln.*; habʊɔ *n.*
back (part of) kaŋa₁ *n.*; kaŋa₂ *n.*
back area lumo *n.*
backtalk gantal lɔha *n.*
backtalking lɔgantal *n.*
backwards bɪra *v.*
bad bɔŋ *n.*; hĩĩ *interj.*; tʃʊma₁ *v.*
bad (be) bɔma₁ *v.*
bad (person) nɪbubɔŋ *n.*
Badiga (person's name) badɪga *nprop.*
bag bʊɔtɪa₁ *n.*; pur *n.*
bag (type of) lɔga₁ *n.*
Bakuri (person's name) bakuri *nprop.*
balance deŋsi₁ *v.*
bald headed ɲukpaltɪna *n.*
baldness kpalɪgɛ *n.*; ɲukpal *n.*
ball bɔl *n.*
ball (dawadawa) sʊmmãã *n.*

attitude dʊnna *n.*; dʒogo *n.*
avoid (spill) mʊra *v.*
Awie (person's name) abie *nprop.*; awie *nprop.*
axe sãã *n.*

ball (groundnut) kpulikpulii *n.*
ball (pumpkin seed paste) kantʃaŋgulumo *n.*
ball (shea butter) nŏŏlɔgɔsɪɪ *n.*
ball of the thumb nebikaŋkawalnanpunii *n.*
balloon baluu *n.*
bambara bean sibii *n.*
bambara bean (fried) sibihalɪɪ *n.*
bamboo sɪma *n.*
banana kuodu *n.*
baobab seed tolibii *n.*
baobab tree tolii *n.*
bark daapɛtɪɪ *n.*; wosi *v.*
barrel aŋkʊrɔ *n.*
barrel (gun) maafatuo *n.*
barren hambara *n.*
barren (be) fire *v.*
barter tʃɛra *v.*
base muŋ₃ *reln.*; sontogo *n.*
Basig (person's name) basɪg *nprop.*
basin katasazeŋ *n.*; tasazeŋ *n.*
basket (type of) kʊzaa *n.*; tisie *n.*; tʃaga *n.*

bat (type of) dandafulee *n*.; fılıŋfıntıı *n*.; zınzapuree *n*.; zıŋ *n*.

bath sɔ *v*.

bathroom tʃɛtʃɛra *n*.; tʃitʃara *n*.

baton (gun) maafamundaapĩã *n*.

battery baatrıbıı *n*.

Bayong (person's name) bajoŋ *nprop*.

be dʊ₃ *v*.; jaa₁ *v*.

be about ɲaŋɲi *v*.

be on saga₁ *v*.

beach mʊgnʊ̃ã *n*.

beadless (be) sıŋkpal *n*.

beam (wood) daaluhii *n*.

bean (black) sıgbummo *n*.

bean (type of) gbɛna *n*.; sıggoŋgo *n*.

bean (white) sıgpʊmma *n*.

bean cake kansii *n*.

bear (foetus) lʊla *v*.

bear fruit nɔna *v*.

beard dandapʊsa *n*.

bearing device (type of) garıŋzaɲɛɛ *n*.

bearing tray dʒaaɲãã *n*.

beat maɲa₁ *v*.; masɪ *pl.v*.; tugo₁ *v*.; tugosi *pl.v*.

become wa *pv*.

bee tũũbii *n*.

beetle (type of) bɪnbilinsi *n*.; mĩãbɪwaʊ *n*.; nɪɲuugbaŋgbulii *n*.

beetle grub zakʊʊl *n*.

before mʊ̃ã *adv*.

beg sʊlımı *v*.; sʊmmɪ₃ *v*.

beggar susumma *n*.

behaviour dʊnna *n*.; wɪkpagıı *n*.

behaviour (type of) mɔta *n*.; ɲɛgɛkɛ *n*.

behind gantal₃ *reln*.

believe laa di *cpx.v*.

bell (finger) prɛga *n*.

bell (type of) daworo *n*.; gbeliɲe *n*.

belly patʃɪgıı₁ *n*.

belt bɛlɛntɪ *n*.

bench kor *n*.

bend goro₁ *v*.

bend back hele *v*.

bend down bʊɲa *v*.; fɛla *v*.

bend outward gɔrɪgɪ *v*.

bend over gaali₁ *v*.

betray mĩĩnɪ *v*.

better (be) bɔ *v*.

between (be) faarɪ *v*.

beyond (be) vãã *v*.

Bible baabʊl *n*.

biceps nekpɛgıı *n*.

bicycle saakɪr *n*.

big kana *v*.; zene *v*.; zenii *n*.; zeŋ *n*.

bile kpʊrɪnıı *n*.

bilharzia fĩĩnĩĩtʃoro₁ *n*.

billy goat bʊʊŋbal *n*.

bird zaar *n*.

bird (small) zimbie₁ *n*.

bird (type of) bendiir *n*.; bɪɪzimii *n*.; bʊzaal *n*.; daakʊ̃ã *n*.; daakʊ̃ãjalɛɛ *n*.; daakʊ̃ãwoŋ *n*.; daaŋmɛnkoŋkoŋ *n.*; dɪɲtʃena *n.*; dɪgɪɛ₂ *n.*; dɪgbɛl-gʊʊ *n.*; dulugu *n.*; duu *n.*; galɪŋgaa *n.*; gatuolie *n.*; gbelɪŋgbɪ *n.*; gbiekie *n.*; gbĩãsʊɔnĩã *n.*; kantɛʊ *n.*; katʃig *n.*; katʃigkuol *n.*; katʃigkuolsɪaŋ *n.*; kiesii *n.*; kɪlɛɛ *n.*; kɪlɛɛsɪaŋ *n.*; konsɪaŋ *n.*; koɲbugul *n.*; koɲjelemĩĩ *n.*; koɲkogulepʊmma *n.*; koɲpʊlɪŋ *n.*; koɲzaazug *n.*; kɔsagbɛgbɛ *n.*; kuu *n.*; kuudɪgɪnsa *n.*; kuusɪaŋ *n.*; kuuwolie *n.*; kpaŋkpagtɪɪ *n.*; kpaŋkpaɲlɛrɪɛ *n.*; kpoluŋkpoo *n.*; kpoŋkpoŋbʊazimbie *n.*; lalɛɛkpakparɛɛ *n.*; laŋgbɛ₁ *n.*; luho *n.*; luhosɪaŋ *n.*; mããbõŏŋ *n.*; mʊgzimbie *n.*; ŋmalɪŋŋmĩɔ̃ʊ̃ *n.*; paatʃaranʊɔŋ *n.*; pitieteo *n.*; pʊlzimbal *n.*; samkpaɲtuluɲu *n.*; saŋgbaɲdugulee *n.*; saŋboŋ *n.*; sɪgmaazimbie *n.*; tiijagɪɪ *n.*; tintuolii *n.*; tɪɪtaa *n.*; tɔvʊgzimbie *n.*; tuntuolisɪama *n.*; tʃaparapĩĩ *n.*; tʃarɛɛ *n.*; tʃatʃawɪlɛɛ *n.*; tʃokpore *n.*; wiwilii *n.*; zaajaga *n.*; zimbimunzʊalʊnzʊa *n.*; zoloŋtɔnõã *n.*

biscuit bisiketi *n.*

bitch vanɪɪ *n.*

bite dʊma *v.*; dʊmɪɪ *n.*; dʊnsɪ *pl.v.*; ŋmɛna₂ *v.*; pɛmpɛl *n.*

bite (attempt) gagatɪ *v.*

bitter (be) hããsɪ *v.*

bitterness hããsii₁ *n.*

black bummo *n.*; doŋ₂ *n.*

black (be) bire₂ *v.*

black (person) nɪbubummo *n.*

Black plum aŋbuluŋ *n.*

Black thorn sɔbummo *n.*

blacksmith lʊlʊta *n.*

blade bileedi *n.*

blame paanɪ *v.*

blame (without) sol *ideo.*

blanch foro *v.*

blanket kuntuŋ *n.*

bless kisi *v.*

blind ɲubirɪŋtɪɪna *n.*; ɲʊlʊŋ *n.*

blink kamsɪ₁ *v.*

blink (eye) dʊsɪ₃ *v.*

blister maali *v.*

blood tʃal *n.*

blood relationship hĩẽna *n.*

bloom jele *v.*

blooming jelii *n.*

blow fuuri *v.*; hõʊ̃ *v.*; pewo *v.*; zaga₂ *v.*

blow nose mĩĩ *v.*

blue bluu *n.*

blunt gbul *n.*

blunt (be) gbulo *v.*

board (wooden) daapɛlɪmpɛ *n.*

boast foro *v.*

boastful taŋkama *n.*

boastfully (act) woŋli *v.*

boat kokoluŋ *n.*

body bara *n.*

body joint kpuŋ *n.*

bohor reedbuck wieme *n.*

boil tʃamɪnĩã *pl.n.*; waasɪ₁ *v.*

boiling tɔŋɪɪ *n.*

bolt ɲɔtɪ₁ *n.*
bone hog *n.*
book tɔŋ₂ *n.*
bore lugo₁ *v.*
boredom haamʊɪ *n.*
borehole pɔmpɪvigii *n.*
borrow sʊmmɪ₁ *v.*
bother dama *v.*
bottle kɔlbaa *n.*; pɪrɪntʊa *n.*
bottom (river) nɪɪsii *n.*
boundary bʊɔ₃ *n.*
bow tuo *n.*
bowed (be) gɔrɪgɪ *v.*
bowl tasazeŋ *n.*
bowl (grinding) dantɪg *n.*
bowl (plastic) rɔbakatasa *n.*
bowl (type of) hɛmbie *n.*; hɛmbɔla *n.*; hɛna *n.*; hɛŋgbaa *n.*; katasa *n.*; tasa *n.*
box daga *n.*
boy (young) binɪbaal *n.*
bracelet gbiŋ *n.*
braid vɔtɪ₂ *pl.v.*; vɔwa₂ *v.*
brain kuŋkuŋ *n.*
branch (forked) daatʃaraga *n.*
branch (tree) daanãã *n.*
branch of a river gɔŋnãã *n.*
brave bambiitɪɪna *n.*; dʒɪga *v.*
bravery baalɪɪ *n.*; bambii₃ *n.*; nɪɪbata *n.*
bread paanʊʊ *n.*
break gɪtɪ₁ *v.*; kerigi *pl.v.*; ketɪ₁ *v.*; tʃɪɛɲɪ *v.*

break off kpesi *v.*; kpɛrɪgɪ *pl.v.*
breast ɪl *n.*
breathe hĩɛsi₂ *v.*
breathe with difficulty kiiri *v.*
breed wasɪ *v.*
breeze pelɛŋ *n.*
brewing tɔŋɪɪ *n.*
bridge kodorogo *n.*
bright tʃããnɪ *v.*
brightness batʃaaŋ *n.*
bring kpa wa *cpx.v.*
bring out kiini₁ *v.*
bring up food ugo *v.*
broken (be) fʊɔmɪ *v.*; kɔgɔlɪ₂ *v.*
broken part baketii *n.*
broken piece of gourd fakɛlɪa *n.*
broken pot (piece) tʃintʃeli *n.*
broom kɪmpɪɪgɪɪ *n.*; tʃãã *n.*
brother (senior) bɪɛrɪ *n.*
brother's wife (junior) hãwie₁ *n.*
bruised (be) fʊrɪgɪ *v.*
bucket bakti *n.*
bud fĩĩ *v.*
buffalo kɔsanãɔ̃ *n.*
build sãã₃ *v.*
building saal₁ *n.*
bulb (light) bʊɔna *n.*
Bulenga (lect of) buleŋii₁ *n.*
Bulenga (person from) buleŋii₂ *n.*
bulge out zɪga *v.*
bulges kpuogii *n.*
bull nɔ̃wal *n.*
bullet maafabɪɪ *n.*

bullroarer dendilhĩɛ̃sɪ *n.*; sɪgmawiilii *n.*
burial specialist pel *n.*
burn fũũ *v.*; tɔgɔsɪ *v.*
burning fũũĩ *n.*
burnt slightly (be) baarɪ *v.*
burp garisi *v.*
burst jala$_1$ *v.*
bury sogoli$_2$ *v.*; ũũ *v.*
bush kɔsa$_1$ *n.*
bush animal kɔsasel *n.*
bush cat (type of) amʊnʊ *n.*
bush dog (type of) bele *n.*; bʊwalɪɛ *n.*

C

calculator kɪŋkurokʊɔrɪɪ *n.*
calf nããtʃɪgɪɪ *n.*; nɔ̃wii *n.*
calf (bull) nɔ̃walee *n.*
call jɪra *v.*; jɪrɪgɪ *pl.v.*; sɪra$_2$ *v.*
calling jɪrɪɪ *n.*
camel ɲɔgma *n.*
camp (farm) bugumuŋ *n.*
camphor kafuura *n.*
can kɪn *v.*; kɔŋkɔŋ *ono.*
cancel dʊsɪ$_2$ *v.*
candle tʃaandɪrɪ *n.*
candy (type of) hagasɪ *n.*
cane fɪɛbɪ$_2$ *v.*
cane-rat aarɪɪ *n.*
cannabis wii *n.*
capsule lulibii *n.*

bush guinea fowl kɔsasũũ *n.*
bushbuck ãã *n.*
bushy hair (have) zĩĩ *v.*
but ka$_2$ *conn.*
butcher naɲjogul *n.*
butterfly pɛŋpɛglɪmpɛ *n.*
buttock muŋkaaŋ *n.*
buttocks muŋ$_1$ *n.*
buttress kpotokporogo *n.*
butt crack muɲtii *n.*
buy jɔʊsɪ *pl.v.*; jɔwa *v.*
by pe *n.*
by force (do) fãã$_1$ *v.*

car lɔɔlɪ *n.*; turuŋkaa *n.*
care (guest) kpaga huor *v.*
care (not receive) zugumi$_1$ *v.*
careful (be) tʃalasɪ$_1$ *v.*
carefully bõɛ̃ĩbõɛ̃ĩ *ideo.*
careless (be) faasɪ *v.*
careless (person) siinʊmatɪɪna *n.*
carelessness faasɪɪ *n.*
caretaker ɲinne *n.*
carpenter kapɛnta *n.*
carry baasɪ *v.*; kolo *v.*; nɔŋa$_2$ *v.*; tʃʊŋa *v.*; ulo *v.*
carry (fire) mɔna *v.*
caruncle simɔŋ *n.*
carve sãã$_1$ *v.*
carver daasããr *n.*; sãsaar$_1$ *n.*
cassava kpõŋkpõŋ *n.*

cassava (dried) kpõŋkpõŋhʊlɪɪ *n.*; kpõŋkpõŋte *n.*

cassava (red) kpõŋkpõŋsɪama *n.*

cassava (white) kpõŋkpõŋpʊmma *n.*

cassava flour lumps kpõŋkpõŋɲɪŋa *n.*

cassava peel kpõŋkpõŋpɛtɪɪ *n.*

cassava plant kpõŋkpõŋdaa *n.*

cassava tuber kpõŋkpõŋzʊʊl *n.*

castrate vara *v.*

cat diebie *n.*; dʒɛbalaŋ *n.*

catapult taja *n.*

catarrh kabirime *n.*

catch kpaga$_2$ *v.*; kpagasɪ *pl.v.*; tʃaŋsɪ *v.*

catch breath sigisi *v.*

caterpillar (type of) sansandugulii *n.*; sansanduguliibummo *n.*; sansanduguliihɔhɔla *n.*; sansanduguliinɪɛr *n.*; taantuni *n.*

cattle pen nõgar *n.*

Caucasian (person) naasaara *n.*

Caucasian man naasaarbaal *n.*

Caucasian woman naasaarhããŋ *n.*

cause a blister maali *v.*

cause someone's laughter lugusi *v.*

caution na$_3$ *v.*

cave bɪɪbʊɔ *n.*

cave name narabʊɔ *nprop.*

cavity (wood) lor *n.*

cedi siidi *n.*

ceiling sapete *n.*

celebration (type of) binõãŋsɪŋ *n.*

cement selemente *n.*

centipede (type of) dokeg *n.*

cerebro-spinal meningitis kaŋgbeli *n.*

certain wara *dem.*

certainly tʊrɪ *v.*; tʃi *v.*

chaff hããsa *n.*; nʊɔr *n.*

chaff (guinea corn) mɪnzɔga *n.*

chaff (rice) murpɛtɪɪ *n.*

chair kor *n.*

Chakali (ethnically) tʃakalɪɪ *n.*

Chakali (language) tʃakalɪɪ *n.*

chameleon sɪŋgbɛglɪŋ *n.*

chance bar$_2$ *n.*

change bɪrgɪ$_2$ *v.*

change (direction) bɪɛgɪ *v.*

change (money) tʃeŋdʒi *n.*

change appearance (plant) maɲa$_3$ *v.*

change name lugo$_2$ *v.*

character dʒogo *n.*

character (type of) nɪhãsɪɪ *n.*; nɪɲagɛ *n.*; zomie *n.*

charcoal (piece) hɔl *n.*

charcoal (small pieces of) dandafulii *n.*

charcoal fire diŋhala *n.*

charge tʃaagɪ *n.*

chase dʊgʊnɪ *v.*

Chasia (lect of) tʃasɪlɪɪ$_2$ *n.*

Chasia (person from) tʃasɪlɪɪ$_1$ *n.*

Chasia village tʃasɪa *nprop.*

chasing women hããbuura *n.*

cheat fulumi *v.*; tie$_2$ *v.*

cheating fuŋfuluŋ *n.*

cheek gɪrɪɪ *n.*; lɛhɛɛ *n.*

chest bambii₁ *n.*

chest hair bambiipʊŋ *n.*

chest pains bambiigɛraga *n.*; bambiwɪɪla *n.*

chest problem baŋsɪaŋ *n.*

chew ŋmʊʊrɪ₁ *v.*; tie₁ *v.*; tʃagamɪ *v.*

chewing gum tʃʊŋgɔŋ *n.*

chewing stick gbɛsa *n.*

chick zimbie₂ *n.*

chicken zal *n.*; zɪmĩĩ *n.*

chickenpox seɲambi *n.*; taʊgara *n.*

chief kuoru *n.*

chieftanship koro *n.*

child bie *n.*; bisʊona *n.*; hamɔ̃ŋ *n.*

child (adopted) bilaadʊlɪɪ *n.*

child (bad) bibɔŋ *n.*

child (small) bisʊɔnbie *n.*; hamɔ̃wie *n.*

child (youngest) biwie *n.*

children of a paternal line ɲɪnabise *n.*

chimney sumbol *n.*

chin daatʊma *n.*

chisel ŋmɛna *n.*

chock lesi *v.*

choke fɔra₁ *v.*; laŋsɪ *v.*

choked (be) fɔtɪ₁ *v.*

choose lɪsɪ₃ *v.*

Christian tʃɛɛtʃɪbie *n.*

Christmas bʊrɪŋa *n.*

church tʃɛɛtʃɪ *n.*

cigarette sigaari *n.*

circle goro₃ *v.*

circuit nããval₁ *n.*

circular guloŋguloŋ *ideo.*

circumciser wondʒomo *n.*

clan wʊsa₃ *n.*

clan name itolo *nprop.*; ɪjɛla *nprop.*; ɲaɲuwɔlɛɛ *nprop.*; vɪɛhɪɛgɪɛ *nprop.*; wɔsakuolo *nprop.*; wɔsalɛɛla *nprop.*; wɔsasiile *nprop.*; wɔsatʃaala *nprop.*; wɔsawɪɪla *nprop.*

clan rights waasɪwɪɛ *n.*

clan title danta *n.*

claw lɔga *v.*; nããtʃig *n.*

clay tʃʊl *n.*

clean dʊsɪ₂ *v.*; tʃããnɪ₂ *v.*

clean (not be) ɔɔlɪ *v.*

clear penteŋ *ideo.*

clear land zaŋsɪ *v.*

clear throat kaasɪ *v.*

climb zɪna₂ *v.*

climber (type of) fʊl₁ *n.*; gʊmpɛra *n.*; koguliŋpaa *n.*; lagɪŋgasɪɪ *n.*; lieŋ₁ *n.*; nɔʔɔrɔŋ *n.*; sɪgɛra *n.*; tʃinie *n.*; vɪsɪŋ *n.*

clitoris mɔŋzig *n.*

close tɔ₃ *v.*

close (eyes) ɲʊmmɪ *v.*

closing tɔɪ *n.*

cloth gar *n.*

cloth (cover) gatɔɔlɪɪ *n.*

cloth (type of) fʊ̃ʊ̃fʊ̃ʊ̃ *n.*; gapʊmma *n.*; gbagala *n.*; kɔbɪnɪɪ *n.*; kpaŋkpamba *n.*; sʊɔla *n.*; tambʊ *n.*; tʃaŋtʃul *n.*
clothing (piece) kɪnlarɪɪ *n.*
cloud taal *n.*
cloud state gãã nɪgã ã nɪ *ideo.*; tɪnã ʊ̃ *n.*
clove mũsooro *n.*
clumsy (person) gbɛtɪɛ *n.*
co-wife handɔŋ *n.*
coal pot kɔlpɔtɪ *n.*
cock zimbal *n.*
cock-a-doodle-doo koŋkoliilikoo *ono.*
cockerel zimbelee *n.*
cockroach hogul *n.*; holiŋ *n.*
cockroach (type of) hogulbummo *n.*; hogulpʊmma *n.*
cockroach sound tʃitʃi *ono.*
cocoa kuokuo *n.*
coconut kube *n.*
cocoyam mankani *n.*
coil guti *v.*; kaasɪ *v.*
cold kɪnsɔŋ *n.*; sɔŋ$_1$ *n.*; sʊɔnɪ$_1$ *v.*
colic pain patʃɪgɪɪ gbaŋasa *n.*
collapse buro *v.*; wʊrɪgɪ *v.*
colleague tɔgama$_2$ *n.*
collect laa$_1$ *v.*
collect (contribution) kɪɛ *v.*
comb tʃaasa *n.*; tʃaasɪ$_1$ *v.*
comb (rooster) kɔŋa *n.*
comb (wooden) tʃaasadaa *n.*
come baa *v.*; waa *v.*

come (close) lɪɛrɪ$_2$ *v.*
come loose kɔgɔlɪ$_1$ *v.*
come low tuu *v.*
come to do wa *pv.*
community tɔʊ *n.*
community (old) tɔhĩɛ̃ *n.*
community member (prominent) tɔʊpʊal *n.*; tɔʊsii$_2$ *n.*
compete kaŋŋɪ *v.*
competent weti$_2$ *v.*
complain (to oneself) nʊ̃ʊ̃mɪ *v.*
complaint kaɲaaga *n.*
computer kɪŋkurokʊɔrɪɪ *n.*
comrade dɔŋ *n.*; dɔŋtɪɪna *n.*; tɔgama$_2$ *n.*
conceal sogoli$_1$ *v.*
concrete entity particle kɪn-
confess puoti$_2$ *v.*
confirm zɪma sii *cpx.v.*
confused (be) buti *v.*
conjunctivitis siwɪɪla *n.*
consider tɔgʊmɪ *v.*
constellation boloŋbʊɔtɪa *nprop.*
contagious (be) loŋni$_2$ *v.*
container (gunpowder) dʒɛbugokpʊrgɪɪ *n.*; maafaluro *n.*
container (kola nut) kapʊsɪfala *n.*
container (tobacco) tɔʊkpurgii *n.*
container (type of) rɔbagalan *n.*; viisɪama *n.*
convert tuubi$_2$ *v.*
cook kʊɔrɪ$_2$ *v.*; saa *v.*; suguli$_1$ *v.*; tɔŋa *v.*
cook partially wuuli *v.*

cooked (be) bɪɪ₁ v.
cooking place dalıa n.
cooking pot (type of) dansanɛ n.; tempilie n.; tuolie n.; vii n.; viisugulii n.
cool sɔŋ₁ n.
cool down pulisi v.
cooperate zʊʊ₃ v.
cooperative group nʊdɪgɪmaɲa n.
core (central) daa₃ n.
corpse lalɪɪ₁ n.; sʊwɪɪ n.
corpse uniform kasɪma n.
cotton guno n.
cotton thread guɲmɛŋ n.
cough tʃasɪ₃ v.; tʃasɪɛ n.
count kuro v.
counting kurii n.
courage kpaga bambii v.
court kɔɔtɪ n.; sʊga v.
courtyard zaga n.
cousin ɲɪnabie₂ n.
cousin (female) mããbinɪhããŋ n.
cousin (male) mããbinɪbaal n.
cousin (younger) mããbie₂ n.
cover liŋe₂ v.; muuri v.; pu₁ v.; tɔ₁ v.; tʃige₁ v.; tʃigesi pl.v.
cover partially gaali₁ v.
cow nãʊ̃ n.; nɔ̃nɪɪ n.; nɔ̃ʊ̃ n.
coward ɔŋgbɪar n.
cowherd nɔ̃gbar n.
cowpea sɪg n.
cowpea aphid pupuree n.

cowrie molebipʊmma n.
crack kpɛtɪ₂ v.; tʃıagɪ v.; tʃıɛŋɪ v.
crack and remove kpe v.
cracked skin nããjɛlɛɛ n.
crackle parasɪ v.
crane lɛŋsɪ v.
craving hĩɛ̃ra n.
craw-craw saŋgbɛna n.
crawl gbaani v.
cream (body) nʊ̃ʊ̃tɪtɪɪ n.
create grave bɛga v.
creature (supernatural) gʊma₂ n.
credulous tʃɔgɪɪ n.
creep taarɪ v.
cricket poŋ n.
cricket (type of) lɛlıɛpoŋ n.
cripple gbɛrɪɪ n.
crippled (be) gbɛra v.
crocodile ɲʊg n.
crooked (be) fʊɔmɪ v.; golemĩ v.; goro₁ v.
cross gɪ v.; kaga v.; mɪna₄ v.
crow jele v.
crowd ɲʊ̃ʊ̃ v.
crowded gbiŋgbiŋ ideo.
crush-and-spoil pɔtɪ v.
cry tʃaasi v.
cry out hɔ̃sɪ₁ v.
cup bonso n.; kɔpʊ n.
cure kpege₂ v.; tiime v.
curse kaabɪ v.; nʊʊsuo n.; suo v.
curtain patiisa n.
curved (be) goro₁ v.

203

cut bafɔrıgıı *n.*; fıɛrı *v.*; gıtı₁ *v.*; kʊtı₁ *v.*; kpʊ₃ *v.*; lɔga₂ *v.*; ŋmɛna₁ *v.*; teŋe₁ *v.*; teŋesi *pl.v.*

cut (power, network) gıtı₂ *v.*

d

Dagaare (language) dagataa *n.*

Dagaare (person) dagaʊ *n.*

dagger daŋgorugo *n.*

dam dampʊ *n.*

damaged zagatı *v.*

damaged (be) pɔtı *v.*

dance gʊa *v.*; gʊa *n.*

dance (type of) baawa *n.*; bawaa *n.*; dʊgʊ *n.*; dʒanse *n.*; fırıgʊ *n.*; gaŋgaŋ *n.*; kpaa *n.*; kpaanãã *n.*; sii *n.*; zuŋgʊɔ *n.*

dance-floor kil *n.*

dancer gʊagʊar *n.*

dangerous (be) bɔma₁ *v.*

dark bire₁ *v.*

darkness birge *n.*

date deti *n.*

dawadawa sʊl₁ *n.*

dawadawa flower sʊŋkpulii *n.*

day wʊzʊʊrı *n.*

day after tomorrow tɔmʊsʊ *n.*; tɔmʊsʊ gantal *n. phr.*

day before yesterday tɔmʊsʊ *n.*; tɔmʊsʊ gantal *n. phr.*

day break tʃʊɔsın pısa *n. phr.*

cut off head (plant) kʊma *v.*

cut throat kɔrıgı *v.*

cutlass karantıɛ *n.*

cystitis fĩĩnĩĩtʃoro₂ *n.*

deaf (person) dıgınbirinsetıına *n.*; woŋ *n.*

deafness dıgınbirinse *n.*

death sɛʊ *n.*

debate tɔtʊɔsa *n.*

debt kantʃıma *n.*

debt (without) sol *ideo.*

decay ɔla *v.*

deceive dara *v.*; mʊga *v.*

decide vʊʊrı *v.*

decrease (swelling) fʊɔlı *v.*

deeds wıkpagıı *n.*

deep luŋo *v.*

deep and long tʃugo₂ *v.*

defamation sɔntʃɔga *n.*

defamer sɔntʃɔgatıına *n.*

defeat kɔla₃ *v.*

defecate ɲã₁ *v.*

defilement sɔkɔsıı *n.*

deflated (be) tʃele₂ *v.*

deformed (person) kundıɲa *n.*; nıbukperii₂ *n.*

dehydrated (plant) zʊɔmı *v.*

delay birgi *v.*

demolish kputi *v.*

demonstrate *do*

demonstrate bigisi *v.*
dense (be) gbʊŋa *v.*
dent fʊɔmɪ *v.*
dental abscess ɲiŋʔɔrɪɪ *n.*
deny tʊa₁ *v.*
depend on fãã₂ *v.*; jalasɪ₂ *v.*; ɲine₂ *v.*
dependent paragɛ *v.*
depressed patʃɪgtʃɔgsa *n.*
deprive haarɪ *v.*
derogatory sound (make) pʊrʊsɪ *v.*
descend tuu *v.*
descending position among siblings sɪŋsagal₁ *n.*
desert date goŋgobiridaa *n.*
desiderative ŋma₂ *pv.*
desperation nʊnnʊŋ₂ *n.*
destroy tʃɔga *v.*
destroy with fire mara *v.*
detached folo *v.*
develop kʊɔrɪ₆ *v.*
device to carry fire dɪŋkɪŋmɔnɪɪ *n.*
dew mɛŋ *n.*
dial fɛrɪgɪ₂ *pl.v.*
diarrhoea dʊgʊsa *n.*; tʃaarɪ₂ *v.*; tʃaarɪ *n.*
diaspora (person) kɔzʊʊr *n.*
dibble tʃɔkdaa *n.*
dictionary wɪŋmalagamĩẽ *n.*
die sʊtɪ *pl.v.*; sʊwa₁ *v.*
die prematurely koti *v.*
difference kʊrkɪɪ *n.*
different kʊra *v.*

difficult (be) bɔma₅ *v.*
difficulty wɪkpegelegii *n.*
dig daarɪ *v.*; hire *v.*
digging hirii *n.*
dilute pulisi *v.*
dirge (type of) dendilsɪgmaa *n.*; nããlomo₂ *n.*; tebinsɪgmaa *n.*
dirt doŋ₁ *n.*
dirtiness doɲii *n.*
dirty (be) doŋo *v.*
disappear nigimi *v.*; pɪsɪ *v.*
disappearance (spiritual) nigimii *n.*
discouraged bajʊɔra *n.*
discourse manner kpã̀ŋkpã̀ŋ *ideo.*
discreet (person) zɪmkpaganõãtɪɪna *n.*
discretion zɪmkpaganõã *n.*
discussion (place) baŋmaalɪɪ *n.*
disdain (express) tʃʊʊsɪ *v.*
disease dʒɛrɛga *n.*; gɛrɛga *n.*
disease (type of) sɪŋgiliŋgi *n.*
dish pɛrɛtɛ *n.*
dishonest (be) goro₂ *v.*
dismantle wɪlɪgɪ *v.*
disrespect sidi *n.*
dissolve mʊʊrɪ *v.*
distaff gundaabii *n.*; ŋmɛdaa *n.*
disturb dama *v.*
disturbances laadimii *n.*; nɪmɪsa *n.*
dive miiri *v.*
divide bonti *v.*; po *v.*
dizziness sɪŋgiliŋgi *n.*
dizzy (be) sii bire *v.*
do dɪ *comp.*; ja *v.*

doctor dɔkta *n.*

dog nõãtɪɪna *n.*; vaa *n.*

dog (female) vanɪɪ *n.*

dog (male) vawal *n.*

dog name andɪaɲããwɪɛ *nprop.*; jasaŋabʊẽɪ *nprop.*; kuosozɪma *nprop.*; ŋ̍nõãwajahoo *nprop.*

Doga dɔga *nprop.*

donkey kaakumo *n.*; kogumie *n.*

door dɪanõã *n.*

dormant barɛgɛ *v.*

doubt maŋsɪ₂ *v.*

dowager's hump bagɛntʃugul *n.*

dowry tʃewii *n.*

drag tuuri₁ *v.*

dragonfly annulie *n.*

drain belege *n.*

draw close tʊʊrɪ *v.*

draw milk from fãã₃ *v.*

dream diese *n.*; diesi₁ *v.*

drench taalɪ *v.*

dress laarɪ₁ *v.*; liŋe₁ *v.*

drink ɲõã₁ *v.*

drink (hot) tii *n.*

drink from stream pu *v.*

drink preparation (step) sɪŋbɔtɪɪ *n.*; sɪŋwaasɪɪ *n.*

drip toŋsi₁ *v.*

drive mɪlɪmɪ₂ *v.*; sãã₂ *v.*

driver draaba *n.*; sãsaar₂ *n.*

driver (car) lɔɔlɪmɪlɪma *n.*; lɔɔlɪsããr *n.*

driving mɪlɪmɪɪ *n.*

drop kpa ta₂ *cpx.v.*; tʃuuri₂ *v.*

drop inadvertently foti₂ *v.*

drought hɪl *n.*

drum (type of) bafragugu *n.*; bɪntɪra *n.*; bɪntɪrawie *n.*; bɪntɪrazeŋ *n.*; gaŋgaɲa *n.*; kokorowie *n.*; loŋo *n.*; timpannɪɪ *n.*; timpantii *n.*; timpanwal *n.*; tʃutʃug *n.*; zuŋguŋ *n.*

drum rattles bɪntɪratʃĩŋ *n.*

drummer kɪŋmaŋana *n.*

drumming stick loŋodaa *n.*

drunk bugo₂ *v.*; dɪɛsɪ *v.*

dry bɛra *v.*; hʊla *v.*

dry season (period within) wiliŋsaŋa *n.*

dry up hĩĩsɪ *v.*

drying hʊlɪɪ *n.*

Ducie (lect of) duselii₂ *n.*

Ducie (person from) duselii₁ *n.*

Ducie village dusie *n.*

duck bĩã *n.*; gbagba *n.*

duiker (red-flanked) tɛsɪama *n.*

dull gbul *n.*

dullness zõũ *n.*

dust bɛlɛgɛ *v.*; bʊmbʊr *n.*

dusty (be) bʊra *v.*

dusty weather korumbʊra *n.*

duty wɪjaalɪɪ *n.*

dying sʊwɪɪ *n.*

dysentery dʊksa *n.*

each other dɔŋa *recp.*

e

ear dɪgɪna *n.*
earache dɪgɪnwɪɪlɪɪ *n.*
earlier (be) maasɪ₁ *v.*
early te *v.*
early stage fɔɲfɔŋ *ideo.*
early stage of pregnancy (be in) lomo₂ *v.*
earth hagla *n.*; haglɪɪ *n.*; tagla *n.*
earthworm tantaanɪɪ *n.*
east tiimuŋ *n.*; wʊjalɪɪ *n.*
eat di₁ *v.*; fuosi *v.*
eat (without soup) ɲaŋa *v.*
ebony tree anĩĩ *n.*
edge tʃɪntʃɛrɪɪ *n.*
edge (cloth) garnŏã *n.*
educated (person) karatʃi *n.*
eel (type of) digilii *n.*
effort baharaga₁ *n.*
egg hal *n.*
egg (guinea fowl) sũũhal *n.*
egg (hen) zahal *n.*
egg white zahalbapʊmma *n.*
egg yolk zahalbasɪama *n.*
eggplant ɲadʊa *n.*
eight ŋmɛŋtɛl₂ *num.*
eighteen fidiŋmɛŋtɛl *num.*
eighth month andʒelindʒe *nprop.*
eject out ɔgɪlɪ *v.*
elastic mana *n.*
elbow negʊma *n.*

elbow (interior) negbaŋa *n.*
elder nɪhĩẽ *n.*
election votii *n.*
electricity diŋ₂ *n.*
elephant bɔla *n.*; dʒigela *n.*; neŋtɪɪna *n.*; selzeŋ *n.*
elephant trunk bɔlakaŋ *n.*
elephantiasis of the leg nããtuto *n.*
eleven fididɪgɪɪ *num.*
eleventh month doŋumakuna *nprop.*
empty woo *v.*
enclose go *v.*
enclosed (location) bagorii₁ *n.*
end pe *n.*
endow with power bɔma₄ *v.*
enemy dɔŋ *n.*
engine indʒi *n.*
enjoyment lɛŋ *n.*
enough maasɪ₂ *v.*
enskinned (be) di₂ *v.*
enter zʊʊ₁ *v.*
entertain daŋŋɪ sie *cpx.v.*
entertainment siidaŋŋa *n.*
enthusiasm baharaga₂ *n.*
enthusiastic hĩẽrɪ *v.*
entirely kpalɛŋkpalɛŋ *ideo.*
entrance nŏã₂ *reln.*
entrance of a spiritual location duguŋnŏã *n.*
entropion siipʊŋwile *n.*
enumeration kɪŋkurugie *n.*

epidemic baleo *n.*
epilepsy kpuŋkpuluŋso *n.*
epileptic (person) kpuŋkpuliŋtʃelese *n.*; tʃetʃelese *n.*
equal jaa$_2$ *v.*; maasɪ$_4$ *v.*
erase dʊsɪ$_2$ *v.*
erectile dysfunction viwo$_2$ *n.*
erode mʊʊrɪ *v.*
escape fuosi *v.*
escort tʊ *v.*
essence bii$_2$ *n.*
essence (of someone) patʃɪgɪɪ$_2$ *n.*
ethnic division balʊʊ$_1$ *n.*
even maasɪ$_4$ *v.*; vɔlɔŋvɔlɔŋ *ideo.*
evening dadʊɔŋ *n.*; dʊana *n.*
everyone namuŋ *quant.*
everything wɪmuŋ *quant.*
evil sɪtaanɪ *n.*
exactly tʃuur *ideo.*
examination tɛɛsɪ *n.*
exceed gala$_2$ *v.*; gara$_3$ *v.*; kaalɪ$_2$ *v.*
excel wo$_2$ *v.*
exchange tʃɛra *v.*
excited basʊɔna *n.*
exclamation (type of) abba *interj.*; mufu *interj.*

f

fabric (piece) pɪɛŋ *n.*
face sie *n.*; tʃaga *v.*
fail bĩ$_1$ *v.*
fail to attend bĩ$_2$ *v.*

exclusively zɔ̃ĩ *ideo.*
excrement bɪna *pl.n.*
excuse gaafra *interj.*
exercise dɛnsɪ hogo *v.*
exist ta *v.*
exist (not) tuo *v.*
exit (many) kpuluŋo *n.*
expand ugo$_2$ *v.*
expatriate kɔzʊʊr *n.*
expectation gbaŋasa *n.*
expected zɪ$_1$ *pv.*
expected (be) kpɛsɛ *v.*
expensive (be) bɔma$_2$ *v.*
experienced (person) nebɪnĩĩ *n.*
explode jala$_1$ *v.*
expose ɲaabɪ *v.*
extraordinary ɲããsii *n.*
extraordinary (person) nɪbukperii$_1$ *n.*; nɪbuɲããsii *n.*
eye sii$_1$ *n.*
eye discharge silogto *n.*
eyeball siibii *n.*
eyebrow siikoŋo *n.*
eyelash siipʊŋ *n.*
eyelid siitɔŋ *n.*

fail to thrive kere *n.*
faint buro *v.*; sie viigi$_1$ *cpx.v.*
fair patʃɪgɪpʊmma *n.*
fair-skinned (person) nɪbutʃããŋ *n.*

fairy kɔntɔŋ *n.*; ɲuzĩĩtɪɪna *n.*
faithful bidɪɪŋ *n.*
faithful (be) degini$_3$ *v.*
fall tʃele$_1$ *v.*
fall off luore *v.*
fall on saga$_2$ *v.*
fall short panti *v.*
false accusation dʒɔŋkoho *n.*
family dɪatʊma *n.*
family relationship hĩẽna *n.*
famous (be) laa sɔŋ *n.*
fan limpeu *n.*
far bolo *v.*
far place babuolii *n.*
farm kuo *n.*; para *v.*; pɛŋi *v.*
farm (period) dʒɛfɛ *n.*; pɛpɛŋa *n.*
farm (state) dʒɛfɛbummo *n.*; dʒɛfɛpʊmma *n.*; gaha *n.*; kalɲaaga *n.*; kɔkɔ *n.*; kɔlɪɪ$_2$ *n.*
farm preparation gbege *n.*; kontii *n.*; zaŋsa *n.*
farm rest area (type of) gbʊgʊlmuŋ *n.*
farmer papata *n.*
fast laga *v.*; nʊmanʊma *ideo.*; nʊnnʊŋ$_4$ *n.*
fast (movement) lerete *ideo.*
fat nõũ *n.*; pɔlɪɪ *n.*
fat (be) pɔla *v.*
father ɲɪna *n.*
Father faara *n.*
father's junior brother ɲɪŋwie$_1$ *n.*
father's senior brother ɲɪŋhĩẽ$_1$ *n.*

father's sister hĩẽna *n.*
fear ɔma *v.*
fearfulness ɔŋgbɪa *n.*
fearless (person) siinʊmatɪɪna *n.*
feather pʊŋ$_2$ *n.*
fed up (be) pĩ *v.*
feed dɪɛsɪ$_1$ *v.*
feel na$_2$ *v.*
fellow tɔgama$_2$ *n.*
female hããŋ$_2$ *n.*
female pubic hair mɔŋpʊŋ *n.*
ferment ɲagamɪ *v.*
fermented liquid ɲagɛɛ$_1$ *n.*
fermenting substance bʊra *n.*
fetch dʊɔ *v.*
fetch (liquid) jaa$_1$ *v.*
fever sɔnĩɛ̃$_1$ *n.*
few tama *quant.*
few (be) kiesi *n.*
fiber tɔta$_1$ *n.*
fibre (type of) baga *n.*; bɔg$_2$ *n.*
fibrous meat pɛmpɪamɪɪ *n.*
field pakɪ *n.*
fifteen fidaɲɔ̃ *num.*
fifth month dambafulanaan *nprop.*
fight juo *n.*
fight: throw away juo$_1$ *v.*
fill holes fʊtɪ *v.*
filled dɪra *v.*
find mɔna *v.*
finger nebii *n.*
finger (index) fakiine *n.*
finger (little) nebisunu *n.*; nebiwie *n.*

finger (middle) bambaaŋnebii *n.*; nebizeŋii *n.*
finger (ring) bambaaŋnebiwie *n.*
fingerling dondoli *n.*
fingernail nebipɛtıı *n.*
fingerprint nebiifɛtıı *n.*
finish peti *v.*
fire diŋ₁ *n.*
fire (make) mɔsı *v.*
firewood diŋdaa *n.*
firing pin (gun) tʃırıbɔ *n.*
first buŋbuŋ *n.*
first month dʒımbɛntʊ *nprop.*
fish ɲinee *n.*
fish (type of) ammani *n.*; bıŋbıɛl *n.*; fĩĩ *n.*; kɔŋkʊɔgıı *n.*; mɔmõã *n.*; prıŋ *n.*; sol *n.*; tʃopetii *n.*; tʃʊɔŋ *n.*; ugul *n.*; wɔlɛɛ *n.*
fish bone ɲiŋhog *n.*
fish egg ɲiŋhal *n.*
fishing hook kokolentebii *n.*
fishing net tʃaŋ *n.*
fishing trap tʃig *n.*
fist kummii *n.*
fit maası₃ *v.*
five aɲɔ̃ *num.*; ɲɔ̃ *num.*
fixed on (be) mara₁ *v.*; maragı *pl.v.*
flame diŋtʊl *n.*; tʊl *n.*
flat talala *ideo.*
flat roof sal *n.*
flee tʃɔ₂ *v.*
flesh namĩã *n.*; nanpunii *n.*

fleshy part nʊgʊl *n.*
flintlock frizzen maafadıgına *n.*
flintlock hammer lɛdaa₂ *n.*
flintlock leather pad tɛtɛ̃ĩ *n.*
flintlock locking screw ɲɔtı₂ *n.*
flintlock pan maafadıgınbʊa *n.*
float zaalı *v.*
flour saʊ *n.*
flour (dawadawa) sʊlsaʊ₁ *n.*
flow lıı₂ *v.*; pala *v.*
flower jelii *n.*
flower (dawadawa) sʊŋkpulii *n.*
flower (groundnut) maɲsijelii *n.*
flower (type of) kpalımaalige *n.*; lololo *n.*; tʃuomonaatɔwa *n.*
flute loŋwie *n.*
flute (type of) busunu *n.*
fly zaa *v.*
fly (tsetse) kırıma *n.*; nakaʊ *n.*; nakpafugul *n.*
fly (type of) tʃı̃ã₁ *n.*; tʃı̃ãbummo *n.*; tʃı̃ãsıama *n.*
foam fʊga₂ *v.*; fʊŋfʊgʊl *n.*
focus particle ra *foc.*
foetus tıa₂ *n.*
fog kʊrʊmbʊra *n.*
Foga (person's name) fɔga₁ *nprop.*
fold guti *v.*
follow gantal₂ *n.*; tıŋa₁ *v.*
food sıımaa *n.*
food (scooped ball) bɔtıı *n.*

food (type of) fʊʊra *n.*; gaarii *n.*; kaara *n.*; kpogulo *n.*; sʊamanzɪga *n.*; timpaanii *n.*

food left-overs kʊʊtʃʊa *n.*

food preparation (incorrect) mul *n.*

food storage room sɪɪmaadɪa *n.*

fool fugusi₁ *v.*; gɛnɪɪ *n.*

fool (be) gɛna *v.*

foolishness gɛnna *n.*

foot nããpɪɛl *n.*

foot (sole of) nããpɪɛlpatʃɪgɪɪ *n.*

foot (top of) nããpɪɛlgantal *n.*

footprint nããnasɪɪ *n.*

forbid kii *v.*

force fɪra *v.*; fɪrɪɪ *n.*

forehead tile *n.*

forest kɔr *n.*

forge lʊga₁ *v.*

forget sʊgʊlɪ *v.*

forgive gɪla tɪɛ *cpx.v.*

form bilesi *pl.v.*

four anaasɛ *num.*; naasɛ *num.*

fourteen fidanaasɛ *num.*

fourth month dambakokoroko *nprop.*

fowl zal *n.*; zɪmĩĩ *n.*

fowl (type of) pɪtɪɪ *n.*; sũũ *n.*

fowl house dembelee *n.*

fowl tick pala *n.*

g

gaiety balalla *n.*

fragile kɪntʃɪagɪɪ *n.*

freeze kpaŋa *v.*

fresh sɔŋ₂ *n.*

Friday arɪdʒima *n.*

friend tʃɛna *n.*

frog (type of) sɔmpɔrɛɛ *n.*; sɔrɪɪ *n.*

front sʊʊ₁ *n.*; sʊʊ₃ *reln.*

front sight (gun) mĩĩ *n.*

fruit daanɔ̃ŋ *n.*; nɔŋ *n.*

fruit (dawadawa) sʊlnɔŋ *n.*

fruit (type of) goŋonɔŋ *n.*; lieŋ₂ *n.*

fry hala *v.*; pɪga *v.*

frying halɪɪ *n.*; pɪgɪɪ *n.*

fuel paturuu *n.*; petro *n.*

fufu kapala *n.*

full biriŋ *n.*; pɪŋa *v.*; pɪŋɪsɪ *pl.v.*

full (be) su *v.*

funeral luho *n.*

funeral (first) lunʊŋ *n.*

funeral (last) lusɪnna *n.*

funeral event (type of) bʊɔtɔɪ *n.*; hʊɔrakaalɪɪ *n.*; kɔmĩãkpaɪɪ *n.*; kɔmĩãɲarɪɪ *n.*; kʊzaakpaɪɪ *n.*; kʊzaalimmii *n.*; selekpʊɪɪ *n.*; sɪgmaa *n.*; sɪmbɔtɪɪ *n.*; sɪɲõãĩ *n.*; sɪŋwaasɪɪ *n.*; wɔsɪwɪjaalɪɪ *n.*

funeral ground ludendil *n.*

furious (be) zaga *v.*

gallbladder kpʊrɪɪ *n.*

game (type of) bombo *n.*; dara *n.*; seŋsegelie *n.*

game reserve geem *nprop.*

garden dabaga *n.*; gaadin *n.*

garden egg ɲadʊa *n.*

gather lagamɪ₁ *v.*; laŋsɪ₁ *pl.v.*; tigsi *v.*

gather close go *v.*

gather together gama *v.*; guro *v.*

Gbolo (person's name) gbolo *nprop.*

gear hɔ̃ŋ *n.*

gecko (type of) toro *n.*; zɛsa *n.*

generous patʃɪgɪpʊmma *n.*; sɔŋtɪɪna *n.*

genet (type of) tʊɔnĩã *n.*

gentility bʊnɔ̃ã *n.*

germinate jala₂ *v.*; ɲɔ̃ *v.*

gesture bigise *n.*

get by force fɔsɪ *v.*

get lost sie viigi₂ *cpx.v.*

ghost lɔsɪɪ *n.*

gift (type of) tʃɔgtaa *n.*

ginger kokoduro *n.*

gingivitis paŋʔɔrɪɪ *n.*

girl bɪnɪhãã̃ŋ *n.*

girl (beautiful) tulor₂ *n.*

girl (mature) tulor₁ *n.*

girl (mature, young) suŋguru *n.*

girl (young) nɪhã̃wie *n.*; tulorwie *n.*

give tɪɛ₁ *v.*

give birth lʊla *v.*

give birth (history) tʃaŋsɪ *v.*

give way bɪagɛ *v.*

giving birth lʊlɪɪ *n.*

glance (furtive) silɪɛr *n.*

glance at limmi *v.*

glide (close) lɪɛrɪ₁ *v.*

glue mara₁ *v.*

glue (type of) maataa *n.*

go ka *pv.*; kaalɪ₁ *v.*

go away lɪɪ₁ *v.*

go down tuu *v.*

go in and out turo₂ *v.*

go over gala₁ *v.*

go up zɪna₂ *v.*

goal gool *n.*

goat bɔ̃̃ŋ *n.*

goat (young) bɔ̃̃ŋbie *n.*

god wʊsa₁ *n.*

God (supreme) kuoso *n.*

goitre bagɛnapʊɔgɪɪ *n.*

gold salɪŋ *n.*

Gonja (person) zabaga *n.*

gonorrhoea baabaasʊ *n.*

good lɛmɪɪ₁ *n.*

good (be) lɛma₁ *v.*; were *v.*

gourd fala *n.*

gourd (type of) bɔɔl₂ *n.*; fabummo *n.*; fapʊmma *n.*; fataga *n.*; fawie *n.*; fazeŋ *n.*; gbɛntaga *n.*; kpʊrgɪɪ *n.*; loŋ *n.*; loŋbɔl *n.*; loŋkpʊrgɪɪ *n.*

gourd ladle daazʊʊna₂ *n.*

gourd node faʔul *n.*

gourd seed (type of) fobii *pl.n.*; pɔntɔrɔtʃĩã *n.*

gourd stem falaneŋ *n.*

government gɔmɔnantɪ *n.*

governor gɔmɪna *n.*
grab kpaga₂ *v.*; tʃɛwa₁ *v.*
grab firmly gurugi₁ *v.*
grab hold faamɪ₁ *v.*
grain (guinea corn) mɪmbii *n.*
grain weevil ɲakpatɛ *n.*
gramophone garamɔ̃fɔ̃ɔ̃ *n.*
grandchild nuhũ *n.*
grandfather naal *n.*
grandmother nahã *n.*
grass kɔsa₂ *n.*
grass (type of) fiel *n.*; fɔgɔl₁ *n.*; golii *n.*; kɔpul *n.*; pemballʊɔŋ *n.*; pul *n.*; sambalkuso *n.*; sambalɲaɲa *n.*; sɪŋgbɛglɪŋnebie *n.*; zantɛrɛɛ *n.*
grass bundles kuntunbʊa *n.*
grasscutter aarɪɪ *n.*
grasshopper (type of) hɔ̃ɔ̃ *n.*; kɔkɔlıkɔ *n.*; kpekpe *n.*; tʃalɪhɔ̃ɔ̃ *n.*; tʃɛlɪntʃɪɛ *n.*; zaŋguoŋmuŋsulisu *n.*
grate nʊga *v.*
gratefulness patʃɪgɪtʊɔra *n.*
grave bʊɔ₂ *n.*
grave (closed) bil *n.*
grave section bʊʊbie *n.*
grease nɔ̃ʊ̃ *n.*
great-grandfather naalbɪlɪɛ *n.*; naaltulo *n.*
great-grandmother nahãbɪlɪɛ *n.*
greedy sii₃ *n.*
greet zaamɪ₁ *v.*
greet (evening) dʊanɪ *v.*
grief patʃɪgtʃɔgsa *n.*
grill pɛwa *v.*
grilling meat pɛwɪɪ *n.*

grind kʊtɪ₂ *v.*; nama₂ *v.*; ɲaarɪ *v.*; saasɪ *v.*; tiisi *v.*
grinder (stomach) kantige *n.*
grinding area nɔŋ₂ *n.*
grinding stone (type of) kʊŋkɔlbɪɪ *n.*; nɔmbukutii *n.*; nɔŋ₁ *n.*; nɔŋbuluŋ *n.*; nɔŋbuɲaarɪɪ *n.*; nɔŋbutiisii *n.*; sasɪbɪɪ *n.*
grip kummi *v.*
groan pɛma *n.*
groin nããnawɔsɪɪ *n.*
ground hagla *n.*; haglɪɪ *n.*; tagla *n.*
ground (hard) haglɪkpeg *n.*
ground (soft) haglɪjɔgsɪɪ *n.*
groundnut maŋsii *n.*
groundnut flower maŋsijelii *n.*
group tigsi *v.*
grow sii₃ *v.*; vɛsɪ *v.*
grow old hɪ̃ɛ̃ *v.*
grumble ŋmʊʊrɪ *v.*
guilt tʃelle₂ *n.*
guinea corn mɪ̃ɪ̃ *n.*
guinea corn (cooked) tɪmpitie *n.*
guinea corn (type of) mɪ̃sɪama *n.*; pogo *n.*; tʃatɪ *n.*
guinea fowl sũũ *n.*
guinea worm ɪ̃a *n.*
gum tɪl *n.*
gum (tree) tʃel *n.*
gun maafa *n.*
Gurumbele (lect of) bɛlɪlɪɪ₂ *n.*
Gurumbele (person from) bɛlɪlɪɪ₁ *n.*
gutter (bathroom) tʃitʃarabʊa *n.*
gutter (roof) tʃitʃasɔrɪɪ *n.*

h

habit (drinking) sɪŋɲʊhã̃ *n.*
habitually jaa *pv.*
hail dobii *n.*
hair pʊŋ₁ *n.*
hairdressing (type of) ɲupɛrɪɪ *n.*; ɲuvɔwɪɪ *n.*
half kamboro *n.*
half asleep daari *v.*
half of a bird kie *n.*
half side loguŋbɛmbɛl *n.*
half-full logo *v.*
half-sibling ɲɪnabie₁ *n.*
hall lumbu *n.*; zaŋtʃagalɪŋ *n.*
hallucination gagamɪ *n.*
ham nããkorbʊa *n.*
hamerkop samkpaŋtuluŋu *n.*; saŋbaŋdugulee *n.*
hammer hamba *n.*
hammer (lightly) tama *v.*
hammock dʒʊɔŋ *n.*
hand neŋ *n.*; nepɪɛl *n.*
hand (back of) nepɪɛlgantal *n.*
hand (palm of) nepɪɛlpatʃɪgɪɪ *n.*; netisɪŋ *n.*
hand up tala *v.*
handkerchief aŋkɪtɪ *n.*
handle neŋbakpagɪɪ *n.*
hang laga *v.*
hang limp loori *v.*
happiness balalla *n.*

happy basʊɔna *n.*; patʃɪgɪtʊɔra *n.*
happy (be) sʊɔnɪ₃ *v.*
harassment fĩnĩĩ *n.*
hard kpege₁ *v.*; kpegii *n.*
hardship nʊnnʊŋ₃ *n.*
harmattan gbaŋgbaŋ *n.*
harmonize gbɪasɪ₁ *pl.v.*
harsh (be) ɲaga₂ *v.*
hartebeest lɔʊ *n.*
harvest aarɪ *v.*; kʊma *v.*; ŋmɛna₃ *v.*
harvest (shea) pinti₂ *n.*
harvest second yam wo₁ *v.*
Hasik (person's name) hasɪg *nprop.*
hasten poleme *v.*
hat ɲintʃige *n.*
hatch tesi₂ *v.*
hate hã *v.*
Hausa zaŋgbɪɛra *nprop.*
have kpaga₁ *v.*
Hayong (person's name) hajoŋ *nprop.*
he ʊ *pro.*; ʊʊwa *pro.*; waa *pro.*
he-goat bʊʊŋbal *n.*
head ɲuu₁ *n.*
head hair ɲupʊŋ *n.*
head of animal ɲukpulii *n.*
headache ɲuwɪɪla *n.*
headache (frontal) ɲuufugo *n.*
headgear tʃiime *n.*
headpan tasazeŋ *n.*
heal ŋmɪɪrɪ *v.*

healer lulibummojaar *n.*; paatʃakjaara *n.*; patʃakjaar *n.*
health (good) laanfıa *n.*
hear nõõ$_1$ *v.*
heart begii *n.*
heat nʊma$_1$ *v.*
heat a wound ɲagasɪ *v.*
heaven arɪdʒana *n.*
heavy jugii *n.*
hedgehog ɲagenpentii *n.*
heel nããlumo *n.*
heifer nɔlor *n.*
height zɪɲɪɪ *n.*
help sʊmmɪ$_2$ *v.*; tiise *v.*
helper susummana *n.*
helpful sɔŋtɪɪna *n.*
helpless child ɲanʊgɪɪ *n.*
hen zapuo *n.*
hen (bush) bʊzaal *n.*
henna dʒabelaŋ *n.*
herbalist patʃakjaar *n.*
herd gbaa *v.*
herder gbaar *n.*
here baaŋ$_1$ *adv.*
hernia pʊɔga *n.*
hide pumo$_1$ *v.*; sogoli$_1$ *v.*
hiding pumii$_1$ *n.*
high (be) gatɪ *v.*
highland kuŋkuŋ *n.*
hill gradient gimii *n.*
hinder teŋe$_3$ *v.*
hinge (door) lɛʊra *n.*

hip tʃɛrbʊa *n.*
hippopotamus bʊnõhõ *n.*
hire ha *v.*
hit gogo *v.*; jaga$_1$ *v.*; jagasɪ *pl.v.*; vɪra *v.*
hit down repeatedly pɪla *v.*
hoe par *n.*
hoe (type of) pagbɛtɪɪ *n.*; patɪla *n.*; pawie *n.*; pazeŋ *n.*; sããdiilii *n.*; sããgbulie *n.*; sããtʃɔŋ *n.*
hoe blade pabii *n.*
hold kogo *v.*; kpaga$_3$ *v.*; tʃɛwa$_1$ *v.*
hold on kpaga kaalɪ *cpx.v.*
hole bʊɔ$_1$ *n.*
hole (grave) bʊabie *n.*
holey zagatɪ *v.*
hollow (be) pɛna$_2$ *v.*
hollow behind the collarbone bagɛnbʊa *n.*
homer dendilsaɲana *n.*
honest (be) degini$_3$ *v.*
honest (person) nɪbupʊmma *n.*; nɪbuwerii *n.*
honey tõõ *n.*
hooked (be) goro$_1$ *v.*
hoot at woori *v.*
hope liisi$_2$ *v.*; tamãã *n.*
hopping (one leg) nããkeliŋke *n.*
horn ɲɪŋdaa *n.*
horn flute kabɪl *n.*
horse kɪnzɪnɪɪ *n.*
hospital asɪbɪtɪ$_1$ *n.*
hot nʊma$_1$ *v.*; nʊmɪɪ *n.*; nʊŋ *v.*
hot (be) bɔma$_3$ *v.*

hot (feeling) nʊnnʊŋ₁ n.
hour gbeliŋ n.
house dɪa n.
how ɲɪnĩɛ̃ interrog.
how many ŋmɛna₁ interrog.
how much ŋmɛna₁ interrog.
human being nɪɪbuluŋ n.
human entity particle nɪ-
hump gʊma₁ n.
hunchback gʊmatɪɪna n.
hundred kɔwa num.
hunger lʊsa n.
hunt kpããnɪ₁ v.; sɛwa v.

hunter naŋkpããŋ n.
hunter rank digboŋ n.; kurungboŋ n.; nbuoɲɔ̃ n.
hunting period naŋkpããlɪŋ n.
hurry (in a) nʊmanʊma ideo.
husband baal₂ n.
husk hããsa n.
hut (farm) laʊ n.
hyena (type of) badaarɛ n.; dambɪa n.; kpatakpalɛ n.; siŋsigirii n.; tebintɪɪna n.; tõʊ̃ n.; zɛpɛgor n.
hypocrite ɲuudʊr n.
I mɪŋ pro.; n pro.; nwa pro.

idol (type of) tɔmɪɪ n.
if dɪ₁ conn.
if so amĩɛ̃ conn.
ignite ŋmɛna v.; tʃogo v.
ill wɪɪ v.
illegitimate child sansanbie n.
imam limaan n.
imitate dɪŋa v.; tʃaasɪ v.
imitating sɪa n.
immediately baaŋ pv.
imperfective dɪ pv.
impotent hambara n.
imprison tɔ₄ v.
improper kʊlʊmbʊl n.
in (be) dʊa₁ v.
in line jɔrɔtɔ ideo.

in spite of anɪ a muŋ adv.phr.
in that case amĩɛ̃ conn.
in vain baga adv.
in-law hɪla n.
in-law (brother) datʃɪbaal n.
in-law (brother, sister) datʃɪɛ n.
in-law (father) hɪlɪbaal n.
in-law (mother) hɪlɪhããŋ n.
in-law (sister) datʃɪhããŋ n.
inability gbɛtɪ v.
inability to sleep sii baraga n.
inactive (be) kʊɔlɛ v.
incline keŋe v.
increase pɛ v.
increase in weight dusi v.
incubation (hen) pumii₂ n.

independent (be) wetɪ₁ *v.*
indicate tʃagalɪ *v.*
indiscreet (person) nõãtɪɪna *n.*
inevitably hur *n.*
inexpensive haraha *n.*
inexperienced (with men) su hããŋ *v.*
infection tʃɔzʊʊr *n.*
inferior wɔlɪɪ₃ *n.*
infertile land lalasa *n.*
infest dugo *v.*
inflate fʊʊsɪ *v.*
information duoso *n.*
inhabit tʃige₂ *v.*
inhabit (spiritually) diesi₂ *v.*
inhabitant dɪɪl *n.*
initiate ta₂ *v.*
initiation (type of) fiile *n.*; ɲʊasɪ *n.*
inject tawa *v.*
injure pɪra *v.*
injured wɪɪlɪɪ *n.*
insect (type of) baɲõãluro *n.*; batɪ̃ɔ̃ *n.*; daadugo *n.*; dunlatuo *n.*; ise₁ *n.*; kuukuu *n.*; naʊpɪɲa *n.*; nɔpɪɲa *n.*; peomãã *n.*; tʃaaɲtʃɪɪŋ *n.*; tʃɪnɪnɪ *n.*; tʃɔgɪɪ *n.*
insert pɔ₁ *v.*; tũɵ̃₁ *v.*

j

jathropha nakuŋ *n.*
jaundice nɪɪsɔta *n.*
jaw ɛgla *n.*

inserted (be) tũɵ̃₁ *v.*
inside patʃɪgɪɪ₃ *reln.*
inside the village tɔʊpatʃɪgɪɪ *n.*
insincerity dʊnkafuuri *n.*
insist tiine *v.*
insufficient (be) bowo *v.*
insult lɔ *v.*; zoŋ *n.*; zoŋbii *n.*
insult (type of) nʊʊkpuogohɛna *n.*; ʃũɛ̃ɛ̃ *interj.*
intentionally (do) paga *v.*
interest (someone) dɪŋʊ *n.*
interruptive wɪzʊʊr *n.*
intersection tʃarga *n.*
intestine looto *n.*
intestine (big) lootozeŋ *n.*
intestine (small) lootowie *n.*
invalidity gbɛtɪ *v.*
investigate pɪasɪ₂ *v.*
iron lʊgɪɪ *n.*; nama₁ *v.*
Islam jarɪɪ *n.*
issue wɪɪ *n.*
it ʊ *pro.*; ʊʊwa *pro.*; waa *pro.*
itch tʊrɪgɪ *v.*
item (necessary) bɔŋbɔwa *n.*
ivory bɔlaɲɪŋ *n.*

jaw (lower) lɛdaa₁ *n.*
jealousy handɔŋmɪɪsa *n.*
Jebuni (person's name) dʒebuni

jewellery (type of)   *lament*

nprop.
jewellery (type of) kpaga *n.*
join pusi$_1$ *v.*; tʃonsi$_1$ *v.*; zʊʊ$_3$ *v.*
joke sããnı *v.*
joking partner nasããŋ *n.*
joy (do with) ɲaŋsı *v.*

k

Kala (person's name) kala$_1$ *nprop.*
Kandia village kandıa$_2$ *nprop.*
kapok koŋ *n.*
Katua (lect of) katʊɔlıı$_2$ *n.*
Katua (person from) katʊɔlıı$_1$ *n.*
Katua village katʊɔ *nprop.*
keep kpaga kaalı *cpx.v.*; pɔ$_3$ *v.*
keep (tell to) pusi$_2$ *v.*
keep from falling kogo *v.*
keep long birgi *v.*
kenkey daakʊnʊ *n.*
kerosene karansiin *n.*
kettle buuta *n.*
key gborobii *n.*; safibii *n.*
key (car) lɔlıgbɛrbıı *n.*
kick maɲa$_2$ *v.*
kidney suoŋbii *n.*

l

labour (extensive) paanʊ̃ã *n.*
lack ɲãã$_1$ *v.*
ladder sanzıŋ *n.*

jump loŋɲi$_1$ *v.*; zaası *pl.v.*
jump (fowl) pati *v.*
jump down tʃiɲisi *v.*
junction tiwiitʃaraga *n.*
junior hamɔ̃ŋ *n.*
just baaŋ *pv.*

kidney stones suoŋbigarıga *n.*
kill kpʊ$_1$ *v.*
kitchen dindıa *n.*; diŋbamɔsıı *n.*
knead ʊtı *v.*
knee nããhũũ *n.*
kneecap nããhũʃɔwie *n.*
kneel gbinti *v.*
knife kisie *n.*
knock jaga$_1$ *v.*; kpaası$_1$ *v.*; tʃası$_1$ *v.*
knock bark off pomo *v.*
know zıma *v.*
knowledge naŋzıma *n.*
knowledgeable siilalla *n.*; zımna *n.*
kob wılʊ *n.*
kola nut guori *n.*; kapʊsıɛ *n.*
Kole (person's name) kole *nprop.*
Kpong village kpoŋ *nprop.*

lamb pelor *n.*
lamb (ram) pembelee *n.*
lament mɔsı$_2$ *v.*

lamp dintɪna *n.*; diŋtʃãã̄ŋ *n.*
landlord dɪatɪna *n.*; tindaana *n.*; tɔʊtɪna *n.*
lane fɔgbaaŋ *n.*
language taa *n.*
language (foreign) naasartaa *n.*
lantern dintɪna *n.*; diŋtʃãã̄ŋ *n.*
lantern (type of) najɛliŋgbielie *n.*
lantern holder diŋtʃãã̄ŋdaa *n.*
lantern oil karansiin *n.*
large badaazenie *n.*; zene *v.*
large (make) peuli *v.*
last birgi *v.*
lateral goitre bagɛnapʊɔgɪɪ *n.*
laterite ɲãŋŋa *n.*
laugh mʊma₁ *v.*
laughing mʊmɪɪ *n.*
laughter mʊma *n.*
laughter (stifled) murisi *v.*
law beŋ *n.*
lawyer lɔja *n.*
lay eggs ɲã₂ *v.*
lay head on sɪla *v.*
laziness bawɪɪha₂ *n.*; zʊ̃ʊ̃ *n.*
laziness (dog) bɛʊ *n.*
lazy bajʊɔra *n.*
lazy (be) jaarɪ *v.*
lead gara₃ *v.*; kpãnna *n.*
leader suuter *n.*
leaf paatʃag *n.*
leaf (baobab) sãŋkumsɔna *n.*; toli-paatʃag *n.*

leaf (bean) sɪgpaatʃag *n.*
leaf (black berry) sʊamanziga *n.*
leaf (cassava) kpõŋkpõŋpaatʃag *n.*
leaf (onion) gaabu *n.*
leaf (tobacco) tɔʊpaatʃaga *n.*
leaf (type of) bɪɛl *n.*
leaf (white bean) sʊɔsa *n.*
leak lɪɪ₂ *v.*; lulo *v.*; sɔra *v.*
lean against tele *v.*; telegi *pl.v.*
lean back jalasɪ₁ *v.*
lean on pɛla *v.*
learn zɪgɪtɪ *v.*
leave gɪla₂ *v.*; ta₁ *v.*
left gal₂ *reln.*
left (side) gal₁ *n.*
left-over (fufu) kapalasɔŋ *n.*
leg nãã₁ *n.*
leg (amputated) nãã̄kputi *n.*
leg (front) vaaŋ *n.*
leg (hind) hĩĩ *n.*
lend tʃɪma *v.*
length zɪŋɪɪ *n.*
leopard bʊɔmanɪɪ *n.*; nebietɪɪna *n.*; ɲuwietɪɪna *n.*
leper zagan *n.*
leprosy zagansa *n.*
less (make) fɔgɔsɪ₁ *v.*
let gɪla₁ *v.*; tɪɛ₂ *v.*
let free ta₁ *v.*
lethargic (be) kʊɔlɛ *v.*
level buti *v.*
liar patʃɪgɪbummo *n.*

lick lenti v.

lie dara v.; hɛŋsɪ v.; mʊga v.; tʃʊa v.

lie across gara₂ v.; kagalɛ v.

lie on stomach pu₂ v.

lie on top saga₁ v.

life mɪɪbʊa₂ n.

lifestyle dɪŋʊ n.

lift arm hãã₂ v.

light diŋ₂ n.; fʊga₁ v.

lightning initiation duoŋsɔɪ n.

like kii₁ conn.; kii₂ v.; nɔŋa₁ v.

like that kɛŋ adv.

like this nɪŋ adv.

limb badaa n.

limp duɲusi v.; zɛŋsi v.

limping nããgbaɲzɛŋe n.

line tʃʊar n.

lines (make) pɪɪgɪ pl.v.

linguist kpambɪa n.

liniment tree pontii n.

lion dʒɛtɪ n.; ɲuzɛŋtɪɪna n.

lip nõtunii n.

liquid (of sore) nɪɪpʊmma₁ n.

liquid (type of) dɔnɪɪ n.

listen nõ̃ʊ̃₁ v.

little finii ints.; ɲegeke ideo.; tantama ideo.

live zʊʊ₂ v.

liver pʊal n.

lizard (type of) dʒɛdʒɛrɪ n.; gagatin n.; ger n.; gɛgɛra n.; gɛgɛta n.; gbaga n.; tiwiibaɲlɛŋgeregie n.

load bõŋ n.

load (gun) pama v.

load-support tʃemii n.

Lobi lobi n.

location (type of) bagorii₁ n.; bagorii₂ n.; bɪntuk n.; bʊntʊɔna₂ n.; daamuŋ₂ n.; dendil n.; duguŋ n.; gbʊgʊl n.; laŋzaŋ n.; sɪnlɔg n.; zapɛga n.

lock hara v.

locust (type of) zɪnahɔ̃ʊ̃ n.

log daakputii₁ n.; dolo n.

log part daabii n.

lonely (person) nɪdɪgɪmaɲa n.

long (be) zɪŋa v.

long and thin vɪnnɪnnɪ ideo.

look at fɪɪlɪ₂ v.

look different tʃɛrɪgɪ v.

look to buure₄ v.

loose paani v.

loose (be) kɔla₁ v.; tɔgɔlɪ v.

loose (make) folo v.

lose sight of ɲʊŋsɪ v.

lose weight fuori₂ v.

loser (person) tʊɔlɛɛ₁ n.

loss bɔna n.

lost (get) ɲʊŋsɪ v.

louse kpibii n.

love buure₃ v.; nɔŋa₁ v.

lover sɔnna n.

low land falɪŋ n.

low-toned (be) sʊɔnɪ₂ v.

lower tɪna v.
lower back fõ̃ũ̃ n.
lower than expectation tʃʊma₃ v.
loyal (person) wɪdɪŋtɪɪna n.
luck sʊma v.
luck (bad) ɲubɔŋ n.
luck (have) ɲusʊŋ v.
lukewarm tɔlatɔla ideo.
lumps luguso pl.n.
lumpy (be) lugusi₁ v.

m

maize mɪŋmɛna n.; ɲammɪɪ n.
maize cob ɲammɪdaa n.
maize husk ɲammɪpɛtɪɪ n.
maize silk zɔgsɪɛŋ n.
maize tassel fɔgɔl₂ n.
make kʊɔrɪ₁ v.
make hole ludi v.
make love buure₃ v.
make soft bugo₁ v.
malaria sɔnĩɛ̃₂ n.
male baal₁ n.
male (handsome) binʊaŋ n.
male pubic hair pɛŋpʊŋ n.
malnourished child ɲɛ̃sa n.
malt tamputie n.
malt (guinea corn) kɔmĩã n.
man baal₁ n.; nɪbaal n.
man (old) bahĩɛ̃ n.
man (young) bipɔlɪɪ n.
manager (farm) kuonɪhĩɛ̃ n.

lung fɔfɔta n.
lung pains fɔfɔtɪwɪɪla n.
lying flat hambajala n.
lytta nŏhɛŋ n.
machine määnsɪŋ n.
mad (person) galaŋzʊʊr n.
madness galaŋa n.
maggot (type of) dʊnsɪɪ n.
mahogany prɪŋ n.
mandible (head) lotoremuŋ n.
mane lʊɔŋ n.
mango mŏŋgo n.
Mangu (person's name) ŋmããɲʊ nprop.
manhood baalɪɪ n.
manipulate tiiri v.
manner nãã₂ n.
many kɪŋkaŋ quant.
mark dãã̆na n.; pɛmpɛl n.; pĩĩ v.; sige v.; tii₁ v.; tii₂ v.; wɪl n.
mark (animal) dããnɪɪ v.
mark (mouth) nŏãtʃʊar n.
market jɔwa n.
marks (make) pɪɪgɪ pl.v.
marry jʊʊ v.; kpa₃ v.; paa₂ pl.v.
mash purusi v.; tʃɛma v.
mason meesin n.
masquerade (funeral) sɪgmaa n.
master dʒɪga v.
masticate tʃagamɪ v.

mat kalɛŋ *n.*; kɪntʃʊalɪɪ *n.*
mat (door) dʒaana *n.*
mat (grass) pɪsa *n.*
matches maŋkɪsɪ *n.*
maternal lineage mããbise *n.*
matter wɪɪ *n.*
matter (trivial) wɪllaaŋ *n.*
mattress kɪntʃʊalɪɪ *n.*
mature dʒɪga *v.*
maybe a bɔnĩɛ̃ nɪ *adv.phr.*
meal kɪndiilii *n.*
meaning muŋ$_2$ *n.*
measles takatʃuune *n.*
measure maŋsɪ$_1$ *v.*
measurement (farm) gala *n.*; kagal *n.*; kogulii *n.*; naakpaaga *n.*
meat namĩã *n.*; naŋguruŋ *n.*
meat (boiled) nantɔɲɪɪ *n.*
meat (forbidden) bulumbunti *n.*
meat (porcupine) saɲɲammɪɪ *n.*
meat (raw) nãnhuor *n.*
meat (type of) naɲfɛŋta *n.*
meat for sale nambɛra *n.*
Mecca maka *n.*
medical powder lulisaʊ *n.*
medicine lulii *n.*
medicine (type of) asɪbɪtɪ$_2$ *n.*; birisitɔʊ *n.*; bʊkʊrʊra *n.*; gbaraga$_2$ *nprop.*; lulibummo *n.*; naasaarlulii *n.*; nigimiilulii *n.*; sɛl *n.*
meet tʃeme *v.*
meeting lagamɪɪ *n.*; mintɪŋ *n.*

melt ŋmɪɛrɪ *v.*
members of a paternal relation ɲɪnawɔlɛɛ *pl.n.*
membrane pɛtɪdɪndagal *n.*
menses doŋojaɪ *n.*; nɪsɔnɪɪ *n.*
menstruate tʃagasɪ$_2$ *v.*
menstruating (person) tʃagtʃagasa$_2$ *n.*
message hẽsee *n.*
metal (type of) daɲẽ *n.*
metamorphose bɪrgɪ$_2$ *v.*
metre mita *n.*
middle bambaaŋ$_1$ *n.*; bambaaŋ$_2$ *reln.*; galɪŋga *reln.*
midnight tɔhĩẽ *n.*
mile meeli *n.*
mill fɪɛbɪ$_1$ *v.*; nɪkanɪka *n.*
millet zul *n.*
millet ergot (fungi) disease naŋgʊɔŋ *n.*
millipede (type of) haliŋguomii *n.*; nõõmanɪɛr *n.*
mimic tʃaasɪ *v.*
minute mintɪ *n.*; tɪla *quant.*
miscarry vɪɛrɪ *v.*
miserliness siitɪɪna *n.*
misery sigii *n.*
miss out gara *v.*
mist mɛŋ *n.*
mistake (make) pʊtɪ *n.*; tulemi *v.*
mistake (to do by) tulemi *v.*
mix bũũ *v.*; kuosi *v.*
mixture of kinds dʒaabɪrɪdʒa *n.*

mocking sıa *n.*
mocking relation nasata *n.*
molar paŋ *n.*
mole saŋkpaŋzıgıl *n.*
mollusc (type of) kpãnna *n.*
Monday atanĩɛ̃ *n.*
money molebii *n.*
mongoose (type of) maɲã ɔ̃ *n.*; maɲãɔ̃tuogu *n.*; watʃɛhɛɛ *n.*
monitor dããnɪ$_2$ *v.*
monitor lizard (type of) bãã *n.*; badʒɔgʊ *n.*
monkey gbĩã *n.*; neŋgaltɪɪna *n.*
monkey (type of) foori *n.*; gbĩãsɪama *n.*; kanĩɛ̃ *n.*; polpiesii *n.*
monkey's scream angum *ono.*
moon bʊɔga *n.*; pɛna *n.*
more than (do) gara$_3$ *v.*
morning tʃʊɔsa *n.*; tʃʊɔsɪn pɪsa *n. phr.*
morsel bɔtɪɪ *n.*
mortar tuto *n.*
mortar (centre) tutosii *n.*
mortar (farm) kuotuto *n.*
mosque wʊzaandɪa *n.*
mosquito zoŋgoree *n.*
mother mãã *n.*
mother (new) hasʊɔŋ *n.*
mother's brother nããtɪɪna *n.*; nɪɛra *n.*
mother's senior sister mããhĩɛ̃$_1$ *n.*
mother's younger sister mããwie$_1$ *n.*
Motigu (lect of) mɔtigii$_2$ *n.*

Motigu (person from) mɔtigii$_1$ *n.*
motion (manner) felfel *ideo.*
motorbike pupu *n.*
motorbike (type of) rɔbarɔba *n.*
mould mɔ *v.*
moult wire$_3$ *v.*
mound (form) tɔ$_5$ *v.*
mourn mɔsɪ$_2$ *v.*
mouse (type of) dagboŋo *n.*; gʊɔrɛɛ *n.*; mandʊɔgıı *n.*; ol *n.*; ombul *n.*; onsıaŋ *n.*; ontolee *n.*; onzasıı *n.*; tugul *n.*
mouth nõã$_1$ *n.*
move kiige *v.*; vige *v.*
move (up and down) tʃɔgsɪ$_1$ *v.*
move (wavily) tuuri$_2$ *v.*
move neck leŋsi *v.*
move over tʊsɪ *v.*
move with difficulty talımı *v.*
much kıŋkaŋ *quant.*
mud vɛtıı *n.*
mud (bank) hı̃hı̃ı̃ *n.*
mud block haglıbii *n.*
multi-storey building dısugulii *n.*
multiply tʃaga *v.*; ugo$_1$ *v.*
mumps tʃaaŋtʃınsa *n.*
murder kpʊ$_1$ *v.*
murderer nıbukpʊr *n.*
Musa (person's name) mʊsaa *nprop.*
muscle pain nampuniiwıɪla *n.*
Muslim jarɪɛ *n.*
must foo$_2$ *conn.*
mute (person) woŋ *n.*

n

nag tinti *v.*; zaa paari *v.*
nail kpaasɪ₁ *v.*
nail (metal) hembii *n.*
naive (person) tʃɔgɪɪ *n.*
naked bakpal *n.*
name sɔŋ *n.*
namesake tɔgama₁ *n.*
narrate bɪɪsɪ *v.*
narrow fɔrɪɪ *n.*
narrow (be) fɔra₂ *v.*
nasal congestion mɪɪfɔtɪɪ *n.*
nausea (have) hogo *v.*
navel ul *n.*
near dʊgʊlɪ *v.*
necessary (be) daga *v.*
necessity kparaama *n.*
neck bagɛna *n.*
neck of a container viibagɛna *n.*
needle (type of) nɪ̃ɛ̃sa *n.*; pɪraago *n.*
neem tree naasaarsɪŋtʃaʊ *n.*
negative action dawarɛ *n.*
negligent (be) faasɪ *v.*
neighbours zʊʊdɔŋa₂ *pl.n.*
nest zaŋ₂ *n.*
nest (guinea fowl) tuk *n.*
never dance (person) sɔgbɪarɪ *n.*
new fɔlɪɪ *n.*; fɔŋfɔŋ *ideo.*
newness tʃɛ̃ĩ *interj.*

nice (be) lɛma₂ *v.*
nickname sɔŋgɪɛgɪɪ *n.*
night baratʃɔgɔʊ *n.*; sankara *n.*; tebin *n.*
night blindness teteŋse *n.*
nine dɪgɪɪtuo *num.*
nineteen fididɪgɪɪtuo *num.*
ninth month sʊnkarɛ *nprop.*
nipple ɪlnʊ̃ã *n.*
no aɪ *interj.*
nod gusi *v.*
noise gbaŋasa *n.*; tʃĩãma₁ *n.*
noise (make) kɪɛmɪ *v.*; tʃĩãmɪ *v.*
noise (type of) tʃĩŋgbaŋsii *n.*
non-resident tɔbou *n.*
north kandɪa₁ *n.*
nose mĩĩsa *n.*
nose bleed mĩĩjalɪɪ *n.*
nostril mɪɪbʊa₁ *n.*
not lɛɪ *neg.*; tɪ *neg.*; wa *pv.*
nothing baga *adv.*
notice kɔla₂ *v.*
number namba *n.*
numbness dadãĩ *n.*
nurse nɛɛsɪ *n.*
nurse seeds pugo *v.*
nut ɲɔtɪ₁ *n.*
nut (half) banpɛg *n.*

O

oath ŋmĩɛ̃sıɛ *n.*
obedient bidıŋ *n.*
obey tıŋa₂ *v.*
obligatorily baaŋ *pv.*
obstruct laŋsı *v.*
odor sʋɔra *n.*
offer willingly tʃaŋɲi *v.*
offering dʋɔ *n.*
offspring kınduho *n.*
oil nʋ̃ʋ̃ *n.*
okay ɛ̃ɛ̃ *interj.*; maası₂ *v.*; tou *interj.*
okro ŋmɛŋ *n.*
okro (dried) ŋmɛŋhʋlıı *n.*
okro (fresh) ŋmɛŋsɔŋ *n.*
old bına *v.*
old (be) hĩɛ̃sı₁ *v.*
omit gara *v.*
on nı *postp.*
on (be) dʋa₁ *v.*; suguli₂ *v.*
one dieke *num.*; dıgımaŋa₁ *num.*
onion albasa *n.*
only maŋa *n.*; tɛŋtɛŋ *n.*
open lala₁ *v.*; mʋma₂ *v.*; paani *v.*; pĩã *n.*
open mouth hãã₁ *v.*
operate tʃɛwa₂ *v.*

opportunity (lost) gaŋgaarʋʋ *n.*
opposite wile *n.*
or kaa *conn.*; ko *conn.*
orange lumburo *n.*
orchitis luroʔɔrıı *n.*
oribi tɛhĩɛ̃ *n.*
originate lıı₄ *v.*
orphan lalıwie *n.*; sulumbie *n.*
other vıɛŋ *pv.*
otitis dıgıŋlılı *n.*
outlaw tʃelle₁ *n.*
outside gantal *n.*; pɛtıı *n.*
outsider (be) lugusi₂ *v.*
outskirts laŋzaŋ *n.*
oval shape bɔɔl₁ *n.*
over (be) gaali₁ *v.*
over-abundant (be) gbugo *v.*
over-prune gbıntı *v.*
overcome kpege₂ *v.*
overgrown (be) kɔsı *v.*
overtake kpʋ₂ *v.*
own way pere *n.*
owner tıına *n.*
owner (farm) kuotıına *n.*
owner (shrine) vʋgtıına *n.*

P

pace nããval₂ *n.*
paddler katıɛrɛ *n.*

page tɛl *n.*
pain (be in) gana₁ *v.*

pain (body) bawɪɪha₁ *n.*
paint laarɪ₃ *v.*
pair muno *n.*
pair (be in) kpara *v.*
palaver wɪɪ *n.*
palm tree (type of) abɛ *n.*; benie *n.*; kpʊr *n.*; tɔta₂ *n.*
palm wine sɪŋpʊmma *n.*
pamper jɪɛsɪ *v.*; liiri₂ *v.*
pangolin maŋgbɪŋ *n.*
pant pugo *v.*
pantaloons kuruso *n.*
pants pata *n.*
papaya kɔglaabʊl *n.*
paper kadaasɪ *n.*; piipa *n.*; tɔŋ₃ *n.*
parasitic plant (type of) sʊwakandikuro *n.*
parentless nɪɲãʊ̃ *n.*
parents bilʊlla *pl.n.*
park pakɪ *n.*
part lie₂ *n.*
particular wara *dem.*
partner lagamɪ₂ *v.*
party paati *n.*
pass gaasɪ *v.*; paasɪ *v.*
pass centre bɛga *v.*
past fɪ *pv.*
pastor pasɪta *n.*
path (type of) fʊɔra *n.*
patience kaɲeti *n.*
paw-paw kɔglaabʊl *n.*
pay bɔ *v.*

pay attention to tʃalasɪ₁ *v.*
peck tʃogo *v.*; tʃogosi *pl.v.*
peel fʊntɪ *v.*; paasɪ₁ *v.*
peep at limmi *v.*
peg (type of) tɔŋfeŋtɪdaa *n.*
pelvis nããnawɔsɪɪ *n.*
pen kelembi *n.*; pɛn *n.*
pendant kɪnliemii *n.*
penis peŋ *n.*
people nara *pl.n.*; tʊma *pl.n.*; wɔlɪɪ₁ *n.*; wɔlɪɪ₂ *n.*
pepper kilimie *n.*; tʃimmãã *n.*
pepper (dried) tʃimmehʊlɪɪ *n.*
pepper (fresh) tʃimmesɔŋ *n.*
pepper (ground dried) tʃimmesaʊ *n.*
perceive na₂ *v.*; nõũ₂ *v.*
percussion instrument (type of) nããlomo₁ *n.*; prɛga *n.*; tʃĩĩŋ *n.*
perform (poorly) kʊɔsɪ *v.*
perform ceremony kʊɔrɪ₅ *v.*
perfume tulaadi *n.*
perhaps a bɔnĩɛ̃ nɪ *adv.phr.*
period saɲa *n.*
period (menstrual) tʃagasɪɪ *n.*
permit gɪla₁ *v.*
person nar *n.*
person (type of) ɲinne *n.*
person (weak) tʊɔlɛɛ₂ *n.*
perspiration wiliŋ *n.*
perspire jala₁ *v.*
pestle tundaa *n.*
pestle (piece) tundaaboro *n.*
phlegm kaasɪbii *n.*
pick gbɪasɪ₂ *pl.v.*; keti₂ *v.*; kpɛtɪ₁ *v.*

pick (fruit) kpʊra v.
pick fast tuosi₂ v.
pick out tʊasɪ v.
pick up pinti₁ pl.v.; zoro v.
pickaxe gaŋgalarɪ n.; pɪŋgaasɪ n.
picture foto n.
pierce pɔ₁ v.; tawa v.; tɔsɪ pl.v.
pierce through gara₁ v.
pierced (be) nʊra v.
pig parakun n.
pill lulibii n.
pillar (type of) zazɛhɛ̃ɛ̃ n.
pillow kaputi n.
pin gurpe n.; pini n.
pineapple laanfɪa n.
pipe taavii n.
pit (natural) zɔŋkogosɪaŋ n.
pito sɪŋ n.
pito (fermented) sɪŋbiilii n.; sɪŋsɪama n.
pito (less fermented) sɪŋhũor n.
pito (unfermented) sɪŋbʊl n.; sɪŋtʃaara n.
place bar₁ n.
place (type of) batielii n.
place down tʃɪŋasɪ v.
place name gunnããsɪŋtʃaʊmuŋ nprop.; jʊlɪŋdʊɔla nprop.; katʃalkpuɲiimuŋ nprop.; kuŋkuksɪɛŋ nprop.; waapɛlɛ nprop.; zaŋgbɪɛrɪsabulugo nprop.
placenta dɔŋ n.
plant dũũ v.; pɔ₁ v.

plant (type of) dʒɔra n.; gɔŋ₂ n.; gberegilegii n.; gbɛntagasɪ n.; kiesimunluo n.; ɲagɪŋ n.; piel n.; zanzɪg n.
plant product (type of) gurba n.
plantain bɔrdɪa n.
planting pɔɪ n.
plaster faarɪ₁ v.
plate pɛrɛtɛ n.
play dʊɔga n.; dʊɔgɪ v.; sããnɪ v.
playmate nasããŋ n.
playmate relation nasata n.
plead mɔsɪ₁ v.
pleasant lɛmɪɪ₁ n.
plenty kana v.
plotting zamba n.
plough buti v.
pluck gbɪasɪ₂ pl.v.; tɔrɪgɪ pl.v.; tɔtɪ v.
plug fʊtɪ v.
plumage lalaga₁ n.
pocket dʒɪfa n.
pointed pʊlapʊla ideo.
pointless bagabaga ideo.
poison bɛraa n.
pole lɛŋ n.; suŋgoro n.
police poruso n.
polish bɛlɛgɛ v.
pomade nʊ̃ʊ̃tɪtɪ n.; tulaadi n.
pond gbɛtara n.; nɪɪtaaŋ n.
poor (be) ɲãã₂ v.
poor (person) ɲãʊ̃ n.
porcupine (type of) saŋ n.
porridge kubii n.

porridge (type of) dʒɛbɛrɛ *n.*; kagbaama *n.*; kʊtɔra *n.*; sʊl₂ *n.*

porter bʊntʊɔna₁ *n.*; kajajo *n.*

portion boro *n.*

portion (unwashed) kalɛɲtʃɪa *n.*

pot (type of) kʊvii *n.*; leu *n.*; nɪɲʊarvii *n.*; sielii *n.*; sɪŋtɔg *n.*; sɪŋvii *n.*; tɔg *n.*; tʊgɪ *n.*

potassium nitrate dʊɔ *n.*; kãʊ̃ *n.*

pouch (type of) lɔga₂ *n.*

pouched rat sapuhĩɛ̃ *n.*

pound fɪɛbɪ₁ *v.*; sʊagɪ *v.*; tugo₂ *v.*; tʃasɪ₂ *v.*

pound (currency) pɔŋ *n.*

pound lightly purusi *v.*

pour tʃuuri₁ *v.*

pour all bɪtɪ *v.*

pour down tʃaarɪ₁ *v.*

pour libation waasɪ *v.*

pour off liile *v.*

pour some jolo *v.*

pout zʊʊnɪ *v.*

poverty ɲãã *n.*

powder saʊ *n.*

powder (cosmetic) pʊɔda *n.*

power dabaara *n.*

powerless (become) tʊgʊsɪ *v.*

praise ii *v.*

praise name danta *n.*; iko *interj.*; isi *interj.*; ito *interj.*; ɪjɛ *interj.*; ɪlɛ *interj.*; ɪtʃa *interj.*; ɪwɛ *interj.*; ɲaɲu *interj.*; vɪɛhɪɛga *interj.*

prance vɪtɪ *pl.v.*

pray zaamɪ₂ *v.*

praying mantis (type of) salɛŋgoɲo *n.*

precede bumo *v.*

precedent sʊʊ₂ *n.*

prediction vʊg *n.*

predisposed (be) summe tuu *cpx.v.*

pregnancy luo *n.*; tɪa₁ *n.*

pregnant woman tɪɛkpagar *n.*

prepare kʊɔrɪ₂ *v.*

prepare (new wife) saɲasɪ *v.*

prepare skin fõ *v.*

press ɛnsɪ *v.*; fɛrɪgɪ₁ *pl.v.*; fɛrɪgɪ₃ *v.*; fɛtɪ₁ *v.*

press out fãã₄ *v.*

press together fɔma *v.*

prey kɪnkpagasɪɪ *n.*

price jogulo *n.*

price (high) jogulibɔŋ *n.*

price (low) haraha *n.*

price (moderate) jogulilɛŋ *n.*

price (reduce) alɪbaraka *n.*

prick tawa *v.*; tʃugosi *pl.v.*

prison haradɪa *n.*

problem nʊnnʊŋ₃ *n.*; tʊɔra *n.*

process lugo₂ *n.*; nãã₂ *n.*

produce liquid tʃaga *v.*

professional zɪmna *n.*

profit tɔna *n.*

prolapse of rectum mʊmʊŋ *n.*

proliferate ugo₁ *v.*

prop logo *n.*

proper dɪɪŋ *n.*

properly (do) mara *pv.*

prophecy vʊta *n.*
prostitution sansanna *n.*
protect kisi *v.*; pɔ₃ *v.*; tɔ₆ *v.*
protect (against lightning) sɔ duoŋ *v.*
protection kogii *n.*
protruded (be) zɪga *v.*
proud basʊɔna *n.*; foro *v.*
prove gɪla zɪma *cpx.v.*
proverb sɪanɪ̃ã *n.*
proverb (share) ta *v.*
puerperal fever nɪɪsɔta *n.*
pull taragɛ *pl.v.*; tatɪ *v.*; vɪsɪ *v.*
pull out tʃurugi *pl.v.*; tʃuti *v.*
pull out (from liquid) luoli *v.*
pullet zapuwie *n.*
pulsate lugusi *v.*
pump (water) pɔmpɪ *n.*
pumpkin plant kawaa *n.*
punch tʃugosi *pl.v.*

q

quarrel tʃĩama₂ *n.*
quarter kɔta *n.*
quench dʊsɪ₁ *v.*
quick nʊnnʊŋ₄ *n.*
quickly laga *v.*; lagalaga *ideo.*

r

rabbit tʃuomo *n.*
rabies gaŋ *n.*; vagan *n.*
race batʃʊalɪɪ *n.*

puncture lurigi *v.*; luti *v.*
puncture (tyre) pɔntʃa *n.*
punish dɔgsɪ *v.*
punishment (type of) finii *n.*
puppy vawie *n.*
puppy (female) valor *n.*
puppy (male) vawalee *n.*
pure seweree *n.*; tʃããnɪ₂ *v.*
push ĩĩ *v.*; tuti *v.*; vige *v.*; zaga₁ *v.*
push down fɛla *v.*
push up earth uguli *v.*
put dʊ₁ *v.*
put (in a row) tʃonsi₂ *v.*
put arm around faamɪ₁ *v.*; konti *v.*
put down bile *v.*; tʃɪŋasɪ *v.*
put down brusquely jaga₂ *v.*
put effort fɪrɪgɪ *v.*
put on face down tʃige₁ *v.*
put spell on hĩwa₂ *v.*

quiet (be) sʊɔnɪ₂ *v.*; sʊ̃ʊ̃ *v.*
quietly tʃerim *ideo.*
quietness surum *n.*
quills (porcupine) saŋpʊŋ *n.*
quiver tolɔg *n.*

radio walanse *n.*
rag garzagatɪɪ *n.*
ragged sʊwa₂ *v.*

rain duoŋ *n.*
rain gently mʊsɪ *v.*
rainbow dokagal *n.*
rainwater donɪɪ *n.*
raise lɛŋsɪ *v.*; sii₁ *v.*
raise body deŋsi₂ *v.*
raised bed jolo *n.*; sampɛntɪɛ *n.*
ram pembal *n.*
ramrod tʃɔ̃ĩ *n.*
rape gurugi₂ *v.*
rapid nʊnnʊŋ₄ *n.*
rash tʃinie *n.*
rat (type of) mʊtʊl *n.*; saabii *n.*
ravage dugo *v.*
raw huor *n.*
reach bɪɛsɪ *v.*; tele *v.*
read karɪmɪ *v.*
reading karɪmɪɪ *n.*
ready siri *n.*
real dɪɪŋ *n.*; tɪntɪn₂ *n.*
really tʊrɪ *v.*; tʃi *v.*
rear dɪɛsɪ₁ *v.*
rebuke hɔ̃sɪ₃ *v.*
receive laa₁ *v.*
reclusive (person) dɪgɪŋvɪɛnʊ̃ʊ̃ra *n.*
red sɪama₁ *n.*; sɪarɪ₁ *v.*
red (person) nɪbusɪama *n.*
red bean sɪgsɪama *n.*
Red thorn sɔsɪama *n.*
red-handed tʃap *ideo.*
reduce puuri *v.*
reduce by sharpening sɛlɪɪ *v.*

refuse vɪɛ₁ *v.*
regularly jaa *pv.*
rehearse gʊɔsɪ *v.*
reject vɪɛ₁ *v.*
rejected (person) nɪvɪɛtaalɪɪ *n.*
relation (biological) lʊl *n.*
relative hĩɛ̃ŋ *n.*
release pus vʊɔsɪ *v.*
relocate sii₂ *v.*
reluctance daraga *n.*
rely on dɛla *v.*; jalasɪ₂ *v.*
remain tʃa *v.*
remaining sɪŋsagal₂ *n.*
remember liisi₁ *v.*
remind tinti *v.*
remote (place) bagorii₂ *n.*
remove bolo *v.*; lɪsɪ₁ *v.*; lugusi *pl.v.*; ŋmʊʊrɪ₂ *v.*; wire₂ *v.*; wʊra *v.*
remove (shea nut) tesi₁ *v.*
remove part of a whole fɪɛrɪ *v.*
repair kʊɔrɪ₃ *v.*; ligili *v.*
repair leakage fʊtɪ *v.*
repeatedly tuuti *ideo.*
repent tuubi₁ *v.*
reply laa₃ *v.*
reply to greetings awoo *interj.*
report puoti₁ *v.*
reproduce wasɪ *v.*
reputation sɔŋbɔŋ *n.*
resent ɲɪma *v.*
reserve (lack of) nɔ̃ãpʊmma *n.*
reservoir dampʊ *n.*
resistant kũŋsũŋ *n.*

respect girime *n.*; kpa jug *v.*; kpa su *v.*
respect (with) bʊɲɛ *n.*
respectfulness hĩĩsa *n.*
respond sĩã *v.*
respond to laa₃ *v.*
responsibility karɪfa *n.*; tɪŋa *n.*
rest hĩẽsi₁ *v.*
rest area zamparagɪɪ *n.*; zaŋ₁ *n.*
resting area daamuŋ₁ *n.*
restore ligili *v.*
retaliation kaɲaaga *n.*
retrogress tʃɔgɔmɪ *v.*
return bɪra *v.*
reward tʃɛla *v.*
rewind guti *v.*
rheumatism batʃasɪɛ *n.*
rib kugdaabii *n.*; loguŋ₁ *n.*
rib cage kugso *n.*
rice muro *n.*
rice (grain) murobii *n.*
rich bundaana *n.*
ride on zɪna₁ *v.*
right dul₂ *reln.*; maasɪ₂ *v.*
right (side) dul₁ *n.*
ring neŋgbiŋ *n.*; nepɪtɪɪ *n.*
ringworm kawaadadag *n.*
rinse lugusi *v.*; vaasɪ *v.*
ripe (be) bɪɪ₂ *v.*; hĩẽsɪ₂ *v.*; sɪama₂ *n.*; sɪarɪ₂ *v.*
ripe (stage) mʊl *n.*
ripe (under-) ganagana *ideo.*

rise jala₃ *v.*
rival (woman) handɔŋ *n.*
river gɔŋ₁ *n.*
river (big) mʊg *n.*
river (large) gɔŋzeŋ *n.*
river (long) gɔŋzeŋii *n.*
river bank gɔŋnʊ̃ã *n.*
river path gɔŋbʊɔ *n.*
road birindiŋ *n.*; munii *n.*; tiwii *n.*
roam guugi *v.*
roast wiisi₁ *v.*; wɔsɪ *v.*
rock jegisi *pl.v.*
roll bilinsi *v.*
roll up guti *v.*
roof juo₂ *v.*; pile *v.*
roof top sabaan *n.*
roofing beam dolo *n.*; pel *n.*; sɛŋɛbii *n.*
room (back) dɪlumo *n.*
room-mates zʊʊdɔŋa₂ *pl.n.*
root luto *n.*
root (tree) daaluto *n.*
rope ŋmɛŋ *n.*
rope (make) kala *v.*
rope (type of) gɛnɪɛ *n.*
rotten põã *v.*
rotten (almost) kʊʊrɪ *v.*
rotten meat tʃɔgdʊ *n.*
rough kɔgɔsɔg *ideo.*
rough (be) fɔna *n.*
round go *v.*
route nããval₁ *n.*
row sãã₂ *v.*

rub biligi v.; fɔgɔlɪ v.; laarɪ₂ v.; liiri₁ v.; nama₂ v.; tɪga v.; tɪtɪ v.; turo₁ v.
rub along faarɪ₂ v.
rubbish vɪɛra n.
rude (be) vuugi v.
rude (child) bipʊ̃ã n.

S

sacrifice pɔ v.
sadness patʃɪgtʃɔgsa n.
saline soil lɛbʊa n.
saliva muŋtʊɔ n.
salt jɪsa n.
salt (grain) jɪbii n.
saltpetre dʊɔ n.; kã̌ʊ̃ n.
same dɪgɪmaŋa₃ n.
sample lɛmana n.
sand hagla n.; haglɪɪ n.; tagla n.
sandal nãã̌tɔʊ n.
sandals (type of) nãã̌tɔʊsɪŋgɪrɪgɪsa n.
sap nɪɪpʊmma₂ n.; tɪl n.
satisfied (be) pɪŋɪsɪ pl.v.
satisfy pɪŋa v.
Saturday asɪbɪtɪ n.
Sawla sɔgla nprop.
Sawla (lect of) sɔgɪlɪɪ₂ n.
Sawla (person from) sɔgɪlɪɪ₁ n.
say ŋma₁ v.
say (unable) mara₂ v.
scald foro v.
scare ɔnsɪ v.

run tʃɔ₁ v.
rush gime v.; poleme v.
rush at gbʊʊrɪ v.; taarɪ₁ v.
rush at in anger (to) iiri v.
rust ɲã₃ v.; ɲãĩ n.

scatter bɪtɪ v.; jaarɪ v.; laŋsɪ₂ v.; pɪsɪ v.
scattered gatɪgatɪ ideo.
scent sʊɔra n.
school sukuu n.
scissors ɲamɛkasa n.
scoop lɔga₁ v.; lɔgɪsɪ pl.v.; paasɪ₂ v.
scorpion nʊ̃ʊ̃ma n.
scout tʃosi v.
scrape against faarɪ₂ v.
scrape off fiise₁ v.
scraper bɛl₁ n.
scratch fʊrɪgɪ v.; lala v.; lɔga v.
scrotum luro n.
sculpt mɔ v.
sea mʊg n.
search buure₄ v.
season tɔtʃaaŋ n.; tɔtʃaaŋbummo n.; tɔtʃaaŋsɪama n.
season (dry) lɪmmaŋa n.; lʊɔŋa n.
season (rainy) jʊʊ n.
seat kor n.
second month sɪfra n.
secretive patʃɪgɪbummo n.
section banɪɪ n.; bar₁ n.

section of Ducie gbʊŋwɔlɛɛ *nprop.*; kuorubanıı *nprop.*; lobanıı *nprop.*; paŋbanıı *nprop.*; zıŋbanıı *nprop.*
security guard wɔtʃımãĩ *n.*
see na₁ *v.*
see (part) ɲiise *v.*
seed bii₁ *n.*; daanɔ̃ŋ *n.*
seed (Afzelia) holbii *n.*
seed (Akee tree) tibii *n.*
seed (baobab) tolibii *n.*
seed (dawadawa) sʊlbii *n.*; tʃĩãbii *n.*; tʃĩĩ *n.*
seed (gourd) sar *n.*; sarabii *n.*
seed (half) banpɛg *n.*
seed (maize) ɲammıbii *n.*
seed (shea nut) tʃuoŋ *n.*
seed (type of) ɲagımbii₁ *n.*
seed shell (Afzelia) holnɔŋpɛtıı *n.*
seed shell (dawadawa) tʃĩãpɛtıı *n.*
seedling duho *n.*
seek buure₄ *v.*
seem dʊ₂ *v.*
seep out bulo *v.*
seize fɔsı *v.*
self tıntın₁ *n.*
self-denial daamı *n.*
self-sufficient (not be) pʊɔgı *v.*
sell joguli *v.*
seller jawadiir *n.*
selling jogulii *n.*
semi-trailer lɔɔlımunzʊalunzʊa *n.*
send tʊma *v.*
send (someone) hele *v.*
senior sibling kpıɛma *n.*
sense nahĩɛ *n.*; nõũ₂ *v.*
separate laasi *v.*; peligi₁ *v.*
seriousness sisıama *n.*
set fire tɔga *v.*
set in a direction degini₁ *v.*
set up roofing structure dɛwa *v.*
settle saŋa₂ *v.*
settlement bıa *n.*; saal₁ *n.*; tɔʊ *n.*
settlement (deserted) dabuo *n.*
seven alʊpɛ *num.*; lʊpɛ *num.*
seventeen fidalʊpɛ *num.*
seventh month kpinitʃuu *nprop.*
sew ɔra *v.*
sewing machine tiila *n.*
sexton pel *n.*
shade basɔŋ *n.*
shade (yam mounds) pasɪ *v.*
shake jege *v.*; jegisi *pl.v.*; pisi *v.*; wisi *v.*; zagalı *v.*; zagasɪ₂ *v.*; zigilii *v.*
shake (make) ziige *v.*
shake head viigi₂ *v.*
shake up jerisi *v.*
shallow tısı *v.*
shape bilesi *pl.v.*
share paragɛ *v.*; totii *n.*; zuu *n.*
sharp (be) di₃ *v.*
sharpen kɔla *v.*; sısı₁ *v.*
shave fʊna *v.*; wire₂ *v.*
shaving knife fʊ̃ŋ *n.*
she ʊ *pro.*; ʊʊwa *pro.*; waa *pro.*

shea butter nõũ *n.*
shea nut seed tʃuoŋ *n.*
shea tree suoŋ *n.*
sheath tõã *n.*
shed luore *v.*
sheep penɪɪ *n.*; piesii *n.*
sheet tɛl *n.*
shell wɔra *v.*
shell (palm nut) kokobeg *n.*
shilling sulee *n.*
shine lɪɪ$_3$ *v.*; ɲalsɪ *v.*; tʃããnɪ$_1$ *v.*
shirt takta *n.*
shiver zigilii *v.*
shoe nããtɔʊ *n.*
shoemaker nããtɔʊkʊɔr *n.*
shoes (pair) nããtɔwa *n.*
shop sɪtɔɔ *n.*
shore mʊgnõã *n.*
short boro *v.*
shoulder ɛmbɛlɪ$_1$ *n.*
shoulder blade vaaŋpɛr *n.*
shoulder joint ɛmbɛltʃugul *n.*
shout gbieli *v.*; hɔ̃sɪ$_1$ *v.*; hũũsi *v.*; tʃaasi *v.*; uori *v.*
shove tʃugo$_1$ *v.*
shovel sɔbʊl *n.*
show tʃagalɪ *v.*
show-off taŋkama *n.*
shrine vʊg *n.*
shrine (Buge) kala$_2$ *nprop.*
shrine (Bulenga) safokala *nprop.*
shrine (Gbanwale) gbaraga$_1$ *nprop.*

shrine (Gurumbele) daabãŋtolugu *nprop.*
shrine (Holumuni) dɔga *nprop.*
shrine (Motigu) haŋtʃele *nprop.*; liegu *nprop.*
shrine (Sawla) kʊɔlɪ *nprop.*
shrink zʊgʊsɪ *v.*
shrub (type of) gagtɪ *n.*; miimi *n.*; muŋtuolie *n.*
shut up tʃʊa *interj.*
shyness hĩĩsa *n.*
sibling (younger) mããbie$_1$ *n.*
sick wɪɪ *v.*; wɪɪlɪɪ *n.*
sick (be) gɛrɛgɛ *v.*
sick (person) dʒɛrgɪɪ *n.*; gɛrɛgɪɪ *n.*
sickness banʊma *n.*; dʒɛrɛga *n.*; gɛrɛga *n.*; wɪɪla *n.*
sickness (type of) kpantɪɪ *n.*; tɔŋa *n.*
side logʊŋ$_2$ *reln.*; pe *n.*
sieve dʒɪɛra *n.*; mɛŋɲĩ$_1$ *v.*; toŋsi$_2$ *v.*; tʃesi *v.*
sift tʃesi *v.*
sifter dʒɪɛra *n.*
sight (gun) tʃĩã$_2$ *n.*
sign to come kamsɪ$_2$ *v.*
signing bigise *n.*
Sigu language sigu *nprop.*
silence surum *n.*
silo buu *n.*
similar (be) kpara *v.*; nããnɪ *v.*
sincere (person) nɪbupʊmma *n.*; nɪbuwerii *n.*
sing buoli *v.*

singe off kpʊsɪ *v.*
singer buolbuolo *n.*
singer (good) laŋgbɛ$_2$ *n.*
single teŋteŋ *n.*
sip furusɪ$_1$ *pl.v.*; tʃumo *v.*
Sisaala (person) hɔlɪɪ *n.*
sister (senior) kpɪɛma *n.*
sit dɛla *v.*; pumo$_2$ *v.*; saga$_1$ *v.*; saŋa$_1$ *v.*
site bar$_1$ *n.*
sitting place basaŋɪɪ *n.*
six aloro *num.*; loro *num.*
six pence tɔgɔfa *n.*
sixteen fidaloro *num.*
sixth month kpinitʃuumaaŋkuna *nprop.*
skim vige *v.*
skim off wɔɔlɪ *v.*
skin batɔŋ *n.*; kʊtɪ$_1$ *v.*
skin disease (dog) tɔr *n.*
skink (type of) gbol *n.*
skip gara *v.*
sky kuosoɲuu *n.*
sky appearance dʒinedʒine$_1$ *ideo.*
slam into hɪ̃ɪ̃ *v.*
slap maŋa$_1$ *v.*; pɛsɪ *v.*; tʃasɪ$_1$ *v.*
slaughter kɔrɪgɪ *v.*
slave jɔŋ *n.*
slave (shrine) vʊgjɔŋ *n.*
sleep tʃʊa duo *v.*
sleeping place batʃʊalɪɪ *n.*
sleeping room dɪtʃʊɔlɪɪ *n.*

slip foosi *v.*; saarɪ *v.*
slip of tongue (do) foti$_1$ *v.*
slippery place sosolii *n.*
slit drum voŋgolii *n.*
slow sʊɔnɪ$_4$ *v.*
slow (be) zugo$_2$ *v.*
slowly bŏɛ̃ɪ̆bŏɛ̃ɪ̆ *ideo.*
smack pɛsɪ *v.*
small tama *quant.*; wie *n.*
smash (tuber) tʃɔrɪgɪ *v.*
smear faarɪ$_1$ *v.*
smeared zɪlɪmbɪl *n.*
smell sŏã *n.*; sʊɔrɪ$_1$ *v.*
smile mʊma$_1$ *v.*
smock (type of) dansatʃi *n.*; dansatʃi-wie *n.*; tɪntaaraa *n.*; togo *n.*
smoke ɲŏã$_2$ *v.*; ɲŏãsa *n.*
smoking away ɲʊgɪɪ *n.*
smooth logo *v.*; solisi *v.*; soloŋsoloŋ *ideo.*; vɔlɔŋvɔlɔŋ *ideo.*
snail gɔlɛwɪɛgʊ *n.*
snake haglɪkɪŋ *n.*
snake (type of) aɲãã *n.*; bɔsa *n.*; brige *n.*; bʊdaʊ *n.*; dʊhãã *n.*; dʊkpeni *n.*; dʊŋmɛŋ *n.*; dʊŋmɛŋbummo *n.*; dʊŋmɛŋsɪama *n.*; dʊŋwie *n.*; dŏŏ *n.*; dŏŏgal *n.*; kɔŋ *n.*; mããbiewaatelepusiŋ *n.*; nɪgsɪa *n.*; nɪɪtɪɪna *n.*; ɲagɪmbii$_2$ *n.*; sɔmpɔrlilese *n.*; suoŋdaawie *n.*; sʊɔsanĩĩ$_3$ *n.*
snake skin (moulted) wir *n.*
snatch mɔna *v.*
sneak lʊɔrɪ *v.*

sneeze kpɪsɪ *v.*
sniff in furusi₂ *v.*
snore kʊʊrɪ *v.*
snuff tɔʊsaʊ *n.*
so be it ame *interj.*
soak pĩĩ *v.*; sɪna *v.*
soak soil gbɛra *v.*
soap kɔwɪa *n.*
soft jɔgɔsɪ₁ *v.*
soft spot ɲupʊʊsa *n.*
soften buti *v.*
soil hagla *n.*; haglɪɪ *n.*; tagla *n.*
soil (type of) haglɪbummo *n.*; haglɪnʊgʊl *n.*; haglɪtʃãã *n.*
soldier sodʒa *n.*
solid kpegii *n.*
solve kʊɔrɪ₄ *v.*
some banĩẽ *quant.*
someone dɪgɪmaɲa₂ *num.*; dʒagala *n.*
song buol *n.*
song track buolnãã *n.*
soothsay pɪasɪ₂ *v.*; vʊga *v.*
soothsayer siinaara *n.*; vʊvʊta *n.*
sore kɪnwɪlɪɪ *n.*; nããwal *n.*; ɲiŋ *n.*; pɛmpɛl *n.*
sort sii *n.*
soul dʊma *n.*; nɪdʊma *n.*
soul (lacking) dʊɲtʃɔ *n.*; nããhããta *n.*
sound (alert) wilie *n.*
soup dɪsa *n.*
soup (type of) dɪnɪɪ *n.*; footuo *n.*; kpããɲnɪɪdɪsa *n.*

soup ingredient dʒumburo *n.*; fʊl₂ *n.*; kɔntɔŋ *n.*
sour ɲagɛɛ₂ *n.*
sour (be) ɲaga₁ *v.*
south vɔg *n.*
south-east wind vɔgtimuŋpeu *n.*
sow dũũ *v.*
soya bean bɛŋkpalɛ *n.*
space (little) dɪra *v.*
space between the eyebrows miidaa *n.*
spark (fire) dɪŋpaparɛɛ *n.*
spasm (throat) sinsige *n.*
speak ŋma₁ *v.*
spear tiŋ *n.*
spear grass kumpii *n.*
species balʊʊ₂ *n.*
specific wara *dem.*
speckled lagasɪ *pl.v.*
speech wɪŋmahã *n.*
spendthrift fɔga₂ *n.*
spherical object kpulii *n.*
spider ŋmɛɲtɛl₁ *n.*
spider (type of) mɔŋtuosii *n.*
spill bɪtɪ *v.*
spin taarɪ₂ *v.*; vilimi *v.*
spindle gundaabii *n.*; ŋmɛdaa *n.*
spine gantalbaanhog *n.*
spirit (type of) jʊɔsa *n.*; ŋmaara *n.*
spiritual leader (type of) limaan *n.*; vʊgnɪhĩẽ *n.*; wʊzanɪhĩẽ *n.*
spiritual protection zɪɛŋ₁ *n.*
spiritual weapon lalaga₂ *n.*
spit mʊtɪ *v.*; pʊ *v.*; tʃi *v.*

spitefulness   *stock (gun)*

spitefulness zamba *n.*
spleen pɔntɔlɪɛ *n.*
split up pɛgsɪ *v.*
spoil tʃɔga *v.*
spoiled (child) bipŏã *n.*
sponge gbɛra *n.*
spoon daazʊʊna$_1$ *n.*; tʃokoli *n.*
spoon (wooden) lɛhɛɛ *n.*
spot baaŋ$_2$ *n.*; lalaga$_1$ *n.*
spotted lagasɪ *pl.v.*
sprain kpeŋŋẽ *v.*
spread pɪsɪ *v.*
spread (news) pʊtɪ *v.*
spring bulugo *n.*
sprinkle mɪsɪ *v.*
sprout jala$_1$ *v.*; jala$_2$ *v.*; sii$_2$ *n.*; tɔtɪ *v.*; tʃɔra *v.*
spy pigsɪ *v.*
square logumoanaasɛ *n.*
squashed (be) pʊntɪ *v.*
squat toguni *v.*
squeeze ɛnsɪ *v.*
squirrel (type of) hele *n.*; muŋzeŋtɪɪna *n.*; zɪsa *n.*
stable gar *n.*
stage (chick life) bugo *v.*
stagger gɛŋɛnɛ *v.*
stained kpoŋo *v.*
stalk kɔlɪɪ$_1$ *n.*
stammer bʊmsɪ *v.*
stamp tɪgɪmɪ *v.*
stand tara$_2$ *v.*; tʃɪŋa *v.*

stand against tele *v.*; telegi *pl.v.*
staple food kʊl *n.*; kʊʊ *n.*
star wɪlɪɪ *n.*
starch (lacking) tufutufu *ideo.*
stare fɪɪlɪ$_2$ *v.*
start kpa$_2$ *v.*; piili *v.*
station tiisa *n.*
stay long birgi *v.*
steal ŋmĩẽ *v.*
stealing ŋmĩẽĩ *n.*
steam kusi *v.*
steam (trap) wiisi$_2$ *v.*
steer sãã$_2$ *v.*
steering sɛtɪa *n.*
stem kɔlɪɪ$_1$ *n.*
step on nasɪ *v.*
step-father ɲɪŋhĩɛ̃$_2$ *n.*; ɲɪŋwie$_2$ *n.*
step-mother mããhĩɛ̃$_2$ *n.*; mããwie$_2$ *n.*
sternum bambileo *n.*
stick (forked) daatʃaraga *n.*
still ha *pv.*; haalɪ *conn.*
sting (bee) tŏŏfɪɪl *n.*
stinger (bee) fɪɪl *n.*
stinginess siitɪɪna *n.*
stingy nekpeg *n.*
stink kʊʊrɪ *v.*; sʊɔrɪ$_2$ *v.*
stinky pŏĩpŏĩ *ideo.*
stir fɛga *v.*; kuosi *v.*; tʃɛma *v.*; vuugi *v.*
stirring-stick fɛga *n.*
stock (bean leaves) sʊɔsanĩĩ$_1$ *n.*
stock (gun) maafadaa *n.*

237

stomach pumpunɪɪna *n.*
stomach ache patʃɪgwɪɪla *n.*
stone bɪɪ *n.*; bʊɪ *n.*
stone (big) bɪzeŋ *n.*
stone (flat) bɪtal *n.*
stone (small) bɪwie *n.*
stone (smooth) logologobɪɪ *n.*
stone (stove) dɛlɛmbɪɪ *n.*
stone (type of) gbɛnɪɪ$_1$ *n.*; kpaakpuguŋ *n.*; zɔŋkɔŋɛɛ *n.*
stop gɪla$_2$ *v.*; kpa ta$_1$ *cpx.v.*; peti *v.*; teŋe$_3$ *v.*; tʃɪŋ keŋ *v.*
store sɪtɔɔ *n.*
storing (grain) deŋĩĩ *n.*
story mʊr *n.*
stove (three-stone) dalɪbʊa *n.*
stove (type of) kɔlpɔtɪ *n.*
straddle tʃara *v.*
straight deginɪ$_1$ *v.*
straightness deginii *n.*
strain tʃoori *v.*; tʃuori *n.*
stranger hŏɔ̃r *n.*
straw hat kagba *n.*
stream gɔŋwie *n.*
strength fɔŋa *n.*
stretch dɛnsɪ *v.*; tala *v.*; taragɛ *pl.v.*; tatɪ *v.*; tʊɔnɪ *v.*
stretch drum skin bugo$_1$ *v.*
stretching tʊɔnɪɪ *n.*
stride nããval$_2$ *n.*
strike fɪɛbɪ$_2$ *v.*
strip fuori$_1$ *v.*; wɔra *v.*

strip off sɪɪlɪ *v.*
striped (be) tʃaŋsɪ *v.*
strive lʊga$_2$ *v.*
strong kpege$_1$ *v.*
strong (person) fɔŋatɪɪna *n.*
struggle lʊga$_2$ *v.*
stubborn child bivɪɛɪ *n.*; bivɪɛlɪɪ *n.*
stubbornness ɲukpeg *n.*
stuck fɔra$_1$ *v.*
student karaŋbie *n.*
study zɪgɪtɪ *v.*
stump (tree) daakputii$_2$ *n.*; daamuŋputii *n.*
stunt zugumi$_2$ *v.*
stupid (be) bugomi *v.*; gɛna *v.*
stupidity bugunso *n.*
stutter bʊmsɪ *v.*
submerged (be) lime *v.*
substance (type of) ise$_2$ *n.*
substandard (meat) sɪɛ *v.*
subtract lɪsɪ$_2$ *v.*
success ɲuwerii *n.*
suck in tʃuuse *v.*
suck on (breast) ɔsɪ *v.*
suck out mʊgʊsɪ *v.*; tatɪ *v.*
suddenly baaŋ *pv.*
suffering ãã̃nuuba *n.*; nuui *n.*; sigii *n.*
sugar sikiri *n.*
sugar cane kakanɔ̃ɔ̃ *n.*
Suglo (person's name) suglo *nprop.*
suicide daasiiga$_2$ *n.*
suicide (commit) mara *n.*

summon wɔsɪ *v.*

sun wʊsa₂ *n.*

Sunday alahaadi *n.*

support tara₁ *v.*; tiise *v.*; tʃaga *n.*; zagasɪ₁ *v.*

surpass kaalɪ₂ *v.*

surprise kaabaako *interj.*; kṍṍ₄ *v.*; mamaatʃi *interj.*; oi *interj.*; tʃesu *interj.*

surprise (take by) piregi *v.*

survive foti *v.*; piti *v.*

suspect ããnɪ *v.*

suspend laga *v.*; liemi *v.*

swagger gaanɪ *v.*

t

table teebul *n.*

taboo kii *n.*; tʃiir *n.*; wɔsatʃii *n.*

tadpole gburugulugee *n.*

tail muŋzaŋ *n.*; ziŋ *n.*

take kpa₁ *v.*; kpaga₃ *v.*; laa₁ *v.*; paa₁ *pl.v.*

take (food) kiini₂ *v.*

take (grains) jaa₂ *v.*

take (leaves) tʃɪɛrɪ *v.*

take (many) gbaasɪ *v.*

take (meat) nɪɛrɪ *v.*

take (mud) po *v.*

take a direction laa₂ *v.*

take a picture teŋe₂ *v.*

take care dʊ tɔʊ *cpx.v.*; ɪla *v.*

take care (child) dɪɛsɪ₂ *v.*

swallow lile *v.*; lilesi *pl.v.*

swear ŋmɪ̃ɛ̃sɪ *v.*

sweep tʃaasɪ₂ *v.*

sweet lɛmɪɪ₂ *n.*; lɛrɛtɛ *ideo.*; loroto *ideo.*

sweet potato kalɛmazʊl *n.*

swell ɔra *v.*; ɔtɪ *pl.v.*; ugo₂ *v.*

swelling baʔɔrɪɪ *n.*; kɪnsɔŋ *n.*; kpogo *n.*

swim tʃele nɪɪ *v.*

swindle fɔsɪ *v.*; tie₂ *v.*

swing viigi₁ *v.*

sword (type of) tokobii *n.*

take care of ɲine₁ *v.*

take excessively kũũ *v.*

take off toŋo *v.*

take off (meat) fʊrʊ *v.*

take off the top daarɪ *v.*

take pity simisi *v.*

talisman sɛwa *n.*

tall (be) zɪŋa *v.*

tamarind sɪsɪa *n.*

Tangu (person's name) tããŋʊ̃ *nprop.*

taste lagalɛ *v.*; lɛma na *v.*; lɛmsɪ *pl.v.*; taga *v.*

taste (good) lɛrɛtɛ *ideo.*

tasteless bʊla *v.*

tattered zagatɪ *v.*

tattoo tʃagtʃag *n.*

tax lompoo *n.*
teach tʃagalɪ *v.*
teacher karɪma *n.*; tʃitʃa *n.*
tear kɪasɪ *v.*; pɪɪlɪ *v.*; siinɪɪ *n.*; tʃʊʊrɪ *v.*
teasing sɪa *n.*
telegraph tangarafʊ *n.*
telephone foon *n.*
telephone line foonŋmɛŋ *n.*
tell puoti₁ *v.*
tell (story) mʊra *v.*; sɪanɪ *v.*
temper baaŋ *n.*
ten fi *num.*
tenth month tʃiusũũ *nprop.*
tenure nɪhĩẽlɪŋ *n.*
termite (type of) tʃaʊ₁ *n.*; tʃɔbɪɛl *n.*; tʃɔbul *n.*
termite mound tʃaʊ₂ *n.*; tʃɔkɔŋa *n.*
test tɛɛsɪ *n.*
testicle luro *n.*; lurobii *n.*
texture (type of) kɔlɔlɔ₁ *ideo.*; kpatʃakpatʃa *ideo.*
thanks ansa₂ *interj.*
that dɪ *comp.*; keŋ *adv.*
that (particular) awa *dem.*
the a *art.*; tɪŋ *art.*
theft ŋmĩẽ *n.*
then a *conn.*; aka *conn.*; zɪ₂ *adv.*
there de *adv.*
therefore a ɲuu nɪ *conn.*; awɪɛ *conn.*
thereupon de ni *adv.phr.*
they (hum+) ba *pro.*; bawa *pro.*; bawaa *pro.*

they (hum-) a *pro.*; awa *pro.*; awaa *pro.*
thick gbʊktʊk *ideo.*
thick (be) gbʊŋa *v.*; kɔsɪ *v.*; zugo₁ *v.*
thief nezeŋeetɪɪna *n.*; ŋmĩẽr *n.*
thigh nããpɛgʊ *n.*
thin badaawise *n.*; kɔŋa *v.*; lɛwalɛwa *ideo.*; puoli *v.*
thin (be) fuori₂ *v.*
thin (person) kʊɔlɪɪ *n.*
thing kɪn *n.*
thing (bad) kɪnbaŋ *n.*; kɪnbɔŋ *n.*; kɪntʃʊma *n.*
thing (big) kɪnzeŋ *n.*
thing (bush) kɔsakɪŋ *n.*
thing (greenish) kɪnpaatʃag *n.*
thing (long) kɪnzɪŋɪɪ *n.*
thing (valuable) kɪŋdɪɪŋ *n.*
think liisi₃ *v.*
third month damba *nprop.*
thirst nɪɪɲɔksa *n.*
thirteen fidatoro *num.*
this haŋ *dem.*; nɪŋ *adv.*
thorn sɔta₁ *n.*
thought hakɪla *n.*; liise *n.*
thousand tusu *num.*
thread tõõ₂ *v.*
threaten fugusi₂ *v.*
three atoro *num.*; toroo *num.*
three pence sʊmpʊa *n.*
thresh wʊra *v.*
throat lile *n.*
throat (opening) lilebʊa *n.*
throb lugusi *v.*; wusi *v.*

throw fʊra *v.*
thrush nʊhɔg *n.*
thumb nebikaŋkawal *n.*
thunder hɔ̃sɪ$_2$ *v.*; nasɪɛ *n.*
Thursday alamʊsa *n.*
tibia nãã́gbaŋahog *n.*
tick kpagal *n.*
ticket tigiti *n.*
tie lomo$_1$ *v.*; vɔtɪ$_1$ *pl.v.*; vɔwa$_1$ *v.*
tie in packages fɔtɪ$_2$ *v.*
tigernuts muhĩẽ *n.*
tight tʃɪɪrɪ *v.*
tight (be) faamɪ$_2$ *v.*
tighten tʊʊrɪ *v.*
Tiisa (lect of) tiisaali$_2$ *n.*
Tiisa (person from) tiisaali$_1$ *n.*
Tiisa village tɪɪsaa *nprop.*
tilt kulo *v.*
time gbeliŋ *n.*; saŋa *n.*; wɔgadɪ *n.*
tin kɔŋkɔŋ *ono.*
tiny tɪla *quant.*
tip bɛma *v.*
tip (arrow) gerege *n.*
tipped (be) keŋe *v.*
tire kŏŏ$_1$ *v.*
tiredness kŏŏsa *n.*
tobacco tɔwa *n.*
tobacco (powdered) tɔʊsaʊ *n.*
today zaaŋ *n.*
toe nããbii *n.*
toe (big) nããbikaŋkawal *n.*
toe (fourth) nããbibaambaŋwie *n.*

toe (index) nããbizɪŋɪɪ *n.*
toe (little) nããbiwie *n.*
toe (middle) nããbibaambaŋ *n.*
Togo hare tʃuomo *n.*
tolerant deginɪ$_2$ *v.*
Toma (person's name) tɔma *nprop.*
tomato kalie *n.*; tʃelii *n.*
tomorrow tʃɪ *pv.*; tʃĩ̃ẽ *n.*
tongs tʃaʊ *n.*
tongue nʊzʊlʊŋ *n.*
too gba *quant.*; ko *adv.*
tool (type of) sampɪl *n.*
tool (yam digging) kpããŋhiredaa *n.*
tooth ɲɪŋ *n.*
tooth (back) ɲɪŋtielii *n.*
tooth (canine) ɲɪŋvaa *n.*
tooth of a comb tʃaasaɲɪŋ *n.*
toothache kaka *n.*
top of ɲuu$_2$ *reln.*
tortoise kpaakpuro *n.*; wɪlɪɪ *n.*
totality biriŋ *n.*
touch biligi *v.*; gbaŋasɪ *v.*; laarɪ$_4$ *v.*
tough kŭŋsŭŋ *n.*
towards (be) tʃaga *v.*
town tɔzeŋ *n.*
tracks lugo$_1$ *n.*
trade di jawa *v.*
trade for tʃɛra *v.*
trader jawadiir *n.*
tradition lɛsɪrije *n.*
trail kpããnɪ$_2$ *v.*
trail (animal) lugo$_1$ *n.*
traitor dɪgɪɛ$_1$ *n.*

transform bɪrgɪ₂ *v.*
trap baŋtʃʊʊ *n.*; hĩwa₁ *v.*; tʃige₁ *v.*
trap (big) baŋtʃɔɔzɛŋ *n.*
trap (type of) baŋtʃɔɔwie *n.*; hĩʊ̃ *n.*; tɪŋgbɛhẽẽ *n.*; zantɔg *n.*
tray (wood) filii *n.*
treat tiime *v.*
tree daa₁ *n.*
tree (bitter) daahãã *n.*
tree (type of) alakadee *n.*; anĩĩ *n.*; aŋbuluŋ *n.*; badʒɔgʊbagɛna *n.*; bɛl₂ *n.*; bɛŋ *n.*; bɪɪbɔg *n.*; bombosʊɔrɪɪ *n.*; bɔg₁ *n.*; bulo *n.*; daasɪama *n.*; daasɔta *n.*; duoŋkiir *n.*; fʊfʊgɛɛ *n.*; fʊfʊl *n.*; goŋo *n.*; goŋtoga *n.*; gbɛl *n.*; gbĩãkʊl *n.*; gbĩãtii *n.*; gboŋ *n.*; hambag *n.*; hol *n.*; kaakɪɛ *n.*; katʃal *n.*; koŋ *n.*; kuolie *n.*; kʊrʊgbãŋʊ *n.*; kpoluŋkpoo *n.*; loŋpoglii *n.*; naasaardaa *n.*; naasaargbɛsa *n.*; naasaarsɪŋtʃaʊ *n.*; nakɛlɪŋ *n.*; nakodol *n.*; nakpagtɪɪ *n.*; naparapɪrɪɪ *n.*; nasol *n.*; nokun *n.*; paamãã *n.*; pitiiɲaŋa *n.*; pitiisolo *n.*; poŋpoglii *n.*; poŋpogo *n.*; prɪŋ *n.*; saŋkpaŋtuluŋ *n.*; sɪŋkpɪlɪɪ *n.*; sɪŋtʃaʊ *n.*; sɪsɪa *n.*; sokie *n.*; sɔbummo *n.*; sɔkoro *n.*; sɔsɪama *n.*; sɔta₂ *n.*; sug *n.*; suoŋ *n.*; suoŋbɛɲa *n.*; tii *n.*; tolii *n.*; tomo *n.*; tʃoŋgolii *n.*; waalɪŋzaŋ *n.*; walaŋzaŋ *n.*; zahulii *n.*; zʊgsɪɪ *n.*
tree hole daalor *n.*
tree scar daakpuogii *n.*
tree trunk bambii₂ *n.*
tribe balʊʊ₁ *n.*
trigger (gun) maafapɛŋ *n.*

trip garɪsɪ *v.*
trot jɔsɪ *v.*
trouble dama *v.*; tʊɔra *n.*
trousers kuruso *n.*; pata *n.*; tradʒa *n.*
true dɪɪŋ *n.*
trunk bambaaŋ₁ *n.*
truth wɪdɪɪŋ *n.*
truthful bidɪɪŋ *n.*
truthful (person) nɪdɪɪŋ *n.*
try harɪgɪ *v.*
try to solve bɪla *v.*
tube tupu *n.*
tuber zʊʊl *n.*
tuber (cassava) kpõŋkpõŋzʊʊl *n.*
tuber (type of) asɪɪ *n.*
tuberculosis tʃasɪzɛŋ *n.*
Tuesday atalaata *n.*
tumble bilinsi *v.*
Tuosa (lect of) tʊɔsaalɪɪ *n.*
Tuosa (person from) tʊɔsaal *n.*
Tuosa village tʊɔsaa *nprop.*
turkey kolokolo *ono.*
turn bɪrgɪ₁ *v.*; mɪlɪmɪ₁ *v.*; mɪna₂ *v.*
turn back bɪra *v.*
turn into bɪɪ₃ *v.*; bɪrgɪ₂ *v.*
turn upside down tʃige₁ *v.*; tʃigesi *pl.v.*
turning mɪlɪmɪɪ *n.*
turtle buter *n.*
tut tʃʊʊsɪ *v.*
twelfth month doŋu *nprop.*
twelve fidalɪa *num.*
twenty matʃeo *num.*

twin dʒɪɛndɔŋ *n.*
twine around mɪna₃ *v.*
twins dʒɪɛnsa *n.*
twist ɛnsɪ *v.*; mɪlɪmɪ₁ *v.*
twisted (be) mɪna₃ *v.*
two alɪɛ *num.*; ɲɛwã *num.*

two Ghana Pesewas bʊɔtɪa₂ *num.*
type fɛrɪgɪ₂ *pl.v.*; irii *n.*; sii *n.*
tyre kɔba *n.*
t.z. kʊl *n.*; kʊʊ *n.*
t.z. (cold) kʊʊsɔŋ *n.*

u

ugly tʃʊma₂ *v.*
ulcer (type of) kaŋkabulo *n.*
umbilical cord ulzʊa *n.*
unable (be) gbɛtɪ *v.*; kusi *v.*
unable to take (be) bire *v.*
unavoidably hur *n.*
unbeliever kaafra *n.*
unbend degini₁ *v.*
under muŋ₃ *reln.*
under-sized (be) kere *n.*
undergarment bɔɔbɪ *n.*
underpants pata *n.*; pɪɪtɔɔ *n.*
undigested (be) gere *v.*
undress wire₁ *v.*
uneven (be) kegeme *v.*
unexpected ɲããsii *n.*
unexpectedness tʃesu *interj.*
unfold peligi₂ *v.*
ungrateful vɪɛzɪŋtʃɪa *n.*
unhealthy (be) kɔlɔlɔ₂ *ideo.*
unhygienic (person) doŋotɪɪna *n.*
unhygienic nature sɔkɔsɪɪ *n.*
unknowingly dʒaa *adv.*

unless foo₁ *conn.*
unmarried (woman) hanzoŋ *n.*
unreliable (be) tʃɔrɪmɪ *n.*
unripe gal *n.*; hɛma₂ *n.*
unroll peligi₂ *v.*
unset jɔgɔsɪ₂ *v.*
unsure sige *n.*
untamed wegimi *v.*
untie puro *v.*
untrusty (person) nɪbukamboro *n.*
unused seweree *n.*
unusual kperii *n.*
unusual (be) kpere *v.*
unwillingness daraga *n.*
up zaaza *ideo.*
upon this de ni *adv.phr.*
uproot tʃurugi *pl.v.*; tʃuti *v.*
upset (be) kõõ₃ *v.*
urinate fĩĩ *v.*
urine fĩĩnĩĩ *n.*
used to mɔna *v.*
usually jaa *pv.*
uterine fibroids mɔŋsugo *n.*

V

vacant woo *v.*
vagina mɔŋ *n.*
Vagla person vɔgla *n.*
valley falɪŋbʊa *n.*
valuable (be) jugo₂ *v.*
vanish nigimi *v.*; pɪsɪ *v.*; sogoli₁ *v.*
vehicle lɔɔlɪ *n.*
veil lambaraga *n.*
vein pol *n.*
vein (arm) nepol *n.*
venom (snake) zɪɛŋ₂ *n.*
version totii *n.*
very tʃuur *ideo.*; wara *dem.*
very (black) jiriti *ints.*
very (cold) julullu *ints.*
very (early) pipi *ints.*
very (hot) kpaŋkpaŋ *ints.*
very (red) tʃũitʃũi *ints.*
very (true) tʃurutu *ints.*
very (white) jarata *ints.*; peupeu *ints.*

village tɔʊ *n.*
village (small) tɔwie *n.*
village's centre tɔʊsii₁ *n.*
virginity (take) mʊ *v.*
virus (cassava) kpõŋkpõŋpaatʃaktʃɔgɪɪ *n.*
visual pattern tʃaratʃara *ideo.*
visual perception (type of) bʊsabʊsa *ideo.*; dʒinedʒine₂ *ideo.*; dʒumodʒumo *ideo.*; gbɛnɪɪ₂ *n.*; hɔlahɔla *ideo.*; ileʔile *ideo.*; kɔlakɔla *ideo.*; ŋmʊnaŋmʊna *ideo.*; sʊɔsanĩĩ₂ *n.*; tʃɛnɪtʃɛnɪ *ideo.*
visual power (extra-natural) sinahã *n.*
vomit tɪɛsɪ *v.*; tɪɛsɪɛ *n.*; ugo *v.*
vomit (bile) sɪnlɔg *n.*
voracious hĩɛ̃rɪ *v.*
vulture (type of) nãkpaazugo *n.*
vulture (type) zaarhĩɛ̃ *n.*
vulva mɔŋ *n.*

W

Wa (language) waalɪɪ *n.*
Wa town waa *nprop.*
Waala (person from Wa) waal *n.*
wag viwo₁ *n.*
waist tʃɛra *n.*
waist beads tʃɛrakɪŋ *n.*
wait tʃalasɪ₂ *v.*
wake up lala₂ *v.*

walk vala *v.*
walk (way of) mɛŋŋĩ₂ *v.*
walk stealthily dɔsɪ *v.*
walking stick daŋkpala *n.*
wall zĩɛ̃ *n.*
want buure₁ *v.*; ŋma₂ *pv.*
war lal *n.*
warm up gʊɔsɪ *v.*

warm up moderately ɲɛɛsɪ *v.*
warn kpaasɪ₂ *v.*
warthog teu *n.*
warthog ivory teukaŋ *n.*
wash bɛlɛgɛ *v.*; sama *v.*; sɪsɪ₂ *v.*; tʃagasɪ₁ *pl.v.*
washer (person) tʃagtʃagasa₁ *n.*
wasp (type of) kalɛŋbʊgʊtɪ *n.*; kɪɪrɪɪ *n.*; tʃɪɪrɪɪ *n.*; vʊlʊŋvʊʊ *n.*
wasp's nest kɪrɪɪsaal *n.*
waste (type of) tʃuoɲbul *n.*
watch ɲine₁ *v.*
water nɪɪ *n.*
water (bitter) nɪɪhã *n.*
water (deep) nɪɪluŋ *n.*
water (high flow) pʊlpʊl *ideo.*
water (lock) hĩhĩɪ̃ *n.*
water (potable) nɪɪnõãlɪɪ *n.*
water (running) nɪɪpala *n.*
water (sour) nɪɪɲagan *n.*
water pot boŋ *n.*; bugulie *n.*
water sachet pɪawata *n.*
water seller nɪɪjogulo *n.*
water source pol *n.*
water-yam kpããŋnɪɪ *n.*; sieribile *n.*
waterbuck zõã *n.*
way lugo₂ *n.*; nããɟ₂ *n.*
we ja *pro.*; jawa *pro.*; jawaa *pro.*
weak jʊɔrɪ *v.*; kɔntɪ *v.*; zɪɛzɪɛ *ideo.*; zɔŋ *n.*
weak (be) bɪɛlɪ *v.*; kʊɔlɛ *v.*
weak (become) tʊgʊsɪ *v.*

weak (person) nɪzɔŋ *n.*
wear laarɪ₁ *v.*; tɔ₂ *v.*; tõõ₁ *v.*; vɔwa₃ *v.*
weather (cold) war *n.*
weather (type of) zuu *n.*
weave pɛra *v.*; sõã *v.*
weaver garsõɔ̃r *n.*; sõãsʊɔr *n.*
weaver's workshop kʊɔrɛɛ *n.*
Wednesday alarba *n.*
weed gana₂ *v.*; paasɪ₃ *v.*; para *v.*
weep wii *v.*
weevil tʃɔgɪɪ *n.*
weigh jugo₁ *v.*
weight fɛtɪ₂ *v.*
welcome ansa₁ *interj.*
well kɔlɔ̃ŋ *n.*; vil *n.*
well (do) mara *pv.*
west tiiɲuu *n.*; wʊtʃelii *n.*
wet sʊɔnɪ₅ *v.*
what baaŋ *interrog.*; ɲɪnɪ̃ɛ̃ *interrog.*
wheel tʃetʃe *n.*
when dɪ₂ *conn.*; saɲa weŋ *interrog.*
where lie₁ *interrog.*
where about kaa *interrog.*
which weŋ *interrog.*
while dɪ *conn.*
whip fɪɛbɪ₂ *v.*; kpaasa *n.*
whip (palm leaf) tʃagbarɪga *n.*
whirlwind kalɛŋvilime *n.*
whisper misi *v.*
whistle fuoli *v.*; fuolo *n.*
white pʊmma *n.*
white (be) pʊla *v.*; tʊla *v.*

White thorn sɔpʊmma *n.*
white-tailed mongoose bilii *n.*
who aŋ *interrog.*
whole biriŋ *n.*; kɪnbɪrɪŋ *n.*
why ɲɪnĩɛ̃ *interrog.*
wickedness ɲɪɲaɲa *n.*; patʃɪgɪhãã *n.*; tʃabarɪga *n.*
wide pɛnɪɪ *n.*
wide (be) pɛna₁ *v.*
wide (make) peuli *v.*; pĩãnɪ *v.*; wɛga *v.*
widow luhããŋ *n.*
widower buzoŋ *n.*; lubaal *n.*
wife hããŋ₃ *n.*
wife (most recent) hãwie₂ *n.*
wild wegimi *v.*
will kaa *pv.*
will not waa *pv.*
wind gaari *v.*; peu *n.*
wind around vɔwa₁ *v.*
window dɪanŏãbʊwie *n.*; tokoro *n.*
wing ɛmbɛlɪ₂ *n.*; sɪɛbɪɪ *n.*
winnow peusi *v.*; tʃɪarɛ *v.*
wipe fiise₂ *v.*
wise (person) naŋzɪnna *n.*
wish liisi₂ *v.*
witch hɪl *n.*
witchcraft hɪta *n.*
witchweed kɪrɪmamɔmpusa *n.*
with anɪ₂ *conn.*; pe *n.*
withdraw lugo₃ *v.*
wither loori *v.*

witness sierie *n.*
Wojo (person's name) wojo *nprop.*
woman hããŋ₁ *n.*; nɪhããŋ *n.*
woman (fertile) nɪhãlʊlla *n.*
woman (old) hãhĩɛ̃ *n.*
wonder kŏŭ₂ *v.*
wood (piece) daa₂ *n.*
wood shaving sɛl *n.*
word wɪŋmahã *n.*
work tʊma *v.*; tʊma *n.*
work (bad) tʊntʃʊma *n.*
work leather zaawɪ *v.*
work relation (type of) zʊʊdɔŋa₁ *n.*
workers (farm) parasa *pl.n.*
working place tʊmbar *n.*
world dʊnĩã *n.*
worm (type of) nandala *n.*; ɲeɲaaŋ *n.*
worn out (be) zagalɪ *v.*
worries laadimii *n.*; nɪmɪsa *n.*
worse (be) ɲaŋɲɪ *v.*
worthy maasɪ₃ *v.*
would fɪ *pv.*
wound daŋɪɪ *n.*; pɛmpɛl *n.*; pɪra *v.*
woven mat mɛrɛkɛtɛ *n.*
wrap fɔwa *v.*
wrestle lʊga₃ *v.*
wrestling lʊgɪɪ *n.*
wrinkle ŋmiire *v.*; zɪɪmɪ *v.*
wrist netʃug *n.*
write sɛwa *v.*

Y

yam kpããŋ *n.*; pɪɪ *n.*
yam (big) kpããŋbããŋ *n.*
yam (boiled) kpããŋbuso *n.*
yam (cooked) kpaambɪlɪɪ *n.*
yam (medium) kpããŋbeɲe *n.*
yam (new) kpããŋfɔlɪɪ *n.*
yam (old) kpããŋbɪnɪɪ *n.*
yam (spoiled) kpããŋtʃɔgɪɪ *n.*
yam (type of) beso *n.*; bʊkpããŋ *n.*; fɛrɪɪ *n.*; gutugu *n.*; kpamamuro *n.*; kpasadʒɔ *n.*; kponno *n.*; laabɔkɔ *n.*; mankir *n.*; siŋgeta *n.*; tɪglaa *n.*; wɔsɪna *n.*
yam farm (portion) kpaamparɪɪ *n.*
yam field (state) pikiete *n.*
yam flesh kpããnugul *n.*
yam harvest wou *n.*
yam hut kpããŋlaʊ *n.*
yam mound pii *n.*
yam mound (part) piimɪɪsa *n.*
yam mound (small) piipɛlɛɛ *n.*
yam mound row pitʃɔŋ *n.*
yam outer skin kpããŋpɛtɪɪ *n.*
yam seedlings kpããŋduho *n.*; kpããŋwou *n.*
yam stem kpããnsii *n.*
yawn hããsi *v.*
yaws saŋgbɛrɛma *n.*
year bɪna *n.*
yeast bʊra *n.*
yellow fever zagafĩ *n.*
yellowish sʊlsaʊ₂ *n.*
yes ẽ̃ *interj.*
yesterday dɪ *pv.*; dɪarɛ *n.*
yet ha *pv.*; haalɪ *conn.*
yield laa₅ *v.*
you hɪŋ *pro.*; ɪ *pro.*; ɪɪwa *pro.*
you (pl.) ma *pro.*; mawa *pro.*; mawaa *pro.*
young hɛma₁ *n.*; wie *n.*

Z

zeal baharaga₂ *n.*

zinc plate tʃensi *n.*

Part IV

Grammatical outlines

Phonology outline

1 Introduction

This section presents a brief outline of Chakali phonology. An inventory of phonetic and phonemic vowels and consonants, the syllable structures, the phonotactics and the suprasegmentals are introduced. The description makes use of the International Phonetic Alphabet (IPA) symbols to represent the sounds of the language. These should not be confused with the same IPA symbols used to represent sets of phonological features, i.e. distinctive feature bundles. This domain representation mismatch is usually resolved by containing phonemes and underlying representations within slash brackets and speech sounds and surface forms within square brackets, e.g. /kæt/ vs. [kʰæʔ] 'cat'. The former is an abstraction, while the latter represents an utterance. For the rest of this exposition, if a Chakali expression is presented without the slash or square brackets, it should be interpreted as a broad phonetic transcription. The parts of speech of Chakali expressions are provided in many instances: on the one hand, having the information on the part of speech avoids ambiguity since the English gloss is often inadequate. On the other hand, it assists the search for phonological behaviour conditioned by lexical category. All the examples used as evidence are candidates for look-up in the dictionary of Part II. The abbreviation list starts on page xiv.

Grammatical outlines

2 Segmental phonemes inventory

This section introduces the segmental phonemes of Chakali and their contrasts by determining the phonetic properties in minimal contexts of speech sound patterns, when possible. Near-minimal pairs appear, yet the majority of the evidence provided is based on minimal pairs. The vowels are examined first, followed by the consonants.

2.1 Vowels

Chakali is treated as a language with nine underlying vowels and eleven surface vowels. They are presented in Figure 1 in vowel diagrams. The surface vowels [ɑ] and [ə] are discussed at the end of this section.

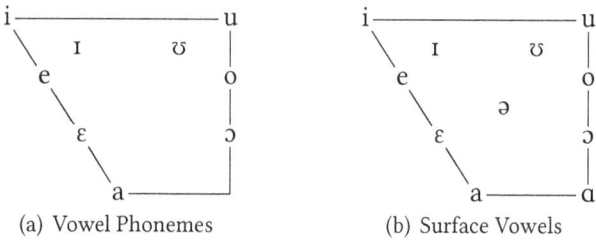

(a) Vowel Phonemes   (b) Surface Vowels

Figure 1: Vowel phonemes and surface vowels in Chakali

Each vowel is presented below with minimal contrasts to motivate their phonemic status. Two sounds are contrastive if interchanging the two can change the meaning of the word. The vowels are presented in opposition for their height, roundness, and tongue root properties. Since Chakali does not show any contrast of roundness and backness in the non-low vowels, roundness, and backness are put together in the description under a RO(und) feature. The tongue root distinction is gathered under the feature ATR (i.e. advanced tongue root). Low and high are treated under HEIGHT in the subsequent tables, but are captured in the summary Table 1 with the features HI and LO, and the feature values + and −.

2 Segmental phonemes inventory

2.1.1 Close front unrounded i.

The vowel [i] is front, unrounded, high, and tense.

Contrast	cli. example	Gloss	PoS
HEIGHT	zíŋ	tail	n
	záŋ	rest area	n
	pítí	survive	v
	pétí	finish	v
RO	gbíŋ	bracelet	n
	gbóŋ	type of tree	n
	kísì	pray	v
	kùsì	unable	v
ATR	ɲìŋ	sore	n
	ɲíŋ	tooth	n
	dì	eat	v
	dɪ̀	if	conn

2.1.2 Near-close near-front unrounded ɪ.

The vowel [ɪ] is front, unrounded, high, and lax.

Contrast	cli. example	Gloss	PoS
HEIGHT	pìsì	scatter	v
	pésí	slap	v
	hɪ́l:	witch	n
	hál	egg	n
RO	tìsì	shallow (be)	v
	tósí	move over	v
	tʃínǎ	stand	v
	tʃónǎ	carry load	v
ATR	fɪ̀	would	pv
	fí	ten	num
	zɪ̀ŋ	bat	n
	zíŋ	tail	n

Grammatical outlines

2.1.3 Close-mid front unrounded e.

The vowel [e] is front, unrounded, mid, and tense.

Contrast	cli. example	Gloss	PoS
HEIGHT	bèlè	type of bush dog	n
	bìlè	put down	v
	péŋ	penis	n
	páŋ	molar	n
RO	zèń	big	n
	zóŋ	insult	n
	pél	roofing beam	n
	pól	vein	n
ATR	bèń	law	n
	bɛ́ŋ	type of tree	n

2.1.4 Open-mid front unrounded ɛ.

The vowel [ɛ] is front, unrounded, mid, and lax.

Contrast	cli. example	Gloss	PoS
HEIGHT	tʃɛ̀rà	barter	v
	tʃàrà	straddle	v
	pélá	lean on	v
	pìlà	hit down repeatedly	v
RO	mɛ̀ń	dew	n
	mɔ́ŋ	vagina	n
	pɛ́	add	v
	pɔ́	protect	v
ATR	sél:	animal	n
	sɛ́l	wood shaving	n

2.1.5 Close-mid back rounded o.

The vowel [o] is back, rounded, mid, and tense.

Contrast	cli. example	Gloss	PoS
HEIGHT	ʔól	type of mouse	n
	ʔúl	navel	n
	hól	type of tree	n
	hál	egg	n
RO	bóŋ	big water pot	n
	bèǹ	law	n
	pól	pond	n
	pél	roofing support	n
ATR	kóŋ	Kapok tree	n
	kɔ́ŋ	cobra	n
	hól	type of tree	n
	hɔ́l	charcoal	n

2.1.6 Open-mid back rounded ɔ.

The vowel [ɔ] is back, rounded, mid, and lax.

Contrast	cli. example	Gloss	PoS
HEIGHT	pɔ̀	protect	v
	pɔ̋	spit	v
	kɔ́lá	sharpen	v
	kàlà	rope	v
RO	mɔ́ŋ	vagina	n
	mèǹ	mist	n
	pɔ̀là	fat	v
	pélá	lean on	v
ATR	pɔ̀	protect	v
	pó	collect	v
	kɔ́ŋ	cobra	n
	kóŋ	type of tree	n

2.1.7 Close back rounded u.

The vowel [u] is back, rounded, high, and tense.

Contrast	cli. example	Gloss	PoS
HEIGHT	pú	lie on stomach	v
	pó	collect	v
	súl	mud fish	n
	sál	flat roof	n
RO	bùú	silo	n
	bíí	seed	n
	kùsì	unable	v
	kísì	pray	v
ATR	zúl	millet	n
	zʊ́ʊ́l	tuber	n
	pú	cover	v
	pʊ́	spit	v

2.1.8 Near-close near back rounded ʊ.

The vowel [ʊ] is back, rounded, high, and lax.

Contrast	cli. example	Gloss	PoS
HEIGHT	vʊ́g	shrine	n
	vɔ̀g	south	n
	lʊ́lá	give birth	v
	lálá	open	v
RO	mʊ́sí	rain	v
	mísí	sprinkle	v
	bɔ̀là	tasteless	v
	bìlà	try to solve	v
ATR	tʃʊ́ʊ́rí	torn	v
	tʃùùrì	pour	v
	zʊ́ʊ́l	tuber	n
	zúl	millet	n

2.1.9 Open front unrounded a.

The vowel [a] is unrounded and low.

Contrast	cli. example	Gloss	PoS
e	gàŕ	cloth	n
	gèŕ	lizard	n
ɛ	pàrà	farm	v
	pèrà	weave	v
i	záŋ	rest area	n
	zíŋ	tail	n
ɪ	tàtɪ̀	stretch	v
	tìtɪ̀	rub	v
o	hál	egg	n
	hól	type of tree	n
ɔ	pàlà	flow	v
	pɔ̀là	be fat	v
u	páŋ	molar	n
	púŋ	feather	n
ʊ	bár	chance	n
	bʊ́r	dust	n

When considering Rowland & Rowland (1965); Crouch & Smiles (1966); Bergman, Gray & Gray (1969); Toupin (1995); Crouch & Herbert (2003), the Chakali vowel phoneme inventory appears to match one of the two posited types of phonemic inventories found in other Southwestern Grusi (SWG) languages.[1] In Rowland & Rowland (1965: 15) the chart of Sisaala phonemes gives one [LOW,

---

[1] 'Phonemic' is used in its broad sense. Since phonology has diverse theoretical orientations, an inventory of phonemes does not mean much unless the features making those phonemes are expressed in the model. Thus in the phonological descriptions of the five SWG languages cited (i.e. Sisaala, Vagla, Tampulma, Pasaale, and Dɛg), it is assumed that the phonemic inventory in each monograph is built upon the classification proposed in their tables and charts, which use features like ATR, ROUND, BACK, etc.

CENTRAL] vowel /a/ and one [MID, OPEN, CENTRAL] vowel /ʌ/. Crouch & Smiles (1966: 17) provides the same symbols /a/ and /ʌ/ for Vagla, the former for a [LOW, OPEN, CENTRAL] vowel and the latter for a [LOW, CLOSE, CENTRAL] one. In Crouch & Herbert (2003: 3), the same symbols /a/ and /ʌ/ are found for Dɛg. For them /a/ represents a [LOW, −ATR, CENTRAL] vowel and /ʌ/ a [LOW, +ATR, CENTRAL] vowel.[2] The phoneme inventories of Toupin (1995: 16) and Bergman, Gray & Gray (1969: 21) do not report the distinction. The former identifies the contrast phonetically and claims that [a] and [ʌ] occur in free variation. In fact, Toupin provides the reader with [a] and [ʌ] in exactly the same environment: the word for 'hoe' and 'back' are both transcribed with [a] and [ʌ] (Toupin 1995: 26). He postulates one [LOW] phoneme (i.e. /a/) in the inventory (Toupin 1995: 16).

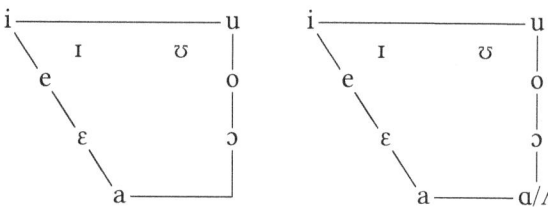

Figure 2: 9- vs. 10-vowel inventory in some Southwestern Grusi languages

Even though Manessy (1979) reconstructs a 7-vowel inventory for Proto-Central Gur, the phonological inventories appearing in Figure 2 are common to many Volta-Congo languages (Dakubu 1997: 81, Casali 2003a: 18). Further, they usually encode a phenomenon known as Cross-Height Vowel Harmony (CHVH) (Stewart 1967; Casali 2003b; 2008), in which harmony is operative at more than one height. In Chakali, the two ATR harmony sets {i, e, u, o} and {ɪ, ɛ, ʊ, ɔ} contain high and non-high vowels, and as a rule, vowels agree in ATR value within the stem domain. Typically the vowel /a/ co-occurs with −ATR vowels within monomorphemic words.[3] The topic is discussed in detail in Section 4.2, but for now let us say that a monomorphemic word cannot carry two vowels of different ATR sets,

---

[2] Modesta Kanjiti, a Dɛg speaker, and I reviewed in April 2009 the words given as evidence for the contrast /a/ and /ʌ/ in Crouch & Herbert (2003: 20–21). Despite Crouch & Herbert's assertion, Mme. Kanjiti could not confirm that /a/ and /ʌ/ were different sounds based on the word list provided. This contrast needs to be verified, although dialect difference could account for this.

[3] This is common among 9-vowel inventory according to Casali (2008: 528). However, some English loans violate that statement, e.g. sìgáárì 'cigarette', ʔéékà 'acre', sódʒà 'soldier', and mítà 'meter'.

2 Segmental phonemes inventory

that is, [lʊpɛ] is possible (it means 'seven') but *[lɪpe], *[lɛpe] *[lʊpe] and *[lɔpe] are ungrammatical strings.

Apart from the nine vowels presented above, the surface vowels [ɑ] and [ə] can be heard; [ɑ] is perceived as if it was produced with the tongue further back in the mouth compared to [a]. In addition, the vowel [ɑ] is often found following the −ATR vowels (i.e. ɪ, ɛ, ɔ, ʊ). Despite the fact that vowel harmony predicts a 'lax version' of /a/ in some environments (Section 4.2), a distinction between [ɑ] and [a] is not established. Yet, there is evidence which shows that Chakali should be considered to have only one phonemic low vowel, which would make its vowel inventory equivalent the one described for Pasaale by Toupin (1995). And, as written in the description of the noun class system (Section 3.2.1), Chakali behaves similarly to other 9-vowel languages (see Casali 2003a: 41).

The vowel [ə] is either an epenthetic vowel or a reduction of a full vowel. It surfaces only in specific environments and is never a part of the underlying form (see Section 3). While both [ɑ] and [ə] are treated as phonetic vowels, only [ə] appears in the dictionary in the phonetic form of an entry. Table 1 displays the set of features which determines the nine vowel phonemes.

Table 1: Vowel inventory and distinctive features bundles

IPA	features
i	[+ATR, +HI, −LO, −RO]
ɪ	[−ATR, +HI, −LO, −RO]
e	[+ATR, −HI, −LO, −RO]
ɛ	[−ATR, −HI, −LO, −RO]
o	[+ATR, −HI, −LO, +RO]
ɔ	[−ATR, −HI, −LO, +RO]
u	[+ATR, +HI, −LO, +RO]
ʊ	[−ATR, +HI, −LO, +RO]
a	[−ATR, −HI, +LO, −RO]

Grammatical outlines

2.1.10 Nasal vowels.

Except for [ə], all vowels have a nasalized counterpart. As expected, nasal vowels are less frequent than their oral counterparts. Nasalized low vowels are the most frequent, whereas close-mid back rounded vowels are the least frequent. Consider the examples in Table 2.

At first glance the treatment of nasal vowels may be reduced to the influence of a nasal speech sound. Overall, nasal vowels are mainly found adjacent to a nasal consonant (or sometimes preceded by a glottal fricative). So it may be more accurate to specify them as oral and explain the perception of nasality as a coarticulation phenomenon. Nonetheless, nasal vowels are attested where adjacent nasal features are absent. The (near-)minimal pairs *fáà* 'ancient' / *fã̌ã̌* 'do by force', *fì* 'preverb particle' / *fĩ́* 'type of fish', *zòò* 'enter' / *zõ̀õ̌* 'laziness' and *tùù* 'go down' / *tũ̌ũ̌* 'honey' show that nasal and oral vowels do contrast.

2.1.11 Vowel sequences

This section is concerned with the duration of vowel sounds and their segmental content. It is shown that Chakali contrasts word meanings based on vowel length. Section 3.1 will present the syllables types in which various vowel sequences can occur.

2.1.11.1 Vowel length.

A phonetic contrast exists between short and long vowels. The fourth column of Table 3 gives an hypothesised CV-form of selected words spoken isolation by six speakers. Judging from this data, which consists of (near-)minimal pairs, a difference in vowel length can change the meaning of a word. Further, as we will see in Section 4.2, there are in addition slight differences in meaning when some preverb particles are longer.

While these are no conclusive experimental evidence, in Section 3.1, it is shown that nouns in the language cannot have a CV surface form, whereas verbs can. Still, many noun roots are of the type CV. The lexical database contains a few pairs of words with exactly the same consonant and vowel quality but differing in length, i.e. *ɲǎ̀ã̌* 'lack' and *ɲã́* 'defecate', *záŋ* 'rest area' and *zàáŋ* 'today', and *wàsì* 'reproduce' and *wààsì* 'pour libation'. The following sections present evidence for two types of vowel-vowel sequence in the language.

2 Segmental phonemes inventory

Table 2: Nasal vowels

Contrast	cli. example	Gloss	PoS
ẽ	héhésè	announcer	n
	sàpúhíɛ̀	pouched rat	n
	kálɛ́ŋ-bílèŋéɛ̀	adjuster	n
ɛ̃	hɛ́ŋ	arrow	n
	tʃɛ̌ĩ	attractiveness	n
	ɲɛ́sà	malnourished child	n
ĩ	híí	hind leg	n
	mǐí	gun front sight	n
	záɣǎfĩì	yellow fever	n
ɪ̃	fíí	type of fish	n
	fìi	urinate	v
	pí	be fed up	v
õ	móŋgò	mango (ultm. Eng.)	n
	kpòŋkpóŋ	cassava	n
ɔ̃	nǎɔ́	cow	n
	àɲɔ́	five	num
	hɔ́ǒ	type of grasshopper	n
ũ	dùú	sow	v
	sùú	guinea fowl	n
	fùú	burn	v
ʊ̃	bóóŋ	goat	n
	dóǒ	type of snake	n
	kòǒ	to be tired	v
ã	ʔáá	bushbuck	n
	báá	type of monitor lizard	n
	sàà	carve	v

Grammatical outlines

Table 3: Vowel duration. Abbreviation: cli = Chakali, Gloss = English gloss, σ = syllable type, PoS = part of speech, and V-duration = mean of vowel duration for six speakers in milliseconds.

cli.	Gloss	PoS	σ	V-duration
tá	abandon	v	CV	142
tàá	language	n	CVV	227
kpà	take	v	CV	139
kpáá	type of dance	n	CVV	255
mà	2.pl.w	pro	CV	170
màá	mother	n	CVV	202
ná	see	v	CV	102
nàá	leg	n	CVV	233

2.1.11.2 V_iV_i vowel sequences. A V_iV_i vowel sequence identifies a sequence of two vowels of the same quality without intervening consonants or vowels. Table 4 provides some attested cases of V_iV_i sequence.

The V_iV_i sequences can also surface nasalized, except for the front mid vowels: only one sequence [ẽẽ] (i.e. káléŋbíléŋẽ̀ẽ̀ 'adjuster') and one [ɛ̃ɛ̃] (i.e. interjection ɛ̃́ɛ̃́ɛ̃̂ 'yes') are recorded. The vowel sequences in Table 4 can either be treated as cases of long vowels or as a sequence of two short vowels: the two underlying structures assumed are presented in (1).

(1) a. V_i]-V_i: a morpheme boundary intervenes
   mĩ]ĩ → mĩ́ĩ́ 'guinea corn', PL. mĩ́á̃ (CLASS 4, Section 3.2.1.4)
   lɛhɛ]ɛ → lɛ̀héé 'cheek', PL. lɛ̀hɛ̀sá (CLASS 1, Section 3.2.1.1)

b. V_iV_i : no morpheme boundary intervenes
   ɲúù 'head', PL. ɲúúnò (CLASS 5, Section 3.2.1.5)
   bőőŋ 'goat', PL. bőőná (CLASS 3, Section 3.2.1.3)

2 Segmental phonemes inventory

Table 4: V_iV_i sequence

V_iV_i	Gloss	PoS	V_iV_i	Gloss	PoS
aa			ãã		
váà	dog	n	fã̀ã́	draw milk from	v
táál	cloud	n	ɲã̀ã́	poverty	n
tàá	language	n	sã̀ã́	axe	n
bááŋ	temper	n	tʃã́ã́	broom	n
ɪɪ			ɪ̃ɪ̃		
wɪ̀ɪ́	sick (be)	v	fɪ̃́ɪ̃́	harassment	n
ʔàrɪ̂	grasscutter	n	mɪ̃́ɪ̃́	guinea corn	n
nɪ́ɪ́	water	n	fɪ̃̀ɪ̃́	urinate	v
bɪ́ɪ́	stone	n	tʃɪ̃́ɪ̃́ŋ	ankle-rattles	n
εε			ɔɔ		
lὲhέέ	cheek	n	bɔ̀ɔ̀bí	undergarment	n
sɔ́mpɔ̀rέὲ	type of frog	n	lɔ́ɔ́lì	car	n
wátʃὲhέὲ	type of mongoose	n	bɔ́ɔ́l	type of shape	n
ʔáléὲfɔ́	type of leaf	n			
ʊʊ			ʊ̃ʊ̃		
fʊ̀ʊ̀sì	inflate	v	bʊ̃́ʊ̃́ŋ	goat	n
jʊ̀ʊ́	rainy season	n	dʊ̃́ʊ̃̀	African rock python	n
jʊ̀ʊ̀	marry	v	fʊ̃̀ʊ̃́	lower back	n
tʃʊ́ʊ́rí	torn	v	nʊ̃́ʊ̃́	shea butter	n
ii			ĩĩ		
bàmbíí	chest	n	ʔĩ̂ĩ	push	v
pìèsíí	sheep	n	hĩ̌ĩ	bad	interj
píí	yam mound	n	mĩ̌ĩ	gun front sight	n
tíísí	grind roughly	v	záɣǎfĩ̂ĩ	yellow fever	n
ee			oo		
dèmbéléè	fowl house	n	tʃòòrì	strain	v
zànzàpúrèè	type of bat	n	lòòtó	intestine	n
zóŋgòréé	mosquito	n	mùsóóró	clove	n
téébùl	table (ultm. Eng.)	n	kpógúlóò	soya bean dish	n
uu			ũũ		
bùú	silo	n	sũ̀ṹ	guinea fowl	n
púúrí	reduce	v	tṹṹ	honey	n
ɲúù	head	n	ʔṹũ̃	bury	v
tùù	go down	v	dũ̀ũ̌	sow	v

Grammatical outlines

2.1.11.3 V_iV_j vowel sequences. A V_iV_j vowel sequence identifies a sequence of two vowels of different quality without intervening consonants or vowels. Most of the sequences in the data involve the set of high vowels {i, u, ɪ, ʊ} as first vowel.[4]

Similar to the V_iV_i vowel sequences, the V_iV_j sequences in Table 5 may be the result of two underlying structures; one with a morpheme boundary intervening and the other without such a boundary. They are shown in (2). It includes both underlying structures, and among them, examples of words formed with the nominaliser suffix -[+HI, −RO], e.g. *tɔ́* v. 'cover' → *tɔ́í* n. 'covering', and the verbal assertive suffix -[+HI, +RO], e.g. *jélé* v. 'bloom' → *jéléó* v. 'bloom.PFV.FOC' (Sections 3.2.2.2 and 5.3). These two productive morphological mechanisms are responsible for the prevalence of V_iV_j sequences, of which V_j is a high front vowel or a high rounded one. Their surface forms depend on phonotactics, which is the topic of Section 3.

(2)   a. V_i]-V_j : a morpheme boundary intervenes
       tɔ]ɪ → *tɔ́í* 'covering' (see CLASS 4, Section 3.2.1.4)
       jele]u → *jéléó* 'bloom.PFV.FOC', (see Section 4.1.4)
       bi]e → *bié* 'child', *bìsé* PL., (see CLASS 1, Section 3.2.1.1)

   b. V_iV_j : no morpheme boundary intervenes
       dʊ̀à] 'be in/at/on'
       tʃàʊ́] 'type of termite'

The V_iV_j vowel sequences are summarized in Figure 3. Each vowel diagram displays possible vowel-to-vowel transitions. For the first two diagrams, i.e. (a) and (b), the transitions are arranged according to the first vowel on the basis of their ATR value. The third diagram displays the transitions in which the vowel /a/ is the first vowel.

---

[4] An alternative would be to treat them as the set of glide consonants {j, w}. As a matter of fact, the notion of 'suspect sequences' was coined by GILLBT/GIL fieldworkers when faced with transcription involving the segments {i, u, ɪ, ʊ} (Bergman, Gray & Gray 1969: 4, Toupin 1995: 8, among others). "'Suspect' is an old SIL heuristic term for phonetic sounds which may have different phonemic function in different languages" (T. Naden, p.c.). Some tokens of V_iV_j vowel sequences would then be treated as suspect sequences under their analyses. For instance, *bie* 'child', a monosyllabic word, would be represented as *bije*, a disyllabic word (see also Kedrebéogo 1997: 100). Correspondingly, 'arrow' could be transcribed as *tuo*, *tʷo* or *tuwo*. My decision is purely based on the impression of consultants who do not favour a syllable break. Further, unlike Dɛg, Chakali consonants do not have corresponding labialized phonemes. In Crouch & Herbert (2003: 2), 13 of the 22 phonemes have a labialized counterpart. I also perceive the labialized consonants of Dɛg (see footnote 2).

2 Segmental phonemes inventory

Table 5: V_iV_j sequence

V_iV_j	Gloss	PoS	V_iV_j	Gloss	PoS
ʊɪ			ui		
bʊ̌ɪ	stone	n	múfúí	exclamation	ideo
pʊ́ɪ̄	spitting	n	súī	being full	n
ʊɔ			uo		
sʊ̀ɔ̀rá	odor	n	bùól	song	n
lʊ̀ɔ́ŋ	animal chest hair	n	túò	bow	n
ʊa					
tʃʊ̀à	lie	v			
dʊ̀à	be in/at/on	v			
ɪɛ			ie		
sɪ̀ɛ̀	poor quality meat	n	bíé	child	n
kɪ̀ɛ̀	collect contribution	v	fíél	type of grass	n
ɪʊ			iu		
wílɪ́ʊ́	kob	n	kásìù	cashew (ultm. Eng.)	n
ɪa			io		
dɪ̀à	house	n	fíó	totally not	interj
tɪ́ásɪ́	vomit	v			
ɛʊ			eu		
lɛ́ʊ́rá	door hinge	n	pèú	wind	n
sɛ̀ʊ́	death	n	tèú	warthog	n
ɛɪ			eo		
lɛ̀ɪ́	not	neg	màtʃéó	twenty	num
bìvíɛ̀ɪ̀	stubborn child	n	bàléò	calamity	n
ɔɪ			oi		
pɔ́ɪ	planting	n	ʔóí	surprise	interj
tɔ́ɪ́	covering	n			
ɔʊ			ou		
lɔ́ʊ̀	hartebeest	n	tóù	o.k. (ultm. Hausa)	interj
tɔ́ʊ̀	settlement	n	wóù	yam harvest	n
aʊ			aɪ		
láʊ́	hut	n	ʔàɪ́	no	interj
tʃàʊ́	type of termite	n	ɲáɪ̂	rusty	n

Grammatical outlines

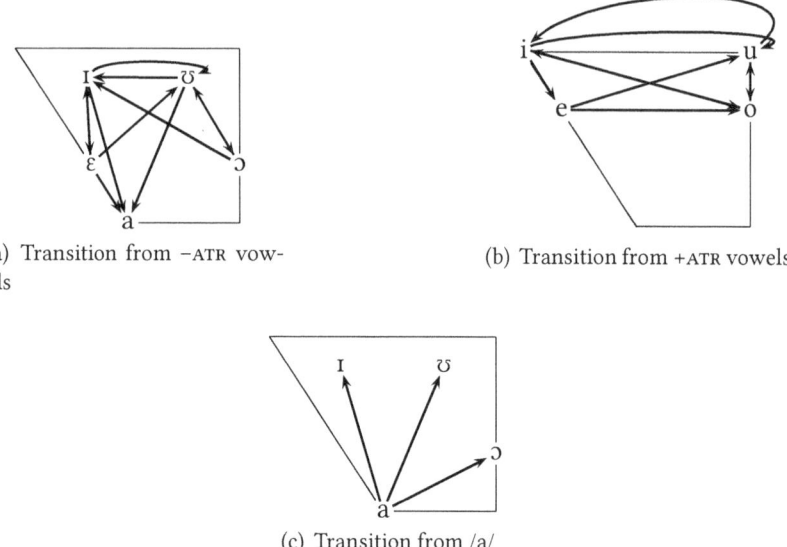

(a) Transition from −ATR vowels

(b) Transition from +ATR vowels

(c) Transition from /a/

Figure 3: Attested vowel transitions

The direction of the arrow reproduces the transitions. A step in the analysis of vowel sequences would be to identify them as either unit diphthongs or two independent vowels. On the one hand there are relatively few languages with unit diphthongs (Maddieson 1984: 133), and on the other hand it is necessary to understand better syllable structures, phonotactics, and the effect of coarticulation when vowel features are suffixed to vowel-ending stems in Chakali. In theory, true restrictions are due to obligatory harmonies, specifically with regard to the ATR and RO features: more sequences should be attestable than those presented in Figure 3. The most common sequences are {ʊa, ʊɔ, ɪɛ, ɪa, ɔɪ, uo, ie, eu, aʊ}, the remaining ones being very rare or unattested. For instance, the [ei] and [aɛ] sequences never occur, the [ɛa] sequence occurs only once (and *ʔàtànéà* 'Monday' is ultimately of Hausa origin), and the sequence [aɔ], which occurs in *máɲâ̰ɔ̰* 'type of mongoose', is found twice. In the latter case, both tokens are nasalized so it affects the vowel quality and how I perceived it.

2 Segmental phonemes inventory

2.2 Consonants

The consonantal phonemes amount to twenty-five, a number close to the average number of consonants in the consonant inventories of languages catalogued in Maddieson (2009). In this section, the phonemic status of the consonants is identified using distributional criteria. When possible the segments are aligned in three word positions: initial, medial, and final. Although it is crucial to identify a stem boundary in a word in order to differentiate between the onset of a non-initial stem (e.g. in a compound word) and the medial position of a monomorphemic word, this is often not possible given our knowledge of the language. The feature VOICE represents voicing (i.e. voiced vs. voiceless) and is reflected in the way the description is organized below. Table 6 provides an overview of the segments introduced in this section.

Table 6: Phonetic and phonemic consonants in Chakali

	Bilabial	Labial-dental	Alveolar	Postalv.	Palatal	Velar	Glottal	Labial-velar
Plosives	p b		t d			k g	ʔ	kp gb
Fricatives		f v	s z			(ɣ)	h	
Affricates				tʃ dʒ				
Nasals	m		n		ɲ	ŋ		ŋm
Liquid			l r					
Semi-vowels					j			w (ɥ)

2.2.1 Plosives and affricates

All plosives and affricates contrast pairwise for the glottal stricture feature VOICE (except the glottal plosive /ʔ/). They are moderately aspirated word-initially. They all involve a single primary place of articulation, except the doubly articulated [d͡ʒ], [t͡ʃ], [k͡p] and [g͡b]. The affricates [d͡ʒ] and [t͡ʃ] have two sequential parts, while labiovelars [k͡p] and [g͡b] have two parts which overlap temporally.[5]

2.2.1.1 Bilabial plosives. The bilabial plosives can occur in word-initial and -medial positions, although, in many cases, when they are found in word-medial positions, they are onsets of a non-initial stem. This position can be problematic,

---

[5] For the remainder, the linking diacritic over the labial-velars is not used, since there are just a few ambiguous contexts and these are accounted for by the syllabification procedures presented in Section 3.1.

Grammatical outlines

since one cannot always treat words as compounds in the synchronic sense. For instance, *álɔ̀pɛ̀* 'seven' is treated in Section 3.6.1 as monomorphemic, however, it is obvious that taken from a Proto-SWG perspective it is not. Bilabial plosives can also be found in borrowed words' medial positions, e.g. *kàpɛ̀ntà* (ultm. Eng.) 'carpenter' and *kàpálà* (Waali) 'type of staple food'. Neither the voiceless nor the voiced bilabial plosive are attested word-finally. Table 7 provides examples of contrast between /p/ and /b/ for the VOICE opposition.

Table 7: Bilabial plosives

(a) Voiceless bilabial plosive

páŋ	molar	n
pèrà	weave	v
pílè	cover with	v
púl̀	type of river grass	n
kúmpíí	thorny spear grass	n
àlɔ̀pɛ̀	seven	num
kàpɛ̀ntà	carpenter (ultm. Eng.)	n
kàpálà	staple food, Gh. Eng. *fufu*	n

(b) Voiced bilabial plosive

bàŋ	here	adv
bèrà	dry	qual
bìlè	put	v
bùĺ	type of tree	n
ʔàbɛ́	palm tree (Akan)	n
fìɛ̀bì	whip	v
hámbák	type of tree	n

2 Segmental phonemes inventory

2.2.1.2 Alveolar plosives. The alveolar plosives can occur in word-initial and -medial positions. Similar to the bilabial plosives, the voiceless and the voiced alveolar plosives are not attested word-finally.[6] When it occurs in word-medial position, [d] is found only at the onset of a non-initial stem of polymorphemic words or in loans, whereas [t] does not have such a restriction. Examples of such loans are *síídì* 'cedi', *kùòdú* 'banana', and *bɔ̀rdíá* 'plaintain' for words of Akan origin, and *gáádìn* 'garden', *bìléédì* 'blade', and *pɔ́ɔ́dà* 'powder' for words of English origin. An example of occurences in onset of non-initial stem of polymorphemic words is *fì-dɪ-anaasɛ* [fídànááśɛ̀] 'fourteen' (Section 3.6.1), *ɲín-dáá* 'horn', and *nì-dʊ̀má* 'spirit'. Examples *kàndíà* 'Kandia' and *kódì* 'or' appear to be lexicalized polymorphemic words or loans. The rhotic [r] may be argued to be an allophone of /d/ as [r] occurs mostly where [d] is never found, e.g. intervocalically in monomorphemic words (Section 2.2.4.2). Table 8 provides examples of contrast between the two alveolar plosives for the VOICE opposition in word-initial and -medial positions.

Table 8: Alveolar plosives

(a) Voiceless alveolar plosive			(b) Voiced alveolar plosive		
té	early	adv	dé	there	adv
tíŋ	spearhead	n	díŋ	fire	n
tɔ́ŋ	book	n	dɔ́ŋ	enemy	n
túò	bow	n	dùò	sleep	v
tómá	work	n	dʊ̀má	soul	n
kàɲìtì	patience (Hausa)	n	síídì	cedi (Akan)	n
kètì	break	v	lè-dáá	lower jaw	n
sɔ̀tá	thorn	n	kàndíà	Kandia	propn

The segment [r] can surface when [t] is expected. For instance, the plural form of the word *gèr̀* 'lizard' is *gété* 'lizards' and the plural form of the word *sɔ̀tá* 'thorn' is *sɔ̀ràsá*. The underlying segmental representation /get/ may be given for the lexeme 'lizard'.

---

[6] On one of the field trips, I was given a dog and called it [táát]. People in Ducie would repeat its name and call the dog [táátə]. The way they pronounced the name suggests that alveolar plosives are disallowed in word-final position.

Grammatical outlines

Rule 1 is postulated, which turns a /t/ into [r] in word-final position and in weak syllables (see Section 3.1.2).[7]

Rule 1 Lenition
An alveolar stop changes into a trill in word-final position or in word-medial onset.
[ALVEOLAR, OBSTRUENT] → r / _ # or CV._ V.CV

Rule 1 operates only on a few nouns, probably due to the fact that an underlying coda /t/ is rare. Further, all the examples involve [+ATR, −RO] vowels, e.g. *bùtér:* - *bùtété* 'turtle(s)' and *tʃíɾ́* - *tʃíté* 'taboo(s)'. Examples of minimal pairs involving a [r]-[t] contrast are *pàrà* 'farm' - *pátá* 'trousers', *lúró* 'scrotum' - *lùtó* 'root', and *tʃárì* 'diarrhoea' - *tʃátì* 'type of guinea corn'.

2.2.1.3 Velar plosives. The velar plosives are found in word-initial and -medial positions. In addition, among the plosives, the velar plosive is the only one which is allowed word finally. This is shown is Tables 9(a) and 9(b).

Further the segment [ɣ], which appears between vowels in a weak syllable (see Section 3.1.2), is underlyingly a /k/ or a /g/.[8] Since the notion of weak syllable has not been justified, Rule 2 partially accounts for the spirantization of velar plosives.

Rule 2 Spirantization
The velar obstruents /k/ and /g/ change into [ɣ] when they occur between vowels in a weak syllable.
[VELAR, OBSTRUENT] → ɣ / V. _ V or _ . C

As shown in Table 9(c), the segment [ɣ] appears in word-medial position, but never in word-initial or -final position. A voicing distinction between [ɣ] and a potential voiceless velar fricative [x] is not perceived, which, if identified, would create two corresponding pairs with /g/ and /k/ respectively. However, it seems that /g/ and /k/ are spirantised medially except when adjacent to a [+ATR, +HI, −RO] vowel. Nevertheless a few counterexamples, such as *kpégíí* 'hard' and *sígìì* 'misery', must be taken into account.[9]

---

[7] Since the voiced alveolar plosive never occurs in word-medial position, there may be another rule involved which devoice the /d/ in *géte* 'lizards'. In fact, by omitting [−VOICED], Rule 1 captures /d/ as well. Notice that Rule 1 undergenerates in some instances, e.g. *bùtér* 'turtle', *bùtété* 'turtles' *burete*.

[8] For simplicity, I use [g] throughout instead of the IPA symbol for the voiced velar plosive [ɡ].

[9] In Mòoré and Koromfe /g/ is spirantised medially except when adjacent to a [+ATR, +HI] vowel (John Rennison, p.c.). Chakali *hóyúl* 'cockroach' and *nànjóyúl* 'butcher' are clear spirantization cases.

2 Segmental phonemes inventory

Table 9: Velar plosives and fricative

(a) Voiceless velar plosive

kààsì	clear throat	v
kɔ́ŋ	cobra	n
kʊ̀tì	fine grinding	v
hákìlá	cognition	n
kàkà	toothache	n
tùk	type of nest	n
pààtʃák	leaf	n

(b) Voiced velar plosive

gáásí	pass	v
gɔ́ŋ	type of plant	n
gōtí	roll	v
bégíí	heart	n
kùgsó	rib cage	n
hóg	bone	n
vŏg	small god	n

(c) Velar fricative

/kpaga/	[kpàyà]	have	v
/dɔga/	[dɔ̀yà]	Doga	propn
/tʃaktʃak/	[tʃáyətʃák]	tattoo	ono
/tig-si/	[tíy̌ɪsī]	gather	v
/hogul/	[hóyúl]	cockroach	n

2.2.1.4 Glottal plosive. The glottal plosive, or "glottal stop", occurs only at the beginning of vowel-initial word stems. Word-initially it is optional, but it is obligatory at the beginning of a vowel-initial stem contained within polymorphemic words such as *nɔ́ʔɔ́rɔ́ŋ* 'type of tree' and *fáláʔúl* 'calabash node'. Table 10 provides examples of word-initial and (stem-initial) word-medial positions.

Table 10: Glottal plosive

ʔàbɛ́	palm tree (Akan)	n
ʔáǎ	bushbuck	n
ʔíl	breast	n
ʔìlèʔìlè	type of colour	ideo
bàʔɔ̀rîi	swelling	n
nɔ́ʔɔ́rɔ́ŋ	type of tree	n

Grammatical outlines

2.2.1.5 Labial-velar plosives. Among the twenty-five consonants, five are complex segments. These include the plosives /kp/ and /gb/. The term "complex" in this context means that two primary places of articulation are involved in the production of the sounds, that is, the velum and the lips. Nonetheless, they behave as single phonemes. The labial-velar plosives can occur in initial and medial positions, but as the bilabial plosives, when they are found in a word-medial position, the position is typically the onset of a non-initial stem. Table 11 gives examples of labial-velar plosives in word-initial positions and shows that they contrast with both the labial and the velar plosives.

Table 11: Labial-velar plosives

(a) Voiceless labial-velar plosive

kpà	take	v
kpáá	type of dance	n
kpòŋ	location	propn

(b) Voiced labial-velar plosive

gbà	also	quant
gbáà	control animal	v
gbóŋ	type of tree	n

(c) Contrast with /k/ and /p/

kpòŋ	location	propn
kóŋ	Kapok	n
kpísí	sneeze	v
pìsì	scatter	n
kpŏ	kill	v
pŏ	spit	v

(d) Contrast with /g/ and /b/

gbár	watcher	n
gár	stable	n
gbéníí	pink	qual
géníí	fool	n
gbòŋà	dense	v
bòŋà	bend	v

2.2.1.6 Affricates. The affricates /tʃ/ and /dʒ/ are treated as single phonemes. They can occur in word-initial and word-medial positions, although the voiced affricate is comparatively less used. Notice that while /kp/ and /gb/ do contrast with /p/, /b/, /k/, and /g/, /ʃ/ and /ʒ/ do not exist in the language (except for the interjection *ʃáâ* 'insult'). Table 12 provides (near-)minimal pairs, when available.

Also, the sound [tʃ] is pronounced [k] by some members of the oldest generation, e.g. *tʃíír* ~ *kìír* 'taboo', *tʃímmâá* ~ *kímmâá* 'pepper', *tʃíéŋɛ̋* ~ *kíéŋɛ̋* 'break', etc. This could be evidence that, in the recent past, the affricates originated as stops in an environment conditioned by a high front vowel. However, examples of minimal pairs [tʃ]-[k] exist: *tʃògò* 'ignite' vs. *kògò* 'hold', *tʃǒl* 'clay' vs. *kǒl* 'type of staple food', *tʃàyà* 'to face' vs. *kàyà* 'to choke', among others.[10]

---

[10] It could be that the lexemes involved in these minimal pairs underwent semantic change and

2 Segmental phonemes inventory

Table 12: Affricates

(a) Voiceless affricate			(b) Voiced affricate		
tʃʊ́ɔ́ŋ	type of fish	n	dʒʊ́ɔ́ŋ	hammock	n
tʃáásá	comb	n	dʒàá	unexpectedly	adv
tʃầànì	shine	v	dʒáŋáá́	bearing tray	n
kátʃál	type of tree	n	təráádʒà	trousers (ultm. Eng.)	n
pààtʃák	leaf	n	bádʒɔ̀gɔ́	type of lizard	n

2.2.2 Fricatives

The four fricatives /f/, /v/, /s/, and /z/ are distinguished by their place of articulation and by their voicing.

2.2.2.1 Labio-dental fricatives. In general, the segments /f/ and /v/ have the same distribution: they can occur in word-initial and -medial positions, but never in a final position, and they both can precede any vowel. They contrast exclusively on the feature VOICE. This is shown in Table 13. Contrasts with alveolar fricatives are given in Table 14 of Section 2.2.2.2.

Table 13: Labio-dental fricatives

fàà	ancient time	n
váà	dog	n
fầà̀	do by force	v
vàà	be beyond	v
fáárí	be between	v
vààrì	do abruptly	v

2.2.2.2 Alveolar fricatives. The alveolar fricatives /s/ and /z/ can occur in word-initial and -medial positions, but never word-finally. The glottal stricture is the only property which differentiates the alveolar and labio-dental fricatives. Overall, the voiceless alveolar fricative is more frequent than the voiced one. In word-medial positions, the voiceless alveolar fricative acts mainly as the onset of a

---

phonological change, but originated from a single source. Vagla data suggest that a conditioning of front vowel is not unique to Chakali (see footnote 17). Looking at the form/meaning of cognates in other related languages would be revealing.

Grammatical outlines

non-initial stem. Table 14(a) presents the alveolar fricatives in opposition for the feature VOICE, and Table 14(b) presents the alveolar fricatives contrasting with the labio-dental fricatives in word-initial positions.

Table 14: Alveolar fricatives

(a) Alveolar fricatives			(b) Contrast with /f/ and /v/		
sìɛ́	imitating	n	sàá	axe	n
zìɛ́	wall	n	fàà	do by force	v
sɔ́ŋ	name	n	zìɛ́	wall	n
zɔ̀ŋ́	weakling	n	vìɛ̀	refuse	v
sʊ́ʊ́	front	n	sìì	bambara bean	n
zʊ̀ʊ̀	enter	v	víí	cooking pot	n
pìsá	grass mat	n			
kʊ́zàà	basket	n			
tʃàsíɛ̀	cough disease	n			
zíɛzíɛ	light weight	ideo			

2.2.3 Nasals

There are five distinct nasal consonants in the language: a bilabial, an alveolar, a palatal, a velar, and a labial-velar. Phonological processes involving the nasal feature are frequent in the language. One is discussed in Section 3.2.1.2. In word-initial position, only [ŋ] is not attested. The distribution of nasals in word-final position is as follows: rare cases with the bilabial [m], a few words with the alveolar [n], and the large majority with the velar [ŋ]. Chakali appears to have one velarization alternation, as stated in Rule 3.

Rule 3 Velarization
Nasals surface as [ŋ] word-finally.
[+NASAL] → ŋ / _ #

2.2.3.1 Bilabial nasal. The bilabial nasal /m/ occurs in word-initial and -medial positions. This is shown in Table 15. It is rarely found in word-final positions: the onomatopoeia *ʔángùm* 'monkey's scream', the adverbial *tʃérím* 'quietly', the noun *súrúm* 'silence' (ultm. Hausa), and *géèm* 'game reserve' (ultm. Eng.) are the only examples. However, the languages Vagla and Kasem, surely among others, allow final [m]. Both languages are genealogically related, but only the former

2 Segmental phonemes inventory

is in contact with Chakali. It is assumed that Chakali speakers are accustomed to hearing a bilabial nasal in final position. However, an underlying final /m/ is possible, e.g. /dɔm/ → dɔ́ŋ sg. dɔ́má pl. 'enemy' and /dɔŋ/ → dɔ́ŋ̀ sg. dɔ́ŋà pl. 'comrade' (see Section 3.2.1 and Rule 3). Table 15(b) displays two minimal pairs involving the bilabial nasal in opposition with a bilabial plosive and a labial-velar.

Table 15: Bilabial nasal

(a) Bilabial nasal			(b) Contrast with a /b/ and /ŋm/		
mǎá	mother	n	mɛ̀ŋ́	mist	n
mɔ́	work clay	v	béŋ	type of tree	n
múr:	story	n	ŋméŋ	okro	n
dòmá	soul	n			
ɲòmɛ̀	blind	n			
kìm-bɔ́ŋ	bad thing	n			

2.2.3.2 Alveolar nasal. The alveolar nasal /n/ can occur in all three positions: word-initial, word-medial and word-final. Table 16(a) presents the alveolar nasal in those positions. However, as mentioned in Section 2.2.3.1, Rule 3 turns word-final nasals into a velar nasal. The number of words which allow a word-final alveolar nasal is very limited, and the majority are ultimately 'non-native': dàm-bàfúlánáán 'fifth month' (Waali), lìmáàn 'imam, prayer-leader' (Arabic), méésìn 'mason' (Eng.), ʔólǔpléǹ 'airplane' (Eng.), pèn 'pen' (Eng.), and gáádìn 'garden' (Eng.). In Table 16, the alveolar nasal is found in word-final positions in nòkúǹ and sàbáán. If these words were uttered at the end of a phrase in normal speech, they would be velarized. Nonetheless, when elicited in isolation, the alveolar

Table 16: Alveolar nasal

(a) Alveolar nasal			(b) Contrast with a /l/ and /r/		
náàl	grand-father	n	bìlà	try to solve	v
ná	see	v	bìnà	old	v
kànà	arm ring	n	náhíɛ̃́	sense	n
zùpòná	millet crazy top disease	n	lɛ̀hɛ́ɛ̀	wooden spoon	n
nòkúǹ	type of tree	n	pèná	moon	n
sàbáán	roof top	n	pèrà	weave	v

Grammatical outlines

nasals do not always surface velarized, so a certain number of lexical exceptions may exist (cf. Rule 3). Table 16(b) provides evidence that the alveolar nasal, the lateral, and the trill are indeed distinct phonemes.

2.2.3.3 Palatal nasal. The palatal nasal /ɲ/ is found in word-initial and word-medial positions, but never in a word-final position. It never precedes another consonant and only one word where a consonant precedes the palatal nasal is identified, i.e. *sámbálɲàɲá* 'type of grass'. Table 17(a) provides examples where the palatal nasal occurs word-initially and -medially. The examples in Table 17(b) show that [n] and [ɲ] contrast in word-initial position.

Table 17: Palatal nasal

(a) Palatal nasal			(b) Contrast with a /n/		
ɲàǎ	poverty	n	ɲàǎ	poverty	n
ɲínè	look	v	nàǎ	leg	n
ɲínà	father	n	ɲíŋ	tooth	n
ɲʊ̀ǎ	smoke	v	níŋ̀	this	adv
ɲéɲáŋ	worm	n	nʊ̀ʊ̌	crowd	v
ʔàɲǎǎ	type of snake	n	nʊ̀ʊ̌	hear	v
bʊ̀ɲɛ́	respect with (Waali)	n			

2.2.3.4 Velar nasal. The segment [ŋ] is by far the most frequent nasal sound found in word-final position. When it precedes a consonant, the velar nasal is the last segment of a preceding syllable. Unlike the other nasals it never appears in word-initial position. Table 17(a) provides examples of the velar nasal in word-

Table 18: Velar nasal

(a) Velar nasal			(b) Contrast with a /n/		
bʊ̀ŋà	bend	v	kàŋá	back	n
dɔ́ŋá	people	n	kànà	arm ring	n
pìŋà	be satisfied	v	tɔ̀ŋà	type of sickness	n
kónsíáŋ	red dove	n	tɔ̀ná	profit	n
ŋmɛ́ŋ	okro	n	tìŋà	follow	v
kùŋkùŋ	brain	n	tìnà	cloud gather	v

2 Segmental phonemes inventory

medial and -final positions. In Table 17(b), [n] and [ŋ] show contrast in word-medial positions.

2.2.3.5 Labial-velar nasal. The labial-velar nasal /ŋm/ is one of the four doubly-articulated segments in the language. It occurs in both word-initial and word-medial positions, as shown in Table 19(a), but never in a word-final position. Table 19(b) displays minimal pairs involving the labial-velar nasal in opposition with the other nasals. A single near-minimal pair with a palatal nasal is identified, but no minimal pair involving the labial-velar and the velar nasal is found. The labial-velar nasal mainly occurs in word-initial position, whereas the velar nasal occurs in word-final position. All SWG languages of Ghana have been reported with a phonemic contrast between a labial-velar and a velar nasal (Crouch & Smiles 1966; Bergman, Gray & Gray 1969; Toupin 1995; Crouch & Herbert 2003). Even though the labial-velar nasal is sometimes perceived as slightly palatalized when followed by a non-high front vowel, e.g. *ŋmʲèná* 'chisel', it is not rendered in the transcription.

Table 19: Labial-velar nasal

(a) Labial-velar nasal			(b) Contrast with /m/, /ɲ/, and /n/		
ŋmá	tell	v	ŋmá	say	v
ŋmédàà	thread holder	n	má	you	2.pl.wk
ŋméɲtél	eight	num	ɲá̋	defecate	v
ŋmíɛ́r	thief	n	ná	see	v
dòŋmɛ́ŋ	type of snake	n	ŋmɛ́ŋ	okro	n
ŋmŏnàŋmŏnà	type of colour	ideo	mɛ̀ŋ	dew	n

2.2.4 Lateral and trill

2.2.4.1 Alveolar lateral approximant. The alveolar lateral approximant /l/ is found in word-initial positions, as well as word-medial and word-final positions. This is shown in Table 20(a). There is only one token where the alveolar lateral precedes a nasal vowel, e.g. *kɔ̀lŏŋ* 'well' (but see Section 2.1.10 on nasal vowels). In Table 20(b) [r] and [l] are shown to contrast in word-medial and word-final positions.

Grammatical outlines

Table 20: Alveolar lateral approximant

(a) Alveolar lateral approximant			(b) Contrast with /r/		
làà	take	v	pàlà	flow	v
lìì	go out	v	pàrà	farm	v
jálá	burst	v	sòòlá	type of cloth	n
pàtìlá	small hoe	n	sòórá	odor	n
gántál	outside	n	púl̀	type of river grass	n
ʔíl	breast	n	púr:	skin bag	n

2.2.4.2 Alveolar trill or flap. In careful speech, the rhotic consonant is often produced with the blade of the tongue vibrating against the alveolar ridge. However, it would be wrong to treat the production of /r/ in Chakali and, for instance, the /r/ in Spanish, as similar. In normal speech, the rhotic consonant is usually perceived as a flap-like sound. For instance, the rhotic in *pàrà* 'to farm' sounds as if the tongue strikes its point of articulation once, instead of repetitively. There is only one rhotic consonant, but even though it is not perceived as an alveolar flap in most cases, it is transcribed as *r*, instead of (the standard and more precise but less practical) *ɾ*. Nonetheless, /r/ in coda position is especially subject to tongue vibration, e.g. *gàŕ* 'cloth'.

Rhotic /r/ is found both word-medially and word-finally. In coda position, it is often emphasized; in such cases a diacritic is used to represent a lengthy trill, i.e. [r:]. It is also the only consonant which occurs in the second position of a CC sequence (Section 3.1 example 5). It never occurs word-initially, except for the focus marker *ra*, which is nevertheless treated as a word unit (see Section 3.2.2.2 for the different forms the focus marker can take), and the English loan *róbà* 'rubber' in *róbàkàtásà* 'plastic bowl'. Given that [r] can be found in coda position but never in word-initial onset, and [d] is mainly found in word-initial onset but never in the word-medial position of a monomorphemic word, the rhotic consonant could be treated as an allophone of /d/ (see Awedoba 2002: 30–31 and Dakubu 2002: 62–64). Provisionally, though, this solution is not favoured since it creates two issues which cannot be accommodated at this stage: (i) the CC sequence in onset becomes /Cd/, e.g. /pd/ in *príŋ* 'type of tree' and /dd/ in *dráábà* 'driver', and (ii) [r] and [t] are sounds distinguished by several minimal pairs, as opposed to [d], e.g. *tʃárì* 'diarrhoea' and *tʃátì* 'type of guinea corn', *pàrà* 'farm' and *pátá* 'trousers', *lúró* 'scrotum' and *lùtó* 'root'.[11]

---

[11] Another piece of evidence would be the alveolar flap as the realization of a /t/ in a weak syllable, e.g. (SG/PL) *sòtá/sòràsá*.

2 Segmental phonemes inventory

Minimal pairs involving the alveolar rhotic and alveolar lateral approximant are given in Table 21(b).[12]

Table 21: Alveolar trill

(a) Alveolar trill			(b) Contrast with /l/ and /d/		
pàrà	farm	n	fòrò	blanch	v
kɔ̀ɔ̀rì	built	v	fòlò	make loose	v
ʔàríì	grass cutter	n	hàrà	lock	v
gríí	cheek	n	hàlà	fry	v
gáɾː	stable	n	bílígí	rub	v
gèɾː	lizard	n	bìrǐgì	delay	v
kórː	bench	n	kùórù	chief	n
kpɔ́rː	palm tree	n	kùòdú	banana	n

2.2.5 Glides

2.2.5.1 Voiced labio-velar approximant. The voiced labio-velar approximant /w/ appears both in word-initial and word-medial positions, but never in a word-final position.[13] There are a few words which are transcribed with superscript [ʷ] (e.g. *bʷɔ́ŋ* 'difficult' and *zàkʷǒól* 'beetle'), representing a labialized consonant, but there are no definite regularities. When it occurs, it is in front of a round vowel.[14] In Table 22(b) examples are offered which set in opposition the voiced labio-velar approximant and the palatal approximant.[15]

---

[12] In 21(b), the word *kùòdú* 'banana' is part of a minimal pair used as evidence for a nonallophonic alternation between [r]/[d]. However, the word *kùòdú* is ultimately borrowed as it "exists all over West Africa in some form or other" (M. E. Kropp-Dakubu, p. c.). It is the only minimal pair [r]/[d] in the lexicon.

[13] Whether /w/ and /j/ occur word-finally results from one's decision about syllable structure. Is [aʊ] phonologically /aʊ/ or /aw/? This question will not be resolved without a finer phonological model.

[14] As mentioned in footnote 4, Dɛg is claimed to have an inventory of 13 phonemic labialized consonants (Crouch & Herbert 2003: 2).

[15] In field notes I transcribed [ɥ] a highly aspirated and palatalized version of /w/ found before high front vowels, e.g. *ɥìì* 'weep' and *ɥíí* 'matter'. This sound needs further investigation because I did not perceive it consistently in that environment. It is transcribed throughout with *w*.

Grammatical outlines

Table 22: Voiced labio-velar approximant

(a) Voiced labio-velar approximant			(b) Contrast with /j/		
wáá	he, she, it	3.sg.st.	wàá	Wa town	propn
wíí	matter	n	jàà	fetch	v
wóŋ	deaf person	n	wàà	come	v
fòwà	wrap	v	jà	we, our	1.pl.wk
jòwá	market	n	tàwà	inject	v
pèwò	blow	v	tájà	catapult (ultm. Eng.)	n

2.2.5.2 Palatal approximant. The palatal approximant /j/ appears both in word-initial and word-medial positions, as shown in Table 23(a), but never in a word-final position. Table 23(b) provides additional minimal pairs in which the palatal approximant and the voiced labio-velar approximant contrast.

Table 23: Palatal approximant

(a) Palatal approximant			(b) Contrast with /w/		
júò	fight, quarrel	n	jàà	fetch	v
tájà	catapult (ultm. Eng.)	n	wáá	he, she, it	3.sg.st.
bàjúòrà	lazy	qual	jóŋ	slave	n
ijèlà	clan name	propn	wóŋ	deaf	n

2.2.5.3 Glottal approximant. The glottal approximant /h/ occurs only in word-initial and -medial positions. Table 24(b) shows examples in which [h] contrast with the fricatives and the glottal plosive.

2 Segmental phonemes inventory

Table 24: Glottal approximant

(a) Glottal approximant			(b) Contrasts		
há	hire	v	hàlà	fry	v
hɔ́l	piece of charcoal	n	vàlà	walk	v
hìrè	dig	v	fàlá	calabash	n
nàhá̰	ego's grand-mother	n	híɛ́ŋ	relative	n
lúhò	funeral	n	zíɛ́ŋ	snake venum	n
lɛ̀hɛ́ɛ̀	wooden spoon	n	hól	type of tree	n
			sól:	clearly	adv
			ʔól	type of mouse	n

2.2.6 Summary

The consonants of Chakali were introduced and the majority were presented in a pairwise fashion to highlight specific contrasts. In Table 25, the consonantal phonemes are arranged according to their place and manner of articulation. Among them, the surface consonant [ɣ] is derived from underlying phonemes, i.e. /g/ or /k/. Due to the limited scope of the present section, the phonological features making up the consonant phonemes were not introduced. They will be presented along the way when necessary.[16]

Table 25: Phonetic and phonemic consonants in Chakali

	Bilabial	Labial-dental	Alveolar	Postalv.	Palatal	Velar	Glottal	Labial-velar
Plosives	p b		t d			k g	ʔ	kp gb
Fricatives		f v	s z			(ɣ)	h	
Affricates				tʃ dʒ				
Nasals	m		n		ɲ	ŋ		ŋm
Liquid			l r					
Semi-vowels					j			w (ɥ)

---

[16] In order to maintain neatness, the label 'Liquid' was given to laterals, approximants and trills.

Grammatical outlines

3 Phonotactics

3.1 Syllable types

This section deals with the restrictions on possible syllable types. The necessary generalizations responsible for (im)possible segment sequences are introduced. Again, the syllabification procedure used to extract the syllable types is implemented in *Dekereke* and uses the database's pronunciation field.[17] First, syllabic nasals are marked with a diacritic and are treated as one syllable. Secondly, all word-initial consonant clusters are assigned to the onset of the first syllable, and all word-final consonant clusters to the coda of the last syllable. Then, intervocalic consonant clusters are syllabified by maximizing onsets, as long as the resulting onsets match an attested word-initial consonant sequence or segment, and the resulting coda matches an attested word-final consonant sequence or segment. An onset cluster respects a sonority slope similar to the one given in (3).

(3) Phonetically grounded sonority scale for consonants (Parker 2002: 236)
laterals > trills > nasals > /h/ > voiced fricatives > voiced stops > voiceless fricatives > voiceless stops > affricates

This means that (i) as one proceeds towards the nucleus the sonority must increase, and (ii) as one proceeds away from the nucleus the sonority must decrease. This sonority-based implementation generates the ill-formed onset clusters given in (4).

(4) a. *mb
.ʔɛ.mbɛ.lɪ. 'shoulder' (.ʔɛm.bɛ.lɪ.)
 b. *ɣl
.ha.ɣlɪ.bie. 'type of ants' (.hag.lɪ.bie.)
 c. *ɣj
.pa.tʃɪ.ɣja.ra. 'healer' (.pa.tʃɪg.ja.ra.)

The forms in parentheses following the glosses in (4) are correctly syllabified. The forms preceding the glosses are clusters that either satisfy (i.e. ɣl, ɣj) or do not satisfy (i.e. mb) the sonority requirement, but are nonetheless not correctly syllabified. To remedy this problem, *mb, *ɣl, and *ɣj become *ad hoc* constraints on onset clusters. This leaves us with a few attested C_1C_2 sequences in (5), which will be discussed below.

---

[17] Software written and maintained by Rod Casali (version 1_0_0_180 http://casali.canil.ca/).

3 Phonotactics

(5) C_1 = SONORANT C_2 = TRILL
.prɪŋ. 'type of Mahogany'
.bri.ge. 'type of snake'
.draa.ba. 'driver' (Eng.)

The first column of Table 26 displays the ten syllable types attested. The other columns display the number of instances of a given syllable in three positions, i.e. word-initial, word-medial, and word-final, regardless of grammatical category distinctions. The table shows that Chakali words mainly comprise CV, CVC, and CVV syllables. Table 27 provides examples of words which contain each of the ten syllable types. They are given in the same order as in Table 26.

Table 26: Attested syllable types (version 10/09/15)

Syllable type	Word-initial	Word-medial	Word-final
CV	1528	1184	1483
CVV	717	242	903
CVC	572	222	388
CVVC	79	22	122
V	25	0	5
N	5	0	3
CVVV	5	0	12
CCVC	2	0	2
CCVV	2	0	1
CCV	1	0	1

The low-frequency syllable types of Table 26 need explanation. The syllabic nasal has a few tokens, e.g. the various surface forms of the first person singular pronoun, the word .m̩.bu.o.ɲõ. 'hunter's rank' (borrowed from Gonja), and the name of one of my consultants, Fuseini Mba Zien, whose second name originally means 'my father' (in several Oti-Volta languages and beyond) and is syllabified [.m̩.ba.]. Adding to these examples, there are contexts in which a nasal makes the syllable peak following an onset consonant. For instance, when involved in some compounds, the stem /bagɛna/ 'neck' yields [.ba.gn̩.], as in .ba.gn̩.pʊɔ.gu. 'lateral goiter', .ba.gn̩.bʊa. 'hollow behind the collarbone', and .ba.gn̩.tʃu.gul. 'dowager's hump'.

283

Grammatical outlines

Table 27: Tokens for each syllable type

Syllable type	Instantiation	Gloss	PoS
CV	.pa.tʃɪ.gɪɪ.	abdomen	n
	.gbɛ.ta.ra.	pond	n
	.ʔɔ.ma.	fear	v
CV$_\alpha$V$_\alpha$	.bãã.	type of lizard	n
	.ʔa.lɛɛ.fʊ.	type of leaf	n
	.sɪɪ.maa.	food	n
CV$_\alpha$V$_\beta$	.dɪa.tɪɪ.na.	landlord	n
	.ba.juo.ra.	lazy	n
	.tʊɔ.nĩã.	type of genet	n
CVC	.ʔɛm.bɛ.lɪ.	wing	n
	.ga.lan.zʊr.	mad person	n
	.nãã.pol.	Achilles tendon	n
CVVC	.baal.	man	n
	.bʊ̃ʊ̃ŋ.	goat	n
	.tʃiir.	taboo	n
V	.ɪ.	you, your	2.sg.wk.
	.a.	the	art
N	.n̩.	I, my	1.sg.wk
	.m̩.buo.ɲõ.	hunter's rank (Gonja)	n
CCVC	.prɪŋ.	type of Mahogany	n
CCV	.bri.ge.	type of snake	n
CCVV	.draa.ba	driver (ultm. English)	n
CVVV	.bʊ̃ɛ̃ĩ.bʊ̃ɛ̃ĩ.	carefully	ideo
	.ŋmĩɛ̃ĩ.	stealing	n
	.paaʊ.	collect.FOC	v
	.paaʊ.	collect.3.SG	v
	.ʃĩãã.	insult	interj

There are restrictions on the type of segments which can act as coda. All velars are permitted in coda position, i.e. {k, g, ɣ, ŋ}. The alveolar nasal [n], lateral [l], trill [r], plus rare instances of [m], are also permitted.

For the CC sequences, it was mentioned in Section 2.2.5.1 that labialized consonants are rarely perceived. Still, a few words are transcribed as [Cʷ], a sequence that could be read as [Cw] by the syllabification procedure, i.e. bʷɔ́ŋ 'bad' and zákʷőől 'beetle grub'. That leaves us with one instance of the syllable type CCVC, i.e. [.prɪŋ.], a sequence mentioned in (5) above. Syllable types CCVV and CVVV are scarce, but for different reasons. The former involves a CC onset cluster which is infrequent, as mentioned in Section 2.2.4.2. The latter is also rarely attested in the lexical database, but could become very frequent if some cases of suffixation were consistently included in the lexicon. That is, given a verbal lexeme with a CVV final syllable, a CVVV sequence is produced by adding the nominalization or the assertion suffix (i.e. CVV-i/ɪ and CVV-u/ʊ, respectively). These are described in Sections 3.2.2.2 and 4.3.

3.1.1 Syllable representation

In this section, a unified representation of the syllable is provided. The notion of *weight unit* captures aspects of the internal structure of a syllable. Weight distinctions are encoded in mora count, which has been proposed as an intermediate level of structure between the segments and the syllable (Hyman 1985). The mora is of particular importance since it determines vowel length and tone assignment, among other things. In (6) the top node symbol σ represents the syllable. At a level under the syllable, the symbol μ represents the mora. The main opposition is between monomoraic (light) and bimoraic (heavy) syllables, but trimoraic (superheavy) syllables are also possible. The light syllables are composed of a single consonant and a single vowel (CV), a single vowel (V), or a syllabic nasal (N). The heavy and superheavy syllables are CVV, CVVC, CCVC, CCV, CVVV, and CCVV. The type CVC can be both light and heavy.

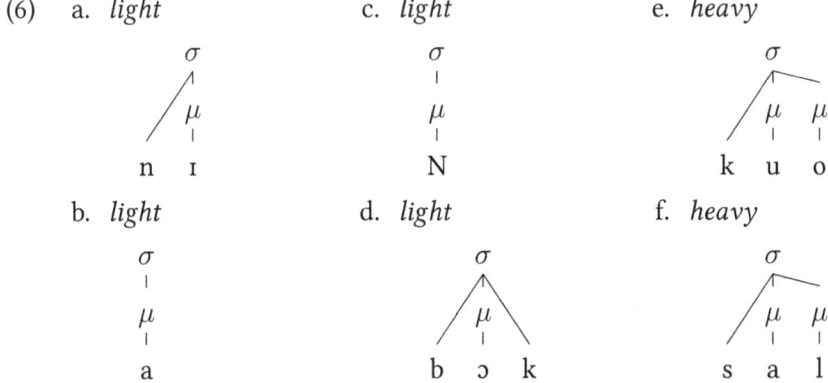

Grammatical outlines

The syllable structure in (6a) is found in many verbs and function words (e.g. postposition *nɪ*, focus marker *ra*, preverbal particles *ka*, *bɪ*, and *ha*, verbs *na* 'see', *pɛ* 'add', and *tɔ* 'cover', etc.) The light syllable in (6b) is exemplified by the definite article *a* 'the' and the second and third person singular weak pronouns *ɪ* 'you, yours' and *ʊ* 'he, she, it, his, her, its'. Vowel coalescence (i.e. when two consecutive vowels fuse into a long one) suggests that these pronouns are not CV-syllables with glottal plosives in onset positions (see Section 3.2.1). A syllabic nasal constitutes a light syllable (6c): apart from their segmental content, structure (6b) and (6c) are identical, that is, they are also both syllable structures of singular pronouns. Another light syllable is the one in (6d). The choice of treating a CVC sequence as light comes from a certain division in the consonants, that is, those which are perceived with a tone and those which are not. Thus both (6d) and (6f) can represent the structure of a CVC sequence, but only the latter contains a moraic coda.[18]

The heavy syllables are those with two moras. The structure in (6e) represents any vowel sequence, e.g. *sàá* 'axe' or *kùó* 'farm', and the one in (6f) a sequence in which the final consonant projects a mora, e.g. *sàl̄* 'flat roof'. Thus, the set of consonants which are found to bear tones are those which project moras; namely /l/, /r/, and the nasals. This suggests that at least a feature SONORANT must be involved for a segment to bear tone. However, a tone on a SONORANT segment in syllable final position is not always transcribed.

The superheavy syllables are commonly described as consisting of CVCC or CVVC. The former syllable is not attested; a coda consisting of two or more consonants does not exist. The latter type is instantiated in (7a) with the word *báàl* 'male': other examples are *hùór* 'raw', *vàáŋ* 'front leg', among others. Although not attested in a single morpheme (except perhaps in the ideophone *bǒêîbǒêî* 'slowly' and the interjection *ʃîââ* 'insult'), the CVVV syllable types are treated as trimoraic. The words in (7b) 'collect.NMLZ' and (7c) 'collect.FOC' are made from the verbal CVV stem *laa* 'collect'. In these examples, CVVV syllables arise from the suffixation of nominal and assertive morphology, (7b) and (7c) respectively. As presented in Sections 3.3.1 and 4.3.1, cliticized pronouns in object positions also create CVVV syllables.

---

[18] A reviewer pointed out that tonological generalizations are much better evidence concerning the moraic status of coda consonants. There are many suggestions for further research, but studies of tone and intonation are urgently needed for the languages of the area. For instance, questions relevant to moraic coda consonants are how to properly account for consonants which are found to bear tones and how to treat contour tones on CVC words. This distinction between (6d) and (6f) would need to be spelt out carefully in a phonological study.

3 Phonotactics

(7) a. *superheavy* b. *superheavy* c. *superheavy*

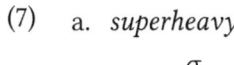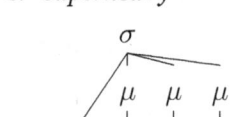

Likewise, some of the representations in (6) can either be projected by a single lexeme or by the combination of one lexeme and a vowel suffix. For example, the word *bié* 'child' is analysed as being composed of the stem *bi* and a singular suffix vowel, but the word *tàá* 'language' is formed by the stem *taa* and a zero-suffix for singular. Noun class morphology is discussed in Section 3.2.1.

3.1.2 Weak syllable

It has already been noted in Section 2.2.1.3 that a segment may change into another in a phonological domain called a weak syllable. This is defined as the state resulting from a reduction or augmentation of a syllable in a specific environment. For instance, in noun formation, the generalizations in (8) are observed when a CV number suffix attaches to a CVC stem, i.e. CVC] -CV, or a CVCV stem, i.e. CVCV] -CV.

(8) a. Vowel epenthesis

   Insert a [+SYLL] segment between medial adjacent consonants

   b. Vowel weakening

   Reduce the duration and loudness of a vowel between medial consonants

   c. Intervocalic lenition

   Velar stops become fricatives between vowels

In the case of a CVC stem, vowel epenthesis creates a vowel between the stem's coda consonant and the suffix's onset consonant (more on epenthesis in Section 3.2.1.3). In a resulting CVCVCV environment the quality of the second interconsonantal vowel is not as full as other vowel(s) in the same word: possible outcomes are the reduction of any vowel to [ə], shortening (marked as extra-short, e.g. [ă]), or its deletion. Also in the same CVCVCV environment, intervocalic spirantization operates on the onset consonant of the second syllable, turning the velar obstruents /k/ and /g/ into [ɣ] (see Sections 2.2.1.2 and 2.2.1.3).

Grammatical outlines

3.1.3 Consonant cluster

A sequence of consonants is not phonologically distinctive and many tokens are the results of place assimilation. It is treated as a repetition of adjacent and identical segments within a word, closing one and opening the next syllable. Only the set of consonants {n, l, m, ŋ} is attested.

(9) Transparent polymorphemic
    a. *kpǎǎn-níí* [yam-water] 'water yam'
    b. *gɔ́n-náá* [river-leg] 'branch of a river'
    c. *bà-lál-là* [body-open-NMLZ] 'happiness'

(10) Opaque
    a. *kúmmì* 'fist'
    b. *ɲáŋŋí* 'be worse'
    c. *tʃímmǎǎ* 'pepper'

Example (9) shows a consonant cluster in fully transparent polymorphemic lexical items, while (10) in morphologically opaque ones.[19]

3.2 Sandhi

In this section, some morphophonological processes are introduced. First, the processes occurring within the word are presented, then the processes occurring at word boundaries.

3.2.1 Internal sandhi

Internal sandhi refers to insertions, deletions, or modifications of sounds at morpheme boundaries within the word.

3.2.1.1 Nasal place assimilation. In words composed of more than one stem, a nasal ending the first stem assimilates the place feature of the following consonantal segment. In this manner, the bilabial [m] surfaces when the first consonant of the second stem is LABIAL, the velar [ŋ] when it is VELAR and the alveolar [n] elsewhere. Yet, in front of [h], the underlying velar nasal stays unchanged. The same process takes place when a stem and a noun class suffix are combined,

---

[19] Despite being infrequent in Chakali (*n* = 19, *l* = 6, *m* = 54, *ŋ* 8), "the verb *ɲáŋŋí* 'be worse' is a Vagla verb with normal-for-Vagla form" (T. Naden, p.c.).

e.g /gʊm/ (CL.3), gʊ̀má SG and gʊ̀nsá PL 'hump(s)'. Table 28 provides some examples (see Section 3.2.2.1 for similar processes at word boundaries).

Table 28: Word-internal nasal place assimilation

Stems	Literal meaning	Word	Gloss	PoS
kɪn-bɔŋ	thing-bad	kɪ̀mbɔ́ŋ	bad	n
loŋ-bɔla	calabash-oval	lómbɔ̄l	calabash type	n
nɔŋ-buluŋ	stone-black	nɔ̀mbúlúŋ̀	grinding stone type	n
sɪŋ-tʃaʊ	drink-termite	síntʃáʊ̌	type of tree	n
sɪŋ-pʊmma	drink-white	sɪ̀mpʊ̀mmá	palm wine	n
sɪŋ-sɪama	drink-red	sínsɪ̀àmá	fermented pito	n
galaŋa-zʊʊ-r	madness-enter-agent	gàlànzʊ́ʊ́r	mad person	n

Rule 4 captures the phenomenon.

Rule 4 N-regressive assimilation
A nasal consonant assimilates the place feature of the following consonant (conditions: internal and external sandhi).
C[+NASAL] → [αPLACE] / _ C [αPLACE]

3.2.1.2 Nasalisation of verbal suffixes. The two suffixes under consideration are discussed in Section 4.1.4.1 and 5.3. The first is the perfective suffix. It takes either the form -je/jɛ or -wa. The quality of the surface vowel depends on (i) whether the verb takes the assertive suffix (glossed FOC, standing for 'in focus'), and (ii) the vowel quality of the verbal stem. To isolate each effect, negating a proposition makes sure that the assertive suffix does not appear on the verb. The second is the assertive suffix, which can appear on a verb stem both in the imperfective and perfective aspects. To portray the two suffixes in a non-nasal environment, the verb kpé 'crack and remove' in Table 29 is placed in two paradigms (reproduced from Section 4.3).

Since this section is concerned with nasalisation, the meaning and function of each form is ignored. As seen from the examples, and leaving tones aside, the verbal stem kpé has two forms in the negative and three in the positive. The positive is seen as a paradigm in which the event is in focus, as opposed to the argument ʊ 'she' of the predicate kpé. Because of ATR-harmony (Section 4.2), the perfective suffix -je/-jɛ agrees in ATR with the stem vowel and is rendered -je (perfective negative form kpéjè). In the affirmative, when assertive suffix -u/-ʊ

Grammatical outlines

Table 29: *kpé* 'crack and remove' (c&r)

(a) Positive

FUT	ʊ̀ kàá kpē	'She will c&r'
IPFV	ʊ̀ʊ̌ kpéū	'She is c-&r-ing'
PFV	ʊ̀ kpéjòō	'She c-&r-ed'
IMP	kpé	'C&r!'

(b) Negative

ʊ̀ wàá kpè	'She will not c&r'
ʊ̀ wàà kpé	'She is not c-&r-ing'
ʊ̀ wà kpéjè	'She did not c-&r-ed'
té kpéì	'Don't c&r!'

follows -*je*, the two vowels coalesce, the assertive suffix is lowered and the two surface as [oo]. A process similar to (11) accounts for the negative and positive perfective forms.

(11) *kpe-j*[−HI, −RO] → αATR → *kpe-je* → *kpeje*-[+HI,+RO] → *kpejoo*

The explanation for the form *kpéū* is equivalent, except that the perfective suffix is not involved. Thus, the verbal stem triggering the ATR agreement on the assertive suffix is the only step accounted for. The process in shown in (12).

(12) *kpe*-[+HI,+RO] → αATR → *kpeu*

Nasalisation takes place within these two processes. For instance, when the verb stem *sáŋá* 'sit' is placed in the same environment as *kpé* in Table 29, all vowels following the velar nasal are nasalized.[20] The process is shown in (13).

(13) a. *saŋa-j*[−HI,−RO]→ αATR→ αNASAL →*saŋ(ə)jẽ(ẽ)*-[+HI,+RO]→*saŋ(ə)jõõ*
      b. *saŋa*-[+HI,+RO] → αATR → αNASAL → *saŋõõ*

In this environment, the vowels are automatically nasalized, even when the approximant of the perfective suffix intervenes. Rule 5 attempts to capture the process.

---

[20] The interplay of vowel coalescence and length is not yet fully understood. This is reflected in the current state of the orthography.

3 Phonotactics

Rule 5 N-harmony
A non-nasal vowel assimilates the nasal feature of a nasal segment, with or without an intervening consonant.
V → [+NASAL] / [+NASAL] C_0 _

3.2.1.3 Vowel epenthesis and vowel reduction. Vowel epenthesis refers to the insertion of a vowel in specific phonological contexts. First, the pronunciation of loan words is treated.[21] Second, the occurrences of the surface vowel [ə] are regarded as either cases of vowel epenthesis or the reduction of underlying vowels in specific environments.

One should be careful in assuming that the insertion of [ə] is phonologically-driven. Take the case of loan words, particularly those ultimately coming from English. It is not clear whether the presence of [ə] in the Chakali word form [bə̀lùù] 'blue' is an example of vowel epenthesis, i.e. (< bluu), or perhaps a case of vowel reduction, i.e. (< buluu). On the one hand, the consonant sequence /bl/ is not attested, therefore vowel epenthesis in an impossible consonant sequence could provide an explanation for the presence of the vowel [ə]. On the other hand, given our knowledge of the sociolinguistic situation, the majority of the English words used by Chakali speakers were introduced by speakers of neighbouring languages. Thus it is more likely that a speaker borrows the form bəluu – with the schwa – than without it. The latter scenario suggests that [ə] in bəluu does not come from vowel epenthesis produced by the phonology of Chakali, but perhaps from other phonologies. Other examples of loan words from English are tə̆rádʒà 'trouser' and báátərbíí 'battery', to mention a couple. However if [ə] in bəluu is rejected as a case of vowel epenthesis, 'live' examples of borrowing which are or have been nativized are needed.

On a field trip, I was given a dog and named it 'Taat', but the community members called him táátə̀ (see footnote 6). In this case the vowel [ə] could be treated as a true case of vowel epenthesis: alveolar plosives are prohibited in word-final position and the vowel [ə] is inserted, which allows for the syllabification of the expression as CVV.CV, i.e. .taa.tə.. In general, it seems that vowel epenthesis in loan words should be treated case by case. Nonetheless there are good reasons to believe that Chakali uses vowel epenthesis as a common strategy to allow the syllabification of some phonological sequences (see Section 3.1.2).

Rule 6 Vowel reduction
A vowel changes into a schwa in a weak syllable.
V → ə / CV.C _ .CV

---

[21] On loan nouns in particular, see Section 3.2.6. Section 3.1.2 touches upon a similar topic.

Grammatical outlines

Rule 7 Vowel epenthesis
A schwa is inserted between a coda consonant and an onset consonant.
∅ → ə / VC. _ .CV

In addition to its presence in loan words, the vowel [ə] is found in cases of vowel reduction and vowel epenthesis conditioned by the position of certain segments and syllabification procedures. A vowel reduction takes place when a vowel occurs in a weak syllable (Section 3.1.2). Also, as mentioned above, vowel epenthesis can create proper sequences for syllabification. In Table 30, the first three examples are cases of vowel reduction, whereas the four at the bottom of the table are cases of vowel epenthesis. Rules 6 and 7 account for the observed phenomena.[22]

Table 30: Vowel reduction and epenthesis

	Underlying form	Phonetic form	Gloss
Vowel reduction			
	bugulie	.bù.yə̀.líè.	big water pot
	bifʊla	bìfə́lá	baby
	mankir	.mán.kə̀r:.	type of yam
Epenthesis			
	maŋsa	.má.ŋə́.sá.	groundnuts
	tʃɛrbʊa	.tʃɛ́.rə̀.bʊ́á.	hip
	tʃagtʃag	.tʃá.yə́.tʃák.	tattoo

The words in Table 30 show that it is either in the weak syllables, or in order to create a weak syllable (due to the adjacency of two consonants in the underlying form) that a vowel [ə] surfaces. The position of the vowel [ə] in the word *mánkə̀r:* 'type of yam' is not consistent with the three others and its realization can only be explained by the presence of the trill in coda position, which may cause a vowel to lose the exclusive control of the nucleus of the syllable. However, in Chakali most of the yam names are borrowed.[23]

This section gave an overview of why and how the surface vowel [ə] appears, and further established that whenever two stems meet to form a word, if the first

---

[22] Rule 7 overgenerates: an improvement would say that the less sonorant the flanking consonants are, the more likely the schwa is perceived.

[23] The tone melody HL on disyllabic words is rare and typical of English loan words, but, obviously, no yam appellations come from English.

ends with a consonant and the second begins with a consonant, i.e. VC$_i$][C$_j$V, the vowel [ə] is inserted between the two consonants. After syllabification the last consonant of the first morpheme becomes onset of a syllable and the vowel [ə] functions as the nucleus of that syllable, i.e. V]$_\sigma$[C$_i$ə]$_\sigma$[C$_j$V.

3.2.2 External sandhi

External sandhi refers to processes found at word boundaries. Two cases of assimilation are presented.

3.2.2.1 Nasal place assimilation. Nasal place assimilation at word boundaries occurs in the environment where the subject pronoun 1.SG.WK 'I' immediately precedes a verbal lexeme. The 1.SG.WK pronoun is represented by /N/ in (14).

(14) a. /N]$_{wb}$ kaalɪ sukuu FOC/ → [ŋ́ kááli sùkúù rō] 'I go to school'
 b. /N]$_{wb}$ buure-3.SG FOC/ → [ḿ̩ búúrúú rō] 'I love it'
 c. /N]$_{wb}$ sɔ nɪɪ FOC/ → [ǹ sɔ́ nɪ́ɪ rā] 'I'm bathing'

Moreover, the same nasal place assimilation occurs in an environment where the possessive pronoun immediately precedes a nominal lexeme. As in (14) /N/ stands for the first person singular possessive pronoun in (15). Rule 4 of Section 3.2.1.1 describes both word-internal and -external nasal place assimilation.[24]

(15) a. /N]$_{wb}$ gar/ → [ŋ́ gàɾ́] 'My cloth'
 b. /N]$_{wb}$ par/ → [ḿ̩ pár] 'My hoe'
 c. /N]$_{wb}$ ʔul/ → [ɲ̩́ ʔúl] 'My navel'

3.2.2.2 Focus particle's place assimilation and vowel harmony. Focus encodes assertive information and has different forms in the language (Section 5.3). One of the forms is a focus particle which always follows a noun phrase. This particle is glossed as FOC and represented as /RV/, in which R is an abstract consonant (the surface default is [r]) and V a vowel. The possible patterns responsible for the form of the focus particle are listed in (16).[25]

(16) a. V[-ATR] C[-LAT, -NAS]]$_{wb}$ /RV/ → [ra]
 par ra 'hoe FOC'

---

[24] The possessive pronouns are sometimes lengthened (Section 3.3.5).
[25] Note that this is not a case of syntactic gemination since no underlying segments are doubled.

Grammatical outlines

   b. V[−ATR] C[+LAT]]$_{wb}$ /RV/ → [la]
      tɪl la 'gum FOC'
   c. V[−ATR] C[+NAS]]$_{wb}$ /RV/ → [na]
      tɔn na 'skin FOC'
   d. V[+ATR+RO] C[−LAT, −NAS]]$_{wb}$ /RV/ → [ro]
      hog ro 'bone FOC'
   e. V[+ATR+RO] C[+LAT]]$_{wb}$ /RV/ → [lo]
      pul lo 'river FOC'
   f. V[+ATR+RO] C[+NAS]]$_{wb}$ /RV/ → [no]
      lon no 'calabash FOC'
   g. V[+ATR−RO] C[−LAT, −NAS]]$_{wb}$ /RV/ → [re]
      ger re 'lizard FOC'
   h. V[+ATR−O] C[+LAT]]$_{wb}$ /RV/ → [le]
      bil le 'grave FOC'
   i. V[+ATR−RO] C[+NAS]]$_{wb}$ /RV/ → [ne]
      nen ne 'arm FOC'

The patterns presented in (16) are exhaustive. Taking (16a) as an example, it should be read as follows: [ra] is the surface form of the focus particle if the preceding vowel is −ATR and the immediately preceding consonant is {-LAT(ERAL), -NAS(AL)}. The quality of the vowel is predicted by the harmony rules of Section 4.2. When there is no immediately preceding consonant, the surface consonant is [r], e.g. à tàà rá 'the language FOC', à píí ré 'the yam mound FOC', and à kpólúŋkpōō rò 'the type of bird FOC'. The surface consonant [w] is sometimes found in environments where [r] is expected. An alternation[w] - [r] as onset of the focus marker is presented in Section 4.3.1.

4 Suprasegmentals

At a word level, nasalisation, tone patterns, and vowel harmony are phenomena which are treated as suprasegmentals. Nasalisation phenomena were discussed under sandhi processes. In this section, two suprasegmental aspects of language are treated: tone and intonation, and vowel harmony.

4.1 Tone and intonation

Chakali is a tone language with both lexical and grammatical tone. Tones are distinctive pitch variations and are contrastive in the language since they can

4 Suprasegmentals

affect the meaning of words/phrases, where the words/phrases consist of exactly the same segmental sequences.

Distinct tonal melodies at the lexical level provide evidence that a pitch distinction affects the meaning of words comprising identical sequences of segments. An example of three different tonal melodies, using the minimal triplet, is ŋméná 'okro', ŋménà 'to cut' and ŋmèná 'chisel'. The same can be said about tonal melodies at the phrasal level. Thus, the sentences ǹǹ dí kóõ rá 'I am eating t.z.' and ǹ dí kōō rā 'I ate t.z.' are composed of the same sequence of segments (except the length of the pronoun in subject function), but it is mainly the tonal melody which distinguishes the former utterance from the latter. Minimal examples involving intonation are shown in Section 4.1.4.3.

Table 31 displays the tonal melodies of the singular noun category. These are words uttered in isolation, so the tones are cut off from contextual influences. The subtables are divided according to the moraic content of the syllable. The logical possibilities are accommodated with an example.

Based on the evidence of nominal paradigms, two tones are suggested, i.e. high (H) and low (L). They are transcribed on segments with an acute and a grave accent, respectively. Since tones are assigned to moras, light syllables can get a single tone, i.e. H or L. The heavy syllables may get high (H) or low (L), or either one of the contour tones, i.e. falling (HL) or rising (LH). A mid tone is often perceived, but no contrast is found at the lexical level. Provisionally, the mid tone is said to be a derived tone, that is, a raised low tone or a lowered high tone. On rare occasions I perceived a falling tone on the last vowel of a word, e.g. bùgùnsô 'stupidity'.

Vagla, Dɛg, Tampulma, Sisaala, and Pasaale are all described with two tones (Rowland & Rowland 1965; Crouch & Smiles 1966; Bergman, Gray & Gray 1969; Toupin 1995; Crouch & Herbert 2003) One finds in this literature descriptions of two-tone systems and a considerable number of tone rules. I am not going to delve in that area in detail, but among them, a downstep rule lowers a high tone (i.e. ꜜH) when a low tone intervenes between two high tones, e.g. dóõ̀ (SG. HL), dóꜜsá (PL. HLH). This is however not consistently identified in the dictionary.

Falling intonation is a phrasal property by which a sequence of tones is cumulatively lowered; underlyingly though, the tones are either high or low. This gradual pitch fall may result in a low tone at the beginning of a phrase being as high as a high tone at the end of the phrase. Example (17) illustrates the phenomenon. While the first line shows how the tones are perceived, the second line provides the lexical tones normally associated with each of the words.[26]

---

[26] There is an important level of analysis lacking in this description in that there are no tone rules to account for phrasal and lexical intonations, so example (17) must be interpreted with vigilance.

Grammatical outlines

Table 31: Tonal patterns of singular nouns

(a) One light syllable CVC: non-moraic coda

H	hóg	bone
H	vŏg	small god
L	bɔ̀g	type of tree

(b) One heavy syllable CVC: moraic coda

H	kór:	seat
L	sʊ̀l:	dawadawa
HL	fɔ̌l	type of climber
LH	pòĺ	pond

(c) One heavy syllable CVVC

H	fíél	type of grass
L	tʃʊ̀àr	line
HL	báàl	male
LH	vààŋ	front leg

(d) One heavy syllable CVV

H	bíí	seed
L	zùù	type of weather
HL	lɔ́ʊ̀	hartebeest
LH	bìé	child

(e) Two light syllables CVCV

H	bíná	excrement
L	bɔ̀là	elephant
HL	góŋò	type of tree
LH	bìná	year

(f) One heavy CVC: non-moraic coda, one light

H	tʃéllé	outlaw
L	kpànnà	lead
HL	dántà	clan title
LH	kùksó	ribs

(g) One light CV, one heavy CVC

H	búzóŋ	bachelor
HL	bŭzàl:	type of bird
LH	kàtʃíg	type of bird

(h) One heavy CVV, one light CV

HHH	díésé	dream
HHL	kpáásà	whip
LHL	kùórù	chief
LHH	tùósó	added amount
LLH	fùòló	whistle
LLL	bʊ̀ɔ̀gà	moon

(i) Three light syllables CVCVCV

HHH	kásímá	corpse uniform
HHL	bélégè	drain
LHL	dùlúgù	type of bird
LLH	gèrègá	sickness
LLL	dìgìnà	ear
LLH	tʃìrìbɔ́	gun firing pin
LHH	ʔàmʊ́nʊ́	type of bush cat
HLL	dʊ́kpènì	Royal python

(17) ⁻ ⁻ ⁻⁻ ⁻ ⁻   ⁻ ⁻   ⁻
     váà tʃòá dìá   nòá̋   ní
     dog lie house mouth POSTP
     'A dog lies at the entrance of a house.'

Generally seen as a discourse function, Chakali has a falling final pitch at the end of polar question (see Section 2.2.2). Final vowel lengthening is also perceived, but not consistently. Falling final pitch is marked with a bottom tone diacritic on a vowel [v̖]. Rule 8 describes the intonation of polar questions (drop of pitch) by the addition of an extra-low tone.

Rule 8 Polar question drop
An extra-low tone is added at the utterance-final boundary in polar question

4.2 Vowel harmony

Vowel harmony is a process in which all the vowels in a particular domain come to share one or more phonological feature(s). This agreement is triggered in specific phonological domains and has a particular direction which is often treated as the spreading of one or more vowel feature(s). In Section 2.1, evidence was provided for the establishment of nine underlying vowels with five −ATR and four +ATR vowels. This type of vowel inventory has been referred to as a five-height (5Ht) system (Casali 2003b: 308), in which the feature ATR is contrastive within both the +HI and [−HI, −LO] vowels (see Table 1). Dakubu (1997: 81–82) and Casali (2003b: 312) maintain that it is the most common inventory among Gur and Kwa languages.

In Section 2.1.9, the −ATR specification of the low vowel at the phonemic level was assumed on the basis of its behavior with the set of −ATR vowels. In fact, the realization of the low vowel in vowel harmony suggests that the set of vowels specified as −ATR contains the low vowel. To illustrate the properties of vowel harmony, let us consider how they function in monosyllabic noun roots. Consider the data in Table 32.

Chakali is a language with noun classes (see Section 3.2.1). A class is defined as a pair of singular and plural suffixes associated with a particular root. Table 32 shows that only three vowels can occur in the plural suffix position, i.e. [a], [e], and [o]. The distribution is such that when the suffixes occur after a stem containing any member of the set {ɪ, ɛ, ɔ, ʊ, a}, they are realized as -a. The plural suffix vowel -e is realized when the root features are [+ATR, −RO], whereas the

Grammatical outlines

Table 32: Vowel harmony in nouns

Root vowel feature	Root	Singular	Plural	Gloss
[+ATR, −HI, −LO, −RO]	sel	sél:	sélé	animal
[+ATR, +HI, −LO, −RO]	bi	bíí	bié	seed
[+ATR, −LO, −RO]	kie	kìé	kìété	half of a bird
[+ATR, +HI, −LO, +RO]	ʔul	ʔúl	ʔúló	navel
[+ATR, −HI, −LO, +RO]	hol	hól	hóló	type of tree
[+ATR, −LO, +RO]	buo	bùó	bùósó	funeral item
[−ATR, +HI, −RO]	bɪ	bíí	bía	stone
[−ATR, −HI, −LO, −RO]	bɛl	bɛ̀l̂	bɛ́llá	type of tree
[−ATR, +HI, −LO, +RO]	ɲʊg	ɲʊ́g	ɲʊ́gá	crocodile
[−ATR, −HI, −LO, +RO]	hɔl	hɔ́l	hɔ́lá	piece of charcoal
[−ATR, −LO, +RO]	bʊɔ	bʊ̀ɔ́	bʊ̀ɔ́sá	hole
[−ATR, +LO]	vaa	váá	vásá	dog
[−ATR, +LO]	baal	báàl	báàlá	male

plural suffix vowel *-o* is realized when the root features are [+ATR, +RO]. Notice that the height feature(s) of a vowel is irrelevant in all cases (see Stewart & Leynseele (1979) for cross-height vowel harmony). Rules 9 and 10 accommodate the surface forms of Table 32.

Rule 9 Noun classes realization (1)
A noun class suffix vowel becomes +ATR if preceded by a +ATR stem vowel, and shares the same value for the feature RO as the one specified on the preceding stem vowel.
-V_{nc} → [βRO, +ATR, −HI] / [βRO, +ATR] C_0 _

Rule 10 Noun classes realization (2)
A noun class suffix vowel becomes *-a* if the preceding stem vowel is ɪ, ɛ, ɔ, ʊ or a.
-V_{nc} → +LO / −ATR C_0 _

The same rules may be used to account for the vowel quality of the focus marker (Section 3.2.2.2) and the verbal suffixes (Section 3.2.1.2). Yet, the rules need to be rewritten in order to be applicable to wider domains and elements than those defined in their definition. Rules 11 and 12 break down Rules 9 and 10 into components able to be applied to other relevant domains.

Rule 11 ATR harmony
A vowel suffix agrees with the ATR value of the preceding stem/word vowel (domains: noun classes, verbal suffixes, focus marker).
V → [αATR] / [αATR] C_0 _

Rule 12 RO harmony
A vowel suffix agree with the RO value of the preceding stem/word vowel (domains: noun classes, verbal suffixes, focus marker).
V → [αRO] / [αRO] C_0 _

Up to the present, the data suggest that the low vowel is excluded from co-occurring with +ATR vowels. So the prediction seems to be that if a word contains a +ATR vowel, either the low vowel /a/ cannot be realized and is thus changed by (one of) the above rules, or the low vowel is banned altogether from the underlying form. Caution is necessary, however, since complex stem nouns (Section 3.2.3) are attested containing both low vowels and +ATR vowels, e.g. *pàzèŋ* (*par-zeŋ*, HOE-BIG) 'big hoe'. Moreover, some multisyllabic words which cannot be treated as morphologically complex due to their lack of morphological transparency do appear with both a +ATR vowel and the low vowel, e.g. *dáárí* 'dig' vs. *dààrì* 'be half asleep'. When they do co-occur the general tendency is for a low vowel to precede any +ATR vowels in a word.

Across phrase boundaries, when the postposition *nɪ* occurs between the focus particle and the preceding nominal (see Section 2.6.4 on the postposition and Sections 3.8 and 5.3 on the focus particle), the focus particle's vowel agrees with the vowel features of the preceding word despite the fact that the required adjacency is no longer satisfied (Section 3.2.2.2). This can be noticed especially in normal-speech rate and context.

(18) a. à *máŋkísì ɲúú nɪ̄ rò/rè.*
ART match RELN POSTP FOC
'on the top of the matchbox'

b. à *pùl ní rō/rē.*
ART river POSTP FOC
'on/at the river'

In (18), there is a retention of harmony across phrase boundaries, either because the postposition becomes 'transparent' and vowel-harmony can still operate (i.e. though not the place assimilation of consonant) or because the high

Grammatical outlines

vowel of the postposition itself acquires the relevant vowel features of the preceding word. The fact that either *ro* or *re* can surface as focus marker shows that i) the RO feature may be controlled by a non-adjacent word, and/or ii) +ATR may be a vowel feature of the postposition.[27] Because it is more reduced, the quality of the high front vowel is difficult to hear at normal speech rate in that position, thus the distinction between the −ATR and +ATR versions is not always reflected in the transcription of the postposition.

---

[27] A more extreme case is found in example (71c).

Grammar outline

1 Introduction

This chapter provides a broad outline of the grammar and introduces those aspects needed to understand the formations of words and sentences found in the dictionary. Further, it acts as a preliminary grammar of the language, which is and will always be essential for future description and analysis since it sets forth claims to be confirmed, rejected, challenged, or improved. First, the common clause structure, the main elements of syntax and clause coordination and subordination are presented. Then, elements of the nominal domain are introduced, followed by the elements of the verbal domain. Finally, aspects of grammatical pragmatics and selected language usage phenomena are examined. The work is descriptive and employs theory grounded in traditional grammar, but influenced by recent work in linguistic typology. When necessary, the relevant theoretical assumptions are introduced and the relevant literature provided. Recall that the full list of glossing tags is available on page xiv and the glossing convention is discussed in Section 2.3.

2 Clause

A clause is a grammatical unit that can express a proposition. A clause which can stand as a complete utterance is an independent clause. When a grammatically correct clause cannot stand on its own, it is dependent on a main clause. Three sorts of speech act are presented in this section: the statement, the question, and the command. The former is by default encoded in a declarative clause (Section 2.1), and the latter two are usually encoded in interrogative clauses (Section 2.2), imperative clauses (Section 2.3), and exclamative clauses (Section 2.4) respectively. Constructions are treated as clause-types; constructions are formal and semantic frames which are conventionalized and display both compositional and non-compositional characteristics. In this section the components of the common independent clauses and constructions encountered are presented. In Section 2.5, clause coordination and subordination are introduced. Section 2.6

covers the adjunct constituents responsible for modifying a main predicate and the function of the postposition.

2.1 Declarative clause

Statements may be expressed by a series of declarative clause types. The structure of most common clauses consists of a simple predicate, one or two arguments and an optional adjunct. This structure is represented in (1)

(1) s|A + P ± O (± AJC)

(2) a. S + P
    b. A + P + O
    c. S + P + AJC
    d. A + P + O + AJC

The predicate (P) is represented by a verbal syntactic constituent (v) whereas the arguments (s, A, O) are represented by nominal syntactic constituents (n). The adjunct constituent (AJC) may consist of words or phrases referring to time, location, manner of action, etc. (see Section 5 on adjunct types). An argument may be seen as core or peripheral. The core argument of an intransitive clause is realized in the subject position (s), which precedes the predicate.

(3) a. àfíá díjōō.
      S   P
      n   v.FOC
      'Afia ate.'

   b. àfíá díjōō kìŋkáŋ.
      S   P   AJC
      n   v.FOC qual
      'Afia ate a lot.'

   c. àfíá dí sììmáá rā.
      A   P O
      n   v n   FOC
      'Afia ate food.'

   d. àfíá dí sììmáá kìŋkáŋ nà.
      A   P O   AJC
      n   v n   qual   FOC
      'Afia ate food a lot.'

The core arguments of a transitive clause are realized in the subject (A) and object (O), the former preceding and the latter following the predicate in their canonical positions. These characteristics are illustrated in (3).[1]

---

[1] Focus (FOC) may be integrated into the verb or coded in a focus particle, among others. Section 3.2.2.2 presents the various forms FOC can take.

2 Clause

Grammatical relations are primarily determined by constituent order. Thus, the subject and object functions are not morphologically marked, except that the subject pronouns in S and A positions can have strong or weak forms (see Section 3.3.1). This is extraneous to the marking of grammatical functions but pertinent to the emphasis put on an event's participant. A peripheral argument consists of a constituent foreign to the core predication, that is, an argument which is not part of the core participant(s) typically associated with a predicate. As peripheral argument, an adjunct (AJC) may be realized by a single word or a phrase. Reference to space, manner, and time are the typical denotations of peripheral arguments. Adjuncts will be briefly discussed here; details are offered in Sections 2.6 and 5.

Adjuncts are optional with respect to the main predication and can be added to both intransitive and transitive clauses, as shown in (4a), as well as (3b) and (3c) above (see Sections 2.1.6, 2.6.4, and 2.6.3 for discussions on the postposition).

(4)   a.   Manner expression in intransitive clause
          ʊ̀   ɲő̋á̋   làyá nì.
          PSG drink IDEO POSTP
          'He drank quickly.'

     b.   Manner expression in transitive clause
          ʊ̀   ɲő̋á̋   à   nɨ́ɨ́   làyálàyá nì.
          PSG drink ART water IDEO   POSTP
          'He drank the water quickly.'

A variation of the prototype clause in (1) is a clause containing an additional core argument. Dixon (2010: 116) calls a clause which contains an additional core argument, that is, an extended argument (i.e. E), an *extended* (intransitive or transitive) clause. The difference between an adjunct and an additional core argument is not a clear-cut one; still, the locative phrase in (5) is treated as an additional core argument of the predicate *bile* 'put'. In Section 2.6.3, an oblique phrase is defined as a clause constituent whose semantics is characterized by an affected or effected object, although realized in a postpositional phrase. Thus, the extended argument *tiwìzéŋ nồà̰ nɪ̄* 'by a main road' in (5) should be treated as an oblique object.

Grammatical outlines

(5) A + P + O + E
ŋméŋtél sìì   à   bìlè ʊ̀   kùó tìwìzéŋ   nʊ̀ằ̀ nī.
spider raise.up CONN put 3.SG.POSS farm road.large RELN POSTP
A   P   O   E

'Spider went to establish his farm by a main road.' [LB 003]

A ditransitive clause consists of a transitive clause with an additional core argument. In Chakali, the verb *tɪɛ* 'give', a predicate that conceptually implies both a Recipient (R) and a Theme (T), forces its (right-)adjacent argument in object position to be interpreted as beneficiary of the situation. The thing transferred (T) can never follow the verb if the beneficiary of the transfer (R) is realized. This is shown in (6).

(6) a. *kàlá tíɛ́ àfíá à lɔ́ɔ́lì.*
       A   P   O_R   E_T
       K. give A.   ART car
       'Kala gave Afia the car.'
    b. *kàlá tíɛ́ ʊ̄ à lɔ́ɔ́lì.*
       A   P   O_R E_T
       K. give 3SG ART car
       'Kala gave her the car.'
    c. * *Kala tɪɛ a lɔɔlɪ Afia.*
    d. * *Kala tɪɛ ʊ Afia.*

The assumption is that the verb *tɪɛ* 'give' is transitive and its extended argument is always the transferred entity (i.e. Theme) in a ditransitive clause. This is supported by the extensive use of the *manipulative serial verb construction* (see Section 2.1.5), used as an alternative strategy, in order to express transfer of possession and information.

(7) *kàlá kpá à lɔ́ɔ́rì / ʊ̄   tìɛ̀   áfíá.*
    A   P   O_T   P   O_R
    K.   take ART car / 3.SG give A.

'Kala gave the car/it to Afia.' (*lit.* Kala take the car/it give Afia.)

The extended argument in sentence (6a) and (6b) above is the Theme argument of the verb *kpa* 'take' in the serial verb construction in (7). Ditransitive clauses are very rare in the text corpus despite their grammaticality (see 2.3 for information on the text corpus). If both Recipient and Theme occur in one clause it is usually when the Recipient is pronominal. Multi-verb clauses, which are discussed in Section 2.1.5, may offer better strategies for arranging arguments and predicates than ditransitive clauses as they do not overload a predication with new information. The following subsections present various clause types and constructions which are based on the declarative clause structure introduced above.

2.1.1 Identificational clause

An identificational clause can express generic and ordinary categorizations, or assert the identity of two expressions. Generic categorization involves the classification of a subset to a set (e.g. Farmers are humans), whereas an ordinary categorization holds between a specific entity and a generic set (e.g. Wusa is a farmer). The clause can assert the identity of the referents of two specific entities, a clause type also known as equative (e.g. Wusa is the farmer). The examples in (8) illustrate the distinctions.

(8) a. Generic categorization
bɔ̀là jáá kɔ̀sásēl lē
elephant IDENT bush.animal FOC
'The/An elephant is a bush animal.'

b. Ordinary categorization
wʊ̀sá jáá pápátá rá
W. IDENT farmer FOC
'Wusa is a farmer.'

c. Identity

i. *wʊ̀sá jáá à tɔ́ɔ́tɪ̄ɪ̄nā*
W. IDENT ART landlord
'Wusa is the landlord.'

ii. *wʊ̀sá jáá à báàl tɪ̀ŋ ká sáŋɛ̃̄ɛ̃̄ kéŋ̀*
W. IDENT ART man ART EGR sit.PFV DXM
'Wusa is the man sitting like this.'

iii. *à báàl tɪ̀ŋ kà sáŋɛ̃̄ɛ̃̄ kéŋ̀ jáá wʊ̀sá*
ART man ART EGR sit.PFV DXM IDENT W.
'The man sitting like this is Wusa.'

The verb *jaa* (glossed IDENT) always occurs between two nominal expressions, and, as shown in the last two examples in (8c), their order does not matter, except

Grammatical outlines

for the generic categorization where the order is always [hyponym *jaa* hyperonym]. So, the sentences *pápátá rá jāā wòsá* 'farmer FOC is Wusa' and *à tɔ́ɔ́tīīnā jāā wòsá* 'landlord FOC is Wusa' are as acceptable as in the order given in (8b) and the first example in (8c).

2.1.2 Existential clause

One type of existential clause is the basic locative construction, which is described in Section 2.1.6. Its two main characteristics are the obligatory presence of the postposition *nɪ*, which signals that the phrase contains the conceptual ground, and the presence of a locative predicate or the general existential predicate *dʋa*. An example is provided in (9).

(9) à báál dɔ́ɔ́ à dìà nī́.
    ART man be.at ART house POSTP
    'The man is at/in the house.'

The existential predicate *dʋa* is glossed 'be at', but it is not the case that it is only used in spatial description. For instance, adhering to a religion may be expressed using the existential predicate *dʋa* and the postposition *nɪ*, e.g. *ʋ̀ dóá jàrīí nī̄* 'he/she is a Muslim', even though no space reference is involved in such an utterance.

An existential clause is also used in order to express that something is at hand, accessible or obtainable. The clause in (10a) is called here the availability construction. It slightly differs from the locative construction in (10b) because of the absence of the postposition *nɪ*.

(10) a. Availability construction
         à mòlèbíí dóá dé.
         ART money be.at DEM
         'There is money (available).'
      b. à mòlèbíí dōā dé nì
         ART money be.at DEM POSTP
         'The money is there.'

Another use is the attribution of a property ascribed to a participant. The example in (11) reads literally 'a sickness is at Wojo', i.e. a person named Wojo is sick. In addition to the clause presented in (11), an ascribed property may also be conveyed in a possessive clause (see Section 2.1.3).

(11) gàràgá dʊ́á wòjò nī̀.
sickness be.at W. POSTP
'Wojo is sick.'

The verb dʊa is the only verb with an allolexe (i.e. a combinatorial variant of a single lexeme) used only in the negative. Consider (12).

(12) a. ʊ̀ dʊ́á dìà nī̀.
3SG be.at house POSTP
'She is in the house.'

b. ʊ̀ wáá tùò dìà nì.
3SG NEG NEG.be.at house POSTP
'She is not in the house.'

c. *ʊ tuo dɪa nɪ

d. *ʊ waa dʊa dɪa nɪ

2.1.3 Possessive clause

A possessive clause expresses a relation between a possessor and a possessed. It consists of the verb *kpaga* 'have', and two nominal expressions acting as subject and object; the former being the possessor (PSOR) of the relation, while the latter being the possessed (PSED).

(13) kàlá kpágá nà̂ɔ̂ rā.
K. have cow FOC
PSOR PSED
'Kala has a cow'

Example (13) says that an animate alienable possession relates Kala (possessor) and a cow (possessed). Since the *have*-construction does not encode animacy or alienability features, staple food can 'have' lumps, i.e. *kàpálà kpágá bīē*, and someone can 'have' a senior brother, i.e. *ʊ̀ kpágá bɪ́ɛrɪ̀*. Abstract possession may also be conveyed using the same construction. In (14), shame, hunger, thirst, and sickness are conceived as the possessors, the possessed being the person experiencing these feelings.

(14) a. hĩ̂ĩsáá kpāgā à há̂â̂ŋ kɪ̀ŋkáɪ̀ŋ.
shame have ART woman much
'The woman was ashamed ...' [CB 034]

    b. *lòsá   kpágáɲ nà.*
       hunger have.1.SG FOC
       'I am hungry.'

    c. *níɲɔksá kpágáɲ nà*
       thirst   have.1.SG FOC
       'I am thirsty.'

    d. *gàràgá kpágáɲ nà*
       sickness have.1.SG FOC
       'I am sick.'

Some characteristics ascribed to animate entitites are expressed by the relational term *tɯna* 'person characterized by, or in possession of' and thus may be expressed in an existential clause (15a) rather than a possessive clause (15b).

(15) a. *ò̝   jáá   sísíámà-tííná.*
           3.SG IDENT seriousness-owner
           PSOR   PSED
           'He is serious'

    b. *ò̝   kpágá sísíámà   rá.*
        3.SG have   seriousness FOC
        'He is serious'

2.1.4 Non-verbal clause

As its name suggests, a non-verbal clause is a clause without verbal elements. Its main function is to identify or assert the (non-)existence of something. The examples in (16b) and (17) assert the (non-)existence of a referent with a single nominal expression, followed by the focus particle in the affirmative and the negative particle in the negative (see Section 3.8 on focus and negation).

(16) a. *áŋ   kíŋ ká jàà kíŋ háŋ?*
           Q.who thing IPFV IDENT thing DEM
           'Whose thing is this thing.'

    b. *ŋ̀ kín nā.*
        1SG thing FOC
        'It is mine.'

(17) a. fón ná.
       knife FOC
       'It is a shaving knife.'

   b. ǹ   fón ná.
      1SG.POSS knife FOC
      'It is my shaving knife.'

   c. fón lèí.
      knife NEG
      'It is not a shaving knife.'

   d. ǹ   fón lèí.
      1SG.POSS knife NEG
      'It is not my shaving knife.'

Correspondingly the manner deictics keŋ and nɩŋ are also found in non-verbal clauses. For instance, kéŋ né means 'That is it!', but the same string is more often heard as kéŋ nëë 'Is that so/it?', i.e. constructed as a polar question (see Section 2.2.2 on polar questions, and Section 5.1 on keŋ and nɩŋ).

Finally, a speaker may utter mín nà 'it is me' in order to say that he or she must be identified by the addressee. This utterance consists solely of the third singular strong pronoun, which refers to the discourse-given entity and someone whose identity will be established by the addressee, and is followed by the focus particle (see Section 3.3 on pronouns).

2.1.5 Multi-verb clause

A multi-verb clause is a clause containing more than one verb. The main type of multi-verb clause is the serial verb construction (SVC), the definition of which is still subject to contention. Let us start by stating that the SVC in Chakali has the following properties: (i) a SVC is a sequence of verbs which act together as a single predicate, (ii) each verb in the series could occur as a predicate on its own, (iii) no connectives surface (coordination or subordination), (iv) tense, aspect, mood, and/or polarity are marked only once, (v) a verb involved in a SVC may be formally shortened, (vi) transitivity is common to the series, so arguments are shared (one argument obligatorily), (vii) the verbs in the series are not necessarily contiguous, and (viii) the grammar does not limit the number of verbs. These characteristics are not uncommon for SVCs in West Africa (Ameka 2005).

Even though the construction has more than one verb, it describes a single event and does not contain markers of subordination or coordination. The first sequence of verbs in (18) illustrates the phenomenon.

(18) à   kìrìnsá   ḿ   màsì kpó àká   dògònì tá.
     ART tsetse.fly.PL 1.SG beat kill CONN chase let.free
                        [v   v]   [v   v]
     'I beat and killed the tsetse flies, and drove them away.' [CB 023]

309

Grammatical outlines

Together, the verbs *masɪ* 'beat' and *kpʊ* 'kill' in (18) constitute a single event. The same can be said about the verbs *dʊgʊnɪ* 'chase' and *ta* 'let free' in the second clause following the connective. If the clause following the connective *aka* lacks a subject, the subject of the preceding clause shares its reference in the two clauses (see Section 2.5.1.2 on the connective *aka*). The situation in (18) is one where an SVC is separated from another multi-verb clause by the connective *aka*, and the three verbs *masɪ*, *kpʊ* and *dʊgʊnɪ* share the reference of the nominal *a kɪrɪnsa* 'the tsetse flies' as their Theme argument and *ṁ* as their Agent argument, i.e. O and S respectively. The role of the verb *ta* in the sentence depicted in (18) is discussed at the end of this section.

Tense/aspect (19a), mood (19b), and/or polarity value (19c) are marked only once, usually with preverb particles. This means that they are not repeated for each verb of the predicate. The preverb particles are discussed in Section 4.2.

(19) a. ṅ tʃí kàá màsì kpɔ́ à kìrìnsá rá.
  1.SG CRAS FUT.PROG beat kill ART tsetse.fly.PL FOC
  'I will be beating and killing the tsetse flies tomorrow.'

 b. ṅ há màsì kpɔ́ à kìrìnsá rá.
  1.SG MOD beat kill ART tsetse.fly.PL FOC
  'I am still beating and killing the tsetse flies.'

 c. ṅ wà másí kpɔ́ à kìrìnsá.
  1.SG NEG beat kill ART tsetse.fly.PL
  'I did not beat and kill the tsetse flies.'

SVCs must share at least one core argument. The example (20) is an instance of argument sharing: the two verbs in the construction share the (referent of the) noun *foto* 'picture' and are not contiguous. The transitive verb *tawa* 'pierce' takes *foto* as its object, and similarly *laga* takes *foto* as its subject. A representation of object-subject sharing (or switch sharing) appears under the free translation in (20).

(20) Object-subject sharing
 hèmbíí táwá fótò làgà dáá ní.
 nail pierce picture hang wood POSTP
       v   v

 'A picture hangs from a nail on a wooden pole.'
 foto $< x_i >$
 tawa $<$A$= y$, O$= x_i >$
 laga $<$A$= x_i$, O $= z >$

Subject-subject and object-object sharing are more common than object-subject sharing. In (21), the nominal expression *a kɪrɪnsa* is the shared object of three verbs, i.e. *masɪ*, *kpʊ* and *dʊgʊnɪ*, and similarly the pronoun *m̩* is the shared subject for the same three verbs. However, only *masɪ* and *kpʊ* make up the SVC.

(21) Subject-subject and Object-object sharing
à   kìrìnsá   m̩   màsì kpʊ́ àká   dʊ̀gʊ̀nì tá.
ART tsetse.fly.PL 1.SG beat kill CONN chase   let.free
'I beat and killed the tsetse flies, and drove them away.'
$m̩ < x_i >$
$kɪrɪnsa < y_j >$
$masɪ <A= x_i , O= y_j >$
$dʊgʊnɪ <A= x_i , O = y_j >$

SVCs often involve two verbs, but there can be three or more verbs involved. Examples of three-verb and four-verb sequences are given in (22). Each of the verbs involved can otherwise act alone as main predicate. Notice that the free translations provided do not accommodate well the idea that the two examples in (22) are conceived as single event. In Section 2.5, it will be shown that connectives are usually present when one wishes to distinguish events.

(22) a. ʊ̀   síí   kààlī̀ nà.
         3.SG rise go   see
         v_1 v_2 v_3
         'She stood, went, and saw (it).'
     b. ʊ̀   brá tùù   tʃɔ́ kààlì.
         3.SG turn go.down run go
         v_1 v_2 v_3 v_4
         'She returned down and ran away' (from a tree top or hill)

A manipulative serial verb construction (Ameka & Essegbey 2006: 378) is a SVC which expresses a transfer of possession (e.g. give, bring, put) or information (e.g. tell). It consists of the verb *kpa* 'take' and another verb following it. The example in (7), repeated in (23), illustrates a transfer of possession.

Grammatical outlines

(23) Manipulative serial verb construction
     kàlá kpá à lɔ́ɔ́lì / ɔ̃̀   tìè   áfíá.
     K.   take ART car / 3.SG give A.
           v   *v*

     'Kala gave the car/it to Afia.'

Frequent collocations of the type presented in (23) are *kpa wa*, lit. take come, 'bring', *kpa kaalɪ*, lit. take go, 'send', *kpa pɛ*, lit. take add, 'add', *kpa ta*, lit. take let free, 'remove', *kpa bile*, lit. take put, 'put (on)' and *kpa dʊ*, lit. take put, 'put (in)'. The two verbs may or may not be contiguous; usually the Theme argument of the verb *kpa* 'take' is found between the two verbs.

Finally, some multi-verb clauses are not SVCs. There are a few verbs which bear a relation to the main predication and contribute aspects of the phase of execution or scope of an event.[2] For instance, a *terminative* construction describes an event coming to an end or reaching a termination, and a *relinquishment* construction describes an event whose result is the release or abandonment of someone or something. The verbs *peti* 'finish' and *ta* 'abandon' in (24a) and (24c), together with a non-stative predication, determine each construction.

(24)   a. Terminative construction
         làɣálàɣá hán nì   ǹ   kɔ̀tì à   ʔáá   pétí.
         IDEO   DEM POSTP 1.SG skin ART bushbuck finish
                                   v   *v*

         'I just finished skinning the bushbuck.'

   b. *ɱ̀ pétì à   tómá rá.*
       1.SG finish ART work FOC

       'I have finished the work.'

   c. Relinquishment construction
       kpá ǹ   néŋ tà.
       take 1.SG hand let.free
       v   *v*

       'Let me go!'

   d. *à   bɔ́ɔ́ŋ tá   ʊ̀ʊ̀   bìè   rē.*
       ART goat abandon 3.SG.POSS child FOC

       'The goat abandoned its kids.'

---

[2] These verbs are similar to what Bonvini (1988: 108) calls *auxiliant*.

The examples in (24a) and (24c), which may be called *phasal constructions*,³ are treated as multi-verb clauses since the predication is expressed with more than one verb. Yet, they are not SVCs because the second verb in each example only specifies aspects of the process of the event and does not contribute to the main predication as verb sequences in SVCs do. Nonetheless, these verbs can function otherwise as main predicates, as shown in (24b) and (24d). Similarly, the verb *baga* 'attempt to no avail' conveys nonachievement, e.g. *ʋ̀ búúré kísīē bàyá* (*lit.* he look.for knife fail) 'he looked for a knife to no avail', and the verb *na* 'see' conveys confirmation or verification, e.g. *sʋ̀ɔ̀rɛ̀ à dìsá nā* (*lit.* smell soup see) 'smell the soup'. Going back to example (21) above, the verb *ta* contributes to a *relinquishment* multi-verb construction, similar to (24c) above, and not to a SVC.

2.1.6 Basic locative construction

The basic locative construction of a language is the prototypical and predominant construction used to locate a figure with respect to a ground (Levinson & Wilkins 2006: 15). In Chakali, it resembles the construction given in (25), although some sentences produced in elicitation contexts appear with the focus particle following the postposition *nɪ*. The focus particle is a pragmatic marker which identifies for the addressee the topical subject (i.e. may be distinct from the grammatical subject) and does not convey locative meaning (Section 5.3). The focus particle will be ignored in the discussion. The third line in (25) associates parts of the sentence with a conceptual level. On that line, one can find notions such as *figure* and *ground*, and TRM, which stands for topological relation marker (see Brindle & Atintono 2012). These are the linguistic expressions which convey the spatial relationships in Chakali. The nominal phrase *a gar* 'the cloth' functions as subject and the postpositional phrase *a teebul ɲuu nɪ* 'on the table' functions as oblique object of the main predicate. The last line is a free translation which captures the general meaning of the situation. It is accompanied by a reference to the illustration which the first line describes.⁴

---

³ The analysis of the progressive and prospective in Ewe and Dangme in Ameka & Dakubu (2008) influences the way I approach and name the phenomenon.

⁴ Subscribing to the typology of locative predicates proposed in Ameka & Levinson (2007), the illustrations of the four stimuli created by the Language and Cognition Group at the Max Planck Institute for Psycholinguistics (Bowerman & Pederson 1993; Ameka, De Witte & Wilkins 1999; Meira & Levinson 2001a,b) were used in chapter 7 of Brindle (2011) to provide a description of the means by which Chakali encodes spatial meaning. The results are compared with Gurenɛ data (Oti-Volta) in Brindle & Atintono (2012).

Grammatical outlines

(25) [à gár] [ságá] [à téébùl ɲúù nì].
ART cloth be ART table RELN POSTP
figure TRM *ground*+TRM
'The cloth is on the table.' [PSPV 4]

In (25), the spatial relation is expressed via topological relation markers: the main predicate *saga* 'be on' or 'sit' and the relational nominal predicate *ɲuu* 'top of'. The main predicate *saga* denotes a stative event which localizes the figure with respect to the ground. The relational nominal predicate *ɲuu* designates the search domain and depends on the reference entity of the ground (i.e. *teebul*). The postposition *nɪ* has no other function than to signal that the oblique object is a locative phrase. The latter two topological relation markers are discussed in more detail in Sections 3.2.7 and 2.6.4.

2.1.7 Comparative construction

A comparative construction has the semantic function of assigning a graded position on a predicative scale to two (possibly complex) objects. The comparative construction of inequality can be expressed with the transitive predicate *kaalɪ* 'exceed, surpass', whose two arguments are the objects compared.[5] One of the arguments represents the standard against which the other is measured and found to be unequal. The nominal expression in subject position is the *comparee*, i.e. the objective of comparison, whereas the one in object position is the *standard*, i.e. the object that serves as yardstick for comparison (Stassen 2008). The predicative scale is verbal and is normally adjacent to the comparee, but may be repeated adjacent to the standard. Given that both the scale and the transitive predicate *kaalɪ* are verbs, a comparative construction is a type of multi-verb clause. If the predicative scale is absent, as in (26b), one may still interpret the construction as a comparative one, in which case both the context and the meaning of the nominals involved provide the property on which the comparison is made. These characteristics are illustrated in (26).

(26) Comparative transitive construction

    a. *wɔ̀sáá*   *zɪ́ɲá*   *kààlɪ̀*   *áfíá*.
       W.   grow surpass A.
       $[n]_{comparee}$ $[v]_{scale}$ v $[n]_{standard}$
       'Wusa is taller than Afia.'

---

[5] Brindle et al. (2005) presents a Lexical-Functional Grammar account of the comparative construction in Gã, a language also exhibiting an exceed- or surpass-comparative.

b. *wòsá bàtʃɔ́lí káálí kàlá bàtʃɔ́lí.*
   W. running surpass K. running
   [n   n]   v   [n   n]
   'Wusa's running is better/faster than Kala's running.'

Another way to compose a comparative construction of inequality is with the identificational clause, as in (27). It is referred to as a comparative intransitive construction since the standard is not encoded in the grammatical object of a transitive verb, but in an oblique object following the scale.

(27) Comparative intransitive construction
   wòsá   jáá   níhĩ̂ɛ̂   àfíá   ní.
   W.   IDENT old   A.   POSTP
   [n]$_{comparee}$ v [v]$_{scale}$ [n]$_{standard}$
   'Wusa is older than Afia.'

The same two strategies are used to express a superlative degree: surpassing or being superior to all others is explicitly expressed by the pronoun *ba* 'they, them'. This is shown in (28).

(28) Superlative construction

   a. *wòsá zíŋá kāālí bá.*
      W. grow surpass 3PL
          v   v
      'Wusa is the tallest.'

   b. *wòsá jáá   níhĩ̂ɛ̂ bà ní.*
      W. IDENT old 3PL POSTP
      'Wusa is the oldest.'

A comparison of equality (i.e. X is same as Y) consists of a subject phrase containing both objects to be compared joined by the connective *(a)nɪ* followed by the scale, the verb *màásɪ̀* 'equal, enough, ever' and the reciprocal word *dɔ̀ŋà* 'each other' (see Section 3.3.6 on reciprocity and reflexivity). This is shown in (29).

(29) Comparison of equality construction
   wòsá ní   àfīā bìnsá máásé dɔ́ŋá rā.
   W.   CONN A.   year equal RECP FOC
   'Wusa is as old as Afia.'

Grammatical outlines

Finally, the verb *bɔ́* in (30) is a comparative transitive verb which can be translated with the English comparative adjective and preposition 'better than'.

(30) zàáŋ tŏmá bɔ́   diàrè   tìŋ tōmā.
     today work better.than yesterday ART work
                  v

   'Today's work is better than yesterday's work'

2.1.8 Modal clause

A modal clause is a clause type expressing ability, possibility, obligation, desire, etc. The two following sections exemplify the modal clause.

2.1.8.1 Ability-possibility An ability-possibility construction is a clause containing the verbal *kìn* immediately preceding the main verb(s). The construction conveys either the physical or mental ability of something or someone, or probability or possibility under some circumstances. The construction is more frequent in the negative, but affirming an ability or possibility is also possible using this construction. The word *kìn* is glossed ABI to refer to 'ability'.

(31) Ability-Possibility construction

   a. ò   wà   kíŋ wàà.
      3.SG NEG ABI come
      'He is not able to come.'

   b. ì   kàá kìŋ kààlōŏ.
      2.SG FUT ABI go.FOC
      'You may go.'

   c. ǹ   kàá kìŋ wàŏ   tʃïä?
      1.SG FUT ABI come.FOC tomorrow
      'May I come tomorrow?'

However the elicitation data in (32) shows that, unlike most preverbs (Section 4.2), *kìn* may take inflectional morphology, in this case the perfective suffix (Section 4.1.4.1).

(32) a. *A:* ò   wà kíŋ wǎä?
            3.SG NEG able come
         'Couldn't he come?' (declarative: *ò wà kíŋ wàà.*)

316

b. B: ếếế, ờ̀ wà kínjẽ́ wàá
   yes 3.SG NEG able.PFV come
   'Yes, he couldn't come.'

The dubitative modality construction is a construction marked by the presence of *abɔnĩ́ẽnɪ* in clause initial position. The expression is transcribed into a single word but may come from *a-banĩ̀ẽ-nɪ*, lit. ART-some-POSTP. It is used when the occurrence of a situation or an achievement is in doubt (see *nɪ* in Section 2.6.4).

(33) Dubitative construction

   a. àbɔ́nĩ́ẽ́nɪ́ dóɔ́ŋ kàá wàʊ̃́.
      perhaps rain FUT come.FOC
      'Perhaps it is going to rain.'

   b. àbɔ́nĩ́ẽ́nɪ́ ờ̀ dì wááwáʊ́.
      perhaps 3.SG HEST come.PFV.FOC
      'Perhaps he came yesterday.'

In some contexts, a speaker may prefer to use a cognitive verb in a phrase like *ŋ̀ lisie* 'I think (...)' or the phrase *a kṍṍ ŋ̀ na*, lit. it tires me FOC, 'I wonder (...)' as an alternative to the dubitative construction.

2.1.8.2 Desiderative   As an independent verb *ŋma* means 'say'. The same verb can also function in a construction [NP *ŋma* [NP VP]] conveying a desiderative mood, corresponding to the English modal expression 'want to'.

(34) ŋ̀ ŋmá [ŋ́ káálì dùsèè tʃɪ̃ā].
      1SG say 1SG go D. tomorrow
      'I want to go to Ducie tomorrow.'

Notice that the high tone on the 1SG pronoun subject of *kààlì* 'go' in (34) suggests that the embedded clause is in the subjunctive mood (Section 4.1.4.5).

2.2 Interrogative clause

An interrogative clause consists either of a clause (i) with an initial interrogative word/phrase (Section 3.3.4 on pro-form interrogatives), or (ii) with the absence of an initial interrogative word but the presence of an extra-low tone at the end of the clause. The former is called a 'content' question and the latter a 'polar' question.

Grammatical outlines

2.2.1 Content question

A content question contains an interrogative word/phrase whose typical position is clause-initial. In (35), *baaŋ* 'what' replaces the complement of the verb *jaa*, whereas *(a)aŋ* 'who' replaces the subject constituent of the clause. The inventory of interrogative words/phrases can be found in Section 3.3.4.

(35) a. *bááŋ kàlá kàà jáà?*
        Q.what 3.SG IPFV do
        'What is Kala doing?'

    b. *àáŋ káá wáá báŋ?*
        Q.who IPFV come here
        'Who is coming here?'

When an interrogative word/phrase is located clause-initially, it is found in the canonical position of the constituent replaced. In (36a), which is semantically equivalent to (36b), the question word *aŋ* 'who' appears in the object position following the transitive verb *maŋa* 'beat' and is slightly lengthened.

(36) a. *zìèn ká màŋà àŋ́ŋ?*   b. *àŋ́ zìèn kà màŋà?*
        Z.   EGR beat Q.who   Q.who Z.   EGR beat
        'Zien beat who?'   'Who did Zien beat?'

2.2.2 Polar question

A polar question is characterized by an interrogative intonation, consisting primarily of an extra-low tone at the end of the utterance (see Section 4.1). Additionally, lengthening of the penultimate vocalic segment takes place. The properties differentiating an assertive clause from a polar question are illustrated in (37). The extra-low tone is represented with a double grave accent (i.e.˵).

(37) Assertion vs. question

    a. *ʊ̀ wááʊ̀.*   b. *ʊ̀ wāāʊ̏ʊ̏.*
        3.SG come.IPFV.FOC   3.SG come.IPFV.Q
        'He is coming.'   'Is he coming?'

Common to many Ghanaian languages, the agreeing response to a negative polar interrogative takes into account the logical negation, as (38) illustrates.

(38) a. Speaker
 ì   wàà kāālȉȉ̃.
 2SG NEG go.Q
 'Aren't you going?'
 b. Addressee
 èéè.
 yes
 'No' (*lit.* Yes, I am not going)

A negative polar interrogative in English usually asks about the positive proposition, i.e. with 'Aren't you going?', the speaker presupposes that the addressee is going, while in Chakali it questions the negative proposition, i.e. with *ì wàá káálȉȉ̃*, the speaker's belief is that the addressee is not going. That is probably why we get 'yes' in Chakali and 'no' in English for a corresponding negative polar interrogative.

2.3 Imperative clause

An imperative clause is clause expressing direct commands, requests, and prohibitions. It can be an exclusively addressee-oriented clause or can include the speaker as well. This distinction, i.e. exclusive-inclusive, is rendered in (39). In (39a) the speaker excludes herself from the performers of the action, i.e., only the addressee(s) is urged to perform the action, while in (39b) the speaker includes herself among the performers.

(39) a. Exclusive
 fùùrì à   díŋ dòsì.
 blow ART fire quench
 'Blow on this flame (to extinguish it).'
 b. Inclusive
 tìè jà mùŋ làyàmè kààlì tɔ́ɔ́tííná pé.
 give 1PL all gather go   landlord end
 'Let's all go to the landlord together.'

When an order is given directly to the addressee, as in (40), the clause may be introduced with the particle *dɪ*. Some consultants believe that omitting the particle may be perceived as rude. The particle *dɪ* can also implicate that performing

Grammatical outlines

the action is requested by someone else than the speaker.[6] In addressing a command to a group, the second person plural subject pronoun usually appears in its canonical subject position, but it may be absent if the speaker believes that the context allows a single interpretation.[7]

(40) a. *(dì) wàà.*
          COMP come
          'Come!'

      b. *dì wáá.*
          COMP come
          'Come!' (keep coming! or follow me!)

      c. *máá wáà.*
          2PL come
          'Come!'

      d. *dí máá wāā.*
          COMP 2PL come
          'Come!' (requested by someone else than speaker)

Example (41a) expresses a wish of the speaker and no addressees are called for. Such a meaning is sometimes associated with optative mood. Similarly but not identically, an utterance like the one in (41b) assumes one or more addressees, yet the desired state of affairs is not in the control of anyone in particular, but of everyone. As in (39b), the strategy in both cases is to use the verb *tιɛ* 'give'.

(41) a. Optative
          tìɛ̀ m̀   mìbɔ̀à bírgì.
          give 1SG.POSS life delay
          'Let me live long!'

      b. Hortative
          tìɛ̀ à gɔ̀à píílé.
          give ART dance start
          'Let the dance begin!'

A prohibitive clause consists of a negated proposition conveying an imperative (or hortative) mood. It is marked by the negative particle *tι/te* 'not' (glossed NEG.IMP) occurring in clause initial position.

(42) *té   káálíí, dɔ́ɔ́ŋ kàà wáʊ̀.*
      NEG.IMP go   rain IPFV come.FOC
      'Don't go, rain is coming.'

---

[6] It is not known whether these '*dɩ*-strategies' give rise to multiple interpretations.
[7] If A asks 'What does he want?', B may reply *dí má dí wāā* 'That you (PL) should be coming'. In this case the first *dɩ* heads a clause which introduces indirect speech and the second is an imperfective particle, the latter being covered in Section 4.1.4.4.

The prohibitive also involves a high front vowel suffixed to its verb. The quality of the vowel, i.e. *-ɪ/-i*, is determined by the quality of the verbal stem.

(43)   a. *gó.*
          circle
          'Move in a circle around.'

      b. *té   góíí.*
          NEG.IMP circle
          'Don't move in a circle around.'

      c. *kpɔ́.*
          kill
          'Kill.'

      d. *tí   kpɔ́ɪ́.*
          NEG.IMP kill
          'Don't kill.'

In addition, a distinction within the prohibitive can be made between a prohibition (or advice) for a future situation (44a), and for an on-going situation (44c).

(44)   a. *kɔ̀ɔ́rì à   sììmáà.*
          make ART food
          'Make the food.'

      b. *té kɔ́ɔ́rí sììmáà*
          NEG make food
          'Do not make food.' (addressee not in the process)

      c. *tíí   kɔ̄ɔ́rīī.*
          NEG.IMP make
          'Do not make (food).' (addressee in the process of making)

      d. *tíí   kɔ̄ɔ́rì à   sììmáà.*
          NEG.IMP make ART food
          'Do not make the food.' (addressee in the process of making)

2.4 Exclamative clause

It is generally known that the difference between a declarative and an exclamative clause is that the former is meant to be informative and the latter expressive. One criterion for determining the class of exclamative clause is the use of exclamatory codas (Allan 2014: 242), i.e. exclamatory words or particles such as *woo* in (45), which modify the illocution of the clause and are usually found clause-finally.

(45)   a. *bèlèé tíŋ mùŋ   nè kéŋ wòòò.*
          G.   ART meaning FOC DXM INTERJ
          'That is the meaning of Gurumbele!' [BH 016]

b. dɔ́ɔ̌ ɲú kpárá rá wōōō.
python head double FOC INTERJ
'Python is double-headed!' [PY 074]

After offering a chronicle of the history of his village and the reason why it has its name, the speaker uttered (45a) to intensify his stance in the presence of other community members. In (45b), the narrator of the folktale wants to mark the surprising fact that the African rock python is equipped with extraordinary visual power.

(46) a. ʋ̀ kà báŋ wà zú dìà, ʋ̀ bàŋ ŋmá dí èhḗḗ̀.
3SG IPFV just come enter room 3SG just say COMP INTERJ
'When he entered the room, she said: "yes!"' [PY 008]

b. dí ʔábbā!, dí ʋ̀ʋ̀ bàmbíí nár wááwáʋ́.
COMP INTERJ COMP 3SG.POSS heart person come.PFV.FOC
(Mother said) 'Indeed, her love has finally come.' [PY 009]

In (46a), the speaker is a mature girl who waited a long time and met many aspirants to finally encounter the right man to marry. In this context, the exclamative word ẽhẽẽ, which generally code a positive reaction (Section 5.6.1), can be translated into 'yes, exactly, finally' and paraphrased as 'this is the person I like'. The speaker confirms that the man is the right one, with a strong emotional reaction, allowing the addressee – in this case her parents – to know about her stance and feeling. The sequence in (46b) is the reaction of her mother who confirms the daughter's reaction. Notice however that the interjections ẽhẽ, ʔabba, and woo are not specific to Chakali: they are *Ghanaianism*, i.e. words found in most, if not all, languages of Ghana, and surely beyond (see Section 5.6.1 for interjections).

2.5 Clause coordination and subordination

A relation between two clauses is signaled with or without an overt marker, and various structures and morphemes are used to relate clauses. Two relations are discussed below: coordination and subordination.

2.5.1 Coordination

The distribution of four clausal connectives which are used in coordinating clauses is presented: these are *a, ka, aka* and *dɪ*.[8]

---

[8] See McGill, Fembeti & Toupin (1999: 143–149) for an account of similar clausal connectives in Pasaale.

2.5.1.1 Connective *a* The connective *a* 'and' introduces a clause without an overt subject. When it occurs between two clauses, the subject of the first clause must cross-refer to the covert subject of the second clause (and subsequent clauses). It links a sequence of closely related events carried out by the same agent, and the events are encoded in verb phrases denoting temporally distinct events. The example in (47) is an illustration of four consecutive clauses introduced by the connective *a*. This phenomenon is often referred to as 'clause chaining'.⁹

(47) dìàrè   tìŋ ǹ   dì káálí bèlèè rá, à   [jàwà nàmȋȇ̂], à   [kpá
     yesterday ART 1SG HEST go G.   FOC CONN buy   meat   CONN take
     wàà dìá], à   [wà tìè ǹ   hȃȃ̀ŋ], à   [ŋmá tìè ǹ   hȃȃ̀ŋ] dí
     come home CONN come give my wife CONN say   give my wife COMP
     ʊ́ʊ́ tɔ́ŋà. ʊ̀ tɔ̀ŋà jà dí.
     3SG cook 3SG cook 1PL eat
     'Yesterday I went to Gurumbele, bought some meat, brought it home to my wife, told her to cook it. She cooked and we ate.'

2.5.1.2 Connectives *ka* and *aka* Generalizing from the examples available, for both the connectives *ka* and *aka* 'and', either (i) the subject of the clause preceding the connective is inferred in the second clause, i.e. as for the connective *a* in Section 2.5.1.1, or (ii) a different subject surfaces in the second clause. Each case is shown in (48) and (49) respectively.

(48) [ŋméŋtél láá   nȍȁ̂ ní]   ká   [ŋmá dí   ʊ́ʊ́ wá   ɲȍȁ̂ níí]
     spider   collect mouth POSTP CONN say   COMP 3SG come drink water
     '(Monkey went to spider's farm to greet him.) Spider accepted (the greetings) and (Spider) asked him (Monkey) to come and drink water.' [LB 011]

(49) a. [dì   ì   wáà párà] ká   [kìrìmá wà   dʊ́míí]
        CONN 2SG INGR farm CONN tstse.fly.PL INGR bite.2SG
        'When you are doing the weeding and tsetse flies bite you (...)' [CB 003]

---

⁹ The last sentence of example (47) can be analysed as a coordination by clause apposition.

b. [dí   námùŋ tí   bí   wàà jírà kìŋkùrùgíé   ŋméŋtél sɔ́ŋ] àká   [ì
   COMP anyone NEG ITR INGR call enumeration eight   name CONN 2SG
   jìrà kéŋ]
   call DXM

   '(The monkey said: "They said) that anyone should not say the number eight and you have said the number eight"' [LB 017]

Secondly, the connectives *ka* and *aka* may encode a 'logical' or 'natural' sequence of events. For instance, in (48), someone traveling (or coming from the road) expects to be offered water to drink after the greetings are exchanged. The connectives *ka* and *aka* appear to suggest a causal relation between interdependent clauses. In (50), it is the counting of the mounds which caused Spider to be confused, which can be seen as an unexpected outcome.

(50) ɔ́ɔ́wà   ŋméŋtél já kùrò àkà bùtì
     3SG.EMPH spider   do count CONN confuse

     '(Because) he himself (Spider) did count and he became confused' [LB 007]

Nevertheless the connectives *ka* and *aka* can introduce a clause denoting an event which is not necessarily related to the event of the previous clause. It looks as if the connectives in (51) are used to integrate an unrelated event to the overall situation.

(51) [nànsá sú bárá múŋ.] ká   [dɔ́ɔ́   tìŋ   ŋmá dí   kìndígíí   dɔ́ɔ́ à
     meat fill place all CONN python ART say COMP something is ART
     dìā   ní]
     house POSTP

     'Meat was all over the place. Then, Python said: "there is something in the room"' [PY 069]

(52) [à   bìpɔlíí   sìì   tʃíŋá] àká [ŋmá, ámıɛ̀ɛ̀ ì   ɲíná] ...
     ART young.man raise stand CONN said, ADV   2SG.POSS father ...

     'The young man stood up and said: "So, when your father (...)"' [CB 010]

Notice that the 'standing' and 'saying' events in (52) are strictly transitional, but this is not the case in (51). The connective *ka* in (51) opens a sentence which marks a shift from a scene description (i.e. 'there was meat all over the place') to a character's intervention (i.e. 'Python speaking'). Perceived event integration seems to be what predicts the choice between *ka* and *aka*, but no firm conclusions can be drawn.

(53) a. kàlá káálí jàwá ká   jàwà   múrò rō.
        K. go market CONN bought rice FOC
        'Kala went to the market and bought rice.'
    b. kàlá káálí jàwá àká   pìèsì bùlèŋà tíísà.
        K. go market CONN ask   B.   station
        'Kala went to the market and asked for the Bulenga station.'

The cause-consequence relation in (53a) may be seen as 'tighter' than the relation between the clauses in (53b). Buying items is a stronger effect of going to the market than looking for a location; market is where buying items happens. The examples in (53) thus suggest that *aka* connects less-integrated clauses.

(54) a. ò   zóó díá ká   dí sììmáá rā.
        3SG enter house CONN eat food FOC
        'She entered the house and ate the food.' (expected)
    b. ò   zóó díá àká   vrà sììmáá rā.
        3SG enter house CONN knock food FOC
        'She entered the house and knocked the food over.' (unexpected)
    c. ò   zóó díá ká   vrà sììmáá rā.
        3SG enter house CONN knock food FOC
        'She entered the house and knocked the food over.' (knowledge of intention)

Commenting on each hypothetical situation in which (54) may be uttered, one consultant agreed that in (54c) the intention of the subject's referent are known and confirmed in the second clause, which is not the case in (54b). The events expressed in the second clause in (54a) and (54c) are perceived as more predictable given the first clause (and world knowledge) than the event expressed in the second clause in (54b).[10]

2.5.1.3 Connective dɪ   The clausal connective *dì* 'and' or 'while' is homophonous with a complementizer particle (Section 2.5.2.1), a connective used in conditional constructions (Section 2.5.2), and a preverb particle signaling imperfective

---

[10] The connectives *aŋ* and *ka* in Pasaale (McGill, Fembeti & Toupin 1999) offer a good baseline for comparison.

Grammatical outlines

aspect (Section 4.1.4.4). It connects two clauses which encode different events, yet these events must be interpreted as occurring simultaneously. A clause introduced by the connective *dì* has no overt subject, instead the subject is inferred, as it has the same referent as the subject of the preceding clause. Two examples are provided in (55).

(55) a. *líé ờ̀ kààlì dì wá.*
    Q 3SG go CONN come
    'Where is he coming from?' (*lit.* where he left and come)

b. *kpá sììmá háŋ dì káálì.*
    take food DEM CONN go
    'Take this food away!' (*lit.* take this food and go)

2.5.2 Subordination

The morpheme *tìŋ* is mainly used as a determiner in noun phrases (see Section 3.1.2). However, there are instances where the discourse following *tìŋ* must be treated as subordinated and related to the noun phrase of which *tìŋ* is part. One may argue that the morpheme *tìŋ* can function as a relativizer.

(56) *kúrò* [[*pié tíŋ*]$_{NP}$ *ờ̀$_i$ kà tɔ́ à kùò ní kéŋ*]$_{NP}$
    count yam.mound.PL ART 3SG EGR cover ART farm POSTP DXM
    tìèʊ́$_i$
    give.3SG
    '(Spider$_i$ asked Buffalo to) count for him$_i$ the yam mounds which he$_i$ covered at the farm.' [LB 006]

In (56), the phrase *ờ̀ kà tɔ́ à kùò ní kéŋ* is (i) in apposition to the noun phrase *pié tíŋ*, and (ii) in a subordination relation with the noun phrase *pié tíŋ*. The low tone *kà* frequently appears in subordinated clauses with *tìŋ* (see example 178b in Section 4.2.1). In a conditional construction like the one in (57a), the subordinate clause is headed by the particle *dì*, whereas the main clause follows the subordinate clause.

(57) a. *dì ŋ̀ fì tú kààlì dē, bà kàá tùgúŋ nō.*
    CONN 1SG MOD go.down go DXL 3PL.H+ FUT beat.1SG FOC
    'If I were to go down there, then they will beat me.'

b. *dì ì zíŋ wā zìŋà, ì wàá kìŋ gáálí díŋ nī̀.*
    CONN 2SG tail INGR long 2SG NEG.FUT ABI be.over fire POSTP
    'If you have a long tail, you cannot cross fire.'

Proverbs are typically conditional constructions. An example is given in (57b).

(58) a. ʊ̀ wááwáʊ́ ànáàmùŋ dí ʊ̀ wííʊ̀.
3SG come.PFV.FOC CONN COMP 3SG sick.FOC
'He came in spite of his illness.'

b. ŋ̀ wà kpágá sákìr, àɲúúnì ŋ̀ dì válà nããsá.
1SG NEG have bicycle CONN 1SG IPFV walk leg.PL
'I don't have a bicycle, therefore I am walking.'

The subordinate clause of a concessive construction is introduced by the expression *anı amuŋ* [ànáàmùŋ] (lit. and-all) 'despite', 'in spite of', 'although' or 'even though'. A subordinate clause which conveys a consequence or a justification of the proposition in the main clause is introduced by the expressions *a ɲuu nı* [àɲúúnì] or *a wɪɛ* [àwíɛ́] (lit. the-head-on and the-matter) respectively, 'therefore' or 'because'. Examples are shown in (58).

2.5.2.1 Complementizer dı

Example (59) shows that the complementizer *dì* introduces indirect speech.

(59) kùórù bìnìhããŋ ŋmá dí "èééè".
chief young.girl say COMP yes
'The chief's daughter answered "yes".' [CB 011]

Direct speech is usually introduced by a speech verb only, e.g. *ŋma (tɪɛ)* 'say (give)', *tʃagalı* 'teach, show, indicate', *hēsi* 'announce', etc. This is shown in (60) with *hēsi* 'announce'.

(60) tʃɔ́tíìná ŋmá dí bá hésí má ká pàrà kùó.
landlord say COMP 3PL.Gb announce 2PL EGR farm farm
'The landowner says that they announced: "You go and work at the farm".'

In (61a), the complementizer *dì* introduces a clause which conveys the intention of the event in the main clause. In a literal sense, the husband *lala* 'open', in the sense of waking up, the wife in order to have her *sii* 'raise up'.

(61) a. tʃɔ̀ɔ́sá písì, ʊ̀ báàl tìŋ té lálá à hããŋ dì
morning scatter 3SG.POSS husband ART early wake.up ART wife COMP
ʊ́ síí dùò nì.
3SG raise.up asleep POSTP
'Early in the morning her husband woke up the wife from sleep.' (lit. that she must stand up) [CB 030]

b. ò káálí (dí) óő ká ɲòà̰ nīī.
   3SG go COMP 3SG EGR drink water
   'He went to have a drink of water.'

In (61b) it is shown that purpose (or intention) can be encoded when dì introduces the goal. In the latter case, however, consultants say that the complementizer dì is optional.

2.5.2.2 Clause apposition Example (62) shows that a desire can be encoded by two clauses in apposition. In this example the pronominal subject of the final clause carries high tone (see Section 2.1.8.2 on desiderative).

(62) jà búúrè nīī   rā já ɲóà̰.
     1PL want water FOC 1PL drink
     'We want some water to drink.'

2.6 Adjunct adverbials and postposition

The notion 'adverbial' is used in the sense of 'modifying a predicate', that is, adding information to a state of affairs. An adverbial is an expression, clause or non-clause, which is not an argument of the main predicate and is positioned at the periphery in an adjunct constituent (AJC). The clause frame in (1) is repeated in (63).

(63) S|A + P ± O ± AJC

Adjuncts are usually found following the core constituent(s), but may also be found at the beginning of a clause. As shown in (64), reference to time may be found at the beginning of a clause before the subject.

(64) AJC + S + P + O
     [tʃòɔsá pìsì]   à bìpɔlíì   kpá ò pár̀
     AJC   S   P   O
     morning scatter ART young.man take 3.SG.POSS hoe
     'The following day the young man took his hoe along ...' [CB 005]

In Section 2.1.7, the dubitative construction was identified with the expression àbɔ́nīɛ́nī 'perhaps' opening the clause. There are other constructions in which temporal, locative, manner, or tense-aspect-mood meaning is signaled by the presence of an adjunct adverbial initially that introduces new information.

(65) a. Temporal
[tàmá fìníí] ʊ̀ fì sǒwá.
few little 3SG MOD die
'A little longer and she would have died.'

b. Evidential
[wídííŋ ná] dí ʊ̀ náʊ̌ rā.
truth FOC COMP 3SG see.3SG FOC
'It is certain that he saw him.'

In (65a), the phrase *tama finii* 'a little' is not inherently temporal, but must be interpreted as such in the given context. In (65b) the verbless clause *wɪdɪɪŋ na* can be seen as adding an illocutionary force; it additionally signifies that the speaker has evidence and/or wish to convince the addressee about the proposition. In the next sections, temporal and manner adverbials, then the postposition *nɪ* and the oblique phrase are discussed.

2.6.1 Temporal adjunct

A temporal nominal adjunct is an expression which typically indicates when an event occurs.

(66) a. [àwʊ̀zʊ́ʊ́rì dígíí] kɔ̀sánǎʊ̌ válá
the.day one buffalo walked
'One day a buffalo walked (and greeted the spider) (...)'. [LB 005

b. [dénì], [sáŋà dígíí] à háâŋ já pàà à báál zōmō
thereupon time one ART wife HAB take.PL ART husband insult.PL
'Then, during their life, it happened on one occasion that the woman did insult the man (...)'. [CB 017]

c. ŋ̀ já kààlì ʊ̀ pé rè [tʃɔ̀pìsì bíí-mùŋ].
1SG HAB go 3SG end FOC day.break ITR-all
'I visit him every day.'

d. [làyálàyá háǹ nī] ŋ̀ kɔ̀tì à ʔáá pétí.
IDEO.fast DEM POSTP 1.SG skin ART bushbuck finish
'I just finished skinning the bushbuck.'

Some expressions tagged as temporal nominal are treated as complex, though opaque, expressions. For instance, *awʊzʊʊrɪ* is translated into 'that day' in (66a), but the forms *wʊsa* 'sun' and *zʊʊ* 'enter' are perceptible. The phrase *làyálàyá*

Grammatical outlines

háǹ nī in (66d) literally means 'now.now this on' (IDEO DEM POSTP), but 'only a moment ago' is a better translation. Similarly, *denɪ*, analysed as the spatial demonstrative *de* and the potsposition *nɪ* and translated into English as 'thereupon', 'after that', 'at that point', or simply 'then', is a temporal nominal, but usually functions as a connective. It is mainly used at the beginning of a sentence to signal a transition between the preceding and the following situations; (67) suggests a transition indicating what happens 'next' or 'afterward'.

(67) *dénī   rè, ʊ̀ʊ̀   hã́ã́ŋ tìŋ ŋmá dí   "àài̯, (...)".*
thereupon FOC 3SG.POSS wife ART say COMP no
'Then, the wife said: "No, (I won't say anything to my father)".' [CB 036]

2.6.2 Manner adjunct

A manner expression describes the way the event denoted by the verb(s) is carried out. Manner expressions tend to appear at the right periphery of an utterance. The examples in (68) illustrate the meaning and distribution of manner expressions.

(68) a. *dì   sã́ã́   bʊ̀ê̂ɪ̯bʊ̀ê̂ɪ̯.*
COMP drive IDEO.carefully
'Drive carefully.'

b. *dì   ŋmà bʊ̀ê̂ɪ̯bʊ̀ê̂ɪ̯.*
COMP talk IDEO.slowly
'Talk slowly.'

c. *ʊ̀   tʃɔ́jē̄   kààlì félfél.*
3SG run.PFV go IDEO.lightly
'She ran away lightly (manner of movement, as a light weight entity).'

d. *ǹ̩   kàà wáá dì   à   hã́ã́ŋ   sáŋà tʃérím.*
1SG IPFV come COMP ART woman sit IDEO.quietly
'When I was coming, the woman sat quietly.'

It is common for an ideophone to function as a manner expression (Section 5.5). One could argue that all the manner expressions in (68) are ideophones, i.e. they display reduplicated forms and *tʃerim* is one of a few words which ends with a bilabial nasal. The examples in (69) show the repetition of two expressions; one is an ideophone, i.e. *kaŋkalaŋ* 'crawl of a snake', and the other a reduplicated manner expression, i.e. *lagalaga* 'quickly' from *laga* 'now'. The formal repetition depicts the motion occurring with great speed and the inceptive sense of *kpà* marks the initial stage of the activity.

(69) a. à   bààŋ kpá kàŋkàlàŋ kàŋkàlàŋ kàŋkàlàŋ.
      CONN just take IDEO.rapidly
      '(She was after the python) but (he) started to crawl away like a shot.' (PY-137)

   b. kà   bààŋ kpá làyàlàyà làyàlàyà.
      CONN just take IDEO.quickly
      '(She) started to (walk) quickly.'

The manner adverbial *kɪŋkaŋ* 'abundantly', which is composed of the classifier *kɪn* and the verb *kana* 'abundant', typically quantifies or intensifies the event and always comes after the word encoding the event. Notice in (70a) and (70b) that *kɪŋkaŋ* follows a verb and a nominalized verb respectively. However, in (70c), *kɪŋkaŋ* does not function as a manner adverbial but as a quantifier.

(70) a. gbǐá   ì   jáárɪ́jɛ́   kɪ́ŋkāŋ nà (...)
       monkey you unable.PFV DXM   FOC
       'Monkey, you are so incompetent, (...).' [LB 016]

   b. dúó   tʃȭɔ̀ɪ   kɪ́ŋkāŋ wà wíré.
      asleep lie.NMLZ DXM   NEG good
      'Sleeping too much is not good.'

   c. kùórù kùò tíŋ kà kpágá kìrìnsá   kɪ́ŋkāŋ, dé rē jà
      chief farm ART REL have tsetse.fly.PL QUANT.many DXL FOC 1PL
      kààlì
      go
      'The chief's farm that has many tsetse flies, there we went.'

2.6.3 Oblique phrase

The oblique phrase is an element of a clause realized as a postpositional phrase. It usually follows the verbal predicate. In Section 2.6.4, it is claimed that the postposition *nɪ* (i) identifies an oblique phrase, (ii) conveys that the oblique phrase contains the ground object (Section 2.1.6), and (iii) follows its complement. While *nɪ* mainly appears in sentences expressing localization, the postposition can also be found when there is no reference to space.

Grammatical outlines

For instance, in Section 2.6.2, the connective *denɪ* (i.e. DEM+POSTP) is said to signal a temporal transition and not a spatial one. It is also analysed in adverbials and connectives: *a-bɔnĩẽ-nɪ* 'maybe, perhaps', *a-ɲuu-ni* 'therefore', *buŋbuŋ-ni* 'at first', etc. These expressions do not have a purely locative function, but are rather used as clausal adjuncts or to introduce logical conclusion (see Sections 2.5.2 and 2.6).

(71) a. bàáŋ ì fí kàà sóógì [tʃɔ̀ɔ́sá tín nī].
    Q 2PL PST EGR crush morning ART POSTP
    'What were you crushing this morning?'

b. ʊ̀ ɲɔ́ɑ́ [làyálàyá nī].
    PSG drink IDEO.fast POSTP
    'He drinks quickly.'

c. à kùórù ŋmá dí ʊ̀ bááŋ káá sī [ǹ ní] rē.
    ART chief say COMP 3SG.POSS temper EGR raise 1SG POSTP FOC
    'The chief told me that he was very angry with me.'

The examples in (71) illustrate some of the non-spatial uses of the oblique phrase headed by *nɪ*. The postposition's complement is a temporal nominal phrase in (71a), an ideophone in (71b), and a personal pronoun in (71c).

2.6.4 Postposition *nɪ* and (non-)locative adjunct

The ground object in localization is found in an oblique phrase (see Section 2.6.3 for oblique phrase and 2.1.6 for basic locative construction), therefore the postposition *nɪ* is present irrespective of the locative verb involved or whether or not a relational noun occurs. Only a few exceptions can be found, and they are systematically accounted for by two factors: (i) non-locative and transitive verbs do not co-occur with *nɪ*, e.g. *tɔ* 'cover', *kpaga* 'have' and *su* 'fill', and (ii) some situations are described using an intransitive clause, e.g. *à bónsó tʃíégìjō* 'the cup is broken' [TRPS 26]. In describing the illustrations of the TRPS, Ameka & Essegbey (2006: 370) showed that it is the verb *le*, glossed 'be at', in Ewe which is used in the majority of the sentences. The translation of Ewe *le* to Chakali would then be equivalent to *dʊa* NP *nɪ*.[11]

---

[11] The Ewe verb *le* may also function as predicator of qualities (Ameka & Essegbey 2006: 373). In Chakali, it was shown in Sections 2.1.1 and 3.10.2 that *jaa* predicates over qualities, not *dʊa*.

(72) a. [[[à dìà]_NP ɲúú]_RelnP nì]_PP 'on the roof of the house'
b. [[à dìà]_NP nì]_PP 'in/at the house'
c. [[báŋ]_NP nì]_PP 'here'
d. [[dé]_NP nì]_PP 'there'
e. [[ɔ̀]_NP nì]_PP 'at/on/in him/her/it'

As shown in (72), the postposition always follows its complement (see Section 3.2.7 for relational nouns). Since there are no prepositions in the language, the abbreviation PP in (72) unambiguously stands for Postpositional Phrase. None of the concepts of proximity, contiguity, or containment is encoded in *nɪ*. The postposition does not inform the addressee about any of the elementary topological spatial notions. It never selects particular figure-ground configurations, but must be present for all of them.

3 Nominal

The term "nominal" identifies a formal and functional syntactic level and lexemic level. At the syntactic level, a noun phrase is a nominal which can either function as core or peripheral argument. Its composition may vary from a single pronoun to a noun with modifier or series of modifiers. At the lexeme level, two categories of lexemes are assumed: nominal and verbal. These two types correspond roughly to the semantic division *entity* and *event*, but do not correspond to the syntactic categories *noun* and *verb*. That is because lexemes are assumed to not be specified for syntactic categories. The diversity of forms and functions of nominals is presented below.

3.1 Noun phrases

A noun phrase (NP) consists of a nominal head, and optionally, its dependent(s). In this section, the internal components of noun phrases and the roles these components have within the noun phrase are described. First, indefinite and definite noun phrases are considered. Then, the elements which can be found in the noun phrase are introduced.

3.1.1 Indefinite noun phrase

Indefinite noun phrases are used when "the speaker invites the addressee to construe a referent [which conforms with] the properties specified in the term" (Dik

Grammatical outlines

1997: 184). In Chakali, a noun standing alone can constitute a noun phrase (N = NP). Such a noun phrase can be interpreted as indefinite, i.e. the noun phrase is a non-referring expression, or generic, i.e. the noun phrase denotes a kind or class of entity as opposed to an individual. In rare cases, a definite noun phrase can be interpreted from a single noun, i.e. lacking an article. Each interpretation is obviously dependent on the context of the utterance in which the noun occurs.

(73) N = NP

    a. *kàlá jáwá píɛ́ŋ ná.*
       Kala buy   mat FOC
       'Kala bought a mat.'

    b. *dʒètì kìm-bɔ́n ná.*
       lion.SG CLF-dangerous.SG FOC
       'A lion is dangerous.'

In (73), the noun phrase *pɪɛŋ* describes any mat and is interpreted as a novelty in the addressee's knowledge of Kala, while *dʒɛtɪ* describes the entire class of lions.

(74) a. *píɛ́sì dígíí à búkù jògùló.*
       ask one ART book price
       'Ask someone the price of the book.'

    b. *nàdígíí búmó zʊ̀ʊ̀ ìì dìà háŋ ká bà kpá tīɛ̄ī.*
       person.one precede enter 2SG room DEM CONN 3PL.H+ take give.2SG
       'Someone was in your room before they gave it to you.'

The examples in (74) show that noun phrases containing the numeral *dɪgɪɪ* 'one' may be translated as English 'a certain', 'one of them', or 'someone'.

3.1.2 Definite noun phrase

Definite noun phrases are employed when "the speaker invites the addressee to identify a referent which he (the speaker) presumes is available to the addressee" (Dik 1997: 184). Proper nouns are assumed to be definite on the basis that they are identifiable by both the speaker and the addressee. A definite noun phrase may consist of a single pronoun (pro = NP), as shown in (75).

(75) pro = NP
 ʊ̀ sɵ́wáʊ́.
 3SG die
 'She died.'

A possessive noun phrase is always definite. A possessive pronoun followed by a noun is analysed as a succession of a noun phrase and a noun. Thus, the noun phrase in (76) is analysed as a sequence of the noun phrase *ʊ* and the noun *mã̀ã̀* (pro + N = NP).

(76) pro + N = NP
 ʊ̀ mã̀ã̀ ŋmá dí "ɵ́í".
 3SG.POSS mother say COMP INTERJ
 'Her mother said, "Oi!".'

The treatment of possessive noun phrase is motivated by the possibility of recursion of an attributive possession relation. The complex stem noun *pàbīī* (< *par-bii*, hoe-seed) 'hoe blade' is the head in the three possessive noun phrases *súgló pàbīī* 'Suglo's hoe blade', *súgló ɲīnā pàbīī* 'Suglo's father's hoe blade', and *súgló ɲīnā bíɛ́rì pàbīī* 'Suglo's father's brother's hoe blade'. Notice that in these examples the nominal head consists of the right-most element in the noun phrase, e.g. [[[[súgló]$_{NP}$ [ɲīnā]$_N$]$_{NP}$ [bíɛ́rì]$_N$]$_{NP}$ [pàbīī]$_N$]$_{NP}$. Section 3.2.3 discussed complex stem nouns.

3.1.2.1 Articles *a* and *tɪŋ* There are two articles in Chakali: *à* (glossed ART1) and *tìŋ* (glossed ART2). The article *à* is translated with the English article *the*. It must precede the head noun and cannot co-occur with the possessive pronoun. In the context of (77), the speaker assumes that the addressee is informed about Kala's interest in buying a mat.

(77) a + N = NP
 kàlá jáwá à píɛ́ŋ ná.
 Kala buy ART1 mat FOC
 'Kala bought the mat.'

The type of mat, its colour or the location where Kala bought the mat and so on are not necessarily shared pieces of information between the speaker and addressee in (77). The only information the speaker believes they have in common is Kala's interest in purchasing a mat. The article *à* is treated as a functional word

Grammatical outlines

which makes the noun phrase specific but not necessarily definite. When a noun phrase is specific, the speaker should have a particular referent in mind whereas the addressee may or may not share this knowledge.

The article *tìŋ* (glossed ART2) can also be seen to correspond to English *the*, but a preferable paraphrase would be 'as referred previously' or 'this (one)'. The article *tìŋ* appears when the speaker knows that the addressee will be able to identify the referent of the noun phrase. In that sense, the referent is familiar.[12] When *tìŋ* follows a noun, the referent must either have been mentioned previously or the speaker and addressee have an identifiable referent in mind. Thus, compared to the examples (73) and (77) above, a proper interpretation of example (78) requires that both the speaker and addressee have a particular mat in mind. In terms of word order, the article *à* initiates the noun phrase and the article *tìŋ* belongs near the end of the noun phrase. The article *à* in (78) is optional.

(78)   (*a* +) N + *tìŋ* = NP
    kàlá jáwá [à   píéŋ tíŋ]ₙₚ nā.
    Kala buy ART1 mat ART2   FOC
    'Kala bought the MAT.'

Consider the slight meaning difference between (79a) and (79b).

(79)   a. ɲìnĩɛ̃́ ì   ɲíná kà dɔ́.
       Q.how 2SG.POSS father EGR be
       'How is your father?'

    b. ɲìnĩɛ̃́ ì   ɲíná tíŋ kà dɔ́.
       Q.how 2SG.POSS father ART2 EGR be
       'How is your father?'

Both sentences may be translated with 'How is your father?'. However, whereas the sentence (79a) can request a general description of the father (i.e. physical description, general health, etc.), the sentence in (79b) asks for a particular aspect of the father's condition which both the speaker and the addressee are aware of, for instance the father's sickness. As sketched above, the article *tìŋ* in (79b) establishes that a particular disposition of the father is known by both the speaker and the addressee, and the speaker asks, with the question word *ɲìnĩɛ̃́* 'how', for details.

---

[12] In the givenness hierarchy of Gundel, Hedberg & Zacharski (1993: 278), the status *familiar* is reached when "the addressee is able to uniquely identify the intended referent because he already has a representation of it in memory."

The two articles *a* and *tɪŋ* are not in complementary distribution. The article *tɪŋ* may occur following the head of a possessive noun phrase, although it is not attested following a weak pronoun. When the articles *a* and *tɪŋ* co-occur, language consultants could omit the preposed *a* without affecting the interpretation of the proposition.

While the two articles in Chakali are presented under the same heading, they are believed to be of different origin. Evidence shows that pre-nominal articles are not found in the SWG group, nor in Kasem (Bonvini 1988: 153). Assuming that specificity and definiteness morphemes always come after the noun in Grusi languages, and that Waali and Dagaare make use of an identical pre-nominal article , the article *à* in Chakali is believed to be a contact-induced innovation. However, a preposed article in the northwestern languages is alien to the general Oti-Volta pattern as well. The phenomenon needs more study to see if a locus for this areal innovation can be identified. Apparent cognates of *tɪŋ* are attested in Grusi. For example Bonvini (1988: 180) writes that Kasem *tɪm* "sert à thematiser ce qui est déjà connu" (i.e. used to bring up what is already known). Chakali *tɪŋ* is discussed in Section 2.5.2 in relation to its role as a relativizer in subordination.

Now that the indefinite and definite noun phrases have been presented, the subsequent sections introduce the elements which can compose either indefinite or definite noun phrases.

3.2 Nouns

In this section, the elements admitted in the schematic representation (80) are discussed.

(80) $[[\text{LEXEME}]_{stem} - [\text{NOUN CLASS}]]_n$

A stem may have nominal or verbal lexeme status. The latter has either a state (i.e. stative) or a event (i.e. active) meaning. A stem can be either atomic or complex and a noun class suffix may be overt or covert. In a process which turns a lexeme into a noun-word, the noun class provides the syntactic category *noun*.

3.2.1 Noun classes

The accepted view is that "the Gurunsi languages, and indeed all Gur languages, had historically a system of nominal classification which was reflected in agreement. The third person pronominal forms and other parts of speech were at a certain time a reflection of the nominal classification" (Naden 1989). Similar affirmations are present in Manessy (1969b); Wilson (1971); Naden (1982); Crouch

Grammatical outlines

& Naden (1998); Tchagbalé (2007). In this section and in Section 3.10.1, it is suggested that an eroded form of this "reflection" is still observable in Chakali. Brindle (2009) claims that in Chakali inflectional class (i.e. noun class) and agreement class (i.e. gender) should be distinguished and analysed as separate phenomena at a synchronic level.

The identification of noun classes is based on non-syntagmatic evidence; noun class is a type of inflectional affix, independent of agreement phenomena, where the values of number and class are exposed. In Chakali, as in all other SWG languages,[13] the values are exposed by suffixes: number refers to either singular or plural, and class can be regarded as phonological and/or semantic features encoded in the lexemes for the selection of the proper pair of singular and plural suffixes. This will be considered in Section 3.2.1.8.

Table 1: The five most frequent noun classes

	CL.1	CL.2	CL.3	CL.4	CL.5
SING	-V	Ø	Ø	-V	Ø
PLUR	-sV	-sV	-V	-V	-nV

One method used to identify the noun classes of a language appears in Rowland (1966: 23). The author writes that "[t]he nouns in Sissala may be assigned to groups on the basis of the suffixes for singular and plural". According to this definition, there are nine noun classes, of which four are rare. A synopsis is displayed in Table 1, and each of them is discussed below.[14]

---

[13] Crouch & Naden (1998: 136) state that "[i]n Vagla most traces of this [noun-class system where paired singular/plural noun affixes correlate with concording pronouns and other items] system have been lost. The morphological declensions of nominal pluralization have not yielded to a clear analysis". Even though the authors do not attempt to allot nouns into classes, Marjorie Crouch's field notes (1963, Ghana Institute for Linguistics, Literacy and Bible Translation (GILLBT)) present seven classes. Nominal classifications are proposed for other SWG languages (number of classes for each language in parenthesis): Sissala of Funsi in Rowland (1966) (2), Sisaala-Pasaale in McGill, Fembeti & Toupin (1999) (5) and Isaalo in Moran (2006) (4). The number of classes is of course determined by the linguist's analysis.

[14] Some scholars treat each singular type as a class, and each plural type as a class. In their terminology a *nominal declension* is a singular/plural marker pairing, which corresponds to a *noun class* in this work.

3.2.1.1 Class 1
Class 1 allows a variety of stems: CV, CVC, CVVCV, and CVCV are possible. It gathers the nouns whose singular is formed by a single vowel suffix -V and plural by a light syllable -sV.

Table 2: Class 1

CLASS	Stem	SG	PL	Gloss
CL.1	va	váà	vá⁺sá	dog
CL.1	pɛn	pèná	pènsá	moon
CL.1	gun	gùnó	gùnsó	cotton
CL.1	tʃuom	tʃùòmó	tʃùònsó	Togo hare
CL.1	bi	bìé	bìsé	child
CL.1	gbieki	gbìèkíè	gbìèkísé	type of bird

The quality of the vowels of the singular and plural is determined by the quality of the stem vowel and the harmony rules in operation. The rules were stated in Section 4.2 and correspond to the noun class realization rules given in (81).

(81) a. $-(C)V_{nc} > [\beta\text{RO}, +\text{ATR}, -\text{HI}] / [\beta\text{RO}, +\text{ATR}] \, C^* \_$
   A noun class suffix vowel becomes +ATR if preceded by a +ATR stem vowel, and shares the same value for the feature RO as the one specified on the preceding (stem) vowel. A noun class suffix is always −HI.

   b. $-(C)V_{nc} > +\text{LO} / -\text{ATR} \, C^* \_$
   A noun class suffix vowel becomes +LO if the preceding stem vowel is either ɪ, ɛ, ɔ, ʊ or a.

3.2.1.2 Class 2
Table 3 displays nouns assigned to class 2. Typically, this class consists of nouns whose stems are CVV or CVCV. While the singular form displays no overt suffix, -sV is suffixed onto the stem to form the plural.

The rules in (81) capture the majority of the singular/plural pairs of class 1 and 2. However, it is insufficient in some cases, that is, there are cases which raise uncertainty in the allotment of the pairs into one class or the other. Consider the examples in Table 4.

Two questions are raised by looking at the data in Table 4: (i) What is the stem of these nouns and how are they analysed? (ii) Is there a good reason to favour final vowel deletion instead of insertion, e.g. /kɪrɪma/ vs. /kɪrɪm/ 'tsetse

Grammatical outlines

Table 3: Class 2

CLASS	Stem	SG	PL	Gloss
CL.2	daa	dáá	dààsá	tree
CL.2	bɔla	bɔ̀là	bɔ̀làsá	elephant
CL.2	kuoru	kùórù	kùòrùsó	chief
CL.2	tomo	tòmó	tòmòsó	type of tree
CL.2	bele	bèlè	bèlèsé	type of bush dog
CL.2	tii	tíî	tísè	type of tree

Table 4: Pending class 1 or 2

SG	PL	Gloss
dő̌ő̌	dő́sˈá	African rock python
kìrìmá	kìrìnsá	tsetse fly
lɛ́hɛ́ɛ́	lɛ̀hɛ̀sá	cheek
tíî	tísè	type of tree
bìé	bìsé	child

fly'? Addressing the first question, consider the first pair of words of Table 4, i.e. *dő̌ő̌* and *dő́sa*. On the one hand, if *dő* is treated as the stem and the word for 'African rock python' is assigned to class 1, the refutation of the rule in (81) must be explained, i.e. vowel suffixes are always -HI. On the other hand, if the stem is *dő̌ő̌*, a deletion rule which reduces the length of the vowel, i.e. /dő̌ő̌-sa/ →[dő́sˈá], must be stated. Such a decision would assign a stem /dő̌ő̌/ to class 2. The decision taken here is to respect the rule in (81), which is empirically supported, and assume an *ad hoc* deletion rule. This deletion rule, which may be driven by general prosody or phonological structure, will not be considered here. The word pairs in Table 4 are assigned the following classes: 'African rock python' is in class 2 and the last stem vowel is deleted in the plural, 'tsetse fly' is in class 1 and its stem is /kɪrɪm/, and 'cheek' is in class 2 and the last stem vowel is deleted in the plural. Finally, the final vowel of the stem /tii/ is deleted in the plural, and a vowel is added to the stem of /bi/ in the singular.

3.2.1.3 Class 3 Table 5 shows that the noun stems allotted to class 3 generally have a sonorant coda consonant in the singular, i.e. *l, r, ŋ*, etc. Class 3 is analysed as containing nouns whose singular forms have no overt suffix and whose plural forms have a single vowel as suffix. As for class 1 and 2, the plural vowel suffix of class 3 is determined by the harmony rule given in (81).

Table 5: Class 3

CLASS	Stem	SG	PL	Gloss
CL.3	nɔn	nɔ́ŋ	nɔ́ná	fruit
CL.3	hã̀ãn	hã́ã̀ŋ	hã́ã́nà	woman
CL.3	pʊn	pʊ́ŋ	pʊ́ŋá	hair
CL.3	nar	nár	nárá	person
CL.3	ʔol	ʔól	ʔóló	type of mouse
CL.3	butet	bùtér:	bùtété	turtle
CL.3	sel	sél:	sélé	animal

3.2.1.4 Class 4 As shown in Table 6, the major characteristic of class 4 is that all the stems are analysed as having a final syllable consisting of a [+HI, -RO] vowel. In class 4, a vowel is added to the stem on both the singular and the plural, i.e. V]# > V]-V#. The suffix vowel of the singular is always an exact copy of the stem vowel. If the stem vowel is [+ATR], the plural suffix vowel is -*e*, and if the stem vowel is [-ATR], the plural suffix vowel -*a*. This low vowel is then raised due to the height of the stem vowel. In normal speech, one can perceive either -*a* or -*ɛ* in that position. A similar noun class is found in other SWG and Western Oti-Volta languages (see Section 3.2.1.10).

Class 4 also includes nominalized verbal lexemes. In Section 3.2.2.2, it is observed that one way to make a noun from a verbal lexeme is to suffix a high-front vowel to the verbal stem. For instance, the verbal lexeme *zın* may be translated as 'drive', 'ride' or 'climb'. The suffix -[+HI, -RO] can be added to the verbal lexeme *zın* making it nominal, i.e. *kínzìnɪ́ɪ́* 'horse', *lit.* thing-riding. Consequently, the plural of *kínzìnɪ́ɪ́* 'horse' is *kínzìnɪ́ɛ́*. The sequences -*ie* and -*ɪɛ* of class 4 often coalesce and may be perceived as -*ee* and -*ɛɛ* respectively, e.g. *férɪ́ɪ́/férɛ́ɛ́* (SG/PL) 'air potato'.

Grammatical outlines

Table 6: Class 4

CLASS	Stem	SG	PL	Gloss
CL.4	begi	bégíí	bégíé	heart
CL.4	si	síí	síé	eye
CL.4	fili	fílíí	fílíé	bearing tray
CL.4	bɪ	bíí	bíá	stone
CL.4	wɪ	wíí	wíɛ́	matter
CL.4	wɪlɪ	wílíí	wílíɛ́	star

3.2.1.5 Class 5 The monosyllabic stems of class 5 can either be CVV or CVC. Class 5 consists of nouns which form their singular with no overt suffix and their plural with the suffix *-nV*. The quality of the suffix's consonant is determined by the stem and the place assimilation rules introduced in Section 3.2.2.2, some of which are repeated in (82). The vowel of the plural suffix is determined by the stem vowel and the rules in (81).

(82) Class 5 suffix -/nV/ surfaces -[IV] if the coda consonant of the stem is *l*
-/[NASAL]V/$_{nc}$ > -/[LATERAL]V/$_{nc}$ / [LATERAL] _

Table 7: Class 5

CLASS	Stem	SG	PL	Gloss
CL.5	zɪn	zìŋ	zínná	type of bat
CL.5	hŏn	hŏ̀ŋ	hŏ́nná	farmer or hunter gear
CL.5	kuo	kùó	kùónò	farm
CL.5	ɲuu	ɲúù	ɲúúnò	head
CL.5	vii	víí	vííné	type of cooking pot
CL.5	din	díŋ	dínné	fire
CL.5	pel	pél	péllé	burial specialist

3.2.1.6 Nasals in noun classes' morpho-phonology

Apart from the singular of class 4, much of the same vocalic morpho-phonology is found in all classes. This was reduced to the two rules in (81). Furthermore, in all the noun classes, the nasal consonants surface differently depending on the phonological context. The rules in (83) predict the observed outputs and are derived from the nasal assimilation rules in Section 3.2.1.1.

(83) Possible outputs of nasals

    a. C[+NASAL] > ŋ / _ #
       /hāān-Ø/ > [há̋ā̋ŋ] 'female' CL.3SG

    b. /m/ > n / _ C [-LABIAL, -VELAR]
       /tʃuom-sV/ > [tʃùònsó] 'Togo hares' CL.1PL

    c. /ŋ/ > n / _ C [-LABIAL, -VELAR]
       /kɔlõŋ-sV/ > [kɔ̀lòǹsá] 'wells' CL.2PL

The rule in (83a) says that any nasal consonant occurring word finally becomes [ŋ]. The rule in (83b) changes a bilabial nasal into an alveolar when it precedes a non-labial and non-velar consonantal segment. The rule in (83c) changes a velar nasal into an alveolar in the same environment.

3.2.1.7 Generalization and summary

While the method proposed suggests that one should look for pairs of forms, the present classification treats phonologically empty suffixes as "exponents". What counts as a noun class is the paradigm determined by the inflectional pattern of the lexeme. The five most frequent pairs were presented in Tables 2 to 7 and the exponents are gathered in Table 8.[15]

Table 8: The five most frequent noun classes

	CL.1	CL.2	CL.3	CL.4	CL.5
SING	-V	Ø	Ø	-V	Ø
PLUR	-sV	-sV	-V	-V	-nV
	8%	32%	23%	17%	8%

---

[15] The percentage is based on a list of 978 singular/plural pairs (02/10/10). The five classes in Table 8 make up 88% of the nouns which are assigned a class in the lexicon.

Grammatical outlines

In practice the most productive and regular patterns are those recognized as noun classes. However, some words do not fit perfectly into the patterns described above but are not totally alien to genetically related languages and the reconstructions of Proto-Grusi in Manessy (1969a,b) and Proto-Grusi-Kirma-Tyurama in Manessy (1982). In fact, there are more possibilities and surface forms when the classes (SG/PL) Ø/Ø, Ø/ta, Ø/ma and ŋ/sV are included in the classification. Examples are given in Table 9.

Table 9: Noun classes 6, 7, 8, and 9

CLASS	Stem	SG	PL	Gloss
CL.6	dʒɪɛnsa	dʒíènsá	dʒíènsá	twin
CL.6	kapʊsɪɛ	kàpʊ́sìè	kàpʊ́sìè	kola nut
CL.6	kpibii	kpìbíì	kpìbíì	louse
CL.7	kuo	kúó	kùòtó	roan antelope
CL.7	kie	kìé	kìèté	half of a bird
CL.7	fɔ̃ŏ	fɔ́̃ŏ	fɔ́tá	baboon
CL.8	naal	náàl	nááləmà	grand-father
CL.8	ɲɪna	ɲínà	ɲínámà	father
CL.8	hĩɛ̃ŋ	hĩ́ɛ̃́ŋ	hĩ́ɛ̃́mbá	relative
CL.9	jo	jóŋ̀	jósò	slave
CL.9	zi	zíŋ̀	zísè	tail
CL.9	ŋmɛ	ŋméŋ̀	ŋmésà	rope

The nouns in class 6 do not formally differentiate singular and plural. Those in class 7 mark their plural with the suffix -tV and class 8 with the suffix -mV. The singular exponent of class 7 and 8 is covert. Finally, the nouns of class 9 have a suffix -ŋ in the singular and -sV in the plural. In Table 10, the percentage of occurence of the less productive noun classes 6, 7, 8 and 9 is given.

In addition, there are pairs which can only imperfectly be reduced to the nine classes presented until now. However, the problem lies in the stem and not in the inflectional pattern, and thus suggests suppletion rather than phonotactics. For example the colour terms (SG/PL) *pʊ̀mmá*/*pʊ̀lɔ̀nsá* 'white' and *búmmó*/*bùlùnsó* 'black' do not have comparable pairs and do not fit the noun classes described above. One would expect *pʊmmasa to be the plural form for 'white' (also *tɪɪnama for *tììná*/*tʊ́mà* 'owner'). Other examples are the pairs *tɪ̀ɛ̀*/*tésà* 'foetus' and

Table 10: Less productive noun classes

	CL.6	CL.7	CL.8	CL.9
SING	Ø	Ø	Ø	-N
PLUR	Ø	-tV	-mV	-sV
	7%	1.8%	0.9%	0.8%

túò/tósó 'bow' (see Brindle 2015a for an account of a similar situation in Waali). Also here, one expects the last vowel to delete in each of the plural forms instead of the penultimate one. Moreover, inconsistent class assignment across speakers, across villages, and even different forms (predominantly in the plural) from the same speaker on different elicitation sessions do arise.

3.2.1.8 Semantic assignment criteria Several authors have presented different views on the semantic classification of nominals. The general idea is that there must be an underlying system which can explain, first, why some words display identical number morphology, and second, how these words are related in meaning. Tchagbalé (2007: 23) shows that Tem organizes its nominals on the basis of semantic values such as humanness, size, and countability. Awedoba (2007: 41) argues that nominal groupings in Kasem should take into consideration phonological and semantic characteristics, in addition to other more cultural factors. Amidu (2007) argues at length on the shortcoming of traditional semantic rules and argues for abandoning them.

The semantic value of the noun class suffixes has proven difficult to establish. It is possible that there are analogies in class assignment based on semantic criteria, but it is more likely that synchronically (i) the phonological shape of the stem triggers the suffix type, and that (ii) some classes can be identified as residues of former semantic assignment. Let me comment on each of these points.

First, most class 3 nouns have a sonorant consonant in the coda position, the stems of class 4 nouns must have their last vowel specified for [-HI, -RO] and a typical class 2 noun is either CVV or CVCV. These are some of the characteristics described for the noun classes. It seems that the phonological shape of the stem plays a role in class assignment and that there is no productive class where most of its members are assigned to a particular semantic domain. Using four features of the animacy hierarchy of Comrie (1989), i.e. human [HUM], animal (exclude human) or other-animate and insects [ANIM], concrete inanimate

Grammatical outlines

[CONC] and abstract (inanimate) [ABST], Brindle (2008b) shows that the noun classes do not encode any of these distinctions. Such distinctions may have been expected given the nominal classification of other Gur languages. For instance in Dagaare, a Western Oti-Volta language in contact with Chakali, Bodomo (1994: 124) presents the Class 2 (V/ba) as "unique in that it is the only class that has exclusively [+human] nouns in it". From a diachronic point of view, this could suggest that Chakali has dropped all animacy distinctions in the noun class system while preserving one distinction in agreement (see Section 3.10.1).

Secondly, languages related to Chakali, e.g. geographically and genetically, have or had noun class systems whose classifications were based, at least partially, on semantic criteria (Naden 1982). To my knowledge, the most conservative system today within Grusi is Tem (see "identification sémantique" in Tchagbalé 2007). When and how the speakers of Chakali classified nouns based on semantic criteria is impossible to know, but traces can be detected in the *less productive noun classes*, that is class 6, 7, 8, and 9 (see Table 10). Some members of class 6 consist of nouns with mass or abstract denotations, e.g. rice, louse, struggle, profit, etc. Recall that number has no exponent in class 6. Class 7 also contains mass and abstract nouns, e.g. oil, honey, water, and taboo, but also bush animals such as bushbuck, waterbuck, baboon, roan antelope and hartebeest. Class 7 represents approximately 2% of the noun sample (see Table 10) and mass/abstract nouns and bush animals each represent 30% of class 7 membership. Class 8 is likely to be the class where kinship and human classification terms were assigned, as mother, father, and 'owner of' are among remnant members of that class. Finally, a common trait of class 9 may be 'elongated things', since words referring to rope, arm, tail, and ladder are members. Yet, only eight nouns are assigned to class 9. Despite the arbitrary nature of the semantic assignment of class 9, Manessy (1975: 94) maintains that there are Oti-Volta languages which show relics of the Proto Oti-Volta class *ŋu- *u-, which is itself a remnant of Proto-Gur class 3 according to Miehe & Winkelmann (2007: 11), and that this class contains "les noms du bâton, du pilon, du balai, de la corde, de la peau et du chemin". Although these nouns seem to denote 'elongated things', Manessy claims that they cannot contribute to an hypothesis. Generally, however, the fact that members of classes 6, 7, 8, and 9 are similarly clustered in other languages suggests that these classes are remnants of a more productive semantic assignment system. Beside semantic domains, the simple empirical fact that homonyms are allotted different classes excludes a purely phonologically-based assignment. There is no way a speaker can correctly pluralize the stems *kuo* (CL.5) 'farm' and *kuo* (CL.9) 'type of antelope' based entirely on their (segmental) phonological shape.[16] It seems that apart from phonological and semantic features, combinatorial features on lexical units are necessary to account for noun class assignment.

3.2.1.9 Tone patterns of noun classes   In spite of variations, nouns have recurrent tonal melodies and representative examples are presented in Table 11. The general tendency for nouns is for the singular and plural forms to display the same tonal melody. For instance, a HL melody may be associated with both the singular and the plural, e.g. *zíŋ̀/zísè* 'tail' (CL.9) and *lɔ́l̀/lɔ́là* 'biological relation' (CL.3). These cases are tonally regular. Another common pattern is when a singular noun displays a H melody, but the plural a LH melody, e.g. *dáá/dààsá* 'tree' (CL.2). While it seems that the plural suffix *-sV* depresses a preceding H, it does not do so in class 9 nouns. The majority of class 4 nouns in the data available are high tone irrespective of the number of moras and they are all tonally regular. An exception is the LHL melody, of which a dozen or so pairs are attested, e.g. *tʃììríì/tʃììréè* 'type of wasp' and *lògfì/lògéè* 'iron'. Some cases involving singular CVC words with moraic coda exhibit the deletion of a low tone; *zìŋ̀/zínná* 'bat' (CL.5), *gèŕ/gété* 'lizard' (CL.3), and *sàĺ/sállá* 'flat roof' (CL.5) have a LH tonal melody in the singular but H in the plural. A downstep rule (Section 4.1) predicts that a high tone preceded by a low tone is perceived as lower than a preceding high tone, e.g. *váà* HL, *vá⁺sá* HLH 'dog' (CL.1).

3.2.1.10 Noun class reconstruction   The numerical labelling of the noun classes in Table 8 and 10 is arbitrary. Nonetheless, some observations on similarities between the noun class system in Chakali and other SWG noun class systems can be put forward. The information sources are my own field notes on neighbouring languages, the reconstruction of the noun class suffixes of Grusi in Manessy (1969a,b), and the reconstruction of noun classes in Gur in Miehe & Winkelmann (2007); the latter being for the most part an update and synthesis of Manessy's work (Manessy 1969a,b; 1975; 1979; 1982; 1999). Needless to say, the following statements are first impressions.

---

[16] I put segmental in parenthesis since homonyms *with the same tonal melody* belonging to two different classes have not yet been found. The pair *pól/póllo* (CL.5) 'water source' and *pól/póló* (CL.3) 'vein' may be treated as one example, but their meanings could be thought of as pointing to a common etymology. Another is the pair *tíì/tísè* (CL.2) 'type of tree' and *tíì/tíísè* (CL.2) 'tea', but the latter is a recent loan from English. Nevertheless, Bonvini (1988), Awedoba (2007) and Tchagbalé (2007) provide data to support a similar claim.

Grammatical outlines

Table 11: Tonal melodies in noun classes 1–5

CLASS	Tone melody SG	Singular	Tone melody PL	Plural	Gloss
CL.1	HL	váà	HLH	vá˖sá	dog
	LH	gùnó	LH	gùnsó	cotton
	HL	tʃíníè	HL	tʃínísè	type of climber
	L	dìgìnà	LH	dìgìnsá	ear
CL.2	H	síé	LH	sìèsé	face
	L	bɔ̀là	LH	bɔ̀làsá	elephant
	LH	tòmó	LH	tòmòsó	type of tree
	LH	jùó	LH	jùòsó	quarrel
	HL	kánà	HLH	kánàsá	arm ring
CL.3	H	hóg	H	hógó	bone
	HL	hááŋ	HL	háánà	woman
	LH	gèṙ	H	gété	lizard
	LH	pààtʃák	LH	pààtʃàgá	leaf
CL.4	H	síí	H	sié	appearance
	H	tʃíí	H	tʃíá	dawadawa seed
	LHL	ààríì	LHL	ààríè	grasscutter
CL.5	H	víí	H	vííné	cooking pot
	LH	bèŋ	H	bénné	law
	LH	sàĺ	H	sállá	flat roof
	HL	tʃáĺ	LH	tʃàllá	blood
	HL	péĺ	H	péllé	burial specialist

Field notes on neighbouring languages, supported with unpublished material produced by GILLBT's staff,[17] provided relevant information on the (dis-)similarities of Chakali with other SWG languages. As in all SWG languages, a typical Vagla noun class is characterized by suffixation. The most frequent plural

---

[17] In 2008, Tony Naden gave me a copy of his ongoing Vagla and Dɛg lexicons. I am also indebted to: Kofi Mensa (New Longoro) for Dɛg, Modesta Kanjiti (Bole) for Vagla and Dɛg, Joseph Kipo (Bole) for Vagla and Yusseh Jamani (Bowina) for Tampulma.

markers in Vagla are *-zi*, *-nɪ* and *-ri*. The pattern found in Chakali class 4 is similar to the one found in Vagla, e.g. (SG/PL) *bàmpírí/bàmpíré* 'chest', *hūbí/hūbé* 'bee' and *gíngímí/gíngímé* 'hill'. In Dɛg, the most frequent plural markers are mid-vowel suffixes, often rounded, and the *-rV*, *-nV* and *-lV* suffixes, with which the vowel harmonizes in roundness and ATR with the stem vowel. Both Vagla and Dɛg display miscellaneous classes which are characterized by a simple difference in vowel quality between the last vowel of the singular and the plural, e.g. Dɛg *dala/dale* 'cooking place'. Attested alternations (SG/PL) in Vagla are *-i/-e*, *-i/-a*, *-a/-i*, *-u/-a*, *-o/-i* and *-e/-i*, and in Dɛg *-a/-e*, *-e/-a*, *-i/-e*, *-o/-i* and *-i/-a*.[18] The noun classes of Tampulma and Pasaale correspond more to those of Chakali. Tampulma has at least the following class suffix pairs (SG/PL): *Ø/-V*, *-i/-e*, *Ø/-nV*, *Ø/-sV*, *-V/-sV*, *-hV/-sV* and *Ø/-tV*. Tampulma displays similar harmony rules to those found in Chakali. Apart from the singular suffix *-hV*, all the noun class suffixes in Tampulma are manifested in Chakali. Correspondingly, Pasaale reveals pairs and harmony rules similar to those of Chakali and Tampulma.[19]

It is important to keep in mind that the analysis in Manessy (1969a,b) is based on a very limited set of SWG data, most of the data being extracted from Bendor-Samuel (1965). He often stresses the tentative nature of his claims and sets forth more than one hypothesis on several occasions. Based on a comparison of word forms and meanings, Chakali plural suffix of class 8 *-mV* may be treated as a descendant of the Proto-Grusi Class *B_1A (Manessy 1969b: 32), class 9 *-ŋ* as a descendant of the Proto-Grusi Class *NE (Manessy 1969b: 37, 41), class 1 *-V* as a descendant of the Proto-Grusi Class *K_1A (Manessy 1969b: 39), classes 1, 2, and 9 *-sV* as descendants of the Proto-Grusi Class *SE (Manessy 1969b: 39) and class 7 *-tV* as a descendant of the Proto-Grusi Class *TE/O (Manessy 1969b: 43). The vowel suffixes of class 1 and 4 may also descend from the Proto-Grusi Class *YA (Manessy 1969b: 34). In consulting Miehe & Winkelmann (2007: 7–22), Chakali's most frequent plural suffix *-sV*, found in class 1, 2, and 9, would seem to correspond to Proto-Gur Class 13 *-sɪ, the plural suffix of class 5 *-nV* to Proto-Gur Class

---

[18] These singular/plural pairings are extracted from the Vagla and Dɛg lexicons (fn. 17) and are not exhaustive.

[19] As mentioned in footnote 13, the number of noun classes is determined by the linguist's analysis. McGill, Fembeti & Toupin (1999: 5–12) is a good example of the consequence of analyzing noun classes differently. For instance, McGill, Fembeti & Toupin (1999: 7) postulate a subclass (SG/PL) *-l/-lA* for word pairs like *baal/baala* 'man', *gul/gulo* 'group', *miibol/miibolo* 'nostril' and *mɔl/mɔlɔ* 'stalk'. If these words were part of the Chakali data, they would have been allotted to class 2 (*-Ø/-V*), that is, I would have treated the /l/ as a coda consonant of the stem instead of a noun class suffix consonant. In addition, whereas I derive the quality of the vowel entirely from harmony rules, McGill, Fembeti & Toupin assume archiphonemes (underspecified segments), like A and E, which surface depending on harmony rules.

Grammatical outlines

2a *-n.ba or Proto-Gur Class 10 *-ni, class 7 -tV to Proto-Gur Class 21 *-tʊ and class 8 -mV to Proto-Gur Class 2 *-ba. The singular suffix -ŋ would correspond to Proto-Gur Class 3 *-ŋʊ.

Needless to say, these observations deserve further investigation. Even though there is literature to support the reconstruction of the Gur classes, little can be done in the SWG area unless descriptions of nominal classifications in the languages Winyé, Vagla, Tampulma, Phuie, Dɛg, Siti/Kyitu, and the dialects of Sisaala are made available. A synthesis of these descriptions could be compared to "better-documented" nominal classfications of Grusi languages such as Kasem (Northern Grusi, Awedoba 1979; Bonvini 1988; Awedoba 2003), Lyélé (Northern Grusi, Delplanque 1979), Lama (Eastern Grusi, Aritiba 1987; Ourso 1989), Kabiyé (Eastern Grusi, Tchagbalé 2007), Chala (Eastern Grusi, Kleinewillinghöfer 2000) and Tem (Eastern Grusi, Tchagbalé 1972; 2007), to evaluate the Proto-Grusi noun class suffixes of Manessy (1969b) and Proto-Gur of Miehe & Winkelmann (2007), and to reconstruct the nominal classifications of SWG languages.

3.2.2 Atomic stem nouns

The notion of stem in the present context refers to the host of a noun class suffix or the host of a nominaliser, i.e. the element which conveys the lexical meaning and to which affixes attach. A stem can be either irreducible or reducible morphologically: they are referred to as atomic and complex stem respectively. Complex stems are presented in Section 3.2.3. An atomic stem is always a nominal or a verbal lexeme. A verbal lexeme may either be of the type "process" or "state" (Sections 3.2.2.2 and 3.2.2.3). Three types of nominalization formation (i.e. nominalisers) are attested: suffixation, prefixation, and reduplication.

3.2.2.1 Nominal stem   A nominal stem denotes a class of entities. Nouns composed by the combination of a nominal stem and a noun class affix are the most common. A nominal stem has the potential to be juxtaposed with various noun class affixes, yielding forms with different meanings. For instance, the lexeme *baal* is associated with the general meaning 'male'. In a context where the lexeme is used in the singular, *baal* can mean either 'a man' or 'a husband'. Given the same context but used in the plural, the lexeme *baal* is disambiguated by the plural suffix it takes; *báàlá* 'men' (CL.3) and *bààlsá* 'husbands' (CL.2). Evidence from other Grusi languages suggests that the situation where lexemes are found in different noun classes was certainly a more common phenomenon than it is today

3 Nominal

(Bonvini 1988: 126–128). This may coincide with semantically richer noun class suffixes. In addition, for many noun classes the singular forms are not overtly marked and the plural forms are by and large less frequent. This situation makes it difficult to provide the necessary evidence which would demonstrate that nominal stems are attested with different noun classes.

Nominal stems exist in opposition to the verbal ones. To classify a stem in such a dichotomy, the simple test carried out consists of placing the stem in several core predicative positions, i.e. positions where an argument must appear. If the sentence is perceived as grammatical and felicitous by language consultants, it cannot be nominal. The examples in (84) illustrate the procedure. It uses a frame where the predicate is in the perfective aspect and the same predicate, as opposed to the argument, is in focus. The assumption is that this position cannot be satisfied by nominal lexemes.

(84) a. /di/ 'eat' → ʊ̀ díjōó |3SG eat.PFV.FOC| 'he ate'
      b. /kpeg/ 'hard' → ʊ̀ kpégéó |3SG hard.PFV.FOC| 'he is strong'
      c. /sɪama/ 'red' → *ʊ sɪamao, but ʊ̀ sɪárēó |3SG red.PFV.FOC| 'it is red'
      d. /bi/ 'child' → *ʊ bio

The grammatical sentences in (84) show that *di* and *kpeg* are verbal, whereas *sɪama* and *bi* are not. In Section 3.4, it will be shown that some colour properties change forms depending on whether they occur in a nominal or verbal context, so 'red' can be verbal but *sɪama* is not.

3.2.2.2 Verbal process stem   Verbal process stems denote non-stative events. Table 12 displays two types of nominalization formation – suffixation and reduplication – involving verbal process stems, 'agent of X' and 'action of X', where X replaces the meaning of the verbal process stem.

In Table 12, the column entitled semantic value (Sem. value) identifies the meaning of the verbal nominalization. In such a context, 'agent of X' refers to the instigator or doer of the state of affairs denoted by the predicate X and the nominalization is generally accomplished by the suffix *-r(a)*. However, there are some expressions with the equivalent agentive denotation which do not suffix *-r* to the predicate, e.g. *ʔɔra* 'to sew' vs. *ʔɔta* 'sewer' and *maɲa* 'to beat' vs. *kɪŋ-maɲana* 'drummer'. The singular forms are given in the fourth column: the plural of agent nominals of this type, i.e. nominalized by the suffix *-r*, is made by a sin-

Grammatical outlines

Table 12: Examples of nominalization of verbal process stem

Sem. value	Verb. process stem	NMLZ	Form
Agent of X	gòɔ̀ 'dance'	-/r/	góɔ́r 'dancer'
Agent of X	kpɔ́ 'kill'	-/r/	kpɔ́ɔ́râ 'killer'
Agent of X	búól 'sing'	reduplication	bùòlbúóló 'singer'
Agent of X	sùmmè 'help'	reduplication	súsúmmá 'helper'
Action of X	gòɔ̀ 'dance'	-/[+HI, -BK]/	góɔ́íí 'dancing'
Action of X	kpɔ́ 'kill'	-/[+HI, -BK]/	kpɔ́ìí 'killing'
Action of X	búól 'sing'	-/[+HI, -BK]/	búólíí 'singing'
Action of X	sùmmè 'help'	-/[+HI, -BK]/	súmmíí 'helping'

gle vowel suffix (CL.3) whose surface form depends on harmony rules.[20] Another verbal nominalization process conveying 'agent of X' is reduplication. The evidence suggests that only the first syllable is reduplicated.

The second nominalization process is interpreted as 'action of X' or 'process of X' and consists of the suffixation of a high front vowel to the verbal stem.[21] The surface form of the vowel depends on the quality of the stem vowel and ATR-harmony (Section 4.2). Consider example (85).

(85) ʊ̀ *píílè wáíí* rá.
 ʊ piile wa-ɪ-ɪ ra
 3SG start come-NMLZ-CL.4 FOC
 'He begins coming.'

The final vowels in the words referring to 'the process of X' are analysed as a sequence of two vowels: first a nominaliser suffix (i.e. NMLZ) on the verbal stem, and second, a noun class suffix. Such nominalized verbal stems are allotted to

---

[20] One language consultant had a problem retrieving the plural of some agent nouns. He often repeated the singular entry for the plural. I interpret this as either a situation where agent nouns do not show differences in the singular and plural (CL. 6), or different SG/PL forms exist but he could not retrieve them. The pair *kpʊra/kpʊrəsa* 'killer(s)' is unusual. The word *sāsaar* means 'woodcarver' and not 'car driver' even though *sāā* can mean both 'carve' and 'drive vehicle'. People usually use *lɔ́ɔ̀lìsáár*, or the English word *dərávè*, which is common all over Ghana, to refer to any driver of a vehicle.

[21] The nominalization 'the process X' is often not distinguishable from 'the result of a process X'. Does 'dancing' refer to 'the process of dance', 'the result of the process of dance' or both?

noun class 4; their singular suffix is a copy of the NMLZ vowel, and their plural suffix is the low vowel *a*, raised to a mid height, e.g. *pɛrɪɪ/pɛrɪɛ* 'weaving(s)' (< *pɛra* 'weave', see class 4 in Section 3.2.1.4).

3.2.2.3 Verbal state stem Verbal state stems denote static events. They generally function as verbs, but they can take the role of attributive modifiers in noun phrases, referred to as 'qualifiers' in Section 3.4. In that role, their semantic value is similar to the value of adjectives in English: they denote a property assigned to a referent. To function as a qualifier, some verbal state predicates must be nominalized. As with verbal process stems, verbal state stems are found in nouns which have been nominalized by suffixation of a high front vowel, i.e. 'the state of X'. For instance, the verbal state predicate *kpeg* has a general meaning which can be translated into English as 'hard' and 'strong'. The expression *kpégíí* in a *teebul kpegii dʋa de* 'The hard table is there' functions as qualifier in the noun phrase *a teebul kpegii*, lit. 'the table hard'.

(86) Verbal state stem *kpeg* 'hard' in complex stem nouns

    a. *ɲúú˧kpég* < head-hard 'stubbornness'
    b. *nékpég* < arm-hard 'stingy'
    c. *dààkpég* < wood-hard 'strong wood'

Examples are provided in (86) using *kpeg* again for the sake of illustration. Notice that only (86c) has a transparent and compositional meaning. Verbal state stems are mainly found in complex stem nouns (Section 3.2.3).

3.2.3 Complex stem nouns

A complex stem noun, as opposed to an atomic one, is formed by the combination of at least two stems (XY). Either X or Y in a XY-complex stem noun may be atomic or complex. Nominal stems (NS), verbal state stems (SS) and verbal process stems (PS), together with a single noun class suffix (and/or other types of nominaliser) are the elements which take part in the formation of complex stem nouns.

(87)   a. *nébíí* 'finger'
        ne-bi-i [arm-seed]
        NS + NS + CL.3SG

Grammatical outlines

    b. *pàtʃɪ́gɪ́búmmò* 'liar'
       patʃɪgɪ-bummo-Ø [stomach-black]
       NS + NS (+ CL.1SG)

    c. *ŋméŋhʊ̀lɪ̂* 'dried okro'
       ŋmɛŋ-hʊl-ɪ-ɪ [okro-dry]
       NS + SS + NMLZ + CL.4.SG

    d. *jàwàdɪ́r̄* 'business person'
       jawa-di-r-Ø [buy-eat-agent]
       PS + PS + NMLZ (+ CL.3SG)

In (87a) and (87b), all stems are nominal. In (87c), the verbal state stem *hʊl* 'dry' follows a nominal stem, and in (87d) both stems are of the type verbal process. In these stem appositions, it is the noun class suffix of the rightmost stem which appears. Further, stems are lexemes, as opposed to nouns or verbs. This is readily apparent in (87a) and (87b), in which the leftmost stems *ne* and *patʃɪgɪ* would appear as *neŋ* and *patʃɪgɪɪ* if they were full-fledged nouns. Thus, although complex stem nouns contain more than one stem, there is only one noun class associated with the noun and it is always the noun class associated with the rightmost stem. This was mentioned in Section 3.2.1.8 to support the claim that semantic criteria in noun class assignment may be non-existent.

If stems are treated as lexemes, there is still a problem in accounting for the "reduced" form of some lexemes when they occur in stem appositions. That is, the first stem of a complex stem noun is often reduced to a single syllable in the case of a polysyllabic lexeme, or a monosyllabic lexeme of the type CVV is reduced to CV. For example, *lúhò* and *lúhòsó* are respectively the singular and plural forms for 'funeral' (CL.2). The expectation is that when the lexeme takes part in position X of a XY complex stem noun, it should exhibit its lexemic form, i.e. *luho*. Yet, the word for 'last funeral' is *lúsɪ́nnà*, lit. funeral-drink, and not **luhosɪnna*. Not all lexemes get reduced in that particular environment; nevertheless, it is more discernible for polysyllabic lexemes or monosyllabic ones built on a heavy syllable. Moreover, some lexemes are more frequent in that environment than others.

The relation between the stems in a complex stem noun is asymmetric. The relation is defined in terms of what the referents of the stems and the complex noun as a whole have to do with each other. As in a syntactic relation between a head and a modifier, one of the stems modifies while the other stem is modified. The semantic relations between the stems are of two types: "completive" modification and "qualitative" modification. These distinctions are discussed in Sections 3.2.3.1 and 3.2.3.2.

3 Nominal

3.2.3.1 Completive modification   A completive modification in a complex stem noun XY can translate as 'Y of X' of which Y is the head. For instance *sììpɔ́ŋ* 'eyelash', *lit.* eye-hair, is a kind of hair and not a kind of eye. And *ʔɨlnɔ̀å̊* 'nipple', *lit.* breast-mouth, is most likely seen as a kind of orifice than as a kind of breast. In both cases, the noun class is suffixed to the rightmost stem, incidentally to the head of the morphological construction, i.e. *sììpɔ́ŋ/ sììpɔ́ná* (CL.3) and *ʔɨlnɔ̀å̊/ ʔɨlnɔ̀å̊sá* (CL.2). As mentioned earlier, either X or Y in a complex noun XY can be complex. The word *népɨ́élpàtʃɨ́gɨ́ɨ́* 'palm of the hand' is an example of two completive modifications. It consists of a complex stem *nepɪel* 'hand', which is composed of *ne* 'arm' and *pɪɛl* 'flat', and the atomic stem *patʃɪgɪ* 'stomach', yielding in turn 'flat of arm' and then 'inside of flat of arm'.

3.2.3.2 Qualitative modification   A qualitative modification in a complex stem noun is the same as the syntactic modification noun-modifier. The difference lies in the formal status of the elements: when the relation is held at a syntactic level, the elements are words, whereas at the morphological level they are stems. As mentioned earlier, either X or Y in a complex noun XY can be complex. For instance, the word *nebiwie* consists of the combination of *ne* 'arm' (CL.9) and *bi* 'seed' (CL.4), then the combination of *nebi* 'finger' and *wi* 'small'. The noun class of *wi* 'small' is CL.1, so the singular and plural forms for the word 'little finger' are *nébíwìé* and *nébíwìsé* respectively. The first relation involved is a completive modification, i.e. 'seed of arm', while the second is a qualitative one, i.e. 'small seed of arm' or 'small finger'. A qualitative modification in a complex noun XY can translate as 'X has the property Y' of which X is the head. Therefore, unlike many languages, it is not necessarily the head of the morphological construction which determines the type of inflection.

The examples in Table 13 illustrate the distinction between the completive and qualitative modification. The form *daa* conveys either the meaning 'tree' or 'wood'. Both meanings may function as head or as modifier. If the head stem follows its modifier, it is a completive modification, and vice-versa for the qualitative modification. A semantic relation between the stems may be a whole-part relation, a characteristic added to define an entity or a purpose associated with an entity.

So far, XY-complex stem nouns were assumed to be endocentric compounds whose head is X in qualitative modification and the head is Y in completive modification. However, a word such as *pàtʃɨgɨbúmmò* 'liar, secretive', *lit.* stomach-black, suggests that some XY-complex stem nouns may either lack a head or have more than one head. These possibilities are not ignored, but in this particu-

Grammatical outlines

Table 13: Distinction between completive and qualitative modification using /daa/ 'tree' or 'wood'. Abbreviations: H= head, M= modifier, NS= nominal stem, SS= verbal state stems, PS= verbal process stem,

		Structure		Stems	Word
	Lex. type	Function	Semantic		
Completive	NS-NS	M-H	WHOLE-PART	/daa/-/luto/ 'tree'-'root'	dààlútó 'root of tree'
	NS-SS	M-H	WHOLE-PART	/daa/-/pɛtɪ/ 'tree'-'end'	dààpétíí 'bark'
	NS-NS	M-H	WHOLE-PART	/kpõŋkpõŋ/-/daa/ 'cassava'-'wood'	kpõ̀ŋkpõ̋ŋdāā 'cassava plant'
Qualitative	NS-NS	H-M	THING-CHARAC	/daa/-/sɔta/ 'tree'-'thorn'	dààsɔ́tá 'type of tree'
	NS-NS	H-M	THING-CHARAC	/ɲin/-/daa/ 'tooth'-'wood'	ɲíndáá 'horn'
	PS-NS	H-M	PURPOSE-THING	/tʃaasa/-/daa/ 'comb'-'wood'	tʃáásàdāā 'wooden comb'

lar case the complex stem noun may be seen as involving the abstract senses of *patʃɪgɪɪ* and *bummo*, that is 'essence' and 'subtle, restrained' respectively, making *patʃɪgɪbummo* a qualitative modification which can be formulated literally as 'subtle/restrained essence', i.e. a property applicable to humans. Thus, the stem *patʃɪgɪɪ* is treated as the head, and *bummo* as the stem functioning as the qualitative modifier. Another example is *dààdùgó*. This word consists of the stems *daa* 'tree' and *dugo* 'infest' and refers to a type of insect. Unlike the analysed expressions displayed in Table 13 none of the stems can be treated as the head of the expression and the meaning of the whole noun cannot be transparently predicted from its constituent parts. This leads me to provisionally consider the expression *dààdùgó* as an exocentric compound, i.e. a complex stem noun without a head.

3.2.3.3 Compound or circumlocution   For a few expressions, it is hard to tell whether they are compounds, i.e. the results of morphological operations, or circumlocutions, i.e. the results of syntactic operations (Allan 2001: 165). Clear cases of circumlocution nevertheless exist. For instance, the word *kpatakpalɪ* 'type of hyena' is treated by one language consultant as *kpa ta kpa lɪɪ*, lit. 'take let.free take leave'.²² Another example is *sòwàkándíkùró* 'parasitic plant'. This expression refers to a type of parasitic plant lacking a root which grows upon and survives from the nutrients provided by its hosts. The word-level expression originates from the sentence *sòwà ká ŋ́ dí kùórò*, lit. die-and-I-eat-chief, 'Die so that I can become the chief'. It is common to find names of individuals being constructed in this way: the oldest woman in Ducie is known as *ŋ̀wábɪ̀pɛ̄*, lit. *ŋ̀ wa bɪ pɛ* 'I-not-again-add'. Since two successive husbands died early, she used to say that she will never marry again. For that reason people call her *ŋ̀wábɪ̀pɛ̄*.

3.2.4 Derivational morphology

A derivational morpheme is an affix which combines with a stem to form a word. The meaning it carries combines with the meaning of the stem. By definition, a derivational morpheme is a bound affix, and thus cannot exist on its own as a word. This property keeps apart complex stem nouns and derived nouns. Yet, the distinction between a bound affix and a lexeme is not obvious, mainly because some bound affixes were probably lexemes at a previous stage, or still are today (see the morpheme *bɪ* in Section 3.6.5).

3.2.4.1 Maturity and sex of animate entities The specification of the maturity and sex of an animate entity is accomplished in the following way: male, female, young, and adult are organized in morphemes encoding one or two distinctions. These morphemes are suffixed to the rightmost stem. To distinguish between male and female, the morphemes (SG/PL) *wal/wala* 'male' and *nɪɪ/nɪɪta* 'female' are used as (88) illustrates.

(88) a. *bɔ̀là-wál-Ø / bɔ̀là-wál-á*
         elephant-male-SG / elephant-male-PL (CL.3)
     b. *bɔ̀là-nɪ́ɪ́-Ø / bɔ̀là-nɪ̀ɪ̀-tá*
         elephant-female-SG / elephant-female-PL (CL.7)

The language employs two strategies to express the distinction between the adult animal and its young, which is called here 'maturity'. The first is to simply add the morpheme *-bi* 'child' to the head, e.g. *bɔla-bie/bɔla-bise* 'young elephant(s)'. In the second strategy both the sex and maturity distinctions are conveyed by the morpheme. This is shown in Table 14.

---

²² Yet *kpatakpari* is the word for 'hunting trap' in Gonja (Rytz n.d.).

Grammatical outlines

Table 14: Morphemes encoding maturity and sex of animate entities

	MALE	FEMALE
YOUNG	-w(a|e)lee	-lor
ADULT	-wal	-nɪɪ

Some examples are more opaque than others. For instance, the onset consonant of the morpheme *wal/wala* 'male' may surface as a bilabial plosive, e.g. *bŏŏmbál* 'male goat'. One can also observe a difference in form between the word *pièsíí* 'sheep', *pèmbál* 'male sheep' and *pènìí* 'female sheep'. The words displayed in the first three rows of Table 15 show the least transparent derivations. The annotation of tone is a first impression.

Table 15: Maturity and sex/gender of animals

Animal	Generic	Adult		Young	
		Male	Female	Male	Female
fowl	zálˋ	zímˈbál	zápúò	zímbéléè	zápúwìé
sheep	píésíí	pèmbál	pènìí	pémbéléè	pélòŕ
goat	bŏŏŋ	bŏŏmbál	bŏnìí	bŏmbéléè	bŏŏlòŕ
pouched rat	sàpùhíê̌	sàpúwál	sàpúnìí	sàpúwáléè	sàpúlòŕ
antilope	ʔàǎá	ʔàǎwál	ʔàǎnìí	ʔàǎwéléè	ʔàǎlòŕ
dog	váà	váwāl	vánīī	váwáléè	válòŕ
cat	dìèbìé	dìèbə́wāl	dìèbə́nìì	dìèbə́wáléè	dìèbə́lòr
cow	nàɔ́	nɔ̀wál	nɔ̀nìí	nɔ̀wáléè	nɔ̀lòŕ
elephant	bɔ̀là	bɔ̀lwál	bɔ̀lənìí	bɔ̀wáléè	bɔ̀llòŕ

3.2.4.2 Native or Inhabitant of To express 'I am from X', where 'be from X' refers to the place where someone was born and/or the place where someone lives, the verb *lìì* is used, e.g. *sɔ̀ylá ǹ lìì* 'I am from Sawla'. Expressions with the meaning 'native of X' or 'inhabitant of X' can be noun words referring to this same idea, that is 'being from X'. Table 16 shows that the suffixes *-(l)ɪɪ/(l)εε/la* express the meaning 'native of X' or 'inhabitant of X'. The suffixes display vowel qualities in the singular and plural similar to those found in noun class 4 (Section 3.2.1.4).

Table 16: Native or Inhabitant of

Location	SG	PL	Location	SG	PL
Chakali	tʃàkálíí	tʃàkáléé	Katua	kàtóólíí	kàtóóléé
Motigu	mòtígíí	mòtígíé	Tiisa	tíísàlí	tíísàlá
Ducie	dùsélíí	dùséléé	Chasia	tʃàsílíí	tʃàsíléé
Bulenga	búléɲíí	búléɲéé	Wa	wáálíí	wáálà
Gurumbele	grŏmbèlílíí	grŏmbèlíléé	Tuosa	tòòsálíí	tòòsálá

3.2.4.3 Category switch The phenomenon called 'category switch' refers to a derivational process whereby two words with related meanings and composed of the same segments change category based entirely on their tonal melody. Examples are provided in (89).

(89) tŏmà (v) 'work' ↔ tŏmá (n) 'work'
  gŏà (v) 'dance' ↔ gŏá (n) 'dance'
  jɔ̀wà (v) 'buy' ↔ jɔ̀wá (n) 'market'
  mŏmà (v) 'laugh' ↔ mŏmá (n) 'laughter'
  gòrò (v) 'circle' ↔ góró (n) 'bent'

3.2.4.4 Agent- and event-denoting nominalizations Apart from their roles in complex stem nouns, it was shown in Section 3.2.2.2 that both verbal state and verbal process stems undergo these two nominalizations processes in order to function as atomic nouns. The two processes are summarized in (90) and (91).

(90) Agent nominalization
  a. A verb stem takes the suffix -[r] to express agent-denoting nominalization.
    sŏ̀ằsóór / sŏ̀ằsóórá (CL.3) 'weaver(s)'
    ← sŏ̀ằ (v) 'weave'
    lúlíbùmmùjár / lúlíbùmmùjárá (CL.3) 'healer(s)'
    ← lulibummo (n) 'medicine' + ja (v) 'do'

Grammatical outlines

    b. A verb stem gets partially reduplicated to express agent-denoting nominalization.
        súsúmmá / súsúmməsá (CL.2) 'helper(s)'
        ← *sùmmè* (v) 'help'
        sásáár / sásáárá (CL.3) 'carver(s)'
        ← *sàə̀ə̀* (v) 'carve'

(91) Event nominalization
    A verb stem takes the suffix -/[+HI, -BK]/ to express event-denoting nominalization.
    lólíí / lólíé (CL.4) 'giving birth'
    ← *lɔla* (v) 'give birth'
    kpégíí / kpégíé (CL.4) 'hard' or 'strong'
    ← *kpeg* (v) 'hard' or 'strong'

Some consultants prefer agent nouns ending with (SG/PL) -*r*/-*rV* (CL.3), others prefer -*ra*/-*rəsV* (CL.2). In addition, there is another agent-denoting word formation which simply adds the word *kʊɔrɪ* 'make' to the noun denoting the product, e.g. *nààtɔʊkɔ́ɔ́rá* / *nààtɔʊkɔ́ɔ́rəsá* (CL.1) 'shoemaker(s)' < *nããtɔʊ* (n) 'shoe' + *kʊɔrɪ* (v) 'make'.

3.2.5 Proper nouns

As a rule, proper nouns have unique referents: they name people, places, spirits, and so on. So in the area where Chakali is spoken, there is only one river named *gòlógòló*, only one hill named *dɔlbíí*, one village named *mòtigú*, only one shrine named *dàbàŋtólógɔ́*, etc. Nevertheless more than one person can have the same name, and the same applies to a lesser extent to villages. For instance, *sɔ̀ylá* 'Sawla' (Sogla) may refer to the Chakali village situated between Tuosa and Motigu, or to a Vagla village situated at the junction of the Bole-Wa and Damongo-Wa road. To identify the former, one must say *tʃàkàlsɔ̀ylá* 'Chakali Sawla'.

A Chakali person may bear two or three names: his/her father's name, the name of his/her grandfather or great-grandfather, and his own (common) name. In the case of the (great-)grandfather's name, it is a feature of the newborn or an external sign which suggests the child's name. The common name may be changed in the course of one's life. Today, regardless of whether a person is Muslim or not, common names are mainly of Arabic, Hausa, and Gonja origin, probably due to the Islamization of the Chakali (Brindle 2015b).

Common names among the elders (approximately above 50 years) consist of the name of a non-Chakali village, together with *nàà* 'chief'. In Tuosa, Ducie, and Gurumbele, one finds one or more Kpersi Naa, Mangwe Naa, Jayiri Naa, Wa Naa, Sing Naa, Busa Naa, etc. The next generation (approximately below 50 years) tend to have either "Muslim" names or "English-title" names. Common Muslim names are Idrissu, Fuseini, Mohamedu, Ahmed, Mohadini, etc. Typical "English-title" names are *Spέntà* 'inspector', *Dɔ́ktà* 'doctor', *Títfà* 'teacher', etc. Apart from 'teacher', which can identify actual teachers in communities in which schools are present, none of the individuals are actual teachers, doctors or inspectors. The same can be said about the older generation, none of them are/were chief of Kpersi, Mangwe, Jayiri, etc.. These villages are not Chakali villages and these individuals have no real connections with the villages used in their names. It seems that these common names were trendy nicknames that peers assign to each other. One consultant claims that the elders can be ranked in terms of power and influence according to their nicknames. In Chakali society, one may have two additional names, a drumming name and a Sigu name (*sígù*). A drumming name is used in drummed messages sent to other villages about weddings or deaths, while a Sigu name is a name one receives when initiated to the shrine *dààbàŋtólúgú*.

Because of their pragmatic function, proper nouns are rarely observed in a plural form, but some contexts may allow this. In (92), the proper name *Gbolo* takes the plural marker *-sV*.[23]

(92) *gbòlò-só   bá-ŋmènàá ká dɔ̀à dùsèè ní.*
gbolo.(G.b)-PL G.b-Q.many EGR exist Ducie POSTP
'How many Gbolos are there in Ducie?'

Finally, circumlocution is a common process found in names of people and dogs (e.g. the example of *ŋwabɪpɛ*, lit. *ŋ wa bɪ pɛ* 'I-not-again-add', was given in Section 3.2.3.3). A few examples of dog names are given in (93).

(93) Dog names

   a. *jàsáŋábɔ̆ɛ̀ɪ̀* 'Let's keep peace'
      ja-saŋa-bɔ̆ɛ̀ɪ [we-sit-slowly]

---

[23] The context of (92) makes sense when one understands that the name 'Gbolo' has a particular meaning. It is understood that when a couple has a fertility problem, it is common to travel to the community of Mankuma and to consult their shrine. If the woman gets pregnant after the visit, they must return to Mankuma to appease the shrine. Subsequently, the child must be named 'Gbolo' and automatically acquires the Red Patas monkey as totem.

Grammatical outlines

    b. *ǹnṍáwàjàhóò* 'I will not open my mouth again'
       ṇ-nõã-wa-ja-hoo [my-mouth-not-do-hoo]

    c. *kùósòzímá* 'God knows'
       kuoso-zɪma [god-know]

3.2.6 Loan nouns

A loan noun, or more generally a loanword, can be defined as "a word that at some point came into a language by transfer from another language" (Haspelmath 2008: 58). When a word is found in both Chakali and in another language, many loan scenarios are conceivable. However, for some semantic domains such as bicycle or car parts, school material, and so on, the past and present sociolinguistic situations suggest that Chakali is the recipient language and Waali, English, Hausa, and Akan are the donor languages. Loan scenarios differ and are harder to establish when other SWG languages are involved. It is often unfeasible to demonstrate whether the same form/meaning in two languages was inherited from a common ancestor, or borrowed by one and subsequently passed on to other SGW languages. Moreover, it may be unwise to assume that in all cases Chakali is the recipient language, especially for loanwords in domains which were in the past fundamental in Chakali lifestyle, but to a lesser degree for neighbouring ethnic groups. Thus, Chakali as a donor language can be evaluated in a wider Grusi-Oti Volta genesis, or at a micro-level where the influence of Chakali on Bulengi is established. It is unlikely that Chakali borrowed from English through contact. And Ghanaian English, in Wa town and Chakali communities, is not an effective mode of communication, at least in social spheres where the majority of Chakali men and women interact (see discussion in Section 1.3 and in Brindle 2015b). Nonetheless, the situation is different for school children who are exposed to Ghanaian English on a regular basis. I believe that Ghanaian English spoken by native speakers of Waali, Dagaare, or Chakali is the only potential variety of English which can function as a donor language. Examples of words ultimately from English origin are: *bə̀lùù* 'blue', *ʔásɪ̀bítì* 'hospital', *dɔ́ktà* 'doctor', *bàlúù* 'balloon', *bélɛ́ntì* 'belt', *tə̌rádʒà* 'trouser', *détì* 'date', *míntì* 'minute', *dʒánsè* 'type of dance', *kàpɛ́ntà* 'carpenter', *kɔ́lpɔ̀tɛ̀* 'coal pot', *kɔ́tà* 'quarter', *lɔ́ɔ́lì* 'lorry (any four-wheel vehicle)', *sákə̀r* 'bicycle', *pɛ̀n* 'pen', *sùkúù* 'school', *tʃítʃà* 'teacher' and many more. There is a recurrent falling tonal melody (i.e. HL) among the loan nouns of ultimately English origins. Many of them, if not all, can be found in other languages of the area (GILLBT 1975; Dakubu, Atintono & Nsoh 2007).

3 Nominal

When a word is found both in Waali and Chakali, it is not automatically classified as borrowed from Waali, yet it is only suspected to be non-Chakali. Examples such *dʒíérá* 'sieve', *dʒùmbúrò* 'type of medicine', *gbàgbá* 'duck', *kókódúró* 'ginger', *kàpálà* 'fufu', *káő* 'mixture of sodium carbonate', *nààsáárá* (Hausa) 'Caucasian person', and *sànsánná* 'prostitute' are some of the Waali/Chakali nouns found in transcribed texts, or by chance.

The weekdays are from Arabic (probably via Hausa). Vagla and Tumulung Sisaala, but not Dɛg, use similar expressions (Naden 1996: 60): *ʔàtànfɛ̂* 'Monday', *ʔàtàláátà* 'Tuesday', *ʔàlàrbá* 'Wednesday', *ʔàlàmósà* 'Thursday', *ʔàrìdʒímà* 'Friday', *ʔàsíbítì* 'Saturday', and *ʔàlàháádì* 'Sunday'. The expressions for the lunar months seem to be borrowed from Waali, but Dagbani and Mamprusi have similar expressions. In these Oti-Volta languages, some of the names correspond to important festivals, i.e. 1, 3, 7, 9, 10, and 12 below. In Chakali, only *dʒímbèntő* is celebrated and is considered the first month.[24] The lunar months are: *dʒímbèntő* 'first month (1)', *sífə̀rà* 'second month (2)', *dùmbá* 'third month (3)', *dùmbáfúlánàà̀n* 'fourth month (4)', *dùmbákókórìkó* 'fifth month (5)', *kpínítʃùmààŋkùná* 'sixth month (6)', *kpínítʃù* 'seventh month (7)', *ʔàndʒèlìndʒé* 'eighth month (8)', *sóŋkàrè* 'ninth month (9)', *tʃíŋsùŋù* 'tenth month (10)', *dùŋúmààŋkùnà* 'eleventh month (11)' and *dùŋú* 'twelfth month (12)'. It was understood that these terms and concepts are not known by the majority, especially the younger generations.

3.2.7 Relational nouns

Many languages present formal identity between body parts terms and expressions used to designate elements of space. The widely accepted view is that diachronically spatial relational nouns – sometimes called spatial nominals (Hellwig 2007: 895), or adpositions (Heine 1997: 137) – are "the result of functional split" and that "they are derived from nouns denoting body parts or locative concepts through syntactic reanalysis" (Heine & Reh 1984: 256).

Chakali relational nouns are formally identical to body part nouns although not all body part nouns have a relational noun counterpart. For instance, whereas *ɲuu* can have both a spatial meaning, i.e. 'on top of X', and a body part one, i.e. 'head', the body part terms *bembii* 'heart', *hog* 'bone' or *főő* 'lower back', among others, cannot convey spatial meanings. Table 17 displays the body parts found in the data which convey spatial meaning.[25]

---

[24] Dagbani *buyum* and Waali *dʒɪmbɛntɪ* are both treated as first month by the speakers of these languages.

[25] The body part term *gàntàĺ* 'back' is from the Ducie lect and corresponds to *hàbòá* in the Motigu, Gurumbele, Katua, Tiisa, and Tuosa lects.

363

Grammatical outlines

Table 17: Spatial nominal relations and body part nouns: similar forms and different, but related, meanings

Projection	Spatial relation	PoS: *reln*	Body parts	PoS: *n*
Intrinsic				
	TOP	*ɲuu* (x,y)	head	*ɲuu* (x)
	CONTAINMENT	*patʃıgıı* (x,y)	stomach	*patʃıgıı* (x)
	SIDE	*logun* (x,y)	rib	*logun* (x)
	MOUTH	*nŏã* (x,y)	mouth	*nŏã* (x)
	BASE/UNDER	*muŋ* (x,y)	arse	*muŋ* (x)
	MIDDLE	*bambaaŋ* (x,y)	chest box	*bambaaŋ* (x)
Relative				
	LEFT	*neŋgal* (x,y)	left hand	*neŋgal* (x)
	RIGHT	*nendul* (x,y)	right hand	*nendul* (x)
	BACK	*gantal* (x,y)	dorsum	*gantal* (x)
	FRONT	*sʊʊ* (x,y)	front	*sʊʊ* (x)

How can we distinguish a relational noun from a noun? Above all, the differentiation between relational nouns and body part nouns cannot rely solely on surface syntax criteria, precisely because the configuration of a possessive noun phrase and a relational noun phrase are identical. This is shown in (94).

(94) a. Possessive attributive phrase
[N$_1$-N$_2$]$_{NP}$ where N$_2$ = body part, e.g. *báál ɲúù* 'a man's head'
b. Spatial nominal phrase
[N$_1$-N$_2$]$_{NP}$ where N$_2$ = spatial relation, e.g. *téébùl ɲúù* 'top of the table'

Even though the two corresponding nominal structures may cause ambiguities, the interpretation is generally disclosed by the meaning of the nominal preceding the N$_2$ in (94). The term *ɲuu*, for instance, can only mean 'top of' in a phrase in which it follows another nominal and refers to a projected location of N$_1$'s referent. In (94a), even though *ɲuu* immediately follows a nominal, it would not normally refer to the projected location 'on the top' but only to the man's head. Nevertheless, despite any attempts to identify structural characteristics which may contribute to the disambiguation of a phrase involving a body part term, ambiguities may still arise.

Another aspect of body part terms is their different function in morphological and syntactic structure. While a relational noun is a syntactic word, body part terms may also function as morphemes in compound nouns to express a specific part-whole relationship or a conventionalized metaphor (Heine 1997: 141). Whereas the distinction may be formally and semantically hard to distinguish, the number of body part terms which can be the stem in a compound noun is larger than those functioning as relational nouns. Some examples are shown in Table 18.

Table 18: Body part terms in compound nouns

Body part term	Compound noun	Morph. gloss	Gloss
eye	tɔ́ɔ́-ˈsíí	village-eye	village's center
	kpàǎn-síí	yam-eye	yam stem
	nùù-síí	water-eye	deepest area of a river
	nàǎ-síí	leg-eye	ankle bump
mouth	gòŋ-nòǎ́	river-mouth	river bank
	ʔìl-nòǎ́	breast-mouth	nipple
	díà-nòǎ̀	house-mouth	door
leg	gón-ˈnáá́	river-leg	split of a river
	dáá-ˈnáá́	tree-leg	branch
head	kùósò-ɲúù	god-head	sky
	tìì-ɲúù	land-head (*etym*)	west
arse	tìì-múŋ	land-arse (*etym*)	east
neck	vìì-báyǎ́ná	pot-neck	neck of a container
testicle	mááfà-lúró	gun-testicle	gun powder container
penis	mááfà-péŋ	gun-penis	gun trigger
ear	mááfà-dígíná	gun-ear	flintlock frizzen
arm	fàlá-néŋ̀	calabash-arm	calabash stem
navel	fà-ʔúl	calabash-navel	calabash node
nose	píí-mɨ́tsà	yam mound-nose	part of a yam mound
liver	tɔ́ɔ́-pɔ̌ɔl	village-liver	important community member

Ignoring for the moment the structure in which they are involved, there seem to be two types of spatial interpretation accessible with body part terms. And there also seems to be a gray zone between the two.[26] The first interpretation

---

[26] This gray zone may receive a diachronic interpretation. In Ameka (2007: 1072), the postpositions in Sɛkpɛlé are seen as evolving "from body part and environment terms" and have a similar, but not identical, function as those of Chakali relational nouns. For instance, Sɛkpɛlé's postpositions "cannot be modified" nor can they vary "with respect to number marking".

Grammatical outlines

is the literal attribution of human characteristics (i.e. anthropomorphic) in reference to parts of object. In such a case, a body part term refers to a part of an object in analogy to an animate entity. For instance, a trigger of a gun (i.e. the lever that activates the firing mechanism) is called its 'penis', to characterize its physical appearance. The second interpretation does not designate a fixed part of an object but a location projected from a part of an object. It designates a spatial environment in contact with or detached from an object (Heine 1997: 44). To make the distinction clear, in the sentence 'a label is glued on the neck of the bottle' the body part term 'neck' designates a breakable part of the bottle, whereas in the sentence 'John is standing at the back of the car' the body part term 'back' does not designate any part of the car but a relative spatial location, the area behind the car.

Relational nouns are rarely found in the plural. Yet, on grammatical grounds, nothing prevents them from being expressed in the plural. To describe a situation where for every bench there is a calabash sitting on it, the sentence in (95) is appropriate.

(95) à fàlàsá   ságá à   kóró   ɲúúnó nī.
     ART calabash.PL sit ART bench.PL RELN.PL POSTP
     'The calabashes sit on top of the benches.'

One may argue that the 'top of a bench' is a spatial environment in contact with the bench, even a physical part of the bench, so pluralization may simply suggest that the 'top of a bench' is a word referring to an entity, and not a locative phrase. Two pieces of evidence go against this view: first, notice that *koro* 'bench' in *koro ɲuuno* is plural. Recall Section 3.2.3, in which a noun class (SG/PL marking) was argued to appear only at the end of a word. If 'top of a bench' was a word and not a phrase, we would expect its plural form to be *korɲuuno. Secondly, deciding whether or not the 'top of' is indeed in contact with or detached from the bench is not conclusive. To describe a situation where several balls are under several tables, one may use the sentence in (96), in which case it cannot be argued that under of the table is a physical part of the table.[27]

(96) à bɔ́lsā dóá à   téébùlsō pátʃīgīē nī.
     ART ball.PL be.at ART table.PL RELN.PL POSTP
     'The balls are under the tables.'

---

[27] One may argue that it is indeed a part of the table, identical to the interior space of a container.

Another aspect of relational nouns and oblique phrases in general is that they are structurally very rigid, that is, they are not easily extracted or preposed. The sentences in (97a) and (97b) are nevertheless acceptable.

(97) a. à   téébùl ɲúú nī,   à   fàlá   sàgà.
         ART   table RELN POSTP ART calabash sit
         'On top of the table, the calabash sits.'

   b. téébùl lō, à   fàlá   ságá ʊ̀   ɲúú   nī.
       table FOC ART calabash sit 3.SG.POSS RELN. top POSTP
       'Table, the calabash sits on top of it.' (*lit.* 'sits on its head')

   c. * teebul lo, a fala saga ɲuu nı.
   d. * ʊ ɲuu nı, a fala saga teebul.
   e. * ɲuu nı, a fala saga teebul.

The sentence in (97b) is acceptable but odd. It shows that the nominal complement of the relational noun *ɲuu* can be uttered at the beginning of the sentence while the possessive pronoun *ʊ* is located in the complement slot of the relational noun, functioning as anaphora. The sentence is ungrammatical if the pronoun is absent *in situ* (97c), or if the oblique phrase is preposed but the nominal *teebul* stranded, whether an anaphora referring to *teebul* is present (97d) or absent (97e).

We now have evidence for treating the relational nouns as members of a closed class of lexical items whose function is to localize the figure to a search domain. It is not only that body part terms acquire spatial meaning following a noun referring to inanimate entities, but that, in diachrony, only a limited set of body part terms has acquired that spatial meaning, and, in synchrony, they form a subtype of nominal identified as relational noun. They are nouns since they can pluralize, but they acquire the status of functional words since they constitute a formal class with limited membership where each of the members expresses spatial meaning and requires a nominal complement.

(98) [[[a dɪa]$_{NP}$ ɲuu]$_{RelP}$ nı]$_{PP}$ 'on the roof of the house'

In (98), the relational noun *ɲuu* is within the complement phrase of the postposition *nı*. A relational noun phrase (RelP) consists of a head and noun phrase complement. We are now in a better position to state that the complement phrase of the postposition is a (nominal) phrase which corresponds to the conceptual ground.

Grammatical outlines

To summarize, on a diachronic basis, it is believed that the function of relational nouns as locative adpositions originates from their purely 'entity' meaning through grammaticalization (Heine & Reh 1984: 44, 83). The form of Chakali body part terms supports the claim. On a synchronic basis, only *patʃıgıı* 'stomach', *logun* 'rib', *gantal* 'dorso', *muŋ* 'arse', *nŏã* 'mouth', *sʊʊ* 'front', *bambaaŋ* 'chest box' and *ɲuu* 'head' are relational nouns. Relational nouns are nouns which lack the referential power of the default interpretation of body part term (i.e. interpreted in isolation), and which take a complement which must obligatorily be filled by an entity capable of projecting a spatial environment.

3.3 Pronouns and pro-forms

A pronoun is a type of pro-form. The difference between pronouns and pro-forms depends on whether they can be anaphors of nominal arguments. In this section, the personal, impersonal, demonstrative, and possessive pronouns are introduced, followed by the expressions used to convey reciprocity and reflexivity. In Section 5.1, the adverbial pro-forms are introduced.

3.3.1 Personal pronouns

Table 19 gives an overview of the personal pronoun forms.

Table 19: weak pronounWeak, strong pronounstrong, and emphatic pronounemphatic forms of personal pronouns

Pronoun Gram. function	Weak (wk) s|a and o	Strong (st) s|a	Emphatic (emph) s|a
1sg	ŋ̀	mίŋ	ŋ́wà
2sg	ı	hίŋ	ίίwà
3sg	ʊ	wáá	ɔ́ɔ́wà
1pl	ja	jáwáá	jáwà
2pl	ma	máwáá	máwà
3pl.Ga	a	áwáá	áwà
3pl.Gb	ba	báwáá	báwà

The weak form first person singular pronoun is a syllabic nasal which assimilates its place feature to the following phonological material (Section 3.2.2.1). All

3 Nominal

weak forms may be lengthened in the imperfective (Section 4.1.4.3). The personal pronouns do not encode a gender distinction in the singular but an animacy distinction is made between non-human and human in the plural. They are glossed 3PL.Ga and 3PL.Gb respectively (Section 3.10.1). The weak forms can surface either with a low or high tone; when an action has not yet occurred or a wish is expressed the pronoun is perceived with a high tone (Section 4.1.4.5). Otherwise the weak forms normally have low tones. The strong and emphatic forms are attested with the melodies with which they are associated in Table 19.

(99)   a. *ʋ̀ dí kōō rā.*
          3SG eat t.z. FOC
          'She ate T.Z.'

      b. *wáá dí kōō (*ra).*
          3SG.ST eat t.z. FOC
          'SHE ate T.Z.'

      c. *ʋ́ʋ́wà dí kōō rā.*
          3SG.EMPH eat t.z. FOC
          'IT IS HER who ate T.Z.'

      d. *wáá m̀ màŋà (*ra).*
          3SG.ST 1SG beat FOC
          'HIM, I beat.'

      e. *ʋ́ʋ́wà m̀ máŋʋ́ʋ́ rā.*
          3SG.EMPH 1SG beat.3SG FOC
          'IT IS HIM who I beat.'

      f. * *(ʋ/waa) m̩ maŋʋʋ ra.*

The sentences in (99a)-(99c) show that while a weak or an emphatic pronoun can co-occur with a focus particle, a strong pronoun cannot. In addition, (99f)-(99e) confirm that both emphatic and strong pronouns may be fronted, but weak pronouns cannot. Both emphatic and strong pronouns typically appear at the beginning of a sentence. An emphatic pronoun may be coreferential with a weak pronoun in the clause, while weak and strong pronouns may not, as (99d-99f) demonstrate. The distinction between weak and strong is relevant when pronouns function as subject. Their proper use is conditioned by the emphasis placed on the participant(s) of the event or the event itself, and by the polarity

Grammatical outlines

of the clause in which they appear.[28] In this way, strong pronouns cannot co-occur in a sentence in which another constituent is in focus, that is a nominal phrase flanked by the focus marker or a verb ending with the assertive suffix vowel -[+RO, +HI] (compare examples (100b) and (100f) with (100a) and (100e)). In addition, in sentences where a negative operator occurs, strong pronouns are disallowed, as (100d) and (100h) show.

(100) a. *mɪ́ŋ jáwàà kìnzíníì.*
 1SG.ST buy horse
 'I bought a horse.'

 b. **mɪŋ jawa kɪnzɪnɪɪ ra.*

 c. *ŋ̀ wà jáwá kìnzíníì.*
 1SG.WK NEG buy horse
 'I did not buy a horse.'

 d. **mɪŋ wa jawa kɪnzɪnɪɪ.*

 e. *ŋ̀ pétījó.*
 1SG.WK terminate.PFV.FOC
 'I finished.'

 f. **mɪŋ petijo.*

 g. *mɪ́ŋ pétījé.*
 1SG.ST terminate.PFV
 'I finished.'

 h. **mɪŋ wa petije.*

3.3.2 Impersonal pronouns

An impersonal pronoun does not refer to a particular person or thing. The form *a* is used as an impersonal pronoun in some particular context.

(101) *à mááséjó kéŋ̀.*
 3SG.IMPS enough.PFV.FOC DXM
 'That's enough' or 'That's it' or 'Stop'

Example (101) is a type of impersonal construction. It is characterized by its subject position being occupied by the pronoun *a*, which may be seen as referring

---

[28] The purpose of such distinctions derives mainly from the articulation of information. Purvis (2007) offers an analysis for Dagbani whereby personal pronoun forms vary depending on their position in relation to their lexical host.

to the situation, but not to any participant: this particular example is appropriate in contexts involving pouring liquids or giving food on a plate, or when people are quarrelling. In these hypothetical contexts, using the personal pronoun *ʊ* instead of the impersonal pronoun *a* would be unacceptable.

The language does not have a passive construction as one finds in English, for example. Nonetheless, an argument can be demoted by placing it in object position, here as O-clitic (see Section 4.3.1). This is shown in (102).

(102) ká à nàmĭǎ? bà tíéú rò.
Q.where ART meat 3PL.Gb eat.PFV.3SG.O FOC
'Where is the meat? It has been eaten.'

The type of impersonal construction illustrated in (102) is characterized by the personal pronoun *ba* (3PL.Gb) in subject position. In this context, the subject is not a known agent and the pronoun *ba* does not refer to anyone/anything in particular. Therefore, the pair *a/ba* is treated as the singular and plural impersonal pronouns, only when they occur in impersonal constructions, as shown above.

3.3.3 Demonstrative pronouns

In the examples (103) to (104), the demonstrative pronouns function as noun phrases. All the examples below were accompanied with pointing gestures when uttered.

(103) Replies to the question: Which cloth has she chosen?

    a. hán ná.
       DEM.SG FOC
       'It is this one'

    b. hámà rā.
       DEM.PL FOC
       'It is these ones'

(104) The speaker asks the addressee whether he had moved a certain object.
    ì jáá hán nä̀?
    2SG do DEM.SG FOC
    'You did THIS?'

Grammatical outlines

(105) How the fingers cooperate when they scoop t.z. from a bowl.
 hámàā ká zì péjèè à zí já wà tììsè háŋ.
 DEM.PL EGR then add.PFV CONN then do come support DEM.SG
 'These (two fingers) are then added, and then they come to support this one.'

The expressions *háŋ* (SG) and *hámà* (PL) are employed for spatial deixis, specifically as proximal demonstratives, corresponding to 'this' and 'these' respectively. The language does not offer another set for distal demonstratives.

3.3.4 Interrogative words

Interrogative constructions are of two types: yes/no interrogatives and pro-form interrogatives (see Section 2.2). The former type, as the dichotomy suggests, requires a 'yes' or a 'no' answer. A pro-form interrogative uses an interrogative word which identifies the sort of information requested. In Chakali, some interrogative words may be treated as pronouns, while others may be treated as the combination of a noun and a pronoun. Table 20 gives a list of interrogative words, together with an approximate English translation, the sort of information requested by each and a link to an illustrative example of pro-form interrogatives. Some examples are listed in (106), where the question words are marked as Q together with a compatible gloss.

Table 20: Interrogative pronouns

Pronoun	Gloss	Meaning requested	Example
bàáŋ	what	non-animate entity, event	106a
àŋ	who	animate entity	106b
lié	where	location	106c
ɲìnĩ́ɛ̃́	why/how	condition, reason	106d
(ba/a)wèŋ	which	entity, event	106e
(ba/a)ŋmènà	(how) much/many	entity, event	106f
sáŋ(a)-wèŋ	when	time	106g

(106) a. bààŋ ì kàà jáà?
   Q.what 2SG EGR do
   'What are you doing?'

b. àŋ ì kà ná à tɔ́ɔ́ nī?
Q.who 2SG EGR see ART village POSTP
'Whom did you see in the village?'

c. lié nī dì tʃɔ̀ɔlíí kà dɔ̀ɔ?
Q.where POSTP COMP sleeping.room EGR exist
'Where is the room for sleeping?'

d. ɲìnīɛ́ ì já kà jááó?
Q.how 2SG HAB EGR do.3SG.O
'How do you do it?'

e. áwèŋ ì kà kpàyà?
Q.which 2SG EGR catch
'Which one did you catch?'

f. àŋmèná ì kà kpàgàsì?
Q.many 2SG EGR catch.PV
'How many of them did you catch? (non-human reference)'

g. sáŋáwèŋ ì kàà wáá?
Q.when 2SG EGR come
'When are you coming?'

When the question word *lie* 'where' is followed by the locative postposition *nɪ*, a request for a particular location is expressed. This question word can also be followed by the noun *pe* 'end' in which case it should be interpreted as 'where-towards' or 'where-by', e.g. *líé pé ì kà válà?* 'Where did you go by?'. Another form used to request information on a location is *ká(á)*. This form is neither specific to Chakali nor to location *per se*: Waali uses it for the same purpose and the form is even used to request other types of information. For instance, *káá tómá?* means 'how is work?' in the two languages. It might be that Chakali borrowed the form from Waali. It was employed consistently in an experiment which appears in Brindle (2011). Example (102), repeated in (107), illustrates the use of *ká(á)* as interrogative word.

(107) ká à nàmīã́? bà tíéú rò.
Q.where ART meat 3PL.B chew.PFV.3SG.O FOC
'Where is the meat? It has been eaten.'

When they stand alone as interrogative words, the expressions *weŋ* and *ŋmɛna*, roughly corresponding to English 'which' and 'how much/many', must be

Grammatical outlines

prefixed by either *a-* or *ba-* reflecting a distinction between non-human and human entities respectively (see Section 3.10.1). The expression *saŋa-weŋ* in (106g) is literally translated as 'time which'. The question word *baaŋ* can be used together with *wɪɪ* to correspond to English 'why', i.e. *bááŋ wíí ká wàà ì dì wîi?* 'Why are you crying?'. The expression *baaŋ wɪɪ* is equivalent to English 'what matter'.

3.3.5 Possessive pronouns

The possessive pronouns are displayed in Table 21.

Table 21: Possessive pronouns

Pronoun Gram. function	Form Possessive
1SG.POSS	ŋ(ː)
2SG.POSS	ɪ(ː)
3SG.POSS	ʊ(ː)
1PL.POSS	ja
2PL.POSS	ma
3PL.A.POSS	a(ː)
3PL.B.POSS	ba

A possessive pronoun with a form C or V tend to be lengthened, although their length has no meaning. These pro-forms can function as possessor (PSOR), but never as possessed (PSED), in an attributive possessive relation. This is shown in (108).

(108) à kùórù ŋmá dí ʊ̀ʊ̀ hā́ā́ŋ tʃɔ́jēʊ̆.
ART chief say COMP PSOR.3sg.poss PSED.wife ran.PFV.FOC
'The chief said that his wife ran away.'

The weak personal pronouns have the same forms as the possessive pronouns, the differences between the two being their respective syntactic positions and argument structures: the weak pronoun normally precedes a verb while the possessive pronoun normally precedes a noun, and the weak pronoun is an argument of a verbal predicate while the possessive pronoun can only be the possessor in a possessive attributive construction.

3 Nominal

3.3.6 Reciprocity and reflexivity

Reflexive and reciprocal pronouns do not exist in Chakali. Instead, reciprocity and reflexivity are encoded in the nominals *dɔŋa* and *tɪntɪn*, which are glossed in the texts as RECP and REFL respectively. Reciprocity is illustrated in (109) and reflexivity in (110).

(109)   a.   *à   nìbáálá bálìè kpɔ́ dɔ́ŋá wā.*
                ART men   two   kill   RECP FOC
                'The two men killed EACH OTHER.'

        b.   *jà kàá kpɔ́ dɔ́ŋá wá.*
                1PL FUT kill   RECP FOC
                'We will kill EACH OTHER.'

        c.   *à   hàmɔ́wísè káá júó dɔ́ŋá rā.*
                ART children   EGR fight RECP FOC
                'The children are fighting against ONE ANOTHER.'

(110)   a.   *à   báál kpō ò̀   tìntìŋ.*
                ART man kill 3SG.POSS REFL.SG
                'The man killed himself.'

        b.   *jà kàá kpō jà   tìntìnsá wá.*
                1PL FUT kill 1PL.POSS REFL.PL FOC
                'We shall kill OURSELVES.'

        c.   *à   bié kpá kísìé dō ò̀   tìntìŋ dáŋíí.*
                ART child take knife put 3SG.POSS REFL.SG wound
                'The child wounded himself with his knife.'

3.4 Qualifiers

Qualifiers are treated as part of the nominal domain. They display singular/plural pairs, as nouns do. Examples are presented in (111).[29]

(111)   a.   *sìàmá / sìànsá* (CL.1) 'red'
        b.   *bɔ́ŋ / bɔ́má* (CL.3) 'bad'
        c.   *dííŋ / díímá* (CL.3) 'true, real'

---

[29] Qualifiers are marked as *n.* in the dictionary since they are treated as nominal lexemes.

Grammatical outlines

The examples in (112) are complex stem nouns of which the qualifier 'fat' is a property of the head 'woman' (Section 3.2.3.2).

(112)   a. à   hǎ-pɔ́līì
           ART woman-fat.CL.4.SG
           'The fat woman'
      b. à   hǎ-pɔ́līè
           ART woman-fat.CL.4.PL
           'The fat women'

Many qualifiers are assigned to noun class 4, the reason being that qualifiers are often nominalized verbal stems (Section 3.2.4.4), e.g. *pɔ́líí/pɔ́líé* (qual) 'fat' ← *pɔ̀là* (v) 'fat (be)'. Examples are provided in (113).

(113)   a. *jìrà* 'call' > *jíríí* 'calling'
       b. *lòlà* 'give birth' > *lólíí* 'giving birth'
       c. *sòwà* 'die' > *sówíí* 'corpse'

Nonetheless, the two categories, noun and qualifier, are differentiated by the following characteristics: (i) while a qualifier must be semantically verbal (i.e. denoting a state or an event), a noun must not necessarily be, and (ii) while a qualifier modifies a noun, a noun functions as the nominal argument of the qualifier. The asymmetry is reflected in (114).

(114) /nʊm/ 'hot'

       a. *nììnóŋ   ná.*
           nıı-nʊŋ na
           water-hot FOC
           'It is HOT WATER.'
       b. *à   nɨ́ɨ́   nʊ́mǎʊ̆.*
           a   nıı   nʊma-ʊ
           ART water hot-PFV.FOC
           'The water is HOT.'
       c. *à   nɨ́ɨ́   nʊ́mɨ́ɨ́   dʊ́á dé nī.*
           [a   nıı   nʊm-ı-ı]$_{NP}$ dʊa de nı
           ART water hot-NMLZ-CL.4 exist DXL POSTP
           'The hot water is there.'

In (114a) the stem *nʊm* 'hot' is part of the complex stem noun *nìinɔ́ɹ̀* 'water-hot' (see Section 3.2.3). In this morphological configuration, a qualitative modification is established between the stem *nʊm* and the stem *nɪɪ*. In (114b), *nʊm* functions as a verbal predicate in the intransitive clause, and the definite noun phrase *a nɪɪ* 'the water' occupies the argument position. In (114c) the stem *nʊm* is nominalized and the singular of noun class 4 is suffixed. The word *nʊ́mɪ́ɪ́* may be translated as 'the result of heat'. It is treated as a qualifier since *nɪɪ* 'water' is (the head of) the argument of the predicate, and *dʊa* is a predicate which needs one core argument. Since *nʊm* can function neither as main predicate nor as head noun of the argument phrase, and since *nʊm* is understood to be a property of the entity and not of the event, then *nʊm* in (114c) is viewed as a qualifier.

Given the arguments put forward, one could analyse the qualifiers as adjectives. Both are seen categorically as nominals and semantically as properties or states. However, there are no lexemes in Chakali which can be assigned the category adjective; that is, no lexeme which, in all linguistic contexts, can be identified as categorically distinct from nouns and verbs. Qualifiers are either derived linguistic entities or idiomatic expressions. More than one procedure is attested to construct qualifiers. In (115), some types of qualifiers are provided.

(115) a. *àbúmmò* 'black'
       b. *àpʊ́lápʊ́lá* 'pointed, sharp'
       c. *wìɛzímíí* 'wise'

The expression *bummo* 'black, dark' in (115a) is treated as a nominal lexeme. When it functions as a qualifier within a noun phrase, the prefix vowel *a-* is suffixed to the nominal stem (see Section 3.6). The type of qualifier found in (115b) is ideophonic and is used to describe perceived patterns, including colour, texture, sound, manner of motion, e.g. *gáánìgáánì* 'cloud state', *adʒìnèdʒìnè* 'yellowish-brown', *tùfútùfú* 'smooth and soft'. Reduplication characterises the form of this type of qualifiers. When a reduplicated qualifier occurs in attributive function, i.e. following the head noun, it takes the prefix *a-* as well.[30] The word in (115c) is segmented as [[[THEME-V]-NMLZ]-CL.4]. The verbal stem *zɪm* 'know' sees its theme argument incorporated, i.e. *wɪɛ-zɪm* 'matters-know', a structure which is in turn nominalized by what is called event-nominalization in Section 3.2.4.4.

There are limitations on the number of qualifiers allowed within a noun phrase. Noun phrases with more than three qualifiers are often rejected by language

---

[30] Although the prefix *a-* on qualifiers tends to disappear in normal speech. The prefix *a-* is unacceptable in (115c).

Grammatical outlines

consultants in elicitation sessions. The language simply employs other strategies to stack properties. In fact noun phrases with two qualifiers are rarely found in the texts collected. The linear order of qualifiers within the noun phrase are provided in Section 3.11.

Chakali has phrasal expressions which correspond to monomorphemic adjectives in some other languages. These expressions have the characteristic of being metaphorical; their lexemic denotations may be seen as secondary, and phrasal denotations as non-compositional. For instance, a speaker must say *ò kpáyá bàmbíí*, lit.'he has heart', if he/she wishes to express 'he is brave'. The word 'brave' cannot be translated to *bambii*, since its primary meaning is 'heart', but to *kpaya bambii* 'to be brave'. Another way of expressing 'brave person' is *bàmbìì-tííná*, lit. 'owner of heart'. Other examples are *síí-nòmà-tííná*, lit. 'eye-hot-owner', 'wild, violent person' and *síí-tííná*, lit. 'eye-owner', 'stingy, greedy person'. These expressions are more frequently used as nouns in the complement position of the identificational construction, such as in *ò jáá sísíámātīīnā*, lit. she is eye-red-owner (*si-sɪama-tɪɪna*), 'she is serious'. As mentioned in Section 5.6.2, it is often hard to establish whether an expression is idiomatic when only one of its components is used in a non-literal sense.

3.4.1 Intensifiers

An intensifier is a predicate modifier and appears following the word it modifies. It marks a degree and magnifies the meaning of the word it modifies.

(116)   a. *ásìàmā tʃőítʃőí* 'very/pure red'
       b. *ábúmmò jírítí* 'very/pure black'
       c. *ápɔ̀mmá píópíó* 'very/pure white'
       d. *sɔ́ɔ́nì júlúllú* 'very cold'
       e. *nòmà kpáŋkpáŋ* 'very hot'

The intensifier ideophones *tʃőítʃőí*, *jírítí*, *píópíó*, *júlúllú*, and *kpáŋkpáŋ* are translated into English 'very' (or 'pure' in the case of colour, for instance) in (116). They are treated together as one kind of degree predicate modifier. Note that no other properties have been found together with a (unique and) corresponding degree modifier. For instance, if one wishes to express 'very X', where X refers to a colour other than black, white, or red, one has to employ the degree modifier *páááá* 'very' following the term, which is a common expression in many Ghanaian languages.

3.5 Quantifiers

Quantifiers are expressions denoting quantities and refer to the size of a referent ensemble. The words *mùŋ* 'all', *bánɪ́ɛ́* 'some' and *tàmá* 'few, some' constitute the monomorphemic quantifiers. The former can be expanded with a nominal prefix. For instance, in *ba-muŋ* 'HUM-all' and *wɪ-muŋ* 'ABST-all', the prefixes identify the semantic class of the entities which the expressions quantify (see Section 3.10.2). The form of the quantifier *bánɪ́ɛ́* 'some' is invariable: **anɪɛ*, **abanɪɛ* and **babanɪɛ* are unacceptable words. The same can be said for the word *tàmá* 'few', which stays unchanged even when it modifies nouns of different semantic classes.

The expression *kɪŋkáŋ* 'a lot, many' is made out of the classifier *kɪŋ-* plus the quantitative verbal state lexeme *kan* 'abundant' (Sections 3.10.2 and 4.1.2, respectively). The lexeme *kan* 'abundant' is semantically verbal but turns into a quantifier when *kɪŋ-* is prefixed to it. Other evidence for its verbal status is the utterance *à kánɑ́ɔ́* 'they are many' compared to *à jáá tàmá* 'they are few'. In the former, *kana* is the main verb of an intransitive perfective clause, while in the latter, *tama* is the complement of the verb *jaa* in an identificational construction (Section 2.1.1). Other plurimorphemic (or complex) quantifiers are based on the suffixation the morpheme *-lɛɪ* 'not'. The expression *wɪ-muŋ-lɛɪ* (lit. ABST-all-not) and *kɪŋ-muŋ-lɛɪ* (lit. CONC-all-not) both correspond to the English word 'nothing' (Section 3.10.2 on negation).

(117)   *àŋmènà máŋá tʃájɛ̄ɛ́.*
        amount only remain.PFV
        'Only a few are left.'

The meaning 'a few' can be conveyed by the word *aŋmɛna* 'how much/many', which was introduced in Section 3.3.4 as an interrogative word. Example (117) suggest that the word *aŋmɛna* can also be used in a non-interrogative way, co-occurring here with *maŋa* 'only', in which case it is interpreted as 'amount' or 'a certain number'. Another way to express '(a) few' is to duplicate the numeral *dɪgɪɪ* 'one', e.g. *dɪgɪɪ-dɪgɪɪ ra* 'there are just a few of them'. The examples in (118) show that the numeral *dɪgɪɪ* 'one' can participate in the denotations of both total and partial quantities.

(118)   a. *mùŋ* 'all' (total collective)
        b. *dígɪ́ɪ́ mùŋ* 'each' (total distributive)
        c. *dɪ̄gɪ̄ɪ̄ dígɪ́ɪ́* 'some, few' (partial distributive)

Grammatical outlines

The word *gàlìŋgà* 'waist' or 'middle' can also carry quantification. In (119), the word is equivalent to *bàkánà* (< *bar-kaŋ*, *lit.* part-abound), and means 'most'.

(119) à   kpáámá gàlìŋgà/bàkánà tʃájēέ   à   láǒ   ní.
       ART yam.PL most   remain.PFV ART farm.hut POSTP

       'Most of the yams remain/are left in the farm hut.'

The word *gba* 'too' is treated as a quantifier and restricted to appear after the subject, e.g. (120c)-(120f). In (120a), the speaker considers himself/herself as part of a previously established set of individuals who beat their respective child. The quantifier is additive such that the denotation of the subject constituent is added to this previously established set. In (120b), it is shown that negating the quantified expression results in an interpretation where the speaker asserts that he/she is not a member of the set of individuals who beat their child. Since generally there is only one 'in focus' constituent in a clause and that negation and focus cannot co-occur (see Sections 3.8 and 5.3), example (120) suggests that *gba* is not a focus particle.

(120) a. ŋ̀   gbà   máŋá m̀   bìè   rē.
            1SG QUANT.too beat   1SG.POSS child FOC

         'I beat my child too.' (*lit.* I too/as well/also beat my child)

     b. ŋ̀   gbà   lèí máŋá m̀   bìé.
            1SG QUANT.too NEG beat   1SG.POSS child

         'I do not beat my child.' (*lit.* I am numbered with those known who refrain from beating their child)

     c. *gba m̀ maŋa a bie re*

     d. *m̀ maŋa gba a bie re*

     e. *m̀ maŋa a bie gba re*

     f. *m̀ maŋa a bie re gba*

3.6 Numerals

3.6.1 Atomic and complex numerals

Following Greenberg (1978: 263), I assume that the simplest lexicalisation of a number is called a numeral atom, whereas a complex numeral is an expression in which one can infer at least one arithmetical function. A numeral atom can stand alone or can be combined with another numeral, either atomic or complex, to form a complex numeral. Atoms are treated as those forms which are not decomposable morpho-syntactically at a synchronic level. Table 22 displays the twelve atoms of the numeral system.

Table 22: Atomic numerals from 1 to 8, 10, 20, 100, and 1000

Chakali	English	Chakali	English
dígímáŋá	one	àlʊ̀pɛ̀	seven
álíɛ̀	two	ŋméŋtél	eight
átòrò	three	fí	ten
ànáásɛ̀	four	màtʃéó	twenty
àɲɔ́	five	kɔ̀wá (pl. kɔ̀sá)	hundred(s)
álòrò	six	tʊ́sʊ̀ (pl. tʊ́sà)	thousand(s)

The term for 'one' is expressed as *dígímáŋá*, but *dígíí* alone can also be used. In general, the meaning associated with the morpheme *máŋá* is 'only', e.g. *bahīẽ maŋa ŋ na* old.man-only-I-saw 'I saw only an old man'. The number 8 is designated with *ŋméŋtél*, an expression which is also used to refer to the generic term for 'spider'. Whether they are homonyms, or whether their meanings enter into a polysemous/heterosemous relationship is unclear. Another characteristic is that the higher numerals 100 and 1000 have their own plural form. To say a few words about some of the possible origins of higher numerals, the genesis of most of SWG higher numerals involves diffusion from non-Grusi sources, rather than from common SWG descents. I believe that higher numerals in the linguistic area where Chakali is spoken have two origins: one is Oti-Volta and the other is Gonja. The forms for 100 and 1000 in Vagla and Dɛg are similar to Gonja's forms with the same denotation, i.e. Gonja *kìlàfá* '100' and *kígbíŋ* '1000'. Similar form-denotation can be found in other North Guang languages (e.g. Krache, Kplang, Nawuri, Dwang, and Chumburung) and *lafa* is found in many other Kwa languages, as well as non-Kwa languages, e.g. Kabiye (Eastern Grusi) (Chan 2009). Borrowing is supported by the claim that the Vaglas and Degas were where they are today before the arrival of the Gonjas (Goody 1954: 12-13; Rattray 1932a: 516), and the fact that they, but mostly the Vaglas, are still in contact with the former conquerer, the Gonjas. Another Grusi language, Tampulma, has had more contact with Mampruli than with any other Western Oti-Volta languages, whereas the Chakali and the Pasaale have contact with Waali, a language close to Dagbani and Dagaare, all of them classified as Western Oti-Volta

Grammatical outlines

languages. Variations of Manessy's *oti-volta commun* reconstructed forms **KO / *KOB* 'hundred' and **TUS* 'thousand' are found distributed all over Northern Ghana, cutting across genetic relationship. It seems that the two high numerals are areal features spread by Western Oti-Volta languages, and that Chakali, Pasaale, and Tampulma speakers may have borrowed them from languages with which they had the most contact, i.e. Waali, Dagbani, Dagaare, and Mampruli.

From the atoms, the complex numerals are now examined. The arithmetical functions inferred are called operations. In Chakali three types of operation are found: addition, multiplication, and subtraction. An operation always has two arguments which are identified in Greenberg (1978) as:

Augend:	A value to which some other value is added.
Addend:	A value which is added to some other value.
Multiplicand:	A value to which some other value multiplies.
Multiplier:	A value which is multiplied to some other value.
Subtrahend:	The number subtracted.
Minuend:	The number from which subtraction takes place.

The numeral *dígítūō* expresses the number 9. It is the only expression associated with subtraction. The subtrahend is the expression *dıgıı* 'one'. In *dígítūō*, the last syllable is analysed as the operation. It may originate from the state predicate *tùó* which is translated 'not exist' or 'absent from' (Section 2.1.2). Thus, assuming the covert minuend 10, the numeral expression receives the functional notation [1 ABSENT FROM 10], or 10 minus 1. The number 9 may also be expressed as *sàndòsó* (or *sandʊsə* in Tuosa and Katua). This expression is used by some individuals in Ducie, Tuosa, and Katua, all of them from the most senior generation. One language consultant associates *sàndòsó* with the language of women, but his claim is not sustained by other language consultants. For the number 9, Goody (1954: 33) reports *saanese* from the village Katua and Rattray (1932b: 117) puts *sandoso* as the form for 9 in Tampulma.

A proper treatment of atomic versus complex numerals relies on evidence as to whether a numeral is synchronically decomposable. In that spirit, numbers from 11 to 19 are expressed with complex numerals: one piece of evidence, which is presented in Section 3.10.1 and repeated in section 3.6.2, comes from the gender agreement between the head of a noun phrase and the cardinal numeral functioning as modifier. Table 23 provides the numerals from 11 to 19 with a common structure [fi$_{10}$-d(ɪ)-X$_{1-9}$].

The criterion employed for the distinction between augend and addend is that an augend is serialized, that is, it is the expression which is constant in a sub-

3 Nominal

Table 23: Complex numerals from 11 to 19

Chakali	English
fídīdígíí	eleven
fídáālìè	twelve
fídáātòrò	thirteen
fídànáásè	fourteen
fídànɔ́	fifteen
fídáālòrò	sixteen
fídālōpè	seventeen
fídìŋméŋtél	eighteen
fídìdígítúò	nineteen

progression. This expression is called the base. In the progression from eleven to nineteen shown in Table 23, the augend is *fi* and the addends are the expressions for one to nine. Given the above definition of a base, the expression *fi* is the base in complex numerals from 11 to 19. The operator for addition is *dɪ* and its vowel surfaces only when the following word starts with a consonant (i.e. *fídìŋméŋtél* '18', but *fídànáásè* '14'). Table 24 provides the sequences of numeral atoms forming the complex numerals referring to numbers from 21 to 99. Some numeral forms will come after an explanation of the table.

Table 24 shows us that either (i) an atom can follow another atom without any intervening particle or (ii) the particle *anɪ* can step in between two atoms, or between one atom and one complex numeral. Case (i) is understood as a phrase which multiplies the numerical values of two atoms. For instance, *màtʃéó ànáásè* [20 *times* 4] results in the product 'eighty'. All numeral phrases from 20 to 99 use *matʃeo* '20' in their formation. In case (ii), the particle *anɪ* is treated as an operator similar to the semantics of 'and' in English numerals since it adds the value of each argument, either atom or complex *màtʃéó ànáásè àní àlìè* [20 *times* 4 + 2] . The same form is also found in noun phrases expressing the union of two or more entities (see Section 3.9.1). The vowels of *anɪ* are reduced when preceded and followed by vowels. The same criterion applies for the distinction between multiplier and multiplicand: the latter is identified on the basis of what Greenberg calls 'serialization'. A base may be a serialized multiplicand as well since it is the constant term in the complex expressions involved in a sub-progression. The expression *matʃeo* '20' is therefore the base in complex numerals from 21 to 99. The composition of complex numerals is summarized in Table 25.

Grammatical outlines

Table 24: Complex numerals from 21 to 99

Number	Numeral	Meaning
21-29	atom *anɪ* atom	20 + (1 through 9)
30	atom *anɪ* atom	20 + 10
31-39	atom *anɪ* complex	20 + (11 through 19)
40	atom atom	20 × 2
41-49	atom atom *anɪ* atom	20 × 2 + (1 through 9)
50	atom atom *anɪ* atom	20 × 2 + 10
51-59	atom atom *anɪ* complex	20 × 2 + (11 through 19)
60	atom atom	20 × 3
61-69	atom atom *anɪ* atom	20 × 3 + (1 through 9)
70	atom atom *anɪ* atom	20 × 3 + 10
71-79	atom atom *anɪ* complex	20 × 3 + (11 through 19)
80	atom atom	20 × 4
81-89	atom atom *anɪ* atom	20 × 4 + (1 through 9)
90	atom atom *anɪ* atom	20 × 4 + 10
91-99	atom atom *anɪ* complex	20 × 4 + (11 through 19)

Table 25: General structure of complex numerals

Argument	Meaning	Restriction
$(y)\ x$ tuo	subtraction	$y = 10$
		$x = 1$
x anɪ y	addition	$x > y$
x dɪ y	addition	$x = 10$
		$y = 1\text{-}9$
xy	multiplication	$x = 20$
		$y = 2, 3, 4$
xy	multiplication	$x = 100$
		$y = 2\text{-}9$
xy	multiplication	$x = 1000$
		$y = 2\text{-}999, 1000$

As mentioned earlier, in subtraction the minuend y is covert. The only case of subtraction is the numeral *dígítūō* 'nine'. Both addition and multiplication take two overt arguments x and y. They are presented in the first column of Table 25 with their surface linear order. The operator for addition *dɪ* is used only for the sum of 10 and numbers between 1 and 9. The form *anɪ* is found in a variety of structures, but it restricts the right sister y to be lower than the left sister x. In multiplication the value of the argument y depends on the value of x. For the numerals designating 2000 and above, the argument x must be the atom *tʊsʊ* 'thousand' and y any atom or complex numeral between 2 and 999. There are no terms to express 'million' in Chakali. One can hear individuals at the market using the English word 'million' when referring to currency. According to my consultants, the expression *tʊsʊ tʊsʊ* [1000 · 1000] 'million' was common, but became archaic even before the change of currency in July 2007. Examples of numerals are presented in (121).

(121) a. *màtʃéó ànáásè àní àlìè.*
   twenty four   and two
   '82'

b. *kɔ̀wá   àní màtʃéó àní dígímáŋá.*
   hundred and twenty and one
   '121'

c. *kɔ̀sá   átòrò àní màtʃéó ànáásè àní fídāāɲɔ̃.*
   hundreds three and twenty four   and fifteen
   '395'

d. *kɔ̀sá   áɲɔ̃ àní dígímáŋá.*
   hundreds five and one
   '501'

e. *tʊ̀sʊ̀   àní kɔ̀sá   álìè àní màtʃéó àní āɲɔ̀.*
   thousand and hundreds two and twenty and five
   '1225'

f. *tʊ̀sà   màtʃéó àní dígímáŋá àní kɔ̀sá   ālìè àní màtʃéó àní*
   thousands twenty and one   and hundreds two and twenty and
   fídīdígíí
   eleven
   '21231'

Grammatical outlines

In summary, the numeral system of Chakali is decimal (base-10) and vigesimal (base-20) and the base-20 operates throughout the formation of 20 to 99. In Comrie (2008), numeral systems similar to the one described here are called *hybrid vigesimal-decimal*.

3.6.2 Numerals as modifiers

To a certain extent, Chakali offers a rigid word order within the noun phrase (Section 3.8). The heading of (122) offers an overview of the linear order of elements in a noun phrase containing a numeral. Tha data shows that the numeral occurs following the head and the qualifier(s) and precedes the demonstrative and the quantifier.[31]

(122) ART/POSS HEAD QUAL$_1$ QUAL$_2$ NUM QUANT DEM FOC/NEG

    a. à nihǎǎn-á mùŋ wááwáʊ́.
       ART woman-PL QUANT.all come.PRF.FOC
       'All women came.'

    b. à nihǎǎn-á fí mùŋ wááwáʊ́.
       ART woman-PL NUM QUANT.all come.PRF.FOC
       'All ten women came.'

    c. à nihápɔ́lēē fí mùŋ wááwáʊ́.
       ART woman-QUAL NUM QUANT.all come.PRF.FOC
       'All ten fat women came.'

    d. ʊ̀ nihápɲʊ́lɔ́má pɔ̀lēē bàlíé mùŋ wááwáʊ́.
       POSS woman-QUAL QUAL NUM QUANT.all come.PRF.FOC
       'Both his two fat blind wives came.'

    e. à nihápɔ́lēē fí háŋ mùŋ wááwáʊ́.
       ART woman-QUAL NUM DEM QUANT.all come.PRF.FOC
       'Those all ten fat women came.'

    f. à nihápɔ́lēē fí mùŋ lèī wááwá.
       ART woman-QUAL NUM QUANT.all NEG come.PRF
       'Not all ten fat women came.'

    g. à nihápɔ́lēē fí háŋ mùŋ lèī wááwá.
       ART woman-QUAL NUM DEM QUANT.all NEG come.PRF
       'Not all those ten fat women came.'

---

[31] Note that the noun phrases in (122) and (161) were collected in an elicitation session. They were elicited in subject position of the sentence frame *X wááwáʊ́/wááwá* 'X has come'.

When they appear as noun modifiers, a limited number of numerals act as targets in gender agreement, i.e. only the forms 2-7. This grammatical phenomenon provides us with a motivation to treat the expressions for numbers 11-19 as complex numerals. In Section 3.10.1, Chakali is analysed as having two values for the feature gender (i.e. G*a* or G*b*, see also the personal pronouns in Section 3.3.1). The assignment is based on the humanness property and plurality of a referent. Table 28(c) is repeated as Table 26 for convenience.

Table 26: Prefix forms on the numeral modifiers from 2 to 7

	-HUM=G*a*	+HUM=G*b*
SG	a	a
PL	a	ba

The following examples display gender agreement between the numeral *a-naasɛ* 'four' and the nouns *bǒǒnà* 'goats' in (123a), *vííné* 'cooking pots' in (123b), *tààtá* 'languages' in (123c) and *bìsé* 'children' in (123d). Again, the only numerals that agree in gender with the noun they modify are *álìè* 'two', *átòrò* 'three', *ànáásɛ̀* 'four', *ànɔ́* 'five', *álòrò* 'six', and *àlòpɛ̀* 'seven' (see examples 123e and 123f). The data in (123a)-(123d) tells us that, when they function as controllers of agreement, nouns denoting non-human animate, concrete inanimate and abstract entities trigger the prefix form [*a-*] on the modifying numeral, whereas nouns denoting human entities trigger the form [*ba-*].

(123) Agreement Domain: Numeral + Noun

    a. *ŋ̀ kpágá bǒǒ-ná à-náásɛ̀ rā.*
       1SG have goat(G*a*)-PL 3PL.G*a*-four FOC
       'I have four goats.'

    b. *ŋ̀ kpágá víí-né à-náásɛ̀ rā.*
       1SG have pot(G*a*)-PL 3PL.G*a*-four FOC
       'I have four cooking pots.'

    c. *ŋ̀ ŋmá táá-tá à-náásɛ̀ rā.*
       1SG speak language(G*a*)-PL 3PL.G*a*-four FOC
       'I speak four languages.'

Grammatical outlines

d. ŋ̩ kpágá bì-sé   bà-náásè   rā.
   1SG have child(Gb)-PL 3PL.Gb-four FOC
   'I have four children.'

e. ŋ̩ kpágá víí-né   ŋméɲtél rā / dígítūō rō (*aŋmɛntɛl/*adɪgɪtʊʊ).
   1SG have pot(Ga)-PL eight   FOC nine   FOC
   'I have eight/nine cooking pots.'

f. ŋ̩ kpágá bì-sé   ŋméɲtél rā / dígítūō rō (*baŋmɛntɛl/*badɪgɪtʊʊ).
   1SG have child(Gb)-PL   eight   FOC nine   FOC
   'I have eight/nine children.'

g. ŋ̩ kpágá víí-né   fídànáásè rā.
   1SG have pot(Ga)-PL fourteen
   'I have fourteen cooking pots.'

h. ŋ̩ kpágá bì-sé   fídíbànáásè rā (*fidanaasɛ ra).
   1SG have child(Gb)-PL fourteen   FOC
   'I have fourteen children.'

Recall that in Table 23 the numbers from 11 to 19 were all presented with the form *fid(ɪ)X* 'Xteen'. Their treatment as complex numerals makes one crucial prediction: since they have a common structure [fi₁₀-d(ɪ)-[X₁₋₉]*atom*]*complex* and not [fid(ɪ)X]*atom*, agreement has access to the atoms X₂₋₇ within *fid(ɪ)X*. This is illustrated with the examples (123g) and (123h) using the word *fidanaase* 'fourteen'. These two examples show that in cases where a controller is specified for both Gb and PL, it must trigger the form [ba-] on X₂₋₇ within the expressions referring to the numbers 12-17.

3.6.3 Enumeration

Chakali has enumerative forms. These are numerals with a purely sequential order characteristic and are used when one wishes to count without any referential source or to count off items one by one.

(124) dièkèè, ɲéwã́ã́, tòròò, náásè, ɲɔ́, lòrò, lòpè, ŋméɲtél, dígítūo (...)
       one   two   three four   five six   seven eight   nine
       'One, two, three, four, five, six, seven, eight, nine, (...)'

Basically, the diffrence between the forms in (124) and the forms in Table 22 are: (i) a specific enumerative use, (ii) the tendency to lengthen the last vowel,[32] (iii) the numerals expressing two, three, four, five, six, and seven do not usually display the agreement prefix, and (iv) the forms for 'one' and 'two' differ to a greater extent. The rest of the enumerative numerals, i.e. eight, nine, ten, etc., correspond entirely to those shown in Table 22. In (125), an excerpt of a folk tale displays the enumerative use of numerals.

(125) gbǐá́ píílí dièkèè, ɲéwáá́, tòròò, náásè, ɲɔ́, lòrò, lɔ̀pè, àní háŋ ŋ̀
Monkey starts one two three four five six seven CONN DEM 1SG
kà sáŋēē nfŋ̀, dígítūo, fí.
EGR sit DXM nine ten

'The monkey started to count: one, two, three, four, five, six, seven, the one I'm sitting on, nine, ten.' [CB 013]

3.6.4 Distribution

Reduplication has several functions in Chakali and example (126) shows that the meaning of distribution is expressed by the reduplication of a numeral.

(126) nìì-tá álìē-lìē ŋ̀ dí tíébá dìgì-dīgīī.
water-PL two-two 1SG HEST give.3PL.GB one-one
'Yesterday I gave two water bags to each individual.'

In (126) the phrase containing the thing distributed and its quantity opens the utterance. The recipient of the giving event is suffixed to the verb and is understood as being more than one individual. From left to right, the reduplicated forms express the quantity of things distributed and the number of recipients per things distributed, respectively. This is how the distributive reading is encoded in the utterance. Compare (127a) and (127b) with (127c).

(127) a. à kùórù zɔ́ɔ́ zágá múŋ nò à làà kpáá́má fí-fí.
ART chief enter compound.SG all FOC CONN collect yam.PL ten-ten
'From each house the chief takes 10 yams.'

b. à zágá múŋ tíé à kùórù rō kpáá́má fí-fí.
ART compound all give ART chief FOC yam.PL ten-ten
'Each house gives 10 yams to the chief.'

---

[32] I also perceived lengthening in Waali, Dɛg and Vagla for the corresponding enumerative sequence.

Grammatical outlines

    c. à   zágá   múŋ tíɛ́ à kùórù rō kpáámá fí.
      ART compound all   give ART chief FOC yam.PL ten
      'All the houses (the village) give 10 yams to the chief.'

In (127b) and (127c), the sources of the giving event are kept constant. The reading in which ten yams per house are being collected by the chief is accessible only if the numeral *fi* 'ten' is reduplicated (i.e. *fifi*).

(128) a. *tìè à gár nɔ́ɔ́ zènè à nɑ́ɑ́ná jáà zōō álìè-lìè.*
       give ART fence mouth big ART cow.PL do enter two-two
       'Make the door large enough since the cows often enter two by two.'
     b. *à tíí bánɛ́ɛ́ jāā átò-tòrò wō, à bánɛ́ɛ́ jāā*
       ART akee.apple some IDENT three-three FOC ART some IDENT
       àná-náásē.
       four-four
       'Akee apples (have) sometimes three (seeds), sometimes four (seeds).'

The reduplication of the numeral *álìè* 'two' in (128a) makes the addressee understand that not only two cows might enter the cattle fence but a possible sequence of pairs. Similarly, example (128b) conveys a proposition which tells us that the fruit *tíí* 'Akee apple' (*Blighia sapida*) can reveal sometimes three and sometimes four seeds.

3.6.5 Frequency

When the morpheme *bɪ* (Section 4.2.3.6) is prefixed to a cardinal numeral stem, it specifies the number of times an event happens.

(129) *jà wíré jà   kíná rá àkà vàlà gó dùsèè múŋ nàvàl*
      1PL undress 1PL.POSS thing FOC CONN walk cross Ducie QUANT.all circuit
      bí-tòrò.
      ITR-NUM
      'We undress then walk around Ducie three times.'

The meaning of *bɪ*-NUM corresponds to English 'times'. Example (129) illustrates a case where the morpheme *bɪ* is prefixed to the numeral stem *toro* 'three' and translates into 'three times'.

3.6.6 Ordinals

Ordinal numerals are seen as those expressions conveying ranks or orders. The investigation carried out showed that the language does not have a morphological marker or unique forms responsible for such a phenomenon. Chakali expresses ranking and order by other means.

(130) a. A: *lıé ı̀ kà tá à pár?*
         where 2SG EGR leave ART hoe
         'Where did you leave the hoe?'

b. B: *n̩ gı́lá à pár rá píé   ātòrò tìn gàntàl nī.*
     1SG leave ART hoe FOC yam.mound.PL three ART RELN POSTP
     'I left the hoe behind the third yam mound.'

In example (130b), the expression *píé ātòrò tìn gàntàl nī* is best translated as 'behind the third yam-mound' and not as 'behind the three yam-mounds'. In the context of B's utterance, there is no salient set of three mounds.

The word *sɪnsagal* is frequently used in combination with a numeral to express a non-specific amount. For example *tósò̀ nī sínsáyál* can be translated into English as 'thousand and something'. In addition, the word *sɪnsagal* can be combined with a numeral to identify sibling ranks. In (131) *sɪnsagal* is understood as 'follower(s)'.

(131) Sibling relationship

a. *ò̀   sínságál bátòrò jáá-ŋ̀.*
    3SG.POSS follower three   IDENT-1SG
    'After him/her, I'm the third.'

b. *n̩   gàntàl tómá jáá   bàlìè wā.*
    1SG.POSS back   owners IDENT two   FOC
    'I have two siblings younger than me.'

c. *n̩   só̀ó̀   tómá   jáá   bàlìè wā.*
    1SG.POSS front owners IDENT two   FOC
    'I have two siblings older than me.'

Further, in a situation where a speaker wishes to express the fact that he/she won a race by getting to an a priori agreed goal, a natural way of expressing this would be *n̩ jaa dɪgɪmaŋa tɪɪna, lit.* I-is-1-owner, 'I am first'. The second and third (and so on) positions can also be expressed using the same construction, e.g. *lit.*

Grammatical outlines

I-is-N-owner, 'I am Nth'). However, there are other ways to express the same proposition: any of the expressions given in (132) is appropriate in this context.

(132) Position in a race
    a. à   bàtfɔ́álíí nī   ǹ   ná àlìè rā
       ART race   POSTP 1SG see two FOC
       'At the race, I arrived second.'
    b. míŋ   díjèē
       1SG.ST eat.PFV
       'I arrived first.' or 'I won.'
    c. míŋ   ní   té   sōō, ì   sàyà
       1SG.ST postp early front 2SG be.on
       'I arrived first, you followed.'

Finally, the word *búmbúŋ* is translated into the non-numeric English idiom 'at first' and refers to a past state, its beginning or origin.

(133) búmbúŋ ní   ǹ   fī   wàà nɔ̃ã̄   sīǹ.
    first   POSTP 1SG PST NEG drink alcoholic.drink
    'At first, I was not drinking alcoholic beverage.'

3.6.7 Miscellaneous usage of number concept

In the performance of some rituals or customs, the number concepts 3 and 4 are associated with male and female respectively. Let us illustrate this phenomenon with some examples. The *lóbānī* section of Ducie has a funeral song which is performed at the death of a co-inhabitant. The song is repeated three times if the deceased is a man and four in the case of a woman. When a person is initiated to *sígmàá*, a male must drink the black medicine in three successive occurrences and a female in four. On the fifth day of the last funeral (*lúsínnà*), the children of the deceased are given food in a particular way which involves offering the food and pulling it back repeatedly: three times for a male and four for a female. The same associations number-sex (i.e. *three-male* and *four-female*) are found in Cardinall (1920: 68-70) where it is reported that, among the Kasena, a woman must stay in her room three days after delivering a boy but four after delivering a girl. Also, the umbilical cord of a boy is twisted three times around her finger after being removed, but four times in the case of a girl.

    Two unusual phenomena involving numbers must be included. The first is also found in neighboring languages (Dagaare, Waali, Buli, and probably others).

The phrase *tʃɔpìsí ālìè* is used in greetings (Section 5.6.1). It literally means 'two days', yet it implies that the speaker has not met the addressee for a long period (i.e. days, weeks or years), or an interval longer than usual interactions between co-inhabitants. In other languages, I have been informed that one can say 'two months' or 'two years', but in Chakali, even if someone has not seen another person for years it is appropriate to say *tʃɔpìsí ālìè* 'two days'. The second concerns the reference to the number of puppies in a litter. When a speaker wishes to express the number of puppies a bitch has delivered, then she/he must add ten to the actual number. For example, to express that a dog has given birth to two puppies, one must say *ʊ̀ lólá fídālìè*, lit. 'She give.birth twelve'.

3.6.8 Currency

One peculiarity of Chakali appears when numerals are used in the domain of currency. For example, in (134) the speaker needs to sell a grasscutter (cane-rat) for the price of seven Ghana cedis.

(134) kɔ̀sá   átòrò ànì mátʃéó àlìè ànì fí.
      hundred.PL three and twenty two and ten

'Seven new Ghana Cedis, or seventy thousand old Ghana Cedis' (*lit.* three hundred and fifty)

Accounting for the reference to seven Ghana cedis with an expression literally meaning three hundred and fifty (as was demonstrated in the previous sections) is done in two steps. First, Chakali speakers (still) refer to the old Ghanaian currency (1967-2007), which after years of depreciation was redenominated (July 2007). Today, one new Ghana cedi (₵) is worth 10,000 old Ghana cedis.[33] Secondly, the Chakali word denoting 'bag' is *bʊ̀ɔtɪ́à* (PL *bʊ̀ɔtɪsá*, etym. *bʊɔ-tɪa* 'hole-give'). There is evidence that the word has at least one additional sense in the language. In (135) the prices of some items are presented.[34]

(135) a. *bʊ̀ɔtɪ̀à màtʃéó átòrò ànì fí dì àɲɔ́.*
         bag   twenty three and ten and five
         '15,000' (for three yam tubers)

---

[33] The term *old* and *new* were especially used in the period of transition. The redenomination of July 2007 is the second in the cedis history. The cedi was introduced by Kwame N'krumah in 1965, replacing the British West African pound (2.4 cedis = 1 pound), but lasted only two years. Thus, the first redenomination actually occured in 1967.

[34] The prices are those recorded at the market in Ducie in February 2008.

b. *bʊ̀ɔtìà tósʊ̀*.
   bag   thousand
   '200,000' (for a bag of groundnuts)

c. *bʊ̀ɔtìà kɔ̀sá   ālìè*.
   bag   hundred two
   '40,000' (for a basin of dried cassava)

d. *bʊ̀ɔtìà kɔ̀sá   ŋméŋtél*.
   bag   hundred eight
   '160,000' (for a bag of dried cassava)

e. *bʊ̀ɔtìà màtʃéó ànáásɛ̀ àní fĩ́*.
   bag   twenty four   and ten
   '18,000' (for a bowl of rice)

f. *bʊ̀ɔtìà tósʊ̀   àní kɔ̀sá   àɲɔ̃́*.
   bag   thousand and hundred five
   '300,000' (for a bag of rice)

In (135) the word *bʊɔtɩa* initiates each expression. Since the expressions refer solely to the amount of money, it is clear that the word *bʊɔtɩa* does not have the meaning 'bag' but that the meaning of a numeral, i.e. 200 can be inferred. The distinction between *bʊɔtɩa₁* (=bag) and *bʊɔtɩa₂* (=200) is supported by the following observations: On some occasions where *bʊɔtɩa* is used, the word cannot refer to 'bag' since there are no potential referents available. In the position it occupies in (135) *bʊɔtɩa* is usually not pluralized, which is obligatory for a modified noun. Further, the word *kómbòrò* 'half' can modify *bʊɔtɩa₁* to mean 'half a bag' (i.e. maize, groundnuts, etc), but the expression *bʊ̀ɔtìà kómbòrò* cannot mean '100 cedis' in the language.[35] Going back to the form of the expression given in (134), it was also observed that in a conversation in which the reference to money is understood, *bʊɔtɩa₂* is often not pronounced. One can use the utterance *tósʊ̀* 'thousand' to refer to the price of a bag of groundnuts, that is an amount of two

---

[35] This claim was recently challenged by one of my consultants who recalls his mother using *bʊɔtɩa komboro* to mean '100 cedis'. Compare this with English where one can say *half a grand* to mean 500 dollars. The reason why *bʊɔtɩa komboro* was originally rejected was perhaps that 100 old cedis was a very small sum in 2008 and it was almost impossible to hear the expression. In 2009, another informant claimed never to have heard such an expression to mean 100 old cedis.

hundred thousand old cedis.[36] The distinguishing characteristic of *bʊɔtɪa*₁ is that it is a common noun and refers to 'bag' and that *bʊɔtɪa*₂ is an atomic (and a base) numeral. The latter is a kind of hybrid numeral, a blend of a measure term and a numeral term, which is only used in the domain of currency.

3.7 Demonstratives

Unlike the pronominal demonstrative which acts as a noun phrase, a demonstrative within the noun phrase modifies the head noun. The demonstratives in the noun phrase are identical to the demonstrative pronouns introduced in Section 3.3.3, i.e. *haŋ/hama* (SG/PL).

(136) Priest talking to the shrine, holding a kola nut above it
 má láá [kàpósìè háŋ]_NP ká já mɔ̄sē tìè wíí tìŋ bà tàá
 2PL take kola.nut DEM CONN 1PL plead give matter ART 3PL.B EGR
 búúrè.
 want
 'Take this kola nut, we implore you to give them what they desire.'

Demonstrative modifiers are mostly used in spatial deixis, but they do not encode a proximal/distal distinction. Further, when a speaker uses *haŋ* in a non-spatial context, he/she tends to ignore the plural form (see example (138b) below). In example (137), the demonstrative is placed before the quantifier, which is not its canonical position, as will be shown in the summary examples in Section 3.11.[37]

(137) dí ʊ̀ nə́ə́ dí [tʃàkàlì tɔ́sá háŋ mùŋ]_NP, dí bììsáà jáá
 COMP 3SG hear COMP Chakali villages DEM QUANT.all COMP Biisa IDENT
 nɪ́hɪ̃̂ɛ̂, bánɪ̃́ɛ́ ká bì ŋmá dí sɔylá jáá nɪ́hɪ̃̂ɛ̂.
 old some EGR ITR say COMP Sawla IDENT old
 'He hears that of all Chakali settlements, some say that Biisa (Bisikan) is the oldest, some also say Sawla is the oldest.' (*Katua, 28/03/08, Jeo Jebuni*)

---

[36] While a synchronic account of a sense distinction for the form *bʊɔtɪa* in Chakali is introduced, a diachronic one is complicated by the reliability of oral sources and a lack of written records. The origin of a sense distinction of the form *bʊɔtɪa*, and its equivalent, is found to be widespread in West Africa. The lexical item being discussed here is in Yoruba *ʔàkpó*, Baatonum *bʊɔrʊ*, Hausa *kàtàkù*, Dagbani *kpaliŋa*, Dagaare *bʊɔra*, Dagaare (Nandom dialect) *vʊɔra*, Sisaala *bɔtɔ́* and Waali *bʊɔra*. Whether the word is polysemous in all these languages as it is in Chakali, I do not know. Akan and Gã had something similar but seem to have lost the reference to currency: a study of the words *bɔtɔ́* and *kotoko/kɔtɔkɔ* is needed.

[37] The plural form of *tɔʊ* 'village' in Katua is *tɔsɪ*. In the lect of Katua, the noun classes resemble the noun classes of the Pasaale dialect, especially the lect of the villages Kuluŋ and Yaala.

Grammatical outlines

The examples in (138) show that the typical position of the demonstrative is after the head noun and before the postposition, after the numeral, but before the article *tɪŋ*.

(138) a. [*tʃɔ̀ɔ́sá háŋ*]$_{NP}$ *ní   ǹǹ dí kōō rā*.
      morning DEM   POSTP 1SG eat t.z. FOC
      'This morning I ate T.Z..'

   b. [*nárá báliè háŋ*]$_{NP}$ *nā sɛ́wíjé à   mɔ́r*.
      person two DEM   FOC write ART story
      'THESE TWO MEN wrote the story.'

   c. *làà   [mósá záál háŋ tìŋ*]$_{NP}$.
      collect Musa fowl DEM ART
      'Collect Musah's fowl'

3.8 Focus and negation

When the focus is on a noun phrase, the free-standing particle *ra* appears to the right of the noun phrase (see Section 3.2.2.2 for the various forms the focus particle can take). The particle *lɛɪ* 'not' also appears free-standing to the right of the noun phrase, but it is part of the word in the case of a complex quantifier (see Sections 3.5 and 3.10.2). Focus and negation particles cannot co-occur together in a single noun phrase.

(139) Identification repair for sets of cats shown on an illustration
     [*à   dièbísè hámà*]$_{NP}$ *lèí*, [*hámà*]$_{NP}$ *rā*.
     ART cats   DEM.PL NEG DEM.PL   FOC
     'Not these cats, THESE CATS.'

In (139), *lɛɪ* 'not' negates the noun phrase *a diebise hama* and *ra* puts the focus on the demonstrative pronoun *hama*, referring to a different set of cats. Both focus and negation particles can be thought as having scope over the noun phrases, functioning as discourse particles.

(140) a. *mòlìbíí léì kàà tíɛ̀ nárá tɔ̀ɔ̀rà*.
      money NEG IPFV give people problem
      'It is not money that gives people problems.'

   b. *mòlìbíí wàá   tíɛ̀ nárá tɔ̀ɔ̀rà*.
      money NEG.IPFV give people problem
      'Money does not give people problems.'

Example (140) compares similar propositions involving negation. While (140a) presupposes it is something else than money that gives problems to people, (140b) says that money does not give people problems.

(141)   a.   *wáá/kàláá   kpágá bòɲɛ́.*
             3SG.ST/K.FOC have   respect
             'He/Kala has respect for others'
       b.   *ò̀/kàlá kpágá bòɲɛ́   rá.*
             3SG/K. has   respect FOC
             'He/Kala has RESPECT FOR OTHERS.'
       c.   *wáá/bèléé   kpágá záàl.*
             3SG.ST/bush.dog.FOC catch fowl
             'IT/BUSH DOG catches fowls.'
       d.   *ò̀/bèlè   kpágá záál là.*
             3SG/bush.dog catch fowl FOC
             'It/bush dog catches FOWLS.'

The focus contrast offered in (141) is still in need of validation: one consultant insisted that if the focus particle does not appear after the object of *kpaga*, the subject – in this case a pronoun or a proper noun – needs to be lengthened and display high tone. This appears to co-relate to the distinction offered for personal pronoun in Section 3.3.1.

3.9 Coordination of nominals

3.9.1 Conjunction of nominals

The coordination of nominals is accomplished by means of the conjunction particle *anɪ* (glossed CONN). The vowels of the connective are heavily centralized and the initial vowel is often dropped in fast speech. The particle can be weakened to [nə], or simply [n̩], when the preceding and following phonological material is vocalic. A coordination of two indefinite noun phrases is displayed in (142).

(142)   *váá ànɪ́   dìèbíè káá válà.*
         dog CONN cat   EGR walk
         'A dog and a cat are walking.'

The coordination of a sequence of more than two nouns is given in (143). It is possible to repeat the connective *anɪ*, but a pause between the items in a sequence is more frequently found.

Grammatical outlines

(143) bə́ə́ŋ, váà àní   dìèbíè káá válà.
       goat, dog CONN cat EGR walk
       'A goat, a dog, and a cat are walking.'

When a sequence of two modified nouns are conjoined, the head of the second noun phrase may be omitted if it refers to the same kind of entity as the first head noun. This is shown in (144).

(144) ṇ̀ kpáyá tàytà zén nē àní (tàytà) ábūmmò.
       1SG have shirt large FOC CONN (shirt) black
       'I got a large shirt and a black shirt.'

If the conjoined noun phrase is definite, the article *tɪŋ* follows both conjuncts. This is shown in (145) where the connective appears between two qualifiers.

(145) à   kór   ábúmmò àní   ápə̀mmá tìŋ.
       ART bench black CONN white   ART
       'the black and white chair (one particoloured chair)'

When the weak personal pronouns (Section 3.3.1) are conjoined there are limitations on the order in which they can appear. The disallowed sequences seem to be caused by two constraints. First, consultants usually disapproved of the sequences where a singular pronoun is placed after a plural one. Examples are provided in (146).

(146)   a. Acceptable
           1SG CONN 2PL > /ṇ anɪ ma/ [ṇ̀nímā]
           'I and you (PL)'
           1SG CONN 3PL.G*a* > /ṇ anɪ a/ [ṇ̀nánāā]
           'I and they (–HUM)'
           3SG CONN 2PL > /ʊ anɪ ma/ [ə̀nímā]
           'she and you (PL)'
           3SG CONN 3PL.G*b* > /ʊ anɪ ba/ [ə̀níbā]
           'she and they (+HUM)'
        b. Unacceptable
           2PL CONN 1SG > */ma anɪ ṇ/
           3PL.G.*a* CONN 1SG > */a anɪ ṇ/
           2PL CONN 3SG > */ma anɪ ʊ/
           3PL.G.*b* CONN 3SG > */ba anɪ ʊ/

Secondly, the first person pronoun n̩ cannot be found after the conjunction, irrespective of the pronoun preceding it. The reason may be a constraint on the syllabification of two successive nasals. In (147), it is shown that the vowels of the conjunction anɪ either drop or assimilate the quality of the following vowel. In addition, a segment n is inserted between the conjunction and the following pronoun.

(147) /ʊ anɪ ʊ/ 3SG CONN 3SG > [ʊ̀nʊ́nʊ̀] 'she and she'
/ʊ anɪ ɪ/ 3SG CONN 2SG > [ʊ̀nɪ́nɪ̀] 'she and you'
/n̩ anɪ ʊ/ 1SG CONN 3SG > [ǹ̩nʊ́nʊ̀] 'I and she'
/n̩ anɪ ɪ/ 1SG CONN 2SG > [ǹ̩nɪ́nɪ̀] 'I and you'
/ɪ anɪ n̩/ 2SG CONN 1SG > *[ɪn(V)nn̩]

If the first person pronoun n̩ were to follow the conjunction, there would be (i) no vowel quality to assimilate, and (ii) three successive homorganic nasals, i.e. one from the conjunction, one inserted and one from the first person pronoun, which would give rise to a sequence n(V)nn̩. As shown in Table 27, these problems do not arise when the strong pronouns (ST) are used.

Table 27: Conjunction of pronouns; weak pronoun (WK) and strong pronoun (ST)

	3.SG & 3.SG	3.SG & 2.SG	3.SG & 1.SG	2.SG &1.SG
WK CONN WK	ʊnʊnʊ	ʊnʊnɪ	*	*
WK CONN WK	ʊnʊnʊ	ɪnʊnʊ	n̩nʊnʊ	n̩nɪnɪ
WK CONN ST	ʊnɪwa	ʊnɪhɪŋ	ʊnɪmɪŋ	ɪnɪmɪŋ
ST CONN WK	wanʊnʊ	hɪnnʊnʊ	mɪnnʊnʊ	mɪnnɪnɪ
ST CONN ST	wanɪwa	wanɪhɪŋ	wanɪmɪŋ	mɪnnɪhɪŋ

In Section 4.2.3.2, the temporal nominal dɪarɛ 'yesterday' and tʃɪa 'tomorrow' are said to have preverbs counterpart in a three-interval tense subsystem. The temporal nominal zaaŋ (or zɪlaŋ) expresses 'today', and tɔmʊsʊ can express either 'the day before yesterday' or 'the day after tomorrow', yet neither have a corresponding preverb. Thus dɪarɛ 'yesterday', tʃɪa 'tomorrow', and zaaŋ 'today', which typically function as adjunct and can be disjunctively connected by the nominal connective anɪ, as in (148), are treated as nominals.

(148) *dìàrɛ̀,   zìlán ànɪ́ tʃɪ́á   mūŋ   jáá   dɪ́gɪ́máɲá rá.*
yesterday today CONN tomorrow QUANT.all IDENT one   FOC
'Yesterday, today, and tomorrow are all the same.'

3.9.1.1 Apposition

(149) *kùórù bìnìhã́ã̀ɲ ŋmá tìɛ̀ [ʊ̀   ɲɪ́ná kùórù]ₙₚ dɪ́ à   báàl párá*
chief young.girl say give 3SG.POSS father chief   that ART man farm
à   kùó pétùù   (...)
ART farm finish.FOC
'The daughter told her father the chief that the young man had finished weeding the farm (...)' [CB 014]

There is another conjunction-type of nominal coordination. The noun phrase *ʊ ɲɪna kuoru* 'her father chief' in (149) is treated as two noun phrases in apposition. In this case, apposition is represented as [[ʊ ɲɪna]ₙₚ [kuoru]ₙₚ]ₙₚ.

3.9.2 Disjunction of nominals

In a disjunctive coordination, the language indicates a contrast or a choice by means of a high tone and long *káá*, equivalent to English 'or'. The connective *káá* is placed between two disjuncts. The alternative questions in (150) are given as examples.

(150) a. *ì búúrɛ̀ tɪ́ rē káá kɔ́fɪ̀?*
     2SG want tea FOC CONN coffee
     'Do you want tea or coffee?'

   b. *ì búúrɛ̀ tɪ́ rē káá kɔ́fɪ̀ rā ì   dì   búúrɛ̀?*
     2SG want tea FOC CONN coffee FOC 2SG IPFV want
     'Do you want tea or do you want coffee?'

This connective should not be confused with the three conjunctions used to connect verb phrases and clauses, i.e. *aka, ka* and *a* (see Section 2.5.1).

(151) *ì   kàá tòmà tìɛ̀ à   kùórù ró zààŋ káá tʃɪ́á?*
2SG FUT work give ART chief FOC today or tomorrow
'Will you work for the chief today or tomorrow?'

Example (151) shows that the same particle may also occur between temporal nominals.

3.10 Two types of agreement

Agreement is a phenomenon which operates across word boundaries: it is a relation between a controller and a target in a given syntactic domain. In Corbett (2006) agreement is defined as follow: (i) the element which determines the agreement is the controller, (ii) the element whose form is determined by agreement is the target and (iii) the syntactic environment in which agreement occurs is the domain. Agreement features refer to the information which is shared in an agreement domain. Finally there may be conditions on agreement, that is, there is a particular type of agreement provided certain other conditions apply. Chakali has two types of agreement based on animacy. They are presented in the two subsequent sections.

3.10.1 The gender system

Gender is identified as the grammatical encoding of an agreement class. Chakali has four domains in which agreement in gender can be observed; antecedent-anaphor, possessive-noun, numeral-noun and quantifier-noun. The values shared reflect the humanness property of the referent, dichotomizing the lexicon of nominals into a set of lexemes a (i.e. human–) and a set b (i.e. human+), thus GENDER a or b (Brindle 2008b; 2009). The values for the feature GENDER are presented in Table 28.

In addition to the gender values proposed in Table 28(a), a condition constrains the controller to be plural to observe the humanness distinction in agreement. As Tables 28(b) and 28(c) show, the personal pronouns in the language do not distinguish humanness in the singular but only in the plural.

The boundary separating human from non-human is subject to conceptual flexibility. In storytelling non-human characters are "humanized", sometimes called personification, as (152) exemplifies: animals talk, are capable of thoughts and feelings, and can plan to go to funerals. If one compares the non-human referents in example (152) and (153b), the former reflects personification, while the latter does not.

(152) Domain: antecedent-anaphor
 váá   màã̀   sówá. ɔ̀ ŋmá dí   ɔ̀ tʃɛ̀ná ŋmálíŋŋmǐɔ̌ dí
 dog.SG mother.SG die   he said COMP his friend bird's name COMP
 bá   káálì ɔ̀ màã́   lúhò.
 3PL.Gb go   his mother funeral
 'The Dog's mother died. Dog asks his friend Bird (*Ardea purpurea*) to

Table 28: Gender in Chakali

(a) Criteria for gender

GENDER	Criteria
a	*residuals*
b	things that are categorized as human

(b) Gender in weak and strong third-person pronouns

Pronoun	WK	ST
Grammatical function	s|o	s
3sg.	ʊ	waa
3pl.ɢa	a	awaa
3pl.ɢb	ba	bawaa

(c) Agreement prefix forms

	-HUM=G*a*	+HUM=G*b*
SG	a-	a-
PL	a-	ba-

accompany him to his mother's funeral.' (*lit.* that they should go to his mother's funeral.)

In (153) the quantifier *mùŋ* 'all' agrees in gender with the nouns *nìbáálá* 'men' and *bɔ̀làsá* 'elephants'. The form *àmùŋ* is used with non-human, irrespective of the number value, and for human if the referent is unique. The form *bàmùŋ* can only appear in such a phrase if the referent is human and the number of the referent is greater than one. In this example a contrast is being made between human-reference and animal-reference to show that it is not animacy in general but humanness which presents an opposition in the language.

(153) Domain: Quantifier + Noun

    a. *nì-báál-á*   *bā-mùŋ.*
       person(G*b*)-male-PL G*b*-ALL
       'all men'

    b. *bɔ̀là-sá*   *ā-mùŋ.*
       elephant(G*a*)-PL G*a*-ALL
       'all elephants'

In Section 3.3.5, it was shown that the possessive pronouns have the same forms as the corresponding weak pronouns. In (154), the target pronouns agree with the covert controller, which is the possessor of the possessive kinship relation. The nouns referring to goat and human mothers, trigger G(ENDER)*a* and G(ENDER)*b* respectively. In cases where the possessor is covert the proper assignment of humanness is dependent on the humanness of the possessed argument (i.e. 'their child' is ambiguous in Chakali unless one can retrieve the relevant semantic information of the possessed entity).

(154) Domain: Possessive (possessor) + Noun

    a. *à*   *bőőn-á.*
       POSS.3PL.G*a* goat.(G*a*)-PL
       'their goats' (possessor = goat mothers)

    b. *bà*   *bì-sé.*
       POSS.3PL.G*b* child.(G*b*)-PL
       'their children' (possessor = human mothers)

Example (155) displays agreement between the numeral *à-náásɛ̀* 'four' and the nouns *bőőnà* (CL.3) 'goats', *tàátá* (CL.7) 'languages', *vííné* (CL.5) 'cooking pots' and *bìsé* (CL.1) 'children'. The numerals that agree in gender with the noun they modify are *á-lìɛ̀* 'two', *á-tòrò* 'three', *à-náásɛ̀* 'four', *à-ɲɔ́* 'five', *à-lòrò* 'six' and *á-lòpɛ̀* 'seven'. Here again, animate (other than human), concrete (inanimate) and abstract entities on the one hand, and human on the other hand do not trigger the same agreement pattern (ANIM in (155a), ABST in (155b), CONC in (155c) vs. HUM in (155d)). Clearly, as shown below, noun class membership is not reflected in agreement (*tàátá* (CL.7) 'languages' triggers G*a* in (155b) and *bìsé* (CL.1) 'children' triggers G*b* in (155d)).

(155) Domain: Numeral + Noun

    a. *ŋ̀ŋ̀ kpáyá bɔ́ɔ́n-á   à-nááṣè   rā.*
       1SG have goat(G*a*)-PL 3PL.G*a*-four FOC
       'I have four goats.'

    b. *ŋ̀ŋ̀ ŋmá tàà-tá   à-nááṣè   rā.*
       1SG speak language(G*a*)-PL 3PL.G*a*-four FOC
       'I speak four languages.'

    c. *ŋ̀ŋ̀ kpáyá víí-né   à-nááṣè   rā.*
       1SG have cooking.pot(G*a*)-PL 3PL.G*a*-four FOC
       'I have four cooking pots.'

    d. *ŋ̀ŋ̀ kpáyá bì-sé   bà-nááṣè   rā.*
       1SG have child(G*b*)-PL 3PL.G*b*-four FOC
       'I have four children.'

Example (156) shows that in a coordination construction involving the conjunction form *(a)nı*, the targets display consistently G*b* when one of the conjuncts is human-denoting. In (156a) the noun phrase *a baal* 'the man' and the noun phrase *ʊ kakumuso* 'his donkeys' unite to form the noun phrase acting as controller. The noun phrase *a baal nı ʊ kakumuso* 'the man and his donkeys' triggers G*b* on targets. Consequently, the form of the subject pronoun, the quantifier, the possessive pronoun and the numeral must expose *ba* (3PL.*b*). The rule in (156f) constrains coordinate noun phrases to trigger G*b* if any of the conjuncts is specified as G*b*. No test has been applied to verify whether the alignment of the conjunct noun phrases affects gender resolution.

(156) Domain: Coordinate structure with *nı*

    a. *[à báál nì   ʊ̀ʊ̀   kààkúmò-sō]$_{NP}$ váláá káálì tàmàlè rā.*
       ART man CONN 3SG.POSS donkey-PL   walk go Tamale FOC
       'The man and his donkeys walked to TAMALE.'

    b. *bà   kɔ́ɔ́wɛ́ɔ́.*
       3PL.G*b* tire.PFV.FOC
       'They are tired.'

    c. *bà-mùŋ   nɑ̀ɑ̀sá tʃɔ́gáʊ́.*
       3.PL.G*b*-all feet.PL spoil.PFV.FOC
       'They all had painful feet.' (*lit.* the feet of all.of.them)

d. **bà** nǎ̀ásá tʃɔ́gáʊ́.
   3PL.POSS.G*b* feet.PL spoil.PFV.FOC
   'Their feet were hurting them.'

e. **bà** jáá **bà-ɲɔ́** rā.
   3PL.G*b* IDENT 3.PL.G*b*-five FOC
   'They were five altogether.'

f. RESOLUTION RULE: When unlike gender values are conjoined (i.e. GENDER *a* and GENDER *b*), the coordinate noun phrase determines GENDER *b* (i.e. G*a* + G*a* = G*a*, G*a* + G*b* = G*b*, G*b* + G*a* = G*b* and G*b* + G*b* = G*b*).

Examples (152) to (156) demonstrate how one can analyse the humaness distinction as gender. The comparison between humans, animals, concrete inanimate entities and abstract entities uncovers the sort of animacy encoded in the language. Section 3.10.2 presents a phenomenon which shows some similarity to gender agreement.

3.10.2 The classifier system

While there is abundant literature describing Niger-Congo nominal classifications and agreement systems, the grammatical phenomenon described in this section has not received much attention. Consider the examples in (157):

(157) a. *dʒètì kìm-bɔ́n ná.*
      lion.SG ANIM-dangerous.SG FOC
      'A lion is DANGEROUS.' (generic reading)

   b. *dʒètìsá kìm-bɔ́má rá.*
      lion.PL CONC;ANIM-dangerous.PL FOC
      'The lions are DANGEROUS.' (individual reading)

   c. *m̀ bìərəsá nì-bɔ́má rá.*
      POSS.1SG brother.PL HUM-dangerous.PL FOC
      'My brothers are DANGEROUS.'

   d. *bà jáá nì-bɔ́má rá.*
      3PL.G*b* IDENT HUM-dangerous.PL FOC
      'They are DANGEROUS.' (human participants)

   e. *à jáá kìm-bɔ́má rá.*
      3PL.G*a* IDENT CONC;ANIM-dangerous.PL FOC
      'They are DANGEROUS.' (non-human, non-abstract participants)

405

Grammatical outlines

    f. *záíí   wì-bɔ́n   ná.*
       fly.NMLZ ABST-dangerous.SG FOC
       'Flying is DANGEROUS.'

    g. *à   tʃígísíí   wì-bɔ́má   rá.*
       ART turn.PV.NMLZ ABST-dangerous.PL FOC
       'The turnings are DANGEROUS.' (repetitively turning clay bowls for drying)

The sentences in (157) are made of two successive noun phrases. The referent of the first noun phrase is an entity or a process while the second noun phrase is semantically headed by a state predicate denoting a property. Although speakers prefer the presence of the identificational verb *jaa* 'to be' between the two noun phrases, its absence is acceptable and does not change the meaning of the sentence. In these identificational constructions, the comment identifies the topic as having a certain property, i.e. being bad, dangerous, or risky. The focus particle follows the second noun phrase, hence [NP1 NP2 ra] means 'NP1 is NP2' in which salience or novelty of information comes from NP2.

The form of /bɔm/ 'bad' is determined by the number value of the first noun phrase. Irrespective of the animacy encoded in the referent, a singular noun phrase triggers the form *[bɔŋ]* while a plural triggers *[bɔma]* (i.e. CL.3, Section 3.2.1.3). The number agreement is illustrated in (157a) and (157b).[38]

Properties do not appear as freestanding words in identificational constructions. To say 'the lion is dangerous', the grammar has to combine the predicate with a nominal classifier (or dummy substantive) that will license a noun, i.e. *lit.* 'lion is *thing*-dangerous', where *thing* stands for the slots where animacy is encoded. This is represented in (158).

(158)   [[thing$_{animacy}$-property] FOC]

There are three dummy substantives in (157): *nɪ-*, *wɪ-*, and *kɪn-*. Each of them has a fully fledged noun counterpart; it can be pluralized, precede a demonstrative, etc. Those forms are *kɪn/kɪna* (CL.3) 'thing', *nar/nara* (CL.3) 'person' and *wɪɪ/wɪɛ* (CL.4) 'matter, palaver, problem, etc.'. Table 29 provides the three possible distinctions.

Since there are form and sense compatibilities between the inflecting noun pairs and the forms of the expressions preceding the qualitative predicate, a com-

---

[38] Notice that the nominalized verbal lexemes in (157f) and (157g) each triggers a different form for /bɔm/. The form *tʃigisii* 'turning' is analysed as a nominalized pluractional verb (see Section 4.3.2).

Table 29: Classifiers and Nouns

Classifier	Animacy	Noun class	Sing.	Plur.
nɪ-/na-	[HUM]	Class 3	nár	nárá
wɪ-	[ABST]	Class 4	wíí	wíɛ́
kɪn-	[CONC;ANIM]	Class 3	kìn	kìnà

mon radical form for each is identified; kɪn- [CONC;ANIM] 'concrete, non-human, non-abstract', nɪ- [HUM] 'person, human being' and wɪ- [ABST] 'non-concrete, non-person' are the three classifiers.[39]

All the sentences in (157) are ungrammatical without a classifier. The three classifiers combine with bɔŋ/bɔma to make proper constituents for an identificational construction. The structural setting is the result of a combination of grammatical constraints which specify that: (i) a property in predicative function cannot stand on its own, (ii) in predicative function, a property must be joined with a classifier, (iii) the merging of the classifier and the property forms a proper syntactic constituent for an identificational construction, and (iv) the form of the classifier is dependent on the animacy encoded in the argument of a qualitative predicate.

Finally, classifiers are also found in the formation of the words meaning 'something' and 'nothing'. Consider the examples in (160) and (159):

(159) a. ná-mùŋ-lɛ̀í
HUM-all-not
'no one'

b. wí-mùŋ-lɛ̀í
ABST-all-not
'nothing'

c. kín-mùŋ-lɛ̀í
CONC;ANIM-all-not
'nothing'

---

[39] The classifier and the semantic information encoded in the head of the first noun phrase reflects one major analytical criterion for classifier systems (Dixon 1986; Corbett 1991; Grinevald 2000).

Grammatical outlines

(160) a. *nì-dígíí*
HUM-one
'someone'

b. *wí-dígíí*
ABST-one
'something'

c. *kìn-dígíí*
CONC;ANIM-one
'something'

As with the role of classifiers in identificational constructions, here again the classifiers narrows down the tracking of a referent when one of those quantifiers is used. Again, the grammar arranges animacies into three categories, i.e. ABST, CONC;ANIM, and HUM. A distinction is also made in English between HUM (i.e. someone, no one) and ANIM;CONC;ABST (i.e. something, nothing), however English does not have a distinction which captures specifically abstract entities.

3.11 Summary

The term nominal in the present context was argued to represent two separate notions. The first is conceptual. Nominal stems denote classes of entities whereas verbal stems denote events. The second notion is formal. A nominal stem was opposed to a verbal stem in noun formation. As a syntactic unit, the nominal constitutes an obligatory support to the main predicate and was presented above in various forms: as a pro-form, a single noun, or noun phrases consisting of a noun with a qualifier(s), an article(s), a demonstrative, among others. The heading of (161) represents the order of elements in the noun phrase in Chakali.[40]

(161) ART/POSS HEAD QUAL NUM QUANT DEM QUANT ART FOC/NEG

a. *ì wááwáʊ̌* 'you came'
HEAD

b. *háán̄ wāāwāʊ̄* 'a woman came'
HEAD

c. *à háán̄ wāāwāʊ̄* 'the woman came'
ART1 HEAD

---

[40] In (161) 'woman' may also be interpreted as 'wife'.

d. *à hã́ã́ŋ tìŋ wāāwāʊ̄* 'the woman came'
   ART1 HEAD ART2
e. *ʊ̀ʊ̀ hã́ã́ŋ wāāwāʊ̄* 'his woman came'
   POSS HEAD
f. *ʊ̀ʊ̀ hã́ã́ŋ tìŋ wāāwāʊ̄* 'his woman came'
   POSS HEAD ART2
g. *hámā mùŋ wāāwāʊ̄* 'all these came'
   HEAD QUANT.all
h. *nìhã́ã́ná hámā mùŋ wāāwāʊ̄* 'all these women came'
   HEAD DEM QUANT.all
i. *hã́ã́ŋ háŋ̀ wāāwāʊ̄* 'this woman came'
   HEAD DEM
j. *nìhã́ã́ná mùŋ wááwáʊ́* 'all women came'
   HEAD QUANT.all
k. *nìhã́káná wāāwāʊ̄* 'many women came'
   HEAD-QUANT
l. *nárá bátòrò wāāwāʊ̄* 'three persons came'
   HEAD NUM
m. *à nìhã́ã́ná pɔ́lēɛ̀ bálìɛ̀ wāāwāʊ̄* 'the two fat women came'
   ART1 HEAD QUAL NUM
n. *à nìhã́ã́ná bálìɛ̀ hámà wāāwāʊ̄* 'these two women came'
   ART1 HEAD NUM DEM
o. *à nìhã́ɲʊ́lʊ́má pɔ́lēɛ̀ bálìɛ̀ wāāwāʊ̄* 'the two fat blind women came'
   ART1 HEAD QUAL QUAL NUM
p. *à nìhã́pɔ́lēɛ̀ káná wāāwāʊ̄* 'many fat women came'
   ART1 HEAD QUAL QUANT.many
q. *à nìhã́pɔ́lēɛ̀ ɲʊ́lʊ́ŋkáná wāāwāʊ̄* 'many fat blind women came'
   ART1 HEAD QUAL QUAL QUANT.many
r. *à nìhã́pɔ́lēɛ̀ ɲʊ́lʊ́ŋkáná hámà wāāwāʊ̄* 'these many fat blind women came'
   ART1 HEAD-QUAL QUAL-QUANT.many DEM
s. *à nìhã́pɔ́lēɛ̀ ɲʊ́lʊ́má fī bānī̃ɛ̃̄ wāāwāʊ̄* 'some of the ten fat blind women came'
   ART1 HEAD-QUAL QUAL NUM QUANT.some

Grammatical outlines

To summarize, each noun phrase in (161) is a grammatically and semantically acceptable noun phrase and respects the linear order offered on the first line. They were all elicited in a frame 'X came'. Certain orders are favored, but a strict linear order, especially among the qualifiers, needs further investigation. Notice that each noun phrase in (161), except for the weak personal pronoun in (161a), may or may not be in focus and may or may not be definite (i.e. accompanied by the article *tɨŋ*). Also, the slot HEAD in (161) is not only represented in the examples by a noun or pronoun; example (161g) is headed by a demonstrative pronoun. Needless to say, this list of possible distributions of nominal elements within the noun phrase is not exhaustive. Again, caution should be taken since the examples in (161), particularly those towards the end of the list, are the result of elicitation. Their order of appearance can only be interpreted as an approximation of the noun phrase.

4 Verbal

Any expression which can take the place of the predicate P in (162) is identified as *verbal*.

(162) AJC $\pm$ S|A + P $\pm$ O $\pm$ AJC

The term can also refer to a semantic notion at the lexeme level. The language is analysed as exhibiting two types of verbal lexeme. In Section 3.2.4.4, the *stative* lexeme and the *active* lexeme were both shown to take part in nominalization processes. The verbal stem in (163) must be instantiated with a verbal lexeme.

(163) [[preverb]$_{EVG}$ [[stem]-[suffix]]$_{verb}$]$_{VG}$

In addition, the term can refer to the whole of the verbal constituent, including the verbal modifiers. The verbal group (VG) illustrated in (163) consists of linguistic slots which encode various aspects of an event which may be realized in an utterance. A free standing verb is the minimal requirement to satisfy the role of a predicative expression. The verbal modifiers, which are called preverbs (Section 4.2), are grammatical items which specify the event according to various semantic distinctions. They precede the verb(s) and take part in the expanded verbal group (EVG). The expanded verbal group identifies a domain which excludes the main verb, so a verbal group without preverbs would be equivalent to a verb or a series of verbs (see SVC in Section 2.1.5).[41]

While a verbal stem provides the core meaning of the predication, a suffix may supply information on aspect, whether or not the verbal constituent is in focus and/or the index of participant(s) (i.e. o-clitic, Section 4.3.1). Despite there being little focus on tone and intonation, attention on the tonal melody of the verbal constituent is necessary since this also affects the interpretation of the event. These characteristics are presented below in a brief overview of the verbal system.

4.1 Verbal lexeme

4.1.1 Syllable structure and tonal melody of the verb

There is a preponderance of open syllables of type CV and CVV, and the common syllable sequences found among the verbs are CV, CVV, CVCV, CVCCV, CVVCV, and CVCVCV. In the dictionary, monosyllabic verbs make up approximately 13% of the verbs, bisyllabic 65%, and trisyllabic 22%. All segments are attested in onset position word initially, but only *m, t, s, n, r, l, g, ŋ,* and *w* are found in onset position word-medially in bisyllabic verbs, and only *m, t, s, n, l,* and *g* are found in onset position word-medially in trisyllabic verbs. All trisyllabic, CVVCV, and CVCCV verbs have one of the front vowels ({e, ɛ, i, ɪ}) in the nucleus of their last syllable. The data suggests that ATR-harmony is operative, but not RO-harmony, in these three environments, e.g. *fùòlì* 'whistle'. There is no restriction on vowel quality for the monosyllabic or bisyllabic verbs and both harmonies are operative.

Table 30 presents verbs which are classified based on their syllable structures and tonal melodies. Despite the various attested melodies, instances of low tone CV verbs, CVV verbs other than low tone, and rising or falling CVCV, CVCCV, and CVVCV verbs are marginal.

Typically, CV verbs have a high melody, while CVV verbs are a low one. The mid tone (M) is not contrastive. Only a handful of minimal pairs can be found in the dictionary, e.g. *pɔ̀* 'protect' and *pɔ́* 'plant'.

---

[41] The term and notion are inspired from analyses of the verbal system of Gã (Dakubu 1970). A verbal group is unlike the verb phrase in that it does not include its internal argument, i.e. direct object. I am aware of the obvious need to unify the descriptions of the nominal constituent and the verbal constituent.

Grammatical outlines

Table 30: Tonal melodies on verbs

Syllable type	Tonal melody	Form	Gloss
CV	H	pɔ́	plant
	L	sɔ̀	wash
CVV	L	pàà	take
	H	kíí	forbid
	LH	wòó	vacant (be)
	HL	gbáà	herd
CVCV	H	kúló	tilt
	L	bìlè	put
	HL	lúlò	leak
	HM	pílē	cover
CVCCV	H	bóntí	divide
	H	kámsí	blink
	L	sùmmè	beg
	L	zènsì	limp
CVVCV	H	píílí	start
	H	tíásí	vomit
	L	kààlì	go
	L	bùòlì	sing
CVCVCV	H	zágálí	shake
	H	vílímí	spin
	L	hàrìgì	try
	L	dògònì	chase

4.1.2 Verbal state and verbal process lexemes

A general distinction between stative and non-stative events is made: *verbal state* (stative event) and *verbal process* (active event) lexemes are assumed. A verbal state lexeme can be identificational, existential, possessive, qualitative, quantitative, cognitive or locative, and refers more or less to a state or condition which is static, as opposed to dynamic. The 'copula' verbs *jaa* and *dʋa* (and its allolexe *tuo*) are treated as subtypes of verbal stative lexemes since they are the only verbal lexemes which cannot function as a main verb in a perfective intransitive construction (see Section 4.1.4.1). Their meaning and distribution was introduced in the sections concerned with the identificational construction (Section 2.1.1) and existential construction (Section 2.1.2). The possessive verb *kpaga* 'have' is treated as a verbal state lexeme as well (see possessive clause in Section 2.1.3). A qualitative verbal state lexeme establishes a relation between an entity and a quality. Examples are given in (164).

(164) Qualitative verbal state lexeme
bòró 'short' > à dáá bóróó 'The tree is short.'
gòrò 'curved' > à dáá góróó 'The wood is curved.'
jɔ́gɔ́sɪ́ 'soft' > à bìé bàtɔ́ŋ jɔ́gɔ́sìjɔ̃̀ 'The baby's skin is soft.'

Similarly, a quantitative verbal state lexeme establishes a relation between an entity and a quantity. Yet, in (165), the subject of *maasɪ* is the impersonal pronoun *a* which refers to a situation and not an individual. The verb *hɪ̃̀ɛ̃* 'age' or 'old' is a quantitative verbal state lexeme since it measures objective maturity between two individuals, i.e. *mɪŋ hɪ̃̀ɛ̃-ɪ*, lit. 1SG.ST age-2SG.WK, 'I am older than you'.

(165) Quantitative verbal state lexeme
kánà 'abundant' > bà kánã̋ 'They are plenty (people).'
màǎsɪ̀ 'enough' > à máásíjɔ̋ 'It is sufficient.'
hɪ̃̀ɛ̃ 'age' > mɪ́ŋ hɪ́ɛ́ɪ̃ 'I am older than you'

Cognitive verbs such as *liise* 'think', *kɔ̃̀ɔ̃* 'wonder, *kisi* 'wish', *tʃii* 'hate', etc. are also treated as verbal state lexemes.

Verbal process lexemes denote non-stative events. They are often partitioned along the (lexical) aspectual distinctions of Vendler (1957), i.e. activities, achievements, accomplishments. Such verbal categories did not formally emerge, so I am not in a position to categorize the verbal process lexemes at this point in the research (but see Bonvini 1988: 51 for a thorough description of a Grusi verbal system), although Section 4.3 suggests that there is a system of verbal derivation that uses verbal process lexemes which needs to be uncovered. Thus, verbs which express that the participant(s) is actively doing something, undergoes a process, performs an action, etc. all fall within the set of verbal process lexemes.

4.1.3 Complex verb

A complex verb is composed of more than one verbal lexeme. For instance, when *laa* 'take' and *di* 'eat' are brought together in a SVC (Section 2.1.5), they denote separate taking and eating event. A complex verb denotes a single event.

(166) a. ŋ̀ láá kúòsò díūū.
1SG take G. eat.FOC
'I believe in God.'

Grammatical outlines

b. ǹ láá bìé dʊ́ʊ̃.
1SG take child put.FOC
'I adopted a child.'

The sequences *laa+di* 'believe' and *laa+dʊ* 'adopt' are non-compositional, and less literal. Also, unlike complex stem nouns, but like SVCs, the elements which compose a complex verb must not necessarily be contiguous, as (166) shows. Other examples, among others, are *zìmà síí*, lit. know raise, 'understand', *kpá tā*, lit. take abandon, 'drop' or 'stop', and *gìlà zìmà*, lit. allow know, 'prove'.

4.1.4 Verb forms and aspectual distinction

The inflectional system of Chakali verbs displays few verb forms and is closer to neighbor Oti-Volta languages than, for instance, a 'conservative' Grusi language like Kasem (Bonvini 1988: 51).[42] Besides the derivational suffixes (Section 4.3.3), the verb in Chakali is limited to two inflectional suffixes and one assertive suffix: (i) one signals negation in the negative imperative clause (i.e. *kpʊ́* 'Kill', *tíí kpʊ̄ī* 'Don't kill'), (ii) another attaches to some verb stems in the perfective intransitive only, and (iii) the other signals assertion and puts the verbal constituent in focus. Since the negative imperative clause has already been presented in Section 2.3, the perfective and imperfective intransitive constructions are discussed next. Both are recurrent clauses in data elicitation. The former may contain both the perfective suffix and the assertive suffix simultaneously, while the latter displays the verb, with or without the assertive suffix.

4.1.4.1 Perfective intransitive construction As its name suggests, a perfective intransitive construction lacks a grammatical object and implies an event's completion or its reaching point. In the case of verbal state, the perfective implies that the given state has been reached, or that the entity in subject position satisfies the property encoded in the verbal state lexeme. In (167), two suffixes are attached on one verbal process stem and one verbal state stem (see Section 3.2.1.2 for the general phonotactics involved).[43]

---

[42] Dagbani is described as a language where the "inflectional system for verbs is relatively poor" (Olawsky 1999: 96). It has an imperfective suffix *-di* (Olawsky 1999: 97) and an imperative suffix *-ma/mi* (Olawsky 1999: 101). Bodomo (1997: 81) writes that Dagaare has four verb forms: a dictionary form, a perfective aspectual form, a perfective intransitive aspectual form and an imperfective aspectual form. Also for Dagaare, Saanchi (2003) talks about four forms: perfective A and B, and Imperfective A and B.

[43] The presence of a schwa (ə) in a CVCəCV surface form, as in (167c), is explained in Sections 3.2.1.3 and 3.1.2.

(167) Perfective intransitive construction

    a. *Verbal process:* S + P
       àfiá díōō.
       A. di-j[-LO, -HI, -RO]-[+HI,+RO]
       'Afia ate.'

    b. àfiá wá díjē. 'Afia didn't eat.'

    c. *Verbal state:* S + P
       à   dáá télèjōó.
       ART daa tele-j[-LO, -HI, -RO]-[+HI,+RO]
       'The stick leans.'

    d. à dáá wá tēlèjē. 'The stick doesn't lean.'

The first suffix to attach is the perfective suffix, i.e. -j[-LO, -HI, -RO] or simply /jE/. Although it appears on every (positive and negative) stem in (167), it does not surface on all verb stems. The information in Table 31 partly predicts whether or not a stem will surface with a suffix, and if it does, which form this suffix will have.

Table 31: Perfective intransitive suffixes

Suffix /-jE/	Suffix /-wA/	No suffix
CV	CVV	CVCV[1]
CVCV[2]		

Table 31 shows that, in a perfective intransitive construction, a CV stem must be suffixed with *-jE* and a CVV verb with *-wA*. The examples in (168) are negative in order to prevent the assertive suffix from appearing (see Section 5.3 on why negation and the assertive suffix cannot co-occur).

(168)   a. *CV*
       po > àfiá wá pójē 'Afia didn't divide'
       pɔ > àfiá wá pɔ́jē 'Afia didn't plant'
       pu > àfiá wá pújē 'Afia didn't cover'
       pʊ > àfiá wá pʊ́jē 'Afia didn't spit'
       kpe > àfiá wá kpéjē 'Afia didn't crack and remove'
       kpa > àfiá wá kpájē 'Afia didn't take'

Grammatical outlines

    b. *CVV*

        tuu > *àfíá wá tūūwō* 'Afia didn't go down'
        tie > *àfíá wá tīēwō* 'Afia didn't chew'
        sii > *àfíá wá sīīwō* 'Afia didn't raise'
        jʊʊ > *àfíá wá jʊ̄ʊ̄wā* 'Afia didn't marry'
        tɪɛ > *àfíá wá tɪ̄ɛ̄wā* 'Afia didn't give'
        wɪɪ > *àfíá wá wɪ̄ɪ̄wā* 'Afia is not ill'

The surface form of the perfective suffix which attaches to CV stems is predicted by the ATR-harmony rule of Section 4.2. Notice that RO-harmony does not operate in that domain.

Rule 13 Prediction for perfective intransitive -/wA/ suffix
If the vowel of a CVV stem is +ATR, the vowel of the suffix is +RO, and if the vowel of a CVV stem is −ATR, the vowel of the suffix is -RO.
-/wA/ > $\alpha RO_{suffix} / \alpha ATR_{stem}$

The CVV stems display harmony between the stem vowel(s) and the suffix vowel which is easily captured by a variable feature alpha notation, as shown in Rule (13), which assumes that the segment [*o*] is the [+RO, +ATR]-counterpart of [*a*].

Predicting which of set $CVCV^1$ or set $CVCV^2$ in Table 31 a stem falls has proven unsuccessful. Provisionally, I suggest that a CVCV stem must be stored with such an information. One piece of evidence supporting this claim comes from the minimal pair *tèlè* 'reach' and *télé* 'lean against': the former displays $CVCV^2$ (i.e. tele-jE), whereas the latter displays $CVCV^1$ (i.e. tele-Ø). The data shows that a CVCV stem with round vowels is less likely to behave like a $CVCV^1$ stem, yet *púmó* 'hatch' is a counter-example, i.e. *a zal wa pumǝje* 'the fowl didn't hatch'. The CVCCV, CVVCV, and CVCVCV stems have not been investigated, but *kaalɪ* 'go', a common CVVCV verb, takes the /-jE/ suffix.

4.1.4.2 Imperfective intransitive construction The imperfective conveys the unfolding of an event, and it is often used to describe an event taking place at the moment of speech. In addition, the behavior of the egressive marker *ka* (Section 4.2.1) suggest that the imperfective may be interpreted as a progressive event. As in the perfective intransitive, the assertive suffix may be found attached to the verb stem.

(169)   [[verb stem]-[+HI,+RO]]$_{\text{verb in focus}}$

Again, the constraints licensing the combination of the verb stem and the vowel features shown in (169) are (i) none of the other constituents in the clause are in focus, (ii) the clause does not include a negation element, and (iii) the clause is intransitive, that is, there is no grammatical object.

(170)   a. Positive
   ʋ̀ kàá kpá 'She will take'
   ʋ̀ʋ̀ kpáʋ̄ 'She is taking/takes.'
  b. Negative
   ʋ̀ wàá kpā 'She will not take'
   ʋ̀ʋ̀ wàà kpá 'She is not taking/does not take.'
  c. *kalaa kpaʋ Kala is taking/takes.'
  d. *waa kpaʋ 'SHE is taking/takes.'
  e. *ʋ kpaʋ a bɪɪ 'She is taking/takes the stone.'
  f. *ʋʋ waa kpaʋ 'She is not taking/does not take.'

In (170), the forms of the verb in the intransitive imperfective take the assertive suffix to signal that the verbal constituent is in focus, as opposed to the nominal argument. The assertive suffix cannot appear when the subject is in focus (170c) or when the strong pronoun is used as subject (170d), when a grammatical object follows the verb (170e), or when the negation preverb *waa* is present (170b).

4.1.4.3 Intransitive vs. transitive Many verbs can occur in either intransitive or transitive clauses. The subject of the intransitve in (171a) and (171c) correspond to the subject of the transitive in (171b) and (171d), and the same verb is found with and without an object.

(171) a. *kàlá díjōō.*
   Kala eat.PFV.FOC
   'Kala ATE.'
  b. *kàlá dí sììmáá rā.*
   Kala eat.PFV food FOC
   'Kala ate FOOD.'
  c. *ʋ̀ʋ̀ búólùū.*
   PSG sing.IPFV.FOC
   'He is SINGING.'

Grammatical outlines

d. ɔ̀ɔ̀ búólù būōl lō.
   PSG sing.IPFV song FOC
   'He is singing a SONG.'

It is possible to promote a prototypical theme argument to the subject position. However, informants have difficulty with some nominals in the subject position of intransitive clauses. The topic needs further investigation, although it is certainly related to a semantic anomaly. The data in (172), where the prototypical o(bject) is in A-position, illustrates the problem. In order to concentrate on the activities of 'goat beating' and 'tree climbing', and turn the two clauses (172b) and (172c) into acceptable utterances, the optimal solution is to use the impersonal pronoun *ba* in subject position (see impersonal pronoun in Section 3.3.2).

(172) a. à bɔ̀ɔ́ káá hírèū 'the hole is being dug'
   b. *a bŏ̃ŏŋ kaa maŋãõ̃ 'the goat is being beaten' → bààmáŋà à bɔ̃́ɔ̃́ŋ ná
   c. *a daa kaa zınãõ̃ 'the tree is being climbed' → bàà zíná à dáá rá

Given that the inflectional system of the verb is rather poor, and that the perfective and assertive suffixes occur only in intransitive clauses, how does one encode a basic contrast like the one between a transitive perfective and transitive imperfective? The paired examples in (173) and (174) illustrate relevant contrasts.

(173) Transitive perfective

   a. ŋ̍ dí kōō rā
      'I ate T. Z.'
   b. ŋ̍ pɔ́ dāā rā
      'I planted a TREE.'
   c. ŋ̍ tʃígé vìì rē
      'I turned a POT.'
   d. ŋ̍ lómó bɔ̃́ɔ̃́ŋ ná
      'I tied a GOAT.'
   e. ḿ mɔ́ná díŋ né
      'I carried FIRE.'

(174) Transitive imperfective

   a. ŋ̍ŋ̍ dí kőő rá
      'I am eating T.Z..'

b. m̩m̩ pɔ́ dáá rá
   'I am planting a TREE.'
c. ǹǹ tʃígè vìì rē
   'I am turning a POT.'
d. ǹǹ lómò bõ̂õŋ nā
   'I am tying a GOAT.'
e. m̩m̩ mɔ́nà dīŋ nē
   'I am carrying FIRE.'

Each pair in the verbal frames of (173) and (174) presents fairly regular patterns: the high tone *versus* the falling tone on the CVCV verbs, the systematic change of the tonal melodies on the grammatical objects in the two CV-verb cases, and the length of the weak pronoun in the imperfective. The data suggest that it is the tonal melody, and not exclusively the one associated with the verb, which supports aspectual function in this comparison. When the verb is followed by an argument, both perfective and the imperfective are expressed with the base form of the verb. However, the tonal melody alone can determine whether an utterance is to be understood as a bounded event which occurred in the past or an unbounded event unfolding at the moment of speech.

Tonal melody is crucial in the following examples as well. The examples in (175) are three polar questions (see Section 2.2.2), one in the perfective and two in the imperfective. The two first have the same segmental content, and the last contains the egressive preverb *kaa* with a rising tone indicating the future tense. In order to signal a polar question, each has an extra-low tone and is slightly lengthened at the end of the utterance.

(175) a. _ ‾ ‾ ‾ _ _ _ _ _
         ɪ   teŋesi a   namĩã   raa?
         2SG cut.PV ART meat   FOC
         'Did you cut the meat (into pieces)?'

   b.   _ ‾ ‾ ‾ _ _ _ _ _
         ɪ   teŋesi a   namĩã   raa?
         2SG cut.PV ART meat   FOC
         'Are you cutting the meat (into pieces)?'

   c.   _ _ ‾   ‾ ‾ _   _ _   _ _
         ɪ   kaa   teŋesi a   namĩã   raa?
         2SG IPFV.FUT cut.PV ART meat   FOC
         'Will you (be) cut(ting) the meat (into pieces)?'

Grammatical outlines

The only distinction perceived between (175a) and (175b) is a pitch difference near the third syllable of the verb. The tonal melody associated with the verb in (175c) is the same as the one in (175b).

4.1.4.4 Ex-situ subject imperfective particle One topic-marking strategy is to prepose a non-subject constituent to the beginning of the clause. In (176), the focus particle may or may not appear after the non-subjectival topic. Notice that one effect of this topic-marking strategy is that the particle *dì* appears between the subject and the verb when the non-subject constituent is preposed and when the clause is used to describe what is happening at the moment of speech.

(176) a. Imperfective
 sígá (rá) ò̀ dì tíē.
 bean (FOC) 3.SG IPFV chew
 'It is BEANS he is chewing.'

 b. Perfective
 sígá (rá) ò̀ tiè.
 bean (FOC) 3.SG chew
 'It is BEANS he chewed.'

 c. Imperfective
 wàà (rá) ò̀ dì káálì.
 Wa (FOC) 3.SG IPFV go
 'It is to WA that he is going.'

 d. Perfective
 wàà (rá) ò̀ kààlì.
 Wa (FOC) 3.SG go
 'It is to WA that he went.'

The position of *dì* in (176a) and (176c), that is between the subject and the verb, is generally occupied by linguistic items called *preverbs*, to which the discussion turns in Section 4.2. Provisionally, the particle *dì* may be treated as a preverb constrained to occur with a preposed non-subject constituent and an imperfective aspect.[44]

---

[44] I do not treat topicalization in this work, although the left-dislocation strategy in (176) is the only one I know to exist.

4.1.4.5 Subjunctive
In Section 2.1.8.2 the preverbal ŋma is said to convey a desiderative mood, corresponding to the English modal expression 'want to', in a construction [NP ŋma [NP VP]]. The embedded clause is said to be in the subjunctive mood, which is singled out by its high tone on the subject pronoun and the non-actuality and potentiality of the event. In the examples (177a) and (177b) a subjunctive is interpreted because it involves clauses expressing a future hypothetical time and realization. In all these cases, the clauses of which the high tone pronoun is the subject seem to depend on and complement a more central event.

(177) a. ʊ́ káálì ʊ́ ká dí mɔ̀tìgú jáwà.
       3.SG go 3.SG IPFV eat M. market
    'She is going to trade at the Motigu market.' (*lit.* eat-market, 'trade')

b. zʊ̀ʊ̀ m̀m̀ màa̋ pé, ʊ́ kpá ǹǹ kʊ̀ʊ̀ fàlá tííí, í
    enter 1.SG mother end 3.SG take 1.SG POSS t.z. bowl give.2SG 2SG
kíínì.
clean.bowl
    'Go to my mother, she will give you my t.z. bowl so you can finish it.'

In (177a), according to the speaker, the trading activity is the intention of the woman and it will take place in all likelihood, and in (177b), the speaker tells about two situations that the addressee will most likely experience.

4.2 Preverb particles

Preverb particles encode various event-related meanings. They are part of the verbal domain called the expanded verbal group (EVG), discussed in (4) and schematized in (163). This domain follows the subject and precedes the main verb(s) and is generally accessible only to a limited set of linguistic items. These grammatical morphemes are not verbs, in the sense that they do not contribute to SVCs as verbs do, but as 'auxiliaries'. Still, some of the preverbs may historically derive from verbs, and some others may synchronically function as verbs. Examples of the latter are the egressive particle *ka* and ingressive particle *wa*, which are discussed in Section 4.2.1. Nevertheless, given the data available, it would not be incorrect to analyse some of the preverbs as additional SVC verbs. A preverb differs from a verb in that it exposes functional categories, cannot inflect for the perfective or assertive suffix, and never takes a complement, such as a grammatical object, or cannot be modified by an adjunct. But again, a first verb in a SVC and a preverb are categories which can be hard to distinguish. Structurally

421

Grammatical outlines

and functionally, many of them may be analysed as grammaticalized verbs in series. These characteristics are not special to Chakali; similar, but not identical, behavior are described for Gã and Gurene (Dakubu 2007; 2008).

4.2.1 Egressive and ingressive particles

The egressive particle *ka(a)* (glossed EGR) 'movement away from the deictic centre' and the ingressive particle *wa(a)* (glossed INGR) 'movement towards the deictic centre' are assumed to derive from the verbs *kaalɪ* 'go' and *waa* 'come'.[45] Table 32 shows that *kaalɪ* 'go' and *waa* 'come', like other verbs, change forms (and are acceptable) in these paradigms, but *ka(a)* is not.

Table 32: Deictic verbs and preverbs

Verb	σ	Aspect	Positive	Negative
waa 'come'	CVV	PFV	ʊ̀ wááwáʊ́ 'she came'	ʊ̀ wà wááwá 'she didn't come'
		IPFV	ʊ̀ʊ̀ wááʊ̃ 'she is coming'	ʊ̀ wà wáá 'she is not coming'
kaalɪ 'go'	CVVCV	PFV	ʊ̀ kááliʲʊ́ 'she went'	ʊ̀ wà kááliʲɛ 'she didn't go'
		IPFV	ʊ̀ʊ̀ kááloʊ̃ 'she is going'	ʊ̀ wà káálɪ 'she is not going'
ka(a)	CV	PFV	*ʊ kaʊ	*ʊ wa kajɛ
		IPFV	*ʊ kaʊ	*ʊ wa ka

When the verbs *kaalɪ* 'go' and *waa* 'come' occur in a SVC, they surface as *ka* and *wa* respectively. In (178), both *ka* and *wa* take part in a two-verb SVC in which they are first in the sequence.

---

[45] A discussion on some aspects of grammaticalization of 'come' and 'go' can be read in Bourdin (1992). In the literature, egressive is also known as *itive* (i.e. away from the speakers, 'thither') and ingressive is known as *ventive* (i.e. towards the speakers, 'hither').

(178) a. gbǐá   bààŋ   té   kà sáɲá à   pīé   (...)
         monkey quickly early   go sit   ART yam.mound.PL
         [[pv   pv]_{EVG} v   v]_{VP}   (...)
         'Monkey quickly went and sat on the (eighth) yam mounds (...)' [LB 012]

   b. ŋméŋtél làà   nò̰à̰   nɪ́   ká   ŋmá dɪ́   ʊ́ʊ́ wá   ɲò̰à̰   nɪ́ɪ́.
      spider   collect mouth POSTP CONN say   COMP 3SG come drink water
                                                           v   v
      '(Monkey went to spider's farm to greet him.) Spider accepted (the greetings) and (Spider) asked him (Monkey) to come and drink water.' [LB 011]

Because they derive from deictic verbs (historically or synchronically), the preverbs have the potential to indicate non-spatial 'event movement' to or from a deictic centre. This phenomenon is not uncommon cross-linguistically. Nicolle (2007: 62) maintains that when a movement verb becomes a tense marker, it may be reduced to a verbal affix and its meaning can develop "into meaning relating temporal relations between events and reference times". In Chakali, the preverb *ka(a)* contributes temporal information to an expression. Consider in (179) the distribution and contribution of *ka(a)* to the clauses headed by the verbs *kpe* 'crack a shell and remove a seed from it' (henceforth 'c&r') and *mara* 'attach'.[46]

(179) a. ʊ̀ kàá kpē 'She will c&r'
         ʊ̀ʊ̀ kpéū 'She is c-&r-ing/c-s&r-s'
         ʊ̀ kpéjòō 'She c-&r-ed'
         kpé 'C&r!'

   b. ʊ̀ kàá mārā 'She will attach'
      ʊ̀ʊ̀ máráō 'She is attaching/attaches'
      ʊ̀ márɪjō 'She attached'
      márá 'Attach'

When the preverb particle *kaa* is uttered with a rising pitch it situates the event in the future. The preverb particle *kaa* can also be used to express that an event is ongoing at the moment of speech, which I call the present progressive. However, when it is used to describe what is happening now, *kaa* can only appear when

---

[46] In Gurene (Western Oti-Volta), it is the ingressive particle which has a similar role. The ingressive is commonly used before the verb, and can, among other things, express future tense (see Dakubu 2007: 59).

Grammatical outlines

the subject is not a pronoun and its tone melody differs from that of the future tense. These contrasts are given in (180).

(180) ɔ̀ kàá mārā 'She will attach'
       ɔ̀ɔ̀ máráō 'She is attaching'
       wɔ̀sá kàá mārā 'Wusa will attach'
       wɔ̀sá káá máráō 'Wusa is attaching'
       *wɔ̀sá máráō 'Wusa is attaching'

The paradigm in (180) shows that when the preverb particle *kaa* appears with a rising tonal melody it expresses the future tense, but in order to convey that a situation is ongoing at the time of speech (i.e. present progressive), the preverb particle *kaa* has a high tone. Thus, it is the tonal melody on *kaa* which distinguishes between the future and the present progressive (both treated as imperfective), plus the fact that pronouns cannot co-occur with the preverb particle *kaa* in the present progressive.

(181) a. à   bié   káá bīlīgī ɔ̀ɔ̀   nàál   kìnkán nà.
          ART child IPFV touch POSS.3SG grand.father many   FOC
          'The child touches his grand-father.'

       b. à   biè   háŋ kàà bīlīgī ɔ̀ɔ̀   nàál   kìnkán nà.
          ART child DEM IPFV touch POSS.3SG grand.father many   FOC
          'This child touches his grand-father.'

In (181b) *kaa*'s melody is shown to be affected by the pitch of the preceding noun *bie* (LH) 'child' and the demonstrative *haŋ* (HL) 'this'. Although little evidence is available, the preverb *wa* may also be used to express a sort of hypothetical mood. In (182), the preverb *wa* should be seen as contributing a supposition, or a hypothetical circumstance where someone would be found calling the number 8.

(182) ŋméŋtél ŋmā dí,   kɔ̀sánáɔ̀́, tɔ́ɔ́tīīnā ŋmá dí,   námùŋ wá   jìrà
       spider say COMP buffalo land.owner say COMP anyone INGR call
       ŋméŋtél sɔ́ŋ, bá   kpáɣóō   wàà bá   kpɔ́.
       eight   name 3PL.HUM+ catch.3SG FOC 3PL.HUM+ kill

       'Spider told Buffalo that landowner said anyone who calls the number 8 should be brought to him to be killed.' [LB 009]

Finally, the example in (183) intends to show that some elders of Ducie and Gurumbele use *ta* instead of *ka(a)*, as a variant of the preverb.[47]

(183) Priest talking to the shrine, holding a kola nut above it *má láá kàpósīɛ̀*
　　　　　　　　　　　　　　　　　　　　　　　　　　　　　　2PL take kola.nut
　　　háŋ ká jà mɔ́sɛ́ tìɛ̀ wɪ́ɪ́ tìŋ bà   tà/kàà búúrè
　　　DEM CONN 1PL plead give matter ART 3PL.b EGR　want

'Take this kola nut, we implore you to give them what they desire.'

Unfortunately, since the relation between tense, aspect, and tonal melody is not well-understood at this stage of research, the egressive *ka* and the ingressive *wa* are broadly glossed as EGR and INGR respectively, but can also be associated with composite glosses such as IPFV.FUT or IPFV.PRES in cases where a distinction is clear.

4.2.2 Negation preverb

There are three different particles of negation in the language: the forms *lɛɪ* and *tɪ* were discussed in Sections 2.3 and 3.8 respectively. The negative preverb particle *wa(a)* precedes the verb and is used in the verbal group (in non-imperative mood). The same form is found in both main and dependent clauses.

(184)　a.　*ʊ̀   wàá pè.*
　　　　　　3SG NEG add

'She will not add.'

　　　b.　*ʊ̀ʊ̀ wàà pɛ́.*
　　　　　　3SG NEG add

'She is not adding.'

　　　c.　*ʊ̀   wà péjɛ̄.*
　　　　　　3SG NEG add

'She didn't add.'

The examples in (184) show that a tonal quality on the negation particle and following verb distinguishes between the present progressive and the future, as the preverb *kaa* does (see example 180). The length of the negation particle can also function as a cue.

---

[47] I gathered that (i) *ta* is not a different preverb (Gurene is said to have a preverb *ta* signifying intentional action (M. E. K. Dakubu, p. c.)), and (ii) *ta* can be heard in Ducie and Gurumbele from people of the oldest generation, but somebody suggested to me that *ta* is the common form in Motigu (Mba Zien, p. c.). The distinction is in need of further research.

Grammatical outlines

(185) a. *námùŋ wà ná-ŋ̀.*
 CLF.all NEG see-1.SG
 'Nobody saw me.' (*lit.* everyone not see me)
 b. *ǹ wà ná námùŋ.*
 1.SG NEG see CLF.all
 'I did not see anyone.' (*lit.* I not see everyone)

Example (185) shows that when the negation particle *wa(a)* and a quantifier appear in the same clause the quantifier is in the positive.

(186) a. *ò̀ wà wá dī.*
 3SG NEG come eat
 'She did not come to eat.'
 b. *ò̀ wàá wà dí.*
 3SG NEG come eat
 'She will not come to eat.'

The negative preverb always precedes the verb *waa* 'come'. Although length (CV or CVV) is hard to differentiate in natural speech, the examples in (186) suggest that the tonal melody and length establish meaning differences.

Assertion and negation seem to avoid one another and constrain the grammar in the following way: *If a clause is negated, none of its constituents can be in focus.* In Section 3.3.1, it was shown that (i) negation cannot co-occur with the strong pronouns, and (ii) negation cannot co-occur with an argument of the predicate in focus, i.e. with *ra* or one of its variants having scope over the noun phrase. The third non-occurrence of negation concerns the assertive form of the verb (Section 5.3). Consider the forms of the verb *mara* 'attach' in the two paradigms in (187).

(187) a. Positive
 ò̀ kàá mārā 'She will attach'
 ò̀ò̀ máráō̄ 'She is attaching/attaches'
 ò̀ márìjō̄ 'She attached'
 b. Negative
 ò̀ wàá mārā 'She will not attach'
 ò̀ò̀ wàà márá 'She is not attaching/does not attach'
 ò̀ wà márìjē̄ 'She did not attach'

The paradigms in (187) suggest that the negation particle and the assertive suffix are in complementary distribution.

4.2.3 Tense, aspect, and mood preverbs

4.2.3.1 fɪ The preverb *fɪ* is identified with two different but interrelated meanings. First, as (188) shows, the preverb *fɪ* (glossed PST) is a neutral past tense particle (i.e. as opposed to the specific *dɪ* of Section 4.2.3.2), and the event referred to in the past can no longer be in effect in the present.

(188) a. ɔ̀ jáá ŋ̀ŋ̀ tʃítʃà rā.
 3SG IDENT 3SG.POSS teacher FOC
 'He is my TEACHER.'

 b. ɔ̀ fɪ jáá ŋ̀ŋ̀ tʃítʃà rā.
 3SG PST IDENT 3SG.POSS teacher FOC
 'He was my TEACHER.'

Secondly, the preverb *fɪ* (glossed MOD) can have deontic meaning.

(189) a. ɔ̀ fɪ́ɪ́ jàà ŋ̀ŋ̀ tʃítʃà rā.
 3SG MOD IDENT 3SG.POSS teacher FOC
 'He should have been my TEACHER.'

 b. ɔ̀ fɪ wáá jàà ŋ̀ŋ̀ tʃítʃà.
 3SG MOD NEG IDENT 3SG.POSS teacher
 'He should not have been my TEACHER.'

 c. ɔ̀ fɪ jáá ŋ̀ŋ̀ tʃítʃà rā 'He was my TEACHER.'

 d. ɔ̀ fɪ wà jáá ŋ̀ŋ̀ tʃítʃà 'He was not my teacher.'

In (189), the presence of the preverb *fɪ* still conveys past tense, but in addition it expresses that the situation did not really occur, yet it was objectively supposed to occur or subjectively expected to occur or awaited. The lengthening of the preverb *fɪ* in the positive is not accounted for, but I suspect it signals the imperfective. Compare the first two sentences in (189) with the last two which convey the neutral past. The positive sentence in (189a) can receive a translation along these lines: In a desirable possible world, he was my teacher, but it is not what happened in the real world.

(190) a. ŋ̀ŋ̀ mìbɔ̀à fɪ bìrgì.
 1SG.POSS life MOD delay
 'May I live long!'

Grammatical outlines

b. tìè ŋ̀mŋ̀ mìbʊ̀à bírgì.
give 1SG.POSS life delay
'Let me live long!'

Finally, the preverb *fi* in (190) still conveys deontic modality, where the speaker prays or asks permission for a situation. Notice, however, that it cannot refer to a past event. The two sentences in (190) have a corresponding meaning. Example (190b) is framed in an imperative clause (see *optative* in Section 2.3).

4.2.3.2 Preverb three-interval tense Chakali encodes in preverbs a type of time categorization known as three-interval tense (Frawley 1992: 366). It is possible to express that an event occurred specifically yesterday, as opposed to earlier today and the day before yesterday, i.e. *hesternal tense* (glossed HEST), or specifically tomorrow, as opposed to later today and the day after tomorrow, i.e. *crastinal tense* (glossed CRAS). The hesternal tense particle *dɪ/de* (glossed HEST) refers to the day preceding the speech time. It has the temporal nominal counterpart *dìàrè* 'yesterday'.

(191) (dìàrè tìn) ʊ̀ ní ʊ̀ tʃènà dí wāāwā (dìàrè tìn).
(yesterday) 3SG CONN 3SG.POSS friend HEST come.PFV (yesterday)
'He arrived with his friend yesterday.'

In (191), the phrase *dɪare tɪn* 'yesterday' is optional, and when it is used it must be expressed at the end or at the beginning of the clause.

(192) Will you work for the chief today or tomorrow?
ŋ̀ tʃɪ́ kàá tʊ̀mà tīēʊ̄ rà, záàŋ, ŋ̀ kàá hǐ̀ěsʊ̀ʊ̄.
1SG CRAS go work give.3SG FOC, today, 1SG EGR rest.FOC
'I shall work for him tomorrow, today, I shall rest.'

The crastinal tense preverb *tʃɪ* (glossed CRAS) in (192) functions as future particle, but is limited to the day following the event time. In that sentence the event time referred to follows the utterance time by one day. The temporal nominal counterpart of *tʃɪ* is *tʃíá* 'tomorrow'. As for the hesternal tense and the corresponding nominal, the nominal may or may not co-occur with the crastinal tense particle.

The hesternal tense particle *dɪ* is homophonous with the (*ex-situ subject*) imperfective particle *dɪ* discussed in Section 4.1.4.4. In addition, the question arises as to whether the crastinal tense is inherently future, and if so, whether or not it can co-occur with the future-encoding egressive preverb discussed in Section 4.2.1. Consider their distribution and meaning in the examples given in (193).

(193) a. Imperfective
 sígá (rá) ɔ̀ dɪ̀ tíē.
 bean (FOC) 3.SG IPFV chew
 'It is BEANS he is chewing.'

b. Perfective/Past
 sígá (rá) ɔ̀ tìè.
 bean (FOC) 3.SG chew
 'It is BEANS he chewed.'

c. Hesternal past
 sígá (rá) ɔ̀ dɪ́ tìè.
 bean (FOC) 3.SG HEST chew
 'It is BEANS he chewed yesterday.'

d. Hesternal past progressive
 sígá (ra) ɔ̀ dɪ́ɪ́ tīè.
 bean (FOC) 3.SG HEST chew
 'It is BEANS he was chewing yesterday.'

e. Future (progressive)
 sígá (rá) ɔ̀ kàá tíē.
 bean (FOC) 3.SG FUT chew
 'It is BEANS he will be chewing / will chew.'

f. Crastinal future (progressive)
 sígá (rá) ɔ̀ tʃɪ́ kàá tìè.
 bean (FOC) 3.SG CRAS FUT chew
 'It is BEANS he will be chewing / will chew tomorrow.'

A specific tonal melody associated with the sequence *dɪ tie* can express either a present progressive, as in (193a), or a hesternal past, as in (193b). Lengthening the hesternal past particle allows one to express the tense associated with the particle, in addition to indicating progressive (193d). This strategy seems to correspond semantically to the apparent syntactic anomaly *dɪ dɪ*, lit. HEST IPFV. The example in (193f) shows that the crastinal tense particle and the egressive particle signaling future can co-occur. Inserting the imperfective particle *dɪ* between the egressive particle and the verb in (193e) and (193f) is unacceptable. It is unclear whether these two examples must be interpreted as progressive or not.

Grammatical outlines

4.2.3.3 te Lacking a corresponding verb to capture its meaning, the verb *te* is glossed with the English adverb 'early'. Even though it is attested as main verb, *te* can function as a preverb and it is indeed more common to find it in that function.

(194)   a. *ì   téjòō.*
          2SG early.FOC

        'You are early.'

    b. *gbǐá̋   bààŋ   té   kà sáŋá à   píé*   (...)
       monkey quickly early go sit   ART yam.mound.PL
       pv   pv   v v

       'Monkey quickly went and sat on the (eighth) yam mounds (...)' [LB 012]

The main verb *te* and the preverb *te* are shown respectively in (194). They contribute a relative time, one in which the event is carried out before the expected or usual time.

4.2.3.4 zɪ The preverb *zɪ* is marginal in the corpus.[48]

(195)   a. A father is giving a sequence of tasks to his son
       tòmà à   zí́ɛ́   mɔ́ǎ   ká   kà tòmà kùó àká   zí   kà tòmà à
       work ART wall before CONN go work farm CONN after go work ART
                                                                                       pv   v v

       gár
       cattle.fence

       'First repair the wall, then go and farm, then repair the cattle fence.'

---

[48] There is a formally similar particle, *ze* (glossed EXP), which is still not understood: (i) it occurs after the noun phrase, and (ii) its meaning corresponds to 'expected (by both the speaker and the addressee, or only by the speaker)'. It informs that the referent of the noun phrase was anticipated before the utterance time (or relative time) by the speaker and addressee (or only the speaker). Consider the following example:

  (i) *bà   zé   wāāwāō.*
      3PL.B EXP come.PFV

     'They (the expected people) have come.'

430

b. *kààlì dǐá   ká   zí   kààlì kùó.*
   go   house and then go   farm
                  pv   v
   'Go to the house and then go to the farm.'

There is no corresponding verb in the language. It is used to express an order of events, in such case words such as *mõã* 'before' and *zɪ* 'after' and the connective *ka/aka* 'and/then' are used, as (195a) shows. However, as (195b) illustrates, the preceding event may be presupposed, so it is not necessarily uttered.

4.2.3.5 baaŋ   The preverb *baaŋ* (glossed MOD) is primarily modal and is usually translated into English 'must', 'immediately', 'quickly' or 'just'.

(196) a. *kùórù ŋmá dɪ́   ǹ   kàá bààŋ bɔ́   bő̌ őná fɪ́   rē.*
         chief   say COMP 1SG FUT MOD pay goat.PL ten FOC
         'The chief says that I must pay him ten goats.'

   b. *ìɪ̀   kàá bààŋ jáő̌   rā.*
      2SG FUT MOD do.3SG FOC
      'You must do it.'

First, the examples in (196) show that the preverb *baaŋ* conveys an obligation.

(197) *(...) à   kpá ờờ   néŋ à   sàgà ờờ nɪ̄   dɪ́   ờ   bààŋ té*
      (...) CONN take 3SG.POSS arm CONN be.on 3SG POSTP CONN 3SG MOD early
                                                                    pv   pv
      bèrègɪ̀   dő̌ő̀
      turn.into python
      v
      '(...) then put his hand on her and quickly turned into a python.' [PY 025]

Secondly, as illustrated in (197), the preverb *baaŋ* can express an abrupt or swift manner.

(198) a. *ờ   zɪ́má dɪ́   jà kàá ŋmá ờờ   wɪ́ɛ́   rá   ờờ bààŋ tʃùò*
         3SG know COMP 1PL FUT talk 3SG.POSS matter FOC 3SG MOD lie
         dúò.
         sleep
         'He knew that we would talk about him, so he quickly slept.'

b. *kàwàá bààŋ tàrì kéééén ...*
   pumpkin just creep DXM
   'A pumpkin just crept like that ...'

c. *à kùò ní ò̀ bààŋ jírúú kéŋ néé à wà kò̀ò̀.*
   ART farm POSTP 3SG MOD call.IPFV DXM FOC CONN INGR tire
   'At the farm he kept calling (for someone) but got tired (gave up).'

d. *díŋ bààŋ jàà dìŋtɔ́Ì.*
   fire just IDENT flame
   'The fire suddenly became flame.'

Finally, the preverb *baaŋ* may act as a discourse particle used mainly to emphasize or intensify the action carried out, reminiscent of the use of 'just' in some English registers. It is often translated in text as 'immediately', 'suddenly', 'then', or simply 'just'. Examples are given in (198).

4.2.3.6 bı The examples in (199) show that the preverb particle *bı* expresses iterative iteration, but also the single repetition of an event, and follows the negation particle.

(199) a. *ò̀ bí kò̀ɔ̀rè̀ sáã̀ ò̀ò̀ dìà rá.*
         3SG ITR make build 3SG.POSS house FOC
         'He rebuilt his hut.'

   b. *à bìtʃèlíí bí sīīú.*
      ART child.fall ITR raise.FOC
      'The fallen child gets up again.'

   c. *ò̀ wà bí tùō.*
      3.SG NEG ITR be.at
      'She is no longer here.'

Unlike other preverbs, *bı* may also appear within noun phrases to express frequency time. This is shown in (200) (see Section 3.6.5).

(200) *ṇ̀ jáà káálì ùù pé rè tʃɔ̀pìsì bíí mùŋ.*
      1SG HAB go 3SG.POSS end FOC day.break ITR all
      'I do visit him every day.'

4.2.3.7 bra The verb *bra* ([bə̀rà]) is a motion verb which conveys a change of direction.

(201) a. brà   à   káálì.
      return CONN go

   'Go back.' (Hearer coming towards speaker, speaker asks addressee to turn and go back.)

   b. brà   àká   tʃáʊ̀.
      return CONN leave.3SG

   'Return and leave him.' (Speaker asks addressee to turn and go away from the person the addressee is with.)

The examples in (201) present the verb *bra* in imperative clauses separated by the connectives *a* and *aka*.

(202) ʊ̀ brá tʊ̀mà à   tʊ̌má tíŋ kà wà wíré kéŋ.
      3SG again work ART work ART EGR NEG well DXM

   'He redid the work that was badly done.'

When *bra* functions as a preverb, as in (202), it loosely keeps its motion sense and conveys in addition a sort of repetition. It differs from the morpheme *bɪ* introduced in Section 4.2.3.6 since it does not mean that an action is done repeatedly. Instead, the preverb *bra* is associated with actions done 'once more', 'over again', or 'anew'.

4.2.3.8 ja The preverb *ja(a)* (glossed HAB) indicates habitual aspect. It expresses that the subject's referent is accustomed to, familiar with, or routinely do the action described by the predicate.

(203) tʃɔ́pìsì   bí-múŋ ʊ̀ʊ̀ jáà jááʊ̀.
      day.break ITR-all 3SG HAB do.3SG

   'He does it every day.'

A variation in length and intonation suggest an (im)perfective aspectual distinction. In (203) there is a vowel sequence *aa* pronounced with a falling intonation. Compare this with the examples in (204).

(204) a. kàlá já   tùgòsì bísé   ré.
         K.   HAB beat.PL child.PL FOC

      'Kala beat children.' (He used to do it.)

Grammatical outlines

    b. *kàlá jáà túgósì bísé ré.*
       K.   HAB beat.PL child.PL FOC

      'Kala beats children.' (He regularly does it.)

The aspectual distinction in (204) is reflected by the preverb's vocalic length and intonation, but also on the following verb's intonation.

4.2.3.9 ha The morpheme *ha* (glossed MOD) is similar in meaning to the English morpheme 'yet' and is circumscribed to the expanded verbal group. The expression *haalì* (glossed CONN) has a similar meaning but is mainly used as a discourse connective. It is not frequent and is ultimately of Arabic origin, but like many other words, have been acquired via another language, in this case Hausa (Baldi 2008: 157-158). An example is provided in (205f).

(205) a. *ò̀ò̀ háá díūū.*
        3.SG MOD eat.FOC

       'He is still eating.'

    b. *ò̀ há wà dîìjē.*
       3.SG MOD NEG eat.PFV

      'He has not eaten yet.'

    c. *bà ɲíné ò̀ò̀ gèrègá rá àká ò̀ò̀ háá wīì.*
       3PL.HUM+ look 3SG.POSS sickness FOC CONN 3SG MOD ill

      'He has been cared for to no avail; he is still ill.'

    d. *ò̀ há wà wāā báàŋ múŋ̀.*
       3.SG MOD NEG come DEM QUANT.all

      'He does not come here (ever).'

    e. *ò̀ há wà wááwá.*
       3.SG MOD NEG come.PFV

      'He has not come yet.'

    f. *m̀ búúré mòlèbíé bìrgì hááli ǹ há wà náá̀.*
       1.SG want money delay CONN 1SG MOD come see.3PL

      'I struggled to get money for some time but still have not got any.'

The morpheme *ha* is used when an event is or was anticipated and a speaker considers or considered probable the occurrence of the event. As for the English 'yet', it is frequently found in negative polarity. In such cases *ha* indicates that the event is expected to happen and the negative marker *wa* indicates that the event has not unfolded or happened at the referred time. In the cases where *ha* is found in a positive polarity, it conveys a continuative aspect, that the event is happening at the time, similar to English 'still', as in (205a) and (205c).

4.2.3.10 tu and zɪn The verbs *tuu* and *zɪna* are motion expressions making reference to two opposite paths.

(206) a. ǹ zínà sàl lá ḿ páá tʃùònò.
        1SG go.up flat.roof FOC 1SG take.PV shea.nut.seed.PL
        'I go up on the roof to collect my shea nuts.'
     b. ǹ túú dìà rá.
        1SG go.down house FOC
        I went down to the house.'

When they are used as main predicate, as in example (206), they denote 'go down' and 'go up' and surface as *tuu* and *zɪna* respectively.

(207) a. zíná tʃɔ́ à kááli̇̀.
        go.up run CONN go
        'Go up, run, and leave' (*Run upwardly and go)
     b. tùù tʃɔ́ à kááli̇̀.
        go.down run CONN go
        'Go down, run, and leave' (*Run downwardly and go)

The verbal morphemes *tuu* and *zɪn* in (207) are not treated as preverbs, but first verbs in SVCs. As explained at the beginning of Section 4.2, more criteria are required to be considered in order to categorize verbals of that particular kind.

4.3 Verbal suffixes

In Section 4.1.4, two suffixes were introduced: the perfective intransitive suffix and the assertive suffix. It was shown that the perfective intransitive suffix surfaces either as *-jE*, *-wA* or *-Ø* depending on the verb stem. The assertive suffix appears in the imperfective and perfective intransitive construction if (i) none of the other constituents in the clause are in focus, (ii) the clause does not include propositional negation, and (iii) the clause is intransitive, that is, there is no grammatical object. Also, as mentioned in Section 2.3, the suffix *-ɪ/-i* appears in the negative imperative. In this section, the incorporated object index (o-clitic), the

Grammatical outlines

pluractional suffix, and other derivative suffixes whose functions are not fully understood are introduced.

4.3.1 Incorporated object index

The object index is represented as being incorporated into the verb, and together they form a phonological word (e.g. *wòsá tíéń nā* < *wòsá tiɛ-ŋ na* 'Wusa gave-1SG FOC'). For that reason the incorporated object index is referred to as the o-clitic. Given the constraints governing the appearance of the perfective intransitive suffix and the assertive suffix, it is obvious that the o-clitic cannot coexist with any of them. Table 33 shows that the ATR-harmony operates in the domain produced by the o-clitic merging with a CV or CVV stem, but may or may not affect the plural pronouns, as Tables 33(b) and 33(c) display.[49]

The form of the focus particle is determined by the preceding material (i.e. the phonological word verb+o-clitic) and the harmony rules introduced in Section 3.2.2.2. Table 33(d) should be seen as displaying various renditions, i.e. with and without ATR-harmony or RO-harmony. I did perceive rounding throughout in conversations (i.e. *wòsá pómá rā* > *wòsá pómó wō* 'Wusa divided you.PL'), but I was unable to get a consultant produce it in an elicitation session.

A CVCV stem differs from a CV or CVV stem by exhibiting vowel apocope and/or vowel coalescence. Table 34 provides paradigms for *kpaga* 'catch' and *goro* '(go in) circle'.

The schwas (ə) in *kpayəja* and *gorəja* are perceived as fronted, and the ones in *kpayəma* and *gorəma* as rounded. Although this is certainly due to the following consonant, they are so weak that they can only be heard when they are carefully pronounced (see Section 3.1.2). The paradigm in Table 34(b) can also be uttered in the plural as *górójé rē* (1PL), *górémá rā* (2PL), *góráá rā* (3PL.-H), and *górébá rā* (3PL.+H). The focus particle *wa* is a variant of *ra*. Some consultants agree that these forms are in free variation, yet the *wa* form coexists only with the plural in the paradigms elicited. Nonetheless, such paradigm elicitations are particularly subject to unnaturalness.[50]

---

[49] The question mark following the third person plural non-human examples flags a grammatical but infelicitous example.

[50] I personally believe that the alteration is determined by some kind of sandhi, not number. As to why *wa* appears only in the plural, a scenario may be that (i) first, I install a routine by starting with the 1.SG ME and ending with the 3.PL THEM, (ii) in the process of eliciting, the passage from third singular to first plural triggers a different verb shape, i.e. CVCVV/CVCN to CVCVCV, and (iii) although formally identical to the verb forms of the singular, the reason why *wa* follows the third plural non-human could be explained by psychological habituation.

Table 33: Incorporated object index on CV(V) stems

(a) tɛ 'give'

wòsá tíé-ŋ́ nā	'Wusa gave ME'
wòsá tíé-í rā	'Wusa gave YOU'
wòsá tíé-ʊ́ rā	'Wusa gave HER'
wòsá tíé-já rā	'Wusa gave US'
wòsá tíé-má rā	'Wusa gave YOU'
wòsá tíé-á rā	'Wusa gave THEM'
wòsá tíé-bá rā	'Wusa gave THEM'

(b) tie 'swindle'

wòsá tíé-ŋ́ nē	'Wusa swindled ME'
wòsá tíé-í rē	'Wusa swindled YOU'
wòsá tíé-ú rō	'Wusa swindled HER'
wòsá tíé-já rā	'Wusa swindled US'
wòsá tíé-má rā	'Wusa swindled YOU'
wòsá tíé-á rā	'Wusa swindled THEM'(?)
wòsá tíé-bá rā	'Wusa swindled THEM'

(c) tie 'swindle'

wòsá tíé-jé rē	'Wusa swindled US'
wòsá tíé-mé rē	'Wusa swindled YOU'
wòsá tíé-é rē	'Wusa swindled THEM'(?)
wòsá tíé-bé rē	'Wusa swindled THEM'

(d) po 'divide'

wòsá pó-jé rē	'Wusa divided US'
wòsá pó-mó rō	'Wusa divided YOU'
wòsá pó-á rā	'Wusa divided THEM'
wòsá pó-bé rē	'Wusa divided THEM'

4.3.2 Pluractional suffixes

A pluractional verb is defined as a verb which can (i) express the repetition of an event, (ii) subcategorize for a plural object and/or plural subject, and/or (iii) be marked by the pluractional suffix *-sI*, a derivative suffix whose vowel quality is

Table 34: Incorporated object index on CVCV stems

(a) kpaga 'catch'

wòsá kpáɣṇ́ nā	'Wusa caught ME'
wòsá kpáɣíí rā	'Wusa caught YOU'
wòsá kpáɣʊ́ʊ́ rā	'Wusa caught HER'
wòsá kpáɣɔ́já wā	'Wusa caught US'
wòsá kpáɣɔ́má wā	'Wusa caught YOU'
wòsá kpáɣáá wā	'Wusa caught THEM'
wòsá kpáɣɔ́bá wā	'Wusa caught THEM'

(b) goro '(go in) circle'

wòsá górṇ́ nō	'Wusa circled ME'
wòsá góríí rē	'Wusa circled YOU'
wòsá górúú rō	'Wusa circled HER'
wòsá górɔ́já wā/rā	'Wusa circled US'
wòsá górɔ́má wā/rā	'Wusa circled YOU'
wòsá góráá wā/rā	'Wusa circled THEM'
wòsá górɔ́bá wā/rā	'Wusa circled THEM'

always high and front and whose ATR value is determined by the stem vowel(s).[51] According to (i) above, the iterativeness may affect the interpretation of the number of participants of an event. Consider the contrasts between the sentences in (208), where none of the arguments are in the plural (i.e. contra (ii)).

(208) a. ṇ̀   téŋé à   nàmǐã̀ rā.
           1SG cut ART meat FOC

    'I cut a piece of meat (i.e. made a cut in the flesh or cut into two pieces).'

    b. ṇ̀   téŋé-sí à   nàmǐã̀ rā.
        1SG cut-PV ART meat FOC

    'I cut the meat into pieces.'

---

[51] An exposition of the 'plural verbs' in Vagla can be found in Blench (2003). Dakubu, Atintono & Nsoh (2007: viii) calls a similar morpheme 'iterative' (i.e. Gurene -sɛ). Among the West African languages, it is the pluractional verbs in Hausa which have received most attention (see José 2008).

In (208b), the formal distinction on the verb 'cut', compared to (208a), causes the event to be interpreted as one which involves the repetition of the 'same' subevent. The word *namĩã* 'meat' is allowed in both the contexts of (208a) and (208b), although one may argue that the word *namĩã* is inherently plural but grammatically singular, and that the word is appropriate in both contexts. Despite the fact that 'meat' has indeed a plural form, i.e. *nansa*, it is probably the mass term denotation of *namĩã* which makes (208b) acceptable.

(209) a. ɳ̀ tʃígé à   hèná   rá.
           1SG turn ART bowl.SG FOC
           'I turn (upside down) the bowl.'

       b. ɳ̀ tʃígé-sí à   hènsá   rá.
           1SG turn-PV ART bowl.PL FOC
           'I turn (upside down) the bowls (one after the other).'

       c. (?) ɳ tʃige-si a   hɛna   ra.
           1SG turn-PV ART bowl.SG FOC
           'I turn (upside down in a repetitional fashion) the bowl.'

In (209), however, the grammatical object of a pluractional verb *tʃigesi* 'turn iteratively' or 'put on face down iteratively' must refer to individuated entities. Comparing (209a) and (209c) with (209b), the pluractional verb cannot coexist with a singular noun as grammatical object due to the fact that some 'turning' events are hard to conceive as affecting the same object in a repetitive fashion. However, in (210) the 'beating' can affect one or several individuals.

(210) a. ɳ̀ túgó à   bìè   rē.
           1SG beat ART child.SG FOC
           'I beat the child.'

       b. ɳ̀ túgó-sí à   bìsé   ré.
           1SG beat-PV ART child.PL FOC
           ' I beat the children.'

       c. ɳ̀ túgó-sí à   bìè   rē.
           1SG beat-PV ART child.SG FOC
           'I beat the child (more than once, over a short period of time).'

Whereas (210c) has a possible interpretation, two language consultants could not assign a meaning to (211d) below.

439

Grammatical outlines

(211) a. ŋ̍ kpágá à zál là.
 1SG caught ART chicken.SG FOC
 'I caught a chicken.'

 b. ŋ̍ kpágá-sí à zálíɛ́ rà.
 1SG caught-PV ART chicken.PL FOC
 'I caught chickens (i.e. in repeated actions).'

 c. ŋ̍ kpágá à zálíɛ́ rà.
 1SG caught ART chicken.PL FOC
 'I caught chickens (i.e. in one move).'

 d. (?) ŋ̍ kpaga-sɪ a zal la.
 1SG caught-PV ART chicken.SG FOC
 'I caught a chicken (i.e. after unsuccessful attempts until finally succeeding with one particular chicken).'

A pluractional verb usually denotes an action, but not a state. Therefore, in (211), the sense of *kpaga₁* is related to 'catch', and not to the possessive sense of the verbal state lexeme *kpaga₂* 'have'.[52] Beside /-sI/, the suffix /-gE/ may also turn a verbal process lexeme into a pluractional verb, e.g. *tɔtɪ* 'pluck' > *tɔrəgɛ* 'pluck iteratively' and *keti* 'break' > *kerigi* 'break iteratively'.

(212) a. kà kpá zál háŋ tà.
 go take.PL fowl.SG DEM let.free
 'Go and take this fowl away.'

 b. kà páá zálíɛ́ hámà tà.
 go take.PL fowl.PL DEM.PL let.free
 'Go and take these fowls away.'

Finally, a pluractional verb must not necessarily display the suffixation pattern described above. This is confirmed by the pair *kpa/paa* 'take' in (212).

4.3.3 Possible derivational suffixes

Dakubu (2009b: 37) and Bonvini (1988: 69) identify some derivational suffixes in Gurene and Kasem respectively, but write that their signification is hard to

---

[52] Though I like to treat *dʊasɪ* as a counterexample. The pluractional verb *dʊasɪ* 'be in a row' may be derived from the existential predicate *dʊa* 'be on/at/in'. For instance, the verbs *tele* 'lean' and *telege* 'lean' are determined by the number value (SG/PL) of the subject. If more examples like these arise, *pluractional* would then loose its literal signification.

establish. However, their descriptions indicate that derivational suffixes mainly encode aspectual distinctions.

As mentioned in Section 4.1.1, about 90% of the verbs are monosyllabic or bisyllabic, and only the consonants *m, t, s, n, l,* and *g* are found in onset position word-medially in trisyllabic verbs. This situation could suggest that 10% of the verbs in the current lexicon are the product of verbal derivation, and that the consonants found in onset position word-medially in trisyllabic verbs are part of derivational suffixes.

(213) a. ò wǒrígí à hàylíbíé ré.
 3SG scatter ART block.PL FOC
 'He scattered the mud blocks.' (they were piled and packed)
 b. ò wǒrá à hàylíbíí ré.
 3SG move ART block FOC
 'He moved the mud block.' (they are uneven, but still piled)

However, apart from the pluractional suffix discussed in Section 4.3.2, it is impossible at this stage of the research to establish a systematic mapping between the third syllable of a trisyllabic verb and a meaning.

Table 35: Possible derivational suffixes

		-gV		
wòrà (v)	'move, shift'	>	wòrìgì (v)	'scatter'
tàrà (v)	'support'	>	tàràgè (v)	'pull'
brà (v)	'return'	>	bèrègì (v)	'change direction'
		-mV		
ɲàgà (v)	'be sour'	>	ɲàgàmì (v)	'ferment'
víl (n)	'well'	>	vílímí (v)	'whirl'
mìlà (v)	'turn round'	>	mìlìmì (v)	'turn'
		-lV		
kàgà (v)	'choke'	>	kàgàlè (v)	'lie across'

The example provided in (213a) and Table 35 presents some indications that *m, l,* and *g*, i.e. CVCV{*m, l, g*}V, are involved in some kinds of derivation, although the next step would be to determine their exact meaning.[53]

---

[53] The verb pair *go* 'round' and *goro* '(go in) circle' is manifestly a derivation as well, i.e. CV > CV-rV.

Grammatical outlines

5 Grammatical pragmatics and language usage

In this section are presented aspects of the grammar which do not naturally fit within the distinction *clause*, *verbal* or *nominal* and "which involve encoded conventions correlating between specific linguistic expressions and extra-grammatical concepts" (Ariel 2010: 256). Sections 5.1 and 5.2 present adverbial deixis particles, Section 5.3 offers an overview of what has been stated on *focus*, and the remaining covers selected pieces of language usage and everyday communication.

5.1 Manner deictics

Chakali has a two-term exophoric system of manner deixis (Koenig 2012); the expressions *keŋ* and *nɪŋ* are treated as two manner deictics (glossed DXM). Manner is a cover term since the content dimension appears to cover degree and quality as well. Consider the examples in (214).

(214) a. *kén nè bà   já jāà.*
          DXM FOC 3PL.H+ HAB do
          'That's the way to do it. (manner)'

    b. *hàylíkíŋ zéné màásì nín nà.*
       snake   long equal DXM FOC
       'The snake was that/this big. (degree)'

    c. *kàlá máásíí   níŋ.*
       K.   equal.NMLZ DXM
       'Kala is like that. (quality) [of size]'

    d. *kàlá dónná kéŋ.*
       K.   type DXM
       'Kala is like that. (quality) [of nature]'

The expressions *keŋ* and *nɪŋ* are very frequent and bring to mind the English 'like this/that', that is, an expression which refers to something extralinguistic yet in the context of the utterance. In that sense they can be treated as pro-forms. Example (215) illustrates this point.

(215) a. *bààŋ ɲòǎsá káá sìì báŋ nī   nīŋ?*
          Q   smoke EGR rise DEM POSTP DXM
          'What smoke is rising here like this?' [PY 059]

5 Grammatical pragmatics and language usage

b. *bààŋ káá jāā këŋ?*
Q.what EGR do DXM

'What is doing like that?' (Reaction to a sound coming from inside a pot)

The meaning difference between *nɪŋ* and *keŋ* seem to be motivated by the way they encode a sort of psychological saliency on a proximal/distal dimension. This distinction needs more evidence than the one I provide, but consider the conversation between A and B in (216).

(216) a. *A: nín nā bààbá ŋmằ?*
DXM FOC B. say

'Is this what Baaba said?'

b. *B: ềếề kén⁺ né ʊ̀ ŋmá.*
yes DXM FOC 3SG say

'Yes, that is what he said.'

Similarly, the (fictional) discourse excerpt in (217) concerns a father (A) addressing his son (B) on the topic of how to ignite kapok fiber. The sentence (217c) is accompanied with a demonstration on how to strike a cutlass on a stone.

(217) a. *A: kpá kóŋ à ŋmènà díŋ!*
take kapok CONN ignite fire

'Take some kapok and start a fire!'

b. *B: ɲìnɪ̃ễ bà já kà ŋmènà?*
Q 3PL do EGR ignite

'How does one ignite?'

c. *A: ŋmènà níŋ̀!*
ignite DXM

'Ignite like this!'

d. *A: tʃíá dì ì tʃí wááwá ŋmènà kéŋ̀.*
tomorrow CONN 2SG CRAS come.PFV ignite DXM

'Tomorrow when you come, ignite like that.'

In the context of (217), at the farm the next day, the boy (B) would tell a colleague: *kén nē bà já ŋmènà*, lit. like.that they do ignite, 'that is how one ignites'.

(218) *níŋ lèí òò dìà háŋ já dò.*
DXM NEG 3SG.POSS house DEM HAB be
'This is not how his room used to be.' [PY 78]

In (218), *nıŋ* refers to the condition of the room, which is not a manner but a property of the room. In addition, *keŋ* and *nıŋ* can function as discourse particles, whose meanings resemble English 'like' in some registers (Siegel 2002). In (219), *keŋ* is considered superfluous since it does not contribute to the manner of motion or the state of the participant.[54]

(219) *ŋ̀ káálōō kéŋ.*
1SG go.IPFV.FOC DXM
'I am leaving like that.'

Also, depending on the intonation associated with it, and whether or not the focus particle is present, *keŋ* and *nıŋ* can function as interjections used to convey comprehension or surprise. So a phrase like *kén něě* could be roughly translated as 'Is that so?', *kén nè* has a similar function to the English tag-question 'Isn't it?', but *kéēèŋ* or *kén⁺ né* could be translated as 'yes, that is it'.

Finally, McGill, Fembeti & Toupin (1999) presents *nyɛ* and *ɛɛ* (variant *gɛɛ*) as demonstrative pronouns in Pasaale, which can also modify an entire clause. The former corresponds to 'this' and the latter to 'that'. At this point, it is a matter of comparing the two languages and the terminology employed. Nonetheless, in the majority of the examples provided by McGill, Fembeti & Toupin (1999), Chakali *keŋ* and *nıŋ* seem to have the same function.

5.2 Spatial deictics

A speaker-subjective, two-way contrast exists to locate entities in space. The spatial deixis demonstrative *bááŋ* designates the location of the speaker, while the spatial deixis demonstrative *dé* designates where the speaker is not located. They represent what is known as the 'proximal' and 'distal' dimensions of spatial deixis.

(220) a. *wàà bááŋ.*
come DXL
'Come here.'

---

[54] Something identical to the translation of (219) may be heard in all over the country, in both the Ghanaian languages and Ghanaian English.

b. ʊ̀   dʊ́á   dé   (nī).
   PSG be.at DXL POSTP
   'He is there.'

In (220a) and (220b), they are translated as 'here' and 'there' respectively, and glossed DXL, standing for 'locative deixis'. Notice that unlike the single demonstrative modifier discussed in Section 3.7, *bááŋ* and *dé* do encode a proximal/distal distinction.

5.3 Focus

Since the notion of focus has been discussed separately in connection with nominals and verbals, this section offers a basic overview of what has been stated. Dik (1997: 326) writes that "the focal information in a linguistic expression is that information which is relatively the most important or salient in the given communicative setting". In Chakali, there are several ways in which a speaker can integrate focal information, and all of them put 'in focus' a constituent.[55] The first encodes focal information in a particle which always follows a nominal, i.e. *ra* and variants. Its phonological shape is determined by the preceding phonological material (see Sections 3.2.2.2 and 3.8). The second, which was called the assertive suffix, takes the form of vowel features which are suffixed onto the verb (see Sections 4.1.4.1 and 4.3). It was claimed that the assertive suffix surfaces only if (i) none of the other constituents in the clause are in focus, (ii) the clause does not include propositional negation, and (iii) the clause is intransitive. The second criterion (ii) is applicable to the particle *ra* as well: thus focal information can only exist in affirmative clauses, negation automatically prevents information from being in focus. In (221), the examples illustrate how the focal information is encoded when the object (221a), the subject (221b) and the predicate (221c) are considered the most important piece of information.

---

[55] The terminology employed in the literature is probably the result of complex and still obscure phenomena. For instance, for the post-verbal particle *la* in Dagaare, Bodomo (1997) uses the term 'factitive' and 'affirmative' particle interchangeably, Dakubu (2005) uses '(broad- and narrow-)focus' and glosses it either as AFF or FOC, and Saanchi (2003) uses post-verbal particle and glosses it as AFF. The latest contribution to the discussion is Sakurai (2014) which uses a Lexical-Functional Grammar formalism to account for the special distribution of *la*. In-depth accounts of focus in Grusi languages can only be found in Blass (1990), but see also McGill, Fembeti & Toupin (1999). Anne Schwarz has worked extensively on the topic in some Gur and Kwa languages (Schwarz 2010).

Grammatical outlines

(221) a. Focus on object: What has the man chewed?
       à   báál tíē   sígá rá.
       ART man chew bean FOC

       'The man chewed BEANS.'

       kàlá tíē   sígá rá.
       K.   chew bean FOC

       'Kala chewed BEANS.'

   b. Focus on subject: Who has chewed the beans?
       à   báál là tíē   sígá.
       ART man FOC chew bean

       'THE MAN chewed beans.'

       kàláá tíē   sígá.
       K.   chew bean

       'KALA chewed beans.'

   c. Focus on predicate: What happened?
       à   báál tíéwóó.
       ART man chew.PFV.FOC

       'The man CHEWED.'

The focus particle does not differentiate between grammatical functions and some times appears to be optional. Also, the assertive suffix is quite rare in narratives. Blass (1990: 94) is the only author to my knowledge who identifies the presence of evidentiality – hearsay, more precisely – in Gur languages. According to her the morpheme *rɛ* in Sissala refers to reported or inferred information. This raise the question as to what extent the focus particle and the assertive suffix provide evidential information.[56]

Also, a third way to encode focus is the lengthening and emphasis of vocalic material. The issue remains far from clear and stands in need of more information.

(222) a. à   bɔ̀là   tìn dí   kɔ̀sá rá.
      ART1 elephant ART2 eat.PFV grass FOC

     'The elephant ate GRASS.'

---

[56] A promising avenue to follow in the study of focus would be the recent work of Anne Schwarz who looks at the phenomenon from a perspective of encoding a thetic vs. categorical distinction.

5 Grammatical pragmatics and language usage

b. à bòlà tíń: dí kòsá.
   ART1 elephant ART2 eat.PFV grass
   'THE ELEPHANT ate grass.'

c. *à bòlà tíń: dí kòsá rá.

d. kàlá káá hı́ı́rōō.
   K.   IPFV voracious.FOC.
   'Kala is A VORACIOUS MEAT EATER.'

e. káláá káá hı́ı́rī.
   K.FOC IPFV voracious.
   'KALA is a voracious meat eater.'

f. *káláá káá hı́ı́rōō.

Example (222) shows that since only one constituent can be focused, the lengthening of and special intonation on *kàlá* and *tìn* which is assumed to signal focus, together with another constituent in focus, is ungrammatical (cf. 222c and 222f).

5.4 Linguistic taboos

A linguistic taboo is defined here as the avoidance of certain words on certain occasions due to misfortune associated with those words. These circumstances depend on belief; they can be widespread or marginal. The avoidance of certain words may depend on the time of the day or action carried out. For instance, not only is sweeping not allowed when someone eats, but uttering the word *tʃãã* 'broom' is also forbidden. Also, mentioning certain animal names is excluded as they may either be tabooed by someone present, due to his/her animal totem and/or its meat is forbidden, or attract the animal's attention, i.e. the belief that the animal may feel it is called out. The strategy is to substitute a word with another, often undertaking a metonymic strategy.

The second column of Table (36) contains expressions called taboo synonyms taboo synonyms; they are substitutes to the words of the the first column. The substitutes are usually complex stem nouns with a transparent descriptive meaning. Most of them use the stem *tííná* 'owner of', e.g. *néŋ-tīīnā*, lit. arm|hand-owner.of, 'elephant', the one with a big arm. The stem *tííná* 'owner of' can be characterized as a noun with an incomplete semantics which normally requires to be in an associative construction with another noun (i.e. person characterised by, owner of, or responsible for) and always appear following the 'possessed' stem.[57]

---

[57] Mampruli *daana*, Hausa *mai*, and Arabic *dhū* seem to correspond to the meaning of Chakali

Table 36: Taboo synonyms

Avoided word	Substitute word	Literal meaning	Gloss
bɔ̀là	sé-zèŋ	animal-big	'elephant'
bɔ̀là	néŋ-tīīnā	arm|hand-owner	(trunk>) 'elephant'
dʒètì	ɲú-zéŋ-tīīnā	head-big-owner	'lion'
bɔ́ɔ̀máníí	ɲú-wíé-tīīnā	head-small-owner	'leopard'
váà	nɔ̀ã̀-tííná	mouth-owner	'dog'
kɔ́ŋ	níí-tííná	water-owner	'cobra'
gbɨ̀ã́	néŋ-gál-tīīnā	arm|hand-left-owner	'monkey'
hèlé	mùŋ-zíŋ-tīīnā	back-big-owner	'type of squirrel'
tébíŋ	bárà-tʃɔ́gɔ́ɔ́	place-spoil.PFV.FOC	'night'
ɲólóŋ	ɲú-bíríŋ-tíínā	head-full-owner	'blind'
búmmò	dóŋ	dirt	'black'

5.5 Ideophones and iconic strategies

Ideophones typically suggest the description of an abstract property or the manner in which an event unfolds.[58] The majority of ideophones function like qualifiers or intensifiers (Section 3.4.1) or adjunct adverbials (Section 5). In Chakali ideophones tend to appear at the right periphery of the sentence and with a low tone. Examples are provided in (223).[59]

(223) a. à   díŋ káá dīù gàlìgàlìgàlì/pèpèpè.
           ART fire IPFV eat IDEO

       'The fire is burning at an increasing rate.'

    b. à   dɔ́ɔ́   síé jáá   wərwərwər.
        ART python eye IDENT IDEO

       'The python's eyes are glittery.'

    c. à   dáánɔ́ŋ márá bījɔ̄ɔ́   lìgèlìgèlìgè.
        ART tree.fruit well ripe.PFV IDEO

       'The fruit is perfectly ripe.'

---

tıına.

[58] See a discussion in relation to African languages in Samarin (2001), and a review of the term in Newman (1968); Voeltz & Kilian-Hatz (2001); Dingemanse (2011).

[59] The translations into English in (223) were not tested for consistency across many speakers.

d. à   sìbíé   wàá márá bìì   à   dɔ́ nīŋ   wùròwùròwùrò.
   ART beans NEG well ripe CONN be DXM IDEO
   'The bambara beans are not well cooked, they are still hard.'

An onomatopoeia is a type of ideophone which not only suggests the concept it expresses with sound, but imitates the actual sound of an entity or event. Examples of onomatopoeia are *púpù* 'motorbike', *tʃétʃé* 'bicycle', *tʃɔkɔ́ɪ́ tʃɔkɔ́ɪ́* 'sound of a guinea fowl', *kɪ̀rɪ̀rɪ̀* 'sound of running', *pàá̀* 'sound of an eruption caused by lighting a fire', *gbàgbá* 'duck',[60] and *kpókòkpókòkpókò* 'sound of knocking on a clay pot'. Similarly, an iconic strategy to convey an amplified meaning or the idea of continuity is to lengthen the sound of an existing word.

(224) kàwāá   sìì   tàrì   kéééééééŋ,   àkà   dóá   bà   dìànɔ́ɔ́ nì.
       pumpkin rise creep DXM   CONN   be.at 3SG.POSS door POSTP
       'The pumpkin crept, crept, crept, and crept up to their door mat.' [PY 56]

In (224) the manner deictics *keŋ* (Section 5.1) is stretched to simulate the extention in time of the event, i.e. the pumpkin grew until it reached the door.[61]

Reduplication of one or two syllables is the general structural shape of ideophones and onomatopoeias. A large set of visual perception expressions can be treated as ideophonic expressions (Section 3.4), all of which are reduplicated expressions.

(225)   Visual perception expressions and non-attested stems

   a. *(kɪn/a)-hɔlahɔla [áhɔ̀làhɔ̀là]* *hɔla
   b. *(kɪn/a)-ahɔhɔla [áhɔ̀hɔ̀là]* *hɔla
   c. *(kɪn/a)-busabusa [ábùsàbùsà]* *busa
   d. *(kɪn/a)-adʒumodʒumo [ádʒùmòdʒùmò]* *dʒumo
   e. *(kɪn/a)-bʊɔbʊɔna [ábʊ̀ɔ̀nàbʊ̀ɔ̀nà]* *bʊɔna
   f. *(kɪn/a)-ʔileʔile [áʔìlèʔìlè]* *ʔile

Assuming that reduplication is a morphological process in which the root or stem is repeated (fully or partially), then it is questionable whether one can treat most of the naming data as reduplication. It is obvious from the examples in

---

[60] The word for 'duck' is probably borrowed from Waali. I was told that the bird was introduced recently. It was hard to find one in the villages visited.

[61] An equivalent meaning may be expressed in some varieties of Gh. Eng. with the adverbial expression *ããããã*, as in 'Today I worked *ããããã*, until night time.'

Grammatical outlines

(225) that there is a 'form-doubling' on the surface, yet such expressions are not made out of attested stems (and they do not have loci in the chromatic space, see Brindle 2016).

5.6 Interjections and formulaic language

This section introduces some pieces of formulaic language, which is defined as conventionalized words or phrases. It usually include greetings, idioms, proverbs, etc. (Wray 2005). First, common interjections are introduced in Table 37,[62] then some greetings and idioms are presented.

Table 37: Selected interjections

Interjection	Gloss
ʔàí	express denial or refusal
ʔêē̃	express affirmation
gááfòrà	express excuse when interrupting or disturbing (*from* Hausa)
tóù	express agreement or understanding (*from* Hausa)
ʔàmé	so be it (*etym.* Amen?)
ʔóí	express surprise
fíó	express strong denial or refusal
ʔánsà	1) greet hospitably, welcome, 2) accept and thank (*from* Gonja)
ʔîíí	express disappreciation of an action carried out by someone else
ʔàwó	reply to greetings, a sign of appraisal of the interlocutor's concerns (*from* Gonja)
ʔábbà	express a reaction to an unpalatable proposition, with disagreement and unexpectedness
ʃõ̃ɛ̀ɛ̀	express a disrespectful attitude towards what is being said and the one saying it

Since they are conventionalized and idiomatic, the translations of formulaic language in Table 37 are rough approximations. The dictionary offers various

---

[62] The etymology of *ʔàmé* has not been confirmed and *gááfòrà* is ultimately Hausa. The word *ʃõ̃ɛ̀ɛ̀* is equivalent to the function associated with the action of *tʃuuse* in Chakali (*tʃʊʊrɪ* in Dagaare, *tʃʊʊhɛ* in Waali, 'puf' or 'paf' in Gh. Eng., < English 'pout'), which is a fricative sound produced by a non-pulmonic, velarized ingressive airstream mechanism, articulated with the lower lip and the upper front teeth while the lips are protruded.

5 Grammatical pragmatics and language usage

spellings since variations are regularly perceived.

5.6.1 Greetings

Compulsory prior to any communicative exchange, greetings trigger both attention and respect. When meeting with elders, one should squat or bend forward hands-on-knees while greeting. Praise names can be used in greetings, e.g. *ítʃà* 'respect to you and to your clan'. In Table 38, typical greeting lines with some responses are provided. Note that the forms for morning and afternoon greetings are also used by the Gonjas.

Table 38: Greetings

Time	Speaker A	Followed by either speaker A or B
Morning	ánsùmōō	ì sìwŏŏ 'You stood?', ɪ̀ dì tʃʊ́àwŏŏ 'And your lying?', ì bàtʃʊ̀àlíì wīrŏŏ 'You sleeping place was good?'
Afternoon	ántèrēē	í wísí tèlëë 'Has the sun reached you?' í díá 'And your house?' ɪ̄ bìsé mūŋ 'And all your children?'
Evening	í dʊ̀ànāā	í dɔ̄ɔn tèlëë 'Your evening has reached', í kúó 'And your farm?'

The second singular plural *ma* is added, i.e. *ánsùmōō* ↔ *māānsùmōō*, when there is more than one addressee or when there is a single person but the greetings are intended to the entire house/family: thus the number distinction *ɪ/ma* does not correspond to a politeness function. Chakali morning and afternoon greetings resemble those of Waali and other languages of the area. The response to various greetings such as *í díá* '(how is) your house?', *ʔánsà* 'welcome, thanks' and many others is the multifunctional expression *ʔàwó*, which is, among other things, a sign of appraisal of the interlocutor's concerns. The same expression is found in Gonja, but its function is believed to be slightly different. I was told that the more extensive the greetings, the more respect one shows the addressee. For instance, the elders do not appreciate the tendency of the youths to morning-greet as *ā̄sūmō*, but prefer something like *áánsùùmōōō*.

Other ritualized expressions often used are: *tʃɔ́pīsí ālìè* lit. morning two, 'long time no see' (Section 3.6.7); *bámùŋ kɔ́réí* lit. all.+HUM extent (unknown origin), 'how are all your people?', *àní mà wòzɔ́ɔ́rí tìŋ*, lit. and your day, used after any bad event which happened to someone, e.g. referring to a funeral day, when the

Grammatical outlines

speaker has not seen the addressee since that day, among other expressions.

5.6.2 Idioms

An idiom is a composite expression which does not convey the literal meaning of the composition of its parts. Common among many African languages is a strategy by which abstract nominals are expressed in idiomatic compounds. These compounds are made of stems whose meanings are disassociated from their ordinary usage.

Some examples have already been provided in Section 3.4. In Chakali, words identifying mental states and habits/behaviors are often idiomatic, e.g. *síínʊ̀-màtíínà* (*sii-nʊma-tɪɪna*, lit. eye-hot-owner) 'wild' or *nʊ̀ã̀pʊ̀mmá* (*nʊ̃ã-pʊmma*, lit. mouth-white) 'unreserved'. Even though the expression *síínʊ̀màtíínà* is made out of three lexical roots, it is a "sealed" expression and is associated with the manner in which a person behaves, i.e. a wild person. The sequence *jaa nʊ̃ã dɪgɪmaŋa* in (226), *lit.* do-mouth-one, is also treated as an idiomatic expression.

(226) bà jáá nʊ̃ã̀ dɪ́gɪ́máŋá à sùmmè dɔ́ŋà.
3PL do mouth one CONN help RECP
'They should agree and help each other.'

Needless to say, it is often difficult to distinguish between an idiomatic expression and an expression in which only one of the components is use in a non-literal sense.

5.7 Clicks

Naden (1989: 151) writes that clicks[63] may be heard in the Gur-speaking area to mean an affirmative 'yes', or 'I'm listening'. This also occurs in the villages where I stayed, but I noticed that one click usually means 'yes', 'I understand' or 'I agree', whereas two clicks mean the opposite. The click is palatal and produced with the lips closed.

---

[63] A click may be roughly defined as the release of a pocket of air enclosed between two points of contact in the mouth. The air is rarefied by a sucking action of the tongue (see Ladefoged 1993).

References

Allan, Keith. 2001. *Natural Language Semantics*. Oxford: Blackwell.
Allan, Keith. 2014. *Linguistic Meaning* (Routledge Library Editions: Linguistics). Oxford: Taylor & Francis.
Ameka, Felix K. 2005. Multiverb constructions on the West African Littoral. In Mila Vulchanova & Tor A. Åfarli (eds.), *Grammar and Beyond: Essays in honour of Lars Hellan*, 15–42. Oslo: Novus Forlag.
Ameka, Felix K. 2007. The coding of topological relations in verbs: the case of Likpe. *Linguistics* 45(5/6). 1065–1103.
Ameka, Felix K. & Mary Esther Kropp Dakubu. 2008. Imperfective constructions: Progressive and prospective in Ewe and Dangme. In Felix K. Ameka & Mary Esther Kropp Dakubu (eds.), *Aspect and modality in Kwa languages*, 215–289. Amsterdam: John Benjamins Publishing Company.
Ameka, Felix K., Carlien De Witte & David Wilkins. 1999. Picture series for positional verbs: eliciting the verbal component in locative descriptions. In *Field Manual 1999*, 48–56. Nijmegen: Max Planck Institute for Psycholinguistics.
Ameka, Felix K. & James Essegbey. 2006. Elements of the grammar of space in Ewe. In Stephen C. Levinson & David Wilkins (eds.), *Grammars of Space* (Language, Culture and Cognition). Cambridge University Press.
Ameka, Felix K. & Stephen C. Levinson. 2007. The typology and semantics of locative predicates: posturals, positionals, and other beasts. *Linguistics* 45(5/6). 847–871.
Amidu, Assibi Apatewon. 2007. *Semantic Assignment Rules in Bantu Classes*. Köln, Germany: Rüdiger Köppe Verlag.
Ariel, Mira. 2010. *Defining Pragmatics* (Research Surveys in Linguistics). Cambridge University Press. https://books.google.fr/books?id=pa0gAwAAQBAJ.
Aritiba, Adji Sardji. 1987. *Le Lamba de Defale*. Université de Grenoble PhD thesis.
Awedoba, Albert K. 1979. *Nominal Classes and Nominal Concord in Kasem*. University of Ghana MA thesis.
Awedoba, Albert K. 2002. *Kasem Phonetics and Phonology*. University of Ghana, Legon: Institute of African Studies.

References

Awedoba, Albert K. 2003. Criteria for noun classification in Kasem. In Manfred von Roncador, Kerstin Winkelmann & Ulrich Kleinewillinghöfer (eds.), *Gur papers/Cahiers Voltaïques*. Afrikanistik I, Universität Bayreuth.

Awedoba, Albert K. 2007. Genders and Kasena Classification of Things. In M.E. Kropp Dakubu, G. Akanlig-Pare, E. K. Osam & K. K. Saah (eds.), *Studies in the Languages of the Volta Basin*, 27–41. Legon: Linguistics Department, University of Ghana.

Baldi, Sergio. 2008. *Dictionnaire des emprunts arabes dans les langues de l'Afrique de l'Ouest*. Paris: Karthala Editions. https://books.google.be/books?id=-jzFFr0QQYC.

Bendor-Samuel, John T. 1965. The Grusi sub-group of the Gur languages. *Journal of African Languages* II(1). 47–55.

Bergman, Richard, Ian Gray & Claire Gray. 1969. *The Phonology of Tampulma* (Collected Language Notes 9). University of Ghana: Institute of African Studies.

Blass, Regina. 1990. *Relevance Relations in Discourse: A study with special reference to Sissala*. Vol. 55 (Cambridge Studies in Linguistics). Cambridge: Cambridge University Press.

Blench, Roger. 2003. Plural verb morphology in Vagla. In Manfred von Roncador, Kerstin Winkelmann & Ulrich Kleinewillinghöfer (eds.), *Gur Papers/ Cahiers Voltaïques*. Afrikanistik I, Universität Bayreuth.

Bodomo, Adams. 1994. The noun class system of Dagaare: A phonology-morphology interface. *Working Papers in Linguistics, Norwegian University for Science and Technology*.

Bodomo, Adams. 1997. *The Structure of Dagaare* (Stanford Monographs in African Languages). Stanford, CA: CSLI.

Bonvini, Emilio. 1988. *Prédication et Énonciation en Kasim* (Collection Sciences du Langage). Paris: Editions du CNRS.

Borrow, Nik & Ron Demey. 2002. *A Guide to the Birds of Western Africa*. Princeton University Press.

Bourdin, Philippe. 1992. Constance et inconstances de la déicité: la resémantisation des marqueurs andatifs et ventifs. In *La deixis*, 287–307. Presses Universitaires de France.

Bowerman, Melissa & Eric Pederson. 1993. Topological relations picture series. In Eve Danziger & Deborah Hill (eds.), *Manual for the Space Stimuli Kit 1.2*, 40–50. Nijmegen.

Brindle, Jonathan Allen. 2008a. Chakali Numbers. *Working Papers ISK*. 127–142.

References

Brindle, Jonathan Allen. 2008b. On the encoding of animacy in Chakali. In Gard Jenset, Øystein Heggelund, Margrete Dyvik Cardona, Stephanie Wold & Anders Didriksen (eds.), *Linguistics in the Making*, 239–259. Bergen, Norway: Novus Press.

Brindle, Jonathan Allen. 2009. On the Identification of Noun Class and Gender Systems in Chakali. In Masangu Matondo, Fiona Mc Laughlin & Eric Potsdam (eds.), *Selected Proceedings of the 38th Annual Conference on African Linguistics: Linguistic Theory and African Language Documentation*, 84–94. Cascadilla Press.

Brindle, Jonathan Allen. 2010. Chakali-English dictionary and English-Chakali glossary: version 0.3. ms. ISK, NTNU.

Brindle, Jonathan Allen. 2011. *Aspects of the Chakali language*. Norges Teknisk-Naturvitenskapelige Universitet (NTNU) PhD thesis.

Brindle, Jonathan Allen. 2015a. Waali plural formation: a preliminary study on variation in noun class realization. *Journal of African Languages and Linguistics* 32(2). 163–192. DOI:10.1515/jall-2015-0008

Brindle, Jonathan Allen. 2015b. Why is Chakali still spoken? *Afrikanistik-Aegyptologie-online*.

Brindle, Jonathan Allen. 2016. Colour Basicness in Chakali. In Geda Paulsen, Mari Uusküla & Jonathan Allen Brindle (eds.), *Colour Language and Colour Categorization*, 87–114. Cambridge, UK: Cambridge Scholars Publishing.

Brindle, Jonathan Allen & Samuel Awinkene Atintono. 2012. A Comparative Study of Topological Relation Markers in Two Gur Languages: Gurenɛ and Chakali. In Michael R. Marlo, Nikki B. Adams, Christopher R. Green, Michelle Morrison & Tristan M. Purvis (eds.), *Selected Proceedings of the 42nd Annual Conference on African Linguistics: African Languages in Context*, 195–207. Cascadilla Press.

Brindle, Jonathan Allen, Mary Esther Kropp Dakubu, Lars Hellan & Dorothee Beermann. 2005. Ga Comparatives in s-structure. In *Studies in the Languages of the Volta Basin 3*. Accra: Linguistics Department, University of Ghana.

Cansdale, George S. 1961. *West African Snakes* (West African Nature Handbooks). London: Longmans.

Cardinall, Alan W. 1920. *The Natives of the Northern Territories of the Gold Coast: their customs, religion and folklore*. London: George Routledge.

Casali, Roderic F. 2003a. An Introduction to ATR Vowel Harmony in African Languages. Preliminary Version, Manuscript.

Casali, Roderic F. 2003b. ATR value asymmetries and underlying vowel inventory structure in Niger-Congo and Nilo-Saharan. *Linguistic Typology* 7. 307–382.

References

Casali, Roderic F. 2008. ATR Harmony in African Languages. *Language and Linguistics Compass* 2. 496–549.

Chan, Eugene. 2009. *Numeral Systems of the World's Languages*. http://lingweb.eva.mpg.de/numeral.

Comrie, Bernard. 1989. *Language Universals and Linguistic Typology*. second. The University of Chicago Press.

Comrie, Bernard. 2008. Numeral Bases. In Martin Haspelmath, Matthew S. Dryer, David Gil & Bernard Comrie (eds.), *The World Atlas of Language Structures*. Accessed http://wals.info/index 18/08/08. Munich: Max Planck Digital Library. http://wals.info/index.

Comrie, Bernard, Martin Haspelmath & Balthasar Bickel. 2008. The Leipzig Glossing Rules: Conventions for interlinear morpheme-by-morpheme glosses. Accessed http://www.eva.mpg.de/lingua/resources/glossing-rules.php 020210.

Corbett, Greville G. 1991. *Gender* (Cambridge Textbooks in Linguistics). Cambridge University Press.

Corbett, Greville G. 2006. *Agreement* (Cambridge Textbooks in Linguistics). Cambridge University Press.

Crouch, Marjorie & Patricia Herbert. 2003. *The Phonology of Deg* (Collected Language Notes 24). University of Ghana: Institute of African Studies.

Crouch, Marjorie & Anthony J. Naden. 1998. *A Semantically-Based Grammar of Vagla*. Vol. 1 (Gur Papers/Cahiers Voltaïques : Special issue/Hors Série).

Crouch, Marjorie & Nancy Smiles. 1966. *The Phonology of Vagala* (Collected Language Notes 4). University of Ghana: Institute of African Studies.

Daannaa, Henry Seidu. 1994. The Acephalous Society and Indirect Rule System in Africa. *Journal of Legal Pluralism* (34). 61–85.

Dakubu, Mary Esther Kropp. 1970. The categories of the Ga verbal group. *Journal of African Languages* 9(2). 70–76.

Dakubu, Mary Esther Kropp. 1997. Oti-Volta vowel harmony and Dagbani. In Manfred von Roncador & Kerstin Winkelmann (eds.), *Gur Papers/ Cahiers Voltaïques*. Afrikanistik I, Universität Bayreuth.

Dakubu, Mary Esther Kropp. 2002. *Ga Phonology*. University of Ghana, Legon: Institute of African Studies.

Dakubu, Mary Esther Kropp. 2005. Report of an exploratory trip to the Chakale-speaking area. 25-26 July 2005. Accra, Ghana.

Dakubu, Mary Esther Kropp. 2007. Tone and the Gurene verb. In *Studies in the Languages of the Volta Basin*, vol. 4, 52–62. Legon: Linguistics Department, University of Ghana.

Dakubu, Mary Esther Kropp. 2008. Ga verb features. In Mary Esther Kropp Dakubu & Felix K. Ameka (eds.), *Aspect and Modality in Kwa Languages*, 91–134. John Benjamins Publishing Company.

Dakubu, Mary Esther Kropp (ed.). 2009a. *Ga-English Dictionary with English-Ga Index*. 2nd. Black Mask.

Dakubu, Mary Esther Kropp. 2009b. *Parlons farefari (gurenè)*. Paris: L'Harmattan.

Dakubu, Mary Esther Kropp, Samuel Awinkene Atintono & Ephraim Avea Nsoh (eds.). 2007. *Gurɛnɛ-English Dictionary*. Legon: Linguistics Department, University of Ghana.

Delafosse, Maurice. 1912. *Haut-Sénégal-Niger (Soudan français)*. Paris: Larose.

Delplanque, Alain. 1979. Les classes nominales en lyele. *Afrique et langage* 12. 28–51.

Dik, Simon C. 1997. *The Theory of Functional Grammar: Part 1* (Functional Grammar Series 20). Berlin: Mouton de Gruyter.

Dingemanse, Mark. 2011. *The Meaning and Use of Ideophones in Siwu*. Nijmegen: Radboud University PhD thesis.

Dixon, R. M. W. 1986. Noun Classes and Noun Classification in Typological Perspective. In Colette Craig (ed.), *Noun Classes and Categorization*, 105–112. Amsterdam: John Benjamins Publishing Company.

Dixon, R. M. W. 2010. *Basic Linguistic Theory*. Vol. 2. Oxford University Press.

Dougah, J. C. 1966. *Wa and its people*. Legon: Institute of African Studies, University of Ghana.

Dumestre, Gérard. 2011. *Dictionnaire Bambara-Français*. Paris: Karthala.

Duperray, Anne-Marie. 1984. *Les Gourounsi de Haute-Volta. Conquête et colonisation, 1896-1933*. Stuttgart: Franz Steiner Verlag.

Frawley, William. 1992. *Linguistic Semantics*. Hillsdale, New Jersey: Lawrence Erlbaum Associates.

GILLBT. 1975. *Sisaala-English Dictionary*. Tamale: Ghana Institute of Linguistics, Literacy & Bible Translation.

GILLBT. 1980. *Vagla-English Dictionary*. Tamale: Ghana Institute of Linguistics, Literacy & Bible Translation.

Goody, Jack. 1954. The Ethnography of the Northern Territories of the Gold Coast, West of the White Volta. Unpublished manuscript. London.

Greenberg, Joseph. 1978. Generalizations about numeral systems. In Joseph Greenberg (ed.), *Universals of Human Language*, vol. 3, 249–97.

Grinevald, Colette. 2000. A morphosyntactic typology of classifiers. In Gunter Senft (ed.), *Systems of Nominal Classification* (Language, Culture and Cognition 4), 11–49. Cambridge University Press.

References

Gundel, Jeanette K., Nancy Hedberg & Ron Zacharski. 1993. Cognitive status and the form of referring expressions in discourse. *Language* 69(2). 274–307.

Hammarström, Harald, Robert Forkel, Martin Haspelmath & Sebastian Bank. 2016. Glottolog 2.7. Jena: Max Planck Institute for the Science of Human History. (Available online at http://glottolog.org).

Haspelmath, Martin. 2008. Loanword typology: Steps toward a systematic cross-linguistic study of lexical borrowability. In Thomas Stolz, Dik Bakker & Rosa Salas Palomo (eds.), *Aspects of language contact: New theoretical, methodological and empirical findings with special focus on Romancisation processes*, 43–62. Berlin: Mouton de Gruyter.

Haspelmath, Martin. 2014. The Generic Style Rules for Linguistics. http://www.eva.mpg.de/fileadmin/content_files/staff/haspelmt/pdf/GenericStyleRules.pdf. Accessed: 24.02.2015. Leipzig.

Hawthorne, William D. & Carel C. H. Jongkind. 2006. *Woody Plants of Western African Forests. A guide to the forest trees, shrubs and lianes from Senegal to Ghana*. Kew, UK: Royal Botanic Gardens.

Heine, Bernd. 1997. *Cognitive foundations of grammar*. Oxford, New York: Oxford University Press.

Heine, Bernd & Mechthild Reh. 1984. *Grammaticalization and Reanalysis in African Languages*. Hamburg: Helmut Buske Verlag.

Hellwig, Birgit. 2007. 'To sit face down' - location and position in Goemai. *Linguistics* 45(5/6). 893–916.

Hyman, Larry M. 1985. *A Theory of Phonological Weight* (Publications in Language Science). Dordrecht: Foris Publications.

José, Brian. 2008. The Prosodic Morphology of (Historical) Hausa Pluractional Verb Reduplication. In *Proceedings from the Annual Meeting of the Chicago Linguistic Society*, 103–117.

Kanganu, Daniel & Jonathan Allen Brindle. 2008a. *beŋ tfelle (The law breaker)*. Trondheim: ISK, ISBN:82-471-6047-1.

Kanganu, Daniel & Jonathan Allen Brindle. 2008b. *bɪpɔlɪɪ naŋzɪmatɪɪna (The Clever Man)*. Trondheim: ISK, ISBN:82-471-6049-8.

Kedrebéogo, Gérard. 1997. Tone in Samona. *Gur Papers/ Cahiers Voltaïques* (2). 97–107.

Kleinewillinghöfer, Ulrich. 1997. The Gurunsi languages: A summary of the state of art. In Manfred von Roncador & Kerstin Winkelmann (eds.), *Gur Papers/ Cahiers Voltaïques*, 43–52. Afrikanistik I, Universität Bayreuth.

Kleinewillinghöfer, Ulrich. 1999. Cakali. field notes.

Kleinewillinghöfer, Ulrich. 2000. The noun classification of Cala (Bogong): a case of contact-induced change. *Frankfurter afrikanistische Blätter* 12. 37–68.

Koenig, Ekkehard. 2012. Le rôle des déictiques de la manière dans le cadre d'une typologie de la deixis. *Bulletin de la Société de Linguistique de Paris* CVII. 11–42.

Köhler, Oswin. 1958. Zur Territorialgeschichte des östlichen Nigerbogens. *Baessler-Archiv, Neue Folge* 6. 229–261.

Ladefoged, Peter. 1993. *A course in phonetics*. Third edition. Fort Worth: Harcourt Brace College.

Levinson, S. C. & N. J. Enfield (eds.). 2001. *Field Manual 2001*. Vol. 6. Nijmegen: Language & Cognition Group of the Max Planck Institute for Psycholinguistics.

Levinson, Stephen C. & David Wilkins (eds.). 2006. *Grammars of Space* (Language, Culture and Cognition). Cambridge University Press.

Lewis, Paul M., Gary F. Simons & Charles D. Fennig. 2014. *Ethnologue: Languages of the World*. 17th edn. Dallas, Texas: SIL International.

Lewis, Paul M., Gary F. Simons & Charles D. Fennig (eds.). 2016. *Ethnologue: Languages of the World*. Nineteenth edition. Online version http://www.ethnologue.com/. Dallas, Texas: SIL International. http://www.ethnologue.com.

Lüpke, Friederike. 2009. Data collection methods for field-based language documentation. In Peter K. Austin (ed.), *Language Documentation and Description*, vol. 6, 53–100. London: School of Oriental & Asian Studies.

Maddieson, Ian. 1984. *Patterns of sounds* (Cambridge Studies in Speech Science and Communication). Cambridge: Cambridge University Press.

Maddieson, Ian. 2009. Consonant Inventories. In Martin Haspelmath, Matthew S. Dryer, David Gil & Bernard Comrie (eds.), *The World Atlas of Language Structures Online*. http://wals.info/feature/39. Munich: Max Planck Digital Library.

Manessy, Gabriel. 1969a. *Les langues gurunsi: Essai d'application de la méthode comparative à un groupe de langues voltaïques* (Numéro 12). Paris: Bibliothèque de la S.E.L.A.F.

Manessy, Gabriel. 1969b. *Les langues gurunsi: Essai d'application de la méthode comparative à un groupe de langues voltaïques* (Numéro 13). Paris: Bibliothèque de la S.E.L.A.F.

Manessy, Gabriel. 1975. *Les langues Oti-Volta*. Paris: Bibliothèque de la S.E.L.A.F.

Manessy, Gabriel. 1979. *Contribution à la classification généalogique des langues voltaïques: le groupe Proto-Central* (Tradition orale 37). Paris: Bibliothèque de la S.E.L.A.F.

References

Manessy, Gabriel. 1982. Matériaux linguistique pour servir à l'histoire des populations du Sud-Ouest de la Haute-Volta. *Sprache und Geschichte in Afrika* (4). 95–164.

Manessy, Gabriel. 1999. Langues et histoire des peuples voltaïques: signification et limites de la comparaison historique. In Gudrun Miehe, Brigitte Reineke, Manfred von Roncador & Kerstin Winkelmann (eds.), *Gur Papers/ Cahiers Voltaïques*. Afrikanistik I, Universität Bayreuth.

McGill, Stuart, Samuel Fembeti & Mike Toupin. 1999. *A Grammar of Sisaala-Pasaale*. University of Ghana: Institute of African Studies.

Meira, Sérgio & Stephen C. Levinson. 2001a. Topological relations: Containment picture series. In S. C. Levinson & N. J. Enfield (eds.), *Field Manual 6, Max Planck Institute for Psycholinguistics (MPI)*, vol. 6, 36–41. Nijmegen: Language & Cognition Group of the Max Planck Institute for Psycholinguistics.

Meira, Sérgio & Stephen C. Levinson. 2001b. Topological relations: Support picture series. In S. C. Levinson & N. J. Enfield (eds.), *Field Manual 6, Max Planck Institute for Psycholinguistics (MPI)*, vol. 6, 42–47. Nijmegen: Language & Cognition Group of the Max Planck Institute for Psycholinguistics.

Miehe, Gudrun & Kerstin Winkelmann (eds.). 2007. *Noun Class Systems in Gur Languages: Southwestern Gur Languages (without Gurunsi)*. Vol. I. Rüdiger Köppe Verlag.

Moran, Steven Paul. 2006. *A Grammatical Sketch of Isaalo (Western Sisaala)*. Eastern Michigan University MA thesis.

Naden, Anthony J. 1982. Class Pronoun Desuetude Revisited. *Journal of West African Languages* 12(1).

Naden, Anthony J. 1989. Gur. In J. Bendor-Samuel (ed.), *The Niger-Congo languages*, 140–168. Lanham, New York, London: University Press of America.

Naden, Anthony J. (ed.). 1996. *Time and the Calendar in some Ghanaian Languages*. Legon: Institute of African Studies, University of Ghana.

Newman, Paul. 1968. Ideophones from a syntactic point of view. *Journal of West African Languages* 2. 107–117.

Newman, Paul. 2007. *A Hausa-English Dictionary*. Yale University Press. https://books.google.no/books?id=ZBNJQIBv7DwC.

Nicolas, François. 1952. La question de l'ethnique 'Gourounsi' en Haute-Volta. *Africa* XXII. 170–172.

Nicolle, Steve. 2007. The grammaticalization of tense markers: A pragmatic reanalysis. *Cahiers Chronos* 17. 47–65.

Olawsky, Knut J. 1999. *Aspects of Dagbani grammar, with special emphasis on phonology and morphology*. Munich: LINCOM Europa.

Ourso, Meterwa Akayhou. 1989. Phonological processes in the noun class system of Lama. *Studies in African linguistics* 20(2). 151–177.

Parker, Stephen. 2002. *Quantifying the sonority hierarchy.* Amherst: University of Massachusetts PhD thesis.

Poppi, Cesare. 1993. Sigma! The Pilgrim's Progress and the Logic of Secrecy. In M. H. Nooter (ed.), *Secrecy: African Art that Reveals and Conceals.* New York: Museum for African Art.

Purvis, Tristan Michael. 2007. A Reanalysis of Nonemphatic Pronouns in Dagbani. In Douglas S. Bigham, Frederick Hoyt, Nikki Seifert, Alexandra Teodorescu & Jessica White (eds.), *Texas Linguistics Society 9: Morphosyntax of Underrepresented Languages.* Stanford, CA: CSLI Publications.

Rattray, Robert Sutherland. 1932a. *The Tribes of the Ashanti Hinterland.* Vol. I. Oxford: Clarendon Press.

Rattray, Robert Sutherland. 1932b. *The Tribes of the Ashanti Hinterland.* Vol. II. Oxford: Clarendon Press.

Reimer, Jean & Regina Blass. 1975. Chakali survey report. Ghana Institute of Linguistics.

Rowland, Ronald. 1966. Sissala noun groups. *Journal of West African Languages* 3(1). 23–28.

Rowland, Ronald & Muriel Rowland. 1965. *The Phonology of Sisala* (Collected Language Notes 2). University of Ghana: Institute of African Studies.

Rytz, Otto (ed.). n.d. *Gonja-English Dictionary and Spelling Book.* Legon: Institute of African Studies, University of Ghana.

Saanchi, J. Angkaaraba. 2003. Aspect and the Dagaare verb. *Gur Papers/ Cahiers Voltaïques* (6). 101–107.

Sakurai, Kazuhiro. 2014. *The Syntax and Semantics of Focus: Evidence from Dagaare.* University of Hong Kong PhD thesis.

Salih, Mohammed Bin. 2008. *The Kingdom of Wa: Elucidation of our origins and settlements.* Accra: Salihsons.

Samarin, William J. 2001. Testing hypotheses about African ideophones. In F. K. Erhard Voeltz & Christa Kilian-Hertz (eds.), *Ideophones*, 321–337. Amsterdam: John Benjamins Publishing.

Schwarz, Anne. 2010. Verb-and-predication focus markers in Gur. In *The Expression of Information Structure: a documentation of its diversity across Africa*, 287–314. Amsterdam: John Benjamins.

Siegel, Muffy E. A. 2002. Like: The Discourse Particle and Semantics. *Journal of Semantics* 19(1). 35–71.

References

Stassen, Leon. 2008. Comparative Constructions. In Martin Haspelmath, Matthew S. Dryer, David Gil & Bernard Comrie (eds.), *The World Atlas of Language Structures Online*, chapter 121. Munich: Max Planck Digital Library. http://wals.info/feature/121.

Stewart, John M. 1967. Tongue Root Position in Akan Vowel Harmony. *Phonetica* 16. 185–204.

Stewart, John M. & Hélène van Leynseele. 1979. Underlying cross-height vowel harmony in Nem. *Journal of African Languages and Linguistics* 1. 31–54.

Tauxier, Louis. 1921. *Le noir de Bondoukou*. Paris: Ernest Leroux.

Tauxier, Louis. 1924. *Nouvelles notes sur le Mossi et le Gourounsi*. Paris: Larose.

Tchagbalé, M. Zakari. 1972. Les classes nominales du tem. Dossier du certificat de linguistique africaine. Paris 3.

Tchagbalé, M. Zakari. 2007. Le sort des classes nominales des langues Gur. In *Studies in the Languages of the Volta Basin*.

Tompkins, Barbara, Deborah Hatfield & Angela Kluge. 2002. *Sociolinguistic survey of the Chakali Language Area*. Tech. rep. SIL International.

Toupin, Mike. 1995. *The Phonology of Sisaale-Pasaale* (Collected Language Notes 22). University of Ghana: Institute of African Studies.

Trape, Jean-François & Youssouph Mané. 2006. *Guide des serpents d'Afrique occidentale*. Youssouph Mané. IRD.

UNESCO, Ad Hoc Expert Group on endangered languages. 2003. *Language Vitality and Endangerment*. Tech. rep. http://www.unesco.org/culture/ich/doc/src/00120-EN.pdf (Accessed October 25, 2013). Paris: International Expert Meeting on UNESCO Programme Safeguarding of Endangered Languages.

Vendler, Zeno. 1957. Verbs and times. *The Philosophical Review* 66(2). 143–160.

Voeltz, F. K. Erhard & Christa Kilian-Hatz. 2001. *Ideophones* (Typological Studies in Language). Amsterdam: John Benjamins Publishing Company. https://books.google.no/books?id=QXM9AAAAQBAJ.

Vydrine, Valentin. 2015. *Manding-English Dictionary: Maninka, Bamana*. Vol. 1. Oxford: African Books Collective.

Wilks, Ivor. 1989. *Wa and the Wala: Islam and Polity in Northwestern Ghana*. Cambridge: Cambridge University Press.

Wilson, W. A. A. 1971. Class Pronoun Desuetude in the Mõõre-Dagbani subgroup of Gur. *Journal of West African Languages* 8(2). 79–83.

Wray, Alison. 2005. *Formulaic Language and the Lexicon*. Cambridge University Press.

Name index

Allan, Keith, 321, 356
Ameka, Felix K., 309, 311, 313, 332, 365
Amidu, Assibi Apatewon, 345
Ariel, Mira, 442
Aritiba, Adji Sardji, 350
Atintono, Samuel Awinkene, 7, 17, 313, 362, 438
Awedoba, Albert K., 278, 345, 347, 350

Baldi, Sergio, 17, 434
Bendor-Samuel, John T., 5, 349
Bergman, Richard, 257, 258, 264, 277, 295
Bickel, Balthasar, 18
Blass, Regina, 6, 445, 446
Blench, Roger, 438
Bodomo, Adams, 346, 414, 445
Bonvini, Emilio, 312, 337, 347, 350, 351, 413, 414, 440
Borrow, Nik, 16
Bourdin, Philippe, 422
Bowerman, Melissa, 313
Brindle, Jonathan Allen, vii, 3, 4, 6, 7, 9, 19, 313, 314, 338, 345, 346, 360, 362, 373, 401, 450

Cansdale, George S., 12, 16
Cardinall, Alan W., 392
Casali, Roderic F., 258, 259, 297
Chan, Eugene, 381

Comrie, Bernard, 18, 345, 386
Corbett, Greville G., 401, 407
Crouch, Marjorie, 257, 258, 264, 277, 279, 295, 337, 338

Daannaa, Henry Seidu, 6–8
Dakubu, Mary Esther Kropp, 6, 17, 258, 278, 297, 313, 362, 411, 422, 423, 438, 440, 445
De Witte, Carlien, 313
Delafosse, Maurice, 5
Delplanque, Alain, 350
Demey, Ron, 16
Dik, Simon C., 333, 334, 445
Dingemanse, Mark, 448
Dixon, R. M. W., 303, 407
Dougah, J. C., 6
Dumestre, Gérard, 17
Duperray, Anne-Marie, 5

Essegbey, James, 311, 332

Fembeti, Samuel, 322, 325, 338, 349, 444, 445
Fennig, Charles D., 3
Frawley, William, 428

Goody, Jack, 5, 7, 8, 381, 382
Gray, Claire, 257, 258, 264, 277, 295
Gray, Ian, 257, 258, 264, 277, 295
Greenberg, Joseph, 380, 382
Grinevald, Colette, 407
Gundel, Jeanette K., 336

Name index

Hammarström, Harald, 3
Haspelmath, Martin, 18, 362
Hatfield, Deborah, 6
Hawthorne, William D., 16
Hedberg, Nancy, 336
Heine, Bernd, 363, 365, 366, 368
Hellwig, Birgit, 363
Herbert, Patricia, 257, 258, 264, 277, 279, 295
Hyman, Larry M., 285

Jongkind, Carel C. H., 16
José, Brian, 438

Kanganu, Daniel, 6, 7
Kedrebéogo, Gérard, 264
Kilian-Hatz, Christa, 448
Kleinewillinghöfer, Ulrich, 5, 6, 350
Kluge, Angela, 6
Koenig, Ekkehard, 442
Köhler, Oswin, 5

Ladefoged, Peter, 452
Levinson, Stephen C., 313
Lewis, Paul M., 3
Leynseele, Hélène van, 298
Lüpke, Friederike, 11

Maddieson, Ian, 266, 267
Manessy, Gabriel, 5, 258, 337, 344, 346, 347, 349, 350
Mané, Youssouph, 12, 16
McGill, Stuart, 322, 325, 338, 349, 444, 445
Meira, Sérgio, 313
Miehe, Gudrun, 346, 347, 349, 350
Moran, Steven Paul, 338

Naden, Anthony J., 7, 337, 338, 346, 363, 452

Newman, Paul, 17, 448
Nicolas, François, 5
Nicolle, Steve, 423
Nsoh, Ephraim Avea, 17, 362, 438

Olawsky, Knut J., 414
Ourso, Meterwa Akayhou, 350

Parker, Stephen, 282
Pederson, Eric, 313
Poppi, Cesare, 6
Purvis, Tristan Michael, 370

Rattray, Robert Sutherland, 5, 7, 381, 382
Reh, Mechthild, 363, 368
Reimer, Jean, 6
Rowland, Muriel, 257, 295
Rowland, Ronald, 257, 295, 338
Rytz, Otto, 357

Saanchi, J. Angkaaraba, 414, 445
Sakurai, Kazuhiro, 445
Salih, Mohammed Bin, 6
Samarin, William J., 448
Schwarz, Anne, 445
Siegel, Muffy E. A., 444
Simons, Gary F., 3
Smiles, Nancy, 257, 258, 277, 295
Stassen, Leon, 314
Stewart, John M., 258, 298

Tauxier, Louis, 5
Tchagbalé, M. Zakari, 338, 345–347, 350
Tompkins, Barbara, 6
Toupin, Mike, 257–259, 264, 277, 295, 322, 325, 338, 349, 444, 445
Trape, Jean-François, 12, 16

Vendler, Zeno, 413
Voeltz, F. K. Erhard, 448
Vydrine, Valentin, 17

Wilkins, David, 313
Wilks, Ivor, 5, 6
Wilson, W. A. A., 337
Winkelmann, Kerstin, 346, 347, 349, 350
Wray, Alison, 450

Zacharski, Ron, 336

Language index

Akan, 268, 269, 271, 362, 395[36]
Arabic, 275, 360, 363, 434, 447[57]

Bulengi, 3, 6, 9, 362

Dagaare, 337, 346, 362, 381, 382, 392, 395[36], 414[42], 445[55], 450[62]
Dangme, 313[3]
Dɛg, 3, 257[1], 258, 258[2], 264[4], 279[14], 295, 348[17], 349, 349[18], 350, 363, 381, 389[32]

Ewe, 313[3], 332, 332[11]

Ga, 314[5], 395[36], 411[41], 422
Gonja, 5, 283, 284, 357[22], 360, 381, 450, 451
Grusi, vii, 3, 5, 5[3], 7, 257, 258, 337, 344, 346, 347, 349, 350, 362, 381, 413, 414, 445[55]
Guang, 5, 381
Gur, 3, 17, 258, 297, 337, 346, 347, 349, 350, 445[55], 446, 452
Gurene, 422, 423[46], 425[47], 438[51], 440

Hausa, 265, 266, 269, 274, 360, 362, 363, 395[36], 434, 438[51], 447[57], 450, 450[62]

Kantosi, 3
Kasem, 7[5], 274, 337, 345, 350, 414, 440
Koromfe, 270[9]

Kwa, 297, 381, 445[55]
Kyitu, 3, 350

Mande, 3
Mòoré, 270[9]

Niger-Congo, 405

Oti-Volta, 3, 283, 313[4], 337, 341, 346, 363, 381, 382, 414, 423[46]

Pasaale, 3, 14[1], 257[1], 259, 295, 322[8], 325[10], 338[13], 349, 381, 382, 395[37], 444

Phuie, 3, 350
Proto-Gur, 346

Sisaala, 3, 257, 257[1], 295, 338[13], 350, 363, 395[36]
Siti, 3, 350

Tampulma, 3, 14[1], 257[1], 295, 348[17], 349, 350, 381, 382
Tem, 345

Vagla, 3, 14[1], 257[1], 258, 273[10], 274, 288[19], 295, 338[13], 348, 348[17], 349, 349[18], 350, 360, 363, 381, 389[32], 438[51]

Waali, 3, 6, 9, 11, 268, 275, 276, 337, 345, 362, 363, 363[24], 373, 381, 382, 389[32], 392, 395[36], 449[60], 450[62], 451

Winyé, 3, 350

Subject index

adjunct, 302, 303, 448
adverbial, 274, 328, 331
affirmative, 445, 445[55]
article, 286, 325, 334–337, 396, 398, 400, 408, 410, 426, 429
assertive, 414, 426, 436, 445

Bulenga, 3, 6–9, 359

capitalization, 16
Chasia, 5, 8, 359
classifier, 331, 379, 406, 407, 407[39]
click, 452
complementizer, 325, 327, 328
complex stem noun, 447
connective, 310, 315, 323–326, 330, 332, 397–400, 431, 434
controller, 388, 401, 403, 404
crastinal, 429

derivational suffix, 440, 441
distal, 443, 444
Ducie, vii, ix, 4, 5, 5[2], 7–11, 13, 19, 269[6], 359, 361, 363[25], 382, 392, 425

egressive, 422, 429
emphatic pronoun, 369
enumerative, 388, 389, 389[32]
epenthesis, 287, 291, 292
etymology, 347[16], 450[62]
expanded verbal group, 410

focus, 278, 286, 289, 293, 294, 298, 299, 302[1], 308, 309, 313, 351, 369, 370, 380, 396, 397, 406, 410, 411, 414, 417, 420, 426, 435, 436, 444, 445, 445[55], 446, 446[56], 447
formulaic language, 450

greetings, 451
Gurumbele, vii, ix, 4, 5, 7–11, 359, 361, 363[25], 425

habitual, 433
harmony rule, 294, 339
headword, 13, 15, 17
hesternal, 429
human, 345, 346, 366, 369, 374, 387, 401–403, 405, 407

ideophone, 286, 330, 332, 448, 449
imperfective, 414[42], 416, 417, 419, 420, 427, 429, 435
ingressive, 422
intensifier, 448
interjection, 262, 272, 286, 444, 450
interrogative, 301, 317–319, 372, 373, 379
intonation, 286[18], 294, 295, 297, 318, 411, 433, 434, 444
iterative, 432, 438[51]

Katua, vii, 4, 5, 7–11, 359, 363[25], 382

Subject index

lemma, 13
lengthening, 318, 340, 369, 374, 389, 389^{32}, 397, 419, 425–427, 429, 433, 434, 446, 447, 449
locative, 303, 306, 313, 313^{4}, 328, 332, 363, 373, 445

manner, 328
manner deixis, 442, 449
metonymy, 447
modality, 317, 428, 431
Motigu, vii, 4, 5, 7–11, 359, 360, 363^{25}
multi-verb, 309, 310, 312–314

negation, 308, 318, 379, 380, 396, 397, 414, 415, 417, 425, 426, 432, 435, 445
negative polarity, 434
non-human, 369, 373, 374, 387, 401, 402, 405, 407, 436^{49}, 436^{50}
numeral, 334, 379–383, 385–387, 389–391, 394–396, 403, 404

object index, 371, 435, 436
obligation, 431
oblique phrase, 331
onomatopoeia, 274, 449
optative, 320, 428
orthography, 13, 16

perfective, 351, 412, 414, 415, 418, 419, 435
pluractional, 440, 441
plural, 15, 269, 297, 298, 320, 338, 339, 343^{15}, 345, 347–351, 352^{20}, 353, 361, 366, 369, 375, 381, 395, 395^{37}, 401, 406, 436, 436^{49}, 436^{50}, 437, 438, 438^{51}, 439

possessive, 307, 308, 335, 364, 374, 401
postposition, 286, 299, 302, 303, 306, 313, 314, 329, 331–333, 367, 373, 396
preverb, 421, 426–428, 430, 433
progressive, 416, 423, 429
pronoun, 283, 293, 295, 311, 315, 317, 320, 332–335, 367–370, 370^{28}, 371, 372, 374, 396–399, 404, 410, 413, 417–419, 421, 424
proper noun, 397
proximal, 443, 444

qualifier, 353, 376, 377, 386, 408, 448
quantifier, 331, 379, 380, 386, 395, 396, 402, 404, 426

reduplication, 350–352, 377, 449
relational noun, 332, 363, 364, 367

serial verb construction, 304
Sigmaa, 6
Sigu, 361
Sogla, 4, 5, 7–11, 360
spatial deixis, 444
stem vowel, 339
strong pronoun, 309, 369, 399
subjunctive, 421
synonym, 447

taboo, 447
target, 401, 403, 404
temporal, 328, 329, 332, 399, 400, 428
three-interval tense, 428
Tiisa, 4, 7–11, 359, 363^{25}
tonal melody, 347, 362, 411, 419, 420, 425

tone, 294, 295, 317, 318
Tuosa, 4–11, 359–361, 363^{25}, 382

variant, 5^3, 15, 16, 258, 294, 307, 425, 426, 436, 444
verbal group, 410, 411, 425, 434
vigesimal-decimal, 386

Wa, 8, 359
weak pronoun, 337, 369, 374, 403

www.ingramcontent.com/pod-product-compliance
Lightning Source LLC
Chambersburg PA
CBHW080752300426
44114CB00020B/2711